שיג ושיח

קריאות חדשות בפרשת השבוע

ויקרא ■ במדבר ■ דברים

מגיד

הרב יונתן זקס

שיג ושיח

קריאות חדשות בפרשת השבוע

ויקרא ▪ במדבר ▪ דברים

מאנגלית: צור ארליך

מגיד

Jonathan Sacks
Covenant & Conversation:
A Weekly Reading of the Jewish Bible
Leviticus–Deuteronomy

עורכת ראשית: גילה פיין
עורכת משנה: תמי מגר
עריכה: צור ארליך
הגהה: הניה קולומבוס, דנה רייך, אפרת גרוס
עימוד: עדי רובין
עיצוב כריכה: אליהו משגב
תמונת העטיפה: יורם רענן, ״שלח לך״

ספרי מגיד, הוצאת קורן
ת״ד 4044 ירושלים 9104001
טל׳: 02-6330530 פקס: 02-6330534
www.maggidbooks.com

מסת״ב ISBN 978-965-526-225-4

נדפס בישראל Printed in Israel 2019

לעילוי נשמת

ר' פינחס יוסף בן ר' אברהם ז"ל
נלב"ע ט"ז כסלו תשנ"ט

ר' שמעון אברהם בן שבתאי ז"ל
נלב"ע י"ט אלול תשס"ד

ר' יהודה דוד בן פינחס יוסף ז"ל
נלב"ע י"ב תמוז תשס"ג

תהא נשמתם צרורה בצרור החיים

"וְרְאֵה בָנִים לְבָנֶיךָ שָׁלוֹם עַל יִשְׂרָאֵל" (תהלים קכח, ו)

לזכר סבינו

חנה ויוסף ישפה, מונטריאול

נסיה וצבי דב קרוניץ, מונטריאול

יוטא (מגדה) ויוסף שטיינלויף, מונטריאול

שרה רחל (ריניי) וישעיה מאיר שפיטצער, וינה

תוכן העניינים

ספר ויקרא

ספר במדבר

ספר דברים

ספר ויקרא

ויקרא

בין קריאה לבין קרי

חז"ל קראו לחומש ויקרא "תורת כוהנים". גם שמו הלועזי, בעקבות היוונית והלטינית, הוא "לויטיקוס", ספרם של לוויים. כך יאה לו, לחומש זה. כידוע, הסיפורים מועטים בו, ורבים בו הדינים, והללו בחלקם הגדול נוגעים לכוהנים: לעבודתם במשכן ובמקדש ולטהרתם.

לעומת זאת, השם המקובל "ויקרא" נראה אקראי. התמזל מזלה של מילה זו והיא הראשונה המופיעה בחומש, ולכן כולו נקרא בשמה. לכאורה, אין קשר בינה לבין הנושאים שהחומש עוסק בהם. להלן אבקש לטעון שלא כך הוא. יש קשר מהותי בין המילה "ויקרא" לבין המסר הכללי של הספר.

קצה החוט נמצא במסורה: האות אל"ף במילה "ויקרא", בפסוק זה בספר התורה, היא אל"ף זעירא: היא נכתבת בקטן, כאילו קיומה מעורער. המילה שנכתבת באותיות רגילות היא אפוא "ויִקר", שפירושה "הוא נתקל ב־", "הזדמן לו". לעומת "ויקרא", שעניינה זימון, פגישה שנערכת לבקשת אחד הצדדים, "ויקר" מרמזת לפגישה מקרית.

חז"ל, ברגישותם לדקויות התורה, הבחינו בהבדל בין הקריאה למשה שבראש חומש ויקרא, לבין התגלותו של ה' לנביא האלילי בלעם. כך אומר המדרש:

> מה בין נביאי ישראל לנביאי אומות העולם?... רבי חמא בר חנינא אמר: אין הקדוש ברוך הוא נגלה על אומות העולם אלא בחצי דיבור, כמה דתימר "וַיִּקָּר אֱלֹהִים אֶל בִּלְעָם" (במדבר כג, ד). אבל נביאי ישראל בדִבור שלם, שנאמר "וַיִּקְרָא אֶל מֹשֶׁה" (ויקרא א, א).[1]

1. ויקרא רבה א, יג.

אצל רש"י הדברים נוקבים יותר:

"וַיִּקְרָא אֶל מֹשֶׁה": לכל דברות ולכל אמירות ולכל צִוּוּיִים קדמה קריאה, לשון חִבָּה, לשון שמלאכי השרת משתמשים בו, שנאמר "וְקָרָא זֶה אֶל זֶה" (ישעיהו ו, ג). אבל לנביאי אומות העולם נגלה עליהן בלשון עראי וטומאה, שנאמר "וַיִּקָּר אֱלֹהִים אֶל בִּלְעָם".

"בעל הטורים" בפירושו לתורה מתקדם צעד נוסף, וקושר זאת לאל"ף זעירא:

א' דויקרא זעירא, שמשה לא רצה לכתוב אלא "ויקר", כדרך שנאמר בבלעם, כְּאִלּוּ לא נראה לו השם אלא במקרה. ואמר לו הקב"ה לכתוב גם באל"ף - וכְתָבָהּ קטנה.

דבר בעל חשיבות רבה נרמז כאן. כדי להמשיך ולרדת לעומקו אני מציע להציץ בקצהו האחר של חומש ויקרא, קרוב לסופו. בפרשת בחוקותיי נמצאת אחת משתי פרשיות התוכחה, הפרשיות המבהילות ביותר בתורה (השנייה נמצאת בפרשת כי תבוא בספר דברים). הן מונות סדרה ארוכה ואיומה של קללות שיבואו על עם ישראל אם יפר את בריתו עם ה'. למשל:

וְהֵבֵאתִי מֹרֶךְ בִּלְבָבָם בְּאַרְצֹת אֹיְבֵיהֶם, וְרָדַף אֹתָם קוֹל עָלֶה נִדָּף וְנָסוּ מְנֻסַת חֶרֶב וְנָפְלוּ וְאֵין רֹדֵף... וַאֲבַדְתֶּם בַּגּוֹיִם וְאָכְלָה אֶתְכֶם אֶרֶץ אֹיְבֵיכֶם. (ויקרא כו, לו-לח)

הקללות מחריפות בהדרגה, וכל אחת מזעזעת מקודמתה - ובכל זאת, פרשת התוכחה נחתמת בזיק של נחמה:

וְזָכַרְתִּי אֶת בְּרִיתִי יַעֲקוֹב, וְאַף אֶת בְּרִיתִי יִצְחָק, וְאַף אֶת בְּרִיתִי אַבְרָהָם אֶזְכֹּר, וְהָאָרֶץ אֶזְכֹּר... וְאַף גַּם זֹאת בִּהְיוֹתָם בְּאֶרֶץ אֹיְבֵיהֶם לֹא מְאַסְתִּים וְלֹא גְעַלְתִּים לְכַלֹּתָם לְהָפֵר בְּרִיתִי אִתָּם כִּי אֲנִי ה' אֱלֹהֵיהֶם. וְזָכַרְתִּי לָהֶם בְּרִית רִאשֹׁנִים, אֲשֶׁר הוֹצֵאתִי אֹתָם מֵאֶרֶץ מִצְרַיִם לְעֵינֵי הַגּוֹיִם לִהְיֹת לָהֶם לֵאלֹהִים, אֲנִי ה'. (שם, מב-מה)

בין קריאה לבין קרי

מילת המפתח בפרשת התוכחה היא "קֶרִי". היא מופיעה שם, כדרכן של מילות מפתח רבות בתורה, שבע פעמים בדיוק. הנה שתיים מהן:

> וְאִם בְּזֹאת לֹא תִשְׁמְעוּ לִי וַהֲלַכְתֶּם עִמִּי בְּקֶרִי. וְהָלַכְתִּי עִמָּכֶם בַּחֲמַת קֶרִי וְיִסַּרְתִּי אֶתְכֶם אַף אָנִי שֶׁבַע עַל חַטֹּאתֵיכֶם. (שם, כז-כח)

מה פירוש המילה? אני נוטה לבארה כ"איבה", אך המפרשים[2] מציעים עוד אפשרויות רבות. אונקלוס תרגם "קַשְׁיוּ", לשון קושי. רב סעדיה גאון סבור שעניינה "מֶרִי". הרשב"ם מסביר "מקרה ולא תדיר, כאדם שאינו הולך תדיר אצל בוראו". אבן עזרא מזכיר כי "אמרו רבים שפירושו גבורה וניצוח, כאיש שיחזק לבו ולא יפחד למען שלא ינוצח" ודוחה פירוש זה. רש"י מצטט את מנחם בן סרוק המדבר על "הוקרת רגליים". רש"י עצמו, כמו אחרים, סבור ש"קרי" קשור בדרך זו או אחרת ל"מקרה". הרמב"ם אף מדבר על כך בהקשר הלכתי:

> מצוַת עשה מן התורה לזעוק ולהריע בחצוצרות על כל צרה שתבוא על הציבור, שנאמר "עַל הַצַּר הַצֹּרֵר אֶתְכֶם - וַהֲרֵעֹתֶם בַּחֲצֹצְרֹת" (במדבר י, ט). כלומר כל דבר שיצר לכם... זעקו עליהן והריעו. ודבר זה דרך מדרכי התשובה הוא: שבזמן שתבוא צרה ויזעקו לה ויריעו, יידעו הכול שבגלל מעשיהם הרעים הרע להן... וזה הוא שיגרום להם להסיר הצרה מעליהם.
>
> אבל אם לא יזעקו ולא יריעו אלא יאמרו "דבר זה ממנהג העולם אירע לנו, וצרה זו נקרוא נקרית" - הרי זו דרך אכזריות, וגורמת להם להידבק במעשיהם הרעים, ותוסיף הצרה וצרות אחרות. הוא שכתוב בתורה "וַהֲלַכְתֶּם עִמִּי בְּקֶרִי - וְהָלַכְתִּי עִמָּכֶם בַּחֲמַת קֶרִי". כלומר כשאביא עליכם צרה, כדי שתשובו, אם תאמרו שהוא קרי, אוסיף עליכם חמת אותו קרי.[3]

בעיני הרמב"ם, הקללות שבפרשת התוכחה אינן עונש גרידא. לא ה' יגרום לעם ישראל לסבול, אלא בני אדם אחרים; ה' רק יסיר מהם את הגנתו. עם ישראל יצטרך להתמודד עם העולם לבדו, מחוץ למקלט כנפי השכינה. זוהי, סבור הרמב"ם, מידה כנגד מידה.

2. ראו דברי המפרשים האלה על ויקרא כו, כא, הפסוק שבו מופיעה המילה לראשונה בפרשה.
3. **משנה תורה**, הלכות תעניות א, א-ג.

אם ישראל יאמינו בהשגחה עליונה, הם ייהנו מברכתה של ההשגחה הזו. אבל אם הם יסברו שההיסטוריה היא אוסף מקרים, שהיא "שקית אשפה של התרחשויות אקראיות שנקרעה ונתפזרה ברוח", כניסוחו של ג'וזף הלר[4] - הם אכן יימסרו לחסדי המקרה. והיות שהם אומה קטנה וחלשה, אפשר לשער שהמזל לא יאיר להם פנים.

עתה נוכל להבין את פשר הקשר בין תחילת חומש ויקרא לסופו. התורה מאירה לעינינו אמיתה רוחנית עמוקה. ההבדל בין "מקרא" ל"מקרה", בין "קרא" ל"קרה", בין ההיסטוריה כקריאה מאת הקב"ה לבין ההיסטוריה כשרשרת אקראית וחסרת כיוון של מאורעות, הוא ההבדל הבלתי נשמע שבין אל"ף לה"א, שני הגָאים הנשמעים זהים כשהם באים בסוף המילה (לאל"ף יש כאן משמעות רבה: זו האות הראשונה בסדר האלפבית, האות הראשונה בעשרת הדיברות, ה"אנוכי" של אלוהים).

האות אל"ף שבסוף המילה "ויקרא" היא אל"ף נחה וכמעט שאינה נשמעת. היא נכתבת כאל"ף זעירא וכמעט שאינה נראית. אל תצפו - רומזת לנו התורה - שנוכחותו של אלוהים בהיסטוריה תהיה תמיד ברורה ובלתי משתמעת לשתי פנים כפי שהיה ביציאת מצרים ובקריעת ים סוף. בדרך כלל היא סמויה, וההבחנה בה תלויה ברגישותנו. מי שמתבונן יראה אותה. מי שמקשיב ישמע אותה. אבל קודם כול יש להתבונן ולהקשיב. אם תבחרו שלא לראות ושלא לשמוע, ה"ויקרא" יהפוך ל"ויקר". הקריאה תהיה בלתי נשמעת. ההיסטוריה תהיה מקרית.

תפיסתה של ההיסטוריה כמקרית יכולה להיות תפיסה עקבית. מי שמאמין בה ימצא שפע נתונים שיצדיקו אותה. אם תאמינו שההיסטוריה מקרית - אומר ה' בפרשת התוכחה - היא תהיה מקרית. אבל האמת היא אחרת. ההיסטוריה של העם היהודי מעידה על נוכחותו של אלוהים בקרבו. עמדו על כך ותיארו זאת ברהיטות אפילו הוגים שאינם יהודים, כגון פסקל, רוסו וטולסטוי. שאם לא כן, איך היה יכול עם כה קטן, פגיע וחלש לשרוד ולומר, אפילו היום לאחר השואה, שעם ישראל חי?

וממש כשם שההיסטוריה היהודית איננה רק מקרה, כך גם לא מקרה הוא שהמילה הראשונה בספר שבמרכז התורה היא "ויקרא". להיות יהודי פירושו להאמין שמה שקורה לנו כעם הוא קריאתו של אלוהים אלינו, הקריאה להיות ל"ממלכת כוהנים וגוי קדוש".

4. ג'וזף הלר, **גולד שווה זהב**, עברית: דוד נגב, תל אביב: זמורה ביתן, 1981, עמ' 64.

ויקרא

מה אנחנו מקריבים?

ליהודי בן זמננו, דיני הקרבנות הם מן הנושאים הקשים ביותר להתמודדות ולהבנה בתורה כולה. כמעט אלפיים שנה עברו מאז חורבן המקדש והפסקת הקרבנות. אולם הוגים יהודים, בייחוד מן האגף המיסטי, שאפו להבין את המשמעות הפנימית של הקרבנות ואת ההצהרה המגולמת בהם בדבר היחסים בין אדם לאלוהיו - ועל ידי כך כמו להציל מאש חורבן המקדש את רוחה של ההקרבה, גם אם המעשה כבר אינו אפשרי.

אחד הרעיונות הפשוטים ביותר, וגם העמוקים ביותר, על נושא זה הוא מְשָׁל רבי שניאור זלמן מלאדי, האדמו"ר הראשון מחב"ד. הוא הבחין בתופעה תחבירית מוזרה בפסוק השני של פרשת השבוע שלנו: "דַּבֵּר אֶל בְּנֵי יִשְׂרָאֵל וְאָמַרְתָּ אֲלֵהֶם: **אָדָם כִּי יַקְרִיב מִכֶּם** קָרְבָּן לַה', מִן הַבְּהֵמָה מִן הַבָּקָר וּמִן הַצֹּאן תַּקְרִיבוּ אֶת קָרְבַּנְכֶם" (ויקרא א, ב). ברור מן הפסוק כי "האדם" הוא "מכם", "מבני ישראל", ואילו ה"קרבן" הוא "מן הבהמה", ועל כן אפשר היה לצפות שסדר המילים שהדגשנו יהיה אחר: **אָדָם מִכֶּם כִּי יַקְרִיב**. מסביר רבי שניאור זלמן: הקרבן הוא אכן מאיתנו, מתוכנו; מהות הקרבן היא שאנו מקריבים את עצמנו. אנו מקריבים לה' את יכולותינו, את מרצנו, את מחשבותינו ואת רגשותינו. הצורה הפיזית של הקרבן - בעל חיים המועלה על המזבח - היא רק ביטוי חיצוני לפעולה פנימית. הקרבן האמתי הוא "מִכֶּם". אנחנו נותנים לה' משהו מעצמנו.[1]

אך מהו בדיוק הדבר שאנחנו נותנים לה' בהקריבנו קרבן? חכמי הקבלה והחסידות, ובהם רבי שניאור זלמן, דיברו על שתי נשמות שיש לכל אחד מאיתנו: הנפש הבהמית והנפש האלוהית. מצד אחד, אנחנו ישויות חומריות. אנחנו חלק מהטבע. יש לנו צרכים פיזיים: מזון, משקה, מקלט. אנחנו נולדים, אנחנו חיים,

1. רבי שניאור זלמן מלאדי, **ליקוטי תורה**, ברוקלין, ניו יורק, תשמ"ד, ויקרא.

אנחנו מתים. כדברי קהלת: "כִּי מִקְרֶה בְנֵי הָאָדָם וּמִקְרֶה הַבְּהֵמָה וּמִקְרֶה אֶחָד לָהֶם, כְּמוֹת זֶה כֵּן מוֹת זֶה, וְרוּחַ אֶחָד לַכֹּל, וּמוֹתַר הָאָדָם מִן הַבְּהֵמָה אָיִן. כִּי הַכֹּל הָבֶל" (קהלת ג, יט).

אלא שאין זה הכול, ויש מותר לאדם מן הבהמה. יש לנו עולם פנימי. יש לנו כיסופי אלמוות. אנחנו יכולים לחשוב, לדבר ולתקשר עם זולתנו. אנחנו צורת החיים היחידה הידועה לנו ביקום היכולה לשאול את השאלה "למה?". בכוחנו לנסח רעיונות, ומניעים אותנו ערכים נעלים. לא רק דחפים גופניים מושלים בנו. מזמור ח בתהלים הוא המנון של השתאות מן הפלא הזה:

כִּי אֶרְאֶה שָׁמֶיךָ, מַעֲשֵׂי אֶצְבְּעֹתֶיךָ,
יָרֵחַ וְכוֹכָבִים אֲשֶׁר כּוֹנָנְתָּה.
מָה אֱנוֹשׁ כִּי תִזְכְּרֶנּוּ
וּבֶן אָדָם כִּי תִפְקְדֶנּוּ?
וַתְּחַסְּרֵהוּ מְּעַט מֵאֱלֹהִים
וְכָבוֹד וְהָדָר תְּעַטְּרֵהוּ.
תַּמְשִׁילֵהוּ בְּמַעֲשֵׂי יָדֶיךָ
כֹּל שַׁתָּה תַחַת רַגְלָיו. (תהלים ח, ד-ז)

בגופנו, אנחנו כמעט לא כלום. ברוחנו, אנחנו נוגעים בנצח. יש לנו נפש אלוהית. ומכאן ברורה מהותה של ההקרבה, של הממד הפסיכולוגי שלה. מה שאנחנו מקריבים לה' (איננו רק חיה, אלא) הוא הנפש הבהמית שלנו. עיקרון זה נוגע גם לפרטי הדינים של הקרבנות. רמז לכך נותנים שלושת סוגי הקרבנות מן החי הנזכרים בפסוק שציטטנו: בהמה, בקר וצאן. כל אחד מהם מייצג מאפיין חייתי מסוים של נפש האדם.

המילה "**בהמה**" מייצגת את היצר החייתי עצמו. הבהמה היא מבויתת, ובכל מקרה היא צמחונית. אין לה דחפי הפרא של הטורפים. היא מבטאת מהות מאולפת יותר. הבהמות מבלות את זמנן בחיפוש מזון. חייהן כבולים במאבק הקיום. להקריב את הבהמה שבתוכנו הוא להיענות למשהו גבוה יותר מהישרדות. בספרו **חקירות פילוסופיות** כתב לודוויג ויטגנשטיין כי משימתה של הפילוסופיה היא להראות לזבוב את הדרך החוצה מהבקבוק. הזבוב הלכוד מטיח את ראשו בזכוכית בנסותו למצוא דרך החוצה. רק לכיוון אחד אינו מביט: למעלה. הנשמה האלוהית שבתוכנו היא הכוח הנושא את ראשנו אל על, אל מעבר לעולם הגשמי, אל מעבר להישרדות גרידא, בחיפוש אחר משמעות, מטרה, יעד.

המילה "**בקר**" נגזרה מאותו שורש שנגזרה ממנו המילה "בוקר", שעות האור הראשונות ביממה. עניינו היסודי של השורש בק"ר הוא פריצה החוצה: קרני האור הראשונות של הבוקר פורצות אל מעבר לחשכת הלילה. הבקָר הנָס פורץ משוכות. אם אין מקיפים את הבקר בגדרות, הוא איננו מכבד שום גבול. להקריב בקר הוא ללמוד להכיר בגבולות ולכבדם: הגבולות שבין קודש לחול, בין טהור לטמא, בין מותר לאסור. לפעמים גבולות התודעה חזקים מחומות.

ולבסוף, "**צאן**" מייצג את אינסטינקט העֵדֶר: הדחף החזק לנוע בכיוון מסוים מפני שאחרים עושים כך.[2] הדמויות הדגולות של היהדות - אברהם, משה, הנביאים - הצטיינו בדיוק בכך: ביכולת שלהם לעמוד מחוץ לעדר; להיות אחרים, לערער על אלילי הזמן, לסרב להרכין ראש בפני אופנות רעיוניות בנות הרגע. זהו גם עומק משמעותה של הקדושה ביהדות. קדוש הוא דבר נבדל, שונה, נפרד, מובחן. היהודים היו המיעוט היחיד בהיסטוריה שסירב בהתמדה להיטמע בתרבות השלטת או להמיר את דתו לדת השלטת.

מבחינה לשונית, "הקרָבה" פירושה קירוב ו"קרבן" הוא הדבר שקירבו אותו. כלומר, התנועה העיקרית כאן איננה מלמטה למעלה, אלא מאיתנו אל קִרבתו של ה'. "להקריב" הוא להביא את היסוד הבהמי שבתוכנו לידי תמורה, על ידי האש האלוהית שפעם בערה על המזבח, ושעד היום בוערת בלב המתפלל המבקש באמת את קרבת אלוהים.

אירוניה היסטורית נסכה ברעיון העתיק הזה עכשוויות פתאומית. תורת דרווין, פענוח הגנום האנושי, והמטריאליזם המדעי (הגורס כי רק החומר ישנו) - כל אלה הובילו להתפשטות הדעה שהאדם הוא רק בעל חיים, ככל החיות, לא יותר ולא פחות. 98 אחוזים מהמטען הגנטי שלנו זהה לזה של הפְּרִימָטִים, קופֵי האדם. אנחנו, אמר דסמונד מוריס, "הקוף העירום".[3] על פי השקפה זו, ההומו ספיינס קיים רק במקרה. הננו תוצאת סדרה אקראית של מוטציות גנטיות; יצא כך שהתאמנו להישרדות יותר ממינים אחרים. הנה לנו, בבלעדיות גמורה ובמלוא חוסר הדרהּ, הנפש הבהמית.

2. המחקרים הקלסיים על התנהגותו של ההמון ועל אינסטינקט העדר הם: Charles Mackay, *Extraordinary Popular Delusions and the Madness of Crowds*, 1841; Gustav le Bon, *The Crowd: A Study of the Popular Mind*, 1897; Wilfred Trotter, *Instincts of the Herd in Peace and War*, 1914; אליאס קנטי, **ההמון והכוח**, עברית: עמשי לוין, תל אביב: צ'ריקובר, 1979.
3. דסמונד מוריס, **הקוף העירום: מחקרו של זואולוג על בעל החיים הקרוי אדם**, עברית: יעקב שרת, תל אביב: רשפים, 1969.

הפרכתו של רעיון זה, רעיון שהוא מן הקיצוניות שברדוקציות שעשה אדם נבון אי־פעם, נעוצה במעשה ההקרבה עצמו במובנו המיסטי. בידינו לתעל את היצרים הבהמיים שלנו. בכוחנו להתעלות אל מעבר לעצם ההישרדות. אנחנו מסוגלים לכבד גבולות. אנחנו יכולים לצעוד אל מחוץ לאופקינו המיָדיים. מדען המוח סטיבן פינקר כותב שאנחנו יכולים לפעול נגד נטייתנו המוקדמת התורשתית, "ואם הדבר אינו נראה לגנים שלי, הם יכולים לקפוץ למי הים".[4] ובסרט **המלכה האפריקאית** מכריזה השחקנית קתרין הפבורן באוזני המפרי בוגרט כי הטבע "הוא מה ששָׂמוּ לנו על הארץ כדי שנגדַל מעליו".

אנחנו יכולים להשגיב את הבהמה, הבקר והצאן שבנו. שום בעל חיים מלבדנו אינו מסוגל להתמיר את עצמו מן החומר אל השגב. אנחנו כן. שירה, מוזיקה, אהבה, פליאה - הדברים הללו, שאין להם ערך הישרדותי אך הם מדברים אל עומק תחושת ההוויה שלנו, מלמדים אותנו שאיננו רק חיות, מצבורים של גֶנים אנוכיים. באמצעות קירוב הבהמי שבתוכנו אל ה', אנחנו מאפשרים לַחומרִי לגעת ברוחני - ואנו עצמנו משתנים: לא עוד עבדי הטבע, כי אם משרתיו של אלוהים חיים.

4. סטיבן פינקר, **כיצד פועל המוח: מבט חדש על נפלאות החשיבה האנושית**, עברית: עמוס כרמל, תל אביב: מטר, 1999, עמ' 55.

ויקרא

על טעויות מכַפרים

פרשתנו עוסקת בקרבנות. ואף כי מצוותיה אינן מקוימות זה כמעט אלפיים שנה, למן חורבן הבית, מגולמים בה עקרונות מוסר חשובים ולא מובנים מאליהם.

לתשומת לב מיוחדת ראויים דיני קרבן חטאת. ארבעה מקריבים חטאת: הכוהן המשיח, כלומר הכוהן הגדול; הקהל, כלומר זקני העדה, ולימים הסנהדרין; הנשיא, כלומר המלך; ו"נפש אחת", כלומר אדם מן השורה. כל אחד מהם שונה מחברו מבחינת תפקידו ומקומו בחברה, ובהתאם לכך שונה קרבן החטאת שלו.

קרבנות חטאת מובאים רק על עברות חמורות שעונשן כרת, כלומר מוות בידי שמים, שנעשו בשגגה. יש שתי דרכים לחטוא בשגגה: לא לדעת את ההלכה, או לא לדעת את העובדות. למשל, אדם שמבשל בשבת אולי אינו יודע שהבישול אסור בשבת - ואולי אינו יודע ששבת היום.

החטא בשגגה נמצא בתווך בין החטא בזדון, במזיד, כלומר חטא מתוך ידיעה שהדבר אסור - לבין החטא באונס, כלומר עברה שלא נעשתה מתוך פעולה חופשית כלל אלא, למשל, כרפלקס או ממצב של איום. על עברות במזיד אין החטאת מכפרת. על עברות באונס אין צורך לכפר. קרבן חטאת מוגבל אפוא לטווח ביניים של חטאים: מעשים שנעשו מתוך רצון, אך מבלי דעת שהם אסורים.

השאלה מתבקשת: מדוע צריך לכפר על עברות בשוגג? איזו אשמה יש בכך? החוטא לא התכוון לחטוא. אין כוונה פלילית. לו ידע העבריין את העובדות ואת ההלכה, לא היה עושה מה שעשה. אם כן, למה עליו לעבור תהליך של כפרה?

המפרשים נתנו כמה וכמה תשובות על כך.

הרש"ר הירש והרד"ץ הופמן הציעו את ההסבר הישיר ביותר: אי־ידיעה - של העובדות או של החוק - היא סוג של רשלנות. צריך לדעת את החוק, את ההלכה, בפרט בעניינים החמורים. צריך לשמור על ערנות ולדעת מה אנחנו עושים. זו חובת יסוד, ודאי בתחומי עשייה רציניים.

אברבנאל טען שקרבן החטאת איננו בעיקרו עונש על מה שנעשה, אלא אזהרה חמורה לעתיד. הבאת הקרבן, שדרשה מאמצים רבים והוצאה כספית נכבדה, היא תזכורת שמעתה ואילך תנצנץ בזיכרונו של האדם ותזכיר לו להיות זהיר יותר.

הרמב"ן גרס שהחטאת מוקרבת לא בגלל מה שהוביל למעשה, אלא בגלל מה שהמעשה חולֵל. חטא מטמא גם אם אין בו כוונה. "שכל העוונות יולידו גנאי בנפש והם מום בה, ולא תזכה להקביל פני יוצרה רק בהיותה טהורה מכל חטא".[1]

הרבי מלובביץ', הרב מנחם מנדל שניאורסון, הציע פירוש רביעי, בעקבות מסורת מדרשית. גם חטא בשגגה מעיד כי דבר־מה לא טוב קרה אצל החוטא. דברים רעים אינם באים לעולם באמצעות אנשים טובים. חז"ל אמרו שהקב"ה אינו מניח אפילו לבעלי חיים של צדיקים לעשות רע; כל שכן שהוא מגן על הצדיקים עצמם מפני עשיית טעויות ושגגות.[2] מי שחטא בשגגה, יש בו כנראה איזה רבב וראוי לו לחזור בתשובה.

תפיסה זו אופיינית לחב"ד, המדגישה את הצד הנפשי של החיים הדתיים, והיא מעלה על הדעת את תורתו של פרויד על הלא מודע וביטוייו שעל פני השטח, אותה תיאוריה שממנה נגזר הביטוי "טעות פרוידיאנית". פליטות פה או מעשים שנראים בלתי מכוונים מסגירים לעתים תשוקות ומניעים לא מודעים. הלא מודע, שקשה להבחין בו בעת שאדם פועל בידיעה ובכוונה גמורות, מבליח לעינינו ברגעים הבלתי נשלטים הללו. עברות בשוגג הן סימן לכך שמשהו אינו כשורה בנפשו של החוטא. על הכשל הזה, השוכן אולי מתחת לסף התודעה, יש לכפר בקרבן חטאת.

המשותף לכל הפירושים הוא שקרבן החטאת מבטא רעיון המוכר במשפט המערבי אבל למרבה הפלא זָר לאתיקה המערבית: המעשים שלנו משנים את העולם. בהשפעת עמנואל קאנט הורגלנו לחשוב שבענייני מוסר כל מה שחשוב הוא הרצון. אם רצוננו טוב, אנחנו טובים, בלי קשר למה שאנחנו באמת עושים. אנו נידונים על פי כוונותינו, לא על פי מעשינו. גם היהדות מכירה בהבדל בין רצון טוב לרצון רע. משום כך, רק על עברות בשוגג אפשר לכפר בקרבן, לא על עברות במזיד. ועם זה, עצם העובדה ששגגות טעונות כפרה מלמדת שאיננו יכולים להתנתק ממעשינו ולומר "לא התכוונתי". הרע נעשה - והוא נעשה על ידינו. על כן חובתנו לעשות מעשה המסמל את חרטתנו. איננו יכולים להתעלם ולהמשיך הלאה כאילו אין לנו קשר למעשה שנעשה.

1. רמב"ן לויקרא ד, ב.
2. יבמות צט ע"ב; כתובות כח ע"ב.

לפני שנים רבות אמר לי סופר יהודי חילוני: "היהדות מלאה אשמה, לא כך?" עניתי לו, "כן, אבל היא גם מלאה סליחה". קרבן חטאת עניינו סליחה. אך בו בזמן, היהדות משמיעה הצהרה מוסרית עמוקה, בסרבה לפצל את נפש האדם לשתי ישויות - גוף ונפש, מעשה וכוונה, אובייקטיבי וסובייקטיבי, העולם החיצוני והעולם הפנימי. קאנט עשה זאת. מה שחשוב מבחינה מוסרית, הוא טען, הוא רק מה שקורה בעולם הפנימי, בנפש.

האם אך מקרה הוא שהתרבות שהושפעה, יותר מכל תרבות אחרת, מהפילוסופיה של קאנט היא אותה תרבות שחוללה את השואה? אינני מתכוון לומר חס ושלום שהחכם מקניגסברג אחראי לאסון הנורא בדרך כלשהי. ועדיין, עובדה היא שהמוני אנשים טובים והגונים לא נקפו אצבע למחות בזמן אמת נגד הפשע הנורא ביותר שעשו בני אדם בבני מינם אי־פעם. רבים מהם ודאי חשבו שאין זה עניינם. אם אין להם עצמם כוונות רעות כלפי היהודים, למה שירגישו אשמים? אלא שלַמעשה שלהם, למחדל שלהם במקרה הזה, היו תוצאות ממשיות בעולם המציאות. תרבות התוחמת את המוסר בגבולות התודעה היא תרבות החסרה אמצעי הגנה מפני התנהגות מזיקה.

קרבן החטאת מזכיר לנו כי הרע שאנחנו עושים, או מאפשרים שיקרֶה, טעון כפרה גם אם לא רצינו בו ולא התכוונו אליו. שיטת מוסר המדברת על מעשים, לא רק על כוונות, על מה שקורה באמצעותנו גם אם לא התכוַונו אליו, אולי אינה אופנתית, אבל היא מחייבת יותר והולמת יותר את טבע האדם משיטת מוסר המתבוננת בכוונות בלבד.

צו

אלימות וקדושה

מדוע קרבנות? נכון, למן חורבן בית שני הקרבנות אינם חלק מחיי היהדות. נכון, הם רק אמצעי למטרה. אבל מדוע בחר ה' במטרה שהאמצעים להשגתה הם כאלה? שאלה זו היא כמובן אחת השאלות העמוקות ביהדות, ויש לה תשובות רבות. אלך כאן בעקבות אחת מהן, שהציע לראשונה ההוגה בן המאה החמש־עשרה רבי יוסף אלבו ביצירתו **ספר העיקרים**.

נקודת הזינוק בתיאוריה של אלבו איננה שאלת הקרבנות, אלא שתי שאלות מסקרנות אחרות. הראשונה: מדוע אחרי המבול התיר אלוהים לבני האדם לאכול בשר (בראשית ט, ג–ה)? קודם לכן, מבריאת העולם ועד המבול, לא האדם ולא בעלי החיים אכלו בשר (בראשית א, כט–ל). מה גרם לאלוהים לשנות, כביכול, את דעתו? והשאלה השנייה: במה שגה קין כאשר הקריב לאלוהים "מִפְּרִי הָאֲדָמָה" (בראשית ד, ג–ה)? דחייתה של מנחה זו הובילה ישירות לרצח הראשון בהיסטוריה: קין הרג את הבל. מה היה ההבדל העקרוני בין מנחותיהם של קין ושל הבל?

על פי התיאוריה של אלבו, הרג בעלי חיים כדי לאוכלם הוא ביסודו רע. מדובר בנטילת חייה של בריה בעלת יכולת חישה לשם סיפוק צרכינו. קין ידע זאת. הוא האמין שיש קרבה רבה בין האדם לחי. משום כך בחר להביא מנחה מן הצומח ולא מן החי (על פי אלבו, הטעות של קין הייתה רק שבחר להקריב ירקות ולא פירות: את התוצר הצמחי הנמוך במקום את זה הגבוה). הבל, לעומת זאת, האמין שיש הבדל מהותי בין האדם לבעלי החיים. הרי אלוהים בירך את אדם וחווה במילים "וּרְדוּ בִּדְגַת הַיָּם וּבְעוֹף הַשָּׁמַיִם וּבְכָל חַיָּה הָרֹמֶשֶׂת עַל הָאָרֶץ" (בראשית א, כח)! על כן הביא הבל מנחה מן החי.

כשראה קין שאלוהים שעה למנחתו של הבל ולא למנחתו שלו, חשב כך: אם אלוהים, שאמנם אסר עלינו להרוג חיות כדי לאוכלן, מתיר להרוג חיות כדי להקריבן לו, ואף מעדיף קרבן מסוג זה; ואם (כפי שקין כאמור הניח) אין הבדל מהותי בין בני

אדם לבעלי חיים, והם נמצאים על רצף אחד - כי אז ראוי שאקריב לאלוהים את הקרבן החי היקר ביותר, הלוא הוא הבל אחי. קין הרג אפוא את הבל לא מתוך קנאה או שנאה, אלא כדי להקריבו לאלוהים.

זו הסיבה שה׳ התיר אחרי המבול לאכול בשר. לפני המבול ״מָלְאָה הָאָרֶץ חָמָס״ (בראשית ו, יג). העולם היה מלא באלימות. אלימות, כך התברר, היא חלק בלתי נפרד מטבע האדם. אם אין ה׳ רוצה להביא על האנושות מבול שני, עליו להביא בחשבון את הנתון הזה ולהנמיך את דרישות הסף מבני האדם. ארשה להם, הוא אומר, להרוג חיות, ואאסור רק את הרג בני האדם, שכן האדם הוא צורת החיים היחידה שאינה רק ברואת אלוהים אלא גם עשויה בצלמו. כך אפשר להבין את פשרו התמוה לכאורה של רצף הפסוקים שלאחר יציאת נוח ומשפחתו מהתיבה:

> וַיִּבֶן נֹחַ מִזְבֵּחַ לַה׳, וַיִּקַּח מִכֹּל הַבְּהֵמָה הַטְּהוֹרָה וּמִכֹּל הָעוֹף הַטָּהֹר וַיַּעַל עֹלֹת בַּמִּזְבֵּחַ. וַיָּרַח ה׳ אֶת רֵיחַ הַנִּיחֹחַ, וַיֹּאמֶר ה׳ אֶל לִבּוֹ: לֹא אֹסִף לְקַלֵּל עוֹד אֶת הָאֲדָמָה בַּעֲבוּר הָאָדָם, כִּי יֵצֶר לֵב הָאָדָם רַע מִנְּעֻרָיו, וְלֹא אֹסִף עוֹד לְהַכּוֹת אֶת כָּל חַי כַּאֲשֶׁר עָשִׂיתִי. וַיְבָרֶךְ אֱלֹהִים אֶת נֹחַ וְאֶת בָּנָיו וַיֹּאמֶר לָהֶם... כָּל רֶמֶשׂ אֲשֶׁר הוּא חַי לָכֶם יִהְיֶה לְאָכְלָה, כְּיֶרֶק עֵשֶׂב נָתַתִּי לָכֶם אֶת כֹּל... וְאַךְ אֶת דִּמְכֶם לְנַפְשֹׁתֵיכֶם אֶדְרֹשׁ, מִיַּד כָּל חַיָּה אֶדְרְשֶׁנּוּ וּמִיַּד הָאָדָם, מִיַּד אִישׁ אָחִיו אֶדְרֹשׁ אֶת נֶפֶשׁ הָאָדָם. שֹׁפֵךְ דַּם הָאָדָם - בָּאָדָם דָּמוֹ יִשָּׁפֵךְ; כִּי בְּצֶלֶם אֱלֹהִים עָשָׂה אֶת הָאָדָם. (בראשית ח, כ - ט, ו)

לאור פירושו של הרב אלבו, הגיונם של הדברים ברור. נוח הקריב קרבנות מן החי, כהודיה על ששרד מן המבול. ה׳ רואה שבני האדם זקוקים לדרך זו של ביטוי עצמי. יש להם נטייה מולדת לאלימות (״יֵצֶר לֵב הָאָדָם רַע מִנְּעֻרָיו״). כדי שהחברה האנושית תתקיים, יש להתיר לבני האדם להפנות את האלימות שלהם לבעלי חיים שאינם אדם - לצורכי אכילה ולצורכי הקרבה. הקו האדום הראשי של המוסר יהיה הקו המבחין בין אדם לשאינו אדם.

ההיתר להרוג חיות מלווה באיסור מוחלט על הרג בני אדם (״כִּי בְּצֶלֶם אֱלֹהִים עָשָׂה אֶת הָאָדָם״). אין פירוש הדבר שדעתו של הקב״ה נוחה מהריגת בעלי חיים לצורכי אכילה והקרבה - אלא שבהתחשב בנטייתם האלימה המולדת של בני האדם, איסור על כך הוא אוטופי. הוא אינו מתאים למציאות העכשווית, אלא לאחרית הימים. עד אז, הרע במיעוטו הוא לאפשר לבני האדם להמית בעלי חיים במקום לרצוח זה

את זה. הקרבנות מן החי הם ויתור לטבע האדם.[1] הקרבנות הם תחליף לאלימות המכוונת נגד בני אדם.

בימינו הֶחֱיָה את התובנה הזו הוגה הדעות הצרפתי רֶנֶה ז׳יראר. הוא עסק בכך בספריו, ובהם **האלימות והקדושה**, **השעיר לעזאזל** ו**דברים שהוחבאו מאז היווסד העולם**, אמנם בלי להזכיר את אלבו או מקורות יהודיים אחרים וכנראה בלי להכירם. לטענתו, לכל הקרבנות יש מכנה משותף:

> מכנה משותף זה הוא האלימות הפנימית. הקורבן טוען שהוא יכול לבטל את הסכסוכים, את העוינות, את היריבות, הקנאות והמריבות בין המקורבים, ולהשכין את ההרמוניה החברתית. בכך הוא מחזק את האחדות החברתית. הכול נובע מכך.[2]

הצורה החמורה ביותר של אלימות בין חברות ובתוכן היא הנקמה, בשל מעגליותה האינסופית. הלל, שגם אותו ז׳יראר איננו מצטט, אמר כשראה גולגולת של אדם צפה על פני המים, "על דאטפת אטפוך, וסוף מטייפייך יטופון"[3] (על שום שהטבעת הטביעו אותך, וסופם של מטביעייך שיטביעום). הקרבנות הם דרך לתיעול האנרגיה ההרסנית של הנקם. מדוע אפוא בחברות מודרניות לא נהוגים קרבנות? ז׳יראר מסביר שבעולם המודרני נמצאה דרך אחרת להחליף את הנקם:

> קיים מעגל קסמים של נקמה, ואין אנו משערים כל עיקר את דרגת השפעתו על החברות הפרימיטיביות. מעגל קסמים זה אינו קיים עבורנו. מה הסיבה לזכות יתר זאת? על שאלה זו נוכל לתת תשובה קטגורית באשר למוסדות. המערכת המשפטית היא זו שמרחיקה את סכנת המלחמה. היא לא מבטלת את הנקמה, אלא מגבילה אותה למעשה תגמול אחיד, שביצועו מופקד בידי סמכות ריבונית ומקצועית בתחומה. ההחלטות של הסמכות המשפטית הן המילה האחרונה של הנקמה.[4]

1. על השאלה מדוע אלוהים אינו בוחר לשנות את טבע האדם ראו רמב"ם, **מורה הנבוכים**, ג, לב.
2. רנא ז׳יראר, **האלימות והקדושה**, עברית: יותם ראובני, תל אביב: נמרוד, תשס"ט, עמ׳ 13.
3. משנה, אבות ב, ז.
4. ז׳יראר, **האלימות והקדושה**, עמ׳ 21.

התיאוריה של ז׳יראר מאששת את השקפתו של אלבו, ויתרה מזו - היא עוזרת לנו לעמוד על תובנה עמוקה של נביאי ישראל ושל היהדות בכלל. הקרבנות אינם מטרות לעצמם, אלא חלק מתכניתה הגדולה של התורה לבנות עולם שנגאל ממעגל הדמים של הנקמה. חלקה האחר של התכנית הוא משאלתו הגדולה ביותר של אלוהים: ליצור עולם שהצדק והמשפט מושלים בו. זהו כזכור הייעוד שהציב ה׳ בפני אברהם: ״כִּי יְדַעְתִּיו לְמַעַן אֲשֶׁר יְצַוֶּה אֶת בָּנָיו וְאֶת בֵּיתוֹ אַחֲרָיו וְשָׁמְרוּ דֶּרֶךְ ה׳ לַעֲשׂוֹת צְדָקָה וּמִשְׁפָּט״ (בראשית יח, יט).

האם ההיסטוריה האנושית הגיעה אפוא לשלב שבו כבר אין טעם בהקרבת בעלי חיים? האם הצדק והמשפט הצליחו ליצור מציאות שבה איננו צריכים עוד פולחנים דתיים כתחליף לאלימות בין בני אדם? הלוואי. בספרו **כבודו של הלוחם**[5] מנסה מייקל איגנטייף להבין מה קרה לחלום הליברלי על ״קץ ההיסטוריה״. מילותיו קולעות אל לב לבו של האי־סדר העולמי החדש:

> המכשול המוסרי העיקרי העומד בדרכה של ההתפייסות הוא תשוקת הנקם. בימינו, תשוקה זו נחשבת בדרך כלל רגש ירוד ובלתי ראוי, ומפני שהיא נחשבת לכזו, משמעותה המוסרית בעיני אלה החווים אותה כמעט שאינה זוכה להבנה. אבל הנקם, מנקודת מבט מוסרית, הוא תשוקה לשמור אמונים למתים, לכבד את זכרם על ידי המשכת המלחמה שלהם מן הנקודה שהם נאלצו לנטוש אותה. הנקמה היא שמירת אמונים בין דורות... למעגל בין־דורי זה אין נקודת סיום הגיונית... אבל דווקא האי־אפשריות של הנקמה הבין־דורית היא שלוכדת קהילות במעגל הכפייתי של הנקם... להתפייסות אין שום סיכוי נגד הנקמה, אלא אם היא מכבדת את הרגשות שבבסיס תאוות הנקם ומציעה להן חלופה בדמות טקסים המלמדים את הקהילות שקודם לחמו זו בזו להתאבל על מתיהן יחד.[6]

תאוות הנקם האנושית חיה וקיימת. דיני הקרבנות מתייחסים לא רק אל עידן שהיה ואיננו. הם אומרים לנו שלושה דברים, שחשיבותם בזמננו אינה פחותה מחשיבותם בעולם העתיק. ראשית, האלימות היא חלק מטבע האדם, והיא מסוכנת במיוחד

5. Michael Ignatieff, *The Warrior's Honor: Ethnic War and the Modern Conscience*, New York: Henry Holt, 1997.
6. שם, עמ׳ 188–190.

כשחובר אליה אתוס הנקם. שנית, במקום להכחיש את קיומה של האלימות, עלינו למצוא דרכים לתעל אותה כך שלא תתבע עוד ועוד קרבנות אדם; ושלישית, החלופה הסופית היחידה לקרבנות בעלי חיים ולקרבנות אדם היא זו שנוסחה לראשונה לפני אלפי שנים בפי נביאי ישראל. מכולם היטיב לומר זאת הנביא עמוס:

> כִּי אִם תַּעֲלוּ לִי עֹלוֹת וּמִנְחֹתֵיכֶם לֹא אֶרְצֶה וְשֶׁלֶם מְרִיאֵיכֶם לֹא אַבִּיט. הָסֵר מֵעָלַי הֲמוֹן שִׁרֶיךָ וְזִמְרַת נְבָלֶיךָ לֹא אֶשְׁמָע. וְיִגַּל כַּמַּיִם מִשְׁפָּט, וּצְדָקָה כְּנַחַל אֵיתָן.
> (עמוס ה, כב-כד)

צו

פשר הקרבן

הקרבתם של בעלי חיים היא אחד היסודות הקשים ביותר בתורה ובאורח החיים שהיא מתווה. קשה להבין את העניין הזה מכיוון שהיהודים והיהדות שורדים כבר כמעט אלפיים שנה בלי קרבנות. עוד בימי בית ראשון רבים מהנביאים הגדולים היו ביקורתיים כלפי הקרבנות, ונבואת ירמיהו מהפטרת השבת היא דוגמה בולטת לכך.[1] איש מן הנביאים לא שאף לבטל את הקרבנות, אך הם מתחו ביקורת חמורה על האנשים שהקריבו אותם בעודם משעבדים ומנצלים בני אדם אחרים. בייחוד הרגיזה את הנביאים - ואת הקב"ה, שהם דיברו בשמו - התפיסה כאילו הקרבנות הם מין שוחד: המחשבה שאם ניתֵן לאלוהים מתנה נדיבה מספיק, הוא ימרק את פשעינו. תפיסה זו רחוקה מהיהדות כרחוק מזרח ממערב.

הקרבנות, וכמוהם גם המלוכה, לא היו בימי קדם מן התופעות הייחודיות לעם ישראל. בכל דת בימים ההם, בכל פולחן ובכל כת, היו מזבחות וקרבנות. מפליא לראות באיזו פשטות וקלות הצליחו חכמינו למצוא לקרבנות תחליפים, ובראשם שלושה: התפילה, הלימוד והצדקה. התפילה, בייחוד תפילות שחרית, מנחה ומוסף, תופסת את מקומם של קרבנות התמיד וקרבנות המוסף הקבועים; מי שלומד את דיני הקרבנות מעלה עליו הכתוב כאילו הקריבם בעצמו; והנותן צדקה מקריב כביכול קרבן כספי, ומצהיר בכך שכל מה שיש לנו שייך בעצם לה'.

וכך, אף כי אנו מתפללים מדי יום לבניין המקדש ולהשבת עבודתו, עקרון הקרבן עצמו נותר קשה להבנה. תיאוריות רבות הוצעו בידי אנתרופולוגים, פסיכולוגים וחוקרי מקרא כדי להסביר מה הקרבנות מייצגים, אך רובן מתבססות על ההנחה המפוקפקת שהקרבת הקרבן היא במהותה מעשה זהה בכל התרבויות. זהו כשל מחקרי.

1. בפרט בפסוק הנוקב "כִּי לֹא דִבַּרְתִּי אֶת אֲבוֹתֵיכֶם וְלֹא צִוִּיתִים בְּיוֹם הוֹצִיאִי אוֹתָם מֵאֶרֶץ מִצְרָיִם עַל דִּבְרֵי עוֹלָה וָזָבַח" (ירמיהו ז, כב). ראו על כך רש"י ורד"ק על אתר, ובעיקר רמב"ם, **מורה הנבוכים**, ג, לב.

כל תופעה דתית ותרבותית, כל מנהג ואורח חיים, צריכים להיבחן לאור האמונות של התרבות שהם מתקיימים בה. משמעות הקרבן ביהדות, והשאלה מדוע הוא חשוב גם כיום, ולוּ כרעיון, צריכות להתבאר לאור השקפת היהדות. השאלה צריכה להיות זו: מהו פשר הקרבן בדת הגורסת כי אלוהים הוא בורא העולם ואדון הכול?

התשובה הפשוטה ביותר, שאינה מסבירה את פרטי הקרבנות לסוגיהם, היא זו: **אנחנו אוהבים את מה שאנחנו מוכנים להקריב למענו קרבן**. משום כך, כאשר היו בני ישראל אומה של חקלאים ורועים, הם הפגינו את אהבתם לה' בהביאם לו מתנה סמלית מן הצאן והבקר, מן השדה ומן המטע, כלומר מאמצעי המחיה שלהם. לאהוב פירושו להודות. לאהוב פירושו לרצות להביא מנחה לָאהוּב. לאהוֹב פירושו לתת.[2] הקרבן הוא הכוריאוגרפיה של האהבה.

הדבר נכון בתחומי חיים רבים. בני זוג הנשואים באושר מקריבים קרבנות זה לזה דרך קבע. הורים מקריבים קרבנות אדירים למען ילדיהם. אנשים הנענים לקריאה מלמעלה - לרפא חולים, לדאוג לעניים, להילחם למען החלש שנעשה לו עוול - מקריבים לעתים קריירות משתלמות למען האידיאלים שלהם. כאשר גוברת הרוח הפטריוטית, אנשים מקריבים קרבנות למען מולדתם. בקהילות חזקות אנשים מקריבים למען בני קהילה הזקוקים לעזרה. ההקרבה היא דבק המגע של יחסי האנוש. היא מצמידה אותנו זה לזה.

זו הסיבה שבימי התנ"ך היו הקרבנות חשובים כל כך. לא משום שכך היה בכל הדתות, אלא משום שלִבה הפועם של היהדות היא האהבה: "וְאָהַבְתָּ אֵת ה' אֱלֹהֶיךָ בְּכָל לְבָבְךָ וּבְכָל נַפְשְׁךָ וּבְכָל מְאֹדֶךָ" (דברים ו, ה). בדתות אחרות הדחף שהניע את ההקרבה היה פחד: פחד מפני זעמם ועוצמתם של האלים. ביהדות הדחף היה אהבה.

שם העצם "קרבן" והפועל "להקריב" מצביעים על כך: הם באים מהשורש קר"ב, כלומר עניינם קרבה והתקרבות. ועוד זאת, בכל פרשיות הקרבנות נזכר ה' בשמו המפורש, המבטא את מידת הרחמים ואת קרבת האל למאמיניו, ולעולם אין הוא קרוי בהן "אלוהים", השם המבטא את מידת הדין ואת הריחוק. המילה "אלוהים" מופיעה בכל ספר ויקרא רק חמש פעמים, כולן בהקשר של עמים אחרים. שם ה', לעומת זאת, מופיע בחומש זה 209 פעמים. כפי שראינו בדרשה לפרשה הקודמת, אפילו שמו של החומש, ויקרא, עניינו קריאת קרבה ואהבה. כשיש אהבה יש קרבן.

כאן טמונה הרלוונטיות של רעיון הקרבנות במאה העשרים ואחת. המוסדות החשובים של העולם המודרני - המדינה הדמוקרטית הליברלית וכלכלת השוק

2. שימו לב לקרבה בין השורש אה"ב לשורש יה"ב, שעניינו נתינה.

החופשי - הושתתו על מודל "השחקן הרציונלי", האדם הפועל כדי למקסם את תועלתו האישית. תומס הובס דיבר על האמנה החברתית המתבססת על כך שלכל אדם בחברה יש אינטרס למסור כמה מזכויותיו בידי גוף מרכזי שמתפקידו לספק ביטחון ושלטון חוק. אדם סמית ביסס את כלכלת השוק על התובנה שאם כל אדם יפעל כדי למקסם את טובתו האישית, התוצאה תהיה גידול של העושר המשותף. הפוליטיקה המודרנית והכלכלה המודרנית נבנו שתיהן על יסוד המרדף הרציונלי אחר האינטרס האישי.

לא היה שום רע בכך. הדבר נעשה מתוך הנאצלים שבמניעים. זה היה ניסיון לרפא את אירופה מהמלחמות והמחסור שעינו אותה מאות שנים. המדינה הדמוקרטית וכלכלת השוק היו ניסיונות רציניים לרתום את כוחו של האינטרס האישי למאבק נגד היצרים ההרסניים המובילים לאלימות.[3] השתתת הפוליטיקה והכלכלה על האינטרס האנוכי אינה סותרת את האפשרות שהמערכות הקטנות יותר, המשפחות והקהילות, יישענו על האלטרואיזם, היפוכה של האנוכיות. המדינה הדמוקרטית והכלכלה החופשית הן שיטות טובות.

אלא שבחלוף שנים רבות של דמוקרטיה ושל משק חופשי, שבמרכזם כאמור היחיד ודאגתו לעצמו, רעיון האהבה כקרבן הידלדל קשות בתחומי חיים רבים. הדבר בולט במיוחד בתחום המשפחה. פחות ופחות מתושבי המערב מתחתנים. גיל הנישואים, אצל אלה שמתחתנים, עולה. וכמעט מחצית מן הנישואים נגמרים בגירושים. האוכלוסיות הילידיות באירופה קטֵנות. כדי לקיים אוכלוסייה יציבה נדרש שיעור ילודה ממוצע של 2.1 ילדים לאישה. בשנת 2015 שיעור הילודה הממוצע באיחוד האירופי היה 1.55 ילדים לאישה. בספרד הוא עמד על 1.27. בגרמניה שיעור הילודה כיום הוא הנמוך בעולם.[4] היציבות בגודל האוכלוסייה באירופה נשמרת כיום רק בשל גלי ההגירה חסרי התקדים.

חברה שאיבדה את מושג ההקרבה, במוקדם או במאוחר מוסד הנישואים יקרטע אצלה, הילודה תתמעט בקרבה ואוכלוסייתה תזדקן ותמות לאטה. לקודמי בתפקיד הרב הראשי לבריטניה, הלורד הרב עמנואל יעקובוביץ' ז"ל, הייתה דרך נאה לבטא זאת. חז"ל אמרו כי אדם המגרש את אשתו "מזבח מוריד עליו דמעות".[5] מה

3. החיבור הקלסי בעניין זה הוא: Albert O. Hirschman, *The Passions and the Interests*, Princeton: Princeton University Press, 1977.
4. *The Observer*, August 23, 2015.
5. גיטין צ ע"ב.

הקשר בין מזבח לנישואים? שניהם, הסביר הרב יעקובוביץ', עניינם קרבנות. הנישואים כושלים כאשר בני הזוג אינם מוכנים להקריב זה למען זה.

היהדות שרדה למרות הקרבנות הרבים שהיהודים נדרשו להקריב למענה. במאה האחת־עשרה השתאה רבי יהודה הלוי לנוכח העובדה שהיהודים נשארו יהודים אף כי "החשובים בתוכנו" יכולים "לסלק על נקלה, באמירת מילה אחת, את הביזיונות מעל נפשם, להיות לבני חורין ולשלוט במשעבדיהם, ואינם עושים כן בהיותם נאמנים לדתם".[6] אולם ייתכן מאוד שהיהדות שרדה דווקא **בגלל** הקרבנות הללו. כאשר אנשים מקריבים למען האידיאלים שלהם, האידיאלים הללו נשארים חזקים. אדם אוהב את מה שהוא מקריב למענו. וההקרבה היא ביטוי לאהבה.

לא כל קרבן הוא קדוש. המחבלים המתאבדים של ימינו מקריבים את חייהם ואת חיי קרבנותיהם בדרך שהיא בעיניי חילול השם.[7] אדרבה, עצם קיומם של קרבנות בעלי חיים בתורה הוא אולי דרך למנוע הקרבת קרבנות אדם באלימות ובמלחמה. אך עקרון הקרבן נשאר. הוא המתנה שאנו נותנים למה ולמי שאנחנו אוהבים.

6. **ספר הכוזרי**, מאמר רביעי, כג, עברית: יהודה אבן שמואל, תל אביב: דביר, תשל"ז.
7. הרחבתי בעניין בספרי **לא בשם האל**, עברית: צור ארליך, ירושלים: מגיד, תשע"ו.

צו

סוד השלשלת

בתורה מופיעים ארבעה סיפורים על משברים אישיים, שהמשותף להם והמיוחד רק להם אינו מילים, אלא מנגינה.

בקהילות ישראל, מקדמת דנא, התורה לא רק נקראת אלא גם מזומרת. משה באחרית ימיו קרא לתורה "שירה".[1] מסורות נגינה שונות התפתחו בארץ ישראל ובבבל, ובמאה העשירית נוצרה בידי בעלי המסורה בטבריה מערכת סימון שיטתית לטעמי המקרא. אחד מטעמי המקרא נדיר במיוחד. שמו שלשלת, צורתו מסולסלת, ונגינתו עולה ויורדת, עולה ויורדת. בכל חמשת חומשי תורה גם יחד הוא מופיע רק ארבע פעמים. בכל פעם שהוא מופיע, הוא מאותת על משבר קיומי. שלוש שלשלות נמצאות בספר בראשית, והרביעית - בפרשתנו. כפי שנראה להלן, שלשלת רביעית זו מסמנת משבר הנוגע למנהיגות. במובן רחב יותר נכון הדבר גם לשלוש הקודמות.

השלשלת הראשונה מופיעה בסיפורו של לוט. לוט נפרד מדודו אברהם והתיישב בסדום. הוא נטמע באוכלוסייה המקומית. בנותיו נישאו לתושבי העיר. הוא עצמו ישב בשער העיר, כלומר היה כנראה שופט. ואז הגיעו לסדום שני זרים והורו לו לעזוב את העיר, שכן אלוהים עומד להחריב אותה. אולם לוט היסס. הוא התמהמה. ועל המילה "<u>וַ֨יִּתְמַהְמָ֓הּ</u>" מסומנת שלשלת (בראשית יט, טז). לוט היה קרוע, מסוכסך. הוא חש שהזרים צודקים. העיר אכן עמדה להיהרס. אלא שכל עתידו היה משוקע בזהותו החדשה, זו שביקש לסגל לעצמו ולבנותיו. אלמלא תפסו בו הזרים, הלוא הם המלאכים, ולקחו אותו למקום מבטחים, הוא היה מתמהמה רגע אחד יותר מדי.

במקרה השני אברהם ביקש מעבדו - אליעזר, לפי המסורת - למצוא כלה לבנו יצחק. המפרשים סבורים שאליעזר לא היה שלם עם השליחות. אם יצחק לא יתחתן ולא יוליד ילדים, יורשי נחלתו של אברהם יהיו בבוא היום אליעזר וצאצאיו. אברהם כבר אמר זאת לפני שנפקד בבן: "ה' אֱלֹהִים, מַה תִּתֶּן לִי וְאָנֹכִי הוֹלֵךְ עֲרִירִי

1. דברים לא, יט.

וּבֶן מֶשֶׁק בֵּיתִי הוּא דַּמֶּשֶׂק אֱלִיעֶזֶר?... הֵן לִי לֹא נָתַתָּה זָרַע, וְהִנֵּה בֶן בֵּיתִי יוֹרֵשׁ אֹתִי!" (בראשית טו, ב–ג). אם אליעזר יצליח בשליחותו להביא אישה ליצחק, ואם לזוג יהיו ילדים, יאפסו סיכוייו לרשת את רכושו ונחלתו של אברהם. שני יצרים נאבקו בתוכו: נאמנות לאברהם ושאפתנות אישית. הנאמנות ניצחה, אך לא בלי קרב. בפסוק המספר כיצד התפלל אליעזר להצלחת שליחותו, המילה "וַיֹּאמַר" מוטעמת בשלשלת: "וַיֹּאמַר: ה' אֱלֹהֵי אֲדֹנִי אַבְרָהָם, הַקְרֵה נָא לְפָנַי הַיּוֹם וַעֲשֵׂה חֶסֶד עִם אֲדֹנִי אַבְרָהָם" (בראשית כד, יב).

השלשלת השלישית שולחת אותנו למצרים, אל יוסף המופקד על בית פוטיפר שר פרעה. אשת פוטיפר ניסתה לפתותו, והוא מיאן. הוא אמר לה שאם ישכב עמה יפר את האמון שפוטיפר נותן בו, ויחטא חטא גדול לה'. אלא שהמילה "וַיְמָאֵן" (בראשית לט, ח) מוטעמת בשלשלת, ובקרב חז"ל ופרשני ימי הביניים יש הרואים בזה רמז למאמץ הגדול של יוסף לסרב לאשת פוטיפר.[2] הוא כמעט נכנע לה. לא הייתה פה רק ההתנגשות הרגילה שבין פיתוי לאיפוק. זו הייתה התנגשות בין זהויות. יוסף, אל נא נשכח, הגיע זה מקרוב לארץ נוכרייה. אחיו דחו אותו מעל פניהם. הם הבהירו לו שאינם רוצים שיהיה חלק מהמשפחה. הוא מתחיל בחיים חדשים. מדוע עליו לשמור אמונים לקוד ההתנהגות המשפחתי? ברומא התנהג כרומאי, ובמצרים כמצרי! אם אשת אדוניו חפצה בו, למה שלא ייעתר לה? השאלה שיוסף מתחבט בה איננה רק "האם כך נכון לעשות?" אלא גם "האם אני מצרי או עברי?".

שלוש שלשלות, שלושה קונפליקטים פנימיים, שלושתם נוגעים לזהות. כל אחד מאיתנו צריך לפעמים להחליט לא רק "מה אעשה?" אלא גם "איזה סוג אדם אהיה?". ואם אנחנו מנהיגים, הכרעה זו גורלית במיוחד. זה המקרה בשלשלת הרביעית, שגיבורהּ הוא משה.

אחרי חטא העגל הורה משה לבני ישראל, במצוות ה', לבנות משכן: בית שיסמל דרך קבע את שכינתו של ה' בקרב העם. מלאכת הבנייה נשלמה, וכל שנותר למשה הוא לקדש לכהונה במשכן את אחיו אהרן ואת בניו. הוא הלביש את אהרן בבגדי הכוהן הגדול, משח אותו בשמן המשחה, והקריב את הקרבנות הנדרשים. והנה, מעל המילה "וַיִּשְׁחָט" (המוסבת על איל המילואים השני, ויקרא ח, כג) מופיעה שלשלת. לאור ניסיוננו בשלושת המקרים הקודמים, אנחנו מבינים שיש פה רמז למאבק פנימי בתודעתו של משה. אבל מהו? בכתובים אין אפילו צל של סימן למשבר אצל משה.

2. תנחומא, וישב ח. מובא אצל רש"י בפירושו לפסוק.

אם נחשוב לרגע, מקור מצוקתו של משה יתחוור לנו היטב. עד עכשיו משה היה מנהיגו של עם ישראל. אחיו הגדול אהרן תמך בו, ליווה אותו בהופעותיו אצל פרעה והיה דוברו, עוזרו וסגנו. מעתה ואילך אהרן יהיה בעל תפקיד מנהיגותי בזכות עצמו. לא עוד יד ימינו של משה: אהרן יעשה דברים שמשה עצמו לא יוכל לעשות. הוא יקריב את קרבנות התמיד במשכן. הוא ינהל את עבודת הקודש. אחת לשנה, ביום הכיפורים, יבצע את סדרת הטקסים שתבטיח לבני ישראל כפרה. לא עוד צלו של משה: אהרן יהיה מעתה מנהיג מסוג מיוחד, שמשה נידון שלא להיות. הכוהן הגדול.

התלמוד מוסיף לרגע הזה עוד ממד נוגע ללב. כאשר התגלה אלוהים למשה בסנה, משה ניסה כמה פעמים להשתמט מקריאתו של ה׳ אליו שינהיג את העם. לבסוף אמר לו אלוהים שאהרן יתלווה אליו ויהיה לו לְפֶה (שמות ד, יד-טז). על פי התלמוד, ברגע זה איבד משה את הכהונה העתידית לאהרן: ״אני [ה׳] אמרתי, אתה כהן והוא לוי - עכשיו הוא כהן ואתה לוי״.[3]

הנה לנו המאבק הפנימי של משה, שהשלשלת מכוונת אליו. משה עומד למנות את אחיו למשרה שהוא עצמו לעולם לא יחזיק בה. הדברים יכלו להתגלגל אחרת, אבל איננו חיים בעולם של ״אִילוּ״. משה בוודאי שמח בשביל אחיו, אבל אי־אפשר שלא יחוש קורט של אבדן. אולי לבו כבר מבַשר לו שאף על פי שהוא הנביא והוא משחרר האומה, הוא לא יזכה למה שאהרן יזכה לו: לראות את בניו ואת בני בניו יורשים אותו בתפקידו. בנו של כוהן הוא כוהן. בנו של נביא, נדיר שיהיה נביא אף הוא.

כל ארבעת סיפורי השלשלת מזכירים לנו דבר אחד: שמגיע רגע שבו אנחנו מוכרחים להחליט מי אנחנו. רגע של אמת קיומית. לוט הוא עברי, לא סדומי. אליעזר הוא עבד אברהם, לא יורשו. יוסף הוא בנו של יעקב, לא מצרי המתנהג בהפקרות. משה הוא נביא, לא כוהן. כדי לומר ״כן״ לְמה שהננו, דרוש אומץ לומר ״לא״ למה שאיננו. הדבר כרוך במאבק ובייסורים. השלשלת ממחישה זאת בנגינתה ובצורתה. אך לבסוף, משהכרענו, אנחנו מסוכסכים עם עצמנו פחות מכפי שהיינו.

3. זבחים קב ע״א.

שמיני

אש קודש ואש זרה

הטלטלה אדירה. זה כמה שבועות, וכמה וכמה פרקים - המבוא הארוך ביותר בתורה - שאנו קוראים על ההכנות לָרגע שהקב"ה ישרה את שכינתו בקרב העם. חמש פרשות (תרומה, תצווה, כי תישא, ויקהל ופקודי) מגוללות את ההוראות לבניית המשכן. שתיים (ויקרא וצו) מפרטות את הקרבנות והמנחות שיוקרבו שם. במשך שבעה ימים התקדשו הכוהנים (אהרן ובניו) לקראת כניסתם לתפקיד. עכשיו הכול מוכן. הגיע היום השמיני, היום שעבודת המשכן תתחיל בו.

העם כולו השתתף בבניית ביתה המיועד הנראה לעין של שכינת ה' על פני האדמה. בפסוק פשוט אך מרגש מגיעה הדרמה אל פסגתה: "וַיָּבֹא מֹשֶׁה וְאַהֲרֹן אֶל אֹהֶל מוֹעֵד, וַיֵּצְאוּ וַיְבָרְכוּ אֶת הָעָם. וַיֵּרָא כְבוֹד ה' אֶל כָּל הָעָם" (ויקרא ט, כג). אך עתה, כשהכול בטוחים שסיפור המעשה תם, מתרחש דבר נורא:

> וַיִּקְחוּ בְנֵי אַהֲרֹן נָדָב וַאֲבִיהוּא אִישׁ מַחְתָּתוֹ, וַיִּתְּנוּ בָהֵן אֵשׁ וַיָּשִׂימוּ עָלֶיהָ קְטֹרֶת, וַיַּקְרִבוּ לִפְנֵי ה' אֵשׁ זָרָה אֲשֶׁר לֹא צִוָּה אֹתָם. וַתֵּצֵא אֵשׁ מִלִּפְנֵי ה' וַתֹּאכַל אוֹתָם וַיָּמֻתוּ לִפְנֵי ה'. וַיֹּאמֶר מֹשֶׁה אֶל אַהֲרֹן, הוּא אֲשֶׁר דִּבֶּר ה' לֵאמֹר: בִּקְרֹבַי אֶקָּדֵשׁ וְעַל פְּנֵי כָל הָעָם אֶכָּבֵד. (י, א-ג)

החג היה לחגא. שני בני אהרן הגדולים מתו. חז"ל והמפרשים מציעים הסברים רבים לכך. נדב ואביהוא מתו כי - הם נכנסו לקודש הקודשים;[1] הם לא לבשו את בגדי השרד הנכונים;[2] הם לקחו אש מהמטבח, לא מהמזבח;[3] הם לא התייעצו עם משה ואהרן;[4] הם

1. תנחומא (בובר), אחרי מות ז.
2. ויקרא רבה כ, ט.
3. תנחומא (בובר), אחרי מות ז.
4. ילקוט שמעוני, שמיני תקכד.

לא התייעצו זה עם זה.[5] יש המאשימים אותם בגאווה: לא הייתה להם סבלנות לקבל על עצמם תפקיד הנהגה;[6] הם לא התחתנו, כי סברו שהדבר הוא למטה מכבודם.[7] ויש הרואים במותם עונש על חטא מוקדם, על שאכלו ושתו במעמד הר סיני, בשעה שחזו באלוהים (שמות כד, ט-יא).

כל הפירושים הללו נסמכים על קריאה קפדנית בארבעת המקומות בתורה המציינים את מות נדב ואביהוא (ויקרא י, ב; ויקרא טז, א; במדבר ג, ד; במדבר כו, סא), ובאזכור המקראי לנוכחותם במעמד הר סיני. כל אחד מהם הוא פרי התבוננות מעמיקה בסכנותיה של התלהבות דתית מופרזת. אולם ההסבר הפשוט ביותר הוא זה האמור במפורש בתורה עצמה. נדב ואביהוא מתו כי הקריבו אש "זָרָה", כלומר פעלו באופן "אֲשֶׁר לֹא צִוָּה אֹתָם" (ויקרא י, א). כדי להבין את משמעות הדבר, עלינו לשוב אל הראשונות ולהיזכר במשמעות המושג "קודש", ומתוך כך במשמעותו של המִקְדָּשׁ כביתו של הקודש.

הקודש הוא אותו מִקטע של זמן ומרחב שהקב"ה הִקצה לשכינתו. **הבריאה כרוכה בהסתתרות.** לא במקרה נגזרות המילים "עולם" ו"נעלם" משורש אחד. כדי לתת לאדם משהו מכוחות הבריאה שלו - את הלשון המאפשרת לו לחשוב, לתקשר, להבין, לדמיין חלופות עתידיות ולבחור ביניהן - לא היה די שאלוהים יברא את ההומו ספיינס. הוא היה צריך לצמצם את עצמו, כלשונם של המקובלים, ולברוא מרחב לפעולה האנושית. מכל מעשיו של אלוהים, הצמצום הוא המעשה המבטא באופן העמוק ביותר את האהבה ואת הנדיבות הטמונות בבריאה. אלוהים שאנו פוגשים בתורה דומה להורה היודע שכדי לטעת בילדו בשלות ואחריות הוא צריך לסגת, לשחרר, להימנע מהתערבות.

אבל יש גבול. צמצום מוחלט של אלוהים ייראה כנטישה של העולם; הוא יִדמה, במשל שלנו, לאב העוזב את ילדיו. לא בזאת חפץ הקב"ה. אם כן, איך יותיר בעולם את עקבות נוכחותו?

התשובה הניתנת לכך בתורה איננה פילוסופית. תשובה פילוסופית (אני חושב כאן על הזרם המרכזי של הפילוסופיה המערבית, זה שהחל בעת העתיקה באפלטון, ובעת החדשה בדקארט) תהיה תשובה החָלה באופן אוניברסלי: בכל הזמנים, בכל המקומות. אבל **אין** תשובה שהיא נכונה בכל הזמנים ובכל המקומות. משום כך

5. תנחומא (בובר), אחרי מות ז.
6. מדרש אגדה (בובר), ויקרא י.
7. ויקרא רבה כ, י.

הפילוסופיה לא תוכל לעולם להכיל את הסתירה שיש לכאורה בין בריאה אלוהית לבין רצון חופשי של האדם, או בין השכינה האלוהית לבין העולם האמפירי שבתוכו אנחנו חושבים, בוחרים ופועלים.

המחשבה היהודית היא נוגדת פילוסופיה. בעיניה, אמיתות מתגלמות דווקא בזמנים ובמקומות מסוימים. יש זמנים קדושים (היום השביעי, החודש השביעי, השנה השביעית, וסוף מחזור שבע שבתות השנים, שנת היובל). יש אנשים קדושים (עם ישראל בכללותו, ובו הלוויים, ובהם הכוהנים). ויש מרחב קדוש (ארץ ישראל, ובתוכה ירושלים, ובתוכה המקדש, ובתוכו הקודש ויותר ממנו קודש הקודשים; ובמדבר, המשכן ובתוכו הקודש וקודש הקודשים).

הקודש הוא הנקודה בחלל ובזמן שהאדם פוגש בה את השכינה על ידי כך שהוא נסוג ומצטמצם, שכן **לא רק אלוהים מצמצם את עצמו כדי לפנות מקום לאדם, אלא גם האדם מצמצם את עצמו כדי לפנות מקום לאלוהים**. הקודש הוא המקום שאלוהים נחווה בו כנוכחות מוחלטת. זהו מפגש שמעצם מהותו יכול להתקיים רק במקום ובזמן שהאדם מוותר בהם לחלוטין על הרצון ועל היוזמה שלו. אין זה מפני שהקב״ה מזלזל ברצונו של האדם וביוזמתו. נהפוך הוא: הקב״ה ייפה את כוחו של האדם לבחור וליזום, לפעול וליצור, ולהיות שותפו לבריאה. אולם כדי שהאדם יהיה נאמן לכוונותיו של הבורא, חייבים להיות זמנים ומקומות שהוא יחווה בהם את מציאותו של האלוהי. בזמנים ובמקומות הללו נדרש ציות מוחלט; נדרשת השעיה של הרצון והבחירה.

הטעות היסודית ביותר - טעותם של נדב ואביהוא - היא לקחת את הכוחות השייכים למפגשו של האדם עם העולם, ולהפעיל אותם במפגשו של האדם עם אלוהים. לו נקטו נדב ואביהוא יוזמה פרטית להילחם ברוע ובעוול, הם היו נחשבים גיבורים. אבל הם נקטו יוזמה פרטית בזירת הקודש, ובזאת שגו. הם הנכיחו את עצמם היכן שהנוכח המוחלט הוא האלוהים. זוהי סתירה פנימית. משום כך מתו.

שגיאה היא לחשוב את הקב״ה לגחמני, קנאי וזעפן: זהו מיתוס שהפיצו הנוצרים הראשונים בניסיון למתג את דתם כדת האהבה המחליפה את דמות האל האכזר־קשה־נקמן של ״הברית הישנה״ בדמות אל סבלן ואוהב. כשהתורה עצמה מתארת את הקב״ה כזעפן ונקמן היא עושה זאת כדי ״לדבר בלשון בני אדם״,[8] במונחים שבני אדם יבינו. האמת שהתורה היא, לאורכה ולרוחבה, סיפור אהבה: אהבתו היוקדת של הבורא לברואיו, למרות כל האכזבות והבגידות שהאנושות מנחילה לו. הקב״ה צריך

8. ברכות לא ע״א.

את המפגש איתנו לא מפני שהוא צריך אותנו אלא מפני שאנחנו צריכים אותו. כדי שציוויליזציה תלך בדרכי האהבה והצדק, ותחלוק כבוד לבריאה ולשלמותה, מוכרחים להיות לה רגעים שהיא מותירה את ה"אני" מאחור. כך היא פוגשת את מלוא ההוויה בכל תפארתה כשהיא נקייה מהנכחה עצמית.

זהו תפקידו של הקודש, הנקודה שבה ה"אני" שותק אל מול נוכחותו האדירה של ה"ישנו". נדב ואביהוא שכחו זאת. הם שכחו שכדי להיכנס אל המרחב המקודש, או אל הזמן המקודש, נדרשת ענווה אונטולוגית, נדרשת השעיה מוחלטת של היוזמה ושל התשוקה. קשה להגזים בחשיבות הדבר. כשאנו מבלבלים את רצון ה' עם רצוננו, אנו הופכים את הקודש, את מקור החיים, לטומאה ולסם מוות. הדוגמה הקלסית לכך היא "מלחמת הקודש", הג'יהאד, מסע הצלב, המלביש את תאוות ההשתלטות בגלימת הקדושה, כאילו כיבוש והמרת דת כפויה הם רצון האלוהים.

סיפורם של נדב ואביהוא הוא תזכורת חוזרת לאזהרה שנשמעה לראשונה בימי קין והבל. **המעשה הראשון של עבודת האלוהים הוביל לרצח הראשון.** כמו היתוך גרעיני, גם הפולחן הדתי הוא מקור אנרגיה היכולה להביא ברכה אך גם אסון.

שלושה סוגים של אש משמשים בסיפור נדב ואביהוא, בשלושה פסוקים רצופים. ראשונה היא האש מהשמים: "וַתֵּצֵא אֵשׁ מִלִּפְנֵי ה' וַתֹּאכַל עַל הַמִּזְבֵּחַ אֶת הָעֹלָה..." (ט, כד). זוהי אש של חסד, של שעת רצון. אחריה באה האש הזרה שהקריבו שני בני אהרן: "וַיִּקְחוּ בְנֵי אַהֲרֹן נָדָב וַאֲבִיהוּא אִישׁ מַחְתָּתוֹ, וַיִּתְּנוּ בָהֵן אֵשׁ וַיָּשִׂימוּ עָלֶיהָ קְטֹרֶת, וַיַּקְרִבוּ לִפְנֵי ה' אֵשׁ זָרָה אֲשֶׁר לֹא צִוָּה אֹתָם" (י, א). ואז באה אש הנגד מן השמים: "וַתֵּצֵא אֵשׁ מִלִּפְנֵי ה', וַתֹּאכַל אוֹתָם, וַיָּמֻתוּ לִפְנֵי ה'" (י, ב). המסר פשוט ורציני מאוד: הדת איננה מה שהנאורות האירופית חשבה שהיא תהיה: שולית, שתוקה וקלושה. היא אש - וכמו אש, היא מחממת אך היא גם שורפת. ואנחנו שומרי הלהבה.

שמיני

ההתלהבות וסכנותיה

ארכיאולוגיה של מילים היא לפעמים מרתקת כמו ארכיאולוגיה של תֵּלִים. קחו את המילה האנגלית המציינת התלהבות, enthusiasm. כיום היא נתפסת כמילה חיובית. מילון אחד מגדיר אותה כ"הרגשה של משיכה נמרצת לעניין או פעילות מסוימים ולהיטות להיות מעורבים בהם". למתלהב יש תשוקה, היקסמות והתרגשות, וההתלהבות מידבקת. מורים ומנהיגים מוצלחים יודעים להדביק אחרים בהתלהבותם. אנשים הולכים אחר אנשים בעלי להט. אם אתם רוצים להשפיע על אחרים, טפחו בהם התלהבות.

אך לא תמיד הייתה enthusiasm (למען הנוחות נשתמש להלן במילה העברית המציינת אותה היום, "התלהבות") מילה מלהיבה כל כך. במקורה היא תיארה אדם אחוז דיבוק או שד. באנגליה של המאה השבע־עשרה היא שימשה לתיאור חברי כתות פרוטסטנטיות מהפכניות קיצוניות, ובפרט הפוריטנים שלחמו במלחמת האזרחים באנגליה. היא נעשתה שם נרדף לקיצוניות דתית, לקנאות ולפנאטיות. היא נקשרה באי־רציונליות, בהפכפכות ובמסוכנות.

הפילוסוף הסקוטי דיוויד יוּם (1776–1711) כתב מסה מרתקת בנושא.[1] בפתחה הוא קובע כי "השחתת הדברים הטובים ביותר יוצרת את הדברים הגרועים ביותר", ואומר שהדבר נכון במיוחד באשר לדת. יש, הוא אומר, שתי דרכים שדת יכולה להשתבש בהן: האמונה הטפלה, וההתלהבות. אלו הן שתי תופעות נבדלות.

האמונה הטפלה נוצרת מתוך בורות ופחד. לעתים פוקדות אותנו חרדות ובהלות אי־רציונליות, ואנחנו מתמודדים איתן בעזרת אמצעי מרפא שגם הוא אי־רציונלי. ההתלהבות היא ההפך מכך. היא נגרמת מוודאות מופרזת. המתלהב, הנתון לאקסטזה דתית, מתחיל להאמין שאלוהים בכבודו ובעצמו נוסך בו השראה, ועל כן הוא אינו זקוק לתבונה ולאיפוק.

1. David Hume, "Of Superstition and Enthusiasm," in *Essays Moral, Political, and Literary* (1742–1754), I, x.

ההתלהבות "רואה את עצמה בשֵׁלה לְקָרֵב אל האלוהות בלי תיווך אנושי". הנתון להשפעתה מתפקע כל כך ממה שבעיניו הוא דבקות דתית, עד שהוא מרגיש שהוא יכול לדלג על כללי הפולחן המקובלים. "הפנאט מקדש את עצמו ומייחס לקדושה שדבקה באישיותו מעלה גבוהה מזו שטקסים ומוסדות למיניהם יכולים להאציל על מישהו". חוקים ותקנות, חושב המתלהב, נועדו לאנשים רגילים, לא לי. אני, שרוח אלוהים צלחה עליי, יודע יותר. והדבר הזה, אומר יום, יכול להיות מסוכן מאוד.

הנה לנו תיאור מדויק לחטא שנדב ואביהוא, בניו הגדולים של אהרן, מתו בעטיו. אנו רואים שהתורה מייחסת חשיבות רבה למותם, כי היא מזכירה אותו בארבע הזדמנויות שונות.[2] זה היה אסון מזעזע, שהתרחש דווקא ביום חנוכת המשכן, שנועד להיות מן הימים המרוממים בהיסטוריה היהודית כולה.

חז"ל עצמם נבוכו לנוכח הסיפור. התורה אינה נוקבת בחטא נדב ואביהוא. הכתוב רק אומר שהם הקריבו לפני ה' "אֵשׁ זָרָה אֲשֶׁר לֹא צִוָּה אֹתָם. וַתֵּצֵא אֵשׁ מִלִּפְנֵי ה' וַתֹּאכַל אוֹתָם, וַיָּמֻתוּ לִפְנֵי ה'" (ויקרא י, א–ב). חז"ל חשו שמוכרח להיות כאן דבר נוסף, לא אמור, איזה חטא נוסף או פגם אישיותי חמור שיצדיק עונש קשה ונורא כל כך. אך כפי שאמרנו גם בדרשה הקודמת, פשט הכתובים מכוון אותנו לכיוון מסוים: הביטוי "אש זרה" הוא, ואין בלתו, המופיע בשלושה מארבעת האזכורים של מות נדב ואביהוא בתורה. חטאם היה שהם עשו דבר שלא צֻוּוּ. הם ודאי עשו כך ממניעים נעלים. משה אישר זאת באוזני אהרן מיד לאחר האסון, באומרו "הוּא אֲשֶׁר דִּבֶּר ה' לֵאמֹר: בִּקְרֹבַי אֶקָּדֵשׁ" (ויקרא י, ג). על פי אחד המדרשים, משה ניחם את אהרן באומרו לו שהקב"ה התכוון לקדש את המשכן "באדם גדול", ועתה התברר שהגדולים באמת, יותר ממשה ואהרן עצמם, הם שני בני אהרן: "ועכשיו נמצאו שני בניך גדולים ממני וממך. כיון ששמע אהרן, מיד שתק".[3]

אף שהמילה enthusiasm אנגלית, פרשת גלגוליה יכולה לעזור לנו להבין מה קרה לנדב ואביהוא. הם היו "מתלהבים" במובן שניתן למילה במאות השבע־עשרה והשמונה־עשרה: אנשים שמרוב להט דתי האמינו שהבורא מורה להם לנהוג בניגוד לחוקים ולמוסכמות. דיוויד יום, במסתו שהזכרנו, הדגיש שהתלהבות מסוג זה היא היפוכה הגמור של עבודת הקודש. "כל המתלהבים השתחררו מעולם של אנשי הדת, והם נוקטים דבקות דתית עצמאית שנלווה אליה תיעוב כלפי סדרים, טקסים ומסורות".

2. ראו בהרחבה על כך בדרשה הקודמת, "אש קודש ואש זרה".
3. מדרש אגדה (בובר), ויקרא י, ג.

אנשי הדת הבינו את עוצמתו של הקודש ואת הסכנה שעוצמה זו עלולה לחולל. משום כך, בדתות שונות, מקפידים במקומות הקדושים על זמנים, טקסים וכללים - ממש כמו שבכורים גרעיניים נדרשים נוהלי בטיחות מחמירים. זכרו מה קרה כשהדבר לא נעשה כראוי: בצ׳רנוביל ב־1986, למשל, ובפוקושימה ב־2011. התוצאות עלולות להיות הרסניות וממושכות.

הבאת אש זרה למזבח אולי נראית עֲבֵרה קטנה, אך בתחום הקודש גם מעשה לא מורשה יוצר סדק במעטפת הכללים שעלול להתרחב לכדי שבר. ההתלהבות נראית, בחלק מגילוייה, בלתי מזיקה, אבל היא עלולה להתלקח במהרה לכדי קיצוניות, קנאות ואלימות בשם הדת. כך קרה באירופה במלחמות הדת של המאות השש־עשרה והשבע־עשרה, וכך קורה בדתות מסוימות כיום. אם לחזור לדיוויד יום: "המתלהב דוחה את הדרכות התבונה והמוסר, והפנאט המשוגע מאמץ בעיוורון" את מה שנראה לו כהשראה אלוהית אך תכופות אינו אלא חשיבות עצמית מופרזת או חמת זעם מופקרת.

שתי מערכות נפרדות פועלות במוחנו. הפסיכולוג חתן פרס נובל דניאל כהנמן מכנה אותן "חשיבה מהירה וחשיבה אטית". המוח המהיר, המערכת הלימבית, משחרר רגשות, בעיקר בתגובה לפחד. המוח האטי, קליפת המוח הקדם־מצחית, הוא רציונלי, מחושב, ומסוגל לשקול השלכות לטווח ארוך ומהלכי פעולה חלופיים. הכפילות הזו אינה מיותרת ואינה מקרית. בלי תגובות אינסטינקטיביות לסכנה לא היינו שורדים. אבל בלי המוח האטי והמחושב היינו נופלים פעם אחר פעם להתנהגות הרסנית כלפי הסובבים אותנו וכלפי עצמנו. אושרו של היחיד ושרידותה של התרבות תלויים באיזון העדין שבין שתי המערכות.

החיים הדתיים, דווקא משום שהם מעוררים כמיהה ולהט, זקוקים במיוחד לגבולות ולכללים ולטקסים, לתדריך עבודה פרטני. אש האמונה יכולה להבעיר - ויכולה להאיר. להבעיר ולשרוף ולהיות אש תופת כשמניחים לה להשתולל חופשית - או להאיר את חיינו ואת כבוד ה׳ כששמים אותה במסגרת ברורה. מאות שנים עברו עד שהמערב למד לרסן את ההתלהבות ולאלף אותה, במידה כזו שהמילה "התלהבות" שינתה את פניה והיא מתארת עתה כוח חיובי. אבל אסור לנו לשכוח את עֲבָרָהּ ההרסני. מן הסיבה הזו כוללת תורת ישראל דינים ופרטים מרובים כל כך. וככל שאנו מתקרבים לה׳, כך אנו זקוקים להם יותר.

שמיני

בְּרִיּוֹת הבר של הבריאה

חלקו האחרון של ספר שמות וחלקו הראשון של ספר ויקרא מספרים סיפור מובנֶה היטב. בני ישראל מצטווים לבנות משכן. הם מבצעים את ההוראות. הם מצטווים על הקרבנות שיקריבו במשכן זה, ולבסוף, בחלק הראשון של פרשת השבוע שלנו, הכוהנים נמשחים לכהן במשכן.

אבל אז מגיעה תפנית מפתיעה: התורה עוברת לדיני הכשרות, רשימה של מינים אסורים ומותרים למאכל - חיות, דגים ועופות. מה ההיגיון בדינים הללו? ומדוע הם משובצים כאן? מה הקשר בין המשכן לבינם?

הרב אליהו מונק ז"ל הציע הסבר מרתק.[1] כפי שהזכרנו בדרשותינו לפרשיות המשכן בספר שמות, בניית המשכן הייתה מקבילה אנושית לבריאת העולם. כמה ממילות המפתח בסיפור בניין המשכן הן גם מילות המפתח בסיפור בריאת העולם. על יום חנוכת המשכן נאמר בברייתא כי "אותו היום היתה שִׂמחה לפני הקדוש ברוך הוא כיום שנבראו בו שָׁמַיִם וארץ".[2] העולם הוא הבית שאלוהים בנה לאדם; המשכן הוא הבית שבני אדם בנו לאלוהים.

הרב מונק מזכירנו שהמצווה הראשונה שאלוהים נתן לאדם הראשון הייתה מצווה של כשרות. "מִכֹּל עֵץ הַגָּן אָכֹל תֹּאכֵל. וּמֵעֵץ הַדַּעַת טוֹב וָרָע לֹא תֹאכַל מִמֶּנּוּ, כִּי בְּיוֹם אֲכָלְךָ מִמֶּנּוּ מוֹת תָּמוּת" (בראשית ב, טז-יז). הנה כי כן, כנגד דין הכשרות שניתן לאחר בריאת העולם, ניתנים דיני כשרות לאחר חנוכת המשכן. כאז כן עתה, תחילתה של תקופה חדשה בהיסטוריה הרוחנית של האנושות, לאחר מעשה של יצירה, מסומנת בחוקים הקובעים מה מותר ומה אסור לאכול.

מדוע? אכילה כמוה כמין. אלו הן שתי הפעילויות הראשוניות ביותר, שהאדם חולק עם עוד צורות חיים רבות. בלי מין לא הייתה המשכיות למיני החי. בלי

1. Elie Munk, *The Call of the Torah*, New York: Artscroll, 2004, vol. 2, p. 99.
2. מגילה י ע"ב.

אוכל, אפילו הפרט עצמו לא יוכל לשרוד. משום כך, פעילויות אלו עומדות במוקד תשומת לבן של תרבויות רבות ושונות זו מזו. בקצה האחד נמצאות התרבויות ההדוניסטיות, שהאכילה והמין נחשבים בהן לתענוגות שיש לרדוף אחריהם. בקצה האחר - התרבויות הסגפניות, המטיפות להתנזרות מוחלטת ממין ולאכילה לצורך קיום בלבד. הראשונות מדגישות את הגוף, האחרונות את הנפש. היהדות, לעומת זאת, מדברת על האדם במונחים של שילוב ואיזון. אנחנו גוף ונפש. על כן מצוות היהדות אינן הדוניסטיות ואינן סגפניות, אלא הן טרנספורמטיביות. אנו מצווים לקדש את פעילויות האכילה והמין; לעשות אותן במגבלות של קדושה. זהו יסודם של דיני הכשרות וטהרת המשפחה, שני רכיבים מרכזיים בחיי הקדושה.

הבה נצעד צעד נוסף. פרק א בספר בראשית איננו סיפור הבריאה היחיד בתנ"ך. יש עוד כמה. אחד מהם נמצא בפרקי הסיום של ספר איוב, וכאן המקום לבחון אותו מקרוב.

איוב הוא האב־טיפוס של "צדיק ורע לו". הוא מאבד את כל אשר לו, מסיבה שאינה מובנת לו. רעיו אומרים לו שהוא בוודאי חטא: הרי רק כך אפשר למצוא צדק במר גורלו. איוב עומד על חפותו, ודורש שימוע בבית דין של מעלה. הוויכוח מתנהל לאורך שלושים ושבעה פרקים, ואז, בפרק לח, אלוהים מתגלה אל איוב "מִן הַסְּעָרָה". הוא אינו מציע לו תשובות. להפך, בארבעת הפרקים הבאים אלוהים שואל שאלות משלו, שאלות רטוריות שאין להן שום תשובה: "אֵיפֹה הָיִיתָ בְּיָסְדִי אָרֶץ?... הֲבָאתָ עַד נִבְכֵי יָם וּבְחֵקֶר תְּהוֹם הִתְהַלָּכְתָּ?... הֲיֵשׁ לַמָּטָר אָב?... מִבֶּטֶן מִי יָצָא הַקָּרַח?"

אלוהים מציג לפני איוב את מלוא מוטת הבריאה, אך התמונה המתקבלת שונה תכלית שוני מזו המוצגת בשני הפרקים הראשונים של ספר בראשית. שם, במרכז הסיפור, נמצא המין האנושי. אדם וחווה נבראו אחרונים; הם עשויים בצלם אלוהים; ניתנת בידיהם הממשלה על כל היצורים החיים. לעומת זאת, העולם שאנו פוגשים בפרקים לח-מא של ספר איוב איננו אנתרופוצנטרי אלא תיאוצנטרי. איוב הוא האדם היחיד בתנ"ך שכביכול רואה את העולם מנקודת מבטו של אלוהים.

מאלף במיוחד הוא התיאור של ממלכת החי בפרקים אלה. לא על חיות המשק מדבר אלוהים עם איוב, אלא על יצורי פרא שלוחי רסן, נהדרים בכוחם וביופיים, החיים הרחק מבני האדם ואדישים כלפיהם לחלוטין. הנה כמה מן השאלות הרטוריות שאלוהים מפנה לאיוב:

הֲתִתֵּן לַסּוּס גְּבוּרָה? הֲתַלְבִּישׁ צַוָּארוֹ רַעְמָה?
הְתַרְעִישֶׁנּוּ כָּאַרְבֶּה, הוֹד נַחְרוֹ אֵימָה?...

הֲמִבִּינָתְךָ יַאֲבֶר נֵץ, יִפְרֹשׂ כְּנָפָיו לְתֵימָן?
אִם עַל פִּיךָ יַגְבִּיהַּ נָשֶׁר וְכִי יָרִים קִנּוֹ?...
תִּמְשֹׁךְ לִוְיָתָן בְּחַכָּה וּבְחֶבֶל תַּשְׁקִיעַ לְשֹׁנוֹ?
הֲתָשִׂים אַגְמוֹן בְּאַפּוֹ וּבְחוֹחַ תִּקּוֹב לֶחֱיוֹ?...
אֵין עַל עָפָר מָשְׁלוֹ, הֶעָשׂוּ לִבְלִי חָת.
אֵת כָּל גָּבֹהַּ יִרְאֶה - הוּא מֶלֶךְ עַל כָּל בְּנֵי שָׁחַץ. (איוב לט-מא)

מכל פרקי התנ"ך, אלה הם הפרקים המנוגדים באופן העמוק ביותר לתפיסה האנתרופוצנטרית. הם מספרים לנו שהאדם איננו מרכז היקום ואיננו קנה המידה לכל הדברים. כמה מתופעות הטבע המרהיבות ביותר אינן קשורות כלל לאדם ולצרכיו, אלא אך ורק לאלוהים ולעולם הרבגוני שברא. הרמב"ם היה מן ההוגים היהודים שביטאו זאת בבהירות:

> ההשקפה הנכונה לדעתי כפי הדעות התורתיות, והוא תואם את ההשקפות העיוניות, הוא שאין לסבור בכל הנמצאים שהם בגלל מציאות האדם, אלא יהיו גם שאר כל הנמצאים מטרה לעצמם לא בגלל דבר אחר, ותבטל גם דרישת התכלית בכל מיני הנמצאים ואפילו לפי השקפתנו בחידוש העולם. לפי שאנו אומרים: כל חלקי העולם הִמְצִיאָם בחפצו; מהם מטרה לעצמם, ומהם בגלל דבר אחר.[3]

ושוב:

> התבונן בנמצאים הללו הגשמיים, כמה עצומים שיעוריהם וכמה רב מספרם. ואם הארץ כולה אינה אף חלק כלפי גלגל הכוכבים, מהו אם כן יחס מין האדם לכל הנבראים הללו? והיאך ידמה אחד ממנו שהם למענו ובגללו ושהם כלים בשבילו?[4]

מכאן יובן מקומם של איסורים על אכילת בעלי חיים מסוימים - ובהם טורפים כגון אלה המתוארים באיוב - לאחר פרשיות המשכן. בעלי החיים הללו קיימים כמטרה

3. **מורה הנבוכים**, ג, יג.
4. שם, יד.

לעצמם, לא לשימושם של בני האדם. היקום העצום, ובו כדור הארץ על שלל המינים אשר בו, הוא בעל שלמות משלו. נכון, אחרי המבול התיר אלוהים לאדם לאכול בשר. אבל זה היה ויתור, כמו לומר: אם אתם מוכרחים להרוג - הרגו, אך לכל הפחות אל תהרגו בני אדם אחרים אלא הסתפקו בבעלי חיים.

בבריתו עם בני ישראל מזמין אלוהים את האנושות כולה לפתוח פרק חדש בתולדותיה. אין מדובר בשיבה לגן עדן האבוד. אבל עם בניית המשכן - בית סמלי לשכינה שעל פני האדמה - משהו חדש התחיל. ואחד הסימנים לכך הוא העובדה שמעתה לא כל הרג בעלי חיים לצורך אכילה מותר לבני ישראל. מינים מסוימים צריכים להישאר מוגנים, חופשיים לממש את חירותם ואת עצמיותם, פטורים מתגרת ידו וחשקיו של האדם. הבריאה החדשה, הַמִּשכן, מציינת דרגה חדשה של כבוד כלפי הבריאה הישנה - ובפרט כלפי בְּריוֹת הבר שלה. לא כל דבר בעולם נוצר לצריכתו של האדם.

תזריע
מילת היצר

קשה לקבוע במדויק את הרגע ההיסטורי שרעיון חדש הופיע בו לראשונה על במת האנושות; בייחוד קשה לעשות זאת לגבי רעיון אמורפי כגון האהבה. אבל לאהבה יש היסטוריה.[1] ביוון העתיקה, ואחר כך בהגות הנוצרית, התקיים ניגוד בין אֶרוֹס לבין אֲגָאפֶּה: בין התשוקה המינית לבין אהבה מופשטת ונעלה כלפי האנושות בכללותה. בימי הצלבנים הופיע מושג האבירות, קוד התנהגות הרואה באצילות ובמפגני אומץ דברים שראוי כי יתוגמלו ב"זכייה בלבה של גבירה". שנים רבות אחר כך צמחה האהבה הרומנטית, זו המופיעה ברומנים של ג'יין אוסטן כשהיא מגודרת בתנאי ברור: האיש הצעיר או הצעיר פחות המיועד לַגיבורה חייב להיות בעל הכנסה הולמת ואחוזת קרקע, כמודגם בשורת הפתיחה המפורסמת של **גאווה ודעה קדומה**: "דעה מקובלת היא בעולם כולו, שגבר רווק בעל רכוש מבקש, בוודאי, לשאת אישה".[2] והיה גם הרגע ההוא **בכנר על הגג** - כשטוביה, שנחשף בזכות בנותיו לרוחות החדשות המנשבות ברוסיה הטרום־מהפכנית, פונה לאשתו גולדה, ומברר איתה שאלה שעלתה לפתע בדעתו:

טוביה: גולדה, אותי את אוהבת?
גולדה: אני אשתך.
טוביה: אני יודע. אבל, את אוהבת?
גולדה: אותו אוהבת? עשרים שנה סבלתי אותו, רבתי איתו, רעבתי איתו. עשרים שנה במיטתי ישֵׁן. אם זאת לא אהבה, מה כן?
טוביה: אז את אוהבת!
גולדה: כנראה שכך.

1. ראו למשל C.S. Lewis, *The Four Loves*, New York: Harcourt, Brace, 1960; Simon May, *Love: A History*, New Haven: Yale University Press, 2011.
2. תרגומי שושנה שרירא, ג'יין אוסטן, **אהבה וגאווה**, אתר פרויקט בן־יהודה.

טוביה: נו טוב, אז גם אני אותך.
שניהם: זה כבר לא ישַׁנה כאן שום עובדה, אך גם אחרי עשרים שנה נעים לדעת.[3]

ההיסטוריה הפנימית של האנושות היא בחלקה ההיסטוריה של רעיון האהבה. בשלב מסוים, מושג חדש של אהבה הופיע בישראל המקראית. הוא מפציע לעינינו בקטע מיוחד במינו בספרו של אחד מגדולי נביאי המקרא, הושע. הושע חי במאה השמינית לפני הספירה בממלכת ישראל. מאז קריעת הממלכה המאוחדת של שלמה הידרדרה ממלכה זו מדחי אל דחי וגלשה לאלילות ולתוהו ובוהו. במשך כחמש־עשרה שנה, בין השנים 747 ו־732 לפני הספירה, משלו בה לא פחות מחמישה מלכים - תוצאה של שרשרת תככים, מזימות ורציחות. ההפקרות חלחלה אל כל שכבות העם: "כִּי אֵין אֱמֶת וְאֵין חֶסֶד, וְאֵין דַּעַת אֱלֹהִים בָּאָרֶץ. אָלֹה וְכַחֵשׁ וְרָצֹחַ וְגָנֹב וְנָאֹף; פָּרָצוּ וְדָמִים בְּדָמִים נָגָעוּ" (הושע ה, א–ב).

כמו כל הנביאים ידע הושע שגורל עם ישראל תלוי במילוי ייעודו. כשעם ישראל שמר אמונים לאלוהיו הוא הגיע להישגים יוצאי דופן: עמד בפני אימפריות, ויצר חברה יחידה במינה בעולם העתיק, חברה שכל בניה זוכים לכבוד סגולי, ושריבונה הוא בורא שמים וארץ. אך כשהעם שירך את דרכיו ועזב את הקב"ה, הוא היה אומה ככל האומות הקטנות במזרח הקדום שסיכויי השרידה שלהן, בין הפטישים והסדנים של המעצמות האזוריות, היו מזעריים.

המייחד את ספר הושע הוא האפיזודה שבתחילתו. ה' אומר לנביא להתחתן עם אשת זנונים, ולחוות על בשרו את תחושתו של אוהב נבגד. על ידי כך יבין מה חש הקב"ה לנוכח בגידתו של עם ישראל. הוא פדה אותם מעבדות והביאם לארצם, אך הם שכחו את עברם, עברו על הברית ועבדו אלוהי נכר. ואולם, אף על פי שהם עזבו אותו, הוא איננו יכול לעוזבם. אלה הם פסוקים עזי מבע, המציגים טענה מטלטלת: **יותר משאוהב עם ישראל את ה', ה' אוהב את עם ישראל.** ההיסטוריה היהודית היא סיפור אהבה בין האל הנאמן לבין העם המפר לפעמים אמונים. יש שה' כועס, אך חזקה עליו שיסלח. הוא יוציא את עם ישראל לירח דבש שני, ויחדש את ברית נישואיו עמו:

לָכֵן הִנֵּה אָנֹכִי מְפַתֶּיהָ;
וְהֹלַכְתִּיהָ הַמִּדְבָּר וְדִבַּרְתִּי עַל לִבָּהּ...

3. מתוך המחזמר **כנר על הגג**, עברית: דן אלמגור, שהועלה בתיאטרון הקאמרי ב־1965.

וְאֵרַשְׂתִּיךְ לִי לְעוֹלָם,
וְאֵרַשְׂתִּיךְ לִי בְּצֶדֶק וּבְמִשְׁפָּט
וּבְחֶסֶד וּבְרַחֲמִים.
וְאֵרַשְׂתִּיךְ לִי בֶּאֱמוּנָה
וְיָדַעַתְּ אֶת ה'. (הושע ב, טז-כב)

את פסוקי האירושין הללו, המשווים במפורש את הברית לנישואים, אומר כל גבר יהודי מדי יום, בשעה שהוא כורך את רצועת התפילין על אצבעו כטבעת אירושין.

פסוק אחד, המשובץ בפסוקים שציטטנו זה עתה, דורש בחינה קפדנית. יש בו שתי מטפורות מורכבות, שלשם הבנתן יהיה עלינו להסיר שכבה אחר שכבה.

וְהָיָה בַיּוֹם הַהוּא - נְאֻם ה' -
תִּקְרְאִי אִישִׁי,
וְלֹא תִקְרְאִי לִי עוֹד בַּעְלִי. (שם, יח)

הכינוי "בעל", בעלה של אישה, נושא עמו מטען כבד, שהרי הוא מציין גם אדנות, קניין ושליטה. הוא מסמן עליונות גופנית, משפטית וכלכלית. וכידוע, בעל הוא גם שמו של אלוהי כנען, זה שאליהו הנביא התגרה בו בעימות המפורסם על הר הכרמל. הבעל, המצויר לעתים בדמות שור, היה אל הסערה, שניצח את מוֹת, אל העקרות והמוות. הוא היה כוח טבע שהאדם תלוי בחסדיו: הגשם המשקה את הארץ ומפרה אותה. דת הבעל סוגדת **לאל שהוא כוח**.

הושע העמיד לדגם זה של יחסים בין עם לאלוהיו חלופה, בדמות המילה העברית האחרת המציינת את בן הזוג בתא המשפחתי: איש. דבריו מרמזים למילותיו של האיש הראשון בעולם לאישה הראשונה בעולם - אדם וחווה:

זֹאת הַפַּעַם עֶצֶם מֵעֲצָמַי וּבָשָׂר מִבְּשָׂרִי; לְזֹאת יִקָּרֵא אִשָּׁה, כִּי מֵאִישׁ לֻקֳחָה זֹּאת. (בראשית ב, כג)

כשבן הזוג הוא "איש", הזוגיות אינה מתבססת על כוח, שליטה ובעלות. האיש והאישה שווים אף כי הם שונים. כל אחד מהם הוא צלמו של האחר, ועדיין נבדל ומובחן. מערכת היחסים היחידה שתחבר ביניהם בלי שימוש בכוח היא הנישואים הנתפסים כברית: קשר של נאמנות הדדית ואהבה, ששני הצדדים בו מתחייבים לשרת זה את זה.

זו איננה רק הַמְּשָׂגָה מחודשת, רדיקלית, של היחסים בין איש לאשתו. הושע מצביע גם על תפיסה חדשה של יחסי אלוהים ואדם, המנוגדת לתפיסה האלילית של עבודת הבעל. הקב"ה פונה אל בני האדם לא ככוח - הסופה, הרעם, הגשם - אלא כאהבה. ואהבה זו איננה אהבה פילוסופית מופשטת, אלא תשוקה עמוקה ומתמדת, הגוברת על כל האכזבות והבגידות. עם ישראל, אומר הושע, לא תמיד יאהב את אלוהיו, אך אהבתו של אלוהים לישראל לא תחדל לעולם.

יחסנו לאלוהים משפיע על יחסנו לזולת. זה המסר של הושע. זה, וגם היפוכו: **יחסנו לזולת משפיע על יחסנו לאלוהים.** לאנרכיה בישראל במאה השמינית לפני הספירה היה קשר הדוק להידרדרות הדתית. חברה הבנויה על שחיתות ועל ניצול היא חברה המעדיפה כוח על פני צדק. זו איננה יהדות אלא אלילות, עבודת בעל.

עתה נוכל להבין מדוע אות הברית הוא המילה, המצווה הניתנת בפרשת תזריע. כדי שהאמונה תהיה יותר מְסגידה לכוח, היא צריכה להשפיע על הרובד האינטימי ביותר ביחסים שבין גברים לנשים. בחברה המיוסדת על ברית, היחסים שבינו לבינה בנויים על יסוד אחר, עדִין יותר משליטה גברית, כוח זכרי, תשוקה מינית ודחפים של בעלות, שליטה וקניין. הבעל חייב להיות לאיש. זכר האלפא חייב להיות לְרֵע אוהב ואכפתי. יחסי המין צריכים להתקדש ולהתמתן באמצעות כבוד הדדי. הדחף המיני צריך להימול ולהתרסן, כדי שיהיה כלי לאהבה ולא לבעלות.

הקשר בין מונותיאיזם למונוגמיה איננו משחק מילים. התורה אמנם אינה מצווה על מונוגמיה, ובכל זאת היא מתארת אותה כמצב נורמטיבי, למן היות האדם: אדם וחווה, איש אחד ואישה אחת. בכל פעם שאחד האבות נושא אישה נוספת על אשתו, יש מתח ודאבון לב. המחויבות לאל אחד משתקפת במחויבות לאדם אחד.

משמעותה היסודית של המילה העברית "אמונה" היא אמונים ונאמנות. אמונה היא המחויבות שאדם מקבל על עצמו בבואו בברית הנישואים. וכך גם בכיוון ההפוך: בעיני הנביאים יש קשר בין עבודה זרה לניאוף. זו תמונת היחסים שמצייר הקב"ה באוזני הושע. ה' התחתן עם בני ישראל, אבל הם, בפנותם אל האלילים, פעלו כאישה נואפת (הושע א-ב).

אהבת בני הזוג הנשואים - אהבה שהיא בעת ובעונה אחת אישית ומוסרית, לוהטת ואחראית - היא הדימוי שבכוחו לעזור לנו, יותר מכל הסבר אחר, להבין את אהבת ה' לנו ואת אהבתנו האידיאלית לו. כשהושע אומר "וְיָדַעַתְּ אֶת ה'", אין כוונתו לידיעה מופשטת. כוונתו לידיעה אינטימית, למערכת יחסים, למגע בין שני עַצְמִיִּים המגשר על פני התהום המטפיזית המפרידה בין תודעה אחת לאחרת. זהו נושאו של שיר השירים, אותו ביטוי אנושי מאוד ועם זאת מיסטי מאוד של הארוס,

של האהבה בין האנושות לאלוהים. זו גם משמעותו של אחד המשפטים המגדירים של היהדות: "וְאָהַבְתָּ אֵת ה' אֱלֹהֶיךָ בְּכָל לְבָבְךָ וּבְכָל נַפְשְׁךָ וּבְכָל מְאֹדֶךָ" (דברים ו, ה).

עוד מתחילתה קישרה היהדות בין מיניות לאלימות, ומנגד - בין נאמנות זוגית לסדר חברתי. לא במקרה נקראים הנישואים "קידושין": כמו הברית עצמה, גם הנישואים הם התחייבות לנאמנות בין שני צדדים, שכל אחד מהם מכיר בשלמות של משנהו, ומכבד את ההבדלים שיש ביניהם גם כשהם נעשים לבשר אחד ומביאים אל העולם חיים חדשים. הנישואים הם לחברה מה שהברית היא לאמונה הדתית: הכרעה לעשות את האהבה - לא את הכוח, את העושר או את איתני הטבע - לעיקרון היצרני של החיים.

כשם שהרוחניות היא הקשר האינטימי ביותר בין אדם לאלוהיו, כך יחסי המין הם הקשר האינטימי ביותר בין אדם לזולתו. ברית המילה היא סימנה הנצחי של אמונת ישראל, מפני שהיא מאחדת את חיי הנפש עם תשוקות הגוף, ומזכירה לנו שאלו ואלו צריכים להיות כפופים לענווה, לאיפוק ולאהבה.

ברית המילה עוזרת להפוך את האדם הזכר מבעל לאיש, מגורם שתלטן לְרֵעַ אוהב - לְמה שהקב"ה, על פי דבריו להושע, מבקש להיות ביחס לעַם הברית. ברית המילה הופכת את הביולוגיה לרוחניות. הדחף הזכרי האינסטינקטיבי להוליד הופך לפעולת ברית של שותפות ואישור הדדי. זוהי נקודת מפנה מכרעת בהיסטוריה האנושית, ממש כמו הופעת המונותיאיזם האברהמי. שתי בריתות־אברהם־אבינו אלו עניינן ביטול הכוח כבסיס ליחסים בין אדם לחברו ובין אדם למקום, והמרתו בברית האהבה. ברית המילה היא הביטוי הגופני לאהבה הזו: לאמונה, לאמונים ולנאמנות.

תזריע

התורשה, הסביבה וקביעת האימהות

טכנולוגיות רפואיות חדשניות, כגון הפריית מבחנה, מחדשות שאלות מוסריות ומשפטיות סבוכות, למשל פונדקאות. הביצית מגיעה מאישה אחת, אך העובר מתפתח ברחמה של אחרת. מיהי אמו של התינוק שייוולד? מצד אחד, האֵם שהביצית נשאבה ממנה תורמת לילד את המטען הגנטי שלו. מצד אחר, האם הפונדקאית מספקת את הרחם שהעובר גדל בו, והיא שיולדת אותו בפועל. אם כן, האֵם יכולה להיות (א) האם הגנטית או (ב) האם הפונדקאית, ומבחינה משפטית אפשר גם לקבוע כי (ג) לילד אין אם או (ד) שיש לו שתי אימהות, או (ה) שהעניין יישאר בספק, ונצטרך לבחון את כל האפשרויות לכאן ולכאן.

אחד מפוסקי ההלכה הראשונים שדנו בסוגיה היה הרב שלמה גורן, הרב הראשי הראשון לצה״ל והרב הראשי לישראל. עמדתו הייתה שהאם הגנטית היא על פי ההלכה אמו של התינוק. האימהוּת, סבר, נקבעת על פי הגנים בלבד. היא נקבעת בהפריה, לא בלידה. אחת הראיות שלו נמצאת בפתח פרשת תזריע: ״אִשָּׁה כִּי תַזְרִיעַ וְיָלְדָה זָכָר וְטָמְאָה שִׁבְעַת יָמִים״ (ויקרא יב, ב). המפרשים העירו שהמילה ״תזריע״ לכאורה מיותרת. הטומאה חלה על היולדת מרגע הלידה, לא מרגע ההזרעה, ההפריה. הרב גורן הסביר שהמילה ״תזריע״ נועדה ללמדנו דבר נוסף: שההפריה, המפגש של הביצית והזרע, היא המגדירה את האימהות. לפיכך, בפונדקאות, אִם תורמת הביצית אינה יהודייה והאם הפונדקאית יהודייה, הילד נחשב גוי, וכדי לגדלו כיהודי יש לגיירו.

פוסקים אחרים החזיקו בעמדה הפוכה. היחסים בין האם הפונדקאית לעובר הם יחסים דינמיים. היא איננה רק אינקובטור מהלך. אמנם שורשיו הגנטיים של העובר נמצאים במקום אחר, אבל הוא מתפתח בגופה של האם הפונדקאית ונעשה חלק ממנה.

לעמדה זו יש שורשים בדיון שעלה עוד קודם לכן, כשהחלו להשתיל איברים. האִם, מבחינה משפטית והלכתית, איבר מושתל שומר על זהותו המקורית כחלק מגופו של התורם – או שהוא נעשה חלק מהמושתל לכל דבר ועניין?

יש שהציעו לענות על שאלה זו בעזרת אנלוגיה מדיני עורלה - האיסור לאכול מפירות אילן בשלוש השנים הראשונות לנטיעתו. כאשר ענף מעץ צעיר מורכב על עץ זקן יותר, הוא נעשה חלק מהעץ השלם. פירותיו של הענף הזה אינם נחשבים עורלה, אף שהענף בא מעץ שגילו פחות משלוש שנים. מכאן הקישו הפוסקים שאיבר מושתל דינו כדין ענף מורכב: הוא מאבד את זהותו המקורית ונעשה חלק מהאורגניזם שהוא הצטרף אליו.

אם נמשיך באותו קו מחשבה, הרי גם עובר צריך לקבל את זהות האישה שהוא הושתל בגופה - והאֵם הפונדקאית היא האֵם על פי ההלכה.

אלא שהעניין מורכב יותר. יש הבדל בין השתלת איבר לשתילת ביצית. יש הבדל בין איבר לבין עובר. לאיבר אין זהות משלו; לעובר יש. בסופו של תהליך, בלידה, הוא ייפרד מהאם וייעשה אדם בעל גוף נפרד משלו, אדם בזכות עצמו. יתרה מכך, אפילו בעודו ברחם יש לו זהות נבדלת.

איבר שהושתל בהצלחה נעשה חלק מהמערכת הביולוגית שחובַּר אליה, ואילו העובר, אף שהוא ניזון מגוף האם ומוגן בתוכו, הוא מערכת ביולוגית בפני עצמה. יש מחלוקת הלכתית בשאלה אם "עובר ירך אמו",[1] כלומר נחשב איבר מאיבריה, ולוויכוח זה יש נגיעה לענייננו. אם העובר הוא איבר בגוף אמו, שתילתו בגוף האם הפונדקאית מעניקה לו את זהותה. אם לא, לא. שאלת קביעת האימהות נשארת פתוחה.

יש מן הפוסקים ששאבו חיזוק ממסורת אגדה על פרשה בחיי יעקב אבינו. כמסופר בספר בראשית, יעקב התאהב ברחל, אך בשל מעשה הרמייה של לבן התחתן עם אחותה הגדולה לאה. לבסוף התחתן גם עם רחל, אך ה׳, שראה שלאה אינה נאהבת, נתן לה ילדים, ואת רחל השאיר עקרה. לאה ילדה ליעקב שישה בנים, ואז הרתה בשביעית וילדה בת. כך אומר הכתוב: "וְאַחַר יָלְדָה בַּת וַתִּקְרָא אֶת שְׁמָהּ דִּינָה" (בראשית ל, כא).

המילה "ואחר" נראית עודפת, והיא לא הופיעה בפסוקים הקודמים על לידת בניה של לאה. המדרש תלה משום כך משמעות ייחודית במילה זו. זה סדר המאורעות, על פי מדרש האגדה: לאה ילדה שישה בנים. שתי השפחות, בלהה וזלפה, ילדו שני בנים כל אחת. לאה הרתה. לאה ידעה בנבואה שליעקב יהיו לבסוף שנים־עשר בנים, וכל אחד מהם יהיה אביו של שבט משבטי ישראל. כיוון שעשרה בנים כבר נולדו, אם ילדהּ השביעי של לאה יהיה זכר הוא יהיה הבן האחד־עשר של יעקב, ולרחל יהיה

1. יבמות עח ע"א.

לכל היותר בן אחד: מחצית ממה שיהיה לשפחתה. לאה חסה על אחותה, והתפללה שהעובר הזכר שברחמה ייהפך לנקבה. וכך קרה.

איך קרה? על פי תרגום יונתן, אירע נס. העובר הזכר ברחמה של לאה והעובר הנקבה ברחמה של רחל התחלפו. רחל ילדה בן, יוסף, ולאה - בת, דינה. מכאן אפשר להסיק שאימהות נקבעת על פי הלידה, לא על פי ההפריה. הרי יוסף, שנוצר מביצית של לאה ונשא את הגנים שלה, נחשב בכל זאת לבנה של רחל, אמו־יולדתו. האם הפונדקאית היא אם מכל בחינה משפטית.

לאימהות יש שני היבטים, לא אחד. הפריה - והיריון. תורשה - וסביבה. מה שהיה נראה עד לא מכבר כעניין לנסים ולמדרשי אגדה, הוא היום מציאות מדעית המגלה עומקים חדשים של משמעות בדבריו העתיקים אך המתחדשים תמיד של הקב"ה.

אלה המאמינים שהאימהות היא גנטית בלבד ולא הריונית, דוחים את הראיה מן המדרש בכמה דרכים. ראשית, ישנה מסורת מדרשית חלופית,[2] שעל פיה מין העובר של לאה השתנה מזכר לנקבה בתוך רחמה, והוא לא התחלף עם העובר של רחל. שנית, אין מביאים ראיה הלכתית ממקור שאינו הלכתי. שלישית, נסים אינם בסיס להלכות. העניין נשאר אפוא בגדר ספק, ולפיכך רוב פוסקי זמננו מביאים בחשבון את שתי האפשרויות.

מה קובע: תורשה או סביבה? טבע או טיפוח? מאז גילה מנדל את חוקי התורשה במאה התשע־עשרה, עבר מדע הגנטיקה דרך מופלאה. הדנ"א התגלה בידי ווטסון וקריק ב־1953, ופענוח הגנום האנושי הושלם בשנת 2000. בפברואר 2001 פורסם כי לאדם אין 100 אלף גנים, כמו שסבר עולם המדע קודם לכן, אלא רק 30 אלף. ממצא מפתיע זה הוביל את המדענים למסקנה שאין די גנים שיסבירו את המגוון הגדול של ההתנהגויות האנושיות. הסביבה מעצבת אותנו לא פחות מהתורשה. השתיים אינן נפרדות, אלא משפיעות זו על זו בדרכים מורכבות שטרם הובנו לאשורן.[3]

המדע בן זמננו כותב אפוא פירוש חדש על הפסוק שבראש פרשתנו, "אִשָּׁה כִּי תַזְרִיעַ וְיָלְדָה". ההזרעה (המטען התורשתי) וההיריון (סביבתו הביולוגית של העובר) ממלאים שניהם תפקיד ביצירתו של הוולד.

2. תלמוד ירושלמי, ברכות ט, ג.
3. לסקירה מעולה ראו מאט רידלי, **האב, הבן והגן: גילויים חדשים על הוויכוח הישן בין תורשה לסביבה**, עברית: אוריאל גבעון, תל אביב: זמורה ביתן, 2009.

תזריע

היום השמיני

דיני לידת בן זכר פותחים את הפרשה, ואחד מהם הוא המילה: "וּבַיּוֹם הַשְּׁמִינִי יִמּוֹל בְּשַׂר עָרְלָתוֹ" (ויקרא יב, ג). בדרך כלל איננו אומרים "מילה" אלא "ברית מילה" - להזכירנו שמצווה זו אינה רק עניין מעשי, אלא היא בעלת ערך אמוני יוצא דופן: ברית בינינו לבין בוראנו. ברית זו קדמה למתן תורה, וימיה כימי אמונת הייחוד של אברהם: המילה הייתה אות הברית שכרת ה' עם אברהם (בראשית יז, א-יד).

מדוע דווקא מילת העורלה, מכל המצוות, היא המסמלת את הברית? ומדוע ביום השמיני? כזכור לנו זה מקרוב, פרשת השבוע שעבר הייתה פרשת שמיני - משום שהיא עסקה בחנוכת המשכן שאירעה ביום השמיני. שמא יש קשר בין שני עניינים אלה שנבחר להם היום השמיני, קשר בין ברית המילה לבין חנוכת המשכן?

קצה חוט לפתרון מספק לנו מדרש יוצא דופן המתעד מפגש בין המושל הרומי טיניאוס רופוס, "טורנוסרופוס",[1] לבין רבי עקיבא.

> שאל טורנוסרופוס הרשע את רבי עקיבא: "איזה מעשים נאים, של הקב"ה או של בשר ודם?" אמר לו: "של בשר ודם נאים". אמר לו טורנוסרופוס הרשע: "הרי השמים והארץ, יכול אתה לעשות כהם?" אמר לו רבי עקיבא: "לא תאמר לי בדבר שהוא למעלה מן הבריות, שאין שולטין בהן, אלא בדברים שהן מצויין בבני אדם". אמר לו [טורנוסרופוס]: "למה אתם מולים?" אמר לו [רבי עקיבא]: "אף אני הייתי יודע שאתה עתיד לומר לי כן, לכך הקדמתי ואמרתי לך: מעשה בשר ודם הם נאים משל הקב"ה".
>
> הביא לו [רבי עקיבא] שיבולים וגלוסקאות [לחמניות], אמר לו: "אלו מעשה הקב"ה ואלו מעשה בשר ודם; אין אלו נאים?!" הביא לו אניצי פשתן וכלים

1. קווינטוס טיניאוס רופוס היה מושל יהודה בתקופת מרד בר־כוכבא. חז"ל כינוהו טורנוסרופוס הרשע. איבתו כלפי מנהגי ישראל הייתה מן הגורמים לפרוץ המרד.

[בגדים] מבית שאן, אמר לו: "אלו מעשה הקב"ה ואלו מעשה בשר ודם; אין אלו נאים?!" אמר לו טורנוסרופוס: "הואיל הוא [הקב"ה] חָפֵץ במילה - למה אינו יוצא [התינוק] מהול ממעי אמו?" אמר לו רבי עקיבא: "ולמה שוררו [חבל הטבור שלו] יוצא בו? לא תחתוך אמו שוררו?! ולמה אינו יוצא מהול? לפי שלא נתן הקב"ה לישראל את המצוות אלא כדי לצרף בהן" [כלומר לעשות את בני האדם צרופים, מעודנים יותר].[2]

השיחה אולי מוזרה, אבל היא הרת משמעות. כדי להבינה עלינו לשוב אל ראשית כל הזמנים. כזכור, אחרוני הנבראים ביום השישי לבריאה היו אדם וחווה. על פי מדרש חז"ל, עוד באותו יום שישי הם חטאו בחטא עץ הדעת וגורשו מגן עדן; אולם אלוהים השהה את ביצוע גזר הדין הזה ביממה נוספת, כדי לאפשר לאדם ולחווה לשהות בשבת בגן עדן. בהגיע יום השבת אל סופו, הגיע זמנם לצאת אל העולם שמחוץ לגן - באפלת הלילה. ריחם עליהם אלוהים ולימד אותם להדליק אש. לכן אנו מדליקים בצאת השבת את נר ההבדלה ומברכים "בורא מאורי האש": לא רק כדי לציין את סוף השבת, אלא גם להראות שאנו מתחילים את ימי המלאכה באור האש שה' לימד אותנו להעלות.

אם כן, נר ההבדלה מייצג את אורו של היום השמיני - המייצג את תחילתה של היצירתיות האנושית. כשם שאלוהים פתח את יום הבריאה הראשון במילים "יהי אור", כך בתחילת היום השמיני הוא הראה לבני האדם איך יוכלו גם הם ליצור אור. היצירתיות האנושית נתפסת אפוא בתורה כמקבילתה של היצירתיות האלוהית, וסמלה הוא היום השמיני.[3]

זאת הסיבה לחנוכת המשכן ביום השמיני. כפי שציינו נחמה ליבוביץ ואחרים, ישנה הקבלה מובהקת בין לשון התורה בתיאור בריאת העולם בידי אלוהים לבין לשונה בתארה את בניית המשכן בידי בני ישראל. המשכן היה מיקרו־קוסמוס. עולם בזעיר אנפין. כך יוצא שספר בראשית מתחיל בתיאורי יצירה וספר שמות נגמר בהם: הראשונה בידי אלוהים, השנייה בידי בני ישראל. **היום השמיני הוא הזמן שאנו מציינים בו את התרומה האנושית לבריאה.**

2. תנחומא (בובר), תזריע ז. ההסברים בסוגריים על פי עידו חברוני, שציטט מדרש זה במאמרו "ברית מילה כמרד", **תכלת** 28 (קיץ תשס"ז-2007), עמ' 63.
3. רמז להקבלה הזו אפשר למצוא גם בנוסח ההבדלה הנאמרת במוצאי שבתות וחגים. נמנות בה חמש "הבדלות": "ברוך אתה ה' המבדיל (א) בין קודש לחול, (ב) בין אור לחושך, (ג) בין ישראל לעמים, (ד) בין יום השביעי לששת ימי המעשה; ברוך אתה ה' המבדיל (ה) בין קודש לחול". והנה, בפרק א בספר בראשית מופיע הפועל "להבדיל" חמש פעמים.

בדיוק מאותה סיבה, גם ברית המילה נעשית ביום השמיני. אנו מאמינים שכל החיים באים מאת ה׳, ושכל בן אנוש עשוי בצלמו של ה׳ וכדמותו. כל ילד הוא בעינינו מתנת אלוהים: ״הִנֵּה נַחֲלַת ה׳ בָּנִים; שָׂכָר - פְּרִי הַבָּטֶן״ (תהלים קכז, ג). ובכל זאת, כדי לסמן שילד יהודי זכר נכנס בברית עם ה׳ נדרשת פעולה של האדם: מילת העורלה. ברית המילה מתרחשת ביום השמיני להולדת הבן כדי להדגיש את זאת: המעשה המסמל את הכניסה בברית הוא מעשה אנושי - כפי שעשו בני ישראל כאשר אמרו לרגלי הר סיני ״כֹּל אֲשֶׁר דִּבֶּר ה׳ נַעֲשֶׂה וְנִשְׁמָע״ (שמות כד, ז).

להבדיל מהברית האוניברסלית שכרת אלוהים עם האנושות כולה באמצעות נוח, בברית הייחודית שכרת עם אברהם ולאחר מכן עם משה ובני ישראל ישנה הדדיות. את בריתו עם נוח (המוצגת בספר בראשית פרק ט) כרת אלוהים באופן חד־צדדי. תוכנה היה שבע מצוות בני נוח. האות שלה היה הקשת. אבל אלוהים לא ביקש מנוח דבר, אפילו לא את הסכמתו. אמונת ישראל מגלמת צירוף ייחודי בין אוניברסליות לפרטיקולריות. כולנו עומדים בברית עם אלוהים מעצם היותנו בני אדם. כולנו מחויבים לכללי מוסר בסיסיים; להיות אדם פירושו להיות מחויב לכללים. אך להיות יהודי פירושו להיות מחויב לדבר נוסף: להיות חלק מברית פרטיקולרית עם ה׳, ברית הדדית. ה׳ קורא לנו, ואנחנו נענים. ה׳ מתחיל את המלאכה, ואנחנו נקראים להשלימה. את זאת מייצג מעשה ברית המילה. וזה מה שמסביר רבי עקיבא לטורנוסרופוס. הקב״ה לא ברא את האדם הזכר נימול, כי הוא רצה להשאיר את מעשה המילה לנו, אות שאנו ניתֵן לבריתנו איתו.

מכאן נבין את עומק משמעות שיחתם של רבי עקיבא והמושל הרומי. לדידם של הרומאים, היוונים ועמי העולם העתיק בכלל, האלים מצויים בטבע: השמש, הים, השמים, הארץ ועונותיה, השדה ותבואתו. ביהדות, לעומת זאת, אלוהים נמצא **מעבר** לטבע, ומשאנו באים עמו בברית גם אנו חורגים אל מעבר לטבע. מתוך כך, לא כל דבר טבעי הוא בעינינו טוב. המלחמה טבעית. הסכסוך טבעי. התחרות האלימה על עמדת זכר האלפא טבעית. היהודים, ואלו שלמדו מהם להאמין באלוהי אברהם, מאמינים כי הטבע הוא רק נקודת הזינוק של האדם.

הרומאים תמהו על מצוות המילה, מפני שהיא לא טבעית. למה לא לשמוח בגוף האדם כפי שהאל יצר אותו? תשובתו של רבי עקיבא היא שאלוהים מוקיר גם את התרבות, לא רק את הטבע; את מלאכת האדם ולא רק את מלאכתו שלו. צֶבֶר הרעיונות הזה - שאלוהים הותיר את הבריאה בלתי מושלמת כדי שנוכל להיות שותפיו בהשלמתה; שקיום מצוות האלוהים מעדן אותנו ומתקן אותנו; שאלוהים מתענג על היצירה שלנו, ועוד בתחילת דרכנו בעולם נתן בנו את הכוח ליצור כאשר

לימד אותנו להדליק אש - צֶבר רעיונות זה, שביסודו האמונה שאלוהים מאמין באדם, הוא אשר ייחד את היהדות. הוא גם יסודו של רעיון היום השמיני, היום שאלוהים שלח בו את בני האדם אל העולם כדי שיהיו שותפיו במלאכת הבריאה.

ומדוע זה מסתמל דווקא במעשה מילת העורלה? האינסטינקט הבסיסי ביותר של האדם, לפחות על פי דרווין וממשיכיו, הוא לשאוף להעביר את הגֶנים שלו לדור הבא. זה כוח הטבע החזק ביותר שבתוכנו. ברית המילה מסמלת את הרעיון שיש דבר־מה נעלה מן הטבע. העברת הגנים שלנו לדור הבא צריכה להיות יותר מסתם אינסטינקט עיוור, דחף דרוויניאני. ברית אברהם מושתתת על הנאמנות המינית, על קדושת הנישואים ועל קידוש האהבה המביאה חיים חדשים לעולם.[4] זוהי דחייה של אתוס זכר האלפא.

אלוהים ברא את הטבע הגשמי: הטבע שהמדע מתאר. אבל הוא מבקש מאיתנו להיות איתו לבוראים־שותפים של טבע האדם. האדמו"ר מגור, רבי אברהם מרדכי אלתר, שאל למי אמר אלוהים בבריאת העולם בגוף ראשון רבים "נַעֲשֶׂה אָדָם בְּצַלְמֵנוּ" (בראשית א, כו), והשיב שאלוהים אמר זאת לאדם עצמו. הוא אמר לאדם: הבה נעשה יחד, אתה ואני, את האדם - כלומר נשכלל את טבעו. היום השמיני הוא יומה הסמלי של בריאה משותפת זו, הנמשכת מאז ועד היום. בריאת עולם של אור, של אהבה ושל טוב.

4. כפי שהראיתי במקום אחר, זאת הסיבה שספר בראשית אינו מותח ביקורת ישירה על עבודת האלילים, אלא מבקר במרומז, בשש הזדמנויות לפחות, את היעדר המוסר המיני בקרב העמים שאברהם, יצחק ויעקב ובני משפחותיהם באו איתם במגע.

מצורע

נצור לשונך מרע

חז"ל הטעִינו את מחלת הצרעת, הנושא העיקרי של פרשתנו, במטען מוסרי. לדבריהם, הצרעת איננה סתם מצב רפואי, אלא עונש. פירושם מבוסס על ראָיה מתוך התורה עצמה. במעמד הסנה ידו של משה לקתה בצרעת כאשר הוא הטיל ספק בנכונותם של בני עמו להאמין בו (שמות ד, ו-ז). מרים לקתה בצרעת כאשר דיברה סרה במשה (במדבר יב, א-טו). לראיות אלו נוסף מדרש מילים: מצורע - נוטריקון של "מוציא שם רע", אדם המוציא את דיבתם של אחרים רעה.

חז"ל החשיבו את לשון הרע לאחת העברות החמורות ביותר. כך מתמצת זאת הרמב"ם:

> אמרו חכמים, על שלוש עבירות נפרעין מן האדם בעולם הזה, ואין לו חלק לעולם הבא: עבודה זרה וגילוי עריות ושפיכות דמים; ולשון הרע כנגד כולם. ועוד אמרו חכמים, כל המספר בלשון הרע - כאילו כפר בעיקר... ועוד אמרו חכמים, שלושה לשון הרע הורגת: האומרו והמקבלו וזה שאומרין עליו; והמקבלו יותר מן האומרו.[1]

האומנם נזקו של לשון הרע כה גדול? אכן כן. הנה שתיים בלבד מתוך דוגמאות רבות מאוד. בתחילת המאה השלוש-עשרה פרצה מחלוקת קשה בין חסידיו של הרמב"ם לבין מבקריו. בעיני אוהדיו, הוא היה מגדולי חכמי ישראל בכל הזמנים. בעיני מתקיפיו, הוא היה הוגה מסוכן שבכתביו כלולים דברי כפירה, ואשר בהשפעתו יהודים נוטשים את דרך התורה והמצוות.

אש המחלוקת השתוללה. כל צד הנפיק דברי גינוי וכתבי חרם על משנהו. היו מאמרים ומאמרי נגד, דרשות ודרשות נגד, ויהדות צרפת וספרד היטלטלה בסערה.

1. **משנה תורה**, הלכות דעות ז, ג.

ואז, בשנת 1232, הנזירים הדומיניקנים העלו את כתבי הרמב"ם באש. ההלם מכך הוביל להפוגה קצרה; אך אז חיללו קיצונים את קבר הרמב"ם בטבריה. בהמשך, בעקבות הוויכוח הבין־דתי בפריז בראשית שנות הארבעים של המאה השלוש־עשרה, נוצרים העלו באש את כל עותקי התלמוד שהצליחו להניח עליהם את ידם. זה היה אחד האסונות הגדולים שידעה היהדות בימי הביניים.

מה היה הקֶשר בין המאבק הפנימי של היהודים לבין שרפת הספרים היהודיים בידי נוצרים? האם ניצלו הדומיניקנים את אישומי הכפירה שיהודים הטיחו ברמב"ם כדי לבסס אישומים משלהם? או אולי הם פשוט ניצלו את הקרע הפנימי ביהדות כדי לרדוף את היהודים בלי לחשוש מפני מעשי תגמול מאורגנים מצד קהילה מאוחדת? כך או כך, לכל אורך ימי הביניים, רבות מהרדיפות הקשות ביותר של יהודים בידי נוצרים היו פרי הסתה מצד יהודים משומדים, או שהן "רכבו" על גליהן של סערות פנימיות בקהילה היהודית.

ולדוגמה מן העת החדשה. אחד מדובריה המבריקים של היהדות האורתודוקסית היה הרב מאיר לייבוש בן יחיאל מיכל וייזר, המלבי"ם (1809–1879), שנתמנה לרבה הראשי של רומניה. בהיותו תלמיד חכם דגול, שפירושו למקרא נחשב לאחד מפירות ההילולים של היהדות במאה התשע־עשרה, כל הזרמים בקהילה היהודית קיבלו תחילה ברצון את מנהיגותו וראו בו דמות מופת דתית ורוחנית. אך עד מהרה גילה האגף המשכילי של הקהילה כי הרב החדש הוא בעל השקפה שמרנית מובהקת, והחל להסית נגדו את רשויות השלטון. כרזות ועלונים תיארו אותו כשריד חשוך של ימי הביניים, אדם המתנגד לקדמה ולרוח הזמן.

בפורים שלחו אליו משלוח מנות ובו בשר חזיר וסרטנים, ופתק: "אנו, שוחרי הקדמה בקהילה, מתכבדים להגיש למאורנו הגדול מעדנים אלה משולחננו". לבסוף, בהשפעת המסע הציבורי, הממשלה הסירה את הכָּרתה הרשמית מהקהילה היהודית ומהמלבי"ם כרבה הראשי, ואסרה עליו לשאת דרשות בבית הכנסת הגדול. השכם בבוקר יום שישי, י' באדר ב תרכ"ד (1864), הקיפו שוטרים את ביתו ועצרו אותו. למחרת השבת הוא הועלה על אונייה והובל לבולגריה, ושם שוחרר על תנאי שלא ישוב לרומניה. כך מתואר מסע ההכפשות נגד המלבי"ם ב**אנציקלופדיה יודאיקה**:

> מ' רוזן פרסם שורה של מסמכים החושפים את האשמות השווא וההשמצות שאויביו היהודים־המתבוללים של המלבי"ם כתבו נגדו והעבירו לשלטונות הרומניים. הם האשימו אותו בחוסר נאמנות ובהכשלת השתלבותם החברתית של היהודים בחברה הלא־יהודית על ידי הקפדה על שמירת חוקי הכשרות,

ואמרו "הרב הזה, בהתנהלותו ובאיסוריו, מבקש לעצור את הקדמה". כתוצאה מכך פרסם ראש ממשלת רומניה הצהרה נגד הרב "הנבער והחצוף"... בעקבות זאת סירב השר לתת זכויות ליהודי בוקרשט, בטענה שרב הקהילה הוא "אויבה המושבע של הקדמה".

סיפורים דומים אפשר לספר על עוד כמה וכמה ענקי תורה - בהם הרב צבי הירש חיות, הרב עזריאל הילדסהיימר, הרב יצחק ריינס, ואפילו הרב יוסף דב סולובייצ'יק זצ"ל, שהובא למשפט בבוסטון ב־1941 כדי להתמודד עם האשמות מצוצות מן האצבע שהעלתה הקהילה היהודית שם. כל המקרים המבישים הללו היו גלגולים מאוחרים של המלחמה האכזרית שאסרו ה"מתנגדים" על יריביהם החסידים. בימים ההם נאסרו אדמו"רים רבים, ובהם מייסד חסידות חב"ד רבי שניאור זלמן מלאדי, בגלל עדויות שקר שמסרו יהודים לרשויות השלטון.

אנחנו אומה עתירת היסטוריה, ובכל זאת לעתים אנו אטומים להיסטוריה במידה מביכה. פעם אחר פעם, יהודים שלא הצליחו לפתור מריבות פנימיות בדרכים מקובלות הלשינו על יריביהם לרשויות האזרחיות, וגרמו נזק נורא לקהילה. אף על פי שהיהדות הרבנית כולה היא תרבות של דיון, ולמרות העובדה שהתלמוד אומר שהלכה כבית הלל ולא כבית שמאי "מפני שנוחין ועלובין היו ושונין דבריהן ודברי בית שמאי, ולא עוד אלא שמקדימין דברי בית שמאי לדבריהן"[2] - למרות כל זאת, יהודים המשיכו לגנות, להכפיש ואפילו להחרים יהודים אחרים שהם לא הצליחו להבין את עמדתם. לא פעם, יהודים דתיים החרימו בעוון סטייה מדרך האמונה דווקא את ההוגים שהיו מְגִניה הדגולים של היהדות הדתית, או לימים האורתודוקסיה, מפני האתגרים האינטלקטואליים של התקופה.

מה היה חטאם של מאשימים אלה? רק לשון הרע. ומהו, ככלות הכול, לשון הרע? מילים, רק מילים. אבל למילים יש תוצאות. אותם מְגִני־הדת־מטעם־עצמם, שרמסו את בני הפלוגתא שלהם, רמסו בעצם את עצמם ואת דתם. הם הצליחו להבאיש את ריחה של היהדות ולגרום לה להיראות דת צרת אופקים שאינה מסוגלת להכיל מורכבות וידיה רפות לנוכח אתגרים חדשים, דת של קללות במקום טיעונים, וחרמות במקום דיונים מנומקים. הרמב"ם והמלבי"ם נשאו את גורלם באורך רוח. אך למתבונן מן הצד, הרואה כיצד מסורת כה נעלה מושפלת עד עפר, לא נותר אלא לבכות.

2. עירובין יג ע"ב.

כמה מרהיבה היא התובנה של חז״ל שהצרעת, אותה מחלה מעַוותת, היא סמל ותסמין ללשון הרע. כי אכן, אנו מתעוותים כאשר הלשון משמשת אותנו לשֶקר במקום לקֶשר, לרמיסה במקום למסירה, להחרבת הדעת במקום להרחבתה; כשאנו משתמשים בלשון כבנשק ומפעילים אותה ביד קלה על ההדק. המסר של הצרעת ברור: אלימות מילולית איננה מעודנת מאלימות פיזית, ומי שפוגע באחרים נפגע הוא עצמו. מילים פוצעות. עלבונות מכאיבים. לשון הרע הורס קהילות. הלשון היא מתנתו הגדולה ביותר של אלוהים לאדם, ואם רצוננו שמתנה זו תהיה לנו לצֳרי ולא לרועץ, עלינו לנצור אותה מרע.

מצורע

לשון הטוב

חז"ל לא חסכו גינויים מלשון הרע, החטא שהם ראו בו את הגורם לצרעת, והעמידו אותו בראש סולם העוונות. אולם ישנו עיקרון מטא־הלכתי הקובע: "מכלל לאו אתה שומע הן";[1] מן השלילה אפשר להסיק בדבר החיוב. לדוגמה, מחומרתו של איסור חילול השם אפשר ללמוד על חשיבותו של היפוכו, קידוש השם.

אם כן, מתבקש שיהיה מושג שהוא היפוכו החיובי של לשון הרע - אולי לשון הטוב. הדרך להימנע מלשון הרע היא לשתוק, ואכן חז"ל הפליגו בשבחה של השתיקה.[2] אך האם די בשתיקה? השתיקה מצילה אותנו מאמירת לשון הרע, אך אינה משיגה דבר־מה חיובי. מה אפוא יכול להיות לשון הטוב?

המועמד שלי להיות לשון הטוב הוא בעיניי אחת המשימות החשובות ביותר המוטלות על מנהיגים ומנהלים, מחנכים, הורים, ואפילו חברים: המחמאה הממוקדת. דוגמה קלסית לכך נמצאת בפרקי אבות:

> חמשה תלמידים היו לו לרבן יוחנן בן זכאי, ואלו הן: רבי אליעזר בן הרקנוס, ורבי יהושע בן חנניה, ורבי יוסי הכהן, ורבי שמעון בן נתנאל, ורבי אלעזר בן ערך.
>
> הוא היה מונה שבחן. רבי אליעזר בן הרקנוס, בור סוד שאינו מאבד טפה. רבי יהושע בן חנניה, אשרי יולדתו. רבי יוסי הכהן, חסיד. רבי שמעון בן נתנאל, ירא חטא. ורבי אלעזר בן ערך, כמעין המתגבר.[3]

המשנה אינה מסתפקת בציון העובדה שלרבן יוחנן בן זכאי היו תלמידים. לכל רב יש תלמידים. הצו "וְהַעמידו תלמידים הרבה"[4] הוא אחת מאמרות חז"ל הקדומות ביותר

1. נדרים יא ע"א.
2. ראו, למשל, משנה, אבות א, יז; ג, יג.
3. משנה, אבות ב, י–יא.
4. משנה, אבות א, א.

שתועדו. המשנה מבקשת ללמדנו דבר אחר: **כיצד** מעמידים תלמידים. קל להעמיד תלמידים הרבה שהם חסידים נטולי חוש ביקורת, אבל הללו לא יהפכו לעולם לחכמים יוצרים בזכות עצמם. קל להכשיר חסידים; קשה הרבה יותר להכשיר מנהיגים. רבן יוחנן בן זכאי היה מורה דגול, מפני שחמישה מתלמידיו נעשו ענקים בזכות עצמם.

המשנה מספרת שהוא עשה זאת באמצעות מחמאות מדויקות: הוא נתן תשבחות ממוקדות. הוא הראה לכל אחד מתלמידיו היכן נמצאות נקודות החוזק הייחודיות לו. אליעזר בן הורקנוס, "בור סוד שאינו מאבד טיפה", חונן בזיכרון עילאי - כישרון רב ערך בתקופה שבה כתבי היד היו נדירים, והתורה שבעל־פה טרם הועלתה על הכתב. שמעון בן נתנאל, "ירא חטא", אולי לא התברך בברק אינטלקטואלי כשל חבריו, אך יראת השמים שלו הייתה תזכורת מתמדת לחבריו שהם אינם רק מלומדים, אלא גם אנשי קודש הממלאים משימה מקודשת. אלעזר בן ערך, "כמעיין המתגבר", היה בעל מוח יצירתי שהנביע בלי הרף פירושים חדשים לכתובים עתיקים.

את כוחו מִשְׁנֶה המציאות של השבח הממוקד גיליתי בזכות אישה אחת, מהאנשים המרשימים ביותר שפגשתי מימיי, לֶנה רַסטין המנוחה. לנה הייתה קלינאית תקשורת שהתמחתה בגמגום אצל ילדים. התוודעתי אליה דרך סדרת טלוויזיה תיעודית שהכנתי לבי־בי־סי על מצב המשפחה בבריטניה. לנה האמינה שאת המגמגמים הצעירים שהיא טיפלה בהם - בני חמש שנים בממוצע - יש להבין בתוך ההקשר המשפחתי שלהם. משפחות נוטות לפתח שיווי משקל. אם ילד מגמגם, כל בני המשפחה מסתגלים לכך. לכן אם הילד מאבד את הגמגום, צריך לאזן מחדש את כל מערכות היחסים במשפחה. לא רק הילד צריך להשתנות, כל המשפחה צריכה להשתנות.

הנטייה הטבעית שלנו היא בדרך כלל להתנגד לשינוי. אנחנו נכנסים לתוך תבניות התנהגות ועוטים אותן עד שהן נעשות נוחות כמו כורסה בלויה שהתעצבה במידות גופנו או זוג נעליים אהוב וישן. איך יוצרים בתוך המשפחה אווירה המעודדת שינוי ונוטלת ממנו את עוקץ האיום? התשובה שלֶנה גילתה היא: עליכם לשַבֵּח. היא הורתה למשפחות שעבדה איתן, שבכל יום כל אחד "יתפוס" כל אחד מבני המשפחה האחרים עושה מעשה טוב, ויפרט לו את מעשהו הטוב בנועם ובהכרת תודה.

לנה לא הלאתה את המשפחות בהסברים מעמיקים, אבל כשצפיתי בה בפעולה התחלתי להבין את מה שעשתה. היא יצרה בתוך כל בית אווירה של אכפתיות הדדית ושל חיזוק חיובי מתמשך. היא כיוונה את ההורים לעצב סביבה של כבוד עצמי ושל ביטחון עצמי, לא רק אצל הילד המגמגם אלא אצל כל אחד ואחת מבני המשפחה - כדי שהאווירה הכללית בבית תנסוך בילד ביטחון בכוחו להשתנות, ובבני משפחתו תנסוך רצון לעזור לו להשתנות.

ואז עלה בדעתי שלנה גילתה פתרון לא רק לגמגום, אלא גם לדינמיקה של קבוצות בכלל. האינטואיציה שלי זכתה לאישור מיָדי מפתיע. בתוך צוות הטלוויזיה שעבדתי איתו התגלעו באותם ימים מתחים. בכמה משלבי ההפקה חלו תקלות, ואנשי הצוות האשימו זה את זה. אולם לאחר שצילמנו את לנה מסבירה להורים איך לשבח ולקבל שבחים, הם החלו לשבח איש את רעהו. האווירה השתנתה מיד. ימי הצילום הבאים חזרו להיות חוויה מהנה. השבח נותן לאנשים את הביטחון העצמי הדרוש להם כדי להיפטר מהיבטים שליליים של אופיים ולמצות את מלוא הפוטנציאל הגלום בהם.

בתשבחות יש מסר רוחני עמוק. נהוג לחשוב שעניינה של הדת הוא אמונה באלוהים. אולם האמונה באלוהים אמורה להוביל אותנו לאמונה בבני אדם; שכן צלם אלוהים נמצא בכל אדם, ואנו צריכים ללמוד להבחין בו. בעקבות זאת הבנתי מחדש את הביטוי החוזר בפרק א בספר בראשית, "וַיַּרְא אֱלֹהִים כִּי טוֹב". הוא בא ללמדנו לראות את הטוב באנשים ובאירועים, ובאמצעות זה לעזור לחזק אותם. הבנתי גם - כפי שהזכרנו בדרשה הקודמת - מדוע העניש ה' את משה בהכותו את ידו בצרעת על שאמר על בני ישראל "וְהֵן לֹא יַאֲמִינוּ לִי" (שמות ד, א). משה למד שיעור בסיסי במנהיגות: **לא חשוב אם הם מאמינים בך או לא. מה שחשוב הוא שאתה מאמין בהם.**

מאישה חכמה אחרת למדתי שיעור חשוב נוסף על חשיבותן של תשבחות. הפסיכולוגית קרול דוּוֶק מאוניברסיטת סטנפורד טוענת בספרה **כוחה של נחישות**[5] כי יש הבדל מכריע בין אנשים המאמינים שהכישורים שלהם מולדים וקבועים מראש, אחת ולתמיד ("תבנית חשיבה מקובעת"), לבין אלה הסבורים שאנו רוכשים את כישורינו עם הזמן במאמץ, בהתמדה ובאימון ("תבנית חשיבה מתפתחת"). הראשונים נוטים להתרחק מסיכונים, שכן הם חוששים מכישלון שיוכיח שהם אינם מוצלחים כפי שכולם חושבים. האחרונים בוחרים להסתכן, כי הם רואים בכישלון חוויה מלמדת ומצמיחה. מכאן נובע שיש שבח טוב ושבח רע. אין לשבח תלמידים וילדים במונחים מוחלטים, "אתה מחונן, את מבריקה, אתה כוכב". זה שבח רע. הנכון הוא לשבח את המאמץ: "השתדלת מאוד, עשית את המיטב". יש לעודד תבנית חשיבה מתפתחת, לא מקובעת.

הדבר אולי מסביר את גורלם העגום של שניים מאותם תלמידים מצטיינים של רבן יוחנן בן זכאי. אלה הם אותם שניים שעל פי המשנה הבאה אחרי זו שציטטנו לעיל, רבן יוחנן ראה דווקא בהם את האריות שבחבורה:

5. קרול ס' דווק, **כוחה של נחישות**, עברית: ורדה יערי, ירושלים: כתר, 2008.

הוא היה אומר, אם יהיו כל חכמי ישראל בכף מאזנים, ואליעזר בן הרקנוס בכף שניה, מכריע את כולם.

אבא שאול אומר משמו, אם יהיו כל חכמי ישראל בכף מאזנים ורבי אליעזר בן הרקנוס אף עמהם, ורבי אלעזר בן ערך בכף שניה - מכריע את כולם.[6]

אלא שאחריתם של שני החכמים הללו הייתה, לצערנו, רעה. רבי אליעזר בן הורקנוס הוחרם בידי עמיתיו, שכן לא קיבל את דעת הרוב במחלוקת הלכתית.[7] רבי אלעזר בן ערך נפרד מעמיתיו; לאחר חורבן ירושלים, כשהַלָּלו הלכו לישיבה ביבנה, פנה לאמאוס, מקום מגורים נעים אך צחיח מבחינה תורנית. סופו ששכח את תלמודו, והיה לצל חיוור של עצמו הישן.[8] מי יודע, אולי בשבחים לתלמידיו אלה על תכונות מולדות ולא על מאמץ, עודדם רבן יוחנן שלא במתכוון לפתח תבנית חשיבה מקובעת במקום להתקרב אל חבריהם ולהישאר פתוחים לצמיחה אינטלקטואלית.

התשבחות ואופן אמירתן הם רכיב יסוד במנהיגות מכל סוג. כשאנו מזהים את הטוב באנשים ואומרים להם זאת, אנו עוזרים לפוטנציאל שלהם להתממש. מתן שבח על מאמצים, ולא על כישרונות מולדים, מעודד צמיחה, ועל זה היה הלל אומר "דלא מוסיף - יסוף",[9] כלומר מי שאינו מוסיף דעת, הידע שכבר יש לו יסוף ויאבַד ממנו. שבחים מהסוג הנכון יכולים לשנות את חייהם של אנשים לטובה. זה כוחו של לשון הטוב. לשון הרע מנמיך אותנו; לשון הטוב יכול לרומם אותנו לגבהים נישאים. או כפי שכתב ו"ה אודן באחד משיריו היפהפיים, "אֶת הָאִישׁ הַחָפְשִׁי שֶׁחַיָּיו הֵם לוֹ כֶּלֶא / לַמְּדוּ נָא כֵּיצַד לְהַלֵּל אֶת כָּל אֵלֶּה".[10]

6. משנה, אבות ב, יב.
7. בבא מציעא נט ע"ב.
8. שבת קמז ע"ב.
9. משנה, אבות א, יג.
10. W.H. Auden, "In Memory of W.B. Yeats" (בתרגומו של צור ארליך).

מצורע

כוחה של בושה

ב־20 בדצמבר 2013 חיכתה צעירה ושמה ג׳סטין סאקו בנמל התעופה הית׳רו בלונדון לקריאה לעלות לטיסה לאפריקה. כדי להעביר את הזמן העלתה לטוויטר ציוץ סר טעם על סכנת ההידבקות באיידס. תגובות לא הופיעו תחילה, והיא עלתה למטוס בלי לדעת איזו סערה עומדת להתעורר. כעבור אחת־עשרה שעות, כשנחתה, גילתה שהיא סלבריטאית בין־לאומית. הציוץ והתגובות לו נעשו ויראליים. במהלך אחד־עשר הימים הבאים חיפשו את שמה בגוגל יותר ממיליון פעם. היא תויגה כגזענית ואיבדה את מקום עבודתה. בן לילה היא הייתה לאדם מנודה.[1]

המדיה החברתית החדשה הקימה לתחייה תופעה עתיקה: הביוש בציבור. התופעה נידונה בשני ספרים שהופיעו לאחרונה, ספרו של ג׳ון רונסון **אז ביישו אותך בציבור** וספרה של ג׳ניפר ג׳אקט **האם הבושה הכרחית?**[2] ג׳אקט סבורה שזו תופעה חיובית. הביוש הוויראלי ברשת, השיימינג, יכול למשל לגרום לתאגידים ציבוריים להתנהג באופן אחראי יותר. רונסון, לעומת זאת, מדגיש את הסכנות. דבר אחד הוא לחוות ביוש בקהילה שאתם חלק ממנה - אך דבר שונה לגמרי הוא הביוש ברשת גלובלית של זרים שאינם יודעים עליכם דבר ואינם מבינים את ההקשר שפעלתם בו. הדבר דומה ללינץ׳ של אספסוף יותר משהוא דומה למשפט צדק.

כך או כך, תופעת השיימינג עוזרת להבין את תופעת הצרעת, המצב הלא־לגמרי־ברור המתואר בפרשת תזריע ובפרשת מצורע. הצרעת שבתורה זוהתה כצרעת של ימינו (מחלת הנסן), או כמחלת עור, או כזיהום קשקשים - אך כל זיהוי של הצרעת המקראית עם מחלה מוכרת מעורר בעיות עצומות. תסמיני הצרעת המתוארים בתורה אינם תואמים את אלה של מחלת הנסן. יתרה מכך, הצרעת שבתורה נוגפת

1. Jon Ronson, *So You've Been Publicly Shamed*, London: Picador, 2015, pp. 63–86.
2. Jennifer Jacquet, *Is Shame Necessary? New Uses for an Old Tool*, London: Allen Lane, 2015.

לא רק את גוף האדם אלא גם בתים, רהיטים ובגדים. תכונה זו אינה מוכרת משום תופעה רפואית ידועה.

מלבד זאת, התורה עניָינהּ קדושה והתנהגות נכונה; היא אינה ספר רפואה. וכפי שהעיר הרד"ץ הופמן, גם אילו הייתה התורה כזו, נוהלי הטיפול שהיא קובעת לצרעת אינם הולמים מחלות מידבקות. ולבסוף, הצרעת שבתורה היא מצב המחולל לא חולי כי אם טומאה. חולי אינו טומאה, ובריאות אינה טהרה. אלו הן מערכות מושגים נפרדות ושונות.

חז"ל פתרו את התעלומה באמצעות בדיקה היכן מסופר בתורה על אנשים שאכן לקו בצרעת. מקרה אחד אירע כשמרים דיברה סרה באחיה משה (במדבר יב, א-טו). מקרה נוסף אירע למשה בסנה, כאשר אמר לה' שבני ישראל לא יאמינו לו ולא ישמעו בקולו. ידו נעשתה, לזמן קצר, "מְצֹרַעַת כַּשָּׁלֶג" (שמות ד, ז). מכאן הבינו חז"ל שהצרעת היא עונש על לשון הרע: הוצאת לעז על הזולת.

כך הצליחו להסביר כיצד יכולים תסמיני הצרעת - עיפוש וכתמי צבע - להופיע על קירות, על רהיטים, על כלים ועל עור האדם. תסמינים אלה הם שרשרת של אותות אזהרה וענישה. תחילה ה' מזהיר את העבריין, בהֲטילוֹ סימני ריקבון בקירות ביתו. אם העבריין חוזר בתשובה, התהליך נעצר כאן. אך אם לא, גם הריהוט נפגע, ואחריו הבגדים, ולבסוף העור.

איך להבין זאת? מדוע נחשב לשון הרע לעברה כה חמורה שכדי להצביע עליה נדרשת תופעת טבע משונה? ומדוע דווקא צרעת, ולא תופעה אחרת?

האנתרופולוגית רות בנדיקט הנחילה לציבור הרחב, בסִפרה על תרבות יפן **החרצית והחרב**,[3] את ההבחנה בין שני סוגים של תרבויות אנושיות: תרבויות אשמה ותרבויות בושה. יוון העתיקה, כמו גם יפן, הן תרבויות בושה. היהדות והדתות שהושפעו ממנה (ובאופן המובהק ביותר: הנצרות הקלוויניסטית) הן תרבויות אשמה. ההבדל ביניהן מהותי.

בתרבויות בושה, מה שחשוב לאדם הוא כיצד הוא נשפט בעיני אחרים. התנהגות מוסרית פירושה בתרבויות בושה היצמדות לתפקיד שהחברה מועידה לאדם, לכלליה ולציפיותיה. אדם עושה מה שאנשים אחרים מצפים ממנו. הוא מציית למוסכמות החברה. אם לא, החברה מענישה אותו על ידי ביושו, הגחכתו, הוקעתו, השפלתו

3. Ruth Benedict, *The Chrysanthemum and the Sword*, Boston, MA: Houghton Mifflin Harcourt, 1946. ראו בהקשר זה את הדרשה "אמנות ההקשבה" לפרשת בראשית (כרך א).

ונידויו. בתרבויות אשמה, לעומת זאת, מה שחשוב הוא לא מה חושבים אחרים אלא מה אומר קול המצפון; חיים מוסריים פירושם התנהגות ההולמת את הצו המוסרי המוטמע באדם ואומר לו "עשה" ו"לא תעשה". חיים מוסריים פירושם דעת טוב ורע.

בתרבויות בושה, האנשים **מוכוונים כלפי אחֵר**. חשוב להם איך הם נראים בעיני אחרים; חשובה להם התדמית. ואילו בתרבויות אשמה האנשים **מוכוונים כלפי פְּנים**. חשוב להם מה הם חושבים על עצמם ברגעים של כנות גמורה. גם אם תדמיתו של אדם נקייה מכל שריטה וכתם, אם הוא יודע שעשה רע הוא מרגיש שלא בנוח. הוא יתעורר משנתו מבועת. "מַצְפּוּן מוּג־לֵב, אַל תְּעַנֶּה אוֹתִי!" מתייסר על ערשו המלך ריצ׳רד השלישי במחזהו של שייקספיר. "מַצְפּוּן בַּעַל אֶלֶף לְשׁוֹנוֹת יֵשׁ לִי, / וְכָל לָשׁוֹן פּוֹצַחַת בְּסִפּוּר, / וְכָל סִפּוּר מוֹצִיא אוֹתִי נָבָל".[4] הבושה היא השפלה פומבית; האשמה היא עינוי פנימי.

היהדות הופיעה כראשונת תרבויות האשמה בשל האופן שהבינה בו את היחסים בין אלוהים לאדם. היהדות איננה סבורה שאנחנו שחקנים במחזה שבו החברה היא הקהל. אנחנו יכולים לשטות בחברה; אך באלוהים איננו יכולים לשטות. כל ההתחזויות והיומרות, כל המסכות והפרסונות, כל טיפוח קוסמטי של דימוי ציבורי, כולם אינם רלוונטיים. "כִּי הָאָדָם יִרְאֶה לַעֵינַיִם - וה׳ יִרְאֶה לַלֵּבָב" (שמואל א׳ טז, ז). תרבויות בושה הן קולקטיביות וקונפורמיסטיות. מנגד, היהדות, תרבות האשמה המובהקת, מדגישה את היחיד ואת יחסיו עם אלוהים. חשוב לה לא אם אנחנו מתאימים את עצמנו לתרבות זמננו, אלא אם אנחנו טובים, צודקים וישרים.

על הרקע הזה בולטת חריגותה של הצרעת (בפרשנות חז"ל). זהו אחד המקרים היחידים בתורה של **הענשה על ידי בושה ולא על ידי אשמה**. הופעת העובש או כתמי הצבע על קירות הבית הייתה סימן פומבי לחטא פרטי. היא הייתה דרך לומר לכל עובר ושב: "בבית הזה קרו דברים רעים". אט אט התקרבו האותות אל הנאשם. מקירות הבית פשטו אל מיטתו, מהם לבגדיו, ומשם טיפסו על עורו ועשוהו טמא:

> וְהַצָּרוּעַ אֲשֶׁר בּוֹ הַנֶּגַע, בְּגָדָיו יִהְיוּ פְרֻמִים וְרֹאשׁוֹ יִהְיֶה פָרוּעַ וְעַל שָׂפָם יַעְטֶה וְ"טָמֵא, טָמֵא" יִקְרָא. כָּל יְמֵי אֲשֶׁר הַנֶּגַע בּוֹ יִטְמָא. טָמֵא הוּא, בָּדָד יֵשֵׁב: מִחוּץ לַמַּחֲנֶה מוֹשָׁבוֹ. (ויקרא יג, מה-מו)

4. ויליאם שייקספיר, **המלך ריצ׳רד השלישי**, עברית: מאיר ויזלטיר, תל אביב: הקיבוץ המאוחד, 1991, מערכה חמישית, תמונה שלישית.

אלה הם ביטוייה המובהקים של הבושה. תחילה **התיוג**: סימון ציבורי של חרפה. אלה הם פרימת הבגדים, פריעת הראש, כיסוי הראש עד קו השפם, הקריאה "טמא, טמא". אחריו בא **הנידוי**: הדרה זמנית מחיי השגרה של החברה. התיוג והנידוי עניינם לא חולי אלא הוקעה חברתית. מכאן הקושי הראשוני להבין את דין הצרעת: היא מקרה נדיר של ביוש ציבורי בתרבות שאינה תרבות בושה, אלא תרבות אשמה.[5] אך מקרה זה מתקיים לא משום שהחברה בוחרת להוקיע אדם, אלא מפני שה' אותת לה, בנגע הצרעת, שכך עליה לעשות.

ומדוע זה קורה דווקא בגלל לשון הרע, ולא בשל חטאים אחרים? מפני **שהדיבור הוא המלכד את החברה**. אנתרופולוגים טוענים כי השפה האנושית התפתחה כדי לחזק את הקשרים בין בני האדם, כך שיוכלו לפעול בקבוצות גדולות יותר מכל יונק אחר. שיתוף פעולה מחייב **אמון**. היחיד מוכן להקריב למען הקבוצה משום שהוא סומך על האחרים שגם הם יעשו כמוהו. משום כך לשון הרע הוא כה הרסני. הוא מערער את האמון. הוא גורם לאנשים לחשוד זה בזה. הוא פורם את החוטים המחברים את הקבוצה יחדיו. אם אין מטפלים בלשון הרע, הוא הורס כל קבוצה שהוא תוקף: משפחה, צוות, קהילה, אפילו עַם. כאן טמונה עוצמתו הייחודית של לשון הרע: הוא משתמש בכוחה של השפה כדי להחליש את הדבר שיצירתו היא הסיבה הראשית לקיומה של השפה, קרי האמון המקיים את הזיקה החברתית.

לכן העונש על לשון הרע הוא הוצאה זמנית מן החברה באמצעות חשיפה ציבורית, תיוג, ביוש ונידוי. קשה, אולי בלתי אפשרי, להעניש את מְדַבֵּר הסָרָה באמצעים הקונוונציונליים - החוק, בית הדין והממסד המקיים את תרבות האשמה. אפשר לעשות זאת למוציא שם רע, למעליל השקר, לעד הזומם, כי כל אלה הם מקרים של **אמירת דבר שקר**. לשון הרע הוא עניין עדין יותר. הוא נעשה לא בשקרנות בוטה אלא בטפטוף חשאי. יש דרכים רבות לפגוע בשמו הטוב של אדם בלי לומר שקר. והפוגע בצורה כזו, קשה לחרוץ את דינו בדרכים המקובלות. הוא יאמר "לא אמרתי", או "לא התכוונתי", או אפילו "לא אמרתי שום דבר לא נכון". הדרך הטובה ביותר להתמודד עם אנשים המרעילים יחסים בלי לשקר ממש היא הכרזה בשמם, הוקעתם וביוּשם.

כזו, על פי חז"ל, הייתה פעולתה הפלאית של הצרעת בימי קדם. צורה זו של צרעת אינה קיימת עוד. אבל לאינטרנט ולרשתות החברתיות יש כוח ביוש דומה -

5. מקרה נוסף הוא, על פי רבן יוחנן בן זכאי, רציעת אוזנו של העבד העברי המסרב להשתחרר אחרי שש שנות עבודות (שמות כ, ו). ראו רש"י על אתר; קידושין כב ע"ב.

והוא ממחיש את עוצמתה ואת סכנותיה של תרבות הבושה. התורה עוברת מאשמה לבושה רק במקרים נדירי המציאות, וביושו של המצורע הוא מעשה ידי ה׳, לא מעשה ידי החברה. ועדיין, הלקח המוסרי נותר. רכילות זדונית היא מעשה המערער יחסים, שוחק את חבלי החברה והורס את האמון. ראוי לחשוף אותה ולהוקיעה.

לעולם אל תדברו רעה על אחרים - ושמרו תמיד מרחק מאלה העושים זאת.

אחרי מות

בין ריצת ספרינט למרתון

ארבעים יום היה משה על ההר, דיבר פה אל פה עם ה', קיבל ממנו את חוקיו חרותים על אבן באצבע אלוהים. ואז סיפר לו ה' שבני ישראל עשו עגל זהב. הוא חשב לכלותם מעל פני האדמה. זה היה המשבר הקשה ביותר בכל שנות הנדודים במדבר, ומשה נדרש למצות בו את כל כישורי המנהיגות שלו.

ראשית חוכמה הוא התפלל לה' שלא יכלה את העם. ה' הסכים. או־אז ירד מההר וראה את בני ישראל מצחקים סביב העגל. מיד שבר את הלוחות. הוא שרף את העגל, פיזר את אפרו במים ונתן לעם לשתות. ואז קרא לציבור להצטרף אליו. הלוויים נענו לקריאה, ויצאו למסע עונשין שבו נהרגו שלושת אלפים איש. לאחר מכן שב משה ועלה להר, והתפלל ארבעים יום וארבעים לילה. בסופם נשאר על ההר עם אלוהים לעוד ארבעים יום, וכתב לוחות חדשים. לבסוף ירד מההר בי' בתשרי ובידו הלוחות השניים, אות שבריתו של ה' עם ישראל נותרה על כנה.

זה היה מפגן מנהיגות בלתי רגיל. נועז והחלטי ברגעים מסוימים, אטי ועקשני ברגעים אחרים. משה היה צריך להתמודד עם שני הצדדים, להשפיע על בני ישראל לעשות תשובה ולשכנע את ה' לכפר להם על חטאם. משה היה, באותו זמן, להתגלמותו העליונה של השם "ישראל": שׂורה עם אלוהים ועם אנשים – ויכול.

יש בזה חדשות טובות וחדשות רעות. החדשות הטובות הן: היה היה פעם משה. בזכותו העם שרד. והחדשות הרעות: מה קורה כשאין משה ושכמותו? התורה עצמה אומרת, "וְלֹא קָם נָבִיא עוֹד בְּיִשְׂרָאֵל כְּמֹשֶׁה אֲשֶׁר יְדָעוֹ ה' פָּנִים אֶל פָּנִים" (דברים לד, י). עם הבעיה הזו מתמודדים כל אומה, תאגיד, קהילה ומשפחה. מה עושים בהיעדרה של מנהיגות הֶרואית? קל לומר "נחשוב מה משה היה עושה". אבל משה עשה מה שעשה משום שהוא היה מה שהיה. אנחנו איננו משה. מסיבה זו, כל קבוצת בני אדם שנגעה בה פעם הגדולה מתמודדת עם הבעיה כיצד להמשיך מכאן. איך תימלט קבוצה כזו מן השקיעה האורבת לה?

הפתרון נמצא בפרשת השבוע שלנו. היום שמשה ירד בו מן ההר עם הלוחות השניים התקדש ליום בן אלמוות. הוא הפך בלוח השנה ליום הכיפורים. יום זה ישחזר מדי שנה את הדרמה של התשובה והכפרה. אולם מעתה, במתכונתו הקבועה, דמות המפתח ביום זה תהיה לא משה אלא אהרן; לא הנביא אלא הכוהן הגדול.

זו הדרך להנציח מאורע מכונן: להפוך אותו לטקס קבוע. הסוציולוג מקס ובר קרא לזה "הַשְׁגָּרָה של כריזמה".[1] רגע של פעם־ולא־עוד נעשה לטקס שפועם־עוד־ועוד. כניסוחו של ג'יימס מק'גרגור ברנס ביצירתו הקלסית **מנהיגות**: "המעשה המנהיגותי המוחשי שאורך חייו הוא הרב ביותר הוא יצירת מוסד - אומה, תנועה חברתית, מפלגה פוליטית, ביורוקרטיה - הממשיך לקיים מנהיגות מוסרית ולקדם שינוי חברתי חיוני גם זמן רב לאחר שהמנהיגים שיצרו אותו הלכו ואינם".[2]

בכמה מדרשי אגדה מתוארים ניסיונותיהם של התנאים למצוא פסוק שהוא "כלל גדול בתורה", העיקרון המכונן שלה. במקום אחד רבי עקיבא הציע את הפסוק "וְאָהַבְתָּ לְרֵעֲךָ כָּמוֹךָ" (ויקרא יט, יח), ובן עזאי העדיף את הפסוק "זֶה סֵפֶר תּוֹלְדֹת אָדָם בְּיוֹם בְּרֹא אֱלֹהִים אָדָם בִּדְמוּת אֱלֹהִים עָשָׂה אֹתוֹ" (בראשית ה, א).[3] מדרש אחר, שמקורו אבד, מציע שלוש אפשרויות, האחרונה שבהן מפתיעה במיוחד:

> בן זומא אומר, מצינו פסוק כולל והוא "שְׁמַע יִשְׂרָאֵל" וגו' ["ה' אֱלֹהֵינוּ, ה' אֶחָד"] (דברים ו, ד). בן ננס אומר, מצינו פסוק כולל יותר, והוא "וְאָהַבְתָּ לְרֵעֲךָ כָּמוֹךָ" (ויקרא יט, יח). שמעון בן פזי אומר, מצינו פסוק כולל יותר והוא "אֶת הַכֶּבֶשׂ אֶחָד תַּעֲשֶׂה בַבֹּקֶר" וגו' (במדבר כח, ד). עמד ר' פלוני על רגליו ואמר: הלכה כבן פזי.[4]

משמעות דבריו של בן פזי ברורה: כל האידיאלים הנשגבים בעולם - היותו של האדם טבוע בצלם אלוהים, האמונה באחדות האל, אהבת הזולת - נשארים על הנייר כל עוד אין הם מתורגמים להרגלים של מעשה, שמטבעם נעשים להרגלי הלב. כולנו זוכרים רגעים של תובנה או התגלות, שבהם הבנו פתאום מהי משמעות החיים, מהי גדולה

1. ראו Max Weber, *Economy and Society*, Berkeley: University of California Press, 1978, pp. 246 ff.
2. James MacGregor Burns, *Leadership*, New York: Harper & Row, 1978, p. 454.
3. ספרא, קדושים ד, יב.
4. המדרש מובא במבוא לפירוש "הכותב" על **עין יעקב**, קובץ קטעי האגדתא בתלמוד הבבלי. מצטט אותו גם המהר"ל **בנתיבות עולם**, אהבת רֵע, א.

או מהו אורח החיים שאנו רוצים לאמץ. יום, שבוע או לכל היותר שנה לאחר מכן, ההשראה מתפוגגת ונעשית זיכרון רחוק, ואנו נותרים בדיוק מה שהיינו קודם לכן.

גדולתה של היהדות היא שיש בה מקום הן לנביא הן לכוהן; לדמויות נוסכות השראה, אך גם לשגרה היום־יומית, ההלכה, הנוטלת חזונות מרוממים ומתרגמת אותם לדפוסי התנהגות, מעשים שאחריהם נמשכים הלבבות ובזכותם משתנים רגשותינו ואנו עצמנו.

אחד הקטעים המיוחדים ביותר שקראתי מימיי על היהדות ושנכתבו בידי אנשים שאינם יהודים נמצא בספרו של ויליאם ריס־מוג על מאקרו־כלכלה, **השגיאה השלטת**.[5] ריס־מוג (1928–2012) היה עיתונאי כלכלי בריטי שנעשה עורך **הטיימס**, ואשר כיהן כיושב ראש המועצה לאמנויות בבריטניה וכסגן נשיא בי־בי־סי. הוא היה קתולי מאמין.

את ספרו הוא מתחיל בשיר הלל מפתיע להלכה היהודית. הוא אף מסביר מדוע הוא עושה זאת. האינפלציה, הוא כותב, היא חולי של הגזמה ושל אבדן משמעת - חולי המתבטא במקרה הזה ביחס לכסף. המייחד את היהדות, לדבריו, הוא המערכת המשפטית שלה, ההלכה. מבקרים נוצרים תיארו אותה כיַבשושית ונוקדנית, אך הם טעו: לאמתו של דבר, ההלכה הייתה חיונית לשרידותם של היהודים, שכן היא "סיפקה אמַת מידה שעל פיה אפשר לבחון את המעשים, קבעה חוקים להסדרת ההתנהגות, יצרה מוקד לנאמנות ושָׂמה גבולות לאנרגיות של הטבע האנושי".

כל מקורות האנרגיה, והאנרגיה הגרעינית היא דוגמה בולטת, צריכים כלי שיכיל אותם. בלעדיו הם נעשים מסוכנים. ההלכה היהודית פעלה תמיד ככלי להכלת האנרגיה הרוחנית והמחשבתית של עם ישראל. אנרגיה זו "לא התפוצצה או התפזרה; היא נרתמה כמקור כוח מתמשך". לטענתו, ליהודים יש סגולה החסרה בדרך כלל במשק המודרני: מערכת של בקרה עצמית, שתאפשר למשק לפרוח בלי זינוקים וקריסות, אינפלציה ומיתון.

הדבר נכון גם באשר למנהיגות. בספרו **גלגל התנופה: מטוב למצוין** טוען תיאורטיקן הניהול ג'ים קולינס שהמכנה המשותף לכל החברות העסקיות ה"מצוינות" הוא **תרבות של משמעת**. בספרו **מצוינים מבחירה** הוא משתמש בביטוי "מצעד 42 הקילומטרים" לציון מאפיין נוסף של ארגונים מעולים: שהם מתכוננים למרתון, לא לריצת ספרינט. הביטחון העצמי, הוא אומר בספרו זה האחרון, "בא לא מנאומי

5. William Rees-Mogg, *The Reigning Error: The Crisis of World Inflation*, London: Hamilton, 1974, pp. 9–13.

מוטיבציה, השראה כריזמטית, מְסיבות מורל, אופטימיות חסרת בסיס או תקווה עיוורת".[6] הוא בא מעשיית המעשה, יום אחרי יום, שנה אחרי שנה. חברות מצוינות מנהיגות משמעת ספציפית, שיטתית ועקבית. הן מעודדות אנשים למשמעת עצמית ולאחריות. הן נמנעות מתגובת יתר לשינוי, ויהא זה שינוי לטובה או לרעה. מבטן מופנה תמיד אל האופק הרחוק. ומעל לכול, הן אינן תלויות במנהיגים הרואיים וכריזמטיים, שכן הללו, במקרה הטוב, מרוממים את החברה לזמן־מה, אך אינם יוצקים בה את חוזק העומק הדרוש לה לשגשוג לאורך ימים.

הדוגמה הקלסית לעקרונות שניסחו ברנס, ריס־מוג וקולינס היא התמורה שהתחוללה בין פרשת כי תישא לפרשת אחרי מות; בין יום הכיפורים הראשון, בהר סיני, ליום הכיפורים השני, יום כיפורים לדורות; בין מנהיגותו ההרואית של משה לבין המשמעת הכוהנית השקטה והמצטנעת של יום תשובה וכפרה אחת לשנה.

הפיכתם של ערכים לקודים של מעשה, המעצבים מצדם את הרגלי הלב, היא לב לִבָּן של היהדות ושל המנהיגות. אל לנו לאבד את ההשראה שנסכו בנו הנביאים, אבל אסור גם לאבד את הרגלי השגרה הללו, ההופכים אידיאלים למעשים, וחלומות למציאות ממומשת.

6. ג'ים קולינס, **גלגל התנופה: מטוב למצוין**, עברית: דורית לנדס, תל אביב: פקר, תשס"ב; Jim Collins, *Great By Choice*, London: Random House Business Books, 2011.

אחרי מות

האומץ להודות בטעות

לפני כמה שנים ביקר אצלי שגריר ארצות הברית בבריטניה אז, פיליפליידר. הוא סיפר לי על מיזם מרתק שהוא ואשתו השיקו ב־1981. הם הגיעו למסקנה שרבים מבני גילם ימצאו את עצמם בעתיד הלא כל כך רחוק בעמדות השפעה וכוח - ושיהיה אפוא מועיל ויצירתי לקיים לעתים מזומנות מפגשים שבהם יַחלקו רעיונות, יאזינו להרצאות וירקמו חברויות, ויחד יחשבו על האתגרים שיעמדו בפניהם בשנים הבאות. כך הם יצרו את מה שהם כינו "סופשבוע רנסנס", מפגשים המוסיפים ומתקיימים עד עצם היום הזה.

במפגשים הללו, כך סיפר לי, הבחינו הוא ואשתו שהמשתתפים, כולם אנשים מוכשרים במיוחד, התקשו כולם בדבר אחד: **להודות בכך שעשו טעויות**. בני הזוג ליידר הבינו שהדבר חשוב למנהיגי העתיד, ושיש ללמוד אותו. מנהיגים צריכים להיות מסוגלים להכיר בטעויות שלהם, להבין אותן ולדעת איך לתקנן. עלה בדעתם רעיון מבריק. בכל סופשבוע, מאז ואילך, הקצו זמן להרצאה מפי כוכב ידוע בתחום כלשהו בנושא "הפדיחה הכי גדולה שלי". הם השתמשו במילה האמריקנית blooper, שבהיותי אנגלי לא הכרתי. בלוּפר הוא טעות מביכה. פשלה. פספוס. פלופ. פדיחה. דבר שלא הייתם צריכים לעשות, ושאתם מתביישים להודות שעשיתם.

זה, בעצם, מה שעושה לנו יום כיפור. בימי המשכן והמקדש, הוא היה היום שבו האיש הקדוש בישראל, הכוהן הגדול, כיפר בעדו - כלומר, תחילה התוודה על חטאיו שלו וכיפר עליהם - ואז בעד ביתו ובעד כל בית ישראל. משחרב הבית אין לנו לא מזבח ולא שעיר המשתלח ולא כוהן גדול, אבל יום הכיפורים עומד בעינו ועמו היכולת שלנו להתוודות ולהתפלל למחילה. קל לנו הרבה יותר להודות בחטאים, בכישלונות ובטעויות כאשר אנשים אחרים עושים כך אף הם. אם הכוהן הגדול, או המתפללים לידנו בבית הכנסת, יכולים להתוודות על חטאיהם - גם אנחנו יכולים.

כתבתי פעם שהמעבר מיום הכיפורים הראשון בהיסטוריה אל יום הכיפורים השני הוא מן המעברים הגדולים ביותר ברוחניות היהודית. יום הכיפורים הראשון

היה שיאו המוצלח של מסע ההשתדלות של משה למען בני ישראל לאחר חטא העגל (שמות לב-לד), תהליך שהחל בי"ז בתמוז. בי' בתשרי, היום שהיה עתיד להיקבע כיום כיפור, ירד משה מהר סיני עם הלוחות השניִים - סימן מוחשי לכך שה' חידש את בריתו עם בני ישראל. כעבור שנה כבר עמד המשכן על מכונו, ויום הכיפורים עמד בסימן עבודת הקודש של אהרן הכוהן, האמורה בפרשת השבוע שלנו (ויקרא טז).

ההבדלים בין שני ימי כיפורים אלה עצומים. משה פעל כנביא. אהרן תפקד ככוהן. משה הלך אחר לבו ואחר הבנתו, ואִלתר בהתאם לתשובותיו של הקב"ה. אהרן מילא במדויק את פרוטוקול הטקס, דבר דבור על אופניו. משה נועד עם ה' למפגש חד־פעמי, מפגש לצורך מיוחד, דרמה בין שמים לארץ. אהרן - להפך. הוא ביצע הנחיות שנקבעו מראש ושלא ישתנו לעולם, כל עוד יהיה מקדש.

תפילתו של משה למען העם נועזת, "חוצפה כלפי שמיא" כדברי חז"ל. שִׂיאה במילים המדהימות "וְעַתָּה, אִם תִּשָּׂא חַטָּאתָם - וְאִם אַיִן, מְחֵנִי נָא מִסִּפְרְךָ אֲשֶׁר כָּתָבְתָּ" (שמות לב, לב). התנהגותו של אהרן, לעומת זאת, מצטיינת בצייתנות, בענווה ובווידוי הלב. הוא ניצח על טקס של היטהרות, של התחטאות ושל כיפורים, על חטאיו ועל חטאי ביתו ועל חטאי כל העם. מעטים בתורה כולה הרגעים המתחרים בעוצמתם עם רגעי הדו־שיח בין משה לקב"ה אחרי חטא העגל. אבל כשוך רגעים אלה אנו נותרים עם השאלה - איך נשיג מחילה, אנו שכבר אין לנו משה ואין לנו נביאים ואין לנו גישה ישירה לאלוהים? רגעים גדולים משנים את ההיסטוריה; אבל מה שמשנה אותנו, את בני האדם, הוא ההרגל האפור של עשיית מעשים מסוימים שוב ושוב, עד שהם מחדשים מעגלים עצביים במוחנו ומשנים לנו את הרגלי הלב. אנחנו מעוצבים בידי טקסי השגרה שלנו.

ועוד דבר. התמקחותו של משה עם ה' לא השרתה בפני עצמה רוח תשובה על העם. גם לא סדרת המעשים הדרמטיים שעשה לרגלי ההר ושהמחישו לעם את אשמתו. הוא שבר את הלוחות, הוא טחן את העגל, הוא השקה את העם במים עם אבקת הזהב. אבל אין לנו שום סימן לכך שהעם הִפנים. מעשיו של אהרן שונים. יש בהם וידוי, כפרה וחיפוש אחר היטהרות רוחנית. יש בהם הודאה כנה בחטאים של העם ובכישלונותיו, וראשית כול בחטאיו של הכוהן הגדול עצמו.

יום כיפור - על עבודתו במקדש, ועל תפילותיו בימינו, ועל שלוחותיהן המגיעות אל התפילות ברוב ימות השנה, תפילות התחנון והווידוי של ימי החול ותפילות הסליחות - יוצר תרבות שבה אנשים אינם בושים ואינם נבוכים לומר "כשלתי, חטאתי, טעיתי". את זאת ממש אנחנו עושים ברשימות הווידוי האלפביתיות - הרשימה

הקצרה המתחילה ב"אשמנו, בגדנו", הנאמרת גם בימי חול, והווידוי הארוך השמור ליום הכיפורים בלבד, המתחיל בתיבות "על חטא שחטאנו".

צדק פיליפ ליידר: היכולת להודות בטעויות היא סגולה יקרת המציאות. אנחנו עושים רציונליזציה. אנחנו מוצאים צידוקים. אנחנו מתכחשים. אנחנו מאשימים אחרים. בשנים האחרונות הופיעו כמה ספרי עיון מרתקים בנושא הזה, ובהם ספרו של מתיו זייד **החשיבה של הקופסה השחורה: מדוע רוב האנשים אינם לומדים לעולם מהטעויות שלהם, אבל מיעוטם כן**;[1] ספרה של קתרין שולץ **לְטָעוֹת: הרפתקאות בשולי השגיאה**;[2] וספרם של קרול טֶווריס ואליוט ארונסון **נעשו טעויות (לא על ידִי)**.[3]

פוליטיקאים מתקשים להודות בטעויות. כך גם רופאים: שגיאות רפואיות שניתנות למניעה גורמות בארצות הברית ליותר מ־400 אלף מקרי מוות בשנה. כך הוא גם אצל בנקאים וכלכלנים. את ההתמוטטות הפיננסית ב־2008 חזה וורן באפט עוד ב־2002. היא התחוללה למרות אזהרות שהשמיעו כמה וכמה מומחים כי היקף המשכנתאות ומינוף החובות אינם בני קיימא. טווריס וארונסון מספרים סיפור דומה על המשטרה. משהתבייתה על חשוד, היא נוטה שלא להכיר בראיות לחפותו. ועוד ועוד.

לאסטרטגיות ההימנעות אין כמעט סוף. אנשים אומרים, "זו לא הייתה טעות". או, "בהתחשב בנסיבות לא יכולתי לפעול טוב יותר". או, "זו הייתה רק טעות קטנה". או, "זה היה בלתי נמנע בהתחשב במה שידעתי בזמן אמת". או, "מישהו אחר אשם". "סיפקו לנו עובדות שגויות". "קיבלנו ייעוץ רע". וכך אנשים מתקרבנים, משקרים לאחרים, או מרמים את עצמם.

יש לנו יכולת כמעט בלתי מוגבלת לפרש את העובדות באופן שיוציא אותנו זכאים בעיני עצמנו. כמאמר חז"ל בעניין דיני טומאה וטהרה, "כל הנגעים אדם רואה חוץ מנגעי עצמו".[4] בבית המשפט של ההערכה העצמית, אנחנו הסנגורים המוצלחים ביותר של עצמנו. נדירים הם האנשים שיש להם אומץ לומר, כמו הכוהן הגדול,

1. Matthew Syed, *Black Box Thinking: Why Most People Never Learn from Their Mistakes – But Some Do*, New York: Portfolio Books, 2015.
2. Kathryn Schulz, *Being Wrong: Adventures in the Margins of Error*, New York: Ecco Books, 2011.
3. Carol Tavris and Elliot Aronson, *Mistakes Were Made (But Not by Me)*, New York: Mariner Books, 2008.
4. משנה, נגעים ב, ה.

כמו דוד המלך לאחר תוכחת נתן הנביא על מעשהו בבת־שבע ובאוריה, "חָטָאתִי" (שמואל ב׳ יב, יג).

היהדות עוזרת לנו להודות בטעויותינו בשלוש דרכים. האחת היא הידיעה שה׳ סולח. הוא איננו דורש מאיתנו שלא נחטא אף פעם. הוא יודע מראש שלא תמיד יעשה האדם שימוש נכון במתנת החופש. מה הוא דורש מאיתנו? שנכיר בטעויות שלנו, נלמד מהן, נודה בהן ונחליט בכל לבנו שלא לחזור עליהן.

השנייה, ההבחנה הברורה שמבחינה היהדות בין החוטא לבין החטא. אפשר להוקיע מעשה בלי לאבד את האמון במי שעשה אותו.

והשלישית, ההילה שיום הכיפורים מקרין על כל ימות השנה. היא עוזרת לנו, כפי שאמרנו, ליצור תרבות של כנות, שבה איננו מתביישים להודות ברעוֹת שעשינו. אף כי מבחינה טכנית יום הכיפורים מתמקד בחטאים שבין אדם למקום, קריאה פשוטה בווידויֵי "אשמנו" ו"על חטא" מעלה שרוב החטאים שאנו מתוודים עליהם הם חטאים שבין אדם לחברו.

את מה שגילה פיליפ ליידר בקרב עמיתיו המצליחנים הפנימה היהדות לפני עידן ועידנים. כשאנו רואים את הטובים ביותר מודים שגם הם עושים טעויות, הדבר מעצים את כולנו. היהודי הראשון שהודה בטעות הוא יהודה, שכמעט גרם לשרפת תמר כלתו בשל חשד שזנתה, וכשהבין מה קרה באמת ומה חֶלקו בדבר אמר "צָדְקָה מִמֶּנִּי" (בראשית לח, כו).

ודאי אין הוא רק צירוף מקרים שהשם "יהודה" בא מאותו שורש שבאה ממנו המילה "הודאה". בתוך שמֵנו כולנו, היהודים, העם הנקרא כיום בשמו של יהודה, כבר נרמז אפוא שאנו העם שיש לו האומץ להודות בחטאים. ביקורת עצמית כנה היא מסימניה המובהקים של גדלות רוח.

אחרי מות

השעיר לעזאזל: בושה ואשמה

היסוד המוזר ביותר והדרמטי ביותר בעבודת יום הכיפורים, המפורטת בפרשת אחרי מות, היה טקס שני שעירי העזים. השניים היו צמד לכל דבר ועניין: הקפידו לבחור שעירים דומים ככל האפשר זה לזה בגודלם ובחזותם. הם הובאו לפני הכוהן הגדול, והוא הטיל עליהם "גּוֹרָל אֶחָד לַה' וְגוֹרָל אֶחָד לַעֲזָאזֵל" (ויקרא טז, ח). השעיר שהוגרל "לה'" הועלה לקרבן חטאת. על השעיר החי סמך הכוהן את ידיו והתוודה על חטאי בני ישראל - ואז נלקח השעיר למדבר ושולַח שם. המסורת מספרת כי בין קרני השעיר הזה נקשר חוט שָני, ומחצית החוט הוסרה ממנו לפני שנשלח למדבר. אם כופַּר לעם, צבעו האדום הלבין.

המבוכה רבה. ראשית, מהו אותו "עזאזל" שהשעיר נשלח אליו? שם זה אינו מופיע עוד במקרא. שלוש הצעות עיקריות הועלו. על פי דברי חז"ל שרש"י מצטט, זהו "הר עז וקשה, צוק גבוה"; כלומר העזאזל הוא מקום, אותה "אֶרֶץ גְּזֵרָה" (טז, כב) שהשעיר נשלח אליה. חז"ל מספרים שמן הצוק הזה הוא דורדר אל מותו.

הפירוש השני, שאבן עזרא מציע ברמז והרמב"ן במפורש, הוא שעזאזל הוא שמו של שד או מזיק, אחד מאותם נפילים האמורים בבראשית ו, ד, ישות דמוית תיש כגון האל־תיש היווני פאן וצאצאו הרומי פאונוס. זהו רעיון קשה מאוד מבחינה תיאולוגית, ועל כן אבן עזרא נהג בו כמנהגו במקרים כגון אלה והזכירו על דרך החידה באופן שרק החכמים ידעו לפענח. הוא כותב: "ואני אגלה לך קצת הסוד ברמז, בהיותך בן שלושים ושלוש תדענו".[1] הרמב"ן מגלה את הסוד. שלושים ושלושה פסוקים לאחר פסוק זה מצווה התורה: "וְלֹא יִזְבְּחוּ עוֹד אֶת זִבְחֵיהֶם לַשְּׂעִירִם אֲשֶׁר הֵם זֹנִים אַחֲרֵיהֶם" (יז, ז).

העזאזל, על פי פירוש זה, הוא שמו של הכוח הדֶמוני הקרוי לעתים שטן או סמאל. פולחנו נאסר על בני ישראל בחומרה - שהרי הוא נוגד את אמונת הייחוד,

1. אבן עזרא לויקרא טז, ח.

בהוסיפו לצד ה׳ כוח נפרד, עצמאי ואף עוין. אף על פי כן, היו מחכמינו שהאמינו כי ישנם כוחות שליליים שהם חלק מפמליה של מעלה, כגון השטן, ושכוחות אלה מקטרגים על בני אדם או מדיחים אותם לחטוא. שְׂעיר העזים שנשלח למדבר נועד לרצות כוחות כגון אלה ולהרגיעם, כדי שתפילות בני ישראל יוכלו לעלות השמימה בלי שיפריעו להן, כביכול, קולות של התנגדות. דרך זו להבין את עניין השעיר לעזאזל דומה למאמרם של חכמים שהמחזור הכפול של תקיעות השופר בראש השנה נועד "לבלבל את השטן".[2]

הפירוש השלישי, והפשוט מכולם, הוא ש"עזאזל" הוא הֶלְחֵם, מילה המורכבת משתיים: עֵז־אָזַל, כלומר עז שהולכת, שאוזלת. פירוש זה הוביל, בין היתר, להולדתה של מילה אנגלית חדשה. בשנת 1530 פרסם ויליאם טינדייל את התרגום האנגלי הראשון לתנ"ך, מעשה שהיה אז בלתי חוקי ועלה לטינדייל בחייו. כתרגום אנגלי למילה "עזאזל" יצר את הצירוף escapegoat, כלומר עז הבריחה: השעיר הנשלח הרחק ומשתחרר. בחלוף העתים נָשְׁלָה האות הראשונה, ונולדה המילה האנגלית המוכרת כיום לשעיר לעזאזל גם במובנו המטפורי - scapegoat.

נפרש "עזאזל" כך או נפרש אחרת, השאלה הגדולה היא מה הייתה בעצם משמעותו של הטקס. הוא היה מיוחד במינו. קרבנות חטאת ואשם מוכרים היטב מן התורה, והם חלק שגרתי מעבודת המקדש, אך בעבודת יום הכיפורים מתקיים בחטאת שוני בולט. בכל יתר המקרים, הווידוי על החטא נעשה על הבהמה המוקרבת. ביום כיפור, הכוהן הגדול התוודה על חטאי העם כשהוא סומך ידיו על הבהמה **שלא** תוקרב, על השעיר לעזאזל שיישלח אל ארץ גזרה - "וְנָשָׂא הַשָּׂעִיר עָלָיו אֶת כָּל עֲוֹנֹתָם" (טז, כב).

את התשובה הפשוטה ביותר והמשכנעת ביותר נתן הרמב"ם **במורה הנבוכים**:

> איש לא יטיל ספק שאין החטאים גופים המועברים על גבו של פרט אל פרט אחר. אלא כל המעשים האלה מְשָׁלִים לשם היווצרות צורה בנפש כדי שתיווצר ההיפעלות לתשובה, כלומר, שנקִיים אנו מכל מעשינו הקודמים, השלכנום אחרי גבינו והרחקנום תכלית ההרחקה.[3]

כפרה טעונה טקס, ייצוג דרמטי של הסרת החטא ומחיקת העבר. זה ברור. אך הרמב"ם אינו מסביר מדוע ביום כיפור דרוש טקס שאיננו נהוג בימים אחרים שמקריבים בהם

2. ראש השנה טז ע"ב.
3. **מורה הנבוכים**, ג, מו.

חטאת או אשם. מדוע אין די בשעיר הראשון, השעיר לה׳, המוקרב כחטאת? התשובה נעוצה במהותו הכפולה של יום כיפור. התורה אומרת בפרקנו:

> וְהָיְתָה לָכֶם לְחֻקַּת עוֹלָם: בַּחֹדֶשׁ הַשְּׁבִיעִי בֶּעָשׂוֹר לַחֹדֶשׁ תְּעַנּוּ אֶת נַפְשֹׁתֵיכֶם וְכָל מְלָאכָה לֹא תַעֲשׂוּ הָאֶזְרָח וְהַגֵּר הַגָּר בְּתוֹכְכֶם. כִּי בַיּוֹם הַזֶּה יְכַפֵּר עֲלֵיכֶם לְטַהֵר אֶתְכֶם. מִכֹּל חַטֹּאתֵיכֶם לִפְנֵי ה׳ תִּטְהָרוּ. (טז, כט-ל)

שני תהליכים נבדלים למדי מתקיימים ביום כיפור. ישנה כפרה. זהו תפקידו הרגיל של קרבן החטאת. אבל ישנה גם טהרה. והטהרה נעשית בדרך כלל בהקשר שונה לגמרי: הסרת טומאה כגון טומאת מת, טומאה ממחלות עור או טומאת קרי לילה. כפרה עניינה אשמה. טהרה עניינה זיהום. אלה הם בדרך כלל שני עולמות נפרדים.[4] ביום כיפור הם נפגשים. מדוע?

כפי שציינו בדרשתנו לפרשה הקודמת, פרשת מצורע, "כוחה של בושה", רות בנדיקט ואנתרופולוגים נוספים הבחינו בין תרבויות של בושה לתרבויות של אשמה. הבושה היא תופעה חברתית. אנו חווים אותה כאשר מעשה לא מוצלח שלנו נחשף לעיני זולתנו; לפעמים אפילו כאשר אנו מדמיינים שמה שעשינו ייוודע לאחרים. בושה היא ההרגשה שרואים אותך, והאינסטינקט הראשון שהיא מעוררת הוא להתחבא. כך עשו אדם וחווה בגן עדן, אחרי שאכלו מעץ הדעת. הם התביישו בעירומם והתחבאו.

האשמה היא תופעה אישית. אין היא תלויה בשאלה מה יאמרו אחרים אם יֵדעו מה עשינו. כל כולה בינינו לבין עצמנו. האשמה היא קולו של המצפון, ושלא כמו הבושה אי־אפשר להתחבא מפניה. האשמה היא ידיעת עצמך.

יש עוד הבדל, וממנו ברור מדוע היהדות היא במובהק תרבות אשמה ולא תרבות בושה. הבושה צמודה לאדם החש בה; האשמה צמודה למעשה. מי שחרפתו הוצגה ברבים, כמעט אין לו סיכוי להסיר את בושתו מעליו. היא דומה לכתם בל יימחה בעור. שייקספיר שם בפי ליידי מקבֶּת, לאחר הרצח, את המילים "מָה, הַיָּדַיִם הָאֵלֶּה לְעוֹלָם לֹא יִהְיוּ נְקִיּוֹת?".[5] בתרבויות בושה, החוטאים נוטים לצאת לגלות, שם אין יודעים על עברם - או להתאבד. המחזאים נוטים להציע להם את האפשרות השנייה.

4. אמנם יש יוצאי דופן. המצורע המיטהר צריך להקריב קרבן אשם (ויקרא יד, יב-כ).
5. ויליאם שייקספיר, **מקבת**, עברית: דורי פרנס, אתר "שייקספיר ושות׳", מערכה חמישית, תמונה 1.

האשמה, לעומת זאת, יוצרת הבחנה ברורה בין מעשה העוון לבין האדם שעשה אותו. המעשה היה רע, אבל העושה נשאר, עקרונית, שלם. לכן אשמה אפשר להסיר, לכפר עליה, בעזרת וידוי, חרטה וקבלה לעתיד. "שנאו את החטא, לא את החוטא" - זוהי הנחיית היסוד בתרבות האשמה.

בדרך כלל, קרבנות חטאת ואשם עניינם באשמה, כמרומז בשמם. הם מכפרים. אבל יום כיפור נוגע לא רק לחטאים שאנו חוטאים כיחידים. הוא מתעמת גם עם החטאים שאנו חוטאים כקהילה שמתקיימת בה אחריות הדדית. יום כיפור נוגע, במילים אחרות, לא רק בממד האישי של החטא, אלא גם בממד החברתי שלו. הוא עוסק אפוא בבושה ובאשמה כאחד. ועל כן דרושה בו מחיית הכתם, טהרה, ולא רק כפרה.

הפסיכולוגיה של הבושה שונה מהפסיכולוגיה של האשמה. בכוחנו להסיר מעלינו אשמה, על ידי כך שיסלחו לנו; ולסלוח לנו יכול רק מי שחטָאנו כלפיו. משום כך עיצומו של יום הכיפורים מכפר רק על עברות שבין אדם למקום. אפילו הקב"ה אינו יכול - מבחינה לוגית - לסלוח על חטאים שעשינו לחברינו, כל עוד חברינו אלה לא סלחו לנו בעצמם.

הבושה, לעומת זאת, אינה נמחית בסליחה. קרבן הפשע שלנו יכול לסלוח לנו, ועדיין נרגיש מזוהמים בשל הידיעה ששמֵנו הוכתם, שהמוניטין שלנו ניזוק, שמעמדנו נפגע. עדיין נרגיש את התיוג, את הקלון, את החרפה. לכן נדרש טקס דרמטי ומטלטל עד מאוד, שיגרום לאנשים להרגיש, ובאופן סמלי גם לראות, כיצד חטאיהם נלקחים אל המדבר, אל ישימון ההפקר. טקס דומה מתקיים כשהמצורע מיטהר. הכוהן לוקח שתי ציפורים, הורג אחת מהן, ומשחרר את השנייה לעוף על פני השדה (ויקרא יד, ד-ז). גם שם זהו צעד של טהרה, לא של כפרה, והוא נוגע לבושה, לא לאשמה.

היהדות היא דת של תקווה, וטקסי התשובה והכפרה שלה הם חלק מתקווה זו. אין אנו נידונים לשאת איתנו אל קברנו את שגיאות העבר שלנו. בכוחנו לחזור בתשובה ולנערן מעלינו. זה ההבדל הגדול בין תרבות אשמה לתרבות בושה. אבל היהדות מכירה גם בקיומה של בושה. ומכאן הטקס המפורט של השעיר לעזאזל, הנדמה כלוקח איתו את הטומאה, את כתם הבושה. רק ביום כיפור ייתכן טקס כזה, כי זהו היום היחיד בשנה שבו העם כולו משתתף (לפחות באמצעות נציגות) בתהליך של וידוי, תשובה, כפרה וטהרה. כשחברה שלמה מתוודה על אשמתה, היחידים שבתוכה יכולים להיגאל מן הבושה.

קדושים

בחיפוש אחר הזהות היהודית

יום לפני כתיבת שורות אלו שוחחתי עם אינטלקטואל יהודי, וכמו שקורה לא פעם בשיחות כאלו עלתה השאלה מהי הזהות היהודית. מה אנחנו? מה עושה אותנו ליהודים? מאמצע המאה התשע־עשרה ואילך יהודים מתווכחים בשאלה הזו. עד אז היה ברור פחות או יותר מיהם ומהם היהודים: יורשיה של אומה עתיקה, שכרתו בסיני ברית עם אלוהים, ושמאז והלאה ניסו, במידה זו או אחרת של הצלחה, לחיות לאורה. הם היו עַם האלוהים.

מובן שזה הרגיז אחרים. היוונים חשבו שהם עצמם הגזע העליון. את השאר הם כינו "ברברים", שם שנועד לרמז לקול שמשמיעות הכבשים. גם הרומאים חשבו שהם טובים מכל היתר. הנוצרים והמוסלמים טענו, כל דת בדרכה, שהם נבחריו של האל. התוצאה הייתה מאות שנות רדיפות. וכך, כאשר ניתנה ליהודים סוף סוף ההזדמנות להיעשות אזרחים במדינות הלאום החילוניות החדשות של מערב אירופה, הם קפצו על המציאה. במקרים רבים הם עזבו את אמונתם ואת שמירת המצוות. אך הם עדיין נחשבו יהודים.

אבל באיזה מובן, בעצם? כבר לא היה אפשר לומר שזהו עם המקדיש את עצמו לאל, היות שרבים בתוכו לא האמינו עוד באלוהים ולא נהגו כמאמינים. נשאר ליהדות להיות גזע. ראש ממשלת בריטניה בנימין דישראלי, שאביו הטבילוֹ לנצרות חודשים ספורים לפני שנעשה בר־מצווה, תפס כך את זהותו: מוצאו היהודי היה חשוב בעיניו מדתו הנוצרית. הוא כתב, "הכול גזע... אין אמת אחרת",[1] ואמר על עצמו, בתשובה לדברי התגרות של הפוליטיקאי האירי דניאל או׳קונל, "כן, אני יהודי, וכשאבותיו של הג׳נטלמן הנכבד היו פראים גסים באי נידח, אבותיי שלי היו כוהנים במקדש שלמה".

1. Benjamin Disraeli, *Lord George Bentinck: A Political Biography (1852)*, Piscataway, N.J.: Transaction Publishers, 1997, p. 331.

הצרה הייתה שהאיבה כלפי היהודים לא חדלה, למרות כל יומרות הנאורות, התבונה, המדע והאמנציפציה של מערב אירופה. אלא שכבר לא היה אפשר להגדיר את היהודים על פי דתם, היות שלא הם ולא הגויים סביבם ראו עתה בדת את בסיס הזהות שלהם. וכך החלו לשנוא את היהודים בשל גזעם, ובשנות השבעים של המאה התשע־עשרה נטבע מונח חדש לציון שנאה זו: אנטישמיות. הדבר יצר סכנה פיזית חדשה. כל עוד הוגדרו היהודים על פי הדת יכלו הנוצרים לנסות להעבירם על דתם; כי דת אפשר להמיר. **אבל גזע אי־אפשר להמיר**. אפיק הפעולה שנשאר לאנטישמים היה אפוא גירוש היהודים – או השמדתם.

אחרי הלם השואה, שוב אירעה מוטציה בשנאת היהודים. על המילה "גזע" הוטל טאבו בחברה המערבית המכבדת את עצמה. אולם הזהות היהודית נטולת הדת עודה קיימת; ואיך תאופיין עתה? מונח חדש עלה אפוא על הבמה: "אתניות" – שבעצם מציין פחות או יותר את מה שהמונח "גזע" ציין במאה התשע־עשרה. בוויקיפדיה האנגלית מוגדרת קבוצה אתנית כ"אנשים המזדהים זה עם זה על יסוד חוויות משותפות של מוצא, חברה, תרבות או לאום".

אלא שהאתניות מציינת מאין באנו, לא לאן אנו הולכים. היא נוגעת לתרבות ולמטבח, למערכת של זיכרונות שמדברים אל לבם של הורים אך פחות מכך אל לב ילדיהם. ובכל מקרה, **אין** אתניות יהודית אחת: יש אתנויות, ברבים. האתניות היא העדתיות המבדילה בין יהודי ספרדי לבין בן עמו האשכנזי, ואפילו בין בני עדות ספרדיות או אשכנזיות שונות. יתרה מכך, דברים רבים הנתפסים כמציינים אתניות יהודית אינם יהודיים כלל. אלו הן עקבות שטבעו ביהודים התרבויות הלא־יהודיות בארצות תפוצתם: לבוש פולני, מוזיקה רוסית, מטבח צפון אפריקני, ניב יהודי של גרמנית ביניימית הידוע בשם יידיש וניב יהודי של ספרדית ביניימית המכונה ספניולית או לדינו. האתניות היא במקרים רבים מערכת של כלים שאולים שנראים יהודיים כי מוצאם נשתכח.

היהדות איננה אתניות והיהודים אינם קבוצה אתנית. לכו לכם לכותל המערבי ותראו יהודים מכל צבע אנושי ומכל תרבות שיש תחת השמש. תפגשו שם בביתא ישראל מאתיופיה ובבני ישראל מהודו וביהודי בוכרה שבמרכז אסיה, ביהודים עיראקים וּבְרְבֶּרים, מצרים וכורדים ולובים ותימנים, לצד יהודים אמריקנים מרוסיה, יהודים דרום אפריקנים דור שלישי ליוצאי ליטא, ויהודים בריטים שבאו לשם מאזור דובר גרמנית בפולין. הם שונים אלה מאלה במאכליהם ובמוזיקה שהם שומעים, במלבושם ובמנהגיהם ובמוסכמות החברתיות שלהם. היהדות איננה אתניות, אלא פסיפס רב־אתני.

ולבד מזאת, אתניות אינה מאריכה ימים. אם היהודים הם רק קבוצה אתנית, גורלם יהיה כגורל כל הקבוצות האתניות היושבות בתפוצות. עם הזמן הם ייעלמו. כמו נכדיהם של המהגרים האירים, הפולנים, הגרמנים והנורווגים לאמריקה, הם יותכו בכור ההיתוך. אורך חייה של אתניות הוא שלושה דורות: כל עוד יש נכדים הזוכרים את סביהם המהגרים ואת אורחות חייהם המיוחדים. ואז היא מתחילה להקליש, כי אין סיבה שלא יקרה כך. אילו היו היהודים בגולה רק קבוצה אתנית, הם היו נעלמים לפני עידן ועידנים, כמו הכנענים, הפריזים והיבוסים, ונשארים אות מתה בספרי ההיסטוריה בלי להותיר כל חותם בתרבות המערב.

בשנת 2000, כאשר הציע מכון מחקר בריטי להגדיר את יהודי בריטניה כקבוצה אתנית ולא כקהילה דתית, קם דווקא עיתונאי לא־יהודי ואמר את המתבקש. "אלה הם מים רדודים", כתב אנדרו מאר, "וככל שנתבוסס בהם עוד כן יתרדדו וילכו". והוא המשיך:

> ליהודים היו תמיד סיפורים בשביל כולנו. הם העמידו את התנ"ך, מן המסעירות שביצירות שהולידה הרוח האנושית. הם נפלו קרבן לפרי הבאושים הנורא ביותר של המודרנה, טרף לטירוף המערבי. מעל לכול, סיפורם הוא סיפור של הישרדות תרבותית וגנטית מימי האימפריה הרומית עד שנות האלפיים, סיפור של קיום ושגשוג בתוך מערבולת רוחשת של שבטים אירופיים עוינים.
>
> סיפור זה, התנ"ך שלאחר התנ"ך, האֶפּוס של הגוף, לא של המילים, היה כרוך בחישול תחרותי רב־דורי, שבשיאו הטיח לאירופה ולאמריקה המודרניות פרץ אדיר של גאונים. קשה למצוא בתרבות ובמדע של המערב תחומים שהיהודים לא הצליחו בהם הרבה מעל ומעבר לשיעורם באוכלוסייה. אולי רק ציור, מחול עממי ומוזיקת ראפ. הלקח ללא־יהודים, שאינם מאמינים כי יש עם שאלוהים בחר, הוא שדורות על דורות החיים על שכלם ועל עמלם, מחוץ לוודאויות הנוחות של הזרם המרכזי, יניבו איינשטיינים ו־ויטגנשטיינים, טרוצקים וזיווים. ראו מה גדול כוחה של תרבות... היהודים באמת היו שונים; הם העשירו את העולם והעמידו בפניו אתגרים.[2]

אנדרו מאר איננו יהודי, וגם בדת אחרת אינו מאמין, אך דבריו הולמים את קריאת הכיוון שבפתח פרשת קדושים, שהיא מן המשפטים החשובים ביותר ביהדות: "קְדֹשִׁים

2. Andrew Marr, *The Observer*, May 14, 2000.

תִּהְיוּ, כִּי קָדוֹשׁ אֲנִי ה' אֱלֹהֵיכֶם" (ויקרא יט, ב). היהודים היו ונותרו העם שנקרא אל הקודש.

מה פירוש הפסוק הזה? רש"י קורא אותו בתוך הקשרו. הפרק הקודם, פרק יח, עסק באיסורי עריות. כך גם הפרק הבא, פרק כ. לכן הוא מפרש "קדושים תהיו - הוו פרושים מן העריות ומן העבירה". הרמב"ן מציע הסתכלות רחבה יותר. התורה אוסרת במפורש מעשים מסוימים ומתירה אחרים. למה עליה להוסיף ולומר "קדושים תהיו"? כדי שננהג איפוק גם בדברים המותרים לנו. אל תהיו גרגרנים, אפילו בסעודה על טהרת הכשרות. אל תהיו אלכוהוליסטים, גם אם היין כשר למהדרין. אל תהיו, כביטויו המפורסם של הרמב"ן, נבלים ברשות התורה.

אלו הן פרשנויות מקומיות. הן אומרות מה כוונת הפסוק בהקשרו המיָדי. אבל נראה שיש לו גם כוונה רחבה יותר, ופרק יט עצמו מלמדנו מהי. להיות קדוש פירושו לאהוב את הרֵעַ ולאהוב את הגֵר. פירושו לא לגנוב, לא לשקר ולא לרמות אחרים. פירושו לא לעמוד על הדם, לא לחבוק ידיים כשחיי אדם בסכנה. פירושו לא לקלל חירש ולא לתת מכשול לפני עיוור, כלומר לא להעליב אחרים או להרוויח מחולשתם אפילו אם הם אינם מודעים לכך כלל, כי אלוהים תמיד מודע.

להיות קדוש פירושו לא לזרוע את השדה כלאיים ולא ללבוש שעטנז - או כפי שהיינו מנסחים זאת היום, לכבד את שלמותה של הסביבה. פירושו לא ללכת אחר אלילי הזמן - ולכל זמן אלילים משלו. פירושו להיות ישר בעסקים, לעשות צדק, להתייחס למועסקים כיאות, ולחלוק עם אחרים את ברכותיך (בימים ההם: חלקים מן היבול). להיות קדוש פירושו לא לשנוא אנשים, לא לנקום ולא לנטור. אם מישהו עשה לכם רע, אל תשנאו אותו. הוכיחו אותו על מעשיו. תנו לו להבין מה עשה ואיך פגע בכם, תנו לו הזדמנות להתנצל ולתקן, ואז סלחו לו.

ומעל לכול, "קדושים תהיו" פירושו "שמרו על האומץ להיות שונים". המילה "קדוש" בעברית פירושה, ביסודו, נבדל. "קְדֹשִׁים תִּהְיוּ, כִּי קָדוֹשׁ אֲנִי ה' אֱלֹהֵיכֶם" הוא משפט נוגד אינטואיציה. בכל הספרות הדתית העולמית מעטים הם המשפטים המנוגדים כמוהו לאינטואיציה הטבעית. איך אפשר להיות כאלוהים? הוא מוחלט, אנחנו סופיים. הוא נצחי, אנחנו בני תמותה. הוא עצום מן היקום, אנחנו רק גרגיר על פני כוכב לכת זערורי. ובכל זאת, אומרת התורה, מבחינה אחת אנחנו יכולים להיות דומים לו.

אלוהים נמצא בעולם אבל איננו **של** העולם. וכך גם אנחנו נקראים לחיות בעולם אך לא להיות שלו. איננו סוגדים לטבע. איננו משתעבדים לאופנה. איננו מתנהגים כמו כולם רק מפני שכולם ככה. איננו הולכים בתלם. אנחנו רוקדים לצלילי

ניגון משלנו. איננו חיים בהווה. אנחנו זוכרים את העבר של עמנו ועוזרים לבנות את עתידו. לא במקרה נקראים הנישואים ״קידושין״, כי להתחתן פירושו להיות נאמן לאדם אחד אחר, כמו שאלוהים התחייב לשמור לנו אמונים גם בזמנים קשים ואנו התחייבנו כך כלפיו.

להיות קדוש משמעו להעיד על שכינתו של אלוהים בחיינו ובחיי עמֵנו. יהודי הוא מי **שמעיד בקיומו על האחד שמעבר לו.** להיות יהודי משמעו לחיות מתוך מודעות לשכינה האלוהית שבקרבנו: לנוכחותו של האל שאיננו רואים, אבל אנו יכולים להרגיש את כוחו שבתוכנו - הכוח הדוחף אותנו להיות אמיצים, ישרים ונדיבים יותר. זו מהותן של המצוות ביהדות: להזכיר לנו את נוכחותו של האלוהי.

לכל אדם על פני האדמה יש אתניוּת. אבל רק עם אחד שאף תמיד, כעם, להיות קדוש. וזו בעיניי התשובה לשאלה מהו להיות יהודי.

קדושים

מלך, נביא וכוהן

פרק יט בספר ויקרא הוא הצהרה מוסרית ראשונה במעלה. מַעייניו של פרק זה, הפותח את פרשתנו, נתונים לצודק, לטוב ולקדוש. מרוכזים בו כמה מצווי המוסר הגדולים של התורה, כגון: "וְאָהַבְתָּ לְרֵעֲךָ כָּמוֹךָ" (פסוק יח); "כְּאֶזְרָח מִכֶּם יִהְיֶה לָכֶם הַגֵּר הַגָּר אִתְּכֶם וְאָהַבְתָּ לוֹ כָּמוֹךָ, כִּי גֵרִים הֱיִיתֶם בְּאֶרֶץ מִצְרָיִם" (לד).

אבל זהו גם פרק מוזר ביותר. תוכנו נראה אוסף אקראי של מצוות, שלרבות מהן אין כל קשר למוסר, וגם הקשר שלהן לקדושה קלוש:

בְּהֶמְתְּךָ לֹא תַרְבִּיעַ כִּלְאַיִם
שָׂדְךָ לֹא תִזְרַע כִּלְאָיִם
וּבֶגֶד כִּלְאַיִם שַׁעַטְנֵז לֹא יַעֲלֶה עָלֶיךָ (יט)

לֹא תֹאכְלוּ עַל הַדָּם
לֹא תְנַחֲשׁוּ וְלֹא תְעוֹנֵנוּ.
לֹא תַקִּפוּ פְּאַת רֹאשְׁכֶם וְלֹא תַשְׁחִית אֵת פְּאַת זְקָנֶךָ (כו–כז)

ועוד ועוד. מה לחוקים אלה ולטוב, לצדק ולקודש?

כדי לענות על שאלה זו עלינו להסכין לקפיצה תודעתית מהעולם המוכר לנו אל חזונה המוסרי־חברתי־רוחני הייחודי של התורה.

הציוויליזציה המערבית ניסתה פעמים רבות לנסח לעצמה מערכת מוסר. היו שהתמקדו ברציונליות, והיו שהתמקדו ברגשות, כגון סימפתיה ואמפתיה. לדידם של אחדים העיקרון המרכזי היה מתן שירות למדינה או לחברה, לדידם של אחרים העיקר הוא החובה המוסרית, ובעיני קבוצה אחרת העיקרון המנחה הוא מרב האושר למרב האנשים. המשותף לכולם הוא חתירה לפשטות מוסרית.

וביהדות - ההפך. היהדות תובעת מורכבות מוסרית. החיים המוסריים אינם קלים. לפעמים חובות מתנגשות זו בזו. לפעמים נאמנויות נעשות סותרות. יש שהשכל אומר דבר אחד, והרגש דבר אחר. במבנה העומק של מערכת המוסר היהודית אפשר להבחין בשלוש רגישויות מוסריות שונות, ולכל אחת מהן קול משלה ולקסיקון משלה: האתיקה המלכותית, האתיקה הכוהנית והאתיקה הנבואית.

הנביאים ירמיהו ויחזקאל עמדו על הבחנה זו:

> כִּי לֹא תֹאבַד תּוֹרָה מִכֹּהֵן וְעֵצָה מֵחָכָם וְדָבָר מִנָּבִיא. (ירמיהו יח, יח)
> וּבִקְשׁוּ חָזוֹן מִנָּבִיא וְתוֹרָה תֹּאבַד מִכֹּהֵן וְעֵצָה מִזְּקֵנִים. (יחזקאל ז, כו)

שניהם מבחינים בין כוהן, חכם (או זקן) ונביא, ושניהם מייחסים להם דברים דומים. הכוהנים חושבים, על פי הבחנתם של ירמיהו ויחזקאל, במונחים של "תורה"; לנביא יש "דבר" או "חזון"; ולחכמים ולזקנים - "עצה". מה פשר חלוקה זו?

המלכים וחצרותיהם מקושרים במסורת המקרא עם חוכמה, עצה ודומותיהן. ספרים אחדים בתנ"ך מעלים על נס את החוכמה ומכונים לעתים "ספרות החוכמה". בראשם ספרי משלי וקהלת, שהמסורת מייחסת למלך שלמה החכם מכל אדם. המושג "חוכמה" מכוון במקורותינו הקדומים בעיקר לגוף הידע האוניברסלי, וספרות החוכמה היא הדבר הקרוב ביותר שיש בתנ"ך לספרויות אחרות במזרח הקדום ולספרות ההלניסטית. היא מעשית, פרגמטית, מבוססת על ניסיון והתבוננות. היא שקולה וזהירה. היא מספקת מרשם לחיים שלווים ובטוחים, חיים שאין בהם הפרזות וגלישה אל הקצוות וכמעט שאין בהם דרמה או תמורות. זהו קולה של החוכמה, סגולתו של המלך.

הקול הנבואי שונה בתכלית. הוא נלהב, חריף, רדיקלי בביקורת שהוא מותח על השימוש לרעה בכוח ועל אופייה הנצלני של תאוות הבצע. הנביא מדבר בשם העם והמוניו: העניים, הנרמסים, המנוצלים. הוא חושב על החיים המוסריים במונחים של יחסים: בין אלוהים לאדם, ובין בני האדם. מילות המפתח שלו הן צדק (כלומר צדק חברתי), משפט, חסד ורחמים. לנביא יש אינטליגנציה רגשית, סימפתיה ואמפתיה, והוא חש על בשרו את הדווּי של הגלמודים והנדכאים. הנבואה לעולם איננה מופשטת. בארגז הכלים שלה אין צווים קטגוריים. היא נענית למציאות כאן ועכשיו. החכם שומע את דבר האלוהים הנכון לכל הזמנים כולם; הנביא - את דבר האלוהים הנכון לרגע זה.

שונה משתיהן האתיקה הכוהנית והאתיקה של הקדושה בכלל. שני פעלים עיקריים מאפיינים את עבודתו של הכוהן: "להבדיל" ו"להורות". הנה כך: "וּלֲהַבְדִּיל

בֵּין הַקֹּדֶשׁ וּבֵין הַחֹל וּבֵין הַטָּמֵא וּבֵין הַטָּהוֹר, וּלְהוֹרֹת אֶת בְּנֵי יִשְׂרָאֵל אֵת כָּל הַחֻקִּים אֲשֶׁר דִּבֶּר ה׳ אֲלֵיהֶם בְּיַד מֹשֶׁה״ (ויקרא י, י-יא); להורות - כלומר ללמד, להיות מורים, וגם, במקרים מסוימים, להיות שופטים. קודש וחול, טמא וטהור - אלו הן קטגוריות המפתח בעולמו של הכוהן.

הקטע החשוב ביותר בתורה המדבר בקול הכוהני הוא דווקא פרק א בספר בראשית, סיפור הבריאה הראשון. גם כאן ״להבדיל״ הוא פועל מפתח. הוא מופיע חמש פעמים. אלוהים מבדיל בין אור לחושך, בין המים אשר מעל לרקיע למים אשר מתחת לרקיע, בין יום ללילה. מילות מפתח נוספות הן ״לברך״ - אלוהים מברך את החיות, את האדם ואת היום השביעי, ו״לקדש״ - אלוהים מקדש בסוף הבריאה את השבת. מכאן ואילך, רוב רובם של השימושים בפועל ״להבדיל״ ובשורש קד״ש בתורה יבוא בהקשר כוהני; והכוהנים הם אשר יברכו את העם.

קשר לשוני זה של בראשית א למעשי הכוהנים אינו מקרי. משימתו של הכוהן דומה למשימתו של אלוהים בבריאה: להבדיל, ובאמצעות ההבדלה להפוך את התוהו לסדר. הכוהן מסמן גבולות בזמן ובמרחב. יש זמנים קדושים ומקומות קדושים, ולכל זמן ולכל מקום יש מהות שלמה משלהם, משבצת משלהם במערכת הכוללת של הדברים. פעולתו של הכוהן היא מחאה על טשטוש הגבולות שהיה רווח בדתות האליליות - הטשטוש בין המינים, בין חיים למוות, בין אלים לבני אדם ועוד ועוד. לדידו של הכוהן, חטא הוא מעשה שנעשה במקום הלא נכון, ועונשו הוא גלות, סילוק של אדם ממקומו הנכון. חֶברה טובה היא מבחינתו של הכוהן חברה שכל דבר בה נמצא במקומו המיועד. לכוהן יש רגישות מיוחדת כלפי הנוכרי, הגֵר, האדם שאין לו מקום משלו.

אם נחזור עתה לפרשת קדושים, לפרק יט שפתחנו בו, נגלה את הגיונו המיוחד. האוסף המוזר של המצוות הנמנות בו איננו מוזר כלל. קוד הקדושה מחשיב את האהבה והצדק לחלק מהחזון השלם של יקום מסודר שבו לכל עצם, אדם ומעשה יש מקום הולם. כל טשטוש גבולות מאיים על הסדר הזה: כל ערבוב בין סוגי בהמות, בין מיני צמחים, בין טיפוסי אריגים; כל ערבוב בין חיים למוות, כגון השחתה מכוונת של גוף האדם, או אכילת הדם שהיא שימוש בסמל ההמתה לצורך הזנת החי.

בעולמה החילוני של התרבות המערבית אנו מכירים בעיקר את קול החוכמה. זהו המכנה המשותף לספרי משלי וקהלת ולהוגים הגדולים של המערב, מאריסטו דרך מרקוס אורליוס ועד מונטיין. אנחנו מכירים גם את הקול הנבואי ואת מה שאיינשטיין כינה ״אהבתו הכמעט קנאית לצדק״. ברעיון הכוהני, לעומת זאת, אנו נתקלים הרבה

פחות. לפי הרעיון הכוהני, ממש כפי שישנו סדר מדעי המארגן את הטבע, כן ישנו סדר מוסרי - סדר העשוי משמירת ההבדלים בין הנבדלים ומהקפדה על הגבולות שיצר אלוהים בבוראו את העולם ובאומרו כי טוב.

הקול הכוהני איננו זניח ביהדות. הוא מרכזי וחיוני. זהו קולו של הפרק הראשון בתורה. זהו הקול שהגדיר את ייעודו של עם ישראל כ"מַמְלֶכֶת כֹּהֲנִים וְגוֹי קָדוֹשׁ" (שמות יט, ו). הוא מאפיין את ספר ויקרא, החומש העומד בלב התורה. ובעוד הרוח הנבואית מרחפת על פני האגדה, הקול הכוהני מושל בהלכה. ה"תורה" עצמה מזוהה, כפי שראינו בדברי ירמיהו ויחזקאל, עם הכוהנים, ושמה, הגזור מהפועל "להורות", הוא מילה כוהנית.

אולי רעיונות האקולוגיה המתחדשים בדורנו יעזרו לנו להבין טוב יותר את החזון הכוהני ואת קוד הקדושה שלו. אלה כְּאלה רואים באתיקה לא רק חוכמה מעשית או דרישה נבואית לצדק ולחסד בין בני האדם, אלא גם כיבוד המבנה העמוק - האונטולוגיה הקדושה - של ההוויה. עולם מסודר הוא עולם מוסרי, עולם הנתון בשלום עם בוראו ועם עצמו.

קדושים

בית ספר למונהגות

בתוך "קוד הקדושה", כפי שאפשר לכנות את רשימת המצוות שבפתח פרשת קדושים, יש רצף קצר של מצוות הזורה אור על השקפת התורה בדבר מנהיגות, ולא פחות מכך, על השקפתה באשר למונהגות - כלומר איך להיות מונהג:

לֹא תִשְׂנָא אֶת אָחִיךָ בִּלְבָבֶךָ, **הוֹכֵחַ תּוֹכִיחַ אֶת עֲמִיתֶךָ וְלֹא תִשָּׂא עָלָיו חֵטְא.**
לֹא תִקֹּם וְלֹא תִטֹּר אֶת בְּנֵי עַמֶּךָ, וְאָהַבְתָּ לְרֵעֲךָ כָּמוֹךָ, אֲנִי ה'. (ויקרא יט, יז-יח)

את מצוות התוכחה, שמילותיה מודגשות במובאה לעיל, יש שתי דרכים להבין. הרמב"ם מביא את שתיהן **במשנה תורה** כשתי הלכות הנוגעות זו לזו.[1] הרמב"ן כולל את שתיהן בפירושו לתורה.[2]

דרך הקריאה הראשונה מפרשת את המצווה במונחים של יחסים בין־אישיים. אתם מרגישים שמישהו פגע בכם; במקרה זה, אומרת התורה, אסור לכם לכבוש את הכעס בלבכם. אל תיתנו לשנאה להתפתח, אל תצברו טינה, וכאמור להלן אל תגיעו לכדי נקמה. במקום כל זאת גשו אל הפוגע, גערו בו, הסבירו לו, אמרו לו מה אתם חושבים שהוא עשה לכם, וכיצד, להרגשתכם, המעשה פגע בכם. ייתכן שהוא יתנצל ויבקש לתקן את המעוות. גם אם לא יעשה כן, הרווחתם: אווררתם את המועקה. יש בזה מן הקתרזיס, ההזדככות. הדבר יציל אתכם משקיעה במרמור.

הפירוש השני, לעומת זאת, מתנתק מההיבט הבין־אישי. על פי פירוש זה, מצוות "הוכח תוכיח" אינה קשורה להיפגעות. היא נוגעת למקרה שבו ראיתם אדם עובר עבֵרה. אינכם בהכרח הקרבן. אולי אתם רק צופים מקריים. התורה מצווה אותנו כאן שלא להסתפק במחשבות שליליות על המעשה ("לֹא תִשְׂנָא אֶת אָחִיךָ בִּלְבָבֶךָ")

1. **משנה תורה**, הלכות דעות ו, ו-ז.
2. בפירושו לויקרא יט, יז.

אלא להתערב - להתרות בחוטא, להסביר לו באדיבות מרבית, ובגישה של ביקורת בונה, שמעשהו נוגד את החוק או את המוסר. אם תַחבְּקו את ידיכם ותשתקו תהיו שותפים לחטא ("תִשָּׂא עָלָיו חֵטְא"), שכן ראיתם ולא מחיתם.

פירוש זה מתאפשר רק בזכות העיקרון הקובע כי "כל ישראל ערבים זה בזה" - כלומר נושאים באחריות הדדית. אולם בתלמוד מופיעה הבחנה מרתקת הנוגעת לתחומי חלותה של המצווה:

> אמר ליה ההוא מדרבנן לרבא: ואימא "הוֹכֵחַ" חדא זימנא, "תּוֹכִיחַ" תרי זמני [תרגום: אמר אחד הרבנים לרבא, שמא נלמד מהמילה "הוֹכֵחַ" שיש להוכיח פעם אחת, ומהמילה "תּוֹכִיחַ" - שתי פעמים]. אמר ליה, "הוֹכֵחַ" אפילו מאה פעמים משמע; "תּוֹכִיחַ" - אין לי אלא הרב לתלמיד; תלמיד לרב מנין? תלמוד לומר "הוֹכֵחַ תּוֹכִיחַ".[3]

כלומר, כפל המילים "הוֹכֵחַ תּוֹכִיחַ" מלמד, על פי רבא, שכיוון התוכחה אינו רק מלמעלה למטה, אלא גם מלמטה למעלה; גם תלמיד צריך להוכיח את רבו.

הבחנה זו מכוננת עיקרון חדש: מונהגות ביקורתית. בדרשותינו אלו אנו נוגעים לא פעם בסוגיות של מנהיגוּת. אבל מה בדבר המונהג? לכאורה, הדבר פשוט: המונהג הולך אחרי המנהיג. התלמיד לומד מרבו. כידוע, היהדות תובעת מהתלמיד לחלוק לרבו ולמורו כבוד רב, כמעט אינסופי: "יהי... מורא רבך כמורא שמים", אמרו חז"ל.[4] והנה, למרות זאת אומר התלמוד כי מצוות התוכחה חלה עלינו גם כלפי רבותינו ומנהיגינו, ואנו מצווים להוכיחם אם הם נוהגים שלא כשורה.

נניח שמנהיג מצווה עליכם לעשות דבר שאתם יודעים שהוא אסור על פי ההלכה. האם עליכם לציית? התשובה היא לא באל"ף רבתי. התלמוד מנסח עיקרון זה כשאלה רטורית: "דברי הרב ודברי התלמיד - דברי מי שומעין?"[5] "הרב" כאן הוא ריבונו של עולם, ו"התלמיד" הוא מנהיג אנושי כלשהו; והתשובה למי יש לשמוע ולציית מובנת מאליה: שומעים לאלוהים. ההלכה מניחה כאן יסוד לרעיון המוכר לנו בגלגולו המודרני כאי־ציות אזרחי: הרעיון שעל פיו חובתנו שלא לציית לפקודה בלתי מוסרית.

3. בבא מציעא לא ע"א.
4. משנה, אבות ד, יב.
5. קידושין מב ע"ב.

מתגלם כאן עיקרון יהודי מרכזי נוסף: חשיבותן של השאלה, הקושיה, המחלוקת לשם שמים. היהדות מחייבת את ההורים, ומעודדת את המורים, לדרבן את הילדים ואת התלמידים לשאול שאלות. מסורת הלימוד היהודית מכוונת את המורה ואת התלמיד כאחד להבין שלכל שאלה הלכתית תיתכן יותר מתשובה אחת, ושעל כל פסוק במקרא ייתכנו פירושים רבים (הלוא הם שבעים פניה של התורה). היהדות מתייחדת בכך שכמעט כל כתביה הקנוניים - המדרש, המשנה והגמרא - הם אוספים של מחלוקות (רבי א׳ אומר ב׳, רבי ג׳ אומר ד׳); וכולם, גם התורה עצמה, מוקפים בפירושים רבים ולכל אחד נקודת מבט משלו באשר למובנם ולמשמעותם.

עצם מעשה הלימוד נתפס ביהדות הרבנית כוויכוח פעיל, כזירת היאבקות תודעתית: ״אפילו האב ובנו הרב ותלמידו שעוסקין בתורה בשער אחד נעשים אויבים זה את זה, ואינם זזים משם עד שנעשים אוהבים זה את זה״.[6] משום כך, לצד יראת הכבוד שאנו חייבים לרבותינו, אנחנו חבים להם חוב נוסף: להקדיש את מרב מאמצינו למציאת קושיות ופרכות בדבריהם. רק כך אפשר לממש את אידיאל הלימוד הרבני, שהוא חתירה משותפת אחר האמת.

הרעיון של מונהגות ביקורתית הוא שהצמיח בעם ישראל את ראשוני המבקרים החברתיים בעולם כולו, הלוא הם הנביאים. ה׳ ייפה את כוחם של הנביאים לומר את האמת בפרצופם של בעלי השררה ולייסר את המורמים מעם, ואפילו את המלכים, בשבט הצדק והיושר. כך עשו שמואל לשאול, אליהו לאחאב וישעיהו לחזקיהו. בייחוד זכורים האומץ והכישרון של נתן הנביא, שהעמיד את דוד המלך על חומרת מעשהו בבת־שבע. דוד הכיר בחטאו מיד, ואמר ״חָטָאתִי״.[7]

אבל יוצאי דופן ככל שיהיו, הישגיהם של נביאי ישראל הם שְׁנִיִּים בְּמַעֲלָה לעומת תופעה שהיא מן המרשימות ביותר בתולדות הדתות: אלוהים עצמו בחר לאהוב יותר מכל עבדיו דווקא את האנשים שהטיחו ביקורת כלפיו. אברהם קרא, ״הֲשֹׁפֵט כָּל הָאָרֶץ לֹא יַעֲשֶׂה מִשְׁפָּט?״ (בראשית יח, כה). משה זעק, ״לָמָה הֲרֵעֹתָה לָעָם הַזֶּה?״ (שמות ה, כב). ירמיהו וחבקוק מחו באוזני הקב״ה על עוולות היסטוריות. איוב התווכח עם אלוהים, בעוד רעיו שבאו לנחמו הצדיקו את אלוהים בדין - ולבסוף, כאשר אמר אלוהים את דברו, התברר שהוא מצדד דווקא באיוב. כללו של דבר, אלוהים עצמו מבכר מונהגים ביקורתיים ומעורבים על פני אלו המצייתים בשתיקה.

6. קידושין ל ע״ב.
7. שמואל ב׳ יב, יג.

המסקנה אפוא היא עובדה מיוחדת במינה: **ביהדות, המונהגות היא פעילה ותובענית כמו המנהיגות.** או שמא נאמר זאת כך: מנהיגים ומונהגים אינם יושבים משני צדי השולחן. הם באותו צד - צד הצדק והחמלה והטוב המשותף. אף אחד אינו עומד מעל לכל ביקורת, ואף אחד אינו זוטר מכדי למתוח ביקורת, כל עוד הוא עושה זאת בנועם ובענווה. חסיד יכול להשיג על רבו; ילד יכול לתהות בקול על דברי הוריו; נביא יכול למתוח ביקורת על מלך; וכולנו, מעצם היותנו נושאים את השם ישראל, נקראים לְשָׂרות עם אלוהים ועם אנשים בשם הצדק והטוב.

מונהגות שאיננה ביקורתית, מונהגים המורגלים בצייתנות דמומה, משמשת מצע נוח לשחיתות במוקדי הכוח, ולעתים אף לאסונות שאפשר למנוע. לדוגמה: בשלושת העשורים האחרונים של המאה העשרים אירעו כמה תאונות קטלניות למטוסים של חברת התעופה הקוריאנית "קוריאן אייר". בחקירה שנערכה בעקבות אחד האסונות הללו, אסון טיסה מספר 8509 בדצמבר 1999, נמצא כי טייס המשנה חשש להזהיר את הקברניט שהוא סוטה מן המסלול; וכי חששו זה קשור כנראה לנטייתה של התרבות הקוריאנית למנהיגות סמכותנית ולמונהגות חולקת כבוד.

הנשיא האמריקני ג'ון קנדי הרכיב צוות יועצים שנודעו בכישוריהם יוצאי הדופן, ובכל זאת צוות זה הכריע בזכות הפלישה למפרץ החזירים בקובה ב־1961, הנחשבת לאחת הטעויות הטיפשיות בהיסטוריה. אחד מחברי הצוות, ארתור שלזינגר הבן, ייחס לאחר מכן את הטעות לאווירה החברותית כל כך ששררה בקבוצה. איש לא רצה להעכיר אותה ולומר שהצעת הפלישה אינה מוצלחת: "הפגישות שלנו נערכו באווירה משונה של קונסנזוס מובן מאליו". תופעה זו זכתה לשם "מחשבה קבוצתית". אין מדובר בסתימת פיות, מסביר ג'יימס סורוביצקי בספרו **חוכמת ההמונים**, אלא בתחושת לכידות הגורמת לקונסנזוס למראית עין להפוך למציאות, "ועוזרת לשכך ספקות שיש למי מאנשי הקבוצה".[8]

סכנת הקונפורמיות והמחשבה הקבוצתית רובצת לפתחה של כל קבוצה שחבריה נמצאים בזיקה הדוקה זה לזה - כפי שהראו הניסויים המפורסמים של סולומון אָש, סטנלי מילגרם, פיליפ זימברדו ופסיכולוגים חברתיים נוספים. משום כך "חברות זקוקות למחלוקת" - כפי שמוכרז בכותרת ספרו של קס סנסטיין בנושא.[9]

הדוגמה החביבה עליי מופיעה בספרו הנזכר של סורוביצקי. הוא מספר כיצד

8. ג'יימס סורוביצקי, **חוכמת ההמונים: מדוע הרבים חכמים מהמעטים ואיך תבונה קולקטיבית מעצבת עסקים, תרבויות ומדינות**, עברית: ג'וד שבא, ירושלים: עברית וכתר, 2006, עמ' 55.

9. Cass Sunstein, *Why Societies Need Dissent*, Cambridge, Mass.: Harvard University Press, 2003, pp. 2–3.

חוקר טבע אמריקני, ויליאם בִּיבּ, נתקל בג׳ונגל בגיאנה במחזה משונה. צבא של נמלים טרופיות טורפות נע במעגל ענק שהיקפו כארבע מאות מטרים. הנמלים הלכו סחור סחור, באותו מעגל, יומיים תמימים, עד שרובן צנחו מתות מאפיסת כוחות. מדוע עשו כך? משום שכאשר נמלים מתנתקות מהמושבה, הן מצייתות לכלל פשוט: עקבי אחר הנמלה שלפנייך.[10] הצרה היא שכאשר הנמלה הראשונה תועה בדרכה, כולן תועות אחריה.

סורוביצקי טוען שאנו זקוקים לקולות נגד, לאנשים הקוראים תיגר על החוכמה המקובלת, מתנגדים למוסכמות אופנתיות ומפריעים לשלווה האינטלקטואלית. ״עקוב אחר האיש שלפניך״ הוא כלל מסוכן לבני אדם ממש כשם שהוא מסוכן לנמלים טורפות. להתייצב מנגד ולתהות תמיד על החלטותיו של המנהיג היא משימתו של המונהג הביקורתי. מנהיגות דגולה קמה דווקא היכן שיש קבוצה חזקה של מונהגים בעלי תודעה עצמאית. לכן, כל עוד מדובר בביקורת בונה, תלמיד רשאי לתהות על רבו, ונביא - להוכיח מלך.

10. סורוביצקי, **חוכמת ההמונים**, עמ׳ 58.

אמור

קידוש השם בימינו

נשיא נמצא אשם בעבֵרות מין. ראש ממשלה מואשם בעברות שוחד ושחיתות. רבנים בכמה מדינות נאשמים באי־סדרים כספיים, בהטרדה מינית ובהתעללות בילדים. העובדה שדברים כאלה קורים מעידה על קלקול עמוק בחיים היהודיים בזמננו.

על הפרק עומד יותר ממוסר פשוט. המוסר הוא אוניברסלי; הוא חל על כולם באותו אופן. שוחד, שחיתות וניצול של כוח הם רעים - והם רעים במידה שווה, ינקוט אותם מי שינקוט. אולם כאשר נוקטים אותם מנהיגים, נכנס לתמונה יסוד נוסף, שהוא מעבר למוסר הבסיסי. זהו עקרון קידוש השם וחילול השם המוצג בפרשתנו: "וְלֹא תְחַלְּלוּ אֶת שֵׁם קָדְשִׁי וְנִקְדַּשְׁתִּי בְּתוֹךְ בְּנֵי יִשְׂרָאֵל, אֲנִי ה׳ מְקַדִּשְׁכֶם" (ויקרא כב, לב).

למושגים "קידוש השם" ו"חילול השם" יש היסטוריה. הם עצמם נצחיים, אבל כמושגים הם התפתחו על ציר הזמן. חילול השם האמור בפסוק שבפרשתנו, מובנו צר ומקומי (על פי פירוש אבן עזרא). הפרק שהוא מופיע בו עוסק בדינים המיוחדים לכוהנים, ובזהירות העצומה הנדרשת מהם בעבודת ה׳ במשכן. כל ישראל קדושים, אבל הכוהנים הם אליטת קודש בתוך האומה. מתפקידם לשמר את טהרתו של המשכן ואת הדרו, כביתו הסמלי של הקב"ה בקרב בני ישראל. הדינים המיוחדים נועדו לגרום לכוהנים לעשות את מלאכת שמירת הקודש מתוך קפדנות למופת.

ממד אחר נמסר מפי הנביאים, שהשתמשו בביטוי "חילול השם" לתיאור התנהגות מופקרת המבזה את הצדק והרחמים שבתורת ה׳. עמוס זעם על "הַשֹּׁאֲפִים עַל עֲפַר אֶרֶץ בְּרֹאשׁ דַּלִּים וְדֶרֶךְ עֲנָוִים יַטּוּ וְאִישׁ וְאָבִיו יֵלְכוּ אֶל הַנַּעֲרָה לְמַעַן חַלֵּל אֶת שֵׁם קָדְשִׁי" (עמוס ב, ז). ירמיהו תיאר כחילול השם את מעשיהם של אלה שהתחמקו ממצוות שחרור העבדים על ידי שעבודם החוזר לאחר שחרורם (ירמיהו לד, טז). מלאכי, אחרון הנביאים, אמר על הכוהנים המושחתים בימיו, "כִּי מִמִּזְרַח שֶׁמֶשׁ וְעַד מְבוֹאוֹ גָּדוֹל שְׁמִי בַּגּוֹיִם... וְאַתֶּם מְחַלְּלִים אוֹתוֹ" (מלאכי א, יא-יב).

לפי מדרש חז"ל,[1] הדאגה מפני חילול השם היא שהדריכה את אברהם כשעמד בפני הקב"ה ערב מהפכת סדום ועמורה והפציר בו "חָלִלָה לְּךָ מֵעֲשֹׂת כַּדָּבָר הַזֶּה לְהָמִית צַדִּיק עִם רָשָׁע וְהָיָה כַצַּדִּיק כָּרָשָׁע! חָלִלָה לָּךְ! הֲשֹׁפֵט כָּל הָאָרֶץ לֹא יַעֲשֶׂה מִשְׁפָּט?" (בראשית יח, כה). "חָלִלָה" - לשון חילול; הקב"ה (וכמוהו גם עמו) צריכים להתקשר בתודעת הבריות עם צדק, ואם קורה ההפך שמו מתחלל.

ממד שלישי מופיע בספר יחזקאל. הימים ימי גלות בבל, לאחר חורבן בית ראשון. העם היהודי היה גולה (בחלקו הנכבד), שבור ורצוץ. זו הייתה טרגדיה לאומית. לגולים עצמם זו הייתה טרגדיה אנושית. הם איבדו את ביתם, את חירותם ואת עצמאותם. זו הייתה גם טרגדיה רוחנית. "אֵיךְ נָשִׁיר אֶת שִׁיר ה' עַל אַדְמַת נֵכָר?" (תהלים קלז, ד). ובעיני יחזקאל, זו הייתה גם טרגדיה לקב"ה עצמו:

> בֶּן אָדָם, בֵּית יִשְׂרָאֵל יֹשְׁבִים עַל אַדְמָתָם וַיְטַמְּאוּ אוֹתָהּ בְּדַרְכָּם וּבַעֲלִילוֹתָם... וָאָפִיץ אֹתָם בַּגּוֹיִם וַיִּזָּרוּ בָּאֲרָצוֹת כְּדַרְכָּם, וְכַעֲלִילוֹתָם שְׁפַטְתִּים. וַיָּבוֹא אֶל הַגּוֹיִם אֲשֶׁר בָּאוּ שָׁם וַיְחַלְּלוּ אֶת שֵׁם קָדְשִׁי בֶּאֱמֹר לָהֶם "עַם ה' אֵלֶּה וּמֵאַרְצוֹ יָצָאוּ". (יחזקאל לז, יז-כ)

הגלות היא חילול שם ה', כי הגויים אינם מבינים שהיא עונש שהוא נתן לבני ישראל, אלא סבורים שהיא מלמדת שה' לא הצליח להגן עליהם. זה מזכיר את תפילתו של משה לאחר חטא העגל:

> לָמָה ה' יֶחֱרֶה אַפְּךָ בְּעַמֶּךָ אֲשֶׁר הוֹצֵאתָ מֵאֶרֶץ מִצְרַיִם בְּכֹחַ גָּדוֹל וּבְיָד חֲזָקָה? לָמָּה יֹאמְרוּ מִצְרַיִם לֵאמֹר "בְּרָעָה הוֹצִיאָם לַהֲרֹג אֹתָם בֶּהָרִים וּלְכַלֹּתָם מֵעַל פְּנֵי הָאֲדָמָה"? שׁוּב מֵחֲרוֹן אַפֶּךָ וְהִנָּחֵם עַל הָרָעָה לְעַמֶּךָ. (שמות לב, יא-יב)

זהו, כביכול, מלכוד שהקב"ה נתון בו: בחירתו לזהות את שמו עִם עַם ישראל יוצרת ניגוד בין מיצוי מידת הדין והצדק לבין אופן תפיסתו של הדבר בעיני העמים. מה שנראה לבני ישראל כמעשה גמול נראה לעולם כחולשה. האומות מזהות את האלוהות עם כוח, ועל כן הן מסוגלות לפרש את גלותם של בני ישראל אך ורק כחוסר אונים של אלוהיהם. וזהו, אומר יחזקאל, חילול השם.

1. בראשית רבה מט, ט.

מובן רביעי של חילול השם התחוור בשלהי ימי בית שני. עם ישראל חזר לארצו ושיקם את בית המקדש, אך היה נתון לשורה של מתקפות. אנטיוכוס הרביעי לבית סלווקוס, ואחריו הרומאים, ניסו לאסור את קיום אורח החיים היהודי. לראשונה תפסה הדרישה למסירות נפש על שמירת מצוות מקום מרכזי בחוויה היהודית. התעוררה השאלה באילו נסיבות צריך אדם להיהרג ובלבד שלא יעבור עברה.

"**וּשְׁמַרְתֶּם אֶת חֻקֹּתַי וְאֶת מִשְׁפָּטַי אֲשֶׁר יַעֲשֶׂה אֹתָם הָאָדָם וָחַי בָּהֶם**" (ויקרא יח, ה) - ביארו חז"ל: "ולא שימות בהם".[2] פיקוח נפש דוחה רוב עברות שבתורה. יש רק שלושה חריגים, שבהם חלה התביעה "ייהרג ובל יעבור": איסורי שפיכות דמים, גילוי עריות ועבודה זרה. חריג נוסף: בזמן גזרות האוסרות לחיות כיהודי יש להתנגד עד מוות אפילו לגזרה בדבר שרוכי הנעל; כלומר, יש למסור את הנפש ולא לבצע שום פעולה שתובן כמעבָר אל צד האויב, כבגידה באלו השומרים אמונים לדת ישראל וזריית ייאוש בקרבם. קידוש השם, היפוכו של חילול השם, הובן אז כנכונות למות מות קדושים.

אחת התגובות הקולקטיביות הבולטות ועזות המבע של העם היהודי לשואה הייתה ההכרה שכל נספי השואה "נהרגו על קידוש השם". לא הייתה בכך הפרזה. בעבר, המתים על קידוש השם היו אלה שבחרו לעשות זאת ולא לבגוד באמונתם. בג'נוסייד הנאצי, בין יתר מאפייניו המחרידים, לא ניתנה ליהודים כל בחירה. על ידי ההכרה בהרוגים אלה כמתים על קידוש השם האציל עליהם עם ישראל במותם את הכבוד שנגזל מהם באכזריות בחייהם.[3]

ויש ממד חמישי. כך מסכם אותו הרמב"ם:

> ויש דברים אחרים שהם בכלל חילול השם, והוא שיעשה אדם גדול בתורה ומפורסם בחסידות, דברים שהבריות מרננים אחריו בשבילן, ואף על פי שאינם עבירות - הרי זה מחלל את השם... הכול לפי גודלו של חכם...[4]

מי שהציבור נושא אליו עיניים כאל דמות מופת חייב להתנהג כדמות מופת. לדבקות בה' ולקפדנות במצוות שבין אדם למקום חייבת להתלוות התנהגות מופתית בתחום

2. יומא פה ע"ב.
3. היה לכך תקדים. בתפילת "אב הרחמים", שחוברה לאחר טבח קהילות אשכנז במסע הצלב הראשון, מתוארים הנספים כמי ש"מסרו נפשם על קדושת השם" - אף כי רק לחלקם, ולא לכולם, ניתנה הבחירה בין מוות לבין התנצרות.
4. **משנה תורה**, הלכות יסודי התורה ה, יא.

שבין אדם לחברו. כאשר הציבור מקשר דתיות עם יושרה, הגינות, ענווה וחמלה, שם ה' נמצא מתקדש. ואילו כאשר הדתיות נקשרת בעיני הציבור עם זלזול בזולת ובחוק, נמצא שם שמים מתחלל.

המשותף לכל חמשת ממדי המשמעות הללו הוא הרעיון הרדיקלי, המצוי בלב לבה של הגדרתה העצמית של היהדות, שהקב"ה סיכן את "שמו", את המוניטין שלו בעולם, בבוחרו לקשור אותו עם אומה יחידה ומיוחדת. הקב"ה הוא אלוהי האנושות כולה. אך הוא בחר בישראל להיות "עֵדיו", שגרירי אל העולם. כשאנו נכשלים במילוי התפקיד, הרי זה כאילו מעמדו של הקב"ה בעיני העולם ניזוק.

במשך כמעט אלפיים שנה היה עם ישראל שרוי בלי בית, בלי ארץ, בלי זכויות אזרח, בלי ביטחון ובלי יכולת לעצב את עתידו ואת ייעודו. הוא לוהק לתפקיד שמקס ובר כינה "עם מנודה". המנודה, מעצם הגדרתו, אינו יכול לשמש דמות מופת חיובית. זו התקופה שקידוש השם לבש בה את הממד הטרגי של הנכונות למסירת הנפש על מזבח האמונה. תקופה זו פסה מן העולם. כיום, לראשונה בהיסטוריה, יש ליהודים ריבונות ועצמאות בארץ ישראל - וחופש ושוויון ברוב רובן של התפוצות. קידוש השם צריך לחזור אפוא למובנו החיובי: התנהגות מוסרית מופתית.

קידוש השם מסוג זה הוא שגרם לבני חת לומר לאברהם "נְשִׂיא אֱלֹהִים אַתָּה בְּתוֹכֵנוּ" (בראשית כג, ו). הוא המעורר הערצה עולמית כלפי מדינת ישראל כשהיא שולחת צוותי חילוץ, הצלה וסיוע לאזורי אסון ומצוקה. המושגים "קידוש השם" ו"חילול השם" קושרים יחדיו, בעבותות בל יינתקו, את הקדוש עם הטוב.

אם נאבד זאת, נבגוד בייעוד שלנו להיות "גוי קדוש". האמונה שלהיות יהודי פירושו, בין היתר, לבקש צדק ולעשות חסד, היא אשר גרמה לאבותינו לדבוק ביהדותם למרות כל הלחצים הקשים להתכחש לה. צחוקו הנורא של הגורל יהדהד אם נאבד את הקשר הזה דווקא עכשיו, דווקא כאשר אנו עומדים סוף סוף בעולם כשווים בין שווים ובכוחנו להיות אומת מופת.

מקדמת דנא נקרא עם ישראל להראות לעולם כולו שדת ומוסר הם שניים שילכו יחדיו. מעולם לא היה הצורך בכך דחוף כמו היום - כאשר אלימות ממניעים דתיים גואה בארצות מסוימות, וחילוניות לוחמנית בארצות אחרות. להיות יהודי משמעו לדבוק בהכרה שאהבת ה' היא גם אהבת מי שנברא בצלמו, האדם. אין אתגר גדול מזה, ובמאה העשרים ואחת גם אין דחוף ממנו.

אמור

מקראי קודש

פרק כג בספר ויקרא, הכלול בפרשת אמור, מוקדש למועדי השנה. יש בתורה חמש פרשיות כאלו, פרשיות המועדים. שתיים מהן, שתיהן בספר שמות (כג, יד-יד; לד, יח וכב-כג), קצרות מאוד ועוסקות רק בשלושת הרגלים. הן אינן נוקבות בתאריכים שלהם, אלא רק במיקומם הכללי בשנה החקלאית. גם לא מוזכרות המצוות המיוחדות לחגים הללו.

פרשיות המועדים העיקריות הן השלוש הנותרות: זו שבפרשתנו, עוד אחת בפרקים כח-כט בספר במדבר, והאחרונה בדברים טז. מפתיע לראות כמה הן שונות זו מזו. הטעם לכך איננו, כטענת מבקרי המקרא, שהתורה היא צירוף של כמה תעודות שונות; הטעם הוא שהתורה, לא רק כאן, נוהגת לשוב ולהתבונן בנושא אחד מזוויות שונות.

פרשת המועדות הארוכה בספר במדבר מוקדשת כולה לקרבנות המיוחדים, המוספים, המועלים בשבתות, במועדים ובראשי חודשים. זכר לכך נשתמר בתפילות המוסף הנהוגות בימינו. בפרשה זו, ההתבוננות במועדי הקודש באה מנקודת המבט של המשכן, המקדש, ולימים בית הכנסת.

בפרשה שבספר דברים, כמו בספר דברים כולו, הדגש חברתי ומדיני. משה, באחרית ימיו, מספר לבני הדור החדש מאין באו, לאן הם הולכים ואיזה סוג של חברה הם נדרשים לבנות. חברה זו צריכה להיות היפוכה של מצרים. היא תשאף לצדק, לחופש ולכבוד האדם. לאורך ספר דברים מודגשת שוב ושוב הדרישה שעבודת ה׳ תהיה מרוכזת ״בַּמָּקוֹם אֲשֶׁר יִבְחַר ה׳ אֱלֹהֶיךָ בּוֹ״ (דברים יב, יח), שהתגלה לימים כירושלים. אחדות האל צריכה להשתקף באחדות העם, ואחדות העם לא תושג אם כל שבט יקיים מקום פולחן משלו. לכן, כאשר מדבר ספר דברים על המועדים, הוא עוסק רק בשלושת הרגלים, ולא בראש השנה וביום כיפור - שכן רק בשלושת הרגלים יש מצווה לעלות לרגל אל המקדש.

דגש חברתי־קהילתי־מדיני זה של ספר דברים מתבטא גם בהתמקדותו, שאינה קיימת בפרשיות המועדים המקבילות, בהכלה חברתית: "אַתָּה וּבִנְךָ וּבִתֶּךָ וְעַבְדְּךָ וַאֲמָתֶךָ וְהַלֵּוִי אֲשֶׁר בִּשְׁעָרֶיךָ" (שם). את ספר דברים מעניינת פחות הרוחניות של היחיד, ויותר החברה המכבדת את השכינה באמצעות כיבוד הזולת, ובייחוד את הזולת הנזקק שבשולי החברה. המחשבה שאפשר לעבוד את האלוהים מתוך אדישות, או זלזול, כלפי בני אדם אחרים זרה לרוחו של ספר דברים.

נשארה פרשת המועדות שבספר ויקרא, פרשת אמור. גם היא בעלת ייחוד. להבדיל מהפרשיות שבספר שמות ובספר דברים, היא עוסקת גם בראש השנה וביום כיפור. ולהבדיל מהפרשה שבספר במדבר, היא מרחיבה באשר למצוות החגים הנהוגות מחוץ למקדש. בייחוד נכון הדבר לגבי סוכות: פרשתנו היא המקום היחיד בתורה המזכיר את מצוות ארבעת המינים ואת מצוות הסוכה.

אולם יש בפרשתנו גם מוזרויות מִבְניות. הראשונה בהן היא הכללתה של השבת ברשימת המועדים. הדבר אינו מוזר כל כך כשהוא לעצמו; הרי השבת היא מן הימים המקודשים ביותר. המתמיה הוא **האופן שהפרשה מדברת בו על השבת:**

> וַיְדַבֵּר ה' אֶל מֹשֶׁה לֵּאמֹר, דַּבֵּר אֶל בְּנֵי יִשְׂרָאֵל וְאָמַרְתָּ אֲלֵהֶם: מוֹעֲדֵי ה' אֲשֶׁר תִּקְרְאוּ אֹתָם מִקְרָאֵי קֹדֶשׁ, אֵלֶּה הֵם מוֹעֲדָי. שֵׁשֶׁת יָמִים תֵּעָשֶׂה מְלָאכָה, וּבַיּוֹם הַשְּׁבִיעִי שַׁבַּת שַׁבָּתוֹן, מִקְרָא קֹדֶשׁ. כָּל מְלָאכָה לֹא תַעֲשׂוּ, שַׁבָּת הִוא לַה' בְּכֹל מוֹשְׁבֹתֵיכֶם. (ויקרא כג, א–ג)

כאן מתחילה, על פי המסורה, פסקה חדשה, הנראית כפתיחה חדשה לפרשה:

> אֵלֶּה מוֹעֲדֵי ה', מִקְרָאֵי קֹדֶשׁ אֲשֶׁר תִּקְרְאוּ אֹתָם בְּמוֹעֲדָם. (שם, ד)

מבנה זה, של פרשה בעלת שתי התחלות, התמיה את המפרשים. ועוד יותר מכך הפליא אותם שהתורה מכנה את השבת בשני כינויים ייחודיים שאין היא זוכה להם בשום מקום אחר בתורה: "מועד", כלומר זמן מיועד, ו"מקרא קודש", כלומר אספה מקודשת. כשאלתו של רש"י: "מה עניין שבת אצל מועדות?"[1] המועדים הם התרחשויות שנתיות, השבת שבועית. המועדים תלויים בלוח השנה הנקבע בידי בית

1. רש"י לויקרא כג, ג.

הדין. זו משמעות המילים "אֲשֶׁר **תִּקְרְאוּ** אֹתָם בְּמוֹעֲדָם". השבת, לעומת זאת, אינה תלויה במעשיו של בית הדין, וגם לא במחזורי הירח והקפת השמש. קדושתה באה לה ישירות מאת ה', עוד משחר הבריאה. כריכתם של השבתות והמועדים בכפיפה אחת נראית בלתי הגיונית. השבת לעצמה והמועדים לעצמם; מה מחבר ביניהם?

תשובתו של רש"י היא שהדבר נועד להדגיש את קדושתם של החגים. "ללמדך שכל המחלל את המועדות מעלין עליו כאילו חילל את השבתות, וכל המקיים את המועדות מעלין עליו כאילו קיים את השבתות". יכול אדם לומר שהוא מכבד את השבת, כי ה' נתן אותה, אך למועדים יש בעיניו קדושה פחותה - ראשית מפני שמותרות בהם מלאכות מסוימות האסורות בשבת, כגון בישול וטלטול, ושנית משום שהם תלויים במעשה אנוש, בקביעת לוח השנה. הכללתה של השבת בפרשת המועדות באה לשלול את צורת החשיבה הזו.

הרמב"ן מציע הסבר אחר לגמרי. הוא מזכיר שהתורה שיבצה את מצוות השבת גם בראש פרשה נוספת: פרשת המשכן. וכמו ששָם נועד הדבר להבהיר לנו שבניית המשכן אינה דוחה שבת, כך גם פתיחת פרשת המועדים במצוות השבת, בפרשתנו, נועדה להבהיר שחגים אינם דוחים שבתות. מכאן נמצאנו למדים כי אף שביום טוב מותר לבשל ולטלטל, אסור לעשות כן אם אותו יום טוב חל בשבת.

המפתיע מכל הפירושים הוא פירושו של הגאון מווילנה. לדבריו, המילים "שֵׁשֶׁת יָמִים תֵּעָשֶׂה מְלָאכָה, וּבַיּוֹם הַשְּׁבִיעִי שַׁבַּת שַׁבָּתוֹן" **אינן חלות על ימי השבוע, אלא על ימי המועדים של השנה.** בפרשתנו נזכרים שבעה ימי מועד: היום הראשון והיום השביעי של פסח, חג השבועות, יום אחד של ראש השנה, יום כיפור, יום טוב ראשון של סוכות, ושמיני עצרת. בשישה מהם מותר לעשות מלאכות מסוימות, כגון בישול וטלטול, אך לא בשביעי, ביום כיפור, שהוא "שבת שבתון" (כפי שנאמר עליו שוב, ורק עליו, בפסוק לב). התורה נוקטת ביטוי אחד באשר לאיסור המלאכה בחגים בכלל, וביטוי אחר ביחס לאיסורו "ביום השביעי", ביום כיפור. בחגים אסורה "מלאכת עבודה" - ואילו ביום הכיפורים אסורה "מלאכה", כלומר כל מלאכה, גם אם אין בה עבודה וטורח. כיחסה של השבת לששת ימי המעשה, כן יחסו של יום כיפור לששת ימי המועדים.

הבחנתו של הגאון מווילנה מאירה לעינינו דבר נוסף: קדושת הזמן בתורה בנויה בפְּרַקְטָלִים. פרקטל הוא דפוס החוזר במערכת בסדרי גודל שונים. מבנה השבוע, שישה ימי מעשה ואחריהם יום שביעי קדוש, משתקף במבנה מועדי השנה - שישה ימי מועדים שקדושתם פחותה, ומועד שביעי, יום כיפור, שקדושתו עילאית. וכפי שנראה בעוד שני פרקים בלבד (ויקרא כה), מבנה זה חוזר במעגל רב־שנתי: שש שנים רגילות ואחריהן, שביעית, שנת השמיטה.

כשהתורה מבקשת להדגיש את ממד הקדושה (כבפרקנו: המילה "קודש" מופיעה בו תריסר פעמים!), היא עושה שימוש שיטתי במספר שבע ובמושג שבע. וכך, לא רק שפרשת המועדים שלנו מונה שבעה ימי מועד, היא בנויה משבע פסקאות; והמילה "שבע" (או "שביעי") מופיעה בה שוב ושוב, שמונה־עשרה פעם. המילה המציינת את היום השביעי, "שבת", שבה ומופיעה בהטיות שונות חמש־עשרה פעם. והמילה "קציר" להטיותיה - שבע פעמים בדיוק.

אולם נראה לי שפרק כג בספר ויקרא מספר גם סיפור אחר - סיפור בעל עומק רוחני רב. הזכרנו פעם בדרשותינו[2] את טענתם של רבי יהודה הלוי ואבן עזרא שחטיבה נרחבת מאוד בתורה, כמעט ארבעים פרקים, משמות כד עד ויקרא כה, היא סטייה מסיפורה הכללי של התורה, סטייה שנוצרה משום שמשה טען שהעם **צריך שה' ישכון בקרבו**. העם רצה לפגוש את ה' לא רק בראש ההר, אלא גם בתוך המחנה; לא רק ככוח נורא המטלטל אימפריות וקורע ים, אלא גם כנוכחות מתמדת בחיי האדם. משום כך נתן ה' לבני ישראל את המשכן (שמות כה-מ) ואת עבודתו (המפורטת לאורך רובו של ספר ויקרא).

על שום כך מדגישה רשימת המועדים בספר ויקרא לא את הממד החברתי הבולט בספר דברים, ולא את הממד המקדשי הבולט בספר במדבר, אלא את הממד הרוחני של המפגש, הקִרבה, **ההתוועדות** של האדם עם אלוהיו. מכאן שני הביטויים האופייניים לפרק, "מועד" ו"מקרא קודש". שניהם מבטאים עומק רב מכפי שנדמה.

המילה "מועד" אין פירושה רק זמן קבוע. היא מבטאת יותר מכך. אנו מכירים אותה גם מן הצירוף "אוהל מועד". אם אוהל מועד הוא **המקום** שהאדם והאלוהים נפגשים בו, הנה המועדים שבפרקנו הם **הזמנים** של המפגש בין אלוהים לאדם. ביטוי יפהפה לרעיון זה נותן סיומו של הפיוט המיסטי שאנו שרים בכניסת השבת, "ידיד נפש": "מַהֵר, אָהוּב, כִּי בָא מוֹעֵד...". המועד הזה הוא מפגש אוהבים שנדברו מראש באשר למקום ולזמן.

ואשר לביטוי "מקרא קודש" - "מקרא" מובנו כאן זימון, קריאה; כמו שמו של החומש, "ויקרא", שכבר הסברנו בדרשה קודמת שעניינו זימון מתוך אהבה. מקרא קודש אינו רק יום קדוש; זו התוועדות שאנו נקראים אליה בחיבה בידי האל האחד הרוצה בקרבתנו.

2. ראו את הדרשה "קרבת אלוהים" לפרשת כי תישא (כרך א).

רוב ספר ויקרא עוסק בקדושת המקום, המשכן. חלקו מדבר על קדושתם של אנשים - הכוהנים, ועם ישראל כולו שהוא ממלכת כוהנים וגוי קדוש. עכשיו, בפרק כג, פונה החומש לקדושת הזמן ולזמני הקדושה.

אנחנו ישויות רוחניות, אבל גם גשמיות. **איננו יכולים להיות רוחניים וקרובים לה׳ כל הזמן.** נחוצים לנו זמנים של קודש אך גם זמנים של חול. ליום אחד מכל שבעה אנחנו מפסיקים לעבוד ומתייחדים עם אלוהי הבריאה. בימים קבועים בשנה, ימי החגים, אנו מהללים את אלוהי ההיסטוריה. קדושת השבת נקבעת בידי ה׳ לבדו מפני שרק הוא ברא את העולם; ואילו קדושת החגים נקבעת במידה מסוימת בידי אדם (בקידוש החודש על פי מראה הלבנה, למשל, או בקביעת לוח השנה), מפני שההיסטוריה היא שותפות בינינו לבין אלוהים. אולם משתי בחינות השבתות והחגים זהים. אלו ואלו זמני התוועדות, מועדים; ובאלו כן באלו אנו מרגישים שאנו קרואי קודש, נקראים ומזומנים ומוזמנים להיות אורחיו של הקב״ה. השבתות והחגים הם מועדי ה׳, מקראי קודש.

איננו יכולים להיות רוחניים כל הזמן. אלוהים נתן לנו עולם חומרי ועלֵינו לפעול בו. אבל ביום השביעי בשבוע, ובשבעה ימים טובים הפזורים לאורך השנה, ניתן לנו זמן מקודש המוקדש להתקרבות אל השכינה, זמן שאנו נשטפים בו באורה הקורן של אהבת ה׳.

אמור

חג הארץ, חג מתן תורה

חג השבועות הוא חידה אפופה בתעלומה. הנה, כך מתארת ומגדירה אותו פרשת השבוע שלנו:

> וּסְפַרְתֶּם לָכֶם מִמָּחֳרַת הַשַּׁבָּת, מִיּוֹם הֲבִיאֲכֶם אֶת עֹמֶר הַתְּנוּפָה שֶׁבַע שַׁבָּתוֹת תְּמִימֹת תִּהְיֶינָה. עַד מִמָּחֳרַת הַשַּׁבָּת הַשְּׁבִיעִת תִּסְפְּרוּ חֲמִשִּׁים יוֹם, וְהִקְרַבְתֶּם מִנְחָה חֲדָשָׁה לַה׳... וּקְרָאתֶם בְּעֶצֶם הַיּוֹם הַזֶּה מִקְרָא קֹדֶשׁ יִהְיֶה לָכֶם, כָּל מְלֶאכֶת עֲבֹדָה לֹא תַעֲשׂוּ. חֻקַּת עוֹלָם בְּכָל מוֹשְׁבֹתֵיכֶם לְדֹרֹתֵיכֶם. (ויקרא כג, טו-כא)

זהו קטע מוקשה, מכמה סיבות. ראשית, להבדיל מהמועדים האחרים, התורה אינה מציינת את התאריך שחג השבועות חל בו. פסח, למשל, חל ״בַּחֹדֶשׁ הָרִאשׁוֹן... בַּחֲמִשָּׁה עָשָׂר יוֹם לַחֹדֶשׁ״ (שם, ה-ו). לשבועות אין ציון כגון זה. זמנו מחושב על פי מניין ״שֶׁבַע שַׁבָּתוֹת תְּמִימֹת״ מנקודת התחלה מסוימת, לא על פי תאריך בלוח השנה.

שנית, כל עוד קידשו את החודשים על פי עדות ראייה (כלומר עד המאה הרביעית לספירה), לא היה לשבועות תאריך קבוע. חודש עברי עשוי להיות בן 30 יום או בן 29 יום. אם ניסן ואייר היו שניהם בני 30 יום, שבועות חל בה׳ בסיוון. אם שניהם היו בני 29 יום, שבועות חל בז׳ בסיוון. רק אם אחד מהם היה בן 30 יום ומשנהו בן 29 יום, שבועות חל בו׳ בסיוון. שלא כחגים אחרים, שבועות הוא (או לפחות היה) חג נייד.

קושי שלישי: נקודת ההתחלה למניין הימים מסומנת בביטוי המעורפל ״מִמָּחֳרַת הַשַּׁבָּת״. אבל איזו שבת? ומה בכלל עניין שבת לכאן? הפסוקים הקודמים בפרק דיברו על פסח, לא על שבת. קושי זה הצמיח את אחת המחלוקות הגדולות ביותר בימי בית שני. הפרושים, שהאמינו בתורה שבעל-פה לצד התורה שבכתב, הבינו כי ״השבת״ כאן היא יום טוב ראשון של פסח (ט״ו בניסן). הצדוקים, שהאמינו רק בתורה שבכתב, פירשו את הביטוי כפשוטו. היום שלמחרת השבת הוא יום ראשון

בשבוע. אם כן, הספירה מתחילה תמיד ביום ראשון, ושבועות יחול אפוא עם תום שבעה שבועות שלמים - כלומר שוב ביום ראשון.

אבל החידה העלומה מכולן היא הרביעית: על מה נסב חג השבועות? מה הוא מציין? לגבי פסח וסוכות, אין שאלה. פסח מציין את יציאת מצרים. סוכות מזכיר לנו את ארבעים שנות הנדודים במדבר. כאמור בפרקנו, "בַּסֻּכֹּת תֵּשְׁבוּ שִׁבְעַת יָמִים, כָּל הָאֶזְרָח בְּיִשְׂרָאֵל יֵשְׁבוּ בַּסֻּכֹּת. לְמַעַן יֵדְעוּ דֹרֹתֵיכֶם כִּי בַסֻּכּוֹת הוֹשַׁבְתִּי אֶת בְּנֵי יִשְׂרָאֵל בְּהוֹצִיאִי אוֹתָם מֵאֶרֶץ מִצְרָיִם, אֲנִי ה' אֱלֹהֵיכֶם" (שם, מב-מג).

חג השבועות קרוי במקומות אחרים בתורה "חַג הַקָּצִיר" (שמות כג, טז) ו"יוֹם הַבִּכּוּרִים" (במדבר כח, כו). אלה הם תיאורים חקלאיים, לא היסטוריים. בפסח ובסוכות קיימים שני ההיבטים הללו: החקלאי (האביב, האסיף) וההיסטורי (יציאת מצרים, הנדודים במדבר). כפילות זו היא מהותית. הדתות האחרות בעולם הקדום חגגו את עונות השנה. תפיסת הזמן שלהן הייתה מחזורית. רק עם ישראל הכיר גם בממד הליניארי, ההיסטורי, של הזמן: הזמן כמסע, כסיפור, כעלילה מתפתחת. הממד ההיסטורי של חגי ישראל היה ייחודי. על כן מוזרה שבעתיים היעדרותו של כל היבט היסטורי מחג השבועות בתורה.

כמובן, המסורת מזהה את חג השבועות כ"זמן מתן תורתנו", תאריכו של מעמד הר סיני שבו שמעו בני ישראל את קולו של אלוהים ובאו בברית איתו. אך קישור היסטורי זה אינו נעשה בתורה עצמה. אמנם התורה אומרת "בַּחֹדֶשׁ הַשְּׁלִישִׁי לְצֵאת בְּנֵי יִשְׂרָאֵל מֵאֶרֶץ מִצְרָיִם, בַּיּוֹם הַזֶּה בָּאוּ מִדְבַּר סִינָי" (שמות יט, א), ושבועות הוא החג היחיד החל בחודש השלישי, חודש סיוון. אך תארוך זה הוא משתמע ואינו מפורש. כדי לקבוע ששבועות הוא אכן מועד מתן תורה, אנו זקוקים לתורה שבעל־פה.

מה סברו אפוא הצדוקים, שלא אחזו בתורה שבעל־פה? לא נראה שהם קישרו את שבועות למתן תורה. הרי צריך לשם כך תאריך, ואצל הצדוקים לשבועות אין תאריך. הם חגגו אותו ביום ראשון: יום מסוים בשבוע, אבל לא תאריך מסוים בשנה. אם כן, מה היה שבועות בשביל הצדוקים?

בגמרא מתועד מפגש מרתק, שבו הסביר צדוקי לרבן יוחנן בן זכאי מדוע לשיטתו שבועות חל תמיד ביום ראשון: "משה רבינו אוהב ישראל היה, ויודע שעצרת יום אחד הוא. עמד ותִקנהּ אחר שבת כדי שיהו ישראל מתענגין שני ימים".[1] משה סידר לבני ישראל סופשבוע ארוך!

1. מנחות סה ע"ב.

אם נאחז בקצה החוט הזה, אולי נצליח לשער מה הייתה משמעותו של שבועות בעיני הצדוקים. חוקר התלמוד לואיס פינקלשטיין טען שהצדוקים היו איכרים ובעלי קרקע. הם היו, באופן כללי, עשירים יותר מהפרושים, ומחוברים יותר למדינה ולמוסדותיה: המקדש והאליטה הפוליטית. הם היו הדבר הקרוב ביותר ל"מעמד שליט" שידעה ההיסטוריה היהודית.

בעיניהם של איכרים, משמעותו החקלאית של חג השבועות הייתה מן הסתם מרכזית וברורה. שבועות הוא "חַג הַקָּצִיר בִּכּוּרֵי מַעֲשֶׂיךָ אֲשֶׁר תִּזְרַע בַּשָּׂדֶה" (שמות כג, טז). הוא חותם תהליך בן שבעה שבועות, שהחל בהבאת "עֹמֶר רֵאשִׁית קְצִירְכֶם", כלומר ביכורי יבול השעורה, ובהנפתו בידי הכוהן (ויקרא כג, י). זו הייתה העונה הבוערת של קציר התבואה (עונה שבה מתחולל עיקר העלילה של מגילת רות - וזהו אחד הטעמים לקריאתה בציבור בשבועות). לאיכרים הייתה סיבה מיוחדת להודות לה' "המוציא לחם מן הארץ". הם גם היו בוודאי תשושים לאחר שבעה שבועות של קציר. שתי סיבות טובות ליום שבתון כפול.

והנה מסתמן לעינינו מתווה אפשרי לתיאוריה הצדוקית של חג השבועות. פסח מייצג את תחילת מסעם של בני ישראל אל החירות. סוכות מזכיר את המסע עצמו, את ארבעים שנות הנדודים במדבר. ומתי, בשנה העברית, אנו זוכרים וחוגגים את סוף המסע, את הכניסה לארץ המובטחת? מתי בעצם קרה הדבר? בספר יהושע מסופר:

> וַיַּחֲנוּ בְנֵי יִשְׂרָאֵל בַּגִּלְגָּל וַיַּעֲשׂוּ אֶת הַפֶּסַח בְּאַרְבָּעָה עָשָׂר יוֹם לַחֹדֶשׁ בָּעֶרֶב בְּעַרְבוֹת יְרִיחוֹ. וַיֹּאכְלוּ מֵעֲבוּר הָאָרֶץ מִמָּחֳרַת הַפֶּסַח, מַצּוֹת וְקָלוּי בְּעֶצֶם הַיּוֹם הַזֶּה. וַיִּשְׁבֹּת הַמָּן מִמָּחֳרָת בְּאָכְלָם מֵעֲבוּר הָאָרֶץ, וְלֹא הָיָה עוֹד לִבְנֵי יִשְׂרָאֵל מָן, וַיֹּאכְלוּ מִתְּבוּאַת אֶרֶץ כְּנַעַן בַּשָּׁנָה הַהִיא. (יהושע ה, י–יב)

הרמב"ם מבקש ללמוד מפסוקים אלה כי "מִמָּחֳרַת הַשַּׁבָּת" שבפרשתנו שקול ל"מִמָּחֳרַת הַפֶּסַח" האמור כאן. אולם בעיני הצדוקים מובנם של הדברים היה כנראה אחר. הבאת העומר ציינה בעיניהם את היום ההוא, בימי יהושע, שבו תמו בפועל ארבעים שנות הנדודים והחל עידן ארץ ישראל: היום שבו המן, "לֶחֶם מִן הַשָּׁמָיִם" (שמות טז, ד), פסק מרדת, ובני ישראל אכלו לראשונה מתבואת הארץ.

ואם כך הוא - ימשיך הטיעון הצדוקי ויאמר - ברור מדוע נתנה התורה לשבועות תוכן חקלאי בלבד ולא היסטורי: כי החקלאות היא כאן ההיסטוריה! ספירת חמישים הימים, מהיום הראשון שבו אכלו בני ישראל מתבואת הארץ ועד לסוף עונת הקציר, מייצגת את סופו של המסע מארץ מצרים לארץ ישראל. פסח מסמל את תחילת

המסע, סוכות את אמצעו, וספירת העומר, ששיאה בשבועות - את סופו. שבועות הוא חג הארץ ויבולה מפני שהוא מציין את הכניסה לארץ בימי יהושע. שבועות הוא אפוא, לדעתם המשוערת של הצדוקים, המהדורה המקראית של יום העצמאות. חג הכניסה לארץ המובטחת.

אולי לא מפתיע שאחרי חורבן הבית השני הזרם הצדוקי נעלם במהירות. איך נחגוג את חג הארץ אם איבדנו את הארץ? מה יעשה, באין מלוכה ומקדש וכוהנים בעבודתם, מי שזהותו הדתית הושתתה על הדברים הללו? רק זרם דתי המבוסס על מתן תורה, הזרם הפרושי, ורק פרשנות של חג השבועות כחג מתן תורה, יכלו לשרוד. שכן התורה אינה תלויה לגמרי בארץ. היא ניתנה "במדבר". היא בתוקף בכל זמן ובכל מקום.

בל נתבלבל. הפרושים אהבו את הארץ לא פחות מהצדוקים. הם ידעו היטב שרק בארץ ישראל אפשר לשמור את התורה בשלמותה. הם נכספו לארץ, התפללו לשוב אליה, חיו בה ככל שעלה בידם. אבל אפילו בגלות, עדיין היו בידם התורה וההבטחה האמורה בה לשובו של עם ישראל לארצו, לחידוש ריבונותו ולבניית מה שחרב.

הוויכוח על חג השבועות התגלה כהרה גורל היסטורי. אלה שחגגו את שבועות כ"זמן מתן תורתנו" הצליחו לקיים זהות יהודית לאורך כמעט אלפיים שנות גלות ופיזור. ואנחנו, החיים בתקופת השיבה, יכולים לשוב ולשמוח בחג השבועות שמחה כפולה - שמחת התורה ושמחת הארץ.

בהר

גבולות השוק החופשי

בעודי כותב דרשה זו צדה את עיני כותרת בעיתון: "המיתון הכפול לא פגע בעשירים ביותר בבריטניה: הם התעשרו השנה אפילו יותר". זאת, אף על פי שמאז המשבר הפיננסי של 2008 רוב הבריטים נעשו עניים יותר, או במקרה הטוב הכנסותיהם נשארו כפי שהיו. "מָה אַתָּה רוֹצֶה, זֶה הַחַיִּים: הָעֲשִׁירִים מִתְעַשְּׁרִים, הָעֲנִיִּים מִתְעַנִּים", שר פעם שי להב למילותיו של דן תורן. אל התופעה הזו מכוונת החקיקה החברתית של פרשת בהר.

פרק כה בספר ויקרא מציג סדרת דינים שמטרתם לתקן את הנטייה של השוק החופשי, בגרסתו נטולת האיזונים והבלמים, להחריף בהתמדה את האי־שוויון. ישנה, תחילה, שנת השמיטה, שבה החובות נמחקו, העבדים העברים השתחררו, האדמה הוברה ויבולה לא נאסף אלא היה שייך לכול. יֶשנה מצוות שנת היובל, שבה, לבד מכמה חריגות, נחלות משפחתיות חזרו לבעליהן שנאלצו לאורך השנים למוכרן. ישנה המצווה לעזור לנזקקים: "וְכִי יָמוּךְ אָחִיךָ וּמָטָה יָדוֹ עִמָּךְ וְהֶחֱזַקְתָּ בּוֹ גֵּר וְתוֹשָׁב וָחַי עִמָּךְ" (ויקרא כה, לה). וישנו הציווי שלא לנגוש בעבדים, אלא "כְּשָׂכִיר כְּתוֹשָׁב יִהְיֶה עִמָּךְ" (שם, מ).

"משה לא רצה לבטל את הבעלות על רכוש", אמר, וצדק, המשורר היינריך היינה; "להפך, רצונו היה שלכל אדם יהיה רכוש, כדי שאיש לא ייאלץ, מחמת עוני, להיות עבד בעל תודעה עבדותית. החירות הייתה תמיד בראש מעייניו של המשחרר הגדול, והיא עדיין מפעמת ולוהבת בכל חוקיו הנוגעים להתרוששות".[1]

למרות עתיקותם המופלגת של חוקים אלה, הם היו פעם אחר פעם מקור השראה ללוחמי החירות והצדק החברתי. המילים האמורות בפרקנו על שנת היובל, "וּקְרָאתֶם דְּרוֹר בָּאָרֶץ לְכָל יֹשְׁבֶיהָ" (שם, י), חקוקות על פעמון החירות בפילדלפיה.

1. מצוטט אצל Israel Tabak, *Judaic Lore in Heine* (Johns Hopkins University Press reprints), New York: Arno Press, 1979, p. 32.

ההתארגנות הבין־לאומית שנרקמה בשנות התשעים המאוחרות ביותר מארבעים מדינות ופעלה לשמיטת חובות של מדינות העולם השלישי נקראה "יובל 2000", בהשראה מוצהרת של פרשתנו.

עמדתה המאקרו־כלכלית של התורה מיוחדת במינה. מובן שאי־אפשר ליישם באופן ישיר במציאות של המאה העשרים ואחת, בעולם של כלכלה גלובלית ותאגידים בין־לאומיים, חוקים שניתנו לפני יותר משלושת אלפים שנה לחברה חקלאית בעלת תודעה של ריבונות אלוהית ישירה. בין הכתובים העתיקים לבין יישומם העכשווי מתווך תהליך ארוך, מורכב וזהיר של מסורת ופרשנות, התורה שבעל־פה.

ובכל זאת, אפשר לזהות במסלול הזה כמה ערכים קבועים חשובים. ראשון בהם הוא העבודה. יש ערך נאצל בהתפרנסות, בהתקיימות מתוך יגיעה ורווח. "יְגִיעַ כַּפֶּיךָ כִּי תֹאכֵל אַשְׁרֶיךָ וְטוֹב לָךְ", נאמר בתהלים (קכח, ב). אנו אומרים מילים אלו במוצאי שבת, בתחילתו של שבוע עבודה חדש. להבדיל מתרבויות אריסטוקרטיות, כגון זו של יוון העתיקה, היהדות מעולם לא זלזלה בעבודה או בכלכלה היצרנית. היא לא ראתה בעין יפה את היווצרותו של מעמד פנאי. "כל תורה שאין עמה מלאכה, סופה בטלה וגוררת עוון".[2]

שנית, כל עוד אין סיבות משכנעות לחרוג מכך, פירות עמלו של אדם שייכים לו. היהדות חושדת ב"ממשלה גדולה" המטילה מסים כבדים, ורואה בכך פגיעה בחירות. זה לוז נאום האזהרה שנשא שמואל הנביא מפני כינונה של מלוכה. המלך, בישר שמואל לשומעיו, יגייס לשירותו את בניהם ובנותיהם, "וְאֶת שְׂדוֹתֵיכֶם וְאֶת כַּרְמֵיכֶם וְזֵיתֵיכֶם הַטּוֹבִים יִקָּח וְנָתַן לַעֲבָדָיו... צֹאנְכֶם יַעְשֹׂר וְאַתֶּם תִּהְיוּ לוֹ לַעֲבָדִים" (שמואל א' ח, יד–יז).

היהדות היא דתו של עם שנולד מתוך עבדות ונכסף לגאולה; והעבדות היא מתקפה על רעיון כבוד האדם, בראש ובראשונה בכך שהעבדות שוללת את בעלותו של אדם על עושר שהוא מייצר. בלב התנ"ך נמצא רצונו של אלוהים שבני אדם חופשיים יעבדו אותו מתוך חופש; ואחת ההגנות החזקות ביותר על החופש הוא הקניין הפרטי, הבסיס לעצמאות כלכלית. החברה האידיאלית בחזון הנביאים היא חברה שבה כל איש חופשי לשֶׁבֶת "תַּחַת גַּפְנוֹ וְתַחַת תְּאֵנָתוֹ" (מיכה ד, ד).

בחברה החופשית, התחרות היא הדלק המפרנס את אש ההמצאה. שנים רבות לפני אדם סמית הועלה במקורות היהודיים הרעיון שלעתים קרובות מושגת התקדמות, לרווחת היחיד והחברה, בזכות מניעים שאינם רוחניים במיוחד. "וְרָאִיתִי אֲנִי", אומר

2. משנה, אבות ב, ב.

קהלת, "אֶת כָּל עָמָל וְאֵת כָּל כִּשְׁרוֹן הַמַּעֲשֶׂה כִּי הִיא קִנְאַת אִישׁ מֵרֵעֵהוּ" (קהלת ד, ד). או בניסוחם של חז"ל, "אלמלא יצר הרע לא בנה אדם בית ולא נשא אשה ולא הוליד בנים ובנות".[3] חז"ל העדיפו את השוק החופשי אפילו בזירת עיסוקם שלהם, החינוך היהודי. הם פסקו כי מלמד תורה לילדים אינו יכול להתנגד להקמת "עסק" מתחרה בסביבתו. הנימוק פשוט: "קנאת סופרים תרבה חכמה".[4]

כלכלת השוק היא השיטה הטובה ביותר המוכרת לנו להפחתת העוני באמצעות צמיחה כלכלית. בעשורים האחרונים, בתוך שנות דור, היא הקימה מעפר דל 100 מיליון הודים ו־400 מיליון סינים, והם נחלצו בזכותה מעוני. חז"ל ראו בעוני פגיעה בכבוד האדם. היהדות אינה שותפה לתפיסות רומנטיות ודתיות שונות הרואות בעוני ברכה ומתת שמים. "עניות היא כמיתה", אמרו חז"ל,[5] והיא קשה "יותר מחמישים מכות".[6] ועוד אמרו:

> אין לך מידה קשה מן העניות, שכל מי שהוא מדוקדק בעניות כאילו דבוקין בו כל ייסורים שבעולם וכאילו באו עליו כל הקללות שבמשנה תורה. ואמרו רבותינו, אילו נתקבצו כל ייסורין לצד אחד והעניות לצד אחד - העניות מכרעת לכולן.[7]

כלכלת השוק טובה בייצור עושר, אך היא מצטיינת פחות בחלוקתו ההוגנת. ריכוז העושר בידיים מעטות נותן לאנשים מסוימים כוח מופרז על חשבונם של אחרים. בבריטניה כיום לא נדיר שמנהלים בכירים מרוויחים פי 400 ויותר מרוב העובדים שלהם. הדבר לא יצר צמיחה כלכלית או יציבות פיננסית, אלא את ההפך מכך. כדברי הכלכלן הדרום קוריאני הא־ג'ון צ'אנג, מחבר הספר **23 דברים שלא מגלים לנו על קפיטליזם**,[8] כלכלת השוק היא השיטה הטובה ביותר שישנה, אבל "היא זקוקה לניווט ולרגולציה זהירה".

3. בראשית רבה ט, ט.
4. בבא בתרא כא ע"ב - כב ע"א.
5. נדרים ז ע"ב.
6. בבא בתרא קטז ע"ב.
7. שמות רבה לא, יד.
8. הא־ג'ון צ'אנג, **23 דברים שלא מגלים לנו על קפיטליזם**, עברית: גיא הרלינג, מודיעין: כנרת, זמורה־ביתן, 2011.

זוהי בדיוק מהותה של החקיקה שבפרשת בהר. היא מלמדת אותנו שכל מערכת כלכלית חייבת להתקיים בתוך מסגרת מוסרית. היא אינה צריכה לשאוף לשוויון כלכלי, אבל שומה עליה להקפיד על כבוד האדם. אסור להניח לשום אדם להיכלא לצמיתות בעבותות של חוב. אסור להרשות שמקומו של אדם כלשהו בחברה יישלל ממנו, ובימי המקרא זו הייתה המשמעות של היעדר נחלה. אסור שאדם יהיה עבד למעסיקו. לכל אחד יש זכות - יום אחד משבעה, שנה אחת משבע - להינפש מלחץ העבודה האינסופי. אף לא אחד מאמצעים אלה מפרק את כלכלת השוק, אבל חלקם כרוכים בחלוקה מחודשת של העושר, אחת לתקופה.

בלב החוקים הללו נמצא חזון חברתי שהוא אנושי עד לשד עצמותיו. "שום אדם אינו אי", כתב המשורר ג'ון דאן. אנחנו ערבים זה בזה ומעורבים זה בגורלו של זה. מי שה' בירכם ביותר מכפי צורכָּם, ראוי שיחלקו משהו מהשפע עם אלה שיש להם פחות מכפי צורכם. בעיני היהדות, אין זה עניין של נדיבות לב וולונטרית, אלא של צדק שחייב להיעשות; מכאן המילה "צדקה". משהו מהרוח הזו נחוץ לנו בכלכלה המתקדמת של זמננו, אם איננו חפצים באומללות אנושית ובפורענות חברתית.

אין מי שהיטיב לומר זאת מהנביא ישעיהו, בפרק הפותח את ספר נבואותיו:

> דִּרְשׁוּ מִשְׁפָּט, אַשְּׁרוּ חָמוֹץ,
> שִׁפְטוּ יָתוֹם, רִיבוּ אַלְמָנָה... (ישעיהו א, ד)

האדם לא נברא כדי לשרת את השווקים. השווקים נוצרו כדי לשרת את צלם אלוהים, את האדם.

בהר

כלכלת חירות

הפריט המפתיע ביותר ברשימת רבי המכר של 2014 היה ספרו של הכלכלן הצרפתי תומס פיקֶטי **הון במאה העשרים ואחת**.[1] זוהי מסה דחוסה בת 600 עמודים על תיאוריה כלכלית, מגובה בשפע של נתונים סטטיסטיים; לא החומר שסנסציות ספרותיות עשויות ממנו בדרך כלל.

הרבה מקסמו של הספר בא לו מן הדרך שתיעד בה את התופעה המשנה את פניהן של חברות ברחבי העולם, והיא האי־שוויון המתרחב והולך בכלכלה הגלובלית של זמננו. בארצות הברית, בין השנים 1979 ו־2013, הכנסות המאיון העליון גדלו ביותר מ־240 אחוזים, ואילו הכנסות החמישון התחתון גדלו ב־10 אחוזים בלבד.[2] מטלטל אפילו יותר הוא השוני בהכנסה מהון, כגון מבתים, ממניות ומאיגרות חוב. כאן, המאיון העליון נהנה מעלייה בת 300 אחוזים, בעוד בחמישון התחתון נרשמה צניחה בת 60 אחוזים. בזירה הכלל־עולמית, הונם של 85 האנשים העשירים בעולם שווה להונה של מחציתה העניית של האנושות - 3.5 מיליארדי אנשים.[3]

תרומתו של פיקטי גלומה בהסבר שנתן לתופעה הזו. כלכלת השוק, הוא טוען, נוטה להגדיל את השוויון ולהפחיתו בעת ובעונה אחת. היא מגדילה אותו על ידי כך שהיא מפיצה חינוך, השכלה והכשרה מקצועית במעגלים רחבים מאי־פעם; אך היא מפחיתה את השוויון מפני שלאורך הזמן, בייחוד במשקים מפותחים, שיעור התשואה על ההון נוטה להיות גדול משיעור הצמיחה בהכנסות ובתוצר. וכך, בעלי נכסים והון מתעשרים מהר יותר מאלה הנשענים רק על הכנסות מעבודתם. העלייה

1. Thomas Piketty, *Capital in the Twenty-First Century*, Cambridge, Mass.: Belknap Press of Harvard University Press, 2014.
2. Derek Thompson, "A Giant Statistical Round-Up of the Income Inequality Crisis in 16 Charts," *The Atlantic*, December 12, 2012.
3. Graeme Wearden, "Oxfam: 85 Richest People as Wealthy as Poorest Half of the World," *The Guardian*, January 20, 2014.

באי־שוויון, אומר פיקטי, ״מציבה איום פוטנציאלי על החברות הדמוקרטיות ועל ערכי הצדק החברתי שהן מושתתות עליהם״.

כל זה הוא רק פרק עדכני בסיפור ישן. ישעיה ברלין הראה שלא כל הערכים יכולים להתקיים בצוותא; למשל, לענייננו, חופש ושוויון.[4] אפשר להחזיק באחד או בשני אך לא בשניהם יחדיו. ככל שהחופש הכלכלי גדל, יש פחות שוויון; וככל שגדל השוויון, כן קטן החופש. זה היה שורש המלחמה הקרה בין הקפיטליזם לקומוניזם. הקומוניזם הפסיד במערכה. בשנות השמונים, בימי ממשל רונלד רייגן בארצות הברית וממשלת מרגרט תאצ׳ר בבריטניה, ידעו השווקים במערב ליברליזציה ושגשוג, ואילו ברית המועצות הידרדרה עד לקריסתה המוחלטת. אולם לחופש כלכלי חסר מעצורים יש צרות משלו, וספרו של פיקטי הוא אחד מכמה תמרורי אזהרה.

מציאות זו מחדדת את האקטואליות של החקיקה החברתית שבפרשת בהר. התורה מעמיקה חשׁוב על הכלכלה, אך יותר מכך על הסוגיות המוסריות והאנושיות היסודיות הכרוכות בה. באיזה סוג של חברה אנחנו רוצים לחיות? איזה סדר חברתי עושה את מרב הצדק עם כבוד האדם ועם הנימים העדינים הקושרים אותנו זה אל זה ואל אלוהינו?

המייחד את היהדות הוא מחויבותה **הן** לחופש **הן** לשוויון - מתוך הכרה במתח שביניהם. פרקי הפתיחה של ספר בראשית מבהירים את השלכותיה של המתנה שנתן אלוהים לבני האדם - חופש הפרט. אלא שאנחנו יצורים חברתיים, ועל כן דרוש לנו גם חופש קיבוצי. חופש זה הוא עניינם של פרקי הפתיחה של החומש הבא, חומש שמות. הם מציגים את מִצרים כדוגמה לחברה השוללת מאנשים את חירותם, משעבדת אוכלוסיות ומכפיפה את הרבים לרצונם של המעטים. פעם אחר פעם מסבירה התורה את מצוותיה כדרכים לשימורה של החירות, בהזכירה לנו את יציאת מצרים ואת היותנו, קודם לה, עבדים.

אך נוסף על כך, התורה מחויבת גם לכבודם השווה של כל אלה שנבראו בצלם אלוהים ואשר נתונים לריבונותו. השאיפה לשוויון לא הגיעה למימושה המלא בשום שלב בתקופת המקרא. בישראל הקדומה היה מדרג חברתי. לא כל אחד היה יכול למלוך; לא כולם היו כוהנים. אבל ביהדות לא הייתה מעולם מערכת מעמדית. אין בה מקבילה לחלוקה החברתית האמורה אצל אפלטון בין אנשי זהב, כסף וארד, ולא לאמונתו של אריסטו שיש אנשים שנולדו לשלוט ויש אנשים שנולדו להישלט.

4. ישעיה ברלין, ״שני מושגים של חירות״, בתוך ברלין, **ארבע מסות על חירות**, עברית: יעקב שרת, תל אביב: רשפים, תשל״א.

בקהילת הברית שהתורה חוזה, כולנו בניו של אלוהים, כולנו יקרים בעיניו, ולכל אחד מאיתנו יש דבר־מה ייחודי לתרום לטוב המשותף.

התובנה היסודית של פרשת בהר היא בדיוק זו שמשמיענו פיקטי: שאי־שוויון כלכלי נוטה לגדול עם הזמן, והתוצאה עלולה להיות שגם החופש יאבַד. נטל של חובות עלול להפוך אנשים לעבדים. בימי התנ"ך, החייבים נאלצו לפעמים למכור את עצמם לעבדות ממש, שכן זו הייתה הדרך היחידה להבטיח לעצמם ולמשפחתם מזון וקורת גג. משפחות נאלצו למכור את אדמתן: את נחלת אבותיהן מימי משה. זהו תהליך שסופו ידוע - חברה שבה מעט בעלי נחלות גדולות והמוני צמיתים מרוששים. הפתרון שהתורה מציגה הוא שמיטת הכספים: שִׁיקום תקופתי של חירויות היסוד. אחת לשבע שנים כל החובות נמחקים וכל העבדים העבריים יוצאים לחופשי. בתום כל שבעה מחזורי שמיטה, בשנת היובל, נחלות האבות חוזרות לבעליהן המקוריים (בחריגים מסוימים).

ראוי לציין שלוש נקודות באשר למצעה החברתי־כלכלי של התורה. ראשית, יותר משהמטרה היא שוויון כלכלי גרידא, המטרה היא חירות האדם. אבדן נחלה או כריעה תחת נטל חוב הם הגבלה ממשית של החופש.[5] בתפיסה היהודית של הממד המוסרי בכלכלה, יסוד מוסד הוא רעיון העצמאות הכלכלית: "וְיָשְׁבוּ אִישׁ תַּחַת גַּפְנוֹ וְתַחַת תְּאֵנָתוֹ" (מיכה ד, ד). בברכת המזון אנו מבקשים, "ונא אל תצריכנו, ה' אלוהינו, לא לידי מתנת בשר ודם ולא לידי הלוואתם... שלא נבוש ולא ניכלם". יש משהו משפיל מאוד באבדן העצמאות הכלכלית ובתלות הכפויה ברצונם הטוב של אחרים. משום כך, הציוויים בפרשת בהר מכוונים לא אל השוויון אלא אל שיקום יכולתם של הבריות לעבוד למחייתם מתוך חופש ועצמאות.

שנית, התורה מוציאה את המערכת כולה מידיהם של מחוקקים בני אנוש. כולה מושתתת על שני רעיונות יסוד בדבר ההון והעבודה. הרעיון הראשון: הארץ כולה שייכת לקב"ה. "וְהָאָרֶץ לֹא תִמָּכֵר לִצְמִתֻת, כִּי לִי הָאָרֶץ, כִּי גֵרִים וְתוֹשָׁבִים אַתֶּם עִמָּדִי" (ויקרא כה, כג). הרעיון השני: גם האנשים שייכים לקב"ה. "כִּי עֲבָדַי הֵם אֲשֶׁר הוֹצֵאתִי אֹתָם מֵאֶרֶץ מִצְרָיִם, לֹא יִמָּכְרוּ מִמְכֶּרֶת עָבֶד" (שם, מב). פירוש הדבר הוא שהחירות האישית והכלכלית אינה נתונה למיקח וממכר פוליטי. אלו הן זכויות מַתת ידו של הקב"ה, שאינן ניתנות להכחשה. זהו מקורם של דברי נשיא ארצות הברית ג'ון פ' קנדי בנאום ההשבעה שלו ב־1961, על אודות "אמונות מהפכניות שאבותינו

5. זהו טיעונו של הכלכלן זוכה פרס נובל אמרטיה סן בספרו **פיתוח כחופש**: Amartya Sen, *Development as Freedom*, Oxford: Oxford Paperbacks, 2001.

לחמו למענן", קרי "האמונה שזכויות האדם באות לא מנדיבותה של המדינה אלא מידו של אלוהים".

שלישית, התורה אומרת לנו שהכלכלה היא תחום העומד על יסודות מוסריים, ושעליה להישאר כזו. החשוב בעיניה איננו מדדים טכניים, כגון שיעור הצמיחה או אמות מידה מוחלטות של עושר, אלא איכותן ומרקמן של מערכות היחסים: עצמאותם של אנשים ותחושת הערך העצמי שלהם, הדרכים שהמערכת מפלסת לאדם להתאוששות מהתרוששות, והמידה שבה היא מאפשרת לבניה של החברה לחיות לאור הברכה "יְגִיעַ כַּפֶּיךָ כִּי תֹאכֵל אַשְׁרֶיךָ וְטוֹב לָךְ" (תהלים קכח, ב).

אין עוד תחום אוניברסלי של עיון ומחקר שהיהודים בולטים בו עד כדי כך. 41 אחוזים מזוכי פרס נובל בכלכלה הם יהודים.[6] יהודים פיתחו כמה מן הרעיונות החשובים ביותר בתחום זה: תיאוריית היתרון היחסי של דייוויד ריקרדו, תורת המשחקים של ג'ון פון־נוימן (ובפיתוחו של ישראל אומן), התיאוריה המוניטרית של מילטון פרידמן, הרחבת התיאוריה הכלכלית לתחום הדינמיקה המשפחתית בידי גארי בקר, תורת הכלכלה ההתנהגותית של דניאל כהנמן ועמוס טברסקי, ועוד ועוד. הממד המוסרי בלט בעבודתם של רבים מהם. יש משהו מרשים, רוחני אפילו, בעובדה שיהודים שאפו ליצור - כאן על פני האדמה, לא בעבים מעל ולא בעולם הבא - שיטות למְרוב החירות והיצירתיות של האדם. היסודות מונחים בפרשתנו, שמילותיה העתיקות עוד נוסכות בנו השראה.

6. ראו הערך "זוכי פרס נובל ממוצא יהודי" בוויקיפדיה, ומוטב את מקבילו בוויקיפדיה האנגלית, המעודכן לשנת 2014.

בהר

רגשות משפחתיים

בדרשתנו לפרשת קדושים "בחיפוש אחר הזהות היהודית" כתבתי שהיהדות היא יותר מאתניות. היא קריאה לקדושה. אולם במובן מסוים אחד יש ביהדות ממד אתני חשוב. המחשה קולעת שלו מספקת אנקדוטה משנות השמונים. ברחבי ניו יורק נתלו אז כרזות ענק ועליהן הסיסמה "יש לך חבר בבנק צ'ייס מנהטן". מתחת אחת מהן, כך סופר, שרבט ישראלי את המילים "אבל בבנק לאומי יש לך משפחה". היהודים הם משפחה מורחבת אחת, והם יודעים את זה.

בפרשת בהר הדבר ניכר במיוחד. המצוות החברתיות בה אמורות בלשון משפחתית:

> וְכִי תִמְכְּרוּ מִמְכָּר לַעֲמִיתֶךָ אוֹ קָנֹה מִיַּד עֲמִיתֶךָ, אַל תּוֹנוּ אִישׁ אֶת אָחִיו. (ויקרא כה, יד)

> כִּי יָמוּךְ אָחִיךָ וּמָכַר מֵאֲחֻזָּתוֹ וּבָא גֹאֲלוֹ הַקָּרֹב אֵלָיו וְגָאַל אֵת מִמְכַּר אָחִיו. (שם, כה)

> וְכִי יָמוּךְ אָחִיךָ וּמָטָה יָדוֹ עִמָּךְ, וְהֶחֱזַקְתָּ בּוֹ; גֵּר וְתוֹשָׁב וָחַי עִמָּךְ. אַל תִּקַּח מֵאִתּוֹ נֶשֶׁךְ וְתַרְבִּית, וְיָרֵאתָ מֵאֱלֹהֶיךָ וְחֵי אָחִיךָ עִמָּךְ. (שם, לה-לו)

> וְכִי יָמוּךְ אָחִיךָ עִמָּךְ וְנִמְכַּר לָךְ, לֹא תַעֲבֹד בּוֹ עֲבֹדַת עָבֶד. (שם, לט)

"אחיך", בפסוקים אלה, אין פירושו אח ממש. לעתים משמעו "קרובך", אך בדרך כלל הוראתו "אחד מבני ישראל, כמוך". זוהי דרך מיוחדת במינה לחשוב על החברה ועל חובותיו של הפרט לזולתו. אנו היהודים איננו רק אזרחיה של אותה מדינה או מאמיניה של אותה דת. אנו חברים באותה משפחה מורחבת. אנחנו - אם באופן ביולוגי, אם בשל בחירה - צאצאיהם של אברהם ושרה. רוב ההיסטוריה שלנו משותפת. בחגים

כולנו מעלים את אותם זיכרונות. חושלנו באותו גיא צלמוות. אנחנו יותר מחברים; אנחנו משפחה.

מושג המשפחה הוא יסוד מוסד ביהדות. חִשבו על ספר בראשית, נקודת הזינוק של התורה. היה אפשר לצפות שכתבי הקודש שלנו ייפתחו בספר שיציג את עקרונות האמונה, שיעמיד דוקטרינה דתית, שינסח דוֹגמות. אך לא. ספר בראשית אפילו איננו, בעיקרו, ספר פולמוסי נגד האלילות. זהו ספר על משפחות: בעלים ורעיות, הורים וילדים, אחים ואחיות.

באחד מרגעי המפתח שבתורה, אלוהים עצמו מגדיר את יחסיו עם בני ישראל במונחים משפחתיים. הוא מורה למשה לומר בשמו לפרעה "בְּנִי בְכֹרִי, יִשְׂרָאֵל" (שמות ד, כב). כאשר משה רוצה להסביר לבני ישראל מדוע חובתם להיות קדושים הוא אומר "בָּנִים אַתֶּם לַה' אֱלֹהֵיכֶם" (דברים יד, א). אם ה' הוא אבינו, הנה כולנו אחים ואחיות. הזיקות הקושרות בינינו נטועות בלב לבה של הווייתנו.

הנביאים המשיכו ופיתחו את המטפורה הזו. הנביא הושע מתאר בפסוקים מלבבים את אלוהים כהורה המלמד את ילדו ללכת ומלווהו בהידוסיו הראשונים: "כִּי נַעַר יִשְׂרָאֵל וָאֹהֲבֵהוּ וּמִמִּצְרַיִם קָרָאתִי לִבְנִי... וְאָנֹכִי תִרְגַּלְתִּי לְאֶפְרַיִם קָחָם עַל זְרוֹעֹתָיו... וָאֶהְיֶה לָהֶם כִּמְרִימֵי עֹל עַל לְחֵיהֶם וְאַט אֵלָיו אוֹכִיל" (הושע יא, א-ד).

אותו דימוי מופיע גם בפי חז"ל. רבי עקיבא טבע אחד ממטבעות התפילה המפורסמים ביותר, "אבינו מלכנו". זהו ביטוי מדויק ומחושב. אלוהים הוא אכן הריבון, המחוקק והשופט שלנו, אך עוד קודם לכן הוא ההורה שלנו ואנחנו ילדיו. על כן אנחנו מאמינים שמידת הרחמים תגבר תמיד על מידת הדין.

הרעיון שהיהודים כולם בני משפחה מורחבת זוכה לביטוי מרשים בהלכות מתנות עניים של הרמב"ם:

> כל ישראל והנלווה אליהם כאחים הם, שנאמר "בָּנִים אַתֶּם לה' אֱלֹהֵיכֶם" (דברים יד, א); אם לא ירחם האח על אחיו, מי ירחם עליו? ולמי עניי ישראל נושאין עיניהן, הֲלגויים ששונאין אותן ורודפים אחריהם? הא אין עיניהן תלויות אלא לאחיהן.[1]

1. **משנה תורה**, הלכות מתנות עניים י, ב.

תחושה זו של קרבה, אחווה וקשרי משפחה עומדת ביסוד התפיסה כי "כל ישראל עֲרֵבים זה בזה". או כמאמרו של רבי שמעון בר יוחאי על עם ישראל, "לקה אחד מהן - כולן מרגישין".[2]

מדוע נבנתה היהדות על פי דגם משפחתי זה? טעם ראשון: כדי ללמדנו שה' לא בחר אליטה של צדיקים או חבורה של תמימי דעים. הוא בחר משפחה - צאצאי אברהם ושרה - שתתרחב במהלך הדורות. אין למשפחה מתחרים ביצירת המשכיות; והמשכיות, ריבוי דורות, היא תנאי חיוני למימוש התמורות שהיהדות מצפה מהיהודים לחולל בעולם. שום דור יחיד לא היה מחוללן לבדו. מכאן חשיבותה של המשפחה כמקום של חינוך ("וְשִׁנַּנְתָּם לְבָנֶיךָ") ושל הנחלת הסיפור הלאומי מדור לדור, בייחוד בפסח סביב שולחן הסדר.

טעם נוסף למשפחתיות של היהדות היא שהרגש המשפחתי הוא הזיקה המוסרית הראשונית והחזקה ביותר. ידועה תשובתו של המדען הבריטי ג' ב' ס' הולדיין לשאלה אם היה קופץ לנהר כדי להציל את אָחיו הטובע. הוא ענה, "לא, אבל הייתי קופץ כדי להציל שני אחים שלי, או שמונה מבני דודיי". הולדיין התכוון לכך שמחצית המטען הגנטי של אדם זהה לזו של אחיו, ושמינית המטען הגנטי של אדם זהה לזו של בן דודו - ועל כן שני אחים של אדם, או שמונה מבני דודיו, "שקולים" לו כביכול. האדם שואף להעביר הלאה את מכלול הגנים שלו, ולכן "משתלם" לו להסתכן למען הצלת מטען גנטי השקול, בסך הכול, לשלו. הולדיין התכוון כמובן להמחיש רעיון זה באופן ציורי; איש לא יעשה חשבון כזה ברגע האמת - אך זו המחשה לדחף המשפחתי הטבעי. הרעיון, המכונה "בְרֵרת השאֵרים", הוא הצורה הבסיסית ביותר של האלטרואיזם האנושי. עמו נולד החוש המוסרי.

זוהי תובנת יסוד, לא רק בביולוגיה אלא גם בתיאוריה המדינית. המשפחה היא משכָּנו הראשוני של האלטרואיזם. בה אנו מעבירים את הגנים שלנו לדור הבא. בה גלומה האפשרות להמשיך את עצמנו לאחר מותנו. אדמונד בֶּרְק כתב כי התחושה של "קשר אל יחידת המשנה, אהבה למחלקה הקטנה שאליה אנו משתייכים בחברה, היא העיקרון הראשון (הזֶרע כביכול) לרגשי חיבה בתחום הציבורי. זו החוליה הראשונה בשרשרת המצעידה אותנו אל האהבה למולדתנו ולכלל האדם".[3] אלקסיס דה־טוקוויל

2. מכילתא דרשב"י לשמות יט, ו.
3. אדמונד ברק, **מחשבות על המהפכה בצרפת**, עברית: אהרן אמיר, ירושלים: הוצאת שלם, תשנ"ט, פרק שני, עמ' 62.

כתב כי "כל זמן שנשמר הרגש המשפחתי, מעולם לא היה המתנגד לעריצות בודד לנפשו; הוא הביט סביבו ומצא לו תומכים, ידידי מורשת ושארי בשר".[4] הביולוגיה, המוסר והחברה נפגשים. **משפחות חזקות הן הבסיס לחברה חופשית.** כשהמשפחה חזקה יש תחושת אלטרואיזם הניתנת להרחבה כלפי חוץ: מהמשפחה אל החברים, אל השכנים ואל הקהילה, ומשם אל האומה כמכלול.

תחושת משפחתיות זו היא שהחזיקה את היהודים מקושרים ברשת של ערבות הדדית אף כי נפוצו על פני תבל כולה. האם רשת זו עודה קיימת? לפעמים השסעים בעולם היהודי עמוקים כל כך, והעלבונות שקבוצה אחת מטיחה בחברתה כה גסים, עד שהמתבונן מתפתה לחשוב שהרשת אבדה ואיננה. בשנות החמישים גרס מרטין בובר שהעם היהודי, במובן המסורתי של מושג זה, אינו קיים עוד. כנסת ישראל, אומת הברית העומדת כהוויה אחת לפני האלוהים, איננה. בובר חשב שהקרעים בין יהודים ליהודים - בין דתיים לחילונים, בין אורתודוקסים לשאינם כאלה, בין ציונים ללא־ציונים - פוררו את העם כל כך עד שאבדה תקוות האיחוי.

עמדתו זו התגלתה כנחפזת. היא הופרכה על ידי אותה סיבה עצמה העושה את הזיקה המשפחתית לבסיסית כל כך. אם רבתם עם חבר, מחר הוא לא יהיה עוד חבר שלכם. אבל אם רבתם עם אחיכם, גם מחר הוא יוסיף להיות אחיכם. ספר בראשית מלא בסיפורים של יריבות אחים, אך לא כולם נגמרים באותו אופן. סיפור קין והבל נגמר ברצח הבל. סיפור יעקב ועשו מגיע לשיאו כאשר, לאחר שנים רבות של פרידה, הם נפגשים, מתחבקים והולכים איש איש לדרכו. סיפור יוסף ואֶחיו מתחיל באיבה אך נגמר בסליחה ובפיוס. אפילו המשפחות שתפקודן המשפחתי לוקה מאוד בחסר יכולות לשוב ולהתלכד.

עם ישראל נשאר משפחה. תכופות הוא שסוע, תמיד הוא מתווכח, אבל הוא מלוכד בקשר משותף של גורל. כפי שמזכירה לנו פרשתנו, האדם שנפל ומך הוא אחינו (או אחותנו), וידנו היא היד שצריכה לעזור לו לקום.

4. אלקסיס דה־טוקוויל, **הדמוקרטיה באמריקה**, עברית: אהרן אמיר, ירושלים: הוצאת שלם, תשס"ח, כרך ראשון, חלק ב, פרק ט: "על הסיבות העיקריות המסייעות לקיים את הרפובליקה הדמוקרטית בארצות הברית", עמ' 331.

בחוקותיי

דחייתה של הדחייה

בנצרות יש היבט מסוים שהיהודים, אם הם רואים את עצמם ישרים, חייבים לדחות - ואף הנוצרים עצמם, בייחוד מאז האפיפיור יוחנן השלושה־עשר, החלו לדחות. הרעיון שיש לדחותו עניינו דחייה; זהו הרעיון שעל פיו אלוהים דחה את העם היהודי מעל פניו מרגע שהופיעה הנצרות.

רעיון זה מוכר במונח "תיאולוגיית ההחלפה", והוא הונצח במונחים כגון הכינוי הנוצרי לתנ"ך, "הברית הישנה". מונח זה מבקש לומר שהברית בין ה' לישראל כבר איננה בתוקף. היא הוחלפה. לפי תפיסה זו, אלוהים איננו רוצה עוד שבני אדם יעבדו אותו בדרך היהודית, באמצעות תרי"ג מצוות, אלא בדרך חדשה, המעוגנת בברית חדשה. העם הנבחר הישן שלו היה צאצאיו הביולוגיים של אברהם, כלומר היהודים; עמו הנבחר החדש הוא צאצאיו הרוחניים של אברהם - כלומר, כביכול, הנוצרים.

תוצאותיה של דוקטרינה זו היו הרסניות. הן תועדו אחרי השואה בידי ההיסטוריון הצרפתי ניצול השואה ז'יל איזאק. בדורנו הן נסקרו במחקרים מקיפים כגון ספרה של רוזמרי רויטר **דת ורצח אח** וספרו של ג'יימס קרול **חרבו של קונסטנטינוס**.[1] תיאולוגיית ההחלפה אחראית למאות רבות של רדיפת היהודים ונידוים. קריאת מחקרו של ז'יל איזאק גרמה למֶטאנוֹיה - השתַּנוּת הלב - אצל האפיפיור יוחנן השלושה־עשר, וזו הניבה מצדה את מועצת ותיקן 2 (1962–1965) ואת הכרזת "נוסטרה אאטטה", אשר שינתה מן היסוד את עמדתה של הכנסייה הקתולית כלפי היהודים.

איני רוצה לדון כאן בהשלכותיה הטרגיות של האמונה ההיא, אלא באי־הלימתה למקורות עצמם. למרבה ההפתעה, פסוקי המפתח בתורה השוללים את האפשרות שאלוהים יחליף אי־פעם את בריתו, נמצאים דווקא בפרשה הקודרת ביותר בתורה:

1. Rosemary Ruether, *Faith and Fratricide: The Theological Roots of Anti-Semitism*, New York: Seabury Press, 1974; James Carroll, *Constantine's Sword: The Church and the Jews, A History*, New York: Mariner Books, 2002.

פרשת התוכחה שבפרשת בחוקותיי. מוצגות בה בלא כחל ושרק התוצאות שיהיו לבחירתם של בני ישראל בטוב או ברע. אם ישמרו אמונים לה׳, יבורכו. אבל אם יפרו את בריתם איתו, יבואו עליהם קללות איומות של תבוסה, הרס, חורבן וייאוש. הרטוריקה חסרת רחמים, האזהרות ברורות כשמש, והחיזיון מבעית. ובכל זאת, בסוף רשימת האסונות המזעזעים שייפלו על ישראל, מגיעה הפתעה:

וְאַף גַּם זֹאת, בִּהְיוֹתָם בְּאֶרֶץ אֹיְבֵיהֶם לֹא מְאַסְתִּים וְלֹא גְעַלְתִּים לְכַלֹּתָם לְהָפֵר בְּרִיתִי אִתָּם כִּי אֲנִי ה׳ אֱלֹהֵיהֶם. וְזָכַרְתִּי לָהֶם בְּרִית רִאשֹׁנִים אֲשֶׁר הוֹצֵאתִי אֹתָם מֵאֶרֶץ מִצְרַיִם לְעֵינֵי הַגּוֹיִם לִהְיֹת לָהֶם לֵאלֹהִים. אֲנִי ה׳. (ויקרא כו, מד-מה)

עם ישראל עלול להפר את בריתו עם ה׳, אבל ה׳ לא יפר אותה לעולם. אם יפרו בני ישראל את בריתם הוא יעניש אותם, אבל הוא לא ייטוש אותם. הוא ישפוט אותם בחומרה, אבל לא ישכח את אבותיהם הקדומים שהלכו אחריו ולא יבטל את הברית שכרת איתם. ה׳ איננו מפר הבטחות, גם אם אנו מפרים את הבטחותינו לו.

עיקרון זה הוא אבן יסוד. האמורא שמואל מתאר בתלמוד שיחה בין הגולים היהודים בבבל לבין ישעיהו הנביא:

...באו עשרה בני אדם וישבו לפניו. אמר להן, ״חזרו בתשובה״. אמרו לו, ״עבד שמְכָרוֹ רבו ואשה שגֵרשהּ בעלה, כלום יש לזה על זה כלום?״ אמר לו הקב״ה לנביא, ״לך אמור להן: ׳אֵי זֶה סֵפֶר כְּרִיתוּת אִמְּכֶם אֲשֶׁר שִׁלַּחְתִּיהָ? אוֹ מִי מִנּוֹשַׁי אֲשֶׁר מָכַרְתִּי אֶתְכֶם לוֹ? הֵן בַּעֲוֹנֹתֵיכֶם נִמְכַּרְתֶּם וּבְפִשְׁעֵיכֶם שֻׁלְּחָה אִמְּכֶם׳״ (ישעיהו נ, א).[2]

שמואל שם בפיהם של הגולים טענה שלימים השמיע ברוך שפינוזה: היציאה לגלות מפסיקה את יחסי הברית בין ה׳ לבין ישראל, כפי שגירושים הם סיום היחסים בין הבעל לאשתו וכפי שמכירת עבד בידי אדונו מנתקת את המחויבות שלהם זה לזה. ה׳ נעשה אדונם ומלכם של בני ישראל כאשר הציל אותם ממצרים - ועכשיו, כשהחזיר אותם מחירות לעבדות, הוא נטש אותם והכפיפם לשלטונו של מלך אחר, מלך בבל; כמוהו כבעל שגירש את אשתו וכאדון שמכר את עבדו לאדון אחר.

2. סנהדרין קה ע״א.

טענה זו מופרכת בפסוק שה׳ הורה לישעיהו לומר: ״אֵי זֶה סֵפֶר כְּרִיתוּת אִמְּכֶם אֲשֶׁר שִׁלַּחְתִּיהָ? אוֹ מִי מִנּוֹשַׁי אֲשֶׁר מָכַרְתִּי אֶתְכֶם לוֹ?״ האם נתתי לכם גט? האם נבוכדנצר מלך בבל הוא בעל חוב שאמכור לו אתכם? לא ולא: ״הֵן בַּעֲוֹנֹתֵיכֶם נִמְכַּרְתֶּם וּבְפִשְׁעֵיכֶם שֻׁלְּחָה אִמְּכֶם!״ זו גם משמעותה של ההבטחה בסוף פרשת התוכחה: ״וְאַף גַּם זֹאת, בִּהְיוֹתָם בְּאֶרֶץ אֹיְבֵיהֶם לֹא מְאַסְתִּים... לְהָפֵר בְּרִיתִי אִתָּם, כִּי אֲנִי ה׳ אֱלֹהֵיהֶם״. ה׳ עלול לשלוח את עם ישראל לגלות, אך העם יישאר עַמו והוא יחזירו לארצו.

כזו היא גם נבואתו של ירמיהו על נצחיות בריתו של ה׳ עם ישראל; נטישת ישראל, אומר ירמיהו, היא מן הנמנע. היא אפשרית באותה מידה שביטול חוקי הטבע אפשרי:

כֹּה אָמַר ה׳, נֹתֵן שֶׁמֶשׁ לְאוֹר יוֹמָם,
חֻקֹּת יָרֵחַ וְכוֹכָבִים לְאוֹר לָיְלָה,
רֹגַע הַיָּם וַיֶּהֱמוּ גַלָּיו -
ה׳ צְבָאוֹת שְׁמוֹ:
״[רק] אִם יָמֻשׁוּ הַחֻקִּים הָאֵלֶּה מִלְּפָנַי״, נְאֻם ה׳,
״גַּם זֶרַע יִשְׂרָאֵל יִשְׁבְּתוּ מִהְיוֹת גּוֹי לְפָנַי כָּל הַיָּמִים״.
כֹּה אָמַר ה׳: ״[רק] אִם יִמַּדּוּ שָׁמַיִם מִלְמַעְלָה
וְיֵחָקְרוּ מוֹסְדֵי אֶרֶץ לְמָטָּה,
גַּם אֲנִי אֶמְאַס בְּכָל זֶרַע יִשְׂרָאֵל עַל כָּל אֲשֶׁר עָשׂוּ״,
נְאֻם ה׳. (ירמיהו לא, לד-לו)

דחייתה של הדחייה היא נושא מרכזי בתורה, ובתנ״ך בכלל. כאשר אלוהים רואה שהארץ מלאה חמס הוא פוסל את האנושות ומציל רק את נוח - אך לאחר המבול הוא גומר בלבו: ״לֹא אֹסִף לְקַלֵּל עוֹד אֶת הָאֲדָמָה בַּעֲבוּר הָאָדָם כִּי יֵצֶר לֵב הָאָדָם רַע מִנְּעֻרָיו, וְלֹא אֹסִף עוֹד לְהַכּוֹת אֶת כָּל חַי כַּאֲשֶׁר עָשִׂיתִי״ (בראשית ח, כא). זו הפעם הראשונה שהוא דוחה את רעיון הדחייה.

ואז באה סדרה של יריבויות אחים. הברית עם אברהם עוברת ליצחק ולא לישמעאל, ליעקב ולא לעשָׂו. אבל אלוהים שומע את בכיים של הגר וישמעאל, והתורה רומזת שהוא שומע גם את עשו, שכן מאוחר יותר הוא מצווה ״לֹא תְתַעֵב אֲדֹמִי כִּי אָחִיךָ הוּא״ (דברים כג, ח; האדומים הם צאצאי עשו). בספר שמות ה׳ מקים את מנהיגיו הרוחניים של עם ישראל, משה, אהרן ומרים, דווקא מקרב שבט לוי -

השבט שיעקב קילל על ערש דווי, אותו ואת שבט שמעון: "בְּסֹדָם אַל תָּבֹא נַפְשִׁי... אָרוּר אַפָּם כִּי עָז וְעֶבְרָתָם כִּי קָשָׁתָה" (בראשית מט, ו-ז). מעכשיו והלאה כל ישראל נבחרים. זו דחייתה השנייה של הדחייה.

אפילו כאשר בני ישראל מתייסרים בגלות, "בְּאֶרֶץ אֹיְבֵיהֶם", הם עדיין בני עם הברית - ברית שה׳ לא יפר מפני שה׳ לא ייטוש את עמו. הם אולי לא יהיו נאמנים לו, אך הוא תמיד יהיה נאמן להם. זו הדחייה השלישית של הדחייה. היא אמורה בפרשתנו, והיא שבה ומהדהדת בנבואותיהם של ישעיהו, ירמיהו ויחזקאל; היא מושכל יסוד באמונתנו באל השומר את הבטחתו.

וכך, הרעיון שתיאולוגיית ההחלפה מבוססת עליו - שאלוהים דוחה את עמו מפני שעמו דחה אותו - הוא רעיון שאין לו מקום במונותיאיזם מבית מדרשו של אברהם. ה׳ שומר את הבטחתו גם אם הצד השני מפר את הבטחתו לה׳. ה׳ אינו נוטש את עמו ולא ייטוש אותו. בריתו עם אברהם, שבמעמד הר סיני נוצק בה תוכן, ואשר שבה ונתחדשה מאז בכל צומת מכריע בהיסטוריה של עם ישראל, עומדת במלוא תוקפה. היא אינה בת צמצום, אינה בת סיוג ואינה בת הפרה.

"הברית הישנה" איננה ישנה. בריתו של אלוהים עִם עַם ישראל עדיין חיה, עדיין איתנה. ההכרה בעובדה זו שינתה את היחסים בין הנוצרים ליהודים, וסייעה לשים קץ למאות על מאות של דמעות.

בחוקותיי

"אנחנו העם"

בלב המאפליה של פרשת התוכחה, בתוככי יער הקללות הנוראות ביותר שהושמעו אי־פעם לְאומה כאזהרה, מצאו חכמינו עורק של זהב טהור.

משה מתאר בדברי האלָה אומה הנסה מפני אויביה ואפילו מפני צל צִלם:

> וְהֵבֵאתִי מֹרֶךְ בִּלְבָבָם בְּאַרְצֹת אֹיְבֵיהֶם, וְרָדַף אֹתָם קוֹל עָלֶה נִדָּף וְנָסוּ מְנֻסַת חֶרֶב וְנָפְלוּ וְאֵין רֹדֵף. וְכָשְׁלוּ אִישׁ בְּאָחִיו כְּמִפְּנֵי חֶרֶב, וְרֹדֵף אָיִן, וְלֹא תִהְיֶה לָכֶם תְּקוּמָה לִפְנֵי אֹיְבֵיכֶם. (ויקרא כו, לו–לז)

איזה דבר טוב אפשר למצוא בחזון בלהות זה, שבו חרב האויב מהלכת אימים כל כך עד שאפילו קול עלה נידף דומה על העם כקול מלחמה ויוצר מנוסת בהלה? אולם חז"ל דרשו: "וְכָשְׁלוּ אִישׁ בְּאָחִיו - איש בעוון אחיו; מלמד שכולן עֲרֵבים זה בזה".[1]

מדרש פליאה הוא. האם דווקא פסוקי הקללה הללו דרושים להוכחת עיקרון כה יסודי? הרי התורה כולה מעידה כי כל ישראל ערבים זה בזה. כאשר משה מדבר על הגמול של שמירת הברית עם ה׳, הוא מדבר אל העם כאל קולקטיב התלוי כולו במעשיהם של היחידים החברים בו. דוגמה מובהקת לכך היא פתיחת פרשת השבוע שלנו. "אִם בְּחֻקֹּתַי תֵּלֵכוּ וְאֶת מִצְוֹתַי תִּשְׁמְרוּ וַעֲשִׂיתֶם אֹתָם - וְנָתַתִּי גִשְׁמֵיכֶם בְּעִתָּם וְנָתְנָה הָאָרֶץ יְבוּלָהּ" (ויקרא כו, ג–ד). הגמול הוא גשמים לכולם, יבול לכולם, וכן הלאה וכן הלאה ברכות חקלאיות קיבוציות. כל הברכות האמורות לבני ישראל מלמדות כי יש להם אחריות משותפת, ערבות הדדית, גורל אחד, ייעוד לאומי. מדוע לחפש את העיקרון הזה דווקא בקללות?

התשובה מתחילה בכך שעצם רעיון הערבות ההדדית, הרעיון שגורלות היחידים בחברה קשורים זה בזה, איננו ייחודי ליהדות. הדבר נכון לאזרחיה של כל

1. ספרא שם; סנהדרין כז ע"ב; שבועות לט ע"א.

מדינה. אם הכלכלה פורחת, רוב הציבור נהנה. אם יש מיתון, רוב הציבור סובל. אם שכונה היא מוכת פשע, תושביה מפחדים ללכת ברחוב. אם יש חוק וסדר, והאנשים אדיבים זה לזה ובאים האחד לעזרת רעהו, יש תחושת רווחה כללית. אנחנו בעלי חיים חברתיים, ואת אופקֵי האפשרויות שלנו משרטטות החברה והתרבות שאנו חיים בהן.

כל זה נכון גם לעם ישראל, כל עוד ישראל היא אומה על אדמתה. אך מה אם יבואו על עם ישראל חורבן וגלות, ובניו ייזָרו על פני תבל? עם ישראל יאבד את כל המאפיינים המקובלים של אומה. הוא לא יחיה במקום אחד. בניו לא ידברו שפת יום־יום אחת. ראו, למשל, שניים ממאורות התורה הבולטים של ימי הביניים: רש״י ומשפחתו חיו באירופה הנוצרית ודיברו צרפתית, ואילו הרמב״ם התגורר במצרים המוסלמית ודיבר וכתב ערבית.

גם גורלם של היהודים חדל להיות משותף בגלות. בשעה שיהודי צפון אירופה היו נתונים לרצח ולמשיסה מצד הצלבנים, יהודי ספרד נהנו מתור הזהב שלהם. בשעה שיהודי ספרד גורשו ונאלצו לנדוד סביב העולם כפליטים, יהודי פולין נהנו מרגע נדיר של סובלנות. באיזה מובן אפוא כל ישראל הגולים ערבים זה בזה? מה עושה אותם לאומה? כשאלתו של בעל מזמור קלז בתהלים: ״אֵיךְ נָשִׁיר אֶת שִׁיר ה׳ עַל אַדְמַת נֵכָר?״

רק שני מקומות בתורה מדברים על מצבו של עם ישראל בעת כזאת. אלה הם קטעי הקללות שבשתי פרשיות התוכחה, זו שבפרשתנו וזו שבפרשת כי תבוא. רק פרשיות אלו מדברות בפירוט על זמן של גלות ותפוצה, של הימצאות ״נִדַּחֲךָ בִּקְצֵה הַשָּׁמָיִם״ (דברים ל, ד). בין שתי פרשיות הקללה יש שלושה הבדלים עיקריים. הפרשה בויקרא אמורה בלשון רבים, והפרשה בדברים בלשון יחיד. הקללות בויקרא נאמרות בפי אלוהים, ואילו בדברים זוהי נבואה האמורה בפי משה. בפרשה בדברים שולט השחור־משחור עד המילה האחרונה ממש: ״וְהִתְמַכַּרְתֶּם שָׁם לְאֹיְבֶיךָ לַעֲבָדִים וְלִשְׁפָחוֹת וְאֵין קֹנֶה״ (דברים כח, סח), ולעומת זאת הפרשה שבספר ויקרא מובילה בסיומה אל פתח של תקווה גדולה:

> וְאַף גַּם זֹאת, בִּהְיוֹתָם בְּאֶרֶץ אֹיְבֵיהֶם לֹא מְאַסְתִּים וְלֹא גְעַלְתִּים לְכַלֹּתָם לְהָפֵר בְּרִיתִי אִתָּם, כִּי אֲנִי ה׳ אֱלֹהֵיהֶם. וְזָכַרְתִּי לָהֶם בְּרִית רִאשֹׁנִים אֲשֶׁר הוֹצֵאתִי אֹתָם מֵאֶרֶץ מִצְרַיִם לְעֵינֵי הַגּוֹיִם, לִהְיֹת לָהֶם לֵאלֹהִים; אֲנִי ה׳. (ויקרא כו, מד-מה)

אפילו בשעתו הקשה ביותר של עם ישראל מובטח לו בספר ויקרא שהוא לא יישמד ושאלוהים לא ידחה אותו. הברית תישאר בתוקפה ותנאיה לא יפוגו. פירוש הדבר הוא שהיהודים יישארו קשורים זה לזה באותן זיקות של ערבות הדדית שקשרו ביניהם בעת שישבו על אדמתם; שכן המקשר ביניהם והמאחד אותם לאומה הוא הברית, אותה ברית הקושרת אותם לאלוהים. לפיכך, אפילו כאשר ייכשלו איש ברעהו במנוסתם המדומה מאויביהם, הם יישארו כרוכים בערבות הדדית. הם עדיין יהיו אומה בעלת גורל וייעוד משותפים.

זהו רעיון נדיר ומיוחד, והוא מאפיינה הייחודי של פוליטיקת הברית. מושג הברית נעשה יסוד מוסד בתרבות הפוליטית של המערב בעקבות הרפורמציה. הוא עיצב את השיח הפוליטי בשווייץ, בהולנד, בסקוטלנד ובאנגליה במאה השבע־עשרה, כאשר המצאת הדפוס והתפשטות האוריינות גרמו לציבור הרחב להתוודע לראשונה לתנ"ך (ל"ברית הישנה", כפי שהוא נקרא שם). מהתנ"ך למדו בני העמים האלה שיש להתנגד לרודנים, שאסור למלא פקודות בלתי חוקיות, ושמקור הסמכות של המלכים אינו אלוהים אלא הסכמתם של הנשלטים.

בערכים אלה החזיקו גם אבותיה המייסדים של ארצות הברית - בהבדל אחד: באמריקה הם לא נמוגו עם הזמן, כפי שקרה באירופה. התוצאה היא שארצות הברית היא המדינה היחידה כיום שרעיון הברית מעצב בה את השיח הפוליטי.

דוגמאות מובהקות לכך הם שני נאומי השבעה של נשיאים ביובל השנים האחרון: לינדון ג'ונסון ב־1965, וברק אובמה בהיכנסו לכהונתו השנייה ב־2013. בשניהם נעשה שימוש באמצעי הספרותי המקראי של חזרה משמעותית (תמיד במספר אי־זוגי: שלוש פעמים, או חמש, או שבע). ג'ונסון הזכיר את רעיון הברית חמש פעמים. אובמה התחיל חמש פסקאות בנאומו בביטוי שהוא מרעיונות המפתח של פוליטיקת הברית, ביטוי שמדינאים בריטים, למשל, אף פעם אינם משתמשים בו: "אנחנו העם".

בחברות המושתתות על ברית, העם בכללותו הוא האחראי, בחסות אלוהים, לגורלה של האומה. כדבריו של הנשיא ג'ונסון, "גורלנו כאומה ועתידנו כעם מונחים לא על כתפי אזרח אחד, אלא על כל האזרחים". ובמילותיו של אובמה, "לכם ולי, כאזרחים, יש הכוח לקבוע את מגמת פניה של ארצות הברית". זוהי תמצית מהותה של הברית: כולנו כלולים בה ביחד. האומה אינה נחלקת לשולטים ונשלטים. כולנו, בריבונות האל, ערבים זה בזה.

זו אינה אחריות בלתי מוגבלת. היהדות רחוקה מהתפיסה הגורפת, וחסרת המשמעות בפועל, של "אחריות מוחלטת" שהציג ז'אן פול סארטר בספרו הגדול **הישות והאָין**:

> המסקנה המהותית מהערותינו עד כה היא שהאדם, היות שנגזר עליו להיות חופשי, נושא על כתפיו את כובד העולם כולו ואחראי לעולם ולעצמו כדרך חיים.[2]

על פי היהדות, אנו אחראים רק למה שהיה בידינו למנוע ולא מנענו. כך מנסח זאת התלמוד:

> כל מי שאפשר למחות לאנשי ביתו ולא מיחה - נתפס על אנשי ביתו. באנשי עירו - נתפס על אנשי עירו. בכל העולם כולו - נתפס על כל העולם כולו.[3]

זוהי נוסחה ממוקדת יותר, מעשית יותר - ודווקא משום כך חזקה ומרשימה. היהדות מיישמת אותה באופן ייחודי, שכן היא חלה על עם המפוזר בעולם והמאוחד רק על ידי הברית שאבותיו כרתו עם אלוהים בהר סיני. אך כאמור, היא ממשיכה להניע גם את השיח הפוליטי האמריקני. היא מלמדת אותנו שכולנו אזרחים שווים ברפובליקה של האמונה, ושאחריות אינה דבר שאפשר להניח לפתחם של ממשלות ונשיאים, אלא היא שייכת לכל אחד מאיתנו, ירצה או לא ירצה. כן, שומרֵי אחֵינו אנחנו.

נושא המנהיגות צף פעמים רבות בדרשותינו, מפני שאני סבור כי הוא נוגע לכולנו: **כולנו נקראים להיות מנהיגים**. לכאורה, הדבר אינו מתקבל על הדעת: אם כולם מנהיגים, אף אחד אינו מנהיג. שכן אם כולם מנהיגים, מי נשאר להיות מונהג? מושג הברית מיישב את הסתירה. לטענתי, מנהיגות היא קבלת אחריות. על כן, אם כולנו אחראים איש לרעהו, כולנו נקראים להיות מנהיגים, כל אחד בחוג השפעתו: המשפחה, הקהילה, הארגון או מעגל רחב יותר.

לפעמים יוזמה קטנה של קבלת אחריות מחוללת גדולות ונצורות במעגלים מתרחבים. בשלהי הקיץ של 1999 הייתי בפרישטינה לצורך הכנת תכנית טלוויזיה על קוסובו שלאחר המלחמה. ראיינתי את הגנרל סר מייקל ג'קסון, שהיה מפקד

2. Jean-Paul Sartre, *Being and Nothingness*, trans. Hazel Barnes, New York: Philosophical Library, 1966, p. 707.
3. שבת נד ע"ב.

כוחות נאט"ו. להפתעתי הוא הודה לי על מה ש"העם שלי" עשה. הקהילה היהודית קיבלה על עצמה להפעיל את 23 בתי הספר היסודיים שבעיר. זו הייתה, לדברי הגנרל, התרומה המשמעותית ביותר שניתנה לרווחתה של העיר. כאשר 800 אלף איש הופכים לפליטים ואז שבים לבתיהם, הסימן המעודד ביותר לכך שהחיים שבים למסלולם הוא שבתי הספר פתוחים במועד. ועל כך, אמר המרואיין שלי, אנו חבים תודה לעם היהודי.

כשפגשתי בהמשך אותו יום את ראש הקהילה היהודית שאלתי אותו כמה יהודים היו באותה עת בפרישטינה. תשובתו: אחד־עשר. הסיפור, כפי שגיליתי מאוחר יותר, היה מרתק. כשהחל העימות בקוסובו שלחה לשם מדינת ישראל צוות רפואי לעזרת הפליטים האלבנים מקוסובו. הצוות הישראלי הבחין מיד במה שנעלם מעיניהם של אנשי סוכנויות הסיוע הבין־לאומיות שפעלו שם. הללו, שלא במפתיע, התמקדו במבוגרים. איש לא עבד עם הילדים. והילדים, רדופי טראומת המלחמה ורחוקים מבתיהם, החלו לצאת משליטה.

הרופאים הישראלים התקשרו ארצה וביקשו לשלוח מתנדבים צעירים. כמעט כל תנועות הנוער בישראל, מהחילוניות ביותר עד הדתיות ביותר, שלחו צוותים של מדריכי נוער לפרקי זמן של שבועיים. הללו עבדו עם הילדים וארגנו מחנות קיץ, תחרויות ספורט, אירועי תיאטרון ומוזיקה וכל דבר אחר שחשבו שיוכל להנעים לילדים את גלותם הארעית ולהקהות את עוקץ הטראומה. האלבנים הקוסוברים היו מוסלמים, ולרבים מבני הנוער הישראלים זו הייתה פגישה ראשונה עם ילדים בני דת אחרת.

המבצע זכה להוקרה רבה מצד יוניצ"ף, סוכנות האו"ם למען ילדים. בעקבות זאת התבקש "העם היהודי" - ישראל, הג'וינט וארגונים יהודיים נוספים - לפקח על החזרתה של מערכת החינוך בפרישטינה למסלול.

המקרה ההוא לימד אותי על הכוח שיש לחסד כאשר הוא חוצה גבולות של אמונה. הוא הראה גם מה גדולה השפעתה המעשית של אחריות קולקטיבית. יהדות העולם קטנה, אולם החוטים הבלתי נראים של האחריות ההדדית גרמו לכך שקהילה יהודית זערורית הצליחה לגייס את העם היהודי ברחבי העולם, וביחד להגיע להישגים מוסריים שהיו נחשבים יוצאי דופן גם אילו השיגה אותם אומה גדולה עשרות מונים. כשעם ישראל משלב זרועות באחריות קיבוצית, נוצר כוח אדיר של טוב.

בחוקותיי

ידיעת הייעוד

סמארטפונים יודעים לעשות דברים מדהימים. דוגמה מצוינת לכך היא ווייז, מערכת הניווט השיתופי הישראלית שנרכשה בידי גוגל ב־2013. אבל יש דבר אחד שאפילו ווייז אינו יודע לעשות. הוא יכול לומר לכם איך להגיע, אבל לא לאן. לאן - אתם צריכים להחליט בעצמכם.

ההחלטה החשובה ביותר שאנו יכולים להחליט בימי חיינו היא לאן אנחנו שואפים להגיע. בלי תחושה של ייעוד ושל יעד, חיינו אובדי דרך. אם איננו יודעים לאן אנחנו רוצים ללכת, לא נגיע למחוז חפצנו גם אם ניסע במהירות הבזק. ובכל זאת, יש אנשים העוסקים חודשים ארוכים בתכנון חופשה ואינם מקדישים ולו יום אחד לתכנון חייהם. הם פשוט נותנים לחיים לקרות.

הדבר נכון באשר ליחיד, וגם באשר לאומה. וזה עניינה של פרשתנו. הקב"ה, בפי משה, מעמיד את הבחירה הנוקבת. "אִם בְּחֻקֹּתַי תֵּלֵכוּ וְאֶת מִצְוֹתַי תִּשְׁמְרוּ וַעֲשִׂיתֶם אֹתָם, וְנָתַתִּי גִשְׁמֵיכֶם בְּעִתָּם וְנָתְנָה הָאָרֶץ יְבוּלָהּ וְעֵץ הַשָּׂדֶה יִתֵּן פִּרְיוֹ... וְנָתַתִּי שָׁלוֹם בָּאָרֶץ וּשְׁכַבְתֶּם וְאֵין מַחֲרִיד" (ויקרא כו, ג-ו). לעומת זאת, "וְאִם לֹא תִשְׁמְעוּ לִי וְלֹא תַעֲשׂוּ אֵת כָּל הַמִּצְוֹת הָאֵלֶּה" (שם, יד), יתחולל אסון. הקללות המפורטות כאן באריכות הן מן התיאורים המבעיתים ביותר במקרא. דיוקנו של חורבן לאומי נורא.

הפרשה כולה, הברכות וגם הקללות, יכולה להתפרש כטבעית וכעל־טבעית. על פי הפרשנות העל־טבעית, גורלו של עם ישראל, לפחות בימי המקרא, היה תוצאה ישירה של מידת נאמנותו לתורה. אלוהים התערב שוב ושוב בהיסטוריה, באורח נסי, כדי לגמול טוב על טוב ורע על רע. כל שנה של שלווה ושגשוג הייתה פרי שמיעה בקול ה'. כך הבינו נביאי ישראל את ההיסטוריה.

אך אפשר להבין את הפרשה גם במישור הטבעי. על פי קריאה כזו, ההשגחה האלוהית פועלת דרכנו, בתוכנו. בני ישראל בארץ ישראל יהיו תמיד מוקפים באימפריות ובאויבים גדולים וחזקים מהם. הם תמיד יהיו תלויים בחסדיו המתעתעים של הגשם, בלי מקור מים קבוע ויציב דוגמת הנילוס, הפרת והחידקל. לפיכך, תמיד

ימצאו את עצמם תולים עיניהם בשמים. גם יהודים חילונים מבינים זאת לא פעם; הידוע שבהם דוד בן־גוריון, והוא אמר, "בישראל, כדי להיות ריאליסט צריך להאמין בנסים".

גם על פי הבנה זו חייו של עם ישראל הם יוצאי דופן - אבל יוצאי דופן באופן טבעי. הם נקבעים בדבר ה', אבל ה', מבחינה זו, אינו שר ההפתעות של ההיסטוריה, אלא מורה המלמד אותנו לחיות באופן שנתברך בו. התורה היא מערכת הנחיות לחיים מאת מעצבם של החיים. לכך מכוון ספר הזוהר באומרו שבראשית הזמנים הקב"ה "הסתכל בתורה וברא את העולם". חיים על פי התורה פירושם, על פי תפיסה זו, התאמה עצמית לכוחות המאפשרים לאדם שגשוג - בייחוד אם אתם בנים לעם קטן המוקף אויבים.

המיוחד בחברה שהתורה משרטטת הוא שבחברה זו כל יחיד חשוב. הצדק צריך להיעשות ולהיראות. העשיר אינו יכול לקנות זכויות יתר, והאביון אינו מושלך לקרן זווית. בחגים הלאומיים מקפידים שכולם ישתתפו - ובפרט היתום, הגר והאלמנה. חלק מן התבואה והיבול מוקצה למי שאין לו. מעסיקים נדרשים לנהוג בשכיריהם בהגינות וברגישות. אמנם עדיין קיימת עבדות, אבל ליום אחד מדי שבוע העבדים נהנים מאותו חופש שאדוניהם נהנים ממנו. פירושם של כל אלה הוא שלכל אדם יש "מניות" בחברה - ועל כן הוא יהיה מוכן, בעת צרה, למסור עליה את נפשו. כשבני ישראל נלחמו, הם לא גויסו בשוט כהמון עבדים כדי לשפוך את דמם על האדרת שמו של השליט. הם נלחמו למען קבוצת השייכות שלהם, למען עצמם וקהילתם, ועל כן הצליחו להדוף צבאות גדולים מצבאם ומדינות הגדולות ממדינתם שבעתיים.

וחשוב מכך, בחברה הזו יש ייעוד ויעד. על זאת נסבה המילה השוזרת את פרשת הקללות כפזמון חוזר, "קרי". שבע פעמים מופיעה המילה בפרשה, ואלו הן הופעותיה היחידות בתנ"ך כולו. "וְאִם בְּזֹאת לֹא תִשְׁמְעוּ לִי וַהֲלַכְתֶּם עִמִּי בְּקֶרִי. וְהָלַכְתִּי עִמָּכֶם בַּחֲמַת קֶרִי וְיִסַּרְתִּי אֶתְכֶם אַף אָנִי שֶׁבַע עַל חַטֹּאתֵיכֶם" (כו, כז-כח). פירושים רבים ניתנו למילה זו. אונקלוס תרגמה "בְּקַשְׁיוּ", כלומר בהקשיית הלב. רב סעדיה גאון זיהה קרי עם מרי, מרדנות. עוד מפרשים דיברו על "גבורה וניצוח", או על לשון איבה ועוינות. אולם רש"י מצטט את "רבותינו" שהסבירו את המונח כ"עראי, במקרה, שאינו אלא לפרקים". הרמב"ם אף הוא (ובמידה זו או אחרת גם חזקוני, הרשב"ם ואבן עזרא) סבר שהמילה קשורה ל"מקרה". משמעות הפסוקים שציטטנו ומקביליהם היא, אפוא, "אם תאמינו שמה שקורה לכם מתרחש במקרה, אשאיר את גורלכם בידי המקרה".

ואם כן, ספר ויקרא חוזר סמוך לסופו אל מילות הפתיחה שלו, ומעמיד בחירה גורלית בין קריאה לבין קרי; בין **מקרא** לבין **מקרה**; בין ראיית החיים כקריאה, כזימון, כייעול, לבין ראייתם כמקרה, כהתרחשות אקראית חסרת משמעות.

מה שנכון לגבי אומה נכון, כאמור, באשר ליחיד. אם אתם מפרשים את הקורות אתכם כמקרה גרידא, המקריות אכן תשלוט בחייכם. לכך מכוון מאמר חז"ל "כל מקום שנאמר 'ויהי' אינו אלא לשון צער".[1] אם בעיניכם הדברים פשוט "נהיים", אם אתם מניחים לדברים פשוט "לקרות", תהיו גם אתם נתונים לגחמות הגורל ולשיגיונותיהם של אחרים. אך אם אתם מאמינים שאתם נמצאים פה בשביל איזו תכלית, חייכם ייטענו במוכוונות אל התכלית הזו. האנרגיות שלכם יתמקדו. תחושת השליחות תיתן לכם כוח. ותפעלו גדולות.

זוהי התובנה המיוחדת שהיהודים הביאו לעולם. להבדיל מהעמים האחרים בזמנם, ומהאתיאיסטים בזמננו, הם לא האמינו שהמקרה שולט בעולם לבדו. האם היה זה מקרה ותו לא שתנודה אקראית בשדה הקוונטי חוללה את המפץ הגדול והביאה את היקום לידי קיום? רק במקרה התארגן היקום כולו בהתאם לכל ששת הקבועים המתמטיים החיוניים להיווצרות הכוכבים וכוכבי הלכת והיסודות הכימיים הנחוצים להופעת חיים? רק במקרה נוצרו חיים מחומר דומם? רק מקרה הוא שבין כל מאה מיליון צורות החיים שהתקיימו ושמתקיימות בכדור הארץ יש רק אחת, הומו ספיינס, המסוגלת לשאול "למה"?

תפיסת העולם כמקרה אינה סותרת את עצמה. היא מתיישבת עם כל הידע המדעי שיש לנו כיום, ואולי עם כל הידע המדעי שיהיה לנו אי־פעם. זהו העולם כקרי. אנשים רבים חושבים בצורה הזו. כך היה תמיד. על פי התפיסה הזו אין שום "לָמה", לא לעמים ולא ליחידים. החיים פשוט קורים. אנחנו כאן במקרה. היהודים האמינו אחרת. היטיב לתאר זאת דווקא ההיסטוריון הקתולי פול ג'ונסון:

> אין עוד עם שדָבַק כיהודים באמונה שלהיסטוריה יש תכלית ולאנושות יש ייעוד. בשלב מוקדם מאוד בקיומם הקיבוצי האמינו בני ישראל שהם גילו תכנית אלוהית למין האנושי, תכנית שהם עצמם קבוצת הניסוי שלה. הם מילאו את תפקידם בקפדנות עצומה. הם דבקו במשימה בעקשנות הרואית גם לנוכח ייסורי שאוֹל. רבים מהם מחזיקים באמונה זו עד היום. אחרים המירו אותה במאמצים עילאיים לקדם את העולם באמצעים אנושיים. החזון היהודי היה לאב־טיפוס של

1. מגילה י ע"ב.

> עוד חזונות נשגבים לאנושות, השואפים לגאולה אלוהית או אנושית. היהודים הם אפוא עמוד הציר של המאמץ לנסוך על חיי האדם הוד של ייעוד.[2]

האנשים המשנים את העולם הם המאמינים שלחיים יש תכלית, כיוון, ייעוד. הם יודעים לאן הם רוצים ללכת ומה הם רוצים להשיג. במקרה של היהדות, תכלית זו ברורה: ליצור בלב הישימון האנושי נווה מדבר המוכיח שחופש וסדר יכולים להתקיים בצוותא חדא, שאפשר לקיים חברת מופת של דאגה לחלשים ועזרה לנזקקים, שתיתכן חברה שבניה ענווים דיים לייחס את הצלחותיהם לאלוהים ואת כישלונותיהם לעצמם, מקום שבו אנו מוקירים את החיים, באשר הם מתנת האל, ומשתדלים בכל כוחנו לעשותם קדושים. בקיצור - להיות מופת עולמי להפך הגמור מהאלימות והאכזריות שנוקטים כיום אי אלה קיצונים דתיים בשם אלוהים.

אולם כדי לקיים את המופת הזה נדרשת מאיתנו תחושה של ייעוד משותף. זו הבחירה שה׳, בפי משה נביאו, העמיד בפני בני ישראל. מקרה או מקרא? האם החיים סתם קורים, או שהם קריאה מאלוהים ליצור יופי מוסרי ורוחני שיגאל את האנושיות שלנו מהמרוץ האכזרי אל הכוח? ״לנסוך על חיי האדם הוד של ייעוד״, כתב ג׳ונסון: היהודים נקראו להראות לעולם כולו כיצד עושים זאת.

2. Paul Johnson, *A History of the Jews*, London: Weidenfeld & Nicolson, 1987, p. 4.

ספר במדבר

במדבר

ההזדמנות הרביעית

חומש במדבר מחזיר אותנו אל סיפור העלילה שעזבנו לקראת סוף חומש שמות. בני ישראל יצאו ממצרים אל הר סיני, שם קיבלו את התורה ועשו את עגל הזהב. שם נסלח להם לאחר תחנוניו של משה, ושם הם גם בנו את המשכן וחנכוהו בראש חודש ניסן, כמעט שנה אחרי היציאה ממצרים. עכשיו, כעבור חודש, הם מוכנים לצאת לדרך, לחלקו הבא של המסע: מסיני אל הארץ המובטחת.

והנה - עיכוב משונה בסיפור. עשרה פרקים עוברים עד שבני ישראל מתחילים סוף סוף במסע (במדבר י, לג). תחילה בא מפקד אוכלוסין. ואז מופיעים פירוט של היערכות השבטים סביב אוהל מועד; דיווח ארוך על הלוויים למשפחותיהם ועל תפקידיה של כל משפחה; מצוות שעניינן טהרת המחנה ומעילה, דין סוטה ודיני הנזיר; קרבנות הנשיאים בחנוכת המזבח וקידוש הלוויים; ועוד מצוות והנחיות הקשורות להתכוננות למסע. רק אז יוצאים בני ישראל לדרך. מדוע דרושה שרשרת ארוכה זו של סטיות לכאורה מן העלילה?

קל לחשוב על התורה כעל ספר המגולל מאורעות בסדר התרחשותם, ומשבץ בסיפור זה קטעים שעניינם מצוות. התורה היא, לפי הסתכלות זו, ספר של היסטוריה בתוספת חוקים. כך וכך קרה, ואלו ואלו הן המצוות שאנו נדרשים לקיים, ובין הסיפור למצוות יש איזה קשר, לפעמים ברור (כגון באותן מצוות שמצוין בהן כי טעמן הוא זכירת עבדות מצרים או יציאת מצרים) ולפעמים ברור פחות.

אלא שהחלקים הסיפוריים־היסטוריים בתורה אינם רק סיפור היסטוריה. התורה עניינה **האמיתות המתגלות עם הזמן**. זהו אחד ההבדלים הגדולים בין ישראל הקדומה ליוון הקדומה. ביוון ניסו להגיע לאמת מתוך התבוננות בטבע וחשיבה בהיגיון. הראשונה הניבה את המדע, מהשנייה נולדה הפילוסופיה. בישראל, לעומת זאת, מצאו את האמת בהיסטוריה: באירועים ובמה שאלוהים אמר לנו ללמוד מהם. המדע עניינו הטבע; היהדות עניינה טבע האדם. ויש הבדל גדול בין השניים: בטבע אין רצון חופשי. מדענים רבים טוענים שרצון חופשי אינו קיים כלל, גם לא אצל

האדם. אלא שהרצון החופשי הוא המאפיין המכונן של האנושות. אנחנו מה שאנחנו בוחרים להיות. שום כוכב לכת אינו בוחר לקיים תנאים המאפשרים התפתחות חיים. שום דג אינו בוחר להיות גיבור. שום טווס אינו בוחר להיות יהיר. אבל בני אדם בוחרים. ומן העובדה הזו נולדת הדרמה הגדולה המתחוללת לאורך כל התורה: איך יכול החופש להתקיים בצוותא עם סדר? הדרמה הזו מוצגת על במת ההיסטוריה, והיא נפרשת על פני חמש מערכות, שבכל אחת מהן סצנות רבות.

מתכונתו הבסיסית של הסיפור דומה בכל חמש המערכות. בתחילת כל מערכה אלוהים יוצר סדר. ואז באים בני האדם ויוצרים אי־סדר. התוצאות נוראות. ואלוהים מתחיל מחדש, בצער רב אך בלי לאבד את אמונתו באדם; האדם, אותה צורת חיים יחידה שאלוהים עשאה בצלמו, ואשר רק לה נתן את מתנתו היחידה במינה, את היכולת השמורה לאלוהים ולאדם בלבד, הלוא היא החופש לבחור.

המערכה הראשונה מסופרת באחד־עשר הפרקים הראשונים בספר בראשית. אלוהים בורא עולם מסודר, ואז יוצר את האדם עפר מהאדמה ונופח באפיו נשמת חיים. אבל בני האדם חוטאים: חוטאים אדם וחווה, וחוטא קין, וחוטאים בני דור המבול. הארץ מלאה חמס. אלוהים מביא על העולם מבול ומתחיל מחדש, וכורת את בריתו עם נוח. אך לא אורכים הימים והאנושות חוטאת שוב, בבניית מגדל בבל (שהיא, כפי שטענתי במקומות אחרים, מקרה ראשון של אימפריאליזם). אלוהים מתחיל אפוא שוב. הוא מחפש דמות מופת שתראה לעולם כיצד לחיות מתוך נאמנות לדבר האלוהים. הוא מוצא את אברהם ואת שרה.

המערכה השנייה מתפרשׂת על פני יתרת ספר בראשית. הסדר החדש, הסדר של עידן האבות, מתבסס על משפחה ועל נאמנות, אמון ואהבה. אך גם בו מתחילים הקלקולים. מתיחויות מתגלעות במשפחת אברהם, ואז באוהל יצחק, ובדור הבא בבית יעקב, בין נשותיו ובין ילדיו. עשרה מבני יעקב מוכרים את הבן האחד־עשר לעבדות. זה השיא. זוהי מתקפה ישירה נגד החופש. האסונות ממהרים לבוא. לא מבול הפעם כי אם רעב, הגורם למשפחת יעקב לצאת לגלות במצרים, מקום שבו עתידים כל צאצאיהם להיות לעבדים. אלוהים מתכוון עתה להתחיל שוב מחדש. הפעם לא עם משפחה אלא עם אומה - גלגולה הנוכחי של המשפחה ההיא.

למערכה השלישית מוקדש רוב ספר שמות. אלוהים פודה את בני ישראל ממצרים, ממש כפי שהציל אי־אז את נוח מהמבול. וכמו עם נוח, וכמו עם אברהם, הוא כורת בסיני ברית - והיא נרחבת הרבה יותר מקודמותיה. ברית זו היא מְתווה לסדר חברתי, להעמדת חברה שלמה על אדנֵי החוק והצדק. אבל שוב פורעים בני האדם את הסדר ומחוללים תוהו, הפעם באמצעות עשיית העגל ארבעים יום בלבד

לאחר ההתגלות האדירה. ה׳ מאיים בחורבן חדש, במחיית כל עם ישראל: הוא יתחיל שוב מחדש עם אדם אחד, הפעם עם משה, כפי שעשה עם נוח ועם אברהם (שמות לב, י). רק תחינתו הנרגשת של משה מסכלת את האפשרות הזו. אך ה׳ מתחיל בכל זאת מחדש: הוא מייסד סדר חדש, רביעי.

המערכה הרביעית מתחילה בתיאורו של הסדר הזה. התיאור ארוך במידה יוצאת מגדר הרגיל. הוא מתחיל בפרשת תרומה (אמנם סיפור חטא העגל משובץ לאחר מכן, בפרשת כי תישא), ונמשך על פני סוף חומש שמות ועל פני כל חומש ויקרא. בסדר החדש הזה אלוהים איננו רק מנהלה של ההיסטוריה ונותן החוקים. מעתה הוא גם משרה את שכינתו הקבועה בקרב בני ישראל, באמצע המחנה. לשם כך נבנה המשכן, ולשם כך ניתנים דיני הטהרה והקדושה, ולצדם דיני האהבה והצדק, התופסים יחד את רוב רובו של חומש ויקרא. הטהרה והקדושה נדרשות משום שאלוהים נעשה לפתע קרוב אלינו. שכינתו יורדת ארצה ונחה במשכן, וכל הקרב אליה חייב להיות קדוש וטהור.

אחרי כל ההכנות הללו, בתום כינון הסדר הרביעי, בני ישראל מוכנים לצאת להמשך מסעם; אך זאת לא לפני מבוא ארוך. מבוא זה, המשתרע על פני עשרת הפרקים הראשונים של חומש במדבר, כל כולו עניינו יצירת תחושה של סדר בתוך המחנה. לשם כך נדרש המִפקד, ולשם כך בא הפירוט של מיקום השבטים, ולשם כך נחוץ גם התיאור הארוך של תפקידי הלוויים, השבט המתווך בין העם לבין השכינה. לשם כך גם באים, בפרשת השבוע הבא, דיני המעילה והסוטה והנזיר, המכוונים כנגד שלושת הכוחות המסַכנים כל סדר חברתי: הגזל והניאוף והשכרות. ה׳ כמו אומר לבני ישראל: כך נראה סדר. לכל איש ולכל אישה תפקיד משלהם במשפחה, בשבט ובאומה. כל אחד נמנה, כל אחד נפקד, ומקומו של איש אינו נפקד. שִׁמרו על הסדר הזה והָגֵנו עליו, כי בלעדיו לא תוכלו להיכנס לארץ, להילחם את מלחמותיה ולהקים בה חברת מופת.

אבל לא. כמסופר בהמשך החומש, בני ישראל מתגלים כאויב הגדול ביותר שלהם עצמם. הם מתאוננים על האוכל. מרים ואהרן מתלוננים על משה. הדברים מגיעים לידי אסון בפרשת המרגלים. עם ישראל אכול הייאוש מוכיח שעדיין אינו בשל לחופש. שוב, כמו בחטא העגל, בוקה ומבוקה ומבולקה במחנה. שוב מאיים ה׳ לכלות את האומה ולהתחיל מחדש עם משה (במדבר יד, יב). שוב מתחנן משה מעומק לבו ומציל את המצב. ה׳ מחליט להתחיל שוב - עם הדור הבא. הוא גוזר על דור יוצאי מצרים ארבעים שנות נדודים במדבר, עד שכולו ימות ויקום דור חדש. ספר דברים הוא ההקדמה למערכה החמישית - שגוף מעשיה יחל בימי יהושע בן נון.

מוזר הוא סיפורו של עם ישראל. פעם אחר פעם הוא מתפצל. בימי בית ראשון התחלק לשתי ממלכות. בשלהי ימי בית שני נקרע בין זרמים וכתות יריבים. כך קרה גם בעידן המודרני, בתחילת המאה התשע־עשרה, עם בוא השסע בין שומרי מצוות לחילונים במזרח אירופה, ובין אורתודוקסים לאחרים במערב. השסעים הללו טרם אוחו.

והעם הזה שב וקורא בסיפור המסופר חמש פעמים בתורה. חמש פעמים אלוהים בורא סדר, בני אדם יוצרים תוהו, אסון מתחולל וה׳ מתחיל איתנו מחדש. האם הסיפור הזה לא ייגמר לעולם? כך או אחרת, לא מקרה הוא ששבת פרשת במדבר חלה בדרך כלל בשבת שלפני חג מתן תורה. הקב״ה אינו נלאה אף פעם להזכירנו שהאתגר המרכזי המונח לפתחו של האדם, בכל זמן ועידן, הוא לקיים את החופש בצוותא עם הסדר. זה יכול לקרות כאשר בני אדם בוחרים לשמור את מצוות ה׳; את מצוות בני נוח שניתנו לאנושות לאחר המבול, או, ליהודים, המצוות הרבות מהן שניתנו לבני ישראל אחרי יציאת מצרים.

החלופה, כאז כן היום, היא שלטון הכוח - שבו, כדברי ההיסטוריון היווני תוקידידס, ״החזקים עושים כחפצם, החלשים סובלים כחובתם״. חופש זה איננו החופש שהתורה מתווה לנו, ואיננו מרשם לאהבה ולצדק. מדי שנה אנו מתכוננים לחג השבועות בקריאת פרשת במדבר, ושומעים את קריאתו של אלוהים האומר לנו כי כאן, בתורה ובמצוותיה, מותווית הדרך ליצור חופש המכבד את הסדר וסדר חברתי המכבד את החופש של האדם. אין דרך אחרת.

במדבר

אומה של יחידים

ספר במדבר תחילתו במפקד של בני ישראל. זה מקור כינויו "חומש הפקודים" (באנגלית, Book of Numbers). מדוע מעשה זה של ספירה חשוב כל כך? ולמה כאן, בתחילתו של הספר? ועוד: זהו המפקד השלישי של בני ישראל בתוך שנה אחת. מדוע היה בו צורך? האין די במפקד אחד?

נקודת ההתחלה שלנו תהיה התבוננות בסתירה לכאורה. מצד אחד, רש"י אומר שפעולות ספירה בתורה הן מחוות אהבה מצד הקב"ה:

> מתוך חיבתן [של בני ישראל] לפניו [לפני ה'] - מונה אותם כל שעה. כשיצאו ממצרים מְנָאָן; וכשנפלו בעגל מנאן, לידע מניין הנותרים; כשבא להשרות שכינתו עליהם מנאן: באחד בניסן הוקם המשכן, ובאחד באייר מנאם.[1]

כלומר, כאשר אלוהים יוזם מפקד של בני ישראל, מטרתו היא להראות את אהבתו להם.

מנגד, התורה אומרת במפורש שמִפקד של אומה הוא מעשה הרה סכנות:

> וַיְדַבֵּר ה' אֶל מֹשֶׁה לֵּאמֹר: כִּי תִשָּׂא אֶת רֹאשׁ בְּנֵי יִשְׂרָאֵל לִפְקֻדֵיהֶם, וְנָתְנוּ אִישׁ כֹּפֶר נַפְשׁוֹ לַה' בִּפְקֹד אֹתָם, וְלֹא יִהְיֶה בָהֶם נֶגֶף בִּפְקֹד אֹתָם. (שמות ל, יא-יב)

מאות שנים לאחר מכן, כאשר פקד המלך דוד את העם, חרה אף ה' על כך ושבעים אלף איש מתו במגפה.[2] איך ייתכן הדבר, אם מפקד הוא ביטוי לאהבתו של ה'?

התשובה טמונה בביטוי שהתורה נוקטת לתיאור מעשה הספירה: "שְׂאוּ אֶת

1. רש"י לבמדבר א, א.
2. שמואל ב' כד; דברי הימים א' כא.

רֹאשׁ" (במדבר א, ב), כלומר "הרימו את ראש".[3] זהו ביטוי משונה המכביר מילים היכן שאפשר לקצר. בעברית המקראית פעלים רבים שעניינם ספירה: מנה, פקד, ספר, חישב. מדוע אין התורה משתמשת באחת המילים הפשוטות הללו, אלא בביטוי העקיף הזה?

בכל מפקד, ספירה או בדיקת נוכחות יש נטייה להתמקד בַּסך הכולל: הציבור, האוכלוסין, הרבים. הנה לנו אומה בת שישים מיליון נפש, תאגיד ובו מאה אלף מועסקים, קהל אצטדיון המונה שישים אלף איש. כשנוקבים במספר, מעריכים את הקבוצה או את העם כשלם. ככל שהמספר בשורת הסך הכול גדול יותר, כן הצבא חזק, קבוצת הכדורגל פופולרית, התאגיד משגשג.

הספירה ממעטת מטבעה בחשיבותו של היחיד, ונוטה לראות בו, או בה, ישות הניתנת להחלפה. אם חייל אחד נופל בקרב, חייל אחר ימלא את מקומו. אם עובד אחד מתפטר, יימצא אחר שיקבל את המשרה.

ידועה לשמצה תכונה נוספת של היטמעות היחיד בסך הכולל. זוהי נטייתו של ההמון לגרום ליחיד שבתוכו לאבד את כושר השיפוט העצמאי שלו ולחקות את התנהגותם של האחרים. מכנים זאת "התנהגות עדרית", ולעתים היא מובילה לטירוף קולקטיבי. בשנת 1841 פרסם צ'רלס מקיי את מחקרו הקלסי **הזיות פופולריות חריגות וטירוף ההמונים**. הוא סקר בו שני אירועים של בועה כלכלית שהתנפצה בקול רעש גדול: פרשת "בועת הים הדרומי", שבשנות העשרים של המאה השמונה־עשרה גרמה לאלפי אנשים לאבד את חסכונותיהם; ושיגעון הצבעונים בהולנד, בשנת 1636, עת שילמו אנשים סכומי עתק על פקעות יחידות של הפרח. הקריסות הפיננסיות ב־1929 וב־2008 נבעו מאותה פסיכולוגיית המונים עצמה.

מחקר גדול נוסף מן המאה התשע־עשרה, ספרו של גוסטב לה־בון **הפסיכולוגיה של ההמון** (1895), הראה כיצד מתחוללת בהמון "השפעה מגנטית" הממירה את התנהגויותיהם של יחידים לכדי "נפש קבוצתית" קולקטיבית. "יחיד בהמון", כתב לה־בון, "הוא גרגיר חול בין גרגירים אחרים, שהרוח משתובבת בהם כאוות נפשה". אנשים בהמון נעשים אלמונים. מצפונם מודמם. הם מאבדים את תחושת האחריות האישית. המונים מועדים במיוחד להתנהגות רגרסיבית, לתגובות פרימיטיביות ולפעולה על פי אינסטינקט. הם מונהגים בקלות בידי דמגוגים הפורטים על פחדיהם הכמוסים ועל רגשות ההתקרבנות שלהם. מנהיגים כאלה, כתב לה־בון, "מגיעים בעיקר מקרב

3. ובספר שמות, כאמור לעיל, "תִשָּׂא אֶת רֹאשׁ" (ל, יב).

אוכלוסיית המעורערים למחצה, גרויי העצבים העומדים על גבול השיגעון"[4] - ניבוי מרשים לדמותו של היטלר. לא מקרה הוא שספרו של לה־בון הופיע בצרפת דווקא בימי צמיחת האנטישמיות ומשפט דרייפוס.

מכאן חשיבותו של אחד המאפיינים הבולטים של היהדות: עמידתה העקרונית, חסרת התקדים ההיסטורי, על כבודו ונבדלותו של היחיד. אנחנו מאמינים שכל אדם נברא בצלם אלוהים וכדמותו. חז"ל אמרו שחייו של כל אדם שקולים לחיי העולם כולו.[5] הרמב"ם כתב שכל אדם צריך לראות את עצמו בכל רגע כאילו הפעולה הבאה שיעשה תכריע את גורל העולם כולו לשבט או לחסד.[6] המשנה טורחת לתעד כל דעת מיעוט שלא נפסקה להלכה. שבעים פנים לתורה, אמרו חז"ל, וכל פסוק יכול להתפרש ולהידרש באופנים רבים. שום קול אינו מושתק, שום השקפה אינה נדרסת. היהדות שומרת מכל משמר שלא נאבד את העצמיות שלנו בתוך ההמון.

ישנה ברכה מופלאה שחז"ל תיקנו לומר כאשר רואים קהל של שישים ריבוא יהודים במקום אחד: "ברוך אתה ה'... חכם הרזים".[7] הם מסבירים שכל אדם שונה מחברו. לכל אחד מאיתנו תכונות אחרות. כל אחד חושב את מחשבותיו שלו. רק אלוהים יכול להיכנס לתודעתו של כל אחד מאיתנו ולדעת מה אנחנו חושבים - ולכך מכוונת הברכה בכנותה אותו "חכם הרזים". במילים אחרות, אפילו בהמונים גדולים, מקום שם הפנים מיטשטשות בעינינו לעיסה אחת גדולה, אלוהים מתייחס אלינו כאל יחידים, לא כאל חלקים מהמון.

זו גם כוונתו של הביטוי "שאו את ראש" המציין מפקד. ה' אומר למשה שכאשר פוקדים אומה, יש סכנה שכל יחיד בפני עצמו ירגיש חסר משמעות. "מה אני? מה משַנים מעשיי? אני רק אחד ממיליונים, טיפה בים, גרגיר חול על החוף, גרגיר אבק על פני האינסוף".

על כן אומר ה' למשה לשאת את ראשיהם של האנשים. להראות שכל אחד מהם נחשב, שגם כאשר סופרים את הרבים כל יחיד בהם נשאר יחיד. ואכן, על פי ההלכה "דבר שבמניין", דבר שמונים אותו ושמוכרים אותו כיחידה ולא על פי משקל, לעולם אינו בטל בתערובת עם דברים אחרים - לא בטל בשישים וגם לא בטל במיליון.[8]

4. על פי המהדורה האנגלית: Gustav Le Bon, *The Crowd*, London: Fisher Unwin, 1896, p. 134.
5. משנה, סנהדרין ד, ה.
6. **משנה תורה**, הלכות תשובה ג, ד.
7. ברכות נח ע"א.
8. ביצה ג ע"ב.

התורה מתירה לערוך מפקד רק באופן שיסמן כי הנמנים מוערכים כיחידים. לכל אחד מאיתנו כישרונות ייחודיים לו. לכל אחד תרומה שרק הוא יכול לתרום. לשאת את ראשו של מישהו פירושו לחון אותו, להכיר בו. זוהי מחווה של אהבה.

במדבר

האישי שמעל לפוליטי

איך נסביר את הבדלי התפקידים בין גברים לנשים ביהדות? מצד אחד, הזהות היהודית נקבעת על פי נשים, לא על פי גברים. ילד של אם יהודייה הוא יהודי; ילדם של אב יהודי ואם שאינה יהודייה אינו יהודי. יש חוקרים (שאינם אורתודוקסים) המאתרים את ראשיתה של מדיניות זו בימי עזרא ונחמיה, שדרשו מהגברים היהודים לגרש את נשיהם הנוכריות. אך האמת היא שראשית זו מוקדמת הרבה יותר, וימיה כימי הילד ה"יהודי" הראשון, יצחק. כשיצחק נולד, כבר היה לאביו אברהם בן, ישמעאל, שנולד לו משִׁפחתו המצרייה הגר. אולם ה׳ קבע שאין די בכך כדי להיות יורשו של אברהם בברית, וכי הממשיך יהיה אך ורק בנה של שרה. אימהות, ולא אבהות, היא הגורם המכריע.

לעומת זאת, ענייני מעמד נקבעים על פי הגברים. חומש במדבר פותח בפקודת מִפקד: "שְׂאוּ אֶת רֹאשׁ כָּל עֲדַת בְּנֵי יִשְׂרָאֵל לְמִשְׁפְּחֹתָם לְבֵית אֲבֹתָם בְּמִסְפַּר שֵׁמוֹת כָּל זָכָר לְגֻלְגְּלֹתָם" (במדבר א, ב). הגברים נספרים, הנשים לא. במקרה זה הסיבה ברורה, כפי שמבאר הפסוק הבא: "מִבֶּן עֶשְׂרִים שָׁנָה וָמַעְלָה, כָּל יֹצֵא צָבָא בְּיִשְׂרָאֵל תִּפְקְדוּ אֹתָם לְצִבְאֹתָם אַתָּה וְאַהֲרֹן" (שם, ג). המפקד שבפתח חומש במדבר נועד לספור את יוצאי הצבא. לאורך ההיסטוריה גברים לחמו ונשים הגנו על העורף. מלחמה היא עיסוק גברי.

אלא שגם ביטויים אחרים של מעמד חברתי עוברים במסלול הזכרי דווקא. את המלך יורש בנו. כוהן הוא מי שאביו כוהן. לוי הוא מי שאביו לוי. מורשת משפחתית עוברת דרך אבות. הדבר רמוז במילים שציטטנו מתחילת הפרשה, "לְבֵית אֲבֹתָם בְּמִסְפַּר שֵׁמוֹת כָּל זָכָר לְגֻלְגְּלֹתָם". חריג מפורסם לכך הוא סיפור בנות צלפחד, בהמשך חומש במדבר (פרק כז). בקשתן לרשת את נחלת אביהן בארץ ישראל, כיוון שלא היו לו בנים, מאושרת בידי הקב"ה עצמו. אולם באופן כללי ביהדות הזהות היא אימהית, ואילו הירושה והמורשת אבהיות.

אימת התקינות הפוליטית נפלה על הדיון בדבר ההבדלים בין המינים. נשיא אוניברסיטת הארוורד, פרופ׳ לארי סאמרס, שילם במשרתו על אמירה בנושא שלא הייתה ברוח הזמן. האדם שסאמרס ציטט, עמיתו לאוניברסיטה הפסיכולוג סטיבן פינקר, מצטט בספרו **הלוח החלק** עמיתה שאמרה לו, ״תראה, אני יודעת שהזכרים והנקבות לא זהים. אני רואה את זה בילדים שלי, אני רואה את זה בעצמי, אני מכירה את המחקרים. אני לא יכולה להסביר למה, אבל כשאני קוראת טענות על הבדלי זוויגים, עולה לי הדם לראש״.[1]

למרות סערת הרוחות, ואולי דווקא בגללה, כדאי להכיר את המסורת היהודית על גישתה הדו־מסלולית לנושא. הרב ברוך הלוי אפשטיין, בפירושו **תוספת ברכה** לפסוק שלנו, מעיר הערה לשונית המבוססת על מקורות מדרש ואגדה: ששתי המילים ״בן״ ו״בת״ הן צורות מקוצרות למילים אחרות. ״בן״ נגזר, על פי המדרש, מהשורש בנ״ה: ״אל תקרי בנייך אלא בונייך״. ״בת״ היא צורה מכווצת של ״בית״. הבנים בונים את הבניין, המסגרת, אך הבנות הן הבית עצמו (הוא מוסיף שהמילה ״אומה״ באה מהמילה ״אֵם״. הזהות הלאומית היא אימהית).

מחקרים מן התקופה האחרונה זורים אור מדעי חדש על ההבנה הישנה של ההבדלים בין המינים. סטיבן פינקר מתמצת בספרו הנזכר את הממצאים.[2] בכל התרבויות גברים הם תוקפנים יותר מנשים ונוטים יותר מהן לאלימות פיזית. בכל התרבויות יש חלוקת תפקידים בין המגדרים: נשים נוטות יותר לטפל בילדים, וגברים נוטים יותר למלא תפקידי מנהיגות בזירה הציבורית והפוליטית. יש כמובן יוצאי דופן בולטים, אבל הנטיות הללו אוניברסליות במידה המפריכה את הטענה שהבדלי המגדר הם רק הַבְנָיָה, תוצרים של תרבות ושל מוסכמות, ואין להם בסיס ביולוגי.

סיימון בארון־כהן, פרופסור לפסיכולוגיה ולפסיכיאטריה באוניברסיטת קיימברידג׳, טוען בספרו **ההבדל המהותי** כי ״המוח הנשי בנוי בראש ובראשונה לאמפתיות. המוח הגברי בנוי בראש ובראשונה להבנת מערכות ולבנייתן״.[3] אמפתיה היא היכולת להבין בני אדם אחרים באופן בלתי אמצעי, באמצעות רגישות ואינטליגנציה רגשית. בניית מערכות היא הדחף לנתח תופעות, לחקור אותן ולהסבירן על ידי גילוי החוקים השולטים בהן. לאמפתיה דרושה יכולת התחברות, ואילו כדי

1. סטיבן פינקר, **הלוח החלק: על הכחשת טבעו המולד של האדם בימינו**, עברית: עמנואל לוטם, תל אביב: מטר, 2005, עמ׳ 367.
2. שם, עמ׳ 353–387.
3. סיימון בארון־כהן, **ההבדל המהותי: גברים, נשים והמוח הגברי הקיצוני**, עברית: יוסי מילוא, תל אביב: עם עובד, 2006, עמ׳ 15.

לנתח מערכות צריך מידה של התנתקות. לדבריו, הניתוח המערכתי הוא הדרך הטבעית להבין מאורעות ועצמים ולחזות את התנהגותם, אך כשמדובר בהבנת בני אדם, הדרך הטבעית לכך היא אמפתיה.

בספרה **בקול שונה** טוענה פרופ׳ קרול גיליגן מאוניברסיטת הארוורד כי לנשים יש בדרך כלל חשיבה מוסרית אחרת משל גברים. גברים נוטים לחשוב במונחים של צדק, זכויות ועקרונות מופשטים - ואילו את השיפוט המוסרי הנשי מנחים חמלה, טיפול ופיוס. היא מדברת על "שני דגמים של שיפוט. שני מבנים חשיבתיים שונים בתחום המוסר. האחד מתקשר באופן מסורתי לגבריות ולעולם הציבורי של הכוח החברתי; האחר מתקשר לנשיות ולעולם הפרטי של היחסים שבבית פנימה".[4]

ממצאים אלה, ועוד רבים שכמותם, קיבלו ביטוי תמציתי פופולרי בכותרתו של רב המכר **גברים ממאדים ונשים מנוגה**.

התורה משקפת את ההבדלים הללו. שרה ורבקה הבינו כמדומה טוב יותר מבעליהן איזה מילדיהן ימשיך את הברית (יצחק ולא ישמעאל; יעקב ולא עשו). התנ"ך גדוש דמויות של נשים "חזקות": יוכבד, מרים, שפרה, פועה, בת פרעה, ציפורה, חנה, דבורה, רות ואסתר. המאפיין המשותף לרובן הוא האינטליגנציה הרגשית־רוחנית שלהן, והאומץ המוסרי הנובע ממנה.

בכל התנ"ך כולו ידועים לי רק שני מקרים שהמילה "תורה" נסמכת לשם עצם מופשט. האחד נמצא בנבואת מלאכי, בתיאורו של הכוהן האידיאלי:

> תּוֹרַת אֱמֶת הָיְתָה בְּפִיהוּ וְעַוְלָה לֹא נִמְצָא בִשְׂפָתָיו, בְּשָׁלוֹם וּבְמִישׁוֹר הָלַךְ אִתִּי וְרַבִּים הֵשִׁיב מֵעָוֹן. (מלאכי ב, ו)

המקרה השני נמצא במזמור המפורסם המשובץ בספר משלי, תיאורה הנלהב של אשת החיל:

> פִּיהָ פָּתְחָה בְחָכְמָה, וְתוֹרַת חֶסֶד עַל לְשׁוֹנָהּ. (משלי לא, כו)

ההבדל בין החיפוש מיושב הדעת אחר האמת ("תורת אמת") לבין נהיית הלב אל מעשה החסד ("תורת חסד") הוא בדיוק ההבדל שבארון־כהן וגיליגן מצאו במחקריהם.

4. קרול גיליגן, **בקול שונה: התיאוריה הפסיכולוגית והתפתחות האישה**, עברית: נעמי בן־חיים, תל אביב: ספריית פועלים, 1995, עמ׳ 90.

זה מקור הבחנתה של התורה בין הזירה הפומבית, החברתית, הפוליטית לבין הזירה הפנימית, האישית, משכנן של הזהות ושל מערכות היחסים. מעמד ועמדה במערכת הירככית, תחומים שהתורה אכן מעדיפה בהם את הגברים, הם חברתיים במהותם. הם שייכים לחיים הציבוריים. זוהי זירת הגלדיאטורים, שבה מתנהלים קרבות על כוח ועל תהילה. אולם הדבר המייחד את תורת ישראל, ואשר היה מאז ומתמיד נקודת החוזק הגדולה של היהדות, הוא הדגש שהיא שמה בממד האחר, האישי, מקום שבו אהבה, חסד ורחמים הם המידות הנערצות, סגולותיה של הברית.

זה סוד הוד הקודש שמאצילה היהדות על הבית ועל המשפחה. האישי זוכה ביהדות לעדיפות על פני הפוליטי. על כן, בעוד המעמד החברתי נקבע על פי האב, את הזהות האישית קובעת האם. בשיחה פומבית שניהלתי עם סטיבן פינקר, הוא עמד על ההיגיון שבגישת התורה להבדלים בין המינים, ואמר שהמדע בן זמננו מבסס אותה. קרול גיליגן מעלה לקראת סוף ספרה את ההבחנה החדה הזו:

> מושג הזהות מתרחב וכולל את חווית הקשר ההדדי. התחום המוסרי מתרחב אף הוא בצורה דומה, כשכוללים בתוכו את האחריות והדאגה שבזיקה הדדית. וכך משתנה הנחת היסוד של תורת ההכרה מן האידאל היווני של הדעת כיחס תקין שבין גוף ונפש לתפיסה התנ"כית של הדעת כביטוי ליחסי אנוש.[5]

אם יש את נפשכם לשער את חוזקו של צבא, עשו אפוא כמעשה פרשת במדבר, וסִפרו את הגברים. אבל אם רצונכם להעריך את חוזקה של ציוויליזציה לכו אצל הנשים; שכן תבונתן הרגשית היא המגִנה על האישי מפני הפוליטי, ובזכותן כוחם של היחסים מוגן מפני יחסי הכוח.

5. שם, עמ' 185.

נשוא

הפוליטיקה של הקנאה

מכל הרעיונות המהפכניים בתורה, רק מעטים הם מהפכניים יותר מתפיסת המנהיגות שלה.

החברות בעולם העתיק היו הירככיות. ההמונים היו עניים, טרף לרעב ולמחלות. בדרך כלל היו אנאלפביתים. השליטים ראו בהם אמצעי להשגת כוח ועושר, ולא בני אדם בעלי זכויות משלהם - רעיון שנולד רק במאה השבע-עשרה. לדידם של השליטים, המון העם היה מאגר כוח אדם לעבודות כפייה שנועדו לא פעם להקמת מבני פאר שיאדירו את שמם, ולגיוס לצבא שישמש את שאיפותיהם האימפריאליות.

לשליטים הייתה בדרך כלל סמכות מוחלטת לקבוע מי מנתיניהם לחיים ומי למוות. המלכים והפרעונים לא היו רק ראשי המדינה. הם גם עמדו בראש הפירמידה הדתית, ונחשבו לבני האלוהים או אף לדמויי אלוהים. הסכמת הנשלטים לא הייתה כלל שאלה שעמדה על הפרק. עוצמתם של השליטים נחשבה חלק ממארג היקום. המלך הוא שליטם של המוני העם באותו אופן שהשמש היא מלכת השמים והאריה הוא מלך החיות. שלטון המלך הוא חוק טבע, והטבע מקודָש.

התורה היא כתב פולמוס נגד תפיסת עולם זו. כולנו נבראנו בצלם אלוהים וכדמותו. כולנו, ולא רק מלכים. כולנו, בלי תלות בצבע עור, בתרבות, באמונה או במעמד. בתורה קורא ה׳ לעמו המיוחד, ישראל, לצעוד צעדים ראשונים לקראת כינונה של חברה שוויונית אמתית - או ליתר דיוק חברה שבה כבוד האדם אינו תלוי בכוח, בכסף או באילן יוחסין.

זה מקור תפיסת **המנהיגות כשֵירות**, שתיבחן בהרחבה בדרשתנו לפרשת קורח "מנהיגות משרתת". התואר הגבוה ביותר המיוחס למשה בתורה הוא "עבד ה׳". פסגת תהילתו היא על כך שהיה "עָנָו מְאֹד, מִכֹּל הָאָדָם אֲשֶׁר עַל פְּנֵי הָאֲדָמָה" (במדבר יב, ג). להנהיג משמעו לשרת. גדולה משמעה ענווה. כאמור בספר משלי (כט, כג), "גַּאֲוַת אָדָם תַּשְׁפִּילֶנּוּ וּשְׁפַל רוּחַ יִתְמֹךְ כָּבוֹד".

התורה מורה לנו את הכיוון לעולם אידיאלי, אך היא אינה מניחה שכבר הגענו אליו או שהוא נמצא כמטחווי קשת מאיתנו. האנשים שמשה הנהיג עדיין היו, כרבים מאיתנו כיום, יומרנים ושאפתנים, יהירים ונפוחי חשיבות עצמית. הייתה להם התשוקה האנושית לכבוד, למעמד ולתהילה. משה נאלץ להכיר בעובדה זו. היא הייתה עתידה להיות מקור לעימותים בשנות הנדודים; זהו מן הנושאים הראשיים בחומש במדבר.

במי קינאו בני ישראל? רובם לא שאפו להיות משה. הרי משה היה האדם היחיד שדיבר אל ה' ושה' דיבר אליו פה אל פה. נסי ה' התחוללו על ידו: הוא הביא מכות על מצרים, קרע את ים סוף ונתן לעם מים מסֶלע ומָן משמים. מעטים הם האנשים שלבבם ירום כל כך עד שיאמינו שהם עצמם יכולים לעשות ולו נס אחד מאלה.

לעומת זאת, מתקבל על הדעת שבני ישראל יתרעמו על מה שנראה כהנחלתה של המנהיגות הדתית לשבט אחד, שבט לוי, ובפרט למשפחה אחת בתוך שבט זה, משפחת הכוהנים בני אהרן. עכשיו, משהגיע זמנו של המשכן להתקדש ומשעמד העם להתחיל במחציתו השנייה של מסעו, מסיני אל ארץ ישראל, סכנת הקנאה והאיבה הייתה ממשית.

זהו קבוע היסטורי. ראו למשל מה אמרו על כך כמה מגדולי המחזאים והמשוררים באומות העולם. אנחנו חומדים לנו, כתב שייקספיר, את "כִּשְׁרוֹן אָדָם אֶחָד וּמֻמְחִיּוּת אַחֵר".[1] לאייסכילוס, אלפיים שנה לפניו, מיוחסת המימרה "מעטים האנשים היכולים לדבר בשבחו של חבר מבלי לקנא בהצלחתו". ואילו גתה כתב כי "השנאה היא איבה פעילה, והקנאה - איבה סבילה. המרחק ביניהן הוא פסיעה אחת". היהודים למדו זאת על בשרם. תכופות קינאו בנו, ובמקרים רבים מספור קנאה זו הפכה לשנאה שהולידה אסונות.

על מנהיגים להיות מודעים לסכנות הקנאה, ובפרט לסכנת קנאה בקרב ציבור מונהגיהם. זוהי אחת התֵמות המלכדות את פרשתנו הארוכה ורבת הנושאים.

משה מתמודד בפרשה עם שלושה מקורות פוטנציאליים של קנאה. הראשון נמצא בקרב שבט לוי. בני לוי עלולים להתרעם על כך שהכהונה ניתנה רק לאיש אחד, אהרן, ולבניו. השני נוגע לאנשים שלא היו משבט לוי, קל וחומר לא ממשפחתו של אהרן, אך הרגישו שיש להם הזכות להיות קדושים, במובן של ניהול יחסים מיוחדים והדוקים עם אלוהים, יחסים המקבילים לאלה שהכוהנים מנהלים איתו. השלישי נמצא אצל מנהיגי שאר השבטים, שאולי הרגישו שנדחקו החוצה מעבודת המשכן. משה מטפל בסכנות אלו בזו אחר זו.

1. סונטה 29. בתרגום צור ארליך.

תחילה הוא נותן לכל משפחה בשבט לוי תפקיד משלה בנשיאת משכן ה׳ וכליו בעת מסעות בני ישראל. בני קהת יישאו את כלי המשכן עצמם. בני גרשון יישאו את הבדים, היריעות, המסכים והקלעים המצפים את המשכן. בני מררי יישאו את הקורות והבריחים, העמודים והאדנים.

בשלב הבא מטפל משה באותם יחידים בעם ששאפו למדרגה גבוהה של קדושה. נראה שזה פשר רעיון הנזיר - האדם הנודר להקדיש את עצמו לקב״ה (דברים ו, ב). לנזיר אסור לשתות יין ולאכול ענבים ומוצריהם, להסתפר ולהיטמא למת. נראה שמסלול הנזירות נועד לאפשר לאלו המעוניינים לעלות במדרגות הקדושה תקופה של התמסרות דתית המזכירה במשהו את הכהונה.[2]

לבסוף פונה משה אל המנהיגות השבטית. פרק ז, העשוי חזרות־חזרות, מפרט את קרבנותיו של כל שבט ושבט בחנוכת המזבח. הקרבנות היו זהים, והתורה יכלה להסתפק בפירוט אחד שלהם, ולציין שכל הנשיאים הקריבו כך, כל אחד ביומו. אולם לחזרה יש תפקיד. עצם החזרה מדגישה באוזנינו את העובדה שלכל שבט ושבט היה רגע תהילה משלו. על ידי התרומה לבית ה׳ קנה לו כל שבט ושבט מקום של כבוד.

שלושת האירועים הללו אינם ממלאים את כל פרשת נשוא, אך די בהם כדי לאותת על דבר שכל מנהיג וכל קבוצה צריכים להתייחס אליו ברצינות. אפילו כאשר אנשים מסכימים באופן עקרוני שכל בני האדם ראויים לכבוד במידה שווה, ואפילו כאשר הם רואים במנהיגות שֵירות, עדיין קשה להם להשתחרר מהתשוקות המזיקות הישנות. עינם מוסיפה להיות צרה בהצלחתם של אחרים. לבם מוסיף לדאוב על כי זולתם זכה בכבוד שלדעתם הם עצמם ראויים לו יותר. רבי אלעזר הקפר אמר: ״הקנאה והתאווה והכבוד מוציאין את האדם מן העולם״.[3]

טיבם ההרסני של רגשות אלה אינו מונע מרבים מאיתנו, אולי מרובנו, לחוות אותם מפעם לפעם. אין דבר מסוכן יותר מהם להרמוניה בקבוצה.

זאת אחת הסיבות לכך שמנהיג מוכרח להיות עניו. הקנאה, התאווה ורדיפת הכבוד - אלה רגשות שאסור שמנהיג ירגיש. אבל נוסף על כך, המנהיג צריך לזכור שלא כולם ענווים. לכל משה יש קורח, לכל יוליוס קיסר יש קסיוס, לכל דנקן יש מקבת ולכל אותלו - יאגו. בקבוצות רבות יש עושה צרות פוטנציאלי המוּנָע מפגיעה בהערכתו העצמית. לא פעם זהו אויבו המושבע של המנהיג, ובידו לגרום לקבוצה נזק כבד.

2. ראו רמב״ם, **משנה תורה**, הלכות שמיטה ויובל יג, יג.
3. משנה, אבות ד, כא.

אין דרך לנטרל את הסכנה הזו מכול וכול; אולם משה, בפרשת השבוע שלנו, מתווה לנו דרך התנהגות. כַּבדו את כולם בשווה. הקדישו תשומת לב מיוחדת לקבוצות שזרע פורענות של מרד טמון בהן. תנו לכולם להרגיש שמעריכים אותם. העניקו לכל אחד רגע במרכז הבמה, ולוּ באופן טקסי. הֱיו מופת אישי של ענווה. הבהירו לכול שמנהיגות היא בעיניכם שירות, לא מעמד. מצאו לאנשים בעלי נהיות לב מיוחדות דרכים לבטא אותן: הבטיחו שלכל אחד תינתן הזדמנות לתרום את תרומתו הייחודית.

הפוליטיקה של הקנאה תבער תמיד. מים רבים לא יכבוה. אך ישנן דרכים להקטין את האש הזו, ופרשתנו מלמדת אותן בהדגמה חיה.

נשוא

שתי גרסאות של חיים מוסריים

הנזיר הוא מי שמקבל על עצמו, בדרך כלל לתקופה קצובה, דינים מיוחדים של קדושה ושל פרישות האמורים בפרשתנו: לא לשתות יין ושאר משקאות משכרים (ולא לאכול ענבים ומה שעשוי מהם), לא להסתפר, ולא להיטמא טומאת מת. התורה נמנעת משיפוט ערכי ברור של הנזירות. מצד אחד, היא אומרת על הנזיר כי "קָדֹשׁ הוּא לַה'" (במדבר ו, ח). מנגד, היא קובעת כי בתום תקופת נזירותו עליו להביא קרבן חטאת (שם, יג-יד), כאילו עשה דבר־מה לא טוב.

כך נוצרה מחלוקת תַנאים, שחצצה גם בין אמוראים ובין חכמי ימי הביניים. לדעת רבי אלעזר, ולימים גם לדעת הרמב"ן, הנזיר ראוי לשבח. הוא בחר מרצונו החופשי לחיות בדרגה נעלה של קדושה. הנביא עמוס אומר מפי ה' "וָאָקִים מִבְּנֵיכֶם לִנְבִיאִים וּמִבַּחוּרֵיכֶם לִנְזִרִים" (עמוס ב, ו) - משמע שהנזיר, כמו הכוהן, הוא אדם הקרוב לה' במיוחד. את החטאת הוא נדרש להקריב מפני שהוא חוזר לחיים הרגילים. החטא טמון **בהפסקת** הנזירות. רבי אלעזר הקפר והאמורא שמואל מחזיקים בדעה הפוכה. החטא טמון **בהתנזרות**, משום שהנזיר מונע מעצמו כמה מתענוגות העולם שה' ברא וראה כי טוב. רבי אלעזר הוסיף: "והלא דברים קל וחומר: ומה זה שלא ציער עצמו אלא מן היין נקרא חוטא, המצער עצמו מכל דבר ודבר על אחת כמה וכמה".[1]

ברור שהמחלוקת אינה רק פרשנית. היא גם אידיאולוגית. זו מחלוקת על הפרישות, על חיים של הימנעות. כמעט בכל דת ישנה תופעה של אנשים שמתוך שאיפה לטוהר רוחני מתרחקים מתענוגות העולם ומפיתוייו. הם חיים במערות, בכוכי התבודדות, במנזרים. כת קומראן הייתה אולי תנועה מסוג זה. בימי הביניים היו יהודים שאימצו פרישות דומה, ובהם חסידי אשכנז וגם יהודים רבים בארצות האסלאם. בדיעבד, קשה שלא לזהות לפחות שמץ של השפעה מהסביבה הלא־יהודית. חסידות אשכנז קמה בתקופת מסעי הצלב, כאשר בקרב הנוצרים נפוצו קבוצות של

1. תענית יא ע"א.

השפלה עצמית. מקביליה בארצות האסלאם הכירו כנראה את הסופים, התנועה המיסטית באסלאם.

ייתכן אפוא שהיחס הדו־ערכי של היהודים לחיי הפרישות נבע מהחשד שזהו יסוד זר שחדר ליהדות מדתות אחרות. גם בתקופת המשנה והתלמוד, הן במערב (ביוון) הן במזרח (באיראן) צצו תנועות סגפניות שראו בעולם הגשמי מקום של השחתה ושל מריבות. חסידיהן היו למעשה דואליסטים, והאמינו שהאל האמתי איננו בורא היקום. עולם החומר הוא מְלֶאכֶת כַּפֵּיהָ של אלוהות פחותה במעלתה - ורעה. שתי הידועות בתנועות אלו הן הגנוסטיקה במערב והמניכאיזם במזרח. נראה אפוא שאפשר לייחס לפחות חלק מההתנגדות של חכמי ישראל לנזירות לרצונם להניא יהודים מהליכה בדרכים זרות.

מבלבלת במיוחד דעתו של הרמב"ם. בתוך אותה יצירה עצמה, **משנה תורה**, הוא נקט כלפי הנזירות עמדה חיובית ועמדה שלילית. בהלכות דעות ב**משנה תורה** הוא מאמץ את עמדתו השלילית של רבי אלעזר הקפר: "שמא יאמר אדם, 'הואיל והתאווה והכבוד וכיוצא בהן דרך רעה הן ומוציאין את האדם מן העולם, אפרוש מהן ביותר ואתרחק לצד האחרון', עד שלא יאכל בשר ולא ישתה יין ולא יישא אישה ולא יישב בדירה נאה ולא ילבוש מלבוש נאה אלא השק והצמר הקשה וכיוצא בהן, כגון כומרי אדום - גם זו דרך רעה היא, ואסור לילך בה".[2] אולם בהלכות נזירות הוא פוסק בהתאם לעמדתו החיובית של רבי אלעזר: "הנודר לה' דרך קדושה - הרי זה נאה ומשובח... ושקָלו הכתוב בנביא".[3]

איך יכול מחבר אחד - כל מחבר, קל וחומר ענק היגיון כרמב"ם - לאמץ עמדות כה סותרות בתוך אותו ספר? התשובה טמונה באחת התובנות המקוריות ביותר של הרמב"ם. לשיטתו, יש שתי דרכים שונות לחיות חיים מוסריים: דרך החסיד ודרך החכם. החכם הולך ב"שביל הזהב", ב"דרך האמצע". חיים מוסריים הם עניין של מתינות ואיזון, של מציאת הדרך שבין היותר־מדי לבין הפחות־מדי. האומץ, למשל, נמצא באמצע הדרך בין הפחדנות לפזיזות. הנדיבות נמצאת בין הפזרנות לקמצנות. גישה זו קרובה לגישה שהציג אריסטו בחיבורו **אתיקה ניקומאכית**. החסיד, לעומת זאת, אינו הולך בדרך האמצע. הוא אינו אוכל במידה מתונה אלא מרבה להתענות; אינו צובר הון צנוע אלא בוחר בעוני, וכן הלאה.

2. **משנה תורה**, הלכות דעות ג, א.
3. **משנה תורה**, הלכות נזירות י, יד.

בכמה מקומות בכתביו הרמב"ם מסביר מדוע עשויים אנשים לבחור בקצוות. אחת הסיבות לכך היא חזרה בתשובה ושינוי אופי.[4] אדם יכול לרפא את נגע הגאווה שלו על ידי כך שלזמן־מה ישפיל את עצמו. סיבה נוספת היא חוסר סימטריה בטבע האדם. לתכונה שבקצות כל ציר אין כוח משיכה שווה. הפחדנות נפוצה מן הפזיזות, והקמצנות שכיחה מן הפזרנות, ועל כן החסיד דבק במידה הנדירה והקשה יותר. סיבה שלישית היא פיתויי התרבות הסובבת. הללו עלולים להיות מנוגדים כל כך לערכי התורה, שיהודי נאמן יבחר להיבדל מהחברה הכללית, וכלשון הרמב"ם ילבש צמר ושֵׂער וישכון בהרים ויתבודד במדבריות,[5] וכך ירחיק עצמו מהתנהגותם הקיצונית של שכניו.

עמדת הרמב"ם עתירת דקויות. יש זמנים שהסיגוף מרפא, יש גם מקרים שהוא נדרש בהלכה, וקורה גם שהוא משמש תגובה לרוח זמן נהנתנית מדי. אולם בדרך כלל, הרמב"ם פוסק **שמצווה** ללכת בדרך האמצע, ודרכו של החסיד היא אפוא לפנים משורת הדין.[6]

משה הלברטל, בספרו המרשים על הרמב"ם,[7] מתאר את הרמב"ם כמי שמרכך את המתח הבסיסי שבין האידיאל האזרחי של המסורת הפוליטית היוונית לבין האידיאל הרוחני של הרדיקל הדתי שבעיניו, כמאמרו של הרבי מקוצק, "אמצע הרחוב נועד לסוסים; האנשים הולכים בצדדים". בעיני החסיד, החכם של הרמב"ם עשוי להיראות כבורגני נהנתן.

ואכן, במהותם של דברים, אלו הן **שתי דרכים להבנת החיים המוסריים עצמם**. האם מטרת החיים המוסריים היא להגיע לשלמות אישית - או ליצור חברה הוגנת, צודקת וחומלת? התשובה האינטואיטיבית של רובנו תהיה: גם וגם. וכאן מתבלטת חריפותו ההגותית של הרמב"ם. הוא מאבחן שאי־אפשר לאחוז במטרה האחת בלי להניח ידנו מן השנייה. אלה הם שני מסלולים נפרדים.

חסיד עשוי לתת את כל כספו לעני; אבל מה באשר לבני משפחתו שלו? חסיד עשוי לסרב לשפוך דמים כחייל קרבי; אבל מה יהא על ארצו? חסיד עשוי לסלוח על כל הפשעים שנעשו לו; אבל מה בדבר החוק והצדק? כיחידים, חסידים הם אנשים

4. ראו חיבורו **שמונה פרקים** (המבוא לפירושו למסכת אבות), פרק רביעי, ו**משנה תורה**, הלכות דעות, פרקים א, ב, ה, ו.
5. **שמונה פרקים**, פרק רביעי.
6. **משנה תורה**, הלכות דעות א, ה.
7. משה הלברטל, **הרמב"ם: רבי משה בן מימון**, ירושלים: מרכז זלמן שזר, תשס"ט, עמ' 131–138.

בעלי מידות נעלות. אבל אי־אפשר לבנות חברה שכולה חסידים. כי האמת היא שהחסידים אינם מתעניינים באמת בחברה. דאגתם נתונה לישועת נפשם.

תובנה עמוקה זו היא שהובילה את הרמב"ם לעמדתו הכפולה, הפרדוקסלית לכאורה, כלפי הנזיר. הנזיר בחר, לפחות לזמן־מה, לאמץ לו חיים של סגפנות קיצונית. הוא חסיד. הוא בחר במסלול השלמות האישית. זו בחירה אצילית, מופתית וראויה לשבח. אך זו איננה דרכו של החכם. **ואם רצוננו בחברה מתוקנת, אנו זקוקים לחכמים**. החכם אינו קיצוני, מפני שהוא מבין שצריך להביא בחשבון גם אנשים אחרים. הוא זוכר שיש לו משפחה, שיש לו קהילה, ושבמשפחה ובקהילה יש אנשים. הוא זוכר שיש מדינה להגן עליה ומשק לקיים. החכם יודע שאין הוא יכול לפנות עורף לכל המחויבויות שלו ולנהל חיי יחיד נאצלים. הקב"ה קורא לנו לחיות בעולם, לא לברוח ממנו; לחיות בחברה, לא בפרישות; לשאוף ליצירת איזון בין הלחצים המנוגדים המופעלים עלינו, לא להתמקד באחד ולהתעלם מהאחרים.

על כן, מנקודת מבט אישית הנזיר הוא חסיד – אך מנקודת מבט חברתית הוא, לפחות כדימוי, "חוטא" שצריך להקריב קרבן חטאת.

הרמב"ם חי את החיים שהטיף להם. מכתביו ידוע לנו שלִבו יצא אל הפרישות. היו שנים שהוא עמל יומם ולילה על חיבור פירושו למשנה, ובהמשך על חיבור **משנה תורה**. אבל הוא גם הכיר באחריותו כלפי משפחתו וקהילתו. במכתבו למתרגמו לעתיד, שמואל אבן תיבון, תיאר את סדר היום והשבוע הטיפוסי שלו, שבו נשא על גבו מעמסה כפולה – רופא נודע לתהילה בין־לאומית, וחכם הלכה שעיני יהדות העולם נשואות אליו. הוא עבד בפרך. בתקופות מסוימות לא מצא זמן ללמוד כל השבוע. הרמב"ם היה חכם שהשתוקק להיות חסיד – אבל ידע שאין הוא יכול לעשות זאת אם רצונו למלא את אחריותו כלפי עמו. בעיניי זוהי הכרעה מרשימה, הראויה כי גם בני דורנו יישאו אליה את עיניהם.

נשוא

ברכת האהבה

מאה שבעים ושישה פסוקיה של פרשת נשוא מקנים לה את תואר הפרשה הארוכה ביותר. אבל קטע קצר אחד המשובץ באמצעה, ובו מילים מעטות מאוד, הוא כנראה הקטע הבולט והמשפיע בה, והוא בוודאי מן הקטעים המוכרים ביותר בתורה, מוכר כמעט לכל יהודי. זוהי כמובן פרשת ברכת כוהנים:

> וַיְדַבֵּר ה׳ אֶל מֹשֶׁה לֵּאמֹר, דַּבֵּר אֶל אַהֲרֹן וְאֶל בָּנָיו לֵאמֹר, כֹּה תְבָרְכוּ אֶת בְּנֵי יִשְׂרָאֵל. אָמוֹר לָהֶם:
> יְבָרֶכְךָ ה׳ וְיִשְׁמְרֶךָ.
> יָאֵר ה׳ פָּנָיו אֵלֶיךָ וִיחֻנֶּךָּ.
> יִשָּׂא ה׳ פָּנָיו אֵלֶיךָ וְיָשֵׂם לְךָ שָׁלוֹם.
> וְשָׂמוּ אֶת שְׁמִי עַל בְּנֵי יִשְׂרָאֵל וַאֲנִי אֲבָרֲכֵם. (במדבר ו, כג-כז)

זוהי אחת העתיקות בתפילותינו. אמרו אותה הכוהנים במקדש. אומרים אותה הכוהנים בימינו בחזרת הש״ץ על תפילת עמידה, בארץ ישראל בכל יום ובחו״ל במועדים. הורים מברכים בה את ילדיהם בלילות שבת. כלות וחתנים רבים אומרים אותה בחופתם. זוהי הפשוטה והיפה שבברכות.

ברכת הכוהנים היא גם הממצא הפיזי הקדום ביותר של טקסט מקראי. בראשית שנות השמונים סקר הארכיאולוג גבריאל ברקאי מערות קבורה עתיקות בכתף הינום, מדרום מערב לירושלים העתיקה, המקום שבו בנוי היום מרכז מורשת בגין. נער בן 13, אחד מחניכי חוג ארכיאולוגיה שהיו איתו, גילה מתחת לקרקעית אחת המערות בור ליקוט נסתר. שם מצאו החופרים כמעט אלף חפצים עתיקים, ובהם שתי מגילות כסף זערוריות שאורכן ורוחבן כשלושה סנטימטרים בלבד.

המגילות היו עדינות כל כך, שנדרשו שלוש שנים למצוא דרך לפתוח אותן בלי לפורר. לבסוף התגלה שאלו הם קמעות הכוללים בין היתר את ברכת כוהנים. הם

תוארכו למאה השישית לפני הספירה, סביב חורבן בית ראשון, והיו קדומים בארבע מאות שנה מן הכתבים המקראיים העתיקים ביותר שנמצאו עד אז, הלוא הם מגילות ים המלח. הם מוצגים במוזיאון ישראל, עדות אחת מרבות לזיקתו של עם ישראל לארץ ישראל ולהמשכיות אמונת ישראל.

כוחה של ברכת כוהנים טמון בפשטותה וביופייה. יש לה מבנה ריתמי חזק. בפסוק הראשון שלוש מילים, בשני חמש ובשלישי שבע. בכל אחד מהם המילה השנייה היא שם ה׳. בכולם, המילה הראשונה היא פועַל שה׳ הוא נושאו, "יברכך", "יאר" ו"יישא". במילה האחרונה בכל פסוק מצוינת השפעתה של פעילות אלוהית זו עלינו, הדבר שנקבל ממנה: הגנה, חן ושלום.

יש בפסוקי הברכה התקדמות הדרגתית פנימה. בפסוק הראשון ה׳ מברך אותנו ושומרנו, כלומר, על פי המפרשים, נותן לנו ברכה חומרית: פרנסה, בריאות וכיוצא בזה. בפסוק השני הברכה היא מוסרית; חן הוא מה שאנו מראים לזולת והזולת מראה לנו. החן הוא בין־אישי. אנו מבקשים מה׳ שיחוננו, שייתן לנו ולבנֵי עמֵנו משהו מן החן שלו, כדי שנוכל לחיות יחד בלי קנאה וריב מרעילי יחסים.

הפסוק השלישי הוא הפנימי מכולם. סיפור חביב מספר על קהל אנשים שנאסף על גבעה אצל הים כדי לצפות באונייה חולפת. ילד קטן אחד נופף בעוז. אחד האנשים בקהל שאל אותו למה. ענה הילד, "אני מנופף כדי שרב החובל יראה אותי וינופף אליי בחזרה". החזיר לו האיש, "הרי האונייה רחוקה, ואנחנו כאן. למה אתה חושב שרב החובל יראה אותך?" "כי רב החובל הוא אבא שלי", ענה הילד. "הוא יחפש אותי בקהל".

לכך, בערך, אנו מתכוונים באומרנו "יישא ה׳ פניו אליך". יש כשבעה מיליארדי אנשים על פני האדמה. מה גורם לנו להיות יותר מפָּנים יחידות בהמון, גל אחד באוקיינוס, גרגיר חול בדיונה? - העובדה שאנו ילדיו של ה׳. הוא ההורה שלנו. הוא נושא אלינו את פניו. אכפת לו מאיתנו.

אלוהי אברהם איננו רק כוח טבע, או מכלול כוחות הטבע. צונאמי אינו עוצר לחשוב מי יהיו קרבנותיו. ברעידת אדמה אין שום ממד אישי. גם לא בטורנדו. המילה "אלוהים" פירושה, בקירוב, "כוח הכוחות, סיבת הסיבות, הכוליות של כל החוקים העשויים להתגלות בידי המדע". היא מציינת את כל היבטי האלוהות שאינם אישיים. היא גם מציינת את מידת הדין של הקב"ה, שכן הדין הוא במהותו על־אישי.

אבל שמו המפורש של הקב"ה, השם שאנו מכוונים אליו בכנותנו את הקב"ה "השם", שמו האמור בברכת הכוהנים והשכיח ביותר בתורת כוהנים - שם זה מציין את ההיבטים האישיים של האלוהות. הוא מציין את הקב"ה בהתייחסו אלינו כאל

יחידים, כאל אנשים שלכל אחד מהם תצורה ייחודית של תקוות ושל פחדים, של כישרונות ושל אפשרויות. ה׳ הוא הפַּן בקב״ה שאנו פונים אליו בגוף שני, בלשון ״אתה״. הוא האל המדבר אלינו והמקשיב לנו בדַבּרֵנו אליו. איך זה קורה איננו יודעים - אבל בלב אמונתנו נמצאת הידיעה שזה אכן קורה.

קריאתנו לאלוהים בשם פרטי היא האישור הנשגב לַמשמעות שיש לקיומנו ביקום. איש איש מאיתנו חשוב ביחידיותו ובייחודו, מפני שה׳ דואג לכל אחד מאיתנו כדאוג האב לילדו. זוהי, אגב, אחת הסיבות לכך שברכות הכוהנים אמורות כולן בלשון יחיד: להדגיש שה׳ מברך אותנו לא רק כמכלול, אלא גם איש איש לעצמו. נפש אחת, אמרו חכמינו, כמוה כעולם מלא.

זו גם משמעותה של הברכה השלישית בברכת הכוהנים, ״יִשָּׂא ה׳ פָּנָיו אֵלֶיךָ וְיָשֵׂם לְךָ שָׁלוֹם״. הידיעה שה׳ נושא אלינו את פניו - שאין אנו רק פרצוף טָמוּעַ בהמון, אלא ה׳ מתייחס אלינו כאל יחידים ומיוחדים - היא השורש העמוק ביותר, הסופי והמוחלט, של השלום. התחרות, היריבות, ההפקרות והאלימות באות כולן מהצורך הפסיכולוגי להוכיח לעצמנו את מקומנו בעולם. אנחנו עושים דברים שיוכיחו שאנחנו חזקים מזולתנו, עשירים ממנו או מוצלחים ממנו. הנה, אומר האדם לזולתו, אני יכול להטיל עליך מורא! אני יכול לכפות עליך את רצוני! אני יכול לעשות אותך לקרבן שלי, לנתין שלי, לעבד שלי! אבל כל הדברים הללו מעידים לא על אמונה, אלא על חלל אמוני גדול.

אמונה פירושה שאני מאמין שלאלוהים אכפת ממני. שאני כאן, בעולם, מפני שהוא רצה שאהיה כאן. שהנשמה שהוא נתן בי טהורה היא. אף על פי שאני רק ילד על גבעה הצופה אל הספינה החולפת, אני יודע שה׳ מחפש אותי בעיניו ומנופף אליי כשאני מנופף אליו. זהו מקורו הפנימי העמוק של השלום. כדי לזכות בברכת ה׳ איננו צריכים להוכיח את עצמנו. אנחנו רק צריכים לדעת שפניו נשואות אלינו. כשאנחנו נמצאים בשלום כזה עם עצמנו, אנחנו יכולים להתחיל להשלים עם העולם.

ברכות הכוהנים הולכות מהקצר אל הארוך ומהחיצוני אל הפנימי: מהברכה החיצונית לטוב גשמי, דרך הברכה למציאת חן בין איש לרעהו, ועד הדבר הפנימי מכולם, שלוות הנפש הבאה מן ההרגשה שה׳ רואה אותנו, שומע אותנו ומחזיק בנו תמיד בזרועותיו.

אך יש עוד פרט ייחודי בברכת הכוהנים, והוא נוגע לברכה שחז״ל תיקנו שהכוהנים יאמרו לפניה: ״ברוך אתה ה׳... אשר קידשנו בקדושתו של אהרן וציוונו לברך את עמו ישראל **באהבה**״. מילה אחרונה זו היא המיוחדת. יש ברכות רבות הנאמרות לפני קיום מצווה, ״ברכות המצוות״, והמילה ״אהבה״ אינה מופיעה אף

לא באחת מהן - לבד מזו, ברכת המצווה של ברכת הכוהנים. כמובן, את כל המצוות היינו רוצים לקיים באהבה; אך בשום מצווה האהבה אינה חיונית ליציאה ידי חובה. ברכות המצוות נועדו להראות שאנו מקיימים את המצווה מתוך כוונה - והאמת היא שיש מקרב חז"ל שסברו שאפילו כוונה אינה תנאי הכרחי לקיום מצווה. אם ברכת כוהנים כמוה ככל המצוות, תפקיד הכוהנים הוא להשמיע את פסוקי הברכה, וה׳ יעשה את השאר. מה לאהבה ולכל זה?

שאלה זו הטרידה את המפרשים. יש אומרים שהעובדה שהכוהנים צריכים לברך את העם כשפניהם אליו מלמדת שהם דומים לכרובים במשכן, שפניהם "איש אל אחיו" כאות של אהבה. אחרים מציעים ניתוח תחבירי חדש לַברכה: המילה "באהבה", הם אומרים, נסבה על הקב"ה, לא על מעשה הכוהנים, ושיעורה של הברכה הוא בעצם "אשר קידשנו בקדושתו של אהרן וציוונו באהבה לברך את עמו ישראל".

אולם נראה לי להציע הסבר אחר. התורה אומרת במפורש, בסוף פרשת ברכת כוהנים, שה׳ הוא המברך את העם, והוא רק עושה זאת מפי הכוהנים: "וְשָׂמוּ אֶת שְׁמִי עַל בְּנֵי יִשְׂרָאֵל וַאֲנִי אֲבָרְכֵם". בדרך כלל, כשאנחנו מקיימים מצווה, **אנחנו** אלה שעושים את הדבר. אולם מצוות ברכת כוהנים שונה. **כשהכוהנים מברכים את העם, הם אינם עושים שום דבר בעצמם או מתוך עצמם, אלא מתַפקדים כצינור שדרכו שופעת ברכת ה׳ אל העולם ואל חיינו.** וכדי להיות צינור כזה האהבה הכרחית. אדם אוהב הוא אדם הממוקד לא בעצמו אלא בזולת. האהבה היא יציאה מן העצמיות. רק השתחררות כזו מן העצמי מאפשרת להיות צינור שדרכו זורם כוח הגדול מאיתנו - האהבה, המביאה לעולם חיים חדשים. כדברי המשורר דנטה: "כָּךְ אַהֲבָה תָּנִיעַ / אֶת הַחַמָּה בָּרוֹם וְאֶת כּוֹכְבֵי רָקִיעַ".[1]

כדי לברך צריך לאהוב; ולהתברך פירושו לדעת כי האל האחד, הגדול מן היקום כולו, אוהב אותנו ונושא אלינו את פניו כהורה אל ילדו האהוב. היודע את זאת ימצא שלווה רוחנית אמתית.

1. דנטה אליגיירי, **הקומדיה האלוהית: העדן**, עברית: אריה סתיו, תל אביב: הקיבוץ המאוחד, תשס"ח, שיר 33, עמ׳ 316.

בהעלותך

ענווה

יש בפרשה רגע אחד המקנה לנו מבט ייחודי על משה. כדי להבינו עלינו לזכור את ההקשר. זה עתה תבעו בני ישראל ממשה בשר. "מִי יַאֲכִלֵנוּ בָּשָׂר! זָכַרְנוּ אֶת הַדָּגָה אֲשֶׁר נֹאכַל בְּמִצְרַיִם חִנָּם, אֵת הַקִּשֻּׁאִים וְאֵת הָאֲבַטִּחִים וְאֶת הֶחָצִיר וְאֶת הַבְּצָלִים וְאֶת הַשּׁוּמִים. וְעַתָּה נַפְשֵׁנוּ יְבֵשָׁה אֵין כֹּל, בִּלְתִּי אֶל הַמָּן עֵינֵינוּ!" (במדבר יא, ד-ו). לא תשוקתם לבשר מוחצת את לבו של משה, אלא הנוסטלגיה המזויפת שלהם, כפיות הטובה, הסירוב המתמשך להתבגר. הוא מתפלל למות:

> וַיֹּאמֶר מֹשֶׁה אֶל ה': לָמָה הֲרֵעֹתָ לְעַבְדֶּךָ? וְלָמָּה לֹא מָצָתִי חֵן בְּעֵינֶיךָ לָשׂוּם אֶת מַשָּׂא כָּל הָעָם הַזֶּה עָלָי? הֶאָנֹכִי הָרִיתִי אֵת כָּל הָעָם הַזֶּה, אִם אָנֹכִי יְלִדְתִּיהוּ, כִּי תֹאמַר אֵלַי שָׂאֵהוּ בְחֵיקֶךָ כַּאֲשֶׁר יִשָּׂא הָאֹמֵן אֶת הַיֹּנֵק עַל הָאֲדָמָה אֲשֶׁר נִשְׁבַּעְתָּ לַאֲבֹתָיו?... לֹא אוּכַל אָנֹכִי לְבַדִּי לָשֵׂאת אֶת כָּל הָעָם הַזֶּה כִּי כָבֵד מִמֶּנִּי. וְאִם כָּכָה אַתְּ עֹשֶׂה לִּי - הָרְגֵנִי נָא הָרֹג, אִם מָצָאתִי חֵן בְּעֵינֶיךָ, וְאַל אֶרְאֶה בְּרָעָתִי. (במדבר יא, יא-טו)

על התפתחות המשבר - אספת שבעים הזקנים, התנבאות אלדד ומידד, פרשת קברות התאווה - מסופר בהמשך הפרק. המשבר שוכך ובני ישראל נוסעים מקברות התאווה לחצרות. ואז מתעורר אתגר חדש:

> וַתְּדַבֵּר מִרְיָם וְאַהֲרֹן בְּמֹשֶׁה עַל אֹדוֹת הָאִשָּׁה הַכֻּשִׁית אֲשֶׁר לָקָח, כִּי אִשָּׁה כֻשִׁית לָקָח. וַיֹּאמְרוּ: "הֲרַק אַךְ בְּמֹשֶׁה דִּבֶּר ה'? הֲלֹא גַּם בָּנוּ דִבֵּר?" וַיִּשְׁמַע ה'. (במדבר יב, א-ב)

לא נתעכב הפעם על תוכן תלונתם. עוצמתה של התקרית אינה במה שנאמר בה, אלא בזהותם של האומרים. הפעם אין זה "העם" או "העדה", ודאי לא הערב רב. אלה הם

אחיו ואחותו של משה; האחות שהשגיחה עליו מרחוק בינקותו, כאשר צף על היאור בתיבת עצי גומא; האח שהיה מלווהו הנאמן בכמה מפגישותיו המסוכנות ביותר. דבר אֶחד הוא לספוג ביקורת מההמון, או מיריבים. אולם דבר אחֵר לגמרי הוא כאשר המתגרים בך הם יקיריך, עצמך ובשרך. זהו מצב המערער את הווייתך.

מהי תגובתו של משה? אין תגובה. הכתובים מבליטים זאת, ולא בכדי. לפעמים אדם אינו מגיב למה שאומרים עליו פשוט מפני שאינו יודע שאמרו. לפעמים הוא אינו מגיב כי לא אכפת לו. התורה רוצה שנדע שלא זה ולא זה הוא המקרה שלנו. שתיקתו של משה, מדגישה התורה, באה ממקום עמוק באישיותו: "וְהָאִישׁ מֹשֶׁה עָנָיו מְאֹד מִכֹּל הָאָדָם אֲשֶׁר עַל פְּנֵי הָאֲדָמָה" (יב, ג). משה אינו מגיב, וה' הוא שמגיב בשמו.

הפסוק על ענוותנותו של משה מוזר הן בתוכנו הן במיקומו בסיפור. משה עניו? הנואם שפיו רושף אש ולהבה, האיש שלא ירא להתייצב לפני פרעה, שהוציא עם שלם מעבדות, שלא היסס להתווכח עם הקב"ה בכבודו ובעצמו, ששבר את לוחות העדות כשראה את עגל הזהב - האיש הזה עניו מכל האדם?

ומה מקומו של פסוק זה בסיפור מרים ואהרן? פסוק ב מְסַפר שהקב"ה שמע מה שדיברו על משה. פסוק ד מספר כיצד הקב"ה הגיב. פסוק ג שובר את הרצף הזה ונראה כקוטע את שטף הדברים. משום כך ראו חלק מתרגומי התורה לנכון לשים אותו בסוגריים.

אפשר להוסיף ולשאול: איך ייתכן שמשה מקבל בשלוות נפש את מה שנראה כבגידה מצד הקרובים לו ביותר, אם אך זה עתה הגיב בסערת נפש ובשאילת נפשו למות לדרישת העם לאכול בשר, אף שעם דרישות דומות כבר ידע להתמודד היטב בעבר?

השאלות עונות זו על זו. תואנותיו של העם הופנו כלפי הקב"ה (או הגורל, או הנסיבות) - ולא כלפי משה. לכן הוא הוטרד מהן. לעומת זאת, מרים ואהרן גלגלו את טענתם לפתחו של משה עצמו. זה היה עניין אישי. ועל כן הוא נשאר שלֵו. משה לא דאג לעצמו. אילו היה מוטרד ממה שאומרים עליו, לא היה מחזיק מעמד אפילו יום אחד כמנהיגו של העם הפלגני והתזזיתי הזה. מעצמו לא היה אכפת לו; וממה כן? - מהמשימה, מהקב"ה, מהחופש ומהאחריות. על כן היה עניו.

רבים חושבים שענווה פירושה הערכה עצמית נמוכה. אך זו אינה ענווה אמתית. הענווה היא הנחת העצמי בצד. עניו הוא מי שלעולם אינו חושב על עצמו, מפני שיש לו דברים חשובים יותר לחשוב עליהם. שמעתי פעם מישהו אומר על איש דת אחד: "הוא לקח את אלוהים ברצינות כזו, שלא היה לו שום צורך לקחת ברצינות את עצמו". זוהי הענווה האמורה בתורה.

משה דאג לאחרים. רק פעם אחת התפלל למען עצמו: כאשר שמע שלא ייכנס לארץ שלאורך ארבעים שנה הוביל אליה את בני עמו. ואפילו אז, הוא לא חשב על עצמו אלא על הארץ. ובעצם, לא על הארץ חשב, אלא על רצונו לראות את הבטחת ה׳ מתגשמת.

ענווה איננה ביזוי עצמי. היא איננה שום דבר עצמי. היא היכולת לעמוד בדומיית רוממות לנוכח האחרוּת - ה״אתה״ האלוהי, אחרותו של הזולת, הדר הבריאה, יפי העולם, כוחם של רעיונות גדולים, קריאתם של אידיאלים נעלים. הענווה היא שתיקת העצמי לנוכח מה שגדול ממנו.

איך שערכים משתנים! הענווה היא המידה הטובה היתומה של תקופתנו. צ׳רלס דיקנס הצליף בה בספרו **דיוויד קופרפילד**, כאשר שם בפיו החלקלק של הנוכל אוריה היפ את הפזמון החוזר ״אני הבנאדם הכי עניו בעולם״. אך תעודת הפטירה של הענווה הונפקה מאה שנים לאחר דיקנס, כאשר תרבות ההמונים הפכה את היחיד לאנונימי, וחיי הכרך המודרני פוררו את השכונות ואת הקהילות.

קהילה היא מקום של חברים. חברה אורבנית היא נוף של זרים. אולם בבני האדם המשיך לפעֵם הצורך בהכרה. וכך החלו לצמוח, עד כדי יצירת תרבות חדשה ממש, שלל דרכים להשמיע את ״האמירה שלנו״ בפני אנשים שאיננו מכירים אך אנו מקווים שאיכשהו יבחינו בנו. האמונות שלנו חדלו להיות עניין פרטי שבינינו לבין עצמנו ובינינו לבין אלוהינו, ונעשו לסיסמאות ססגוניות המודפסות על חולצות הטריקו שלנו. התפתח רפרטואר שלם של דרכים להכריז על ייחודיותנו, מלוחיות זיהוי מעוצבות אישית לרכב, דרך לבוש בוטה וצעקני, ועד בגדי מעצבים שתווית היצרן תפורה עליהם דווקא מבחוץ. את התמורה הקיצונית שעברה התרבות אפשר להמחיש במעבר ההדרגתי של גיבוריה מ״דגול״ ל״נערץ״, מ״נערץ״ ל״מפורסם״, ומ״מפורסם״ ל״סלבריטאי״, כלומר מפורסם שכל פרסומו הוא בהיותו מפורסם. אמונת עתנו היא ״אם יש לך את זה, דאג שכולם ידעו״. לענווה לא נשאר מקום.

וזה עצוב. כי ענווה, ענווה אמתית, היא מן המאירות שבמידות. אין פירושה הפחתה בערך עצמך; פירושה הכרה בערכם של אחרים. היא מעידה על פתיחות לגדלותם של החיים ועל נכונות להיות מופתע ומרוּמָם מן הטוב באשר יימצֵא.

על משמעותה של הענווה למדתי מאבי ז״ל. כשהיה בן חמש ברח עם משפחתו מהרדיפות האנטישמיות בפולין והגיע לאנגליה. המשפחה הייתה ענייה, והוא נאלץ לעזוב את בית הספר בעודו בן 14 כדי לעזור בפרנסתה. השכלתו הייתה ברובה פרי לימוד עצמי. ובכל זאת ידע לאהוב את המיטב שבכל תחום. הייתה לו תשוקה למוזיקה קלסית ולציור, וטעמו הספרותי היה קב ונקי, טוב בהרבה משלי.

הוא נטה להתלהבות. הייתה לו היכולת להעריץ, ובשֶלהּ הערצתיו. זהו לְשַד הענווה: היכולת להיות פתוח למה שגדול מאיתנו. ענווה כוזבת היא העמדת הפנים שאנו קטנים. ענוות אמת היא הידיעה שאנו עומדים לנוכח גדולה. משום כך היא סגולתם של נביאים, החשים נוכחות זו בחִיוּת מְרַבִּית.

בצעירותי, מוצף בשאלות אמוניות, נסעתי לארצות הברית, שכן שמעתי שיש בה רבנים דגולים. פגשתי רבים מהם, אך בכל מקום שמעתי את שמעו של הרבי מלובביץ', האדמו"ר הנערץ שברח בימי מלחמת העולם השנייה מאירופה הבוערת לארצות הברית, והצליח להפוך את חב"ד משארית פליטה מדולדלת לתנועה עולמית. כולם אמרו שהוא מן המנהיגים הכריזמטיים של יהדות זמננו. החלטתי לעשות כל מאמץ לפגוש אותו.

הצלחתי, והפתעתי הייתה רבה. הרב שלפניי לא היה אדם כריזמטי בשום מובן מקובל. שקט, מכונס, נחבא אל הכלים, אדם שאלמלא יראת הכבוד שהחסידים סביבו הפגינו כלפיו ספק אם הבריות היו מבחינים בו. אלא שהפגישה הזו שינתה את חיי. הוא היה דמות עטורת תהילת עולם, ואני הייתי סטודנט אלמוני שמקום מושבו חמשת אלפי קילומטרים משם - אבל הוא גרם לי להרגיש לידו האדם החשוב בעולם.

הוא שאל אותי על עצמי. הוא שם אוזניו כאפרכסת. הוא דרבן אותי להיעשות למנהיג, דבר שעד אז מעולם לא העליתי על דעתי. עד מהרה התברר לי שהוא מאמין בי יותר מכפי שאני מאמין בעצמי. כשיצאתי מהחדר דומה היה עליי שנוכחותי שלי היא שמילאה את החדר, והרבי נעדר ממנו. כזו היא ההקשבה, כאשר מחשיבים אותה למעשה דתי. אז ידעתי כי הגדולה נמדדת על פי מה שאנו מרכינים ראשנו למולו. לא היה פאר באורחותיו של הרבי, וגם לא צניעות כוזבת. הוא היה שלֵו, מכובד, מלכותי; איש של ענווה מרוממת האוסף אותך בזרועותיו ומלמד אותך לשאת את עיניך למעלה.

קשה להיות מנהיג. את זאת יודע כל מי שהתנסה בכך. טעויות הנסלחות לאחרים אינן נסלחות למנהיג. חִצֵי הביקורת ישולחו גם במנהיג שהצדק איתו; ליתר דיוק, במיוחד במנהיג שהצדק איתו. אם המנהיג או המנהיגה אחראים, הם יחשבו על העתיד, ופירוש הדבר הוא שיפריעו את שלוות ההווה. וכל מי שמפריע את שלוות ההווה מעורר כעס ואפילו תחושת בגידה. דרכו של מנהיג לאתגר אנשים, ואנשים אינם אוהבים להתאתגר. דרכו של מנהיג להעלות שאלות לא נוחות, השאלות שאנו מעדיפים להתעלם מהן.

מנהיגים, ובעצם כל מי שהולך בעקבות הנביאים, נדרשים לתמרן בתהום שבין צורכי העם לבין רצונותיו. התורה ציידה אותנו בדימוי בלתי נשכח: יעקב הנאבק

עם המלאך ומקבל ממנו לבסוף את השם ישראל, "כִּי שָׂרִיתָ עִם אֱלֹהִים וְעִם אֲנָשִׁים וַתּוּכָל" (בראשית לב, כח). אין תמה שארבעה מנהיגים מקראיים - משה, אליהו, יונה וירמיהו - שואלים נפשם למות ולא להמשיך. אין תמה גם שהמנהיגים המודרניים שהעמידו אתגר מופלג בפני בני זמנם - אברהם לינקולן, מהאטמה גנדי, ג'ון קנדי, מרטין לותר קינג, אנואר סאדאת ויצחק רבין - נרצחו.

איך מנהיגים שורדים? חלקם בעזרת ערמומיות ופיקחות; אחרים באמצעות דיכוי אכזרי של מתנגדיהם; ועוד אחרים - על ידי אמונה נחרצת בעצמם. לא אלה, לא אלה ולא אלה הם ענקי רוח. אף לא אחד מהם ראוי לשמש לנו מופת. מנהיגים אמתיים שורדים משום שהם מאמינים בָּעניין, לא בעצמם. התקפות אישיות אינן מערערות אותם באופן אישי. הם מבינים שהמסר שלהם קשה, שהם מבקשים מזולתם להשתנות ושינוי תמיד כואב.

אחדים מן המנהיגים במקרא הרגישו שאינם ראויים למשימה. הקשיבו לשלושה מהגדולים שבהם.

משה: "מִי אָנֹכִי כִּי אֵלֵךְ אֶל פַּרְעֹה, וְכִי אוֹצִיא אֶת בְּנֵי יִשְׂרָאֵל מִמִּצְרָיִם?" (שמות ג, יב); "בִּי אֲדֹנָי, לֹא אִישׁ דְּבָרִים אָנֹכִי, גַּם מִתְּמוֹל גַּם מִשִּׁלְשֹׁם גַּם מֵאָז דַּבֶּרְךָ אֶל עַבְדֶּךָ, כִּי כְבַד פֶּה וּכְבַד לָשׁוֹן אָנֹכִי" (שמות ד, י).

ישעיהו: "אוֹי לִי כִי נִדְמֵיתִי! כִּי אִישׁ טְמֵא שְׂפָתַיִם אָנֹכִי, וּבְתוֹךְ עַם טְמֵא שְׂפָתַיִם אָנֹכִי יוֹשֵׁב, כִּי אֶת הַמֶּלֶךְ ה' צְבָאוֹת רָאוּ עֵינָי" (ישעיהו ו, ה).

ירמיהו: "אֲהָהּ אֲדֹנָי ה', הִנֵּה לֹא יָדַעְתִּי דַּבֵּר כִּי נַעַר אָנֹכִי" (ירמיהו א, ו).

האנשים הרהוטים ביותר בהיסטוריה היו המשוכנעים ביותר שאינם מסוגלים לדבֵּר. למשה, לישעיהו ולירמיהו לא חסרו לא ביטחון עצמי, לא הכרה בערך עצמם, ולא תחושת ייעוד אישי. אך אין זה העניין. הנקודה היא שהם ידעו יותר מאחרים כמה מפרכת היא המשימה שלפניהם. הם ידעו כמה מייסר הוא המאמץ לפקוח את עיניהם של אנשים אל המציאות כפי שהיא, ולא כפי שהם רוצים שתהיה. הם ידעו כמה קשה לגרום לאנשים להשתנות. דווקא משום שהם חשבו על המשימה ולא על עצמם הם הכריזו על עצמם בלתי ראויים - אך דבר זה עצמו הוא שעשה אותם ראויים מכולם. מכאן "וְהָאִישׁ מֹשֶׁה עָנָיו מְאֹד מִכֹּל הָאָדָם אֲשֶׁר עַל פְּנֵי הָאֲדָמָה".

הענווה היא אפוא יותר מסתם מידה טובה. זהו אופן של תפיסת מציאות. זוהי שפה שבה ה"אני" שלי שותק כדי שאשמע את קול ה"אתה"; שאשמע את הקריאה הבלתי נאמרת שמעֵבר לַדיבור האנושי, את לחש הרז האלוהי המפעם בהוויה, את קולה של האחרוּת הקורא לי לגאול את הבדידות במגע האהבה. הענווה היא הפותחת אותנו אל העולם.

הענווה גם אינה נדירה כפי שאנו חושבים. לא פעם ולא פעמיים, כאשר אדם נפטר וניהלתי את טקס הלוויה שלו או ביקרתי בבית האבלים, גיליתי שהמנוח ניהל חיי חסד ונדיבות שנסתרו אפילו מעיני בני משפחתו הקרובים. חלונות אלה שנזדמנו לי אל עולמות אנושיים פרטיים לימדו אותי שרוב רובם של מעשי הצדקה והחסד נעשים בצנעה, ואין עמם שאיפה להכרה ציבורית. זוהי הענווה; ורוח האדם מתגלָּה בה בהדרהּ.

מידה טובה אמתית איננה נזקקת לפרסם את עצמה. לכן כה מעציב הוא שיווק האישיות האגרסיבי הנהוג כיום. הוא מעיד על בדידות, על בדידות מזהרת בעולם שפגו ממנו הנאמנות והאמון. הוא מעיד על אבדן אמונה - אבדנה של הידיעה, שֶׁיְקָרָה כל כך לבני דורות קודמים, כי מתחת לפני השטח של העולם הזה ישנה נוכחות המכירה אותנו, אוהבת אותנו ומשגיחה על מעשינו. כאשר בטחנו בידיעה זו, לא נזקקנו עוד לדבָר.

אך האומנם חשוב כל כך שהענווה יצאה מן האופנה? האמת היא שיופי מוסרי, ממש כמו מוזיקה, ירגֵש תמיד את אלה השומעים את מה שמאחורי מסך הרעש. מידות טובות עשויות לצאת מן האופנה, אך תוקפן לעולם אינו פג. דברים המבקשים תשומת לב לעצמם אף פעם אינם מעניינים לאורך זמן, וזו הסיבה שטווח הקשב שלנו מתקצר משנה לשנה. הענווה - היפוכו הקוטבי של הפרסום העצמי - דומה לשֶׁמש: האור נשאר גם לאחר שהיא עצמה שוקעת. אדם ששכינת ה' מפעמת בו יאיר לנו גם לאחר לכתו מעמנו. אנחנו מרגישים שאוּשַרנו, שגָדלנו. ולא לחינם. שכן פגשנו אדם שמתוך כך שלא לקח את עצמו ברצינות, לימד אותנו לקחת ברצינות עילאית את מה שאינו אנחנו.

בהעלותך

מעבר לייאוש

קטע קצר בפרשת בהעלותך היה לי, בשנותיי כרבה של יהדות אנגליה, לידיד נפש, ואם אומר שגם הציל את נפשי אגזים רק מעט.

הנהגת ציבור אף פעם אינה משימה קלה; הנהגת ציבור יהודי קשה אף יותר; והנהגה רוחנית קשה מכולן. מנהיגים מפגינים בפומבי חזות רוגעת ונינוחה, אופטימית ועליזה. אבל מאחורי המסכה מתרגשות גם עלינו, מנהיגי הציבור, סערות נפש - כשאנו קולטים, שוב ושוב, כמה עמוקים הם השסעים בין הבריות, כמה סבוכות הן הבעיות, וכמה דק הקרח שאנחנו עומדים עליו. אולי לכל אדם יש רגעים כאלה בחייו: כשהוא יודע איפה הוא, ויודע איפה הוא רוצה להיות, אבל איננו רואה שום דרך המובילה מכאן לשם. ואז הוא רואה רק את הדרך היורדת אל הייאוש.

בכל פעם שהרגשתי כך, שַׁבתי ונזכרתי ברגע צורב בפרשתנו, רגע שמשה הגיע בו אל הדיוטה התחתונה במנהיגותו. הגורם המחולל היה פעוט לכאורה. העם עסק בפעילות החביבה עליו: תלונות על האוכל. בנוסטלגיה שכולה הונאה עצמית העלו בני ישראל זיכרונות מתוקים על הדגים שאכלו במצרים, על הקישואים והאבטיחים והבצל והשום. מכוות השוט של עבודות הפרך התפוגגה לה מן הזיכרון. נשארו רק חוויות קולינריות. חרון אפו של ה׳ יצא על כך, ואין זה פלא (במדבר יא, י). אבל משה, חרון אפו יצא מכלל חרון אף והגיע לכדי התמוטטות רגשית ממש. כך אמר משה לה׳:

לָמָה הֲרֵעֹתָ לְעַבְדֶּךָ? וְלָמָּה לֹא מָצָתִי חֵן בְּעֵינֶיךָ לָשׂוּם אֶת מַשָּׂא כָּל הָעָם הַזֶּה עָלָי? הֶאָנֹכִי הָרִיתִי אֵת כָּל הָעָם הַזֶּה, אִם אָנֹכִי יְלִדְתִּיהוּ, כִּי תֹאמַר אֵלַי שָׂאֵהוּ בְחֵיקֶךָ כַּאֲשֶׁר יִשָּׂא הָאֹמֵן אֶת הַיֹּנֵק עַל הָאֲדָמָה אֲשֶׁר נִשְׁבַּעְתָּ לַאֲבֹתָיו? מֵאַיִן לִי בָּשָׂר לָתֵת לְכָל הָעָם הַזֶּה כִּי יִבְכּוּ עָלַי לֵאמֹר תְּנָה לָּנוּ בָשָׂר וְנֹאכֵלָה? לֹא אוּכַל אָנֹכִי לְבַדִּי לָשֵׂאת אֶת כָּל הָעָם הַזֶּה, כִּי כָבֵד מִמֶּנִּי. וְאִם כָּכָה אַתְּ עֹשֶׂה לִּי - הָרְגֵנִי נָא הָרֹג, אִם מָצָאתִי חֵן בְּעֵינֶיךָ, וְאַל אֶרְאֶה בְּרָעָתִי. (במדבר יא, יא-טו)

דבריו אלה של משה משמשים אותי כקו האדום התחתון בסרגל המודד את מפלס הייאוש. כל אימת שהרגשתי שאינני יכול להמשיך עוד, הייתי קורא את הקטע הזה וחושב, "אם עוד לא הגעתי למצב כזה, אני בסדר". יש משהו מחזק בידיעה שהמנהיג היהודי הגדול בהיסטוריה חווה עומק כזה של אפלה. אפשר ללמוד ממנה שאם אתה חש כישלון אין פירוש הדבר שנכשלת; פירוש הדבר רק שעדיין לא הצלחת. ועל אחת כמה וכמה, תחושת כישלון אין משמעה ש**אתה** כישלון. להפך: כישלונות באים למי שמסתכן - והנכונות להסתכן נדרשת מכל מי שרוצה להוביל לעולם טוב יותר, אפילו אם אינו הולך בגדולות. תחושת כישלון היא סימן שניסית והסתכנת.

מפליא לראות כיצד התנ"ך מתעד את לילות הנפש האפלים הללו בחייהם של כמה מגדולי גיבורי הרוח. הוא נוצֵר לדורות את קריאת המצוקה של דוד המלך, "אֵלִי אֵלִי לָמָה עֲזַבְתָּנִי?" (תהלים כב, ב). כמה מן האדירים במזמורי תהלים נובעים מהמחוזות הרגשיים הללו. "מִמַּעֲמַקִּים קְרָאתִיךָ ה'" (קל, א); "הוֹשִׁיעֵנִי אֱלֹהִים כִּי בָאוּ מַיִם עַד נָפֶשׁ" (סט, ב); "נֶחְשַׁבְתִּי עִם יוֹרְדֵי בוֹר... שַׁתַּנִי בְּבוֹר תַּחְתִּיּוֹת, בְּמַחֲשַׁכִּים, בִּמְצֹלוֹת" (פח, ה–ז).

משה גם לא היה היחיד ששאל את נפשו למות. עוד שלושה נביאים השמיעו משאָלה זהה.[1] האחד הוא אליהו. לאחר ניצחונו הגדול ביותר, הניצחון על נביאי הבעל על הר הכרמל, מסר לו שליח בשם המלכה איזבל שהיא מתכננת להרוג אותו. למשמע הדברים ברח למדבר, "וַיָּבֹא וַיֵּשֶׁב תַּחַת רֹתֶם אֶחָד וַיִּשְׁאַל אֶת נַפְשׁוֹ לָמוּת. וַיֹּאמֶר, רַב עַתָּה ה'! קַח נַפְשִׁי כִּי לֹא טוֹב אָנֹכִי מֵאֲבֹתָי" (מלכים א' יט, ד).

השני הוא ירמיהו. אנשים אינם אוהבים את מי שמביא להם בשורות רעות. זה היה תפקידו של ירמיהו באחרית ימי בית ראשון - והבשורות היו מייסרות במידה חסרת תקדים. ירמיהו היה משוכנע שמרידה בבבלים תוביל לאסון, והתריע על כך באוזני מלכים ושרים. אלא שבירושלים של אותם ימים פעלו במשנה מרץ גם נביאי שקר, שסיברו את אוזני העם בבשורות שווא של "שָׁלוֹם שָׁלוֹם" כשהאמת היא ש"אֵין שָׁלוֹם" (ירמיהו ו, יד; ח, יא). ירמיהו גודף, הושפל, נכלא ועונה, ולא רחוק היה שייהרג. מפיו פרצו אז דברי ייאוש קשים מאין כמוהם. "פִּתִּיתַנִי ה' וָאֶפָּת, חֲזַקְתַּנִי וַתּוּכָל; הָיִיתִי לִשְׂחוֹק כָּל הַיּוֹם, כֻּלֹּה לֹעֵג לִי... אָרוּר הַיּוֹם אֲשֶׁר יֻלַּדְתִּי בּוֹ, יוֹם אֲשֶׁר

1. ועליהם נוסף כמובן איוב, אך איוב לא היה נביא ועל פי מפרשים רבים גם לא היה יהודי. ספר איוב עוסק בשאלה אחרת לגמרי, שאלת "צדיק ורע לו", שהיא שאלה על אלוהים, לא על האדם.

יְלָדַתְנִי אִמִּי אַל יְהִי בָרוּךְ. אָרוּר הָאִישׁ אֲשֶׁר בִּשַּׂר אֶת אָבִי לֵאמֹר יֻלַּד לְךָ בֵּן זָכָר... לָמָּה זֶּה מֵרֶחֶם יָצָאתִי לִרְאוֹת עָמָל וְיָגוֹן וַיִּכְלוּ בְּבֹשֶׁת יָמָי?" (כ, ז-יח).

השלישי הוא יונה - ודווקא לאחר ששליחותו לנינווה הושלמה בהצלחה. ה' שלח אותו להודיע לאנשי העיר האשורית הגדולה שעירם תיהפך בעוד ארבעים יום. הוא עשה כן. דבריו נפלו על אוזניים כרויות. אנשי נינווה הפכו את לבם וחזרו בתשובה. ה' ביטל אפוא את גזר הדין, והעיר ותושביה ניצלו. אבל יונה לא היה מרוצה כלל. לבו היה מר על ה'. ידעתי שזה מה שיקרה בסוף, הוא רוטן. הכתוב אינו מבאר אם יונה כעס על שה' הציל את אויבי ישראל, או שמא סבר שהמחילה אינה מתיישבת עם מידת הדין ושלטון הצדק, או אולי פשוט הרגיש שעשה צחוק מעצמו כשאמר שהעיר תיחרב ולא כך קרה. כך או כך או כך, הוא התפלל שימות: "וְעַתָּה ה' קַח נָא אֶת נַפְשִׁי מִמֶּנִּי כִּי טוֹב מוֹתִי מֵחַיָּי" (יונה ד, ג).

הסיפורים הללו טומנים בחובם תובנה עמוקה. אמונת ישראל איננה מַתכון לאושר ונחת. היא אינה מבטיחה מנוס מכאבי לב ומכאבי ראש. אין היא אותה "אפאתיה", חיים שלווים נטולי חשקים וכמיהות, שאיוו להם הסטואיקנים. גם אין היא סוללת דרך לנירוואנה, המכבה את אש הרגש באמצעות כיבוי העצמי. בכל הדברים הללו יש יופי, ומשהו מהם אפשר למצוא בזרמים המיסטיים ביהדות. אך הם רחוקים ת"ק פרסה מגיבורי התנ"ך ומגיבורותיו.

למה? כי היהדות היא דתם של המבקשים לשנות את העולם. זוהי מן התופעות החריגות ביותר בתולדות האנושות. רוב הדתות עניינן קבלת העולם כפי שהוא. **היהדות היא מחאה נגד העולם שישנו, בשם העולם שראוי שיהיה.** להיות יהודי פירושו לנסות לטבוע חותם, לשנות לטובה את חייהם של אנשים, לרפא משהו מן הצלקות שבעולמנו השבור. הצרה היא **שאנשים אינם אוהבים שינוי**. ועל כן כה מָרים היו חייהם של האנשים שניסו לשנות - משה ודוד, אליהו וירמיהו ויונה.

משה נשלח לעזור לבני ישראל לכונן חברה שתהיה היפוכה של מצרים: חברה שתשחרר במקום לדכא, חברה שתכבד במקום לשעבד. הוא ניסה לעזור להם להשתנות, וזה הדבר שהיה קשה להם כל כך, וגרם להם להגיב בזיכרונות אבסורד קסומים מפיתום ורעמסס - הדגים והקישואים וכל השאר. משה גילה שיותר מכפי שקשה להוציא את בני ישראל ממצרים, קשה להוציא את מצרים מבני ישראל.

כך גם אצל אליהו, שניסה לגרום לעם להפסיק לתור אחר האלים של השכנים ולסגוד לכל אל אפשרי חוץ מאלוהיהם שלהם (דבר דומה קורה היום; יש מקומות שתמצאו בהם יותר יהודים בודהיסטים מיהודים יהודיים). כך אצל דוד, שניסה

להפוך קונפדרציית שבטים רופפת לאומה מאוחדת. וכך אצל ירמיהו, שניסה להכניס לפוליטיקה כֵּנות, גם כשפירוש הדבר היה לשאת בשורות רעות.

נסו לשנות את מסלולם של אנשים הנמצאים בדרך להרס עצמי, והם ישברו את לבכם. הם יתרגזו; הם ינסו להרוג את השליח; הם יאשימו אתכם שהפרעתם להם לישון. אבל להיות יהודי פירושו ללכת נגד הזרם. אתם יכולים להתייאש; אבל אתם גם יכולים לראות את המצבים האלה כמבחני אופי.

בהעלותך

מאיש ההדר לאיש האמונה

ברב המכר החדש שלו, **הדרך אל האופי**,[1] מבחין דיוויד ברוקס בחדות בין מה שהוא מכנה מעלות של רזומה - התכונות, ההישגים והכישורים שמביאים הצלחה - לבין מעלות של הֶספדים, אלו שמדברים עליהן בהלוויות: הסגולות העושות את האדם למה שהוא כשאינו עוטה מסכות, כשאינו משחק תפקיד; המהות הפנימית שחבריו של אדם ובני משפחתו מזהים כעצמיותו האמתית.

ברוקס קושר את הבחנתו זו להבחנה שערך הרב יוסף דב סולובייצ'יק במסתו הידועה "איש האמונה הבודד".[2] הרב סולובייצ'יק דיבר שם על שני טיפוסי אדם. הראשון הוא איש ההדר: האדם כיוצר, בונה, אדון הטבע המשליט את רצונו על העולם. השני הוא איש האמונה: האדם החי מתוך ציות לאמת נשגבה ומודרך בידי תחושת חובה וצדק ורצון לשרת.

איש ההדר מבקש הצלחה. איש האמונה מבקש חסד, אהבה וגאולה. איש ההדר חי על פי ההיגיון הכלכלי: מרדף אחר האינטרס האישי ומרב התועלת. איש האמונה חי על פי היגיון אחר לגמרי, הגיון המוסר, שבו נתינה עדיפה על קבלה, וכיבוש היצר חשוב מסיפוקו. בעיניים מוסריות, הצלחה המובילה לגאווה היא כישלון - ואילו כישלון המוביל לענווה עשוי להירשם כהצלחה.

במסה זו, שהופיעה לראשונה בשנת 1965, תהה הרב סולובייצ'יק אם באמריקה של ימיו יש מקום לאיש האמונה; כה מובהקת הייתה הסגידה לעוצמה האנושית וההתקדמות הכלכלית. חמישים שנה עברו, וברוקס מהדהד את הספק הזה. "אנחנו חיים", הוא אומר, "בחברה המעודדת אותנו לחשוב איך למנף את הקריירה שלנו, אבל מותירה רבים מאיתנו ללא מענה לשאלה איך לטפח את חיינו הפנימיים".

1. David Brooks, *The Road to Character*, London: Allen Lane, 2015.
2. בתוך קובץ מסותיו **איש האמונה**, ירושלים: מוסד הרב קוק, תשכ"ח.

עניין זה הוא מנושאיה העיקריים של פרשת בהעלותך. עד כה ראינו בתורה את משה החיצוני: משה עושה הנסים, משה המדבר פֶּה אל פה עם הקב"ה, משה שאינו ירא להתעמת לא עם פרעה ולא עם בני עמו, משה ששבר את הלוחות החרותים באצבע אלוהים ושהעז לקרוא לאלוהים לשאת לחטאת עַמו - "וְאִם אַיִן, מְחֵנִי נָא מִסִּפְרְךָ אֲשֶׁר כָּתָבְתָּ" (שמות לב, לב). זהו משה הציבורי, דמות בעלת עוצמה הרואית. במינוח של הרב סולובייצ'יק, זהו משה איש ההדר.

והנה בפרשתנו אנו חוזים בפן אחר של משה, משה כאיש האמונה הבודד. התמונה שונה עתה לחלוטין. בסצנה הראשונה, אנו רואים אותו מתמוטט. בני ישראל מתאוננים שוב על האוכל. יש להם מָן אבל אין להם בשר. הם מתמכרים לנוסטלגיה כוזבת: "זָכַרְנוּ אֶת הַדָּגָה אֲשֶׁר נֹאכַל בְּמִצְרַיִם חִנָּם, אֵת הַקִּשֻּׁאִים וְאֵת הָאֲבַטִּחִים וְאֶת הֶחָצִיר וְאֶת הַבְּצָלִים וְאֶת הַשּׁוּמִים" (במדבר יא, ה). כפיות הטובה מגדישה את הסאה עבור משה, ומפיו נמלטים דברי ייאוש נורא: "לָמָה הֲרֵעֹתָ לְעַבְדֶּךָ, וְלָמָּה לֹא מָצָתִי חֵן בְּעֵינֶיךָ לָשׂוּם אֶת מַשָּׂא כָּל הָעָם הַזֶּה עָלָי? הֶאָנֹכִי הָרִיתִי אֵת כָּל הָעָם הַזֶּה אִם אָנֹכִי יְלִדְתִּיהוּ, כִּי תֹאמַר אֵלַי שָׂאֵהוּ בְחֵיקֶךָ?... לֹא אוּכַל אָנֹכִי לְבַדִּי לָשֵׂאת אֶת כָּל הָעָם הַזֶּה כִּי כָבֵד מִמֶּנִּי. וְאִם כָּכָה אַתְּ עֹשֶׂה לִּי הָרְגֵנִי נָא הָרֹג אִם מָצָאתִי חֵן בְּעֵינֶיךָ וְאַל אֶרְאֶה בְּרָעָתִי" (שם, יא-טו).

וכאן, בסצנה המתחילה פה, מתרחשת הַהִשְׁתַּנּוּת הגדולה. ה' אומר למשה לקחת שבעים זקנים שיישאו איתו במשא העם. הוא נוטל מרוחו של משה ומאציל אותה על הזקנים. מכל שבט נבחרים שישה זקנים, אך היות ש־6 כפול 12 הם 72, שניים מהנבחרים מושארים מחוץ לרשימת ה־70. השניים, אלדד ומידד, מתחילים להתנבא בתוך המחנה. גם בהם דבקה רוחו של משה. יהושע חושש שהדבר יוביל לערעור על מנהיגותו של משה, ומפציר במשה לבלום את אלדד ומידד. משה עונה בנדיבות גואה, "הַמְקַנֵּא אַתָּה לִי? וּמִי יִתֵּן כָּל עַם ה' נְבִיאִים כִּי יִתֵּן ה' אֶת רוּחוֹ עֲלֵיהֶם" (שם, כט). עצם הידיעה של משה שהוא כבר אינו לבדו, ויש עוד שבעים זקנים שנאצלו ברוחו, מרפאת אותו מדיכאונו. עכשיו קורן ממנו אמון עדין ונדיב, שהוא גם מרגש ומפתיע.

בסצנה השלישית אנו מבינים סוף סוף לאן חותרת הדרמה. הפעם אחיו ואחותו של משה, אהרן ומרים, הם אלה המזלזלים בו. העילה לתלונתם, "הָאִשָּׁה הַכֻּשִׁית אֲשֶׁר לָקָח", אינה ברורה, ויש לה פירושים רבים; אך ברור שמבחינתו של משה, זה רגע של "הגם אתה, ברוטוס?". הוא נבגד, או לפחות דיבתו הוצאה, בידי הקרובים אליו ביותר. ובכל זאת, הוא אינו מתרגש מכך. כאן מגיע משפט המפתח: "וְהָאִישׁ מֹשֶׁה עָנָיו מְאֹד מִכֹּל הָאָדָם אֲשֶׁר עַל פְּנֵי הָאֲדָמָה" (יב, ג).

זהו חידוש היסטורי. הרעיון שסגולתו הנעלה ביותר של מנהיג היא הענווה נראָה בוודאי בעולם העתיק כאבסורד, כמעט כפרדוקס. מה למנהיג בן קדם ולענווה? המנהיגים היו גאים, הדורים, מצוינים בלבושם, בהופעתם ובאורחותיהם המלכותיים. הם בנו מקדשים לכבוד עצמם. כתובות ניצחון נחרתו במאמרם כדי להנציח את זכרם. תפקידם לא היה לשרת, אלא שישרתו אותם. מכל יתר האנשים הייתה ציפייה לענווה; לא מהמלכים. ענווה והוד אינם יכולים לחיות בכפיפה אחת.

היהדות הפכה את המערך הזה כולו על פניו. מנהיגים נועדו לשרת, לא שישרתו אותם. עיטור הכבוד הגבוה ביותר שקיבל משה היה הכינוי "עבד ה'" שניתן לו. ביהדות, המנהיג משרת את העם ולא להפך. תגובתו הראשונה של משה לקריאתו של ה' אליו בסנה הבוער הייתה תגובה של ענווה: "מִי אָנֹכִי...?" (שמות ג, יא). דווקא ענוותנותו זו הוכיחה שהוא ראוי להיות מנהיג.

אל מדרגה גבוהה יותר של ענווה מגיע משה בפרשתנו, העוקבת אחר התהליך הנפשי שהוביל אליה. בלחץ ההתמרמרות המתמשכת של בני ישראל, משה מתכנס אל עצמו פנימה. הקשיבו שוב לדבריו: "לָמָה הֲרֵעֹתָ לְעַבְדֶּךָ?... הֶאָנֹכִי הָרִיתִי אֵת כָּל הָעָם הַזֶּה? אִם אָנֹכִי יְלִדְתִּיהוּ?... מֵאַיִן לִי בָּשָׂר לָתֵת לְכָל הָעָם הַזֶּה?... לֹא אוּכַל אָנֹכִי לְבַדִּי לָשֵׂאת אֶת כָּל הָעָם הַזֶּה כִּי כָבֵד מִמֶּנִּי". מילת המפתח כאן היא "אָנֹכִי". משה נסחף אל הדיבור בגוף ראשון יחיד. התנהגותם של בני ישראל נראית לו כקריאת תיגר נגדו, לא נגד הקב"ה. ה' צריך להזכיר לו, "הֲיַד ה' תִּקְצָר?" (במדבר יא, כג). הרי לא על משה יצא הקצף אלא על מי ומה שמשה מייצג.

משה נמצא לבד זה זמן רב מדי. הרי הוא לא נזקק לעזרתם של אנשים כדי לספק לעם מזון; בזאת יכול ה' לעזור לו. הוא נזקק לחברתם של אנשים כדי לשים קץ לבידודו הכמעט בלתי נסבל. כפי שכתבתי במקום אחר, הצירוף "לא טוב" מופיע בתורה רק פעמיים; בבריאת האדם, כשהקב"ה אומר "לֹא טוֹב הֱיוֹת הָאָדָם לְבַדּוֹ" (בראשית ב, יח), וכאשר יתרו רואה שמשה מנהיג את העם לבדו ואומר לו "לֹא טוֹב הַדָּבָר אֲשֶׁר אַתָּה עֹשֶׂה" (שמות יח, יז). אי־אפשר לחיות לבד. אי־אפשר להנהיג לבד.

ברגע שמשה ראה ששבעים הזקנים נאצלו ברוחו, דיכאונו פג. עתה יכול לומר ליהושע, "הַמְקַנֵּא אַתָּה לִי?". במצבו החדש, גם הסרה שדיברו בו אחיו ואחותו אינה מפריעה לו והוא מתפלל לקב"ה לרפואת מרים, שנענשה על כך בצרעת. הוא שיקם את ענוותנותו.

עכשיו הוא מבין ענווה מהי. כפי שראינו בהרחבה בדרשה הראשונה לפרשה זו, ענווה איננה התבזות. ניסח זאת היטב הסופר ק"ס לואיס. ענווה, אמר, אין פירושה **לחשוב את עצמך פחות, אלא לחשוב על עצמך פחות**. ענווה אמתית פירושה

השתקת ה"אני". בעיני אנשים ענווים באמת, מה שחשוב הוא אלוהים, אנשים אחרים, עקרונות - אך לא הם עצמם.

"אמר ר' יוחנן: כל מקום שאתה מוצא גדולתו של הקדוש ברוך הוא - שם אתה מוצא ענוותנותו".[3] גדולה היא ענווה, אצל הקב"ה ואצל המבקשים ללכת בדרכיו. הענווה היא גם מקור העוצמה הגדול ביותר, כי כאשר איננו חושבים על ה"אני", איננו נפגעים מדברי ביקורת או זלזול. המבקרים והמזלזלים יורים במטרה שכבר אינה קיימת.

בסדרת שלוש הסצנות הללו מחיי משה מלמדת אותנו פרשת בהעלותך כי לפעמים אנו מגיעים לידי ענווה רק לאחר משבר פסיכולוגי חמור. רק אחרי שמשה התמוטט ושאל את נפשו למות מספרת לנו התורה לראשונה כי משה היה עניו "מִכֹּל הָאָדָם אֲשֶׁר עַל פְּנֵי הָאֲדָמָה". הייסורים מבקיעים את קונכייתו של העצמי, וגורמים לנו להבין שלא ההערכה העצמית היא החשובה, אלא התפקיד שאנו ממלאים בתכנית הגדולה מאיתנו עשרת מונים. דיוויד ברוקס מזכיר לנו שגם אברהם לינקולן, להבדיל, שסבל מדיכאון, הגיע בעקבות המשבר של מלחמת האזרחים אל התובנה כי "ההשגחה נטלה את המושכות של חייו, והוא רק כלי קטן במשימה נשגבה".[4]

המענה הנכון לסבל קיומי, אומר ברוקס, איננו התענגות כי אם קדושה, במובן של "ראיית הייסורים כחלק מסיפור־על מוסרי, וניסיון לגאול דבר רע על ידי הפיכתו לדבר מקודש; הבנת הייסורים כמעשה הקרבה המכניס את האדם לאחווה עם כלל הקהילה ועם התביעות המוסריות הנצחיות". בעיניי, מענה זה מתגלם בדמות הוריהם של שלושת הנערים שנחטפו ונרצחו בקיץ תשע"ד, 2014. בתגובה לאבדן, הם ייסדו את יום האחדות ואת פרס ירושלים לאחדות ישראל המחולק בו. הם הפנו את כאבם כלפי חוץ, ועשאוהו כלי לאיחוי פצעים ושסעים בעם.

משבר, כישלון, אבדן וכאב יכולים לרומם אותנו מאיש ההדר לאיש האמונה, ממוכְוָנוּת עצמי למוכוונות אחֵר, מאדנות לשירות, ומפגיעוּת של ה"אני" לענווה ה"מזכירה לך שאינך מרכז העולם", אלא "משָרתהּ של מערכת הגדולה ממך".[5]

בעלי הענווה פתוחים לדברים הגדולים מהם. לא כן מחוסרי הענווה. משום כך, מחוסרי הענווה גורמים לזולתם להרגיש קטן, בעוד הענווים גורמים לו להרגיש מוגדל. ענוותנותם מאצילה גדולה על הזולת.

3. מגילה לא ע"א.
4. Brooks, *The Road to Character*, p. 95.
5. שם, עמ' 263.

שלח

החופש דורש סבלנות

של מי היה הרעיון לשלוח את המרגלים?

לפי פרשתנו, הרעיון היה של הקב״ה:

> וַיְדַבֵּר ה׳ אֶל מֹשֶׁה לֵּאמֹר: שְׁלַח לְךָ אֲנָשִׁים וְיָתֻרוּ אֶת אֶרֶץ כְּנַעַן אֲשֶׁר אֲנִי נֹתֵן לִבְנֵי יִשְׂרָאֵל. אִישׁ אֶחָד אִישׁ אֶחָד לְמַטֵּה אֲבֹתָיו תִּשְׁלָחוּ, כֹּל נָשִׂיא בָהֶם. וַיִּשְׁלַח אֹתָם מֹשֶׁה מִמִּדְבַּר פָּארָן עַל פִּי ה׳, כֻּלָּם אֲנָשִׁים רָאשֵׁי בְנֵי יִשְׂרָאֵל הֵמָּה. (במדבר יג, א–ג)

אולם על פי דברי משה בספר דברים, מדובר ביוזמה של העם:

> וַתִּקְרְבוּן אֵלַי כֻּלְּכֶם וַתֹּאמְרוּ: נִשְׁלְחָה אֲנָשִׁים לְפָנֵינוּ וְיַחְפְּרוּ לָנוּ אֶת הָאָרֶץ, וְיָשִׁבוּ אֹתָנוּ דָּבָר אֶת הַדֶּרֶךְ אֲשֶׁר נַעֲלֶה בָּהּ וְאֵת הֶעָרִים אֲשֶׁר נָבֹא אֲלֵיהֶן. וַיִּיטַב בְּעֵינַי הַדָּבָר, וָאֶקַּח מִכֶּם שְׁנֵים עָשָׂר אֲנָשִׁים אִישׁ אֶחָד לַשָּׁבֶט. (דברים א, כב–כג)

רש״י מיישב את הסתירה לכאורה. על פי פירושו, העם בא אל משה ובפיו הדרישה לשלוח מרגלים. משה שאל את ה׳ מה לעשות. ה׳ נתן לו רשות לשלוח את המרגלים. הוא לא ציווה על כך; הוא רק לא התנגד. ״בדרך שאדם רוצה לילך בה מוליכין אותו״, אמרו חז״ל[1] - כלומר הקב״ה אינו עוצר אנשים מלפעול על פי כוונתם, גם אם הוא יודע שהמעשה יוביל לאסון. זה טיבו של החופש שהוא נתן לנו. כלול בו החופש לטעות.

מבט אחר על פרשת המרגלים כולה מספקת פרשנותו של הרמב״ם **במורה הנבוכים**. הרמב״ם מבקש להראות כי חלק מהמצוות הן אמצעי של הקב״ה למימוש מטרת־על אחרת, שהרמב״ם מכנה ״כוונה ראשונה״. הוא מוכיח זאת תחילה מן

1. מכות י ע״ב.

הדברים האמורים בתחילת פרשת בשלח שבספר שמות על המסלול שבחר הקב"ה ליציאת מצרים. "הכוונה הראשונה" שם היא "השגתו יתעלה וזניחת עבודה זרה". מטרה זו הושגה באמצעות נדודיהם הארוכים של בני ישראל במדבר, והתחלפות הדורות שלהם שם. כותב הרמב"ם:

> והוא שנאמר: "וְלֹא נָחָם אֱלֹהִים דֶּרֶךְ אֶרֶץ פְּלִשְׁתִּים, כִּי קָרוֹב הוּא [כִּי אָמַר אֱלֹהִים: פֶּן יִנָּחֵם הָעָם בִּרְאֹתָם מִלְחָמָה וְשָׁבוּ מִצְרָיְמָה], וַיַּסֵּב אֱלֹהִים אֶת הָעָם דֶּרֶךְ הַמִּדְבָּר יַם סוּף" (שמות יג, יז-יח). כשם שהתעה אותם מדרך המלך, שהייתה מכוונת מראש, אל דרך אחרת - מתוך ציפייה למה שלפי הטבע לא היה ביכולת גופיהם - כדי שתתבצע הכוונה הראשונה.

ומוסיף -

> ...שכן ידוע שהחיים במדבר, כשהגוף פרוע ומלוכלך, מחייבים אומץ לב, והיפוכם מחייב פחדנות, וגם נולדו אנשים שלא הורגלו לשעבוד והשפלה...[2]

על פי הרמב"ם אפוא לא חשוב כלל מי שלח את המרגלים; וגם העונש שהוטל על בני ישראל לא היה בעצם עונש, אלא התחשבות הכרחית בטבע האדם. אוכלוסייה של עבדים אינה יכולה להפוך בתוך כמה ימים או כמה שבועות לאומה המסוגלת לשאת באחריות הבאה עם החירות. בני ישראל נזקקו לארבעים שנה כדי שהדור שגדל במנטליות של עבדות יתחלף בדור שנולד בחופש וחושל בתלאות המדבר. הדרך אל החופש אורכת זמן, אפילו זמן רב מאוד. ואין קיצורי דרך.

ההתחשבות בממד הזמן היא מאבני היסוד של תפיסת הפוליטיקה והקדמה האנושית ביהדות. היא הגורמת למשה לחזור ולשנן באוזני בני ישראל שעליהם לחנך את ילדיהם, לספר להם את סיפור העבר, "לזכור". בגללה כורת הקב"ה את בריתו לא רק עם בני ישראל העומדים לפניו, אלא עם כל הדורות הבאים. בשלה מספר התנ"ך את סיפורם של בני ישראל באריכות רבה כל כך, ומתאר את הקורות אותם במשך כאלף שנים, מימי האבות עד תקופת בניין בית שני. היא המסבירה מדוע פועל הקב"ה בעולם באמצעות ההיסטוריה.

2. מורה הנבוכים, ג, לב.

שלא כמו הנצרות והאסלאם, היהדות איננה מדברת על תמורה פתאומית במצבו של האדם, ולא על רגע אחד או דור יחיד שכל מה שחשוב יתגלה בו במלואו. מדוע, שואל הרמב״ם בפרק הנ״ל ב**מורה הנבוכים**, לא האציל הקב״ה על בני ישראל במדבר, בהשראה פתאומית כלשהי, את הכוח והעוז הדרושים לחצות את הירדן ולרשת את הארץ? תשובתו: כי פירושה של חריגה זו מדרך הטבע הוא לומר שלום ולא להתראות לחופש, לבחירה ולאחריות שיש לבני האדם.

אפילו אלוהים עצמו, רומז הרמב״ם, צריך לעבוד עם חומר הגלם של טבע האדם, ובכלל זה עם קצב ההשתנות האטי שלו. וכל זאת לא מפני שאלוהים אינו יכול לשנות אנשים; מובן שהוא יכול. הוא ברא אותם, והוא יכול לברוא אותם אחרת. אלא שאלוהים בוחר שלא לעשות כן. הוא נוקט את מה שמקובלי צפת כינו ״צמצום״. הוא משאיר מרווח פעולה עצמאי לבני האדם. הוא רוצה שבני האדם יבנו חברה של חופש; אך ודאי שאין טעם לגרום להם לעשות זאת על ידי נטילת החופש מהם. הורים הרוצים שילדיהם יתפתחו ויבשילו נמנעים מלעשות למענם דברים מסוימים. הם מניחים להם, למשל, ללכת לבד. כך עושה גם אלוהים, הרוצה שעמו יגדל ויגיע לבשלות מוסרית ופוליטית.

באחד מספריי קראתי לזה ״החשיבה הכרונולוגית״, והנגדתי אותה לחשיבה הלוגית של היוונים. בלוגיקה חסר ממד הזמן. לכן נוטים פילוסופים רבים להיות שמרנים נוקשים (בתכניתו של אפלטון למדינת מופת אין במדינה משוררים, כי הם עלולים לפגוע בסדר החברתי) או מהפכנים מובהקים (רוסו, מרקס). שכן, אם נחשוב בצורה לוגית, הסדר החברתי הקיים הוא או טוב או רע. אם הוא טוב, אל לנו לשנות בו דבר. אם הוא רע, יש למגר אותו. העובדה ששינויים דורשים זמן רב, אפילו דורות רבים, אינה מתיישבת בקלות עם הפילוסופיה (אפילו אותם פילוסופים, כגון הגל ומרקס, שהביאו בחשבון תהליכים היסטוריים, עשו זאת באופן מכני, ודיברו על ״כורח היסטורי״ ולא על שיגיונותיו הבלתי צפויים של החופש).

עובדה משונה בתולדות המחשבה המערבית במאות האחרונות היא שהאנשים שדיברו על המסורת במרב הרהיטות - אדמונד בֶּרק, מייקל אוקשוט, ט״ס אליוט - היו שמרנים מובהקים, סנגוריו של הסטטוס קוו. מדוע משונה? מפני שאין שום הכרח שמסורת תהיה דווקא שמרנית. אנו יכולים להנחיל לילדינו לא רק את העבר שלנו, אלא גם את הערכים שטרם הגשמנו. אנו יכולים לשאוף לכך שהם יגיעו אל מעבר למה שהגענו אנחנו, שירחיקו לכת בדרך אל החופש יותר מכפי שהצלחנו אנו לעשות. הרי כך אנו אומרים בליל הסדר: ״השתא הכא, לשנה הבאה בארעא דישראל; השתא

עבדי, לשנה הבאה בני חורין". מסורת יכולה להכיל התפתחויות. להתקדם גם בלי לעשות מהפכות. להיות אבולוציונית בלי להיות רבולוציונית.

זהו הלקח של פרשת המרגלים. למרות כעסו הרב של הקב"ה, בני ישראל לא נידונו לגלות נצחית. הם רק נדרשו להתמודד עם העובדה שילדיהם ישיגו את מה שהם עצמם לא היו בשלים להשיג.

גם היום אנשים שוכחים זאת. בעשור הקודם יצאו מעצמות המערב למלחמות באפגניסטן ובעיראק, וזאת, במידה רבה, בשם הדמוקרטיה והחופש. אלא שדמוקרטיה וחופש לא יושגו במלחמה, אלא בחינוך, בבניית חברה ובקבלה אטית של אחריות. זהו תהליך שאורך שנות דור ודור. במקרים רבים הוא אינו מתחולל כלל. אנשים מאבדים את ביטחונם, וכמו בני ישראל המיואשים מהדין וחשבון של המרגלים מעדיפים את העבר המוכר והצפוי ("נִתְּנָה רֹאשׁ וְנָשׁוּבָה מִצְרָיְמָה", במדבר יד, ד) על פני העתיד התובעני, המסוכן, האפוף בערפל. משום כך ידעה ההיסטוריה יותר דיקטטורות מדמוקרטיות.

הפוליטיקה של החירות דורשת סבלנות. היא דורשת שנים ארוכות של מאבק ושל שמירה על התקווה. הפילוסוף עמנואל לוינס דיבר על "חירות קשה" - וחירות היא קשה תמיד. סיפור המרגלים מלמד אותנו שהדור שיצא ממצרים לא היה בשל לכך. זה היה אסונו. אך ילדיו כבר יהיו בשלים. וזו הייתה נחמתו.

שלח
ביטחון בהצלחה

זהו אולי הכישלון המנהיגותי הקולקטיבי החמור ביותר בתורה. עשרה מהמרגלים שמשה שלח לתור את ארץ כנען חזרו ובאמתחתם דין וחשבון שנועד לשבור את רוחו של העם:

בָּאנוּ אֶל הָאָרֶץ אֲשֶׁר שְׁלַחְתָּנוּ. וְגַם זָבַת חָלָב וּדְבַשׁ הִוא, וְזֶה פִּרְיָהּ. אֶפֶס כִּי עַז הָעָם הַיֹּשֵׁב בָּאָרֶץ וְהֶעָרִים בְּצֻרוֹת גְּדֹלֹת מְאֹד... לֹא נוּכַל לַעֲלוֹת אֶל הָעָם כִּי חָזָק הוּא מִמֶּנּוּ... הָאָרֶץ אֲשֶׁר עָבַרְנוּ בָהּ לָתוּר אֹתָהּ אֶרֶץ אֹכֶלֶת יוֹשְׁבֶיהָ הִוא, וְכָל הָעָם אֲשֶׁר רָאִינוּ בְתוֹכָהּ אַנְשֵׁי מִדּוֹת... וַנְּהִי בְעֵינֵינוּ כַּחֲגָבִים וְכֵן הָיִינוּ בְּעֵינֵיהֶם. (במדבר יג, כז-לג)

אלה היו דברי הבל, והמרגלים אמורים היו לדעת זאת. הם יצאו ממצרים, האימפריה הגדולה ביותר בעולם הקדום, לאחר סדרה של מכות שהורידו את המעצמה על ברכיה. הם עברו ביבשה בתוך ים סוף. הם ניצחו במלחמה את עמלק, עם של לוחמים נועזים. הם אפילו שרו, עם כל בני ישראל אחיהם, את שירת הים ובה מילים אלו:

שָׁמְעוּ עַמִּים יִרְגָּזוּן,
חִיל אָחַז יֹשְׁבֵי פְּלָשֶׁת.
אָז נִבְהֲלוּ אַלּוּפֵי אֱדוֹם,
אֵילֵי מוֹאָב יֹאחֲזֵמוֹ רָעַד,
נָמֹגוּ כֹּל יֹשְׁבֵי כְנָעַן. (שמות טו, יד-טו)

הם היו צריכים אפוא לדעת שיושבי כנען מפחדים מהם, ולא להפך. וכך אכן היה, כפי שסיפרה לימים רחב לשני המרגלים ששלח יהושע:

יָדַעְתִּי כִּי נָתַן ה׳ לָכֶם אֶת הָאָרֶץ, וְכִי נָפְלָה אֵימַתְכֶם עָלֵינוּ, וְכִי נָמֹגוּ כָּל יֹשְׁבֵי הָאָרֶץ מִפְּנֵיכֶם. כִּי שָׁמַעְנוּ אֵת אֲשֶׁר הוֹבִישׁ ה׳ אֶת מֵי יַם סוּף מִפְּנֵיכֶם בְּצֵאתְכֶם מִמִּצְרָיִם, וַאֲשֶׁר עֲשִׂיתֶם לִשְׁנֵי מַלְכֵי הָאֱמֹרִי אֲשֶׁר בְּעֵבֶר הַיַּרְדֵּן, לְסִיחֹן וּלְעוֹג, אֲשֶׁר הֶחֱרַמְתֶּם אוֹתָם. וַנִּשְׁמַע וַיִּמַּס לְבָבֵנוּ וְלֹא קָמָה עוֹד רוּחַ בְּאִישׁ מִפְּנֵיכֶם, כִּי ה׳ אֱלֹהֵיכֶם הוּא אֱלֹהִים בַּשָּׁמַיִם מִמַּעַל וְעַל הָאָרֶץ מִתָּחַת. (יהושע ב, ט-יא)

משנֵים־עשר המרגלים, רק יהושע וכלב הפגינו מנהיגות. הם אמרו לעם שכיבוש הארץ אפשרי בהחלט מפני שה׳ איתו. העם לא שעה להם. אבל שני המנהיגים קיבלו את שכרם. רק הם, מכל בני הדור ההוא, זכו להיכנס לארץ. יתרה מכך, הכרזת האמונה הדוּוקנית שלהם, וסירובם להיסחף אחר הפחד, זוהרים היום בשמינו באותו בוהַק שהיה להם אז, לפני שלושת אלפים ושלוש מאות שנה. יהושע וכלב הם גיבוריה הנצחיים של האמונה.

אחת המשימות הבסיסיות של כל מנהיג, מראש ממשלה עד ראש משפחה, היא לתת לאנשים תחושת ביטחון: ביטחון עצמי, ביטחון בקבוצה שהם חלק ממנה, ביטחון במשימה עצמה. המנהיג חייב להאמין בעם שהוא מוביל, ולהקרין אליו את האמונה הזו. כדבריה של תיאורטיקנית הניהול מהארוורד, רוזאבֶּת׳ מוֹס קאנטֶר, בספרה **הביטחון בהצלחה**, הדבר העיקרי במנהיגות איננו המנהיג אלא הדרך שבה הוא גורם לאחרים לבטוח בו.[1]

לא פעם מתנהלים חיינו על פי עקרון הנבואה המגשימה את עצמה; דברים קורים לנו מפני שאנחנו חושבים שהם יקרו. אנשים הנוטים לומר ״אנחנו לא יכולים לעשות זאת״ מגלים בדרך כלל שהם צודקים; כי מאחר שחשבו שלא יוכלו, אכן לא יכלו. והיפוכו של דבר אצל אלה האומרים ״יכול נוכַל״. אם אין בכם ביטחון בהצלחה, כנראה תפסידו. אם יש לכם ביטחון, והוא ביטחון איתן המתבסס על הכנה ועל הצלחות בעבר, תצליחו. לא תמיד כמובן, אבל במידה תכופה שתאפשר, בסיכומו של דבר, ניצחון על המכשלות ועל הכשלים. זה מה שמלמד אותנו, למשל, הסיפור בספר שמות על ידי משה בקרב עם עמלק. כשבני ישראל מסתכלים כלפי מעלה, הם גוברים. כשהם כובשים ראשם בקרקע, הם מתחילים להפסיד.

זו גם הסיבה לכישלון ההגדרה השלילית של הזהות היהודית. כוונתי לתפיסה הרווחת כל כך בעידן המודרני, שהעם היהודי הוא העם שאומות העולם שונאות,

1. רוזאבת׳ מוס קאנטר, **הביטחון בהצלחה: איך המנצחים מצליחים ומדוע מפסידים הנכשלים**, עברית: דורית לנדס, תל אביב: פקר, 2005.

שישראל היא בראש ובראשונה מדינה מבודדת, שלהיות יהודי היום משמעותו העילאית היא לשלול מהיטלר ניצחון שלאחר המוות. תפיסה זו לא רק שאינה נכונה, אלא היא נבואת זעם המגשימה את עצמה: אם הסבל והרדיפות הם המגדירים את היהדות, לשם מה להיות יהודי? אין תמה שכמחצית מהיהודים הגדלים על דוקטרינה זו בוחרים להינשא נישואי תערובת ולפטור בכך את הילדים שייוולדו להם מעולה של הזהות היהודית.

ההיסטוריון איש הארוורד דיוויד לנדס ניסה לגלות מדוע מדינות מסוימות אינן מצליחות להגיע לידי צמיחה כלכלית, בעוד אחרות נוחלות הצלחה מסחררת. בספרו **עושר העמים ועוני העמים** הוא מנתח מקרים לאורך חמש מאות עמודים ויותר, ולבסוף מגיע למסקנה:

> האופטימיסטים מצליחים בעולמנו, לא מפני שהם צודקים תמיד, אלא מפני שהם חיוביים. גם כשהם טועים הם חיוביים, ודרכם היא דרך ההישג, התיקון, ההשתפרות וההצלחה. אופטימיזם מושכל ופקוח עיניים משתלם; פסימיזם יכול להציע, לכל היותר, את הנחמה הריקה שבהיות צודק.[2]

אני מעדיף את המילה "תקווה" על פני המילה "אופטימיזם". אופטימיזם הוא האמונה שיהיה בסדר; תקווה היא האמונה שביחד נוכל לגרום לכך שיהיה בסדר. יהודי המכיר את ההיסטוריה של עמו אינו יכול להיות אופטימיסט; אך יהודי הראוי לשם יהודי לעולם אינו נוטש את התקווה. הנביאים הפסימיסטים ביותר, מעמוס עד ירמיהו, השמיעו אף הם את קולה של התקווה. המרגלים, לעומת זאת, גילו תבוסתנות, ונכשלו כמנהיגים וכיהודים. להיות יהודי הוא להיות סוכן של תקווה.

הפירוש המרשים ביותר שהוצע עד היום לפרשת המרגלים הוא זה של הרבי מלובביץ', הרב מנחם מנדל שניאורסון. הוא שאל את השאלה המתבקשת. התורה מדגישה כי המרגלים היו כולם מנהיגים: נשיאים, ראשי שבטים. הם לבטח ידעו שה' איתם, ושכאשר הוא בעזרתם אין דבר בעולם שלא יוכלו לעשות. הם ידעו שה' לא היה מבטיח להם ארץ שלא יעלה בידם לכובשה. מדוע אפוא חזרו ממנה ובפיהם הסקירה השלילית?

תשובתו הופכת את ההבנה המקובלת של פרשת המרגלים על פניה. המרגלים, הוא אומר, לא פחדו מתבוסה. הם פחדו מניצחון. הם אמרו לעם מה שאמרו, אבל מה שגרם להם לומר כך הוא דבר אחר לגמרי.

2. David Landes, *The Wealth and Poverty of Nations*, London: Little, Brown, 1998, p, 524.

הרי מה היה מצבם עכשיו, במדבר? הם חיו בקרבת אלוהים הדוקה ומתמשכת. הם שתו מים מן הסלע. הם אכלו מָן משמים. הם היו מוקפים ענני כבוד. נסים ונפלאות היו בני לווייתם הקבועים.

ומה יהיה מצבם בארץ המובטחת? הם יצטרכו לצאת למלחמות, לחרוש את האדמה, לזרוע, לקצור, להקים ולקיים צבא, משק ומערכת רווחה. הם יצטרכו לעשות מה שכל עם אחר עושה: לחיות בעולם הממשי ובמרחב האמפירי. מה יקרה אז ליחסים שלהם עם אלוהים? אמנם הוא עדיין יהיה נוכח בגשם המצמיח את היבולים, בברכת השדה והעיר, במקדש בירושלים שהם יעלו אליו שלוש רגלים בשנה – אך נוכחותו לא תהיה נראית, אינטימית, נסית, כפי שהייתה במדבר. ומכך חששו המרגלים. לא מפני כישלון, אלא מפני הצלחה.

זהו חטא אצילי, אומר הרבי מלובביץ', אבל עדיין חטא. ה' רוצה שנחיה בעולם הממשי של העמים, המשקים והצבאות. ה' רוצה, כלשונו של הרבי, שנקים לו "דירה בתחתונים", קרי על פני האדמה. הוא רוצה שנביא את השכינה אל תוך חיי היום־יום. קשה למצוא את אלוהים בשדה ובחווה, במשרד ובעסק, במפעל ובבנק. אבל זהו בדיוק האתגר שנקראנו לו: לפַנות לה' מקום בלב העולם הגשמי שהוא ברא, העולם ששבע פעמים הוא אמר עליו כי טוב. את זאת לא הבינו עשרת המרגלים. זה היה כישלון רוחני שחרץ את גורלו של דור שלם לארבעים שנות נדודי סרק.

האמת שבדבריו של הרבי מלובביץ' זוהרת היום אף יותר משזהרה כשהפירוש נאמר לראשונה. זוהי הכרזה מעמיקה של המשימה היהודית. זו גם המחשה נאה למושג שנכנס לפסיכולוגיה מאוחר יותר, **פחד מפני הצלחה.**[3] כולנו מכירים את הפחד מפני כישלון. הוא אשר מרתיע רבים מאיתנו מפני העזה, וגורם לנו להישאר באזור הנוחות. אולם הפחד מפני הצלחה הוא תופעה ממשית לא פחות. אנחנו רוצים להצליח; כך אנחנו אומרים לעצמנו ולאחרים. אולם לא פעם אנו פוחדים, שלא במודע, מפני מה שההצלחה תביא בכנפיה: קבלת אחריות חדשה, ציפיות גבוהות מדי מאיתנו, וכן הלאה. בעצם, אנחנו מפחדים להיעשות למה שהיינו נעשים אילו נָסך בנו מישהו אמונה בעצמנו.

הנוגדן לפחד, פחד מפני כישלון ופחד מפני הצלחה כאחד, מצוי בקטע האחרון בפרשתנו: מצוות ציצית (במדבר טו, לח–מא). התכלת שנצטווינו לשים בפתיל הציצית

3. לעתים הוא מכונה "תסביך יונה", בעקבות יונה הנביא. ראו Abraham Maslow, *The Farther Reaches of Human Nature*, Harmondsworth: Penguin, 1977, pp. 35–40.

היא צבע השמים. היא הצבע שאנו רואים בנושאנו את עינינו אל על (לפחות בישראל שטופת השמש). כשאנו לומדים להרים את עינינו, אנו מתגברים על פחדינו. מנהיגים נותנים לאנשים ביטחון בלמדם אותם להסתכל כלפי מעלה. איננו כחגבים - כל עוד איננו כחגבים בעינינו.

שלח

איסוף תזכורות

אתה נוהג טיפה מעל המהירות המותרת. במראה הקדמית אתה מבחין במכונית משטרה. אתה מאט. אתה יודע היטב שאין לעבור את המהירות, בין שמישהו צופה בך ובין שלא, אבל היות שאתה אנושי, אתה מושפע מן הסבירות שתיתפס ותיענש.

לאחרונה ערכו פסיכולוגים סדרת ניסויים שנועדה לבדוק את השפעת תחושת הנִצְפּוּת על התנהגות חיובית. צֶ'נְבּוֹ ז'וֹנג, וָנֶסָה בּוֹהְנְס ופרנצ'סקה ג'ינוֹ בנו מבחן שבדק מה עושה לאדם הרגשת אלמוניות. הנבדקים, סטודנטים, קיבלו בהקצאה אקראית משקפי שמש או משקפיים שקופים, ונאמר להם כי בודקים את תגובותיהם לקו מוצרים חדש. כשהמשקפיים לעיניהם, ניתנה להם מטלה לא קשורה כביכול: כל אחד קיבל 6 דולרים והזדמנות לחלוק אותם עם זר. מרכיבי המשקפיים השקופים נתנו בממוצע 2.71 דולרים, בעוד מרכיבי משקפי השמש הכהים נתנו בממוצע 1.81 דולרים. עצם הרכבת משקפי השמש, המקנה תחושה שלא מזהים אותך, מפחיתה נדיבות. בניסוי אחר מצאו החוקרים שסטודנטים שניתנה להם הזדמנות נוחה לרמות במבחן נָטוּ יותר לנצל הזדמנות זו כשהתאורה בחדר הייתה עמומה. ככל שאנו חושבים יותר שצופים בנו, כך אנו נעשים נדיבים ומוסריים יותר.

קֶווין הֵיילי ודן פֶסְלֶר בדקו סטודנטים במה שמכוּנֶה "משחק הדיקטטור", שבו ניתנים לשחקן, נניח, עשרה דולרים, ואפשרות להחליט אם להפריש מהם למען זר אלמוני סכום שירצו, או לא להפריש כלל. קודם לכן, ובלי שידעו שזה חלק מהניסוי, הנבדקים נחשפו לרגע קל למחשב שעל מסכו תמונת שומר מסך; אצל חלקם התמונה הייתה זוג עיניים, אצל חלקם האחר תמונה אחרת. אלה שנחשפו לתמונת זוג העיניים תרמו בממוצע לַזר 55 אחוז יותר משאר הנבדקים. במחקר אחר הוצבה מכונת קפה במסדרון באוניברסיטה, לשימוש העוברים והשבים. את התשלום התבקשו המשתמשים - במעין מבחן כבוד - לשלשל בקופה סמוכה. בשבועות מסוימים הייתה תלויה על הקיר הסמוך כרזה ובה זוג עיניים צופיות; בשבועות אחרים - תמונת פרחים.

בשבועות של כרזת העיניים, פדיון המכונה היה גבוה פי 2.76 מזה שבשבועות עם תמונת הפרחים.[1]

אָרָה נוֹרֶנְזָאיָאן, מחבר הספר **אלים גדולים** המצטט את המחקרים הללו ושכמותם, מסכם כי "אנשים נצפים הם אנשים נחמדים". זה חלק ממה שהופך את הדת לכוח הממריץ התנהגות ישרה ואלטרואיסטית: האמונה שאלוהים רואה מה אנחנו עושים. לא מקרה הוא שככל שהאמונה באל אישי דעכה במערב, כך עלה השימוש באמצעי מעקב ופיקוח, כגון מצלמות בטלוויזיה במעגל סגור. הפילוסוף הצרפתי וולטייר אמר פעם שבין שהוא עצמו מאמין בהשגחה אלוהית ובין שלא, הוא מעדיף שהמשרתים שלו יאמינו, כי אז ירמו אותו פחות.

זה אולי טריוויאלי. טריוויאלי פחות הוא הממצא הניסויִי שההבדל באופן התנהגותנו נעוץ לא בעצם אמונתנו, אלא בכך **שמזכירים** לנו אותה. בניסוי אחד, שערכו ברנדון רנדולף־סֶנג ומייקל נילסן, הנבדקים נחשפו למילים שהוקרנו למשך פחות מעשירית שנייה; זמן המספיק למוח כדי לגלות את המילים אך אין בו כדי להניח להן להגיע למודעות. לאחר מכן הוטל עליהם להשתתף במבחן שבו ניתנה להם הזדמנות לרמות. אלה שהמילים שהובזקו לעיניהם היו קשורות לאלוהים נָטו לרמות הרבה פחות מאלה שנחשפו למילים ניטרליות. אותה תוצאה התקבלה בניסוי אחר שבו, לפני המבחן שכלל את ההזדמנות לרמות, הנבדקים התבקשו לִמנות את עשרת הדיברות או לחלופין את עשרת הספרים האחרונים שקראו. עצם ההיזכרות בעשרת הדיברות הפחיתה את הנטייה לרמות.

חוקר אחר, דִיפַּק מַלְהוֹטְרָה, בחן את נכונותם של נוצרים להיענות לבקשות תרומה מקוונות. הוא מצא כי בימי ראשון ההיענות גבוהה פי שלושה מכפי שהיא בשאר ימות השבוע. ברור שיחסם של המשתתפים לאמונה הדתית בדבר חשיבות הצדקה לא השתנה מיום ליום; נראה שהשינוי חל פשוט מפני שבימי ראשון נוצרים נוטים לחשוב על אלוהים יותר מבימים אחרים. ניסוי דומה נערך בקרב מוסלמים במרוקו. שם נמצא כי אנשים שבבתיהם אפשר לשמוע את המואזין נוטים לתרום יותר לצדקה.

מסקנתו של נורנזאיאן היא כי "הדת נמצאת בַּמצב יותר מאשר בָּאדם".[2] או בניסוח אחר, ההבדל בהתנהגותנו טמון פחות במה שאנו מאמינים בו ויותר **בהיזכרות**,

1. פסקה זו, והבאות אחריה, מבוססות על Ara Norenzayan, *Big Gods: How Religion Transformed Cooperation and Conflict*, Princeton: Princeton University Press, 2013, pp. 13–54.
2. שם, עמ' 39.

ולו גם הלא מודעת, במה שאנו מאמינים בו. זוהי בדיוק התובנה הפסיכולוגית שמאחורי מצוות הציצית שבפרשתנו:

> וְהָיָה לָכֶם לְצִיצִת, וּרְאִיתֶם אֹתוֹ וּזְכַרְתֶּם אֶת כָּל מִצְוֹת ה׳ וַעֲשִׂיתֶם אֹתָם, וְלֹא תָתֻרוּ אַחֲרֵי לְבַבְכֶם וְאַחֲרֵי עֵינֵיכֶם אֲשֶׁר אַתֶּם זֹנִים אַחֲרֵיהֶם. לְמַעַן תִּזְכְּרוּ וַעֲשִׂיתֶם אֶת כָּל מִצְוֹתָי, וִהְיִיתֶם קְדֹשִׁים לֵאלֹהֵיכֶם. (במדבר טו, לט-מ)

בגמרא מסופר כי "אדם אחד שהיה זהיר במצות ציצית שמע שיש זונה בכרכי הים שנוטלת ד' מאות זהובים בשכרה".[3] הוא שיגר לה את הסכום הגבוה ונסע למשכנה המרוחק. כשהיה איתה ביחידות והסיר את בגדיו טפחו עליו ציציותיו, והוא קפא במקומו. האישה שאלה אותו מה קרה, והוא סיפר לה על הציצית, והסביר שארבעת גדיליה הם כשני זוגות עדים נגד החטא שהוא עמד לחטוא. הזונה הגויה התרשמה כל כך מכוחה של מצווה פשוטה, עד שהתגיירה.

לעתים איננו מבינים כראוי את הקשר בין דת למוסר. דוסטויבסקי שם בפי גיבורו איוון קרמזוב את השאלה "אם אין אלוהים, מהו אפוא פשע?",[4] או בניסוח הישיר יותר שרבים מייחסים לו בטעות, "אם אין אלוהים - הכול מותר". זו אינה דרך המלך ביהדות. לדעת רב נסים גאון, כללי המוסר המתקבלים על ההיגיון מחייבים את האדם משחר האנושות, עוד לפני מתן תורה.[5] יש לנו חוש מוסרי. אנחנו נמשכים לעשות את מה שאנו יודעים כי אַל לנו לעשות, ולפעמים אנחנו נכנעים לפיתוי. כל מי שניסה פעם להפחית משקל יודע בדיוק מה פירוש הדבר. בתחום המוסרי, זה הדבר שהתורה מתכוונת אליו באומרה "וְלֹא תָתֻרוּ אַחֲרֵי לְבַבְכֶם וְאַחֲרֵי עֵינֵיכֶם אֲשֶׁר אַתֶּם זֹנִים אַחֲרֵיהֶם".

החוש המוסרי, כתב ההוגה ג'יימס ק' וילסון, "איננו אבוקת מגדלור בוהקת המאירה באלומה בהירה כל מה שהיא פוגעת בו" - אלא "שלהבת נר קטנה, המטילה ריבוא צלליות מטושטשות, מהבהבת ומפרפרת ברוחותיהם העזות של הכוח והתשוקה, התאווה והאידיאולוגיה". והוא מוסיף: "אך כשמקרבים אותו אל הלב, הוא מגרש את החושך ומחמם את הנשמה".[6]

3. מנחות מד ע"א.
4. פיודור מיכאילוביץ' דוסטויבסקי, **האחים קרמזוב**, עברית: צבי ארד, תל אביב: דביר, 1993, חלק שני, ספר שישי, פרק שלישי, ו, עמ' 306.
5. בהקדמה לפירושו למסכת ברכות.
6. James Q. Wilson, *The Moral Sense*, New York: Free Press, 1993, p. 251.

הפילוסוף לודוויג ויטגנשטיין כתב כי "עבודת הפילוסוף היא באיסופן של תזכורות לתכלית מסוימת".[7] ביהדות, זוהי בדיוק מלאכתם של האותות החיצוניים – הציצית, המזוזה והתפילין: לאסוף תזכורות, על כנף בגדנו, בביתנו, על זרוענו ועל מצחנו, תזכורות לכך שמעשים מסוימים הם רעים, ושאפילו כאשר שום אדם אחר אינו רואה אותנו, הקב"ה רואה אותנו ורואה בנו אחראים למעשינו. כעת יש לנו עדות אמפירית לכך שלתזכורות יש השפעה ניכרת על דרכי פעולתנו.

"עָקֹב הַלֵּב מִכֹּל וְאָנֻשׁ הוּא; מִי יֵדָעֶנּוּ?" אמר ירמיהו (יז, ט). האדם בורך וקולל גם יחד בנטייה הטבועה בו להשתמש בכוח התבונה שלו לאו דווקא לפעולה רציונלית, אלא גם לרציונליזציה ותַרְצָנוּת של דברים שהוא עושה אף שהוא יודע שלא טוב לעשותם. זהו אולי אחד הלקחים שהתורה מייחלת שנפיק מסיפור המרגלים. לו זכרו המרגלים מה עשה ה' למצרים, האימפריה החזקה ביותר במזרח הקדום, לא היו אומרים "לֹא נוּכַל לַעֲלוֹת אֶל הָעָם כִּי חָזָק הוּא מִמֶּנּוּ" (במדבר יג, לא). אבל הם היו אחוזי פחד. רגשות חזקים, ורגש הפחד במיוחד, מעוותים את התפיסה שלנו. הם מפעילים את האמיגדלה, אותו חלק במוח המפיק את התגובות הפרימיטיביות ביותר שלנו, וגורמים לה לגבור על קליפת המוח הקדם־מִצחית, המאפשרת לנו לחשוב באופן רציונלי על ההשלכות של החלטותינו.

הציצית תכולת הפתיל מזכירה לנו את המרוֹמים. את צבעם, את זַכּוּתם, את היושב בהם, ואת המלאכים הטובים שייבָּראו, כמאמר האגדה, ממעשינו הטובים.

7. לודוויג ויטגנשטיין, **חקירות פילוסופיות**, עברית: עדנה אולמן־מרגלית, ירושלים: מאגנס, תשנ"ה, סעיף 127, עמ' 85 (נוסח התרגום העברי שם: "עבודת הפילוסוף היא באיסופם של זיכרונות לתכלית מסוימת"; אולם התרגום האנגלי, שעל פיו נכתבה דרשתנו זו, נקט reminders, תזכורות).

קורח

על שימפנזים ושוויון

זה היה מאבק כוחות קלסי. ההבדל היחיד בינו לבין הדרמות הרגילות של חצרות המלכים, אולמות הפרלמנטים ומסדרונות הכוח היה העובדה שהוא התחולל בגן החיות בורחרס שבעיר ההולנדית ארנהם, וגיבוריו היו שימפנזים זכרים.

ספרו של פראנס דה־ואל **פוליטיקה של שימפנזים**,[1] על המחקר שעשה בגן החיות ההוא, נעשה לקלסיקה, ובצדק. האטיולוג הנודע מתאר שם כיצד זכר האלפא, יֵרוּאֶן, שהיה זמן־מה בעל העוצמה השלטונית במתחם השימפנזים, נתקל באיום גובר והולך מצדו של טוען לכתר צעיר, לוּאִי. לואי לא היה חזק דיו להדיח את ירואן בכוחות עצמו, ולכן הוא הקים שותפות עם עוד טוען לכתר צעיר, ניקי. לבסוף לואי הצליח וירואן הודח.

לואי הצטיין בתפקידו. הוא היה מיומן בהשכנת שלום בתוך הקבוצה. הוא עמד לצדם של החלשים, ועל כן הכול כיבדוהו. הנקבות הכירו בתכונות המנהיגות שלו והיו תמיד נכונות לטפל בו ולתת לו לשחק עם ילדיהן. לירואן לא היה מה להרוויח מהתכתשות עם לואי. הוא כבר היה זקן מכדי לשוב ולהיות לזכר האלפא. אף על פי כן, הוא החליט לכרות ברית עם ניקי הצעיר. לילה אחד הם תפסו את לואי לא מוכן והרגו אותו. זכר האלפא המודח נקם את נקמתו.

בקוראי את הסיפור הזה חשבתי על הסיפור על הלל הזקן: "אף הוא ראה גלגולת אחת שצפה על פני המים. אמר לה, 'עַל דַּאֲטֵפְתְּ אַטְפוּךְ וְסוֹף מְטַיְּפַיִךְ יְטוּפוּן'"[2] (על שום שהטבעת הטביעו אותך, וסופם של מטביעייך שיטביעום). מאבקי הכוח בין הקופים היו כה דומים לאלה שבין אנשים, שב־1995 כלל יושב ראש בית הנבחרים האמריקני דאז, ניוט גינגריץ', את ספרו של דה־ואל ברשימת עשרים וחמישה הספרים המומלצים שהפיץ בין חברי הקונגרס הצעירים ממפלגתו הרפובליקנית.

1. Frans de Waal, *Chimpanzee Politics*, London: Cape, 1982.
2. משנה, אבות ב, ו.

קורח היה בוגר האסכולה הפוליטית המקיאווליסטית הזו. הוא הבין את שלושת חוקי היסוד. ראשית, הֱיֵה פופוליסט. פרוט על מיתרי הנרגנות של הציבור, וגרום לאנשים לחשוב שאתה עומד לצדם נגד המנהיג הנוכחי. "רַב לָכֶם!", הוא אומר למשה ולאהרן. "כִּי כָל הָעֵדָה כֻּלָּם קְדֹשִׁים, וּבְתוֹכָם ה' - וּמַדּוּעַ תִּתְנַשְּׂאוּ עַל קְהַל ה'?" (במדבר טז, ג).

שנית, אסוף שותפים. קורח עצמו היה לוי. טינתו הייתה על כך שמשה מינה לכוהן גדול את אחיו אהרן. כנראה חשב שהיות שהוא בן דודו של משה - בנו של יצהר, אחיו של עמרם אבי משה ואהרן - משרה זו מגיעה לו; אין זה הוגן ששתי משרות המנהיגות ניתנות לבני משפחה אחת בשבט.

קורח לא היה יכול לצפות למצוא תמיכה רבה בתוך שבטו שלו. לשאר הלוויים לא היה דבר להרוויח מהדחת אהרן. על כן מצא שותפים מקרב שתי קבוצות חוץ: דתן ואבירם בני שבט ראובן, ו"חֲמִשִּׁים וּמָאתָיִם נְשִׂיאֵי עֵדָה קְרִאֵי מוֹעֵד אַנְשֵׁי שֵׁם" (שם, ב). שבט ראובן הרגיש שמנהיגותם של משה ואהרן בני לוי היא נישול של שבט המנהיגים הטבעיים, צאצאיו של בכור בני יעקב. לפי אבן עזרא, מאתיים וחמישים "נשיאי עדה" היו אף הם בכורים בבתי האב שלהם, והם כעסו על שבעקבות חטא העגל עבודת הקודש נשללה מהבכורים וניתנה ללוויים.

המרד נועד לכישלון מפני שטינותיהם של שותפי קורח נבעו מסיבות שונות ולא היה אפשר לממש את השאיפות של כולם. אך ניגוד אינטרסים שכזה לעולם אינו מפריע לקשרים נגד השלטון; אנשים ממורמרים נותנים את לבם יותר להשתוקקות להדיח את המנהיג המכהן, ופחות להכנת תכניות פעולה קונסטרוקטיביות משל עצמם. "השנאה מקלקלת את השורה", אמרו חז"ל.[3] גאווה פצועה, ההרגשה שהכבוד היה צריך להינתן לי ולא לו, הובילה למעשי הרס והרס עצמי כל ימי היות האדם על האדמה.

והחוק השלישי: זהה רגע של פגיעות אצל המנהיג שאתה רוצה להדיח. הרמב"ן מציין שמחלוקת קורח התקיימה מיד לאחר חטא המרגלים ומתן העונש לבני הדור ההוא לנדוד במדבר ארבעים שנה ולמות לפני הכניסה לארץ. עד אז, גם כאשר בני ישראל התאוננו מרה, עדיין הרגישו שהם נעים לקראת היעד, ועל כן לא הייתה הזדמנות ריאלית להתסיס אותם לכדי מרד. רק עתה, משהבינו שלא יעברו את הירדן, היה מרד כזה אפשרי. העם הרגיש שאין לו מה להפסיד.

3. בראשית רבה נה, ח.

ההשוואה בין הפוליטיקה האנושית לזו השימפנזית איננה בדיחה. יש לה שורשים יהודיים רבי דורות. ספר הזוהר ראה באדם תערובת של שני יסודות, הנפש הבהמית והנפש האלוהית. האדם אינו רוח חסרת גוף. יש לנו יצרים גשמיים, והם מקודדים בגנים שלנו. המדענים מדברים כיום על שלוש מערכות במוח שלנו: המוח "הזוחלי", המפיק את רוב התגובות האינסטינקטיביות של "הילחם או ברח"; המוח "הקופי", המתמחה ביחסים חברתיים, ברגשות וברגישות להירכיה; והמוח הייחודי לאדם, קליפת המוח הקדם־מצחית, שהיא אטית, מהורהרת ומסוגלת לחשיבה על תוצאות אפשריות של מהלכי פעולה חלופיים. תפיסה זו מאשרת את מה שחכמים יהודים ואחרים, בהם אפלטון ואריסטו, ידעו כבר מזמן. המתח בין המערכות האלו ויחסי הגומלין ביניהן הם זירת ההתרחשות של דרמת החופש האנושי.

בספר מאוחר יותר מציין פראנס דה־ואל כי "בקרב שימפנזים, ההירכיה קודמת לכול". הנקבות מקבלות אותה כפי שהיא, ואינן מתקוטטות בגללה. אולם בקרב הזכרים "עמדות הכוח נתונות תמיד לאפשרות השתלטות". על הכוח "צריך להילחם, ויש לשמור עליו בקנאות מפני טוענים לכתר". השימפנזים הזכרים הם "מקיאווליסטים תככנים וחטטנים".[4] השאלה היא: גם אנחנו?

אין זו שאלה פעוטה. אם האנושות חפצה להאריך ימים, זו אולי השאלה החשובה מכולן. האנתרופולוגים מסכימים ברובם שבני האדם הקדמונים, הלקטים־ציידים, היו בדרך כלל שוויוניים. לכל אחד היה תפקיד משלו בקבוצה. משימותיהם העיקריות היו להישאר בחיים, למצוא אוכל ולחמוק מטורפים. לא היה עושר לצבור. רק התפתחות החקלאות, הערים והסחר הולידה את ההירכיה בחברות האנושיות. בדרך כלל היו בחברה מנהיג אבסולוטי, מעמד שליט משכיל, והמונים ששימשו כוח עבודה בתכניות בנייה מונומנטליות ובשר חרבות בצבא האימפריאלי. היהדות באה לעולם כמחאה נגד המבנים הללו.

רואים זאת כבר בפרק הראשון בתורה, הקובע שאלוהים ברא את האדם בצלמו וכדמותו – כלומר כולנו, באותה מידה, השתקפויות של האלוהי. למה, שאלו חז"ל, נברא האדם יחידי? אחת התשובות שהם נותנים היא "שלא יאמר אדם לחברו אבא גדול מאביך".[5] משהו מן השוויוניות הזו מהדהד בדברי משה ליהושע, "מִי יִתֵּן כָּל עַם ה' נְבִיאִים, כִּי יִתֵּן ה' אֶת רוּחוֹ עֲלֵיהֶם" (במדבר יא, כט).

4. Frans de Waal, *Are We Smart Enough to Know How Smart Animals Are?* New York: Norton, 2016, p. 168.

5. משנה, סנהדרין ד, ה.

ובכל זאת, כמו עוד רבים מן האידיאלים של התורה - ובהם הצמחונות, ביטול העבדות וביטול הפוליגמיה - גם אל השוויוניות היא אינה מצפה שהאדם יגיע בן לילה. מאות שנים נדרשו לבני האדם להתקדם בכיוון הזה, מאות וגם אלפים, ובמובנים רבים עד היום לא הגענו ליעד.

בחברה הישראלית של ימי המקרא היו שתי מערכות הירככיות: המלוכה והכהונה. שתיהן נוצרו לאחר משבר: המלוכה לאחר כישלון שיטת המשטר של השופטים, והכהונה (ובכלל זה גם כהונתם בקודש של כל בני לוי) בעקבות חטא העגל. ושתיהן הובילו באורח בלתי נמנע למתיחות ולפילוג.

ישראל הקדומה שרדה כממלכה מאוחדת רק בימי מלכותם של שלושה מלכים, ואז התפצלה. הכהונה הייתה בימי בית שני מקור מרכזי למתיחות ולפלגנות, וקו השבר בין הצדוקים והבייתוסים לבין הפרושים תאם במידה רבה את קו השסע בין הכוהנים לבין החכמים והמוני העם. סיפור קורח מסביר מדוע. אם יש הירככיה, יש גם תחרות מי יהיה זכר האלפא.

האם ההירככיה היא מאפיין הכרחי של כל התרבויות המתקדמות? הרמב״ם סבר שנראה שכן. לדידו, המלוכה היא מוסד חיובי, ולא רק התפשרות עם דרישות ההמון. אברבנאל, לעומת זאת, סבר שנראה שלא. יש בכתביו התבטאויות המציגות אותו כאנרכיסט אוטופי שהאמין שבעולם אידיאלי איש אינו מושל באיש. רק האל ריבון על כולם.

אם נחבר יחדיו את סיפור קורח ואת גרסת השימפנזים של פראנס דה־ואל לסדרה **בית הקלפים**, מסקנתנו תהיה כאמור שהירככיה היא מתכון בטוח למאבקי כוח. התוצאה היא מה שתומס הוֹבְּס תיאר בספרו **לויתן** כ״תשוקה מתמדת וחסרת מרגוע להשגת כוח אחר כוח, שאינה פוסקת אלא במוות״.[6]

מן הסיבה הזו העדיפו חז״ל, כשדיברו על שלושת הכתרים, כתר מלוכה, כתר כהונה וכתר תורה, להתמקד באחרון, שאינו הירככי ואינו שמור למיוחסים אלא הוא פתוח לכל מי שצמאה נפשו. חז״ל הורונו כי לימוד התורה מרבה לא עימותים אלא חוכמה;[7] וכי כאשר חכמי ישראל חלוקים זה על זה מתוך לימוד תורה לשמה יוצאת בת קול ואומרת ״אלו ואלו דברי אלוהים חיים״.[8]

6. תומס הובס, **לויתן**, עברית: אהרן אמיר, ירושלים: הוצאת שלם, תש״ע, פרק יא: ״על ההבדל בהליכות״, עמ׳ 68.
7. בבא בתרא כא ע״א.
8. עירובין יג ע״ב; גיטין ו ע״ב.

סיפור קורח חוזר ומתרחש בכל דור ודור. התרופה לכך היא השתקעות יום־יומית בעולם החלופי, עולם לימוד התורה: עולם המבקש לא את הכוח אלא את האמת, והנותן משקל שווה לכל קול בשיחתו הקדושה.

קורח

מנהיגות משרתת

רַב לָכֶם! כִּי כָל הָעֵדָה כֻּלָּם קְדֹשִׁים, וּבְתוֹכָם ה׳ - **וּמַדּוּעַ תִּתְנַשְּׂאוּ** עַל קְהַל ה׳?
(דברים טז, ג)

מה בעצם היה רע בדבריהם אלה של קורח ושל אוסף תומכיו הצבעוני? נכון, ברור לנו שקורח היה דמגוג, לא דמוקרט. הוא רצה כוח לעצמו, לא לעם. נהיר לנו גם שחבורת המוחים לא הייתה תמימה. לכל אחד היו סיבות משלו לרחוש טינה כלפי משה, כלפי אהרן או כלפי הגורל. אבל הבה נניח לרגע לַהקשר, ונתבונן בדברים עצמם: אמת או שקר? ישר או עקום?

באומרם "כִּי כָל הָעֵדָה כֻּלָּם קְדֹשִׁים" ודאי צדקו הדוברים. הרי זהו בדיוק מה שה׳ ביקש מכל העדה להיות: "מַמְלֶכֶת כֹּהֲנִים וְגוֹי קָדוֹשׁ", אומה שכל בניה הם במובן מסוים כוהנים, ושכל אזרחיה קדושים.[1]

באותה מידה צדקו באומרם את המילים העוקבות, "וּבְתוֹכָם ה׳". הרי לשם כך נבנה המשכן: "וְעָשׂוּ לִי מִקְדָּשׁ וְשָׁכַנְתִּי בְּתוֹכָם" (שמות כה, ח). ספר שמות נחתם במילים "כִּי עֲנַן ה׳ עַל הַמִּשְׁכָּן יוֹמָם, וְאֵשׁ תִּהְיֶה לַיְלָה בּוֹ, לְעֵינֵי כָל בֵּית יִשְׂרָאֵל בְּכָל מַסְעֵיהֶם" (שמות מ, לח). שכינת ה׳ במשכן נראתה לעיני בני ישראל בכל אשר הלכו.

הטעות הייתה בחלקה האחרון של הטענה: "וּמַדּוּעַ **תִּתְנַשְּׂאוּ** עַל קְהַל ה׳?". אין זו טעות קטנה. זו טעות בסיסית. משה מייצג את הולדתה של מנהיגות מסוג חדש. את זאת לא הבינו קורח ועדתו. גם רבים מאיתנו כיום אינם מבינים זאת.

המבנים המפורסמים ביותר במזרח הקדום היו הזיקורָאתים במסופוטמיה והפירמידות במצרים. הם לא היו רק מבנים. הם היו הצהרות פוליטיות באבן.

1. יש אומרים שגם כאן טעו הדוברים, שכן היו צריכים לומר "כי כל העדה כולה קדושה" ולא "כולם קדושים"; הקדושה חלה על העדה כשלם, לא על כל יחיד ויחיד בתוכה. עוד יש שהציעו שחטאם של הדוברים היה שאמרו "כולם קדושים" במקום "כולם נקראו להיות קדושים", או דבר־מה מעין זה - שכן הקדושה היא ייעוד, לא מצב נתון.

הפירמידות והזיקוראתים המחישו את הסדר החברתי ההיררכי. הם היו רחבים בבסיס וצרים בקודקוד. למעלה נמצא המלך או פרעה - בנקודה שבה, כך האמינו, השמים והארץ נפגשים. מתחתם הייתה סדרה של שכבות אליטה, ותחתן - ההמונים העובדים.

סדר חברתי זה נתפס לא כאפשרות אחת מרבות לארגון החברה, אלא כחוק טבע ממש. היקום עצמו בנוי באופן הירככי, וכמוהו כל עולם החי והצומח. השמש שולטת בשמים. האריה שולט בממלכת החי. המלך שולט בעם. ככה זה בטבע. ככה צריך להיות. **יש שנולדו לשלוט, ויש שנולדו להישלט.**[2]

היהדות היא מחאה נגד התפיסה ההירככית הזו. כל אדם, לא רק המלך, עשוי בצלם אלוהים וכדמותו. לפיכך איש אינו זכאי לשלוט על אחרים בלי הסכמתם. כמובן, אי־אפשר בלי מנהיגות בכלל. בלי מנצח תגלוש התזמורת לקקופוניה; בלי קפטן תהיה קבוצת הכדורסל במקרה הטוב אוסף של שחקנים מבריקים, אך לא קבוצה; בלי גנרלים, כל צבא יהיה לאספסוף; ובלי ממשלה, העם יגלוש לאנרכיה. "בַּיָּמִים הָהֵם אֵין מֶלֶךְ בְּיִשְׂרָאֵל, אִישׁ הַיָּשָׁר בְּעֵינָיו יַעֲשֶׂה" (שופטים יז, ו; כא, כה).

בסדר חברתי המבוסס על כבוד שווה לכל אדם, ועל האמונה שכך רואה את הדברים אלוהים, מנהיג איננו עומד **מעל** לעם. הוא משרת את העם, והוא משרת את אלוהים. סמלה הגדול של ישראל המקראית, המנורה, הוא בעצם **היפוך** הפירמידה או הזיקוראת על ראשם: בסיסה של המנורה צר, והיא מסתעפת ומתרחבת כלפי מעלה. המנהיג הגדול ביותר הוא דווקא המנהיג הצנוע מכולם. "וְהָאִישׁ מֹשֶׁה עָנָיו מְאֹד מִכֹּל הָאָדָם אֲשֶׁר עַל פְּנֵי הָאֲדָמָה" (במדבר יב, ג).

מנהיגות כזו נקראת **מנהיגות משרתת**,[3] ומקורה בתורה. התואר הנכבד ביותר שהתורה נותנת למשה הוא "עֶבֶד ה'" (דברים לד, ה). בתנ"ך בכללותו, תואר זה ניתן למשה שמונה־עשרה פעם. רק עוד מנהיג אחד נמצא ראוי לתואר זה: יהושע, אשר תואר כך פעמיים.

מרתקת לא פחות היא העובדה שרק אדם אחד בתורה **מצטווה** להיות צנוע - הלוא הוא המלך:

2. אריסטו, **פוליטיקה**, ספר ראשון, 1254a 24-21.
3. הטקסט המפורסם העוסק בכך הוא ספרו של רוברט גרינליף **מנהיגות משרתת**: Robert K. Greenleaf, *Servant Leadership: A Journey into the Nature of Legitimate Power and Greatness*, New York: Paulist Press, 1977. ואולם גרינליף אינו עומד על מציאות רעיון זה בתורה. לכן חשוב לי להראות שהוא נולד כאן, אצל משה.

> וְהָיָה כְשִׁבְתּוֹ עַל כִּסֵּא מַמְלַכְתּוֹ וְכָתַב לוֹ אֶת מִשְׁנֵה הַתּוֹרָה הַזֹּאת עַל סֵפֶר מִלִּפְנֵי הַכֹּהֲנִים הַלְוִיִּם, וְהָיְתָה עִמּוֹ וְקָרָא בוֹ כָּל יְמֵי חַיָּיו - לְמַעַן יִלְמַד לְיִרְאָה אֶת ה׳ אֱלֹהָיו לִשְׁמֹר אֶת כָּל דִּבְרֵי הַתּוֹרָה הַזֹּאת וְאֶת הַחֻקִּים הָאֵלֶּה לַעֲשֹׂתָם, לְבִלְתִּי רוּם לְבָבוֹ מֵאֶחָיו... (דברים יז, יח-כ)

וכך מתאר הרמב״ם את התנהגותו הנאותה של מלך:

> כדרך שחלק לו הכתוב הכבוד הגדול, וחִייֵב הכול בכבודו - כך ציווה להיות ליבו בקרבו שפל וחלל, שנאמר ״וְלִבִּי חָלַל בְּקִרְבִּי״ (תהלים קט, כב). ולא ינהוג גסות לב בישראל יתר מדיי, שנאמר ״לְבִלְתִּי רוּם לְבָבוֹ מֵאֶחָיו״ (דברים יז, כ).
>
> ויהיה חונן ומרחם לקטנם וגדולם, ווייצא ויבוא בחפציהם ובטובתם, ויחוס על כבוד קטן שבקטניהם. וכשמדבר אל כל הקהל בלשון רבים, ידבר רכות - שנאמר ״[וַיָּקָם דָּוִיד הַמֶּלֶךְ עַל רַגְלָיו וַיֹּאמֶר:] שְׁמָעוּנִי אַחַי וְעַמִּי״ (דברי הימים א׳ כח, ב), ואומר ״אִם הַיּוֹם תִּהְיֶה עֶבֶד לָעָם הַזֶּה״ (מלכים א׳ יב, ז).
>
> לעולם יתנהג בענווה יתרה; אין לנו גדול ממשה רבנו, והרי הוא אומר ״וְנַחְנוּ מָה?״ (שמות טז, ז; טז, ח). ויסבול טורחם ומשאם ותלונותם וקצפם ״כַּאֲשֶׁר יִשָּׂא הָאֹמֵן אֶת הַיֹּנֵק״ (במדבר יא, יב).[4]

כללים אלה נכונים לכל עמדות המנהיגות. הרמב״ם מונה בין אלה שאין להם חלק לעולם הבא ״מטילי אימה על הציבור שלא לשם שמיים: זה הרודה ציבור בחוזקה והם יראים ופוחדים ממנו הרבה, וכוונתו לכבוד עצמו ולכל חפציו, לא לכבוד שמיים״. וכאן מוסיף הרמב״ם ואומר, ״כגון מלכי הגויים״.[5] כוונתו הפולמוסית ברורה; ״אין כוונתי״, כמו רומז הרמב״ם, ״לטעון שאיש אינו מתנהג כך - אלא שדרך התנהגות זו אינה יהודית״.

כאשר נהג רבן גמליאל הנשיא באופן שנראה לחבריו שתלטני, הם השעו אותו מתפקידו עד שהודה בטעותו והתנצל.[6] רבן גמליאל למד את הלקח. לאחר זמן אמר לשני תלמידי חכמים שסירבו להצעתו להתמנות לעמדות מנהיגות: ״כמדומִין אתם ששררה אני נותן לכם? עבדות אני נותן לכם!״[7] כמו שאמר פעם מרטין לותר קינג, ״כל אחד יכול להיות אדם גדול... כי כל אחד יכול לשרת״.

4. **משנה תורה**, הלכות מלכים ב, ו.
5. **משנה תורה**, הלכות תשובה ג, יג.
6. ברכות כז ע״ב.
7. הוריות י ע״א-ע״ב.

המנהיגים הגדולים מכבדים אחרים. הם מוקירים אותם, מרוממים אותם, מעודדים אותם להגיע לגבהים שאחרת ספק אם היו מגיעים אליהם אי־פעם. לא השאפתנות האישית מניעה אותם, אלא הערכים. הם אינם נכנעים לפיתוי היהירות האורב לבעלי הכוח.

טעויותיו החמורות ביותר של אדם הן לעתים אלו שהוא עושה בהשליכו את רגשותיו שלו על אחרים. קורח היה אדם שאפתן, ולכן הוא ראה במשה ובאהרן אנשים שהשאפתנות האישית מניעה אותם; שהם מתנשאים מעל קהל ה׳. הוא לא הבין שבעם ישראל הנהגה היא שירות. מי שמשרת אחרים אינו מתנשא מעליהם. להפך: הוא נושא אותם אל על.

קורח

דתן, אבירם וה־BDS

מה פסול נמצא בדבריהם של קורח ועדתו? לכאורה, מה שאמרו היה נכון וגם אידיאליסטי. "רַב לָכֶם", הם אמרו למשה ולאהרן. הגזמתם. "כִּי כָל הָעֵדָה כֻּלָּם קְדֹשִׁים, וּבְתוֹכָם ה'. וּמַדּוּעַ תִּתְנַשְּׂאוּ עַל קְהַל ה'?" (במדבר טז, ג).

היה צדק בדבריהם. ה' הזמין את העם כולו להיות "מַמְלֶכֶת כֹּהֲנִים וְגוֹי קָדוֹשׁ" (שמות יט, ו); ממלכה שכל יחיד בה הוא במובן מסוים כוהן, אומה שכל אחד מבניה קדוש. משה עצמו אמר, "וּמִי יִתֵּן כָּל עַם ה' נְבִיאִים, כִּי יִתֵּן ה' אֶת רוּחוֹ עֲלֵיהֶם" (במדבר יא, כט). אלו הן הכרזות שוויוניות להפליא. מדוע אפוא מתקיימת בפועל הירכיה, שבקודקודה משה המנהיג ואהרן הכוהן הגדול?

ואולם כבר מההתחלה היה ברור שקורח הוא דו־פרצופי. פיו ולבו לא היו שווים, והדבר ניכר היטב. קורח לא רצה חברה שכולם בה אותו דבר, שכל יחיד בה הוא כוהן. הוא לא היה, כפי שניסה להציג את עצמו, מין אנרכיסט אוטופי הדורש לבטל את ההיררכיות לחלוטין. הוא היה מורד ששאף להנהגה. כפי שמלמדים דברי משה אל קורח לאחר מכן, קורח רצה להיות הכוהן הגדול. הוא היה בן דודם של משה ואהרן, וכעס על כך ששתי עמדות ההנהגה יימסרו למשפחה אחת בחמולה. הוא טען שהוא רוצה שוויון. למעשה הוא רצה כוח.

כך באשר לקורח, בן שבט לוי. אבל הפרשה מורכבת יותר. במחלוקת היו מעורבות עוד שתי קבוצות אחרות: דתן ואבירם משבט ראובן, ו"אֲנָשִׁים מִבְּנֵי יִשְׂרָאֵל חֲמִשִּׁים וּמָאתָיִם נְשִׂיאֵי עֵדָה קְרִאֵי מוֹעֵד אַנְשֵׁי שֵׁם" (טז, ב). לכל קבוצה היו כעסים משלה.[1] זו הייתה ברית לא קדושה של ניגודים, והיות שחברו בה בעלי דרישות סותרות היא נידונה לכישלון. אם קורח היה מקבל את מבוקשו ונעשה כוהן גדול, בני ראובן ונשיאי העדה היו מאוכזבים. לו זכו בני ראובן בכבוד, קורח ונשיאי העדה היו מתוסכלים. ואילו הייתה משאלתם של נשיאי העדה מתגשמת, הייתה האכזבה

1. ראו את הדרשה "הירככיה ופוליטיקה: הסיפור שאינו נגמר" לפרשת קורח.

נחלתם של קורח ושל דתן ואבירם הראובנים. הרצף הסיפורי המקוטע והמבולגן של פרקנו הוא דוגמה לסגנון המשקף מהות. המרד היה מבולגן ומבולבל, וגיבוריו היו מאוחדים רק ברצונם להדיח את ההנהגה הקיימת.

אך כל זה לא הוציא את משה משלוותו. חרון אפו ניצת בגלל דבר אחר לגמרי: אמירתם של דתן ואבירם, "הַמְעַט כִּי הֶעֱלִיתָנוּ מֵאֶרֶץ זָבַת חָלָב וּדְבַשׁ לַהֲמִיתֵנוּ בַּמִּדְבָּר כִּי תִשְׂתָּרֵר עָלֵינוּ גַּם הִשְׂתָּרֵר? אַף לֹא אֶל אֶרֶץ זָבַת חָלָב וּדְבַשׁ הֲבִיאֹתָנוּ וַתִּתֶּן לָנוּ נַחֲלַת שָׂדֶה וָכָרֶם. הַעֵינֵי הָאֲנָשִׁים הָהֵם תְּנַקֵּר? לֹא נַעֲלֶה!" (טז, יג-יד). הסילוף הכביר הזה - הצגת מצרים, בית העבדים הנורא שבני ישראל שיוועו בו להצלתם וזעקתם עלתה השמימה, כ"ארץ זבת חלב ודבש" - הוא שהצליח להוציא את משה מכליו.

מה קורה כאן? חז"ל הגדירו זאת באחת המימרות המפורסמות ביותר שלהם: "כל מחלוקת שהיא לשם שמיים סופה להתקיים, ושאינה לשם שמיים אין סופה להתקיים. איזו היא מחלוקת שהיא לשם שמיים? זו מחלוקת הלל ושמאי. ושאינה לשם שמיים? זו מחלוקת קורח וכל עדתו".[2]

חז"ל לא הסיקו ממחלוקת קורח שמחלוקת היא דבר רע, שראוי לציית למנהיגים בלי לשאול שאלות, שהערך העליון ביהדות צריך להיות - כפי שהוא בדתות מסוימות - כניעה. להפך: **המחלוקת היא סם החיים של היהדות**, כל עוד מניעיה טהורים ומטרותיה חיוביות.

היהדות היא תופעה ייחודית: ציוויליזציה שכל כתבי הקודש שלה הם קבצים של מחלוקות. בתנ"ך, גיבורי האמונה - אברהם, משה, ירמיהו, איוב - מתווכחים עם אלוהים. המדרש מיוסד על ההנחה שלתורה שבעים פנים, שפע פרשנויות לגיטימיות. המשנה בנויה בחלקה הגדול על פי התבנית "רבי א' אומר כך, רבי ב' אומר אחרת". התלמוד, הרבה יותר מכפי שהוא מיישב את המחלוקות הללו, הוא מעמיק אותן. המחלוקת היא פעילות מקודשת ביהדות. היא השיח הפנימי המתמשך של עם ישראל סביב מהות שליחותו ודרישות אמונתו.

מהו אפוא השוני בין מחלוקת קורח ושותפיו למחלוקת שבין בית הלל לבית שמאי? רבנו יונה הציע הסבר פשוט. מחלוקת לשם שמים היא מחלוקת על **האמת**. מחלוקת שאיננה לשם שמים היא מחלוקת על **הכוח**. זהו הבדל עצום. בוויכוח שמטרתו היא בירור האמת, המנצח מנצח, אבל גם המפסיד מנצח. כי תבוסה מפני האמת היא התבוסה היחידה שהיא גם ניצחון. היא מגדילה את המובס. הוא לומד דבר שלא ידע קודם לכן.

2. משנה, אבות ה, יז.

בתחרות על כוח, לעומת זאת, המפסיד מפסיד, וגם המנצח מפסיד. מפני שכאשר אדם מקטין את יריביו, הוא מקטין גם את עצמו. משה זכה בדין, זיכוי שאין משכנע ממנו: הוא ביקש נס שיוכיח את צדקתו, וקיבל את מבוקשו. האדמה פערה את פיה ובלעה את יריביו. אלא שהדבר לא שם קץ למחלוקת, ואפילו הפחית עוד את מעמדו של משה בעיני העם: "וַיִּלֹּנוּ כָּל עֲדַת בְּנֵי יִשְׂרָאֵל מִמָּחֳרָת עַל מֹשֶׁה וְעַל אַהֲרֹן לֵאמֹר: אַתֶּם הֲמִתֶּם אֶת עַם ה'!" (במדבר יז, ו). ההיזקקות של משה לפעולה כוחנית התפרשה כסימן לכך שבייאושו נפל אל מגרשם הירוד של המורדים. זה מה שקורה כשהנושא שעל הפרק הוא הכוח ולא האמת.

המרקסיזם זָרַע רעיון הפורח היום בערוגות הפוסט־מודרניזם, הפוסט־קולוניאליזם ודומיהם: הרעיון שאין אמת. שבעולם יש רק כוח. הזרמים שירשו את המרקסיזם גורסים כי ה"שיח" הרווּח בְּחברה מייצג לא את הדברים כפי שהם, אלא את הדברים כפי שהכוח השליט ("ההגמון") רוצה שיהיו. הממשות כולה היא "הבנָיָה חברתית" שנועדה לקדם את האינטרסים של קבוצה זו או אחרת. המסקנה מכך היא "הֶרְמֵנוֹיטיקת החשד": הגישה הפרשנית שבה איננו מקשיבים למה שאדם אומר, אלא רק שואלים איזה אינטרס הוא מנסה לקדם. האמת, אומרים הניאו־מרקסיסטים למיניהם, היא רק מסכה המסתירה את המרדף אחר הכוח. כדי להפיל כוח "קולוניאלי" עליכם להמציא את ה"שיח" שלכם, את ה"נרטיב" שלכם, וכל עוד אנשים מאמינים בו אין זה משנה כלל אם הוא אמתי או שקרי.

זה מה שמתחולל היום בקמפיין נגד ישראל בקמפוסים ברחבי העולם, ובייחוד בתנועת ה־BDS. כמו מחלוקת קורח, הקמפיין הזה והתנועה הזו מקבצים יחדיו אנשים שאין להם שום מכנה משותף אחר. חלקם שייכים לשמאל הקיצוני, אחרים לימין הקיצוני, יש מהם מתנגדי גלובליזציה ויש גם כמה שבאמת מוטרדים ממצוקת הפלסטינים. אולם הכוח המניע את המהלך כולו הוא אנשים שמטעמים תיאולוגיים ופוליטיים מתנגדים לקיומה של ישראל בכל גבול שהוא, ובאותה מידה מתנגדים גם לדמוקרטיה, לחופש הדיבור, לחופש המידע, לחופש הדת, לזכויות אדם ולקדושת החיים. המשותף לכולם הוא סירוב לתת לתומכי ישראל שימוע הוגן, מתוך זלזול בעיקרון היסודי של הצדק; אותו עיקרון שנוסח בתורת המשפט הרומי בביטוי Aude alteram partem, שְׁמַע את הצד השני.

הכזבנות חסרת הבושה שהם נוקטים לעתים - שישראל אינה מולדתו העתיקה של עם ישראל, שמעולם לא היה מקדש בירושלים, שישראל היא מַעצמה "קולוניאלית", נטע זר במזרח התיכון - כזבנות זו מתחרה בחוצפתה הקולוסלית בטענתם של דתן ואבירם שמצרים הייתה ארץ זבת חלב ודבש ושמשה הוציא ממנה

את בני ישראל רק כדי להרוג אותם במדבר. כי אם כל מה שחשוב הוא כוח, למה לבזבז זמן על האמת. כך ממשיכה רוחו של קורח לנשב בימינו.

זה עצוב, משום שמחוללת כאן מהותה היסודית של האוניברסיטה כבית לחיפוש משותף אחר האמת. התופעה הזו איננה מקדמת את השלום במזרח התיכון, ולא את עתיד הפלסטינים, ובוודאי לא את החופש, הדמוקרטיה, חופש הדת או זכויות האדם. על הפרק עומדות סוגיות ממשיות ומהותיות, ששני הצדדים צריכים להתמודד איתן ביושר ובאומץ. שום דבר לא יושג בהקרבת האמת על מזבח המרדף אחר הכוח. שום טובה לא תצמח מהליכה בנתיבו של קורח, המגיע עד ימינו דרך דורות ועידנים.

חוקת

מלחמה במרתפי התודעה

דיוויד ברוקס, בעל טור בעיתון **ניו יורק טיימס**, כתב בספרו רב המכר **החיה החברתית**:

> אנחנו חיים בעיצומה של מהפכה במודעות. במהלך השנים האחרונות הצליחו גנטיקאים, חוקרי מוח, פסיכולוגים, סוציולוגים, כלכלנים, אנתרופולוגים וחוקרים מענפי מדע אחרים לעשות צעדים גדולים בדרך להבנת הלבֵנים שמהן עשוי השגשוג האנושי. ואחד הממצאים המרכזיים בעבודתם הוא שהחשיבה המודעת שלנו איננה הגורם העיקרי שמעצב אותנו. אנו קודם כול תוצר של חשיבה שמתרחשת מתחת לרמת המודעות.[1]

ההתרחשויות הנתפסות במוחנו רבות מכדי שנוכל להיות מודעים לכולן. טימותי וילסון מאוניברסיטת וירג׳יניה מעריך שהמוח האנושי מסוגל לקלוט 11 מיליון פריטי מידע בכל רגע נתון. אנו יכולים להיות מודעים רק לשבריר זעיר מכל זה. רוב הפעילות המנטלית מתקיימת מתחת לסף המודעות.

הישגיו של מדע המוח, מדגישים לעינינו, בין היתר, את חשיבותו העצומה של הרֶגש בתהליך קבלת ההחלטות. הנאורות הצרפתית העמידה במרכז את התבונה, וראתה ברגש רק עיוות והפרעה. זו הייתה שגיאה, והמדע בן זמננו העמידנו על גודלה.

בספרו **השגיאה של דקארט**[2] מספר אנטוניו דמסיו על אדם שגידול סרטני גרם לנזק בקליפת המוח המצחית (פרונטלית) שלו. גם לאחר שהגידול הוסר בניתוח היו לאיש מנת משכל גבוהה, ידע רב וזיכרון מצוין. ובכל זאת חייו נכנסו למסלול של נפילה חופשית. הוא לא היה מסוגל לארגן את זמנו. הוא השקיע את כספו בעסקי

1. דייוויד ברוקס, **החיה החברתית: מה הן הוראות ההפעלה שלנו, וכיצד אנחנו יכולים לשדרג אותן**, עברית: גיא הרלינג, אור יהודה: דביר, 2014.
2. אנטוניו דמסיו, **השגיאה של דקארט: רגשות, היגיון והמוח האנושי**, עברית: דפנה בנאי, חולון: כנרת, 1998.

בִּיש, ואלה עלו לו בחסכונותיו. הוא התגרש, התחתן בשנית, ועד מהרה התגרש שוב. כושר ההיסק שלו נותר מצוין, אבל הוא איבד את היכולת לחוש רגש. עקב כך הוא לא היה מסוגל להחליט בצורה הגיונית.

אדם אחר, שסבל מפגיעה מוחית דומה, לא היה מסוגל להחליט בכלל. פעם אחת, בסוף פגישה טיפולית, הציע לו דמסיו שני מועדים אפשריים לפגישתם הבאה. האיש שלף מחברת, והחל לכתוב את היתרונות והחסרונות של כל מועד. הוא דיבר על תנאי מזג אוויר אפשריים, על התנגשויות אפשריות עם מחויבויות אחרות, וכן הלאה וכן הלאה במשך חצי שעה - עד שדמסיו קטע אותו והחליט במקומו. האיש אמר מיד "זה מצוין" והלך לו.

הרגש, יותר מההיגיון, הוא העומד מאחורי הבחירות שלנו. וכדי לבחור בחירה טובה דרושה בראש ובראשונה אינטליגנציה רגשית. הבעיה היא שחלק גדול מחיינו הרגשיים נמצא מתחת לפני השטח של המחשבה המודעת.

זהו בדיוק הגיונם של ה"חוקים" בתורה - אותם דינים שאין להם הסבר רציונלי. ברשימת החוקים נמנים למשל איסור זריעת כלאיים (שני מינים יחדיו), איסור לבישת שעטנז (צמר ופשתים יחדיו), ואיסור אכילת בשר בחלב. גם דין פרה אדומה שבראש פרשתנו הוא "חוק". התורה אפילו מתארת אותו כַּחוק בהתגלמותו, החוק בה"א הידיעה: "זֹאת חֻקַּת הַתּוֹרָה" (במדבר יט, ב).

לאורך הדורות ניתנו לחוקים שבתורה פירושים רבים. אולם לאור הגילויים האחרונים של מדע המוח אפשר לשער שהחוקים נועדו לעקוף את קליפת המוח הקדם־מצחית (פרֶה־פרונטלית), זו המופקדת על החשיבה הרציונלית, וליצור תבניות התנהגות אינסטינקטיביות שישמשו כוח נגד לכמה מהדחפים הרגשיים האפלים הפועלים בתוכנו.

אנו יודעים, למשל - וג'ארד דיימונד תיעד זאת בספרו **התמוטטות**[3] - שבכל מקום שבני אדם התיישבו בו לאורך ההיסטוריה, הם הותירו אחריהם שובל של חורבן סביבתי: הכחידו מינים שלמים של חיות ועופות, השחיתו יערות, הרסו קרקעות על ידי עיבוד יתר ועוד. חוקים כגון איסורי כלאיים, שעטנז ובשר בחלב יוצרים אצלנו אינסטינקט של כבוד כלפי שלמותו של הטבע. הם מכוננים בנו גבולות. הם זורעים בנו את התחושה שאיננו יכולים לעשות בחי ובצומח שסביבנו ככל אשר נחפוץ. הם שותלים בנו את ההכרה הרגשית שיש דברים אסורים. כזה היה גם האיסור על אכילת

3. ג'ארד דיימונד, **התמוטטות: מדוע נפלו הציביליזציות הגדולות של העבר? האם זה יכול לקרות גם לנו?** עברית: עמנואל לוטם, תל אביב: מטר, 2008.

פרי עץ הדעת בגן עדן. את המסר של סיפור גן עדן, המסופר על שחר האנושות, יכולים בני דורנו להבין טוב יותר מבני כל הדורות הקודמים: בלי תחושה עמוקה של קיום גבולות נהרוס את סביבתנו ונגלה שגן עדן שלנו אבוד.

טקס פרה אדומה, לעומת זאת, מכוון לחסימת אינסטינקט קיים, שהוא ההרסני מכל האינסטינקטים הקדם־רציונליים שישנם: איווי המוות, זה שזיגמונד פרויד כינה "תָנָטוֹס". בכתיבתו המוקדמת דיבר פרויד רק על עקרון העונג, האֶרוס, המדריך את ההתנהגות האנושית, אך במסתו "מעבר לעקרון העונג", שפרסם ב־1920, הוסיף למשוואה את דחף המוות. הוא אף טען שם שדחף המוות גובר על דחף העונג; שדחף המוות יצרי יותר, פרימיטיבי יותר ויסודי יותר. כעבור עשר שנים, במאמרו "תרבות בלא נחת", הוסיף וכתב שחלק מדחף המוות מופנה כלפי חוץ, ובא לידי ביטוי כדחף תוקפני - שהוא אויבה הגדול ביותר של התרבות.

טקס הפרה האדומה הוא הצהרה מטלטלת הקובעת שהקדושה נמצאת בחיים, לא במוות. אדם שבא במגע עם גווייה חייב להיטהר אם רצונו לבוא אל המשכן או המקדש. כללי טהרה קפדניים יותר מושתים על הכוהנים, וקפדניים במיוחד - על הכוהן הגדול. הסמליות בטקס פשוטה. חיים, מוות, ושוב חיים. הפרה האדומה עצמה מסמלת את החיים בשיאם. ראשית, מדובר בבעל חיים. הפרה חיה, וכמו חיות אחרות אינה חושבת על החיים, אלא פשוט חיה. שנית, היא אדומה, כצבע הדם המסמל בתורה את החיים. שלישית, התורה מצווה שזו תהיה פרה שמעולם לא עלה עליה עול; פרה שלא הוגבלה בביות ובשימוש, אלא חיה כל ימיה את מלוא עזוזם של חיי הבר. הפרה מומתת ונשרפת לאפר: ההמתה האולטימטיבית. האפר מעורב ברכיבים המשמשים גם בטקס הטהרה של המצורע, ואשר זוהו כנראה, באופן פיזי או סמלי, עם סילוק טומאה: עץ ארז, תולעת שני ואזוב. ממיסים אותם, שוב, ביסוד המסמל חיים, "מַיִם חַיִּים" (המסמלים אפילו את היות הקב"ה עצמו מזוהה עם החיים: "כִּי עָזְבוּ מְקוֹר מַיִם חַיִּים אֶת ה'", ירמיהו יז, יג) - ומזים אותם על מי שנטמא למת.

ההתרחקות מהמוות ייחדה את אמונת ישראל מכל תרבויות העולם העתיק. אין ביהדות המקראית שום פולחן של אבות מתים, ושום חתירה למגע עם רוחותיהם. על משה אומרת התורה "וְלֹא יָדַע אִישׁ אֶת קְבֻרָתוֹ עַד הַיּוֹם הַזֶּה" (דברים לד, ו), והטעם לכך הוא ככל הנראה הרצון שקֶבר משה לא יהפוך אתר מקודש. האלוהות והקדושה נמצאות בחיים. במוות יש רק טומאה.

התבונה אינה יכולה להשיג התרחקות זו בכוחות עצמה לבדם. מדעי המוח העכשוויים מעידים על כך כמאה עדים. נדרש בסיס רגשי שבחלקו הוא אי־רציונלי. צדק פרויד כאשר שיער שדחף המוות הוא חזק, אי־רציונלי ובעיקרו בלתי מודע,

ושבתנאים מסוימים הוא מוביל אנשים למעשים הרסניים. צריך להילחם בו באזור המְחיה שלו. מתחת לפני השטח.

המילה "חוק" באה מהשורש חק"ק - כמו החקיקה באבן, החריתה. החוקים חקוקים באבן, וכמותם גם הרגלי ההתנהגות חרותים בעומק הנפש הבלתי מודעת שלנו, וקובעים את תגובותינו האינסטינקטיביות. השפעתם הלא מודעת היא אשר בכוחה לדחוק את רגליו של איווי המוות הלא מודע. חוק פרה אדומה חורת בנפשנו קו גבול בל יעבור בין מוות לבין קדושה, ובדרכו האי־רציונלית מַרגילֵנו שמוות וקדושה הם שני הפכים; וברוח זו, החוק האוסר לאכול בשר בחלב מחנך את תהומות נפשנו לשים פדות בין החיים (חלב) למוות (בשר).

החוקים הם דרכה של היהדות לאמן את האינטליגנציה הרגשית שלנו, ומעל לכול ליצור אצלנו מערכת התניות של קישור מוכני בין קדושה לבין חיים ובין טומאה לבין מוות. מרתק לראות כיצד מדע המוח המודרני מאשש זאת. הרציונליות, שחשיבותה במקומה מונחת, היא רק מחצית התשובה לשאלה מדוע אנחנו כפי שאנחנו. אם רצוננו לכבוש את יצר התוקפנות, האלימות והמוות האורב לנו סמוך מתחת לפני השטח של תודעתנו, חובתנו לאַלֵּף את המחצית השנייה.

חוקת

ריפוי טראומת האבדן

שנתיים נדרשו לי להתאושש ממות אבי זיכרונו לברכה. כמעט עשרים שנה עברו, ועדיין קשה לי להסביר למה. הוא לא נפטר בפתאומיות ולא בדמי ימיו. הוא הגיע אל עומק העשור התשיעי לחייו. בשנותיו האחרונות הוא עבר חמישה ניתוחים, וכל אחד מהם גרע מכוחותיו. ומעבר לכך, הרי בתפקידי כרב הרביתי לערוך לוויות ולנחם אבלים. חשבתי שאני יודע איך נראה אֵבל מקרוב.

חכמינו לא עודדו התבוססות ארוכה באבל. חז"ל אמרו שהקב"ה שואל אדם שמאריך באבלו יתר על המידה, "אי אתם רחמנים בו יותר ממני?"[1] הרמב"ם פוסק, "אל יתקשה אדם על מתו יתר מדי, שנאמר 'אַל תִּבְכּוּ לְמֵת וְאַל תָּנֻדוּ לוֹ' (ירמיהו כב, י) - כלומר יתר מדי. שזה [המוות] הוא מנהגו של עולם; והמצער עצמו על מנהג העולם, הרי זה טיפש".[2] לבד מחריגים נדירים ביותר, תקופת האבל המרבית בהלכה היא שנה אחת.

אלא שידיעת העובדות הללו לא עזרה. לא תמיד אנחנו אדונים לרגשותינו. ולא תמיד ביקורי תנחומים אצל אחרים מכינים אותך לחוויית האבדן האישית שלך. ההלכה מווסתת את ההתנהגות שלנו כלפי חוץ, אך לא את הרגשות שבלבנו פנימה; וכשהיא מדברת בכל זאת על רגשות, למשל כשהתורה מצווה לאהוב ולא לשנוא, ההלכה מתרגמת זאת בדרך כלל למונחיה ההתנהגותיים, מתוך הנחה כי "אחרי המעשים נמשכים הלבבות".[3]

הרגשתי חור שחור קיומי; ריקנות בלב הישות שלי שהקהתה את תחושותיי והקשתה עליי לישון ולהתרכז. חייתי כאילו החיים מתרחשים הרחק ממני ואני

1. מועד קטן כז ע"ב.
2. **משנה תורה**, הלכות אבל יג, יא.
3. **ספר החינוך**, מצווה טז.

רק צופה בהם כבסרט המוקרן במטושטש ובלי קול. זה עבר לי בסוף, אך בתקופה שהרגשתי כך עשיתי כמה מהטעויות החמורות ביותר שעשיתי בחיי.

אני מספר על כך מפני שזהו החוט המקשר שאירועי פרשת חוקת נשזרים בו. המטלטל מכולם הוא אירוע מי מריבה (במדבר כ, א-יג). העם התלונן על מחסור במים. משה פעל שלא כשורה. ה׳ הוציא בכל זאת מים מן הסלע, אך דן את משה ואת אהרן לעונש כמעט בלתי נסבל: ״יַעַן לֹא הֶאֱמַנְתֶּם בִּי לְהַקְדִּישֵׁנִי לְעֵינֵי בְּנֵי יִשְׂרָאֵל, לָכֵן לֹא תָבִיאוּ אֶת הַקָּהָל הַזֶּה אֶל הָאָרֶץ אֲשֶׁר נָתַתִּי לָהֶם״. מה עשה משה שלא כשורה? על כך חלוקים הפרשנים. האם היציאה מהכלים והטחת הדברים הקשים בעם (״שִׁמְעוּ נָא הַמֹּרִים״)? האם ההכאה בסלע במקום הדיבור אליו? האם הרמיזה העולה מדבריו לעם, כאילו לא ה׳ מוציא את המים מן הסלע, אלא הוא ואהרן (״הֲמִן הַסֶּלַע הַזֶּה נוֹצִיא לָכֶם מָיִם״)?

תמוה אפילו יותר למה איבד משה את עשתונותיו ברגע ההוא. הוא כבר התמודד עם אותה בעיה בכמה מקרים קודמים, אך מעולם לא איבד שליטה. במרה (שמות טו) בני ישראל התלוננו שהמים מרים ואי־אפשר לשתות אותם. במסה ומריבה (שמות יז) הם התלוננו שאין מים. ה׳ אמר אז למשה לקחת את מטהו **ולהכות** בסלע, והמים יצאו מהסלע. לכן, כאשר בפרשה שלנו ה׳ מצווה על משה ״קַח אֶת הַמַּטֶּה... **וְדִבַּרְתֶּם** אֶל הַסֶּלַע לְעֵינֵיהֶם וְנָתַן מֵימָיו״, מתקבל על הדעת שמשה, בהשפעת הפעם הקודמת, טעה מעט וחשב שגם הפעם צריך להכות בסלע. משה הלך בעקבות התקדים. והרי אם ה׳ לא התכוון שהוא יכה בסלע, מדוע ציווה עליו לקחת את מטהו?

עוד קשה להבין את סדר האירועים. **ה׳ כבר אמר למשה מה בדיוק לעשות** – הקהל את העם; דבר אל הסלע, והמים יֵצאו. זה היה **לפני** דבריו הזועמים של משה לעם, שהחלו במילים ״שמעו נא המורים״. אפשר להבין שאדם מאבד את קור רוחו כשהוא נתקל בבעיה הנראית בלתי פתירה. זה קרה למשה בפרשת בהעלותך, כשהעם התלונן שאין לו די בשר. אבל מה הבעיה הקשה הפעם? למה לאבד את העשתונות אם ה׳ מבטיח לך במפורש, ״וְדִבַּרְתֶּם אֶל הַסֶּלַע לְעֵינֵיהֶם וְנָתַן מֵימָיו וְהוֹצֵאתָ לָהֶם מַיִם מִן הַסֶּלַע וְהִשְׁקִיתָ אֶת הָעֵדָה וְאֶת בְּעִירָם״? הפתרון כבר היה בידי משה. מדוע גרמה לו הבעיה להיות כה נסער?

רק אחרי שהתייתמתי מאבי הבנתי. הרי מה קרה מיד לפני מי מריבה? הפסוק הראשון בפרק כ מספֵּר: ״וַיֵּשֶׁב הָעָם בְּקָדֵשׁ. וַתָּמָת שָׁם מִרְיָם וַתִּקָּבֵר שָׁם״. מיד אחריו מספרת התורה שלא היו שם מים. מדרש אגדה מפורסם מסביר שבזכות מרים ליוותה באר פלאית את בני ישראל בנדודיהם במדבר. כשמתה מרים פסקו המים

לנבוע.[4] הנה לנו קשר סיבתי ברור בין פסוק א, המספר על מות מרים, לפסוק ב, המספר על המחסור במים. אבל נראה לי שיש בין הפסוק הראשון לבין מה שבא אחריו גם קשר עמוק יותר: הקשר שבין מות מרים לבין התערערות האיזון הרגשי של משה.

מרים הייתה אחותו הגדולה. בינקותו, כשנשלח לגורלו בתיבה על היאור, תפקידה של מרים היה להשגיח ולראות מה ייעשה לו. למרים היו האומץ והתושייה לפנות לבת פרעה ולהציע לה שתיקח לתינוק מינקת מן העבריות, להמליץ על אִמה, וכך להחזיר את משה הקטן לאמו ולהבטיח כי גם כאשר יגדל בארמון פרעה יֵדע לאיזה עם הוא שייך. משה חב למרים את עצם ידיעת זהותו ואת כל מסלול חייו. בלי מרים לא היה נעשה נביא אלוהים ונציגו בקרב בני ישראל, לא היה נותן להם את התורה, לא היה מוציאם ממצרים ומובילם במדבר. עכשיו, כאשר אבדה לו, לא רק אחות הוא איבד. הוא איבד את העוגן האנושי של חייו.

האדם האבל מאבד את השליטה ברגשותיו. הוא מוצא את עצמו כועס גם כשהמצב מזמין רוגַע. הוא מכה כשעליו לדבר, ומדבר כשעליו לשתוק. אפילו כאשר אלוהים אומר לו מה לעשות, הוא מקשיב רק בחצי אוזן. הוא שומע את המילים, אך הן יוצאות מהאוזן השנייה. הרמב"ם שואל איך ייתכן שיעקב, שהיה נביא, לא ידע שעוד יוסף חי. תשובתו: יעקב היה אבל, והשכינה אינה שורה על אבלים.[5] כשמשה עמד מול הסלע הוא היה פחות נביא ויותר אח שכול. הוא עוד לא התנחם, ושליטתו העצמית לא הייתה מלאה. משה היה גדול הנביאים - אבל הוא היה אדם, ובמי מריבה הוא היה אנושי מִתָּמִיד.

פרשת חוקת עניינה היותנו בני תמותה. אל הנקודה הזו מתנקזים אירועיה. ה' הוא נצחי, ואנו בני חלוף. כפי שאנו אומרים בראש השנה וביום כיפור בפיוט "ונתנה תוקף", האדם "משול כחרס הנשבר, כחציר יבש וכציץ נובל, כצל עובר וכענן כלה וכרוח נושבת וכאבק פורח וכחלום יעוף". מעפר אנחנו ואל עפר נשוב - ואילו אלוהים נצחי, חַי עוֹלָמִים.

ברובד אחד, גלוי, סיפור מי מריבה הוא סיפור על חטא ועונש: "**יַעַן לֹא הֶאֱמַנְתֶּם בִּי לְהַקְדִּישֵׁנִי לְעֵינֵי בְּנֵי יִשְׂרָאֵל - לָכֵן לֹא תָבִיאוּ אֶת הַקָּהָל הַזֶּה אֶל הָאָרֶץ אֲשֶׁר נָתַתִּי**

4. תענית ט ע"א.

5. רמב"ם, **שמונה פרקים**, פרק שביעי. מבוסס על פסחים קיז ע"א.

לָהֶם״. אולי איננו בטוחים מה בדיוק היה החטא הזה, או מדוע הוא הצדיק עונש חמור כל כך, אבל לפחות ברור לנו לאיזו מחלקה הסיפור הזה שייך.

ואף על פי כן נראה לי שכאן, כמו בעוד מקומות רבים בתורה, יש סיפור שמתחת לסיפור, וזהו סיפור אחר לגמרי. פרשת חוקת עוסקת במוות, באבדן ובאבל. מרים מתה. אהרן ומשה שומעים מהקב״ה שהם לא יזכו להיכנס בחייהם לארץ המובטחת. אהרן מת, והעם מתאבל עליו שלושים יום. שלישיית האחים הזו היא צוות ההנהגה הדגול ביותר בתולדות ישראל; משה אדון הנביאים, אהרן הכוהן הגדול הראשון, ומרים, על פי המדרשים הרבים המתארים את גודל אמונתה, את האומץ שלה ואת ראיית הנולד שלה, אולי גדולה אף מהם. **הפרשה מבקשת לומר לנו שלכל אחד מאיתנו יש ירדן שהוא לא יזכה לחצות, ארץ מובטחת שהוא לא ייכנס אליה.** ״לא עליך המלאכה לגמור״. גם הגדולים שבגדולים אינם חיים לָנֶצח.

משום כך נפתחת פרשת חוקת בפרשת פרה אדומה (יט, א-כב). אפר הפרה, מעורב ב״עֵץ אֶרֶז וְאֵזוֹב וּשְׁנִי תוֹלָעַת״ ומהול ב״מַיִם חַיִּים״, מוּזֶה על אדם שבא במגע עם מת, מטהר אותו ומאפשר לו להיכנס למשכן. לפנינו אחד מעקרונות היסוד ביהדות. **המוות מטמא.** רוב הדתות, לכל אורך ההיסטוריה, גרסו שהחיים שלאחר המוות אמתיים יותר מהחיים עצמם. בעולם המתים, חשבו המצרים, חיים האלים. בעולם שלאחר המוות חיים אבותינו - כך האמינו היוונים והרומאים ושבטים פרימיטיביים רבים. בעולמם של המתים נמצא הצדק, מאמינים רבים מן הנוצרים. שם, בעולם הבא, נמצא גן עדן, מלמדת המסורת המוסלמית. גם אנו היהודים מאמינים בחיים שלאחר המוות ובתחיית המתים, אבל התנ״ך כמעט שאינו אומר על כך דבר. ״לֹא הַמֵּתִים יְהַלְלוּ יָהּ״, אומר משורר תהלים (קטו, יז). אנו מבקשים את ה׳ בחיינו, בעולם הזה על כל סכנותיו ואיומיו, אבדניו ויגוניו. אולי אנחנו, כלשונו של אברהם אבינו, רק ״עָפָר וָאֵפֶר״ (בראשית יח, כז), אבל החיים עצמם הם זרימה שאיננה חדלה, ״מַיִם חַיִּים״, ואת זאת מסמלים האפר והמים בטקס הפרה האדומה.

התורה מוהלת בעדינות רבה חוקים וסיפורים - והחוק בא לפני הסיפור, כי ה׳ מקדים לנו תרופה למכה. מרים מתה. משה ואהרן הלומי צער. משה, לרגע קט, מאבד שליטה, והוא ואהרן מקבלים תזכורת שגם הם בני תמותה, ושהם ימותו קודם הכניסה לארץ. אך, כלשונו של הרמב״ם, זו דרכו של עולם. אנחנו נשמות מגולמות בגוף. אנחנו בשר ודם. אנחנו מזדקנים. אנחנו מאבדים את מי שאהבנו. כלפי חוץ אנחנו מתאמצים לשמור על חזותנו היציבה, אך פנימה אנחנו בוכים. ובכל זאת החיים נמשכים, ואת מה שהתחלנו ישלימו אחרים.

יקירינו שאהבנו ושָכַלנו מוסיפים לחיות בתוכנו, וגם אנו נוסיף ונחיה בלבם של אהובינו. כי עַזָּה כַמָּוֶת אַהֲבָה, והטוב שעשינו בחיינו לא ימות במותנו.[6]

6. שיר השירים ח, ו. וראו משלי י, ב; יא, ד.

חוקת

ניהול כעסים

יש קונה עולמו בשעה אחת, אומרים חז"ל, ויש מאבד עולמו בשעה אחת. הדוגמה המבלבלת והמשתקת ביותר לאיבוד עולם בשעה אחת היא מה שאירע למשה במֵי מריבה. כזכור, העם צמא למים, וה' ציווה על משה לקחת את מטהו ולדבר אל הסלע והמים ינבעו ממנו. ואז -

וַיַּקְהִלוּ מֹשֶׁה וְאַהֲרֹן אֶת הַקָּהָל אֶל פְּנֵי הַסָּלַע, וַיֹּאמֶר לָהֶם: שִׁמְעוּ נָא הַמֹּרִים, הֲמִן הַסֶּלַע הַזֶּה נוֹצִיא לָכֶם מָיִם? וַיָּרֶם מֹשֶׁה אֶת יָדוֹ וַיַּךְ אֶת הַסֶּלַע בְּמַטֵּהוּ פַּעֲמָיִם וַיֵּצְאוּ מַיִם רַבִּים וַתֵּשְׁתְּ הָעֵדָה וּבְעִירָם.

וַיֹּאמֶר ה' אֶל מֹשֶׁה וְאֶל אַהֲרֹן: יַעַן לֹא הֶאֱמַנְתֶּם בִּי לְהַקְדִּישֵׁנִי לְעֵינֵי בְּנֵי יִשְׂרָאֵל, לָכֵן לֹא תָבִיאוּ אֶת הַקָּהָל הַזֶּה אֶל הָאָרֶץ אֲשֶׁר נָתַתִּי לָהֶם. (במדבר כ, י-יב)

אנו מתפתים לומר - "זו תורה וזו שכרה?" איזה חטא חָטָא משה המצדיק עונש קשה כל כך? בהזדמנויות אחרות ביטאתי את דעתי שמשה לא חטא וגם לא נענש. פשוט, כל דור זקוק למנהיגים משלו. משה היה המנהיג המתאים להוציא את בני ישראל ממצרים; לא רק המתאים, אלא היחיד שהיה מסוגל לכך. אבל כדי להכניס את הדור הבא של בני ישראל אל הארץ המובטחת היה נחוץ מנהיג מסוג אחר, בעל סגנון אחר של מנהיגות.

כאן אציע הסבר אחר; זהו ההסבר שמציע הרמב"ם ב**שמונה פרקים**, הקדמתו לפרקי אבות, מסכת המוסר והאתיקה. דברי הרמב"ם שם מציגים את האתיקה היהודית, באופן עכשווי עד להפתיע, כאימון באינטליגנציה רגשית.[1] רגשות בריאים חיוניים לחיים טובים ומאושרים, אבל מֶזֶג לא בוחרים. לאנשים מסוימים יש נטייה טבעית

1. פיטר סלוביי וג'ון מאייר טבעו את המונח הזה, ודניאל גולמן הפך אותו לפופולרי.

להיות סבלניים, רגועים, פתוחי לב ואופטימיים יותר מאחרים. רמז לתפיסה שהרגשות "קורים" לנו ולא אנו "נוקטים" אותם טמון בכינוי האנגלי הישן לרגשות, passions, שבא מאותו שורש שבאה ממנו המילה passive, פָּסיבי. למרות זאת, הרמב"ם סבר שבעזרת מידה מספקת של אִימון אפשר להתגבר על הרגשות ההרסניים שלנו ולבנות את חיי הרגש שלנו בעצמנו.

הרמב"ם סבר, כמו אריסטו, שהאינטליגנציה הרגשית טמונה ביכולת לאזן בין קצוות, בין עודף לבין חֶסר. עודף של פחד הופך אדם לפחדן, ואילו מחסור גמור בפחד גורם לו להיות אדם פזיז המסכן את חייו ללא צורך. דרך האמצע היא האומץ. וכך באשר לכל התכונות. אבל יש, אומר הרמב"ם, שני יוצאי דופן: הגאווה והכעס. אפילו מעט גאווה, "שמינית שבשמינית גאווה" בלשון חז"ל, היא יותר מדי. ואפילו שמץ של כעסנות הוא רע.

על כך, אומר הרמב"ם, נענש משה: על שאיבד את עשתונותיו כשאמר לעם "שִׁמְעוּ נָא הַמֹּרִים" (כלומר אנשי המרי, הממרים, המורדים). נכון, משה יצא מכליו גם במקרים אחרים - או לפחות נראה כמי שיצא מכליו. תגובתו לחטא העגל, ששיאה היה שבירת הלוחות, ודאי לא הייתה תגובה רוגעת ונינוחה. אבל המקרה ההוא היה אחר. בני ישראל חטאו. ה' בכבודו ובעצמו איֵם לשים להם קץ. משה היה צריך לפעול בנחישות ובכוח כדי להחזיר את הסֵדר לעם שיצא מכלל שליטה עצמית.

כאן, לעומת זאת, העם לא חטא. בני ישראל היו צמאים. הם נזקקו למים. ה' לא כעס עליהם. תגובתו חסרת המעצורים של משה הייתה אפוא שגויה, אומר הרמב"ם. נכון, כולנו כועסים לפעמים. אבל משה היה מנהיג, ומנהיג צריך להיות דמות מופת. על כן הושת על משה עונש כה כבד בשל עוון שאדם נעלה פחות היה כנראה מקבל עליו עונש קל.

נוסף על כך, אומר הרמב"ם, כשמשה התפרץ על בני ישראל הוא לא נהג בהם כבוד והיה עלול לזרוע בהם ייאוש. הם ידעו כי משה הוא שליח ה', ועל כן היו עלולים להסיק מכעסו שגם ה' כועס עליהם. אלא שהעם בסך הכול ביקש מים. נטיעת הרושם השגוי שה' כועס על העם היא היפוכו של קידוש השם. ועל כן, חמת זעם של רגע אחד הספיקה כדי לשלול ממשה את הגמול שהיה ודאי משאת נפשו: לראות כיצד מלאכת חייו מגיעה לשיאה ולהשלמתה, ועם ישראל עובר את הירדן ונכנס לארץ המובטחת.

חז"ל ודאי היו מאמצים אל לבם את הרעיון המודרני בדבר "ניהול כעס". הם סלדו מן המידה הרעה הזו ולא חסכו ממנה את שבט לשונם. הם אמרו, "שלושה

חייהם אינם חיים: הרחמנים והרתחנים ואניני הדעת".[2] ריש לקיש אמר, "כל אדם שכועס - אם חכם הוא, חכמתו מסתלקת ממנו; אם נביא הוא, נבואתו מסתלקת ממנו".[3] הרמב"ם מצטט מימרות אלו, וגם את המימרה "כל הכועס כאילו עובד עבודה זרה".[4]

הדבר המסוכן בכעס הוא שהוא גורם לנו לאבד שליטה. הוא מפעיל את החלק הפרימיטיבי ביותר במוח האדם, העוקף את מעגלי הנוירונים שאנו משתמשים בהם כשאנו חושבים ובוחרים באופן רציונלי. כשאנו אחוזי כעס, אנו מאבדים את היכולת לצעוד צעד אחד אחורה ולבחון את התוצאות האפשריות של מעשינו. משום כך, ברגע קטן של זעם אנו עלולים לעשות או לומר דברים שנתחרט עליהם עד אחרון ימינו.

על כן פוסק הרמב"ם שבמידת הכעס אין "דרך אמצע".[5] אסור לכעוס, יהיו הנסיבות אשר יהיו. עלינו ללכת אל הקיצוניות ההפוכה. אפילו כאשר הכעס מוצדק, חובתנו להימנע ממנו. לפעמים נחוץ **שנעמיד פנים** שאנו כועסים. כך עשה משה כשבני ישראל סגדו לעגל הזהב, בשוברו את הלוחות. אפילו במצבים כאלה, אומר הרמב"ם, צריכה דעתו של האדם להיות "מיושבת בינו לבין עצמו, כאדם שהוא מידַמֶה איש בשעת כעסו והוא אינו כועס".

בעל ספר **אורחות צדיקים** (מן המאה החמש־עשרה) מזכיר שהכעס משחית מערכות יחסים. אנשים חמי מזג מפחידים את הבריות, והבריות חוששים להתקרב אליהם. הכעס מגרש את הרגשות החיוביים - הסלחנות, החמלה, האמפתיה והרגישות. על ידי כך נעשים האנשים בעלי הפתיל הקצר בודדים, מרוחקים ומתוסכלים. הרתחן אינו מרוויח דבר מרתחנותו. הוא רק מפסיד את שאר הדברים שיש לו.[6]

המופת הקלסי לסבלנות הגוברת על כל פרובוקציה היה הלל הזקן. התלמוד[7] מספר על שני אנשים שהתערבו על ארבע מאות זוז מי יצליח להוציא את הלל משלוותו. בערב שבת, כשהלל חפף את ראשו, עמד אחד האנשים הללו ליד ביתו וקרא, "מי כאן הלל? מי כאן הלל?" הלל התעטף ויצא ושאל, "בני, מה אתה מבקש?" - "שאלה יש לי לשאול", אמר האיש. "שאל, בני", אמר לו הלל. "מפני מה

2. פסחים קיג ע"ב.
3. שם, סו ע"ב.
4. **משנה תורה**, הלכות דעות ב, ג.
5. שם.
6. קידושין מ ע"ב.
7. שבת לא ע"א.

ראשיהם של בני בבל סגלגלים כביצה?" - "שאלה גדולה שאלת, בני", ענה הלל. "מפני שאין להן מיילדות פיקחות".

האיש הלך, שהה מעט וחזר. ושוב, "מי כאן הלל? מי כאן הלל?" ושוב התעטף הלל ויצא ושאל "בני, מה אתה מבקש?" "יש לי עוד שאלה", אמר האיש, והלל דרבן אותו לשאול. "מפני מה עיניהם של התדמוריים טרוטות?" והלל שוב השיב, "שאלה גדולה שאלת, בני. מפני שהם גרים בין חולות המדבר ועיניהם מאדימות מן החול".

עד מהרה חזר הטרדן לשאלה שלישית. ושוב "מי כאן הלל?" ושוב התעטפות במגבת והתעניינות נינוחה בשאלתו החדשה של האיש. "מפני מה רגליהם של בני אפריקה רחבות?" - "שאלה גדולה שאלת, בני. מפני שהם גרים בין בִּצעי המים, ואם לא יהיו רגליהם רחבות ישקעו בבוץ".

"עוד שאלות רבות יש לי לשאול", אמר האיש, "אבל אני חושש שמא תכעס". הלל התלבש, התיישב, והציע לאיש לשאול שאלות ככל העולה על רוחו. "אתה הוא הלל שקוראים לו נשיא ישראל?" שאל, והלל השיב בחיוב. "אם אתה הוא, לא ירבו כמותך בישראל!" הִפגיע הטרדן. "מדוע, בני?" שאל הלל. "מפני שבגללך הפסדתי ארבע מאות זוז!" - "הווי זהיר ברוחך", אמר לו הלל בנחת. "כדאי הוא הלל שתאבד על ידו ארבע מאות זוז וארבע מאות זוז, והלל לא יקפיד".

סבלנותו הניצחת של הלל, גם לנוכח פרובוקציות העלולות להוציא אדם מדעתו, הייתה על פי התלמוד אחת הסיבות לכך שהלכה נפסקה בדרך כלל על פי בית הלל ולא על פי בית שמאי.[8]

הדרך הטובה ביותר לנצח את הכעס היא להשתהות, להרהר, לספור עד עשר ולנשום עמוק. אם צריך, גם לעזוב את החדר, לצאת להליכה, להרפיה, להתבודדות שתאוורר את הרגשות הארסיים. מסופר על אחד מאדמו"רי חב"ד שבכל פעם שחש שהכעס גואה בו היה פותח את כרכי **השולחן ערוך** ובודק אם בנסיבות הנוכחיות מותר לכעוס. עד שהיה מגיע למסקנה מלימודו, הכעס היה מתפוגג.

פסק דינה של היהדות ברור: או שנביס את הכעס, או שהוא יביס אותנו.

8. עירובין יג ע"ב.

בלק

בלי נאמנות אין מנהיגות

האם מנהיגות היא אוסף של כישורים שעניינם היכולת לצבור כוח והשפעה ולהפעילם - או אולי יש בה גם ממד מוסרי? האם אדם רע יכול להיות מנהיג טוב? סיפורו של גיבור פרשת השבוע שלנו, הנביא האלילי בלעם, יכול להיות תשובה לכך.

כהקדמה נספר כי בידינו עדות חיצונית לכך שבלעם אכן היה קיים. בדיר־עלא שעל גדת הירדן המזרחית, במקום שנהר היבוק נשפך בו אל הירדן, התגלתה בשנת 1967 כתובת על קיר של מקדש אלילי מן המאה השמינית לפני הספירה. נזכר בה נביא ושמו בלעם בן בעור. הוא מוצג באופן התואם להפליא את דמותו שבפרשתנו. בלעם היה אפוא דמות ידועה באזור.

הצלחותיו עוררו השתאות. הוא היה וירטואוז רוחני, קוסם ומכשף, שאמאן מבוקש ועושה נפלאות. בלק אומר לו, על סמך ניסיונו האישי או לאור המוניטין שיצא לו, "יָדַעְתִּי: אֵת אֲשֶׁר תְּבָרֵךְ מְבֹרָךְ וַאֲשֶׁר תָּאֹר יוּאָר" (במדבר כב, ו). חז"ל אינם מטילים בכך ספק. על הפסוק שבסוף התורה, "וְלֹא קָם נָבִיא עוֹד בְּיִשְׂרָאֵל כְּמֹשֶׁה אֲשֶׁר יְדָעוֹ ה' פָּנִים אֶל פָּנִים" (דברים לד, י), חז"ל אומרים דבר מרחיק לכת: "בישראל לא קם, אבל באומות העולם קם. ואיזה זה? זה בלעם בן בעור".[1]

מקור מדרשי נוסף אומר:

> לא הניח הקב"ה דבר בעולם שלא גילה לבלעם. ומפני מה? מפני שגלוי וידוע לפניו, יתברך שמו, שעתידים כל הגויים מכחישי התורה לומר לפניו יתברך ליום הדין: "ריבונו של עולם, אילו נתת לנו נביא כמשה, היינו מקבלים תורתך". לפיכך נתן להם הקב"ה את בלעם שהיה מעולה בחכמתו יותר ממשה.[2]

1. ספרי שם.
2. תנא דבי אליהו רבא, כח.

מבחינה טכנית אפוא היה בלעם בעל כל הכישורים הדרושים. ובכל זאת, פסק דינה הסופי של התורה על בלעם הוא שלילי. בפרק כה מופיע המשך אירוני לפרשת הקללות־ברכות של בלעם. בני ישראל, שאך זה הצילם הקב"ה מהקללות שבלק זמם שבלעם יקללם, הביאו על עצמם קללה כאשר נתנו לבנות מואב ומדיין, ארצותיהם של בלק ובלעם, להדיחם. ה' זעם עליהם. פרקים ספורים לאחר מכן, כאשר מסופר על מלחמת בני ישראל במדיינים, מיוחסת תכנית הפיתוי ההיא לבלעם: "הֵן הֵנָּה הָיוּ לִבְנֵי יִשְׂרָאֵל **בִּדְבַר בִּלְעָם לִמְסָר מַעַל בַּה'** עַל דְּבַר פְּעוֹר, וַתְּהִי הַמַּגֵּפָה בַּעֲדַת ה'" (במדבר לא, טז). בלעם יזם תכנית מוצלחת להכשלת בני ישראל כפיצוי על כישלון תכנית הקללות שלו.

במקורות ישראל בלעם מצטייר כאדם ברוך כישרונות, נביא אמת, אדם שחז"ל השווהו למשה בכבודו ובעצמו - אך בו בזמן אדם רשע, שרשעתו הובילה לבסוף לנפילתו ולשם שיצא לו כעושה רע. המִשנָה אף מונה אותו עם אלה שאין להם חלק לעולם הבא.[3]

מה היה פגום בו? יש השערות רבות. אחת מהן, המועלית בתלמוד, שואבת את התשובה משמו: בלעם - אדם "בלא עם".[4] זו הבחנה דקה. בלעם הוא איש נטול נאמנויות. שליחי בלק שבאו לבלעם לקרוא לו ביקשו בשמו: "לְכָה נָּא אָרָה לִּי אֶת הָעָם הַזֶּה כִּי עָצוּם הוּא מִמֶּנִּי... כִּי יָדַעְתִּי אֵת אֲשֶׁר תְּבָרֵךְ מְבֹרָךְ וַאֲשֶׁר תָּאֹר יוּאָר" (במדבר כב, ו). בלעם היה נביא להשכיר. היו לו כוחות על־טבעיים. ברכתו פעלה, וכך גם קללתו. אבל בשום מקור, לא במקרא ולא בתעודות החיצוניות, אין סימן לכך שבלעם היה נביא במובן הרוחני של המילה. שאלות של צדק, של גמול ושל טוב ורע לא הטרידו אותו כשחרץ את גורלם של אנשים. כמו רוצח שכיר בתקופות אחרות, בלעם היה זאב בודד. שירותיו הוצעו למרבה במחיר. היו לו כישורים, והוא עשה בהם שימוש קטלני. אבל לא היו לו כל מחויבות, נאמנות או שותפות ברקמה החברתית. הוא היה איש בלא עם.

משה היה ההפך מכך. הקב"ה בכבודו ובעצמו אמר עליו "בְּכָל בֵּיתִי נֶאֱמָן הוּא" (במדבר יב, ז). מתוסכל ככל שהיה מהתנהגותם של בני ישראל, מעולם לא נמנע מלחלות את פני ה' למענם. כאשר שליחותו הראשונה אל פרעה בשמם של בני ישראל גרמה להרעת מצבם, אמר לה': "לָמָה הֲרֵעֹתָה לָעָם הַזֶּה? לָמָּה זֶּה שְׁלַחְתָּנִי?" (שמות ה, כב). כשבני ישראל עשו את עגל הזהב, וה' איים להשמיד את העם ולהתחיל

3. משנה, סנהדרין י, ב.
4. סנהדרין קה ע"א.

מחדש עם משה, משה אמר לו: "וְעַתָּה אִם תִּשָּׂא חַטָּאתָם. וְאִם אַיִן, מְחֵנִי נָא מִסִּפְרְךָ אֲשֶׁר כָּתָבְתָּ" (שמות לב, לב). כאשר, למשמע הדין וחשבון המדכדך של המרגלים, רצו בני ישראל לשוב למצרים ואפו של הקב"ה חרה בהם, אמר לו משה: "סְלַח נָא לַעֲוֹן הָעָם הַזֶּה כְּגֹדֶל חַסְדֶּךָ, וְכַאֲשֶׁר נָשָׂאתָה לָעָם הַזֶּה מִמִּצְרַיִם וְעַד הֵנָּה" (במדבר יד, יט). במרד קורח, כשה' איים לכלות את העדה כולה, משה התפלל אליו: "הָאִישׁ אֶחָד יֶחֱטָא וְעַל כָּל הָעֵדָה תִּקְצֹף?" (במדבר טז, כב). אפילו כשאחותו מרים דיברה בו סרה ונענשה בצרעת, משה התפלל למענה: "אֵל נָא, רְפָא נָא לָהּ" (במדבר יב, יג). משה לא חדל מעולם להתפלל למען עמו, וכחומרת חטאו של העם כן מידת התעוזה בתפילתו של משה ומידת הסתכנותו בהרס יחסיו עם הקב"ה. למרות כל כישלונותיהם האיומים של בני עמו, הוא נשאר נאמן להם.

הוראתה המקובלת כיום של המילה "אמונה" ניתנה לה בימי הביניים. בעברית המקראית, לעומת זאת, משמעות המילה קרובה למה שאנו מציינים כיום במילים אחרות מאותו שורש: אמון, נאמנות ואמינות. האמונה היא מושג יסוד באוצר המילים של תרבות הברית. זו ציפיית יסוד מכל שותף לברית: לא לנטוש את השותף האחר גם בזמנים קשים.

יש אנשים שנתברכו בכישרונות גדולים, שִׂכליים ולפעמים אפילו רוחניים, ובכל זאת אינם מגיעים להישגים שכישרונות אלה מאפשרים להם. חסרות להם תכונות מוסריות בסיסיות: יושרה, יושר, ענווה, ומעל לכול נאמנות. את מה שהם עושים, הם עושים בצורה מבריקה; אבל לא פעם, הדבר שהם עושים הוא הדבר הלא נכון. מתוך מודעות ליכולותיהם יוצאות הדופן, הם נוטים להתנשא על אחרים. הם נכנעים לגאווה וליוהרה, ומתמכרים לאמונה שמעשיהם חומקים איכשהו מההגדרה "פשע". בלעם הוא הדוגמה הקלסית לאנשים כאלה. אפילו לאחר שנוכח לדעת כי אלוהים עומד לצדם של בני ישראל, הוא עדיין רקם מזימה לגרור אותם לחטא; עובדה זו ממחישה כיצד גם הגדולים שבגדולים עלולים להידרדר אל עומק השְׁפלות.

מי שנאמן לאחרים מגלה שאחרים נאמנים לו. מי שמפר אמונים מאבד את אמונם של אחרים בו, וסופו שהוא נותר נטול סמכות. מנהיגות בלי נאמנות איננה מנהיגות. כישורים וכישרונות אינם תחליף לאיכויות המוסריות הקורנות ממנהיג אמִתי וגורמות לאנשים ללכת אחריו. אנו הולכים אחרי מי שאנו בוטחים בו, ואנו בוטחים בו מפני שהוא פעל באופן שרכש את אמוננו. לכן משה נעשה מנהיג דגול, בעוד בלעם נותר עד סוף ימיו זאב בודד בעל רשימת כישורים נוצצת. הֱיוּ תמיד נאמנים לאנשים שאתם מנהיגים.

בלק

עם לבדד ישכון?

בין ברכותיו של בלעם לעם ישראל יש פסוקים שלדעת רבים כומסים בתוכם את תמצית ההיסטוריה היהודית:

מָה אֶקֹּב לֹא קַבֹּה אֵל? וּמָה אֶזְעֹם לֹא זָעַם ה'?
כִּי מֵרֹאשׁ צֻרִים אֶרְאֶנּוּ וּמִגְּבָעוֹת אֲשׁוּרֶנּוּ:
הֶן עָם לְבָדָד יִשְׁכֹּן וּבַגּוֹיִם לֹא יִתְחַשָּׁב. (במדבר כג, ח–ט)

עם לבדד ישכון: כך נראו פני הדברים לאורך מאות רבות של רדיפות ופוגרומים באירופה. כך נראו פני הדברים בשנות השואה. כך הם גם נראים לעתים כיום למדינת ישראל ולמגִניה בעולם. אנחנו מוצאים את עצמנו לבד. איך אפשר להבין זאת? איך אפשר לפרש את הפסוק?

בספרִי **לשון עתיד**[1] תיארתי את הרגע שבו תפסתי לראשונה איזה נזק עשויה לגרום הגדרה עצמית. בחג השבועות תשס"א (2001) סעדנו סעודת צהריים בירושלים. אל השולחן הסבו גם אחד מגדולי הלוחמים באנטישמיות העולמית, ארווין קוטלר (שזמן לא רב לאחר מכן נתמנה לשר המשפטים של קנדה), ודיפלומט ישראלי חשוב. דיברנו על ועידת האו"ם נגד גזענות שנועדה להתכנס בדרבן בסוף אותו קיץ.

לכולנו היו סיבות טובות להאמין שהוועידה תהיה אסון לישראל. בה, ובייחוד בוועידה המקבילה של הארגונים הלא־ממשלתיים, עמדה ישראל להיות מואשמת בחמישה חטאים חמורים נגד זכויות האדם: גזענות, אפרטהייד, פשעים נגד האנושות, טיהור אתני וניסיון לרצח עם. בימי הביניים שנאו את היהודים בגלל דתם. במאה התשע־עשרה ובמחצית הראשונה של המאה העשרים הם היו שנואים בגלל גזעם.

1. Jonathan Sacks, *Future Tense: A Vision for Jews and Judaism in the Global Culture*, London: Hodder and Stoughton, 2009.

במאה העשרים ואחת שונאים אותם בגלל מדינת הלאום שלהם. כששוחחנו על התרחיש המתבשל בדרבן, הדיפלומט פלט אנחה ואמר, "כך היה תמיד. אנחנו עם לבדד ישכון. זה גורלנו".

כוונותיו היו הטובות שבטובות. את כל חייו המקצועיים הקדיש להגנה על ישראל, והוא רצה לנחם אותנו ולהרגיענו. אך בי הִבזיקה למשמע דבריו ההבנה שזו עמדה מסוכנת. אם אדם מאמין שנגזר עליו לשכון לבדד, כמעט בטוח שזה יקרה. זוהי נבואה המגשימה את עצמה. מדוע להתאמץ למצוא חברים ולרקום בריתות אם יודעים מראש שאין בכך תוחלת? אך אם כך הוא, מה פשר ברכתו של בלעם?

ראשית, יש להבין שהברכה הזו מורכבת מאוד. מנקודת מבטה של התורה, החיים לבדד אינם דבר טוב. הופעתו הראשונה של צירוף המילים "לא טוב" בתורה היא בפסוק "לֹא טוֹב הֱיוֹת הָאָדָם לְבַדּוֹ" (בראשית ב, יח). הופעתו השנייה בדברי יתרו למשה, כשראה שהוא שופט את העם לבדו, "לֹא טוֹב הַדָּבָר אֲשֶׁר אַתָּה עֹשֶׂה" (שמות יח, יז). אי־אפשר לחיות לבד. אי־אפשר להנהיג לבד. לא טוב להיות לבד.

המילה "בדד" מופיעה בשני הקשרים נוספים, שליליים ביותר. ראשון בהם דין המצורע, "בָּדָד יֵשֵׁב, מִחוּץ לַמַּחֲנֶה מוֹשָׁבוֹ" (ויקרא יג, מו). השני הוא פתיחתה המפורסמת של מגילת החורבן, מגילת איכה, "אֵיכָה יָשְׁבָה בָדָד" (איכה א, א). במקום היחיד שמילה זו מופיעה בו בהקשר חיובי, היא מיוחסת לאלוהים - "ה' בָּדָד יַנְחֶנּוּ" (דברים לב, יב) - וזאת מסיבות אמוניות ברורות.

שנית, בלעם שאמר את הדברים הללו לא היה אוהב ישראל. מלכתחילה שכר אותו בלק לקלל את בני ישראל, ומשסיכל ה' את עצתו ושם בפיו דברי ברכה הוא ניסה שנית להרע לבני ישראל, הפעם בהצלחה, כאשר שכנע נשים מואביות ומדייניות לפתות את בני ישראל לזנות ולעבודה זרה - מעשה שהוביל למות 24 אלף מהם במגפה (ראו במדבר כה ובמדבר לא, טז). אסטרטגיה שנייה זו של בלעם - לאחר שכבר תהה על הראשונה באומרו "מָה אֶקֹּב לֹא קַבֹּה אֵל? וּמָה אֶזְעֹם לֹא זָעַם ה'?" - היא המוכיחה את עומק איבתו כלפי ישראל. בגמרא[2] אומר רבי אבא בר כהנא שכל ברכותיו של בלעם "חזרו לקללה", כלומר הפכו לבסוף לקללות, לבד מיוצאת דופן אחת, ברכת "מַה טֹּבוּ אֹהָלֶיךָ יַעֲקֹב מִשְׁכְּנֹתֶיךָ יִשְׂרָאֵל" (במדבר כד, ה). כלומר, לפחות לדעתו, "עם לבדד ישכון" התגלגל אף הוא להיות קללה.

שלישית, בשום מקום במקרא לא נאמר שעם ישראל עתיד להיות עם שנוא. להפך, הנביאים ניבאו כי יום יבוא וכל העמים יבואו להתברך ברוחו של עם ישראל.

2. סנהדרין קה ע"ב.

ישעיהו ניבא כי "בְּאַחֲרִית הַיָּמִים נָכוֹן יִהְיֶה הַר בֵּית ה' בְּרֹאשׁ הֶהָרִים וְנִשָּׂא מִגְּבָעוֹת, וְנָהֲרוּ אֵלָיו כָּל הַגּוֹיִם וְהָלְכוּ עַמִּים רַבִּים וְאָמְרוּ: לְכוּ וְנַעֲלֶה אֶל הַר ה', אֶל בֵּית אֱלֹהֵי יַעֲקֹב, וְיֹרֵנוּ מִדְּרָכָיו וְנֵלְכָה בְּאֹרְחֹתָיו. כִּי מִצִּיּוֹן תֵּצֵא תוֹרָה וּדְבַר ה' מִירוּשָׁלָםִ" (ישעיהו ב, ג). זכריה חזה כי "בַּיָּמִים הָהֵמָּה אֲשֶׁר יַחֲזִיקוּ עֲשָׂרָה אֲנָשִׁים מִכֹּל לְשֹׁנוֹת הַגּוֹיִם וְהֶחֱזִיקוּ בִּכְנַף אִישׁ יְהוּדִי לֵאמֹר: נֵלְכָה עִמָּכֶם כִּי שָׁמַעְנוּ אֱלֹהִים עִמָּכֶם" (זכריה ח, כג). די בכך להטיל ספק ברעיון שהאנטישמיות היא נצחית, חשוכת מרפא וטבועה בהיסטוריה היהודית ובייעוד היהודי.

רק בספרות חז"ל מופיעות לראשונה אמירות על כך שעם ישראל שנוא. מכולן מפורסמת זו של רבי שמעון בר יוחאי, רשב"י, "הלכה בידוע שעשו שונא ליעקב".[3] רשב"י עצמו היה ידוע בחשדנותו הרבה כלפי ממלכת רומא, שזוהתה בפי חכמי התקופה עם "עשו ואדום". בגלל האשמות שהטיח כלפיה נאלץ, על פי המסופר בתלמוד, להתחבא מפני הרומאים למשך 13 שנה.[4] עמדתו הייתה שנויה במחלוקת בקרב חכמי הדור.

אך גם מימרה זו עצמה, במקורה, נטועה בהקשר המְשנה לגמרי את משמעותה. היא מתייחסת למפגש בין יעקב לעשו לאחר שנות הפרידה הארוכות שלהם. כזכור, יעקב פחד שעשו זומם להורגו. לאחר שנקט צעדי זהירות, ולמחרת מאבקו הלילי עם המלאך, הגיע המפגש. הכתוב מספֵּר, "וַיָּרָץ עֵשָׂו לִקְרָאתוֹ וַיְחַבְּקֵהוּ וַיִּפֹּל עַל צַוָּארָו וַיִּשָּׁקֵהוּ וַיִּבְכּוּ" (בראשית לג, ד). המסורה מוסיפה נקודות מעל למילה "וישָׁקהו" – אות למשמעות מיוחדת שיש למילה. בהקשר זה באים דבריו של רבי שמעון בר יוחאי, "הלכה היא: בידוע שעשו שונא ליעקב; **אלא שנכמרו רחמיו באותה שעה ונשקו בכל לבו**".[5] כלומר, דווקא המימרה שנהוג לצטט כדי להראות שהאנטישמיות היא טבעו של עולם מוכיחה את ההפך: במפגש המכריע, עשו **לא** חש שנאה כלפי יעקב. הם נפגשו, התחבקו, ונפרדו לשלום.

הנה כי כן, מקורות היהדות אינם מרמזים בשום אופן שגורלם של היהודים להישנא. האנטישמיות איננה חוק טבע וגם איננה טבועה בגנום האנושי. היא איננה רצון האל. רק ברגעים של ייאוש נורא האמינו היהודים שהיא כזו; דוגמה ידועה היא יהודה לייב פינסקר, מאבות הציונות ובעל החיבור **אוטואמנציפציה** משנת 1882,

3. ספרי במדבר, בהעלותך פט; רש"י לבראשית לג, ד. להשלכות הלכתיות של המימרה ראו יהונתן אייבשיץ, **ספר כרתי ופלתי**, יורה דעה, סימן פח.
4. שבת לג ע"ב.
5. רש"י לבראשית לג, ד.

שכתב על שנאת היהודים כי "כהפרעה נפשית, היא תורשתית; כמחלה המונחלת זה אלפיים שנה, היא חשוכת מרפא".

האנטישמיות איננה חידת אין־חקר נעלָמה. היא תופעה מורכבת שעברה מוטציות, ויש לה גורמים מזוהים - חברתיים, כלכליים, פוליטיים, תרבותיים ותיאולוגיים. אפשר להילחם בה. אפשר לנצח אותה. אבל אי־אפשר לעשות זאת אם חושבים שנגזר על "יעקב" להיות שנוא על "עשו", להיות "עם לבדד ישכון", עם מנודה, אומה מצורעת, חייזר בזירה הבין־לאומית.

מה אפוא פירוש הביטוי "עם לבדד ישכון"? פירושו עם המוכן לעמוד לבד אם צריך, לחיות על פי קוד מוסרי משלו, להפגין אומץ להיות שונה וללכת שלא בדרך המלך.

הרש"ר הירש הציע הסבר נאה, שביסודו הבחנה בין "עם" לבין "גוי": בין חברה לבין מדינה. שלא כאומות אחרות, ישראל הייתה חברה לפני שהייתה מדינה. היו לה חוקים לפני שהייתה לה ארץ. היא הייתה עם - קבוצה שיש לה תרבות משותפת ואתוס משותף - לפני שהייתה לגוי, ליֵשות מדינית. כפי שציינתי בספר **לשון עתיד**, המילה peoplehood (ובמונח העברי שהומצא למענה: עמיות) הופיעה לראשונה באנגלית ב־1992, ושימושיה המוקדמים נגעו כמעט כולם ליהודים. על פי פירושו של הרש"ר הירש לברכת בלעם, השוני בין היהודים לאחרים נעוץ בכך **שהיהודים הם עם מובחן**, כלומר קבוצה המוגדרת על ידי זיכרונות משותפים ואחריות קיבוצית, ש"איננה נחשבת עם הגויים" מפני שהיא מסוגלת לשרוד גם בלי להיות "גוי", בלי מדינה, ואפילו בגלות ובפזורה. כוחו של עם ישראל טמון לא בלאומיות שלו, אלא בבניית חברה המיוסדת על הצדק ועל כבוד האדם.

במלחמה נגד האנטישמיות אפשר לנצח - אך רק אם לא יאמינו היהודים שנגזר עליהם לשכון לבדד. זוהי קללת בלעם, לא ברכת ה'.

בלק

התהום וקליפת הבננה

לסיפור בלק ובלעם יש סצנת סיום מתסכלת.

את גוף הסיפור כולנו ודאי זוכרים. המואבים והמדיינים נבהלו מן הידיעות על בני ישראל הקרבים. בלק מלך מואב פנה למדיינים והציע להם לשכור יחד את שירותיו של בלעם המכשף. אם, כפי שהם חששו, בני ישראל שואבים את עוצמתם מכוח על־טבעי, מתבקש להעמיד נגדו כוח על־טבעי אחר. התכנית נחלה כישלון מרהיב. לאחר עכבות שונות ומשונות, ובראשן אפיזודת האתון המדברת, בלעם מצא את עצמו מברך את בני ישראל במקום לקלל אותם. סיפור בלק ובלעם נגמר, במבט ראשון, במילים "וַיָּקָם בִּלְעָם וַיֵּלֶךְ וַיָּשָׁב לִמְקֹמוֹ וְגַם בָּלָק הָלַךְ לְדַרְכּוֹ" (במדבר כד, כה). זה אמור היה להיות סוף הסיפור. אך אין הדבר כן. הפרשה ממשיכה אל פסקתה האחרונה, המתחילה כך:

> וַיֵּשֶׁב יִשְׂרָאֵל בַּשִּׁטִּים וַיָּחֶל הָעָם לִזְנוֹת אֶל בְּנוֹת מוֹאָב. וַתִּקְרֶאןָ לָעָם לְזִבְחֵי אֱלֹהֵיהֶן, וַיֹּאכַל הָעָם וַיִּשְׁתַּחֲווּ לֵאלֹהֵיהֶן. וַיִּצָּמֶד יִשְׂרָאֵל לְבַעַל פְּעוֹר וַיִּחַר אַף ה׳ בְּיִשְׂרָאֵל. (במדבר כה, א–ג)

קשה לדמיין נפילה גדולה מזו. זו הפעם הראשונה שבני ישראל חוטאים בהמוניהם בעבודה זרה. רוב המפרשים אינם מחשיבים את חטא העגל כחטא של עבודה זרה. העגל נועד להיות תחליף למשה, הצינור המעביר לעם את דברי ה׳, ולא תחליף אֵל ומושא לפולחן בזכות עצמו. עכשיו, בשיטים, זו הייתה עבודת אלילים לכל דבר. לראשונה אנו רואים את בני ישראל משתחווים לבעל, אלוהי כנען. הם בגדו בכל מה שהאמינו בו.

יתרה מכך, זו הייתה הפעם הראשונה שבני ישראל חטאו לתיאבון, שלא בנסיבות שאפשר לראות בהן נסיבות מקלות. עד כה, כשחטאו הניע אותם לכך פחד או רעב או צמא או תסכול. אף לא אחד מאלה התקיים במקרה של בנות מואב. החטא הזה היה

כולו סיפוק יצרים, תאווה שגרמה להליכה עיוורת אחר הפיתוי. אפילו מעשה העבודה הזרה לא נעשה ברוח של מרד, אלא כמעט כלאחר יד: תחילה מין, ואז אוכל, ואז עבודת אלילים. אם הראשון כן, למה לא השני והשלישי? האגביות הסתמית הזו מזעזעת.

גרוע מכך: זה היה המפגש הממשי הראשון של בני ישראל עם האנשים העתידים להיות שכניהם. הם כבר לא היו במדבר, הרחק מארץ נושבת ומתרבות מפותחת. הם עמדו על סִפָּהּ של ארץ ישראל. הקריסה המוסרית המהירה שלהם בשלב כה מתקדם עוררה תהייה חמורה אם אכן הם הפנימו את מהות ייעודם כעם סגולה.

גרוע אפילו יותר: החוטאים אינם החשודים הקבועים, יוצאי מצרים. כזכור, גזרת ארבעים שנות הנדודים נועדה להניח למי שיצא ממצרים בגיל בגרות לגווע לפני הכניסה לארץ. עכשיו בני ישראל עמדו סמוך ליעד. הדורות התחלפו אפוא. גם אהרן ומרים כבר מתו. האנשים היו בני הדור החדש, שכל התקוות נתלו בו. והנה הם כשלו במשוכה הקלה הראשונה שנתגלגלה לרגליהם.

וחמור מכל אלה: זה התחיל במין. כדי להבין את חומרת הדבר, עלינו להיזכר בספר בראשית. אפשר היה לצפות שהחומש הראשון יוקדש לביסוס אמונת הייחוד ולביקורת על האלילות. אך אין זה בשום אופן נושאו המרכזי. סיפורי ספר בראשית הם בראש ובראשונה ביקורת על המוסר המיני של התרבות הסובבת.[1] אברהם ויצחק פחדו שירצחו אותם כדי לקחת את נשיהם. אנשי סדום צרו על בית לוט, נחושים לבצע באורחיו אונס הומוסקסואלי. שכם אנס וחטף את דינה בת יעקב. אשת פוטיפר ניסתה לפתות את יוסף, וכשלא הצליחה גרמה למאסרו באמצעות עלילה כוזבת על אונס.

בספר בראשית מובלע אפוא טיעון עומק: הבעיה הקשה בעבודת האלילים היא שהיא סגידה לכוח - ואצל בני אדם סגידה לכוח מיתרגמת למרוץ חסר מעצורים להרוויית היצר המיני. נפילתו של עם ישראל לחטא כזה כבר בהזדמנות הראשונה היא אות מבשר רעות. זו קריסה ששמה לצחוק את ברכתו של בלעם שאך זה נאמרה, "מַה טֹּבוּ אֹהָלֶיךָ יַעֲקֹב, מִשְׁכְּנֹתֶיךָ יִשְׂרָאֵל" (במדבר כד, ה), לפחות על פי פירוש חז"ל (המובא אצל רש"י) שהכוונה היא לצניעות בחיי המשפחה. זעמו של הקב"ה היה אפוא מתבקש:

> וַיֹּאמֶר ה' אֶל מֹשֶׁה, "קַח אֶת כָּל רָאשֵׁי הָעָם וְהוֹקַע אוֹתָם לַה' נֶגֶד הַשָּׁמֶשׁ וְיָשֹׁב חֲרוֹן אַף ה' מִיִּשְׂרָאֵל". וַיֹּאמֶר מֹשֶׁה אֶל שֹׁפְטֵי יִשְׂרָאֵל, "הִרְגוּ אִישׁ אֲנָשָׁיו הַנִּצְמָדִים לְבַעַל פְּעוֹר". (במדבר כה, ד-ה)

1. להרחבה ראו את הדרשה "נושאו הלא צפוי של ספר בראשית" לפרשת וישב (כרך א).

עונש מיָדי וחמור זה נועד להשיב את הסדר למחנה. אך לא כך קרה. אחד הנשיאים, זמרי בן סלוא משבט שמעון, העלה הילוך. הוא הביא מדיינית אל מרכז המחנה ובעל אותה לעיני כול: העברה־להכעיס הקשה ביותר המוכרת לנו לפחות מימי דתן ואבירם. רק פינחס הקנאי, שדקר את השניים בשעת מעשה, הציל את המצב.

היכן היה משה? ודאי צדקו חז"ל באומרם שהרקע האישי של משה הותיר אותו נטול יכולת השפעה במקרה הזה, שכן הוא עצמו נישא לאישה מדיינית, בת כוהן מדיין.[2] לו היה מנסה לעשות מה שעשה פינחס היו מאשימים אותו בצביעות, והמצב היה רק מחריף. ועדיין, קשה שלא להרגיש כי תש כוח המנהיגות של משה. הוא היה זקן. הוא היה בן לדור ישן, הדור שהתגלה כבלתי ראוי להיכנס לארץ. ההיתקלויות הקודמות - קברות התאווה, המרגלים, מחלוקת קורח, ההכאה בסלע - סחטו ממנו את כוחותיו. אולי לא נִשְׁחק מבחינה רוחנית, אך מבחינה רגשית כן. אולי יחסיו עם הקב"ה נותרו כשהיו, אך יחסיו עם בני עמו ודאי נמצאו במורד.

אך העניין המרכזי בסיפור בלעם הוא אחר; ובאשר לו, אנו הקוראים מצויים בעמדת יתרון על פני הגיבורים. כי אנחנו יודעים, והם לא ידעו, מה התחולל קודם לכן במשולש שבין אלוהים, בלעם ובלק. אף לא אחד מבני ישראל נכח באירועים שסופרו בפרקים הקודמים של הפרשה, ולו גם לרגע. לא היה להם מושג באיזו סכנה עמדו: קללה נמרצת ונחרצת מפיו של גדול מקללי התקופה, להטוטן הרוחניות המבוקש בלעם. לא היה להם מושג שהקב"ה נחלץ להתערב בנעשה ולהפוך את הקללות לברכות.

על פי מילון אוקספורד, "אירוניה טרגית" היא "טכניקה ספרותית, שמקורה בטרגדיה היוונית, ובה דמות אומרת או עושה דברים שמשמעותם המלאה אינה ידועה לה, אך היא ידועה לקהל או לקוראים". האירוניה הטרגית נדירה בתנ"ך. הטרגיות עצמה זרה לרוח היהדות, כי העיקרון המכונן של היהדות אינו הגורל אלא התקווה. ובכל זאת, הפרק שלנו, במדבר כה, הוא תרגיל באירוניה טרגית. בני ישראל לא ידעו שאך זה ניצלו בנס מסכנה חמורה, ופסעו אל תוך מלכודת פשוטה ובנאלית. הם היו כאותו אדם שעמד על פתח תהום בלי לדעת זאת, נדחף לאחור אל אדמת מבטחים, ושם החליק על קליפת בננה מטופשת. אנו, הקוראים, מבינים את מה שלא הבינו גיבורי הסיפור, בני ישראל.

לתורה אמנות סיפור מעודנת, ובסיפור בלעם הטכניקה שלה עדינה במיוחד. רק בעוד כמה פרקים, אגב תיאור המלחמה שבני ישראל ניהלו לבסוף נגד מדיין,

2. סנהדרין פב ע"א.

נגלה כי כל אפיזודת בנות מדיין בשיטים הייתה מוקש שבלעם עצמו תכנן והטמין לבני ישראל: "הֵן הֵנָּה [נשות מדיין] הָיוּ לִבְנֵי יִשְׂרָאֵל בִּדְבַר בִּלְעָם לִמְסָר מַעַל בַּה' עַל דְּבַר פְּעוֹר וַתְּהִי הַמַּגֵּפָה בַּעֲדַת ה'" (במדבר לא, טז).

כשהתורה משהה את מסירתה של עובדה הנחוצה להבנתו של סיפור ומשחררת אותה רק אחר כך, היא מאלצת אותנו להבין כי אירועים אינם תמיד מה שנדמה שהם בעת התרחשותם. גם אנו, הקוראים, הלכנו כסויי עיניים: רק בדיעבד, כשמתברר מעשהו של בלעם, נפתרות לנו תמיהות בסיפור בלעם ובלק. לראשונה אנו מבינים למה כעס ה' על בלעם כשהלך עם שליחי מואב ומדיין אף על פי שה' הרשה לו לעשות זאת. כנראה זיהה ה' בתודעתו של בלעם זדון עיקש כלפי ישראל, זדון שקינן בה עד שקיבל לבסוף פנים מוחשיות בדמות מזימת הפיתוי המיני בשיטים.

אך עיקר האפקט של השהיית המידע על בלעם נוגע לבני ישראל, וממקד בהם את תשומת לבנו. הם אלה שחטאו. לו נזכר שמו של בלעם בשעת מעשה, היינו מתמקדים בו, וכל החטא היה נראה לנו אחרת. היינו רואים אותו כפרי מעלליו של בלעם, פרי זדון לבו ומלחמתו ברצון ה' - וזה היה בעינינו לב הסיפור. התורה מאותתת לנו כי הסיפור העיקרי הוא אחר. שעלינו להישיר אל בני ישראל מבט נוקב, לפני שמחפשים נסיבות מקלות.

המסר של פרשת בלק בשלמותה הוא זה: ה' מציל את ישראל מאויביהם - אבל אפילו הוא אינו יכול להצילם מיד עצמם.

כדי לזכות בהגנתו של הקב"ה, חייבים בני ישראל להיות קדושים; וכזכור לנו מפרשיות הקדושה בספר ויקרא, קדושה כרוכה במוסר מיני קפדני. אם יאבד העם את זאת - הוא יאבד הכול. אם בני ישראל יוקירו את הנישואים, יקדשו את הנאמנות בין איש לאשתו, ויעלו על נס את יחס הכבוד של ילדים להוריהם ואת דאגתם הרכה של הורים לילדיהם - אם כך יעשו, הם יתברכו אפילו מפי אויביהם. אך אם ינהגו ככנענים, גם גורלם יהיה כגורל הכנענים. אל להם לצפות שה' יפנק אותם שלא כראוי להם. לא לכך נבחרו. להפך; כדברי הנביא עמוס, "רַק אֶתְכֶם יָדַעְתִּי מִכֹּל מִשְׁפְּחוֹת הָאֲדָמָה, עַל כֵּן אֶפְקֹד עֲלֵיכֶם אֵת כָּל עֲוֹנֹתֵיכֶם" (עמוס ג, ב). נאמנות מתחילה ביחסים האינטימיים ביותר שלנו, ומעגליה מתפשטים לרוחב אל האומה ולגובה אל אלוהים. בוגדנות, כגון זו שהפגינו בני ישראל בשיטים, תיגמר תמיד באסון.

ספר במדבר כולו הוא רקמת ניגודים של סדר ותוהו, של חוק וסיפור, של אמונת אלוהים ובוגדנות העם, של ברכה שאלוהים מוציא מפי צר וקללה שהעם מביא על עצמו. זהו ספר היסטוריה - אך לא במובן הרגיל של המושג. הרבה יותר מכפי שהוא

מתעד את אירועי ארבעים שנות המדבר, הוא מלמדנו את משמעות מציאת הכיוון ואבדן הכיוון בְּמִדְבַּר הזמַן. לקחיו תקפים גם כיום. אלוהים יכול להצילנו מיד אויבינו, אך מידינו שלנו יכולים להצילנו רק אנו עצמנו.

פינחס

אכזבתו של משה

מתחת לפני השטח הגלויים של פרשת פינחס איתרו חכמינו סיפור חבוי.

הפרשה מספרת כיצד אמר ה׳ למשה, לאחר מות אחיו ואחותו, שגם ימיו שלו ספורים, וקרא לו לעלות אל הר העברים ולצפות בארץ ישראל. משה התפלל לה׳ שימנה לו יורש: ״יִפְקֹד ה׳ אֱלֹהֵי הָרוּחֹת לְכָל בָּשָׂר אִישׁ עַל הָעֵדָה אֲשֶׁר יֵצֵא לִפְנֵיהֶם וַאֲשֶׁר יָבֹא לִפְנֵיהֶם וַאֲשֶׁר יוֹצִיאֵם וַאֲשֶׁר יְבִיאֵם, וְלֹא תִהְיֶה עֲדַת ה׳ כַּצֹּאן אֲשֶׁר אֵין לָהֶם רֹעֶה״ (במדבר כז, טז-יז). מתבקשת כאן השאלה: למה דווקא עכשיו? הרי כבר לפני שבעה פרקים, בפרשת חוקת, אמר ה׳ למשה ולאהרן שימותו לפני הכניסה לארץ; וגם על מות אהרן סופר כבר שם.

את התשובה, את הסיפור שמתחת לסיפור, מצאו חז״ל בעזרת שני רמזים. הראשון הוא העובדה שבקשתו זו של משה למצוא לו יורש מופיעה מיד לאחר סיפור בנות צלפחד שרצו לרשת את נחלת אביהן בארץ ישראל. מסביר מדרש חז״ל המובא אצל רש״י: ״כיוון ששמע משה שאמר לו המקום תן נחלת צלפחד לבנותיו, אמר: הגיע שעה שאתבע צרכי, שיירשו בני את גדולתי״.[1]

הרמז השני טמון בנוסח קריאתו של ה׳ למשה לעלות אל הר העברים: ״עֲלֵה אֶל הַר הָעֲבָרִים הַזֶּה וּרְאֵה אֶת הָאָרֶץ אֲשֶׁר נָתַתִּי לִבְנֵי יִשְׂרָאֵל. וְרָאִיתָה אֹתָהּ וְנֶאֱסַפְתָּ אֶל עַמֶּיךָ גַּם אָתָּה **כַּאֲשֶׁר נֶאֱסַף אַהֲרֹן אָחִיךָ**״ (במדבר כז, יב-יג). המילים שהדגשנו מיותרות לכאורה. ה׳ אומר למשה שהוא ימות. מה מוסיפה ההשוואה למותו של אהרן? הרי כל אדם ימות. בעל **כתב סופר** מסביר שאהרן זכה לדעת שילדיו ילכו בעקבותיו. אלעזר בנו נתמנה לכוהן גדול עוד בחייו. עד היום, הכוהנים הם צאצאי אהרן. משה נכסף לראות גם אחד מבניו, גרשם ואליעזר, מתמנה במקומו למנהיג העם. אך לא כך רצה ה׳. וזה הסיפור שמתחת לסיפור.

1. רש״י לבמדבר כז, טז.

המשכו של הסיפור בא כעבור כמה דורות. בספר שופטים מסופר על איש ושמו מיכה שהקים במה לעבודה זרה בנחלת אפרים, ושכר לו לוי אחד שיכהן שם. משלחת מבני שבט דן, כוח חלוץ באיתור שטח להתיישבות חדשה בצפון הארץ, עברה בבית מיכה ולקחה לעצמה את האפוד והתרפים, את הפסל ואת המסכה; וגם את האיש הלוי שכנעו בני דן לברוח איתם: "הַחֲרֵשׁ שִׂים יָדְךָ עַל פִּיךָ וְלֵךְ עִמָּנוּ וֶהְיֵה לָנוּ לְאָב וּלְכֹהֵן. הֲטוֹב הֱיוֹתְךָ כֹהֵן לְבֵית אִישׁ אֶחָד - אוֹ הֱיוֹתְךָ כֹּהֵן לְשֵׁבֶט וּלְמִשְׁפָּחָה בְּיִשְׂרָאֵל?" (שופטים יח, יט). רק בסוף הסיפור, משכבשו בני דן את העיר ליש והתיישבו בה, מוסר לנו הכתוב את שמו של הלוי: יונתן בן גרשם בן משה. בספרים שלנו מוכנסת פה אל תוך השם משה האות נו"ן, והופכת אותו למנשה. אולם נו"ן נוספת זאת נכתבת על פי המסורה גבוה ממקומה הרגיל, תלויה באוויר, תלושה מקרקע השורה. בתלמוד מוסבר כי נו"ן זו נוספה כדי שלא לבייש את משה רבנו: לטשטש את העובדה שנכדו היה כוהן לעבודה זרה.

איך להסביר את כישלונו לכאורה של משה בגידול צאצאיו - בנים שלא התאימו להנהגה ונכד שהידרדר לעבודת אלילים? אחת התשובות שהציעו חז"ל נוגעת לכך שמשה גר לאחר נישואיו אצל חותנו יתרו, שהיה אז כוהן לעבודה זרה. משהו בהשפעה המדיינית שספגו ילדי משה התגלגל אל יונתן. בכיוון אחר, אפשר למצוא פה ושם רמזים לכך שמשה היה עסוק כל כך בהנהגת העם, שפשוט לא נותר לו זמן להיות קשוב לצרכים הרוחניים של ילדיו. למשל, כשיתרו בא לבקר את משה אחרי קריעת ים סוף, הכתוב מציין שהוא הביא עמו את ציפורה אשת משה ואת שני ילדיהם. הם לא ראו אותו משעה ששב ממדיין למצרים ועד עתה.

הסבר אפשרי שלישי נוגע למהותה של המנהיגות עצמה. הסוציולוג מקס ובר הבחין בין סמכות ביורוקרטית לסמכות כריזמטית. הסמכות הביורוקרטית נובעת מתפקידו של בעל הסמכות, ואפשר להעבירה מהורה לילד. כזו היא המלוכה. כזו היא האצולה. כאלו הן גם כמה מצורות המנהיגות הדתית, כגון הכהונה. סמכות כריזמטית, לעומת זאת, באה מתכונותיו האישיות של בעל הסמכות, ולעולם אינה עוברת מדור לדור באופן אוטומטי. משה היה נביא, והנבואה תלויה כמעט לחלוטין בתכונות אישיות. זו, אגב, הסיבה שהיהדות מוסרת את המלוכה ואת הכהונה לגברים בלבד, אך נבואה יכולה להינתן בה גם לנשים. מבחינה זו, משה לא היה יוצא דופן. מעטים הם המנהיגים הכריזמטיים שגם ילדיהם היו מנהיגים כריזמטיים.

חכמינו הציעו גם הסבר רביעי, שונה למדי מקודמיו. הקב"ה התנגד באופן עקרוני לכך שכתר תורה יעבור בשושלת מאב לבן. כתר מלוכה וכתר כהונה - כן; אבל כתר תורה, אמרו חז"ל, שייך לכל מי שבוחר בו ובאחריות הכרוכה בו. "תּוֹרָה

צִוָּה לָנוּ מֹשֶׁה מוֹרָשָׁה קְהִלַּת יַעֲקֹב" (דברים לג, ד) - משמע התורה שייכת לכולנו, לא רק לאליטה. הגמרא מרחיבה:

> הִזהרו בבני עניים, שמהן תצא תורה... ומפני מה אין מצויין תלמיד חכם לצאת תלמיד חכם מבניהן?
>
> אמר רב יוסף: שלא יאמרו תורה ירושה היא להם.
>
> רב ששת בריה דרב אידי אומר: כדי שלא יתגדרו [יתנשאו] על הצִבּוּר.
>
> מר זוטרא אומר: מפני שהן מתגברין על הצבור [רודים בו].
>
> רב אשי אומר: משום דקרו לאינשי חמרי [קוראים לאנשים חמורים].
>
> רבינא אומר: שאין מברכין בתורה תחִלה.[2]

במילים אחרות, "כתר תורה" אינו עובר בירושה - במתכוון. למה? כדי שלא ייעשה נחלתם הבלעדית של העשירים. או מפני שילדיהם של תלמידי חכמים עלולים לראות בתורה ירושה מובנת מאליה. או משום שהדבר עלול ליצור יהירות ובוז כלפי הזולת. או כי הלימוד עצמו עלול להיעשות עיסוק אינטלקטואלי גרידא במקום מעשה רוחני (תלמידי החכמים שאינם מברכים ברכת התורה).

ואחרי כל זה, לכישלונו החינוכי של משה יש הסבר אפשרי חמישי הראוי לדיון. כמה מגדולי האישים בתולדות ישראל לא הצליחו בחינוך כל ילדיהם. אברהם היה אביו של ישמעאל. יצחק ורבקה הולידו את עשו. ויעקב, אמנם כל שנים־עשר ילדיו נשארו במסגרת הברית עם ה׳, אבל שלושה מהם - ראובן, שמעון ולוי - אכזבו אותו מרה. על שמעון ולוי אף אמר: "בְּסֹדָם אַל תָּבֹא נַפְשִׁי, בִּקְהָלָם אַל תֵּחַד כְּבֹדִי" (בראשית מט, ו). לכאורה, זו הצהרת התנתקות;[3] ובכל זאת, שלושת המנהיגים הגדולים של ישראל בימי יציאת מצרים - משה, אהרן ומרים - היו מבני לוי. שלמה המלך הוליד את רחבעם, שמנהיגותו הרת האסון גרמה לפיצול הממלכה. חזקיהו, מגדולי מלכי יהודה, היה אביו של מנשה, מן הגרועים שבהם. **לא כל ההורים מצליחים עם כל הילדים כל הזמן.** וכי ייתכן אחרת? הרי כולנו חופשיים. כולנו יכולים, במידה מסוימת, לבחור מה להיות. הגנים שהורינו הורישו לנו, ודרך גידולנו וחינוכנו בביתם, אינם ערובה לכך שנגדל ונהיה האנשים שהורינו רוצים שנהיה. גם לא צודק שהורים יכפו את רצונם על ילדיהם שהגיעו לבגרות.

2. נדרים פא ע"א.
3. אמנם רש"י מבאר שקללה זו יוחדה לזמרי משבט שמעון ולקורח משבט לוי.

במקרים רבים זה לטובה. אברהם עזב את דרך האלילות של תרח אביו. מנשה, אב־טיפוס של מלך רשע, היה סבו של יאשיהו, מהצדיקים במלכי יהודה. חשוב לזכור זאת. היהדות מציבה את ההורות, את החינוך ואת הבית במרכז מערכת הערכים שלה. אחת מחובותינו הראשונות היא להבטיח שילדינו יכירו את מורשתנו הדתית וידעו לאהוב אותה. אבל לפעמים אנחנו נכשלים. ילדינו הולכים בדרכם שלהם שאינה דרכנו. **אם זה קורה לנו, אל לנו לתת לרגש האשמה לשתק אותנו.** לא כל אחד מצליח עם כל ילדיו - גם לא אברהם אבינו, משה רבנו, דוד המלך ושלמה המלך. ובעצם, גם לא הקב"ה עצמו: "בָּנִים גִּדַּלְתִּי וְרוֹמַמְתִּי וְהֵם פָּשְׁעוּ בִי" (ישעיהו א, ב).

שני דברים הצילו את סיפור משה וילדיו והוציאוהו מכלל טרגדיה. בספר דברי הימים א׳ (כג, טז; כד, כ), בנו של גרשם קרוי לא יונתן אלא שבואל - וחז"ל הסבירו שהוא יונתן, ששב אל ה׳. הנה כי כן, גם אם ילדנו מרחיק לכת עד אל הקצה, עדיין יש תקווה שברבות הימים ישוב. הדבר השני נרמז ברשימת יוחסין קצרה המופיעה בפרק ג בספר במדבר (פסוקים א–ד). היא פותחת במילים "אֵלֶּה תּוֹלְדֹת אַהֲרֹן וּמֹשֶׁה", אך למרבה הפלא מפרטת רק את תולדותיו (צאצאיו) של אהרן. חז"ל הסבירו שהיות שמשה לימד את ילדיו של אהרן, הם נחשבים ילדיו. תלמידיו של אדם הרי הם כילדיו.

לא כולנו זוכים בילדים. גם אלה מאיתנו שזכו, ואפילו אלה מאיתנו שלא חסכו מאמץ להנחיל לילדיהם את ערכיהם ומורשתם - לא תמיד זוכים שילדיהם הולכים כל הזמן בעקבותיהם. לפעמים ילדינו יוצאים, לתמיד או לזמן־מה, לדרך משלהם. ובכל זאת, כולנו יכולים להשאיר בעולם משהו שימשיך לחיות אחרינו. יש העושים זאת בדרכו של משה רבנו: מלמדים את הדור הבא, מכשירים אותו ומטפחים אותו. ויש העושים זאת ברוח מימרת חז"ל "עיקר תולדותיהם של צדיקים - מעשים טובים".[4] מעשינו הטובים הם צאצאינו שאנו משאירים אחרינו.

אם ילדינו ממשיכים בדרכנו, עלינו להכיר לה׳ תודה. אם הם מגדילים עשות ומיטיבים מאיתנו ללכת בה, עלינו להודות לה׳ באופן מיוחד. וכאשר הם בוחרים בדרך אחרת, שומה עלינו להיות סבלנים, ולזכור שלאיש הגדול ביותר בעמנו בכל הדורות קרה דבר דומה עם נכדו - ועל כן לא לוותר על התקווה. נכדו של משה חזר. המילים הכמעט אחרונות בנבואתו של אחרון נביאינו, מלאכי, הן החוזות כי עוד יוּשַׁב "לֵב אָבוֹת עַל בָּנִים וְלֵב בָּנִים עַל אֲבוֹתָם" (מלאכי ג, כד). המתרחקים והמתנכרים עוד ישובו לחיקנו באמונה ובאהבה.

4. מובא ברש"י לבראשית ו, ט.

פינחס

מנר לנר או מכלי לכלי

כאשר בישר ה׳ למשה שהוא עומד למות, ביקש ממנו משה שימנה לו ממשיך: ״יִפְקֹד ה׳ אֱלֹהֵי הָרוּחֹת לְכָל בָּשָׂר אִישׁ עַל הָעֵדָה אֲשֶׁר יֵצֵא לִפְנֵיהֶם וַאֲשֶׁר יָבֹא לִפְנֵיהֶם וַאֲשֶׁר יוֹצִיאֵם וַאֲשֶׁר יְבִיאֵם, וְלֹא תִהְיֶה עֲדַת ה׳ כַּצֹּאן אֲשֶׁר אֵין לָהֶם רֹעֶה״ (במדבר כז, טו-יז). זה היה מעשה מרחיק ראות ונטול אגו. כמאמר רש״י: ״להודיע שבחן של צדיקים שכשנפטרין מן העולם מניחין צורכן ועוסקין בצורכי ציבור״.[1] מנהיגים גדולים חושבים על העתיד הרחוק. הם טרודים בשאלת ההמשכיות. כזה היה משה. ה׳ אמר לו למנות את יהושע, ״אִישׁ אֲשֶׁר רוּחַ בּוֹ״. הוא נתן לו הנחיות מדויקות באשר לטקס המינוי:

> קַח לְךָ אֶת יְהוֹשֻׁעַ בִּן נוּן, אִישׁ אֲשֶׁר רוּחַ בּוֹ, וְסָמַכְתָּ אֶת יָדְךָ עָלָיו. וְהַעֲמַדְתָּ אֹתוֹ לִפְנֵי אֶלְעָזָר הַכֹּהֵן וְלִפְנֵי כָּל הָעֵדָה וְצִוִּיתָה אֹתוֹ לְעֵינֵיהֶם. וְנָתַתָּה מֵהוֹדְךָ עָלָיו לְמַעַן יִשְׁמְעוּ כָּל עֲדַת בְּנֵי יִשְׂרָאֵל. וְלִפְנֵי אֶלְעָזָר הַכֹּהֵן יַעֲמֹד וְשָׁאַל לוֹ בְּמִשְׁפַּט הָאוּרִים לִפְנֵי ה׳: עַל פִּיו יֵצְאוּ וְעַל פִּיו יָבֹאוּ הוּא וְכָל בְּנֵי יִשְׂרָאֵל אִתּוֹ וְכָל הָעֵדָה. (במדבר כז, יח-כא)

נמנות פה שלוש פעולות. משה מתבקש (1) לסמוך את ידו על יהושע, (2) להעמידו לפני אלעזר הכוהן ולפני כל העדה, ולבסוף (3) לתת עליו מהודו. מה משמעותו של התהליך משולש־השלבים הזה? מה הוא אומר על מהותה של המנהיגות בתורה? פתח לדברים נמצא במדרש חז״ל מאלף על ההבדל בין השלב הראשון לשלישי: ״וְסָמַכְתָּ אֶת יָדְךָ עָלָיו - כמדליק נר מנר. וְנָתַתָּה מֵהוֹדְךָ עָלָיו - כמערה מכלי לכלי״.[2]

בשנת 1748 פרסם מונטסקייה, מהוגיה הדגולים של הנאורות, את ספרו **רוח החוקים**, ובו הציג את תיאוריית הפרדת הרשויות: המחוקקת, המבצעת והשופטת.

1. רש״י לבמדבר כז, טו.
2. במדבר רבה כא, טו.

ביסוד ההפרדה הזו נמצא החשש לעתידו של החופש במדינה שהכוח כולו מרוכז בה בידי גורם אחד. "החירות", כתב, "משגשגת לא מפני שיש לבני האדם זכויות טבעיות, ולא מפני שהם מורדים אם מנהיגיהם רודים בהם יתר על המידה. היא משגשגת מפני שהכוח מחולק ומאורגן באופן שמי שמנסה לנצלו לרעה נתקל במגבלות שהחוק מציב בפניו".

מונטסקייה לא הסתמך על המקרא, אבל בפסוק אחד בספר ישעיהו מופיע רעיון דומה להפליא: "כִּי ה' שֹׁפְטֵנוּ, ה' מְחֹקְקֵנוּ, ה' מַלְכֵּנוּ הוּא יוֹשִׁיעֵנוּ" (ישעיהו לג, כב). את החלוקה המשולשת אפשר למצוא גם בספר דברים, בפרקים יז-יח, העוסקים בתפקידי המנהיגות למיניהם: המלך, הכוהן והנביא. חז"ל דיברו לימים על שלושה כתרים: "כתר כהונה, כתר מלוכה וכתר תורה".[3] סטיוארט כהן כתב על הנושא ספר רהוט ושמו **שלושת הכתרים**, וטען כי מה שמנוסח בפרקים אלה "איננו דמוקרטיה באמצעות המערכת הפוליטית, אלא תפיסה ייחודית של חלוקת כוח בצמרת השלטון. במקרא ובספרות חז"ל אין שום גילוי אהדה כלפי מערכת שלטון שבה יש לגוף אחד ויחיד מונופול על הסמכות הפוליטית".[4]

נראה כי זה המפתח להבנת שלושת השלבים בטקס מינוי יהושע. משה שימש למעשה בשני כתרים - מלוכה ותורה. הוא מילא את המשבצת שממלא המלך, שכן הוא החליט בעניינים העיקריים הנוגעים לעם: איך לארגן אותו, באיזה נתיב ללכת במסע, האם לצאת למלחמה. ועם זה היה נביא, גדול הנביאים. הוא נשא את דבר ה'. הוא נתן לעם ישראל את תורת ה'.

משה עמד למסור ליהושע את שני כתריו. הפעולה הראשונה בטקס, "וְסָמַכְתָּ אֶת יָדְךָ עָלָיו", מכוונת על פי פירושנו להעברת כתר הנבואה, תיווך דבר ה' אל העם. עד היום אנו משתמשים במילה סמיכה לציון התהליך שבו רב מאציל את התואר רב לתלמידיו. הפעולה השנייה, "וְהַעֲמַדְתָּ אֹתוֹ לִפְנֵי אֶלְעָזָר הַכֹּהֵן וְלִפְנֵי כָּל הָעֵדָה וְצִוִּיתָה אֹתוֹ לְעֵינֵיהֶם", עניינה הכתר השני, כתר הכהונה, שמשה לא נשא בו. פעולה זו נועדה להדגיש שמשה איננו כוהן, וגם יורשו לא יהיה כוהן; לפיכך, הוא יצטרך לקבל הכרה מנציג הכהונה, הכוהן הגדול אלעזר בן אהרן. ולבסוף הפעולה השלישית, "וְנָתַתָּה מֵהוֹדְךָ עָלָיו", עניינה הכתר השלטוני, הסמכותי - כתר המלוכה. חלק מהודו של משה, מהדר מלכותו כביכול, עובר ליהושע.

3. משנה, אבות ד, יג; רמב"ם, **משנה תורה**, הלכות תלמוד תורה ג, א.

4. Stuart A. Cohen, *The Three Crowns: Structures of Communal Politics in Early Rabbinic Jewry*, Cambridge: Cambridge University Press, 1990, p. 10.

נתבונן נא בשני הכתרים שמשה נשא ומסר ליהושע, כתר המלוכה וכתר התורה (או הנבואה). למלכים בעת העתיקה היה כוח. המלך שלט. הוא קבע בעניינים צבאיים, כלכליים ומדיניים. מי שהמרה את פיו הסתכן בעונש מוות. לנביא, לעומת זאת, לא היה כוח כלל. לא היו לו לא צבא ולא משטרה ולא מערכת ענישה. אך הייתה לו השפעה אדירה. כיום, אנחנו בקושי זוכרים את שמותיהם של רוב מלכי יהודה וישראל. אך דברי הנביאים ממשיכים להאיר את ימינו מכוח החזון והאידיאלים שלהם. כמו שכמעט אמר סֶרֶן קירקגור: כשמלך מת, כוחו נגמר; כשנביא מת, השפעתו מתחילה.[5]

כוח והשפעה נחשבים בדרך כלל לדברים מאותו סוג: מי שיש לו כוח יש לו השפעה, ולהפך. אך זו טעות. אדם בעל כוח מוחלט שיחלוק כוח זה עם עוד תשעה אנשים, רק עשירית כוחו תישאר בידו. אך אדם בעל מידה ידועה של השפעה החולק אותה עם עוד תשעה אנשים לא יפסיד מהשפעתו. הוא אפילו ירוויח. במקום שאדם אחד יקרין את ההשפעה הזו, יקרינו אותה עשרה. כוח מתחלק; השפעה מוכפלת.

עכשיו מובנים לנו דברי המדרש, שכזכור תיאר את פעולת הסמיכה כהדלקת נר ואת פעולת מתן ההוד כמזיגה מכלי לכלי. ההשפעה כמוה כהדלקת נר מנר אחר. הנר הראשון אינו מפסיד דבר. אדרבה, מעתה יהיה אור רב יותר, שני נרות ולא רק אחד. כזו היא הנבואה. לא כן מסירת הכוח. היא דומה להעברה מכלי לכלי. ככל שאדם מוסר לזולתו עוד מכוחו הסמכותני, נשאר לו פחות. כוחו השלטוני של משה תם במותו; ואילו השפעתו נותרה על כנה עד היום.

לתורה יש יחס דו־ערכי לכוח. הוא נחוץ. בלעדיו, כדברי רבי חנינא סגן הכוהנים, "איש את רעהו חיים בלעו".[6] אך שוב ושוב עולה מן התורה ההבחנה שניסח לימים לורד אקטון, כי הכוח נוטה להשחית והכוח המוחלט משחית באופן מוחלט. השפעה – של נביא על עמו, של מורה על תלמידו – אחרת לגמרי. היא איננה משחק סכום אפס. היא מצמיחה את הרב ואת תלמידו גם יחד.

משה נתן ליהושע את כוחו ואת השפעתו. הכוח נדרש למשימות הפוליטיות והצבאיות הניצבות תמיד לפתח. אך ההשפעה, לא הכוח, היא שעתידה הייתה להותיר לדורות את חותמם של מנהיגים דגולים אלה.

5. קירקגור כתב כך: "עריץ מת, ושלטונו נגמר; קדוש מעונה מת, ושלטונו מתחיל". Søren Kierkegaard, *Papers and Journals*, London: Penguin Books, 1996, p. 352.

6. משנה, אבות ג, ב.

פינחס

אליהו וקול הדממה הדקה

וְהִנֵּה דְבַר ה׳ אֵלָיו, וַיֹּאמֶר לוֹ, "מַה לְּךָ פֹה, אֵלִיָּהוּ?" וַיֹּאמֶר, "קַנֹּא קִנֵּאתִי לַה׳ אֱלֹהֵי צְבָאוֹת...". וַיֹּאמֶר, "צֵא וְעָמַדְתָּ בָהָר לִפְנֵי ה׳, וְהִנֵּה ה׳ עֹבֵר וְרוּחַ גְּדוֹלָה וְחָזָק מְפָרֵק הָרִים וּמְשַׁבֵּר סְלָעִים לִפְנֵי ה׳; לֹא בָרוּחַ ה׳. וְאַחַר הָרוּחַ רַעַשׁ; לֹא בָרַעַשׁ ה׳. וְאַחַר הָרַעַשׁ אֵשׁ; לֹא בָאֵשׁ ה׳. וְאַחַר הָאֵשׁ קוֹל דְּמָמָה דַקָּה". (מלכים א׳ יט, ט-יב)

בשנת 1165 עמדה יהדות מרוקו בפני שבר. כת מוסלמית קנאית, אל־מואחדין, תפסה את השלטון והחלה לכפות את האסלאם על הכול. היהודים נדרשו לבחור: התאסלמות או מוות. היו שבחרו למות על קידוש השם. אחרים בחרו להימלט ולגלות. והיו גם כאלה שנכנעו לאיומים, ואימצו למראית עין את האמונה האחרת - אך בתוך תוכם נשארו יהודים, ובחדרי חדרים שמרו את מצוות היהדות. אלה היו אנוסי מרוקו. תופעה זו העמידה את יתר היהודים בהתלבטות מוסרית קשה. איך להתייחס לאנוסים? כלפי חוץ, הם בגדו בקהילתם ובמורשת הדתית שלהם. לבד מזאת, הם עכרו את רוח העם. הם ערערו את חוסנם הנפשי של היהודים שהחליטו לעמוד על דתם. אולם רבים מהם עדיין רצו להישאר יהודים, שמרו מצוות בסתר, וככל שיכלו גם באו לבית הכנסת והתפללו.

אחד האנוסים הפנה שאלה זו לרב. התאסלמתי בכפייה, אמר, אבל נשארתי יהודי נאמן בלבי. האם יש ערך בכך שאשמור בדל"ת אמותיי מצוות רבות ככל האפשר? במילים אחרות - האם נשארה לי תקווה כיהודי? תשובתו של הרב הייתה נחרצת. יהודי שאימץ את האסלאם איבד את חברותו בקהילה. הוא איננו עוד חלק מבית ישראל. אין משמעות לשמירת המצוות שלו. יתרה מכך: זהו חטא. הבֵּררה קשה, חדה ומוחלטת: להיות יהודי או לא להיות יהודי. אם בחרת להיות יהודי, עליך להיות מוכן למות ובלבד שלא להתפשר על כך. אם בחרת שלא להיות יהודי, עקור מלבך את התקווה לשוב אל הבית שנטשת.

זוהי עמדה רצינית וראויה לכבוד. הרב הציב הכרעה מוסרית שאינה משתמעת לשתי פנים. יש זמנים שהגבורה היא צו קטגורי של האמונה. בפחות ממנה אין די. תשובתו של הרב נוקשה, אך אינה חסרת אומץ. אולם היה רב אחר שחלק עליה.

שמו של הרב הראשון אבד לנו, אך שמו של השני ידוע. זהו הרמב״ם, גדול חכמינו בימי הביניים. רדיפות הדת של האל-מואחדין לא היו זרות לו. כשהיה בן 13 נאלץ לברוח עם משפחתו מעיר הולדתו קורדובה שבספרד, שנפלה לידי הכת הזו. כתריסר שנים עברו עליו בנדודים. בסופן, בשנת 1160, ליברליזציה זמנית בשלטון האל-מואחדין אפשרה למשפחה להתמקם במרוקו. אולם כעבור פחות מחמש שנים נאלץ ליטול שוב תרמיל ומקל, והתיישב תחילה בארץ ישראל ולבסוף במצרים.

הרמב״ם רתח כל כך על תשובתו של הרב הראשון, שכתב איגרת תשובה משלו, שהיא מסה בזכות עצמה. אנו מכירים אותה בכינוי ״איגרת השְמָד״.[1] בפתיחתה הסתייג בחריפות מתשובת קודמו. הוא ציין שהמשיב הוא מן האנשים ״שלא קרה עליהם מה שקרה על רוב קהילות ישראל מזה השמָד״, וכינה את דבריו ״דברי סכלות״. לנוכח דברי הגנאי המרובים שהרמב״ם מטיח כלפי תשובת קודמו, והראיות הרבות שהוא מציג לכך שהרב ההוא טעה ואף ״חירף וגידף״, מפתיע לראות שגם המסקנות ההלכתיות שלו עצמו תובעניות למדי.

בעת גזרות של המרת דת, אומר הרמב״ם, חייב היהודי לעזוב ולגור במקום אחר. ״כשכופין אותו לעבור על אחת מהמצוות אסור לעמוד באותו מקום בשום צד, אלא יניח כל אשר לו וילך ביום ובלילה עד ימצא מקום שיוכל להעמיד דתו״. כשהבְרֵרה היא בין מוות לבין קבלת דת אחרת מן השפה ולחוץ, מוטב לנקוט את הדרך השנייה ולנסות לשמור מצוות בסתר; אך מי שבכל זאת נהרג כדי שלא להכריז שהוא מוותר על אמונתו היהודית, ״עשה מצווה״ (ובנוסח אחר: ״עושה הטוב והישר״), כי הוא ״מסר נפשו על קדושת השם״. מה שאינו קביל, אומר הרמב״ם, הוא שאדם יישאר בארץ הגזרה, לא ינסה לעזוב, וגם יפטור עצמו, בגלל הרדיפות, מהמאמץ לשמור מצוות כלשהן בסתר. אדם כזה הוא ״מחלל שם שמים, והוא קרוב למזיד״.

אלו הן מסקנותיו ההלכתיות המרכזיות של הרמב״ם באיגרת. אבל סביבן הוא פורשׂ באריכות את עיקרו הרעיוני של טיעונו: הוא מגן על אלה הפועלים בניגוד להמלצתו ונשארים בארץ מגוריהם כשנגזרת בה גזרת שמד, גם כשאפשר לברוח ממנה. האיגרת נותנת לאנוסים תקווה. הם חטאו. אבל זה חטא הניתן למחילה. הם

1. הציטוטים מן האיגרת הם מתוך **איגרות הרמב״ם**, מהדורת יצחק שילת, ירושלים: מעליות, תשמ״ז, כרך א, עמ׳ כה-נט.

פעלו מתוך כפייה ופחד מוות. אבל הם נשארים יהודים. המצוות שהם מוסיפים לקיים מוצאות חן בעיני ה׳ - ואפילו כפל כפליים, מפני שברור שהם עושים זאת לא כדי לעשות רושם על מישהו. אדרבה, הם יודעים שכאשר הם נוהגים כיהודים הם עלולים להתגלות ולהירצח. דבקותם הנסתרת בתורת ישראל היא מעשה גבורה.

הבעיה בפסיקתו של הרב הראשון נעוצה בהתעקשותו שיהודי הנכנע לפחד הוא יהודי שהשליך מעליו את אמונתו ויש להוציאו מכלל ישראל. הרמב״ם קובע כי אין הדבר כן. ״אינו ראוי להרחיק מחללי שבתות ולמאוס אותם, אלא לקרבם ולזרזם בעשיית המצוות״. במעשה פרשני נועז הוא מביא כאן את מדרש חז״ל על הפסוק ממשלֵי ״לֹא יָבוּזוּ לַגַּנָּב כִּי יִגְנוֹב לְמַלֵּא נַפְשׁוֹ כִּי יִרְעָב״ (משלי ו, ל) - ״לא יבוזו לפושעֵי ישראל שהן בָּאִין להתפלל בסתר ולגנוב מצוות״. האנוסים הבאים לבית הכנסת רעבים לתפילה יהודית. הם ״גונבים״ רגעים של השתייכות. אין לבוז להם, ויש לקבלם ולקרבם.

איגרת השמד היא דוגמת מופת לאתגר המוסרי הקשה ביותר: לשלב בין מידת הדין למידת הרחמים. הרמב״ם אינו מותיר ספק באשר לשאלה מה צריכים יהודים לעשות. אך בו בזמן הוא מגן במלוא התוקף על יהודים שלא עמדו בדרישותיו. הוא איננו מפאר את מה שהם עשו; אבל הוא מגן על מי שהם. הוא מבקש מאיתנו להבין את מצבם. הוא נותן להם בסיס לכבוד עצמי. הוא מחזיק את דלתות הקהילה פתוחות.

הטיעון מגיע לשיא כשהרמב״ם מצטט סדרת מדרשי חז״ל הטוענים שתפקיד הנביא איננו להוקיע את בני עמו, אלא להגן עליהם לפני ה׳. כך למשל משה. כאשר הטיל עליו הקב״ה להוציא את בני ישראל ממצרים, הוא הגיב בחשש: ״וְהֵן לֹא יַאֲמִינוּ לִי וְלֹא יִשְׁמְעוּ בְּקֹלִי״ (שמות ד, א), ולכאורה צדק. הפרקים הבאים בתורה מראים כך. אבל המדרש אומר שה׳ גער במשה, ״הן מאמינים בני מאמינים, ואתה אין סופך להאמין״.[2] הרמב״ם מוסיף ומצטט מדרשים דומים על הנביאים אליהו וישעיהו, ואז אומר:

> אם כך נענשו גדולי הדור ועמודי עולם, משה ואליהו וישעיה, ומלאכי השרת, כשנשאו לְדַבֵּר על קהל ישראל מעט דברים - וכל שכן קַל מִקַּלֵי עולם יתיר לשונו על קהילות ישראל, חכמים ותלמידים וכוהנים ולויים, ויקראם פושעים ורשעים וגויים ופסולי עדות וכופרים בה׳ אלוהי ישראל, ויכתוב הדבר הזה בכתב ידו, מה יהיה עונשו? והם [האנוסים] לא מרדו באל לבקשת ערבות והנָאָה, ולא

2. שבת צז ע״א.

עזבו הדת ורחקו ממנה לבקשת מעלה ותענוגי הזמן - כי [אלא] מפני חרבות נדדו, מפני חרב נטושה ומפני קשת דרוכה ומפני כובד מלחמה!

המדרש בעניין אליהו הנביא נוגע להתרחשויות המתוארות בהפטרת השבת, הפטרת פרשת פינחס. בימי המלך אחאב ואשתו הצידונית איזבל, עבודת הבעל נעשתה הפולחן הרשמי בממלכת ישראל. נביאי ה׳ נרדפו ונרצחו. הניצולים התחבאו. אליהו הגיב על כך בקריאת התיגר המפורסמת שלו על הר הכרמל. אל מול ארבע מאות נביאי הבעל וחמישים נביאי האשרה, מנוי וגמור היה עמו לפתור אחת ולתמיד, ולעיני כול, את שאלת האמת הדתית. "עַד מָתַי אַתֶּם פֹּסְחִים עַל שְׁתֵּי הַסְּעִפִּים?", שאל את המוני העם שנאספו שם. "אִם ה׳ הָאֱלֹהִים - לְכוּ אַחֲרָיו! וְאִם הַבַּעַל - לְכוּ אַחֲרָיו!" (מלכים א׳ יח, כא). האמת, אמר אליהו, תתברר במבחן פומבי. אליהו יקים מזבח לה׳, ונביאי הבעל - לאלוהיהם. פר ועצים יועמסו על כל מזבח. מן השמים תצא אש אל מזבח אלוהי האמת.

אליהו ניצח. הוא שפך מים על העצים במזבח ה׳, ובכל זאת עליו, ולא על מזבח הבעל, נפלה האש מן השמים. העם ראה ונפל על פניו וקרא "ה׳ הוּא הָאֱלֹהִים!" (שם, לט). כוהני הבעל הובסו. אך הסיפור לא נגמר. איזבל הודיעה לאליהו שדינו נחרץ למות. אליהו ברח להר חורב, ושם זכה לחזון פלאי. הוא ראה רוח סערה מפרקת הרים, ואחריה רעש אדמה, ואז אש. ה׳ לא התגלה בהם. הוא התגלה רק ב"קוֹל דְּמָמָה דַקָּה" שבא אחריהם. ה׳ דיבר איתו, ולאחר דין ודברים קצר אמר לו למנות את אלישע לממשיכו.

זהו אירוע חידתי, והמסתורין שבו גובר בגלל מאפיין מיוחד של הכתוב. רגע **לפני** חזון הסופה והרעש והאש, ה׳ שואל את אליהו, "מַה לְּךָ פֹה אֵלִיָּהוּ?", ואליהו עונה, "קַנֹּא קִנֵּאתִי לַה׳ אֱלֹהֵי צְבָאוֹת, כִּי עָזְבוּ בְרִיתְךָ בְּנֵי יִשְׂרָאֵל: אֶת מִזְבְּחֹתֶיךָ הָרָסוּ וְאֶת נְבִיאֶיךָ הָרְגוּ בֶחָרֶב. וָאִוָּתֵר אֲנִי לְבַדִּי, וַיְבַקְשׁוּ אֶת נַפְשִׁי לְקַחְתָּהּ" (מלכים א׳ יט, ט-י). רגע **אחרי** החזון, ה׳ שואל את אליהו את אותה שאלה, ואליהו חוזר בדיוק נמרץ על תשובתו הקודמת (שם, יג-יד). המדרש שהרמב"ם מצטט[3] הופך תשובה זו לרצף של תשובות בתוך דו־שיח בין אליהו לה׳:

אליהו: קַנֹּא קִנֵּאתִי לַה׳ אֱלֹהֵי צְבָאוֹת, כִּי עָזְבוּ בְרִיתְךָ בְּנֵי יִשְׂרָאֵל.
ה׳: שמא בריתך [שלך]?

3. מקור המדרש: שיר השירים רבה א, ו.

אליהו: אֶת מִזְבְּחֹתֶיךָ הָרָסוּ.
ה׳: שמא מזבחותיך?
אליהו: וְאֶת נְבִיאֶיךָ הָרְגוּ בֶחָרֶב.
ה׳: והרי אתה קיים!
אליהו: וָאִוָּתֵר אֲנִי לְבַדִּי, וַיְבַקְשׁוּ אֶת נַפְשִׁי לְקַחְתָּהּ.
ה׳: עד שאתה מלמד חובה על ישראל, לא היה לך ללמד חובה על אומות העולם, שיש להם בערוער שישים בתים לעבודה זרה, ותלַמד חובה על ישראל?... לֵךְ שׁוּב לְדַרְכְּךָ מִדְבַּרָה דַמָּשֶׂק!

משמעות המדרש ברורה. הקנאי מבקש ללחום את מלחמתו של אלוהים; להיות נציגו המלמד קטגוריה על העם. אבל ה׳ מצפה מנביאיו שיהיו סנגורים, לא קטגורים. שילמדו זכות על ישראל, ולא חובה.

כפילותן של השאלה והתשובה מובנת עתה במלוא עומקה הטרגי. אליהו מכריז על עצמו כקנאי לה׳ אלוהי צבאות. אבל ה׳ מראה לו שהתגלותו איננה נמצאת בעימות הדרמטי: לא בסופה משברת ההרים, לא ברעש ולא באש. ואז, בתום השיעור החי, הוא שב ושואל את אליהו מה לו פה - ואליהו בשלו, חוזר מילה במילה על הצהרת הקנאות שלו. הוא לא הבין את השיעור הפלאי שהתחולל לנגד עיניו. הוא לא תפס שלמנהיגות דתית דרושה תכונה אחרת: קול דממה דקה. ה׳ מגיב על כך את התגובה המתבקשת. מישהו אחר צריך לקחת את המושכות. אליהו צריך להעביר את אדרתו לאלישע.

בימים של סער ופרץ, נטייתם הטבעית של מנהיגים דתיים היא להעמיד ניגודים במלוא חריפותם. האמת חייבת להיאמר, ואת השקר מוכרחים להוקיע. אין לפסוח על שתי הסעיפים. היעדר גינוי פירושו הסכמה בשתיקה. לרַב שהוקיע את האנוסים ודרש להוציאם מכלל ישראל היו אמונה חזקה, היגיון מוחץ ותקדים בדמותו של אליהו. אבל המדרש והרמב״ם מציגים לנו דגם אחר. נביא שומע לא צו אחד אלא שניים: צו הדין וצו הרחמים; אהבת האמת, אך איתה גם סולידריות מרכבת כלפי אלה שהאמת נעלמה מהם. לשַמר את המסורת, ובו בזמן להגן על אלה שכמה ממגִני המסורת מגַנים, היא משימה חיונית למנהיגות דתית בעידן חילוני.

מטות

מילה זו מילה

פרשת השבוע פותחת בדיני נדרים ושבועות. מה מקומם של אלה כאן, לקראת סוף ספר במדבר, כשבני ישראל עומדים על סף סיום מסעם אל הארץ המובטחת?

נדרים ושבועות הם חובות שנוצרו במילים. אלו הן התחייבויות לעשות משהו או להימנע מלעשות משהו. נדר משפיע על מעמדו של אובייקט. אני יכול לנדור שלא לאכול דבר־מה. הדבר הזה הוא מעכשיו, בשבילי, מאכל אסור. שבועה, לעומת זאת, משפיעה על האדם, לא על האובייקט. אם נשבעתי שלא לאכול דבר־מה, מה שאסור עליי איננו המאכל כי אם פעולת אכילתו. השבועה והנדר מחייבים, קושרים, אוסרים אליהם את האדם. זו עיקר משמעותה של המילה אִסָּר.

לשבועות ולנדרים יש קדושה, ואם רוצים לבטלם יש לפעול על פי הוראות וכללים. אדם אינו יכול לבטל אותם בעצמו. הפרשה מפרטת כמה כללי יסוד, ואת השאר מספקת התורה שבעל־פה. יחסה של היהדות להתחייבות בדיבור רציני כל כך, שאחד מנוהלי התרת הנדרים, "כל נדרי", נקבע למועד הקדוש ביותר בשנה, כניסת יום הכיפורים.

תשובה שטחית למדי ומפותלת משהו לשאלה מדוע מופיעים דיני הנדרים והשבועות דווקא כאן, היא שהם באים אחרי פירוט קרבנות הציבור בסוף פרשת פינחס; עתה בא תורם של קרבנות היחיד, וחלק מקרבנות היחיד הם קרבנות נדבה, שאדם נותן כי החליט לתת מרצונו החופשי - וכאלה הם גם הנדרים והשבועות.

אבל יש סיבה עמוקה יותר. בני ישראל מתקרבים לארץ. הם עומדים לבנות חברה מטיפוס חדש וחסר תקדים - חברה חופשית המיוסדת על ברית בין העם לאלוהיו. שלטון החוק יישמר בחברה כזו לא בכוח הזרוע אלא בכוח נאמנותם של אנשים להתחייבויות המוסריות שלהם, למחויבותם הוולונטרית לעשות כאשר יצווה אלוהים. בחברה כזו, חברת ברית, המילים הן קדושות. עקרון קדושתו של הדיבור עומד בלב היהדות, באשר היא קוד של חופש קולקטיבי, חוקה של חירות.

הדבר דורש הסבר. כל חברה צריכה חוקים. בלעדיהם היא תשקע באנרכיה. אנשים נשמעים לחוקים משלוש סיבות. הראשונה: הם מפחדים מפני עונש. בחברה המבוססת על כוח, זוהי הסיבה העיקרית למילוי החוקים. הסיבה השנייה היא שכדאי לשמור חוק. סיבה זו מאפיינת את החברה המבוססת על התועלת האישית. בשתי סיבות אלו יש חסרונות. הכוח משחית. כך, לפעמים, גם בקשת התועלת האישית. כאשר הכוח השלטוני מושחת, החופש מופחת. כשהתועלת האישית היא העיקרון המארגן של החברה, הלכידות החברתית נחלשת. כי כאשר אנשים דואגים לעצמם ולא לאחרים, המצליחים פורחים והאחרים סובלים. הצדק והחמלה מפנים את מקומם לחמדנות ולניצול.

התורה מציגה דרך שלישית, סיבה שלישית לשמור חוק. אנשים נשמעים לחוק מפני שהם החליטו לעשות זאת מרצונם החופשי. כך קורה בחברה המבוססת לא על כוח ולא על בקשת התועלת האישית אלא על מחויבות מוסרית וולונטרית. התורה היא סיפור מסעם של בני ישראל אל רעיון רדיקלי וייחודי זה: אל הפוליטיקה של הברית.

אירוני הוא שדווקא אחד ממבקריה הגדולים של היהדות, פרידריך ניטשה, הוא שזיהה כי יכולתם של אנשים לכבול את עצמם במילים היא הבסיס למוסר ולחופש של האדם. הנה כך הוא אומר בספרו **לגניאלוגיה של המוסר**:

> לגַדֵּל חיה שביכולתה להבטיח - האם לא זהו התפקיד הפרדוקסלי שהטבע הציב לעצמו ביחס לאדם? האם לא זו הבעיה בה"א הידיעה, הנודעת מן האדם?[1]

ההומו ספיינס נבדל מיתר בעלי החיים בשימושו בשפה. הדבר ידוע היטב. אך ניטשה מזכיר לנו שזה לא הכול. אנו משתמשים בשפה בדרכים שונות. אנו משתמשים בה, ראשית, כדי לתאר, לתקשר, למיין ולהסביר. השפה היא, במובן זה, סוג של תמונת מציאות, תרגום שלה למערכת של סימנים, סמלים ודימויים. אולם אפשר גם להשתמש בשפה בצורה אחרת לגמרי: לא לתאר, אלא לחייב את עצמנו לצורת התנהגות מסוימת בעתיד. כאלה הם למשל דברי החתן לכלתו בחופה, "הרי את מקודשת לי...". הוא אינו מתאר חתונה; הוא מתחתן. הוא מקבל על עצמו מערכת מחויבויות כלפי האישה שבחר לשאת לו. בפילוסופיה בת זמננו הדבר נקרא "מבע פרפורמטיבי".

1. פרידריך ניטשה, **לגניאלוגיה של המוסר**, מאמר שני, 1-2, בתוך ניטשה, **מעבר לטוב ולרוע; לגניאלוגיה של המוסר**, עברית: ישראל אלדד, ירושלים ותל אביב: שוקן, תשל"ה, עמ' 261-262.

ניטשה הבין כמה יסודי הדבר בחיי האדם. כדי שאדם ישיג שליטה על עתידו, הוא אומר בהמשך לדברים שציטטנו לעיל, עליו לדעת להבדיל בין המקרי למתוכנן; ולשם כך עליו להיעשות תחילה "בר־חישוב, בר־תדירות, בר־כורח, אף לגבי עצמו, לגבי הצטיירותו בעיני עצמו, על מנת שיוכל על דרך שעושה זאת כל מבטיח; להיות 'הערב של עצמו' להיותו בר־עתיד".

כשאנחנו כובלים את עצמנו במילים, אנחנו משתמשים בשפה לא כדי לתאר אלא כדי ליצור: ליצור עתיד סדור מתוך הכאוס של הדחפים והיצרים האנושיים. המייחד את האדם איננו רק השימוש בשפה. הרי גם לבעלי חיים אחרים יש שפות. לדולפינים יש שפה. לפרימָטים יש שפה. אפילו הדבורים הקטנות מעבירות זו לזו מידע באמצעות מערכת מורכבת של ריקודים. המייחד את האדם הוא השימוש בשפה לצורך התחייבות להתנהגות עתידית שלו - ויכולת זו היא הבסיס ליצירת הדדיות ואמון בין בני אדם. אחת מצורות ההתחייבות הללו היא ההבטחה. סוג אחר הוא הנישואים. סוג שלישי, ייחודי ליהדות, הוא הבנת החברה כברית, כמערכת של הבטחות מחייבות אהדדי בין עם ישראל לאלוהיו.

שימוש זה בשפה - לא תיאור דבר שכבר קיים, אלא יצירת דבר שעדיין איננו - הוא הקושר אותנו לאלוהים. הקב"ה השתמש במילים כדי לברוא את העולם הטבעי. "ויאמר אלוהים... ויהי...". ואילו אנחנו משתמשים במילים כדי לברוא עולם חברתי. התורה אומרת לנו שהמילים בוראות משום שהמילים הן קדושות; כלומר, מפני שהן מחייבות. כשמילים מחייבות, הן יוצרות אמון. האמון הוא לחברה מה שהחוקיות היא לטבע: הבסיס לסדר, היפוכו של התוהו.

המוסדות החברתיים בחברה חופשית תלויים באמון, ואמון פירושו שאנחנו שומרים את מוצא פינו. אנחנו עושים מה שאנחנו אומרים שנעשה. כשאנחנו נודרים, נשבעים, מבטיחים, מצהירים, אנחנו כובלים בכך את עצמנו. פירוש הדבר הוא שאכן נמלא את ההתחייבות שלנו, אלא אם יקרה משהו בלתי צפוי שבאמת לא יאפשר זאת.

אם האמון נשבר, היחסים החברתיים מתמוטטים, ואז החברה נעשית תלויה לגמרי ברשויות אכיפת החוק או באמצעים כוחניים אחרים. כאשר השימוש בכוח שכיח, החברה אינה חופשית עוד. הדרך היחידה שבה יכולים בני אדם ליצור יחסים של שיתוף פעולה בלי להפעיל כוח היא השימוש בהתחייבויות מילוליות שהנוקטים אותן מכבדים אותן.

תנאי לחופש הוא אמון. תנאי לאמון הוא אנשים העומדים במילה שלהם. ולשמור את המילה פירושו לנהוג במילים קדושה. שבועות ונדרים הם דבר קדוש. רק בנסיבות מיוחדות מאוד, ומוגדרות במדויק, יכול אדם להשתחרר מההתחייבויות

המילוליות שלו. הנה לנו הטעם למיקומה של פרשת הנדרים והשבועות בסוף ספר במדבר: בני ישראל העומדים על סף ארץ הקודש, על סף המקום שבו יבנו חברה חופשית, צריכים תזכורת לקדושתם של הנדרים והשבועות.

הפיתוי להפר את מוצא פינו הוא לפעמים אדיר. לכן כה חשובה היא האמונה באלוהים - אלוהים היודע כל מה שאנחנו חושבים, אומרים ועושים, ורואה בנו אחראים לקיום התחייבויותינו. אבי הליברליזם ומייסד משנת הסובלנות, ג'ון לוק, שפעל באנגליה במאה השבע־עשרה, סבר - מוזר ככל שייראה הדבר בעיני בן זמננו - שאין לתת אזרחות לאתיאיסטים, מפני שמי שאינו מאמין באלוהים אי־אפשר לבטוח בו שיכבד את מוצא פיו.

הופעתם של דיני שבועות ונדרים בסוף חומש במדבר, ערב הכניסה לארץ, איננה מקרית אפוא, והמסר הטמון בשיבוץ זה רענן גם היום. חברה חופשית תלויה באמון. אמון תלוי במילוי התחייבויות. בדרך זו הולכים בני אדם בדרכי ה', שהשתמש בשפה כדי לחולל מציאות. מילים יוצרות מחויבות מוסרית, ומחויבות מוסרית הנשמרת מתוך אחריות ואמונים, יוצרת אפשרות לחברה חופשית. עשו אפוא תמיד את אשר הצהרתם שתעשו. אם לא נשמור את מוצא פינו, סופנו שנאבד את החופש שלנו.

מטות

אמנות יישוב הסכסוכים של משה

זה קרה כשבני ישראל כבר היו בישורת האחרונה לפני כניסתם לארץ המובטחת. הם חנו בגדה המזרחית של הירדן, והארץ המובטחת - הושט היד וגע בה. מחנה עראי זה נשא חן בעיניהם של שני שבטים, ראובן וגד, שהיו בעלי עדרי בקר גדולים. הם גילו שדווקא עבר הירדן המזרחי הוא כר מרעה משובח, ארץ מתאימה מאין כמותה למשלח ידם. הם פנו אפוא למשה וביקשו רשות להתיישב שם ולוותר על נחלתם בארץ כנען. "אִם מָצָאנוּ חֵן בְּעֵינֶיךָ", אמרו לו, "יֻתַּן אֶת הָאָרֶץ הַזֹּאת לַעֲבָדֶיךָ לַאֲחֻזָּה; אַל תַּעֲבִרֵנוּ אֶת הַיַּרְדֵּן" (במדבר לב, ה).

הנורה האדומה נדלקה אצל משה מיד. שני השבטים מציבים את עניינם הפרטי מעל טובת האומה. הם ייראו כמי שנוטשים אותה ברגע המכריע, דווקא כשהם נחוצים יותר מתמיד. הרי עם ישראל עומד בפתחה של מלחמת כיבוש, סדרת מלחמות כיבוש ליתר דיוק, שבלעדיה לא יירש את הארץ. "הַאַחֵיכֶם יָבֹאוּ לַמִּלְחָמָה וְאַתֶּם תֵּשְׁבוּ פֹה?", הוא מיהר לגעור בהם. "וְלָמָּה תְנִיאוּן אֶת לֵב בְּנֵי יִשְׂרָאֵל מֵעֲבֹר אֶל הָאָרֶץ אֲשֶׁר נָתַן לָהֶם ה'?" (שם, ו-ז).

כי אכן, לבקשה הזו היה פוטנציאל נזק חמור. משה הזכיר לבני ראובן וגד מה קרה בפרשת המרגלים. כזכור, עשרה מן המרגלים שברו את רוח העם כאשר שבו מארץ כנען וסיפרו שכיבושה בלתי אפשרי. הלילה ההוא, שבני ישראל בכו בו באוהליהם, חרץ את גורלם לארבעים שנות נדודים. האם רוצים בני ראובן וגד לגזור על העם עוד ארבעים שנה כאלו? "וְהִנֵּה קַמְתֶּם תַּחַת אֲבֹתֵיכֶם תַּרְבּוּת אֲנָשִׁים חַטָּאִים לִסְפּוֹת עוֹד עַל חֲרוֹן אַף ה' אֶל יִשְׂרָאֵל! כִּי תְשׁוּבֻן מֵאַחֲרָיו - וְיָסַף עוֹד לְהַנִּיחוֹ בַּמִּדְבָּר, וְשִׁחַתֶּם לְכָל הָעָם הַזֶּה" (שם, יד-טו). משה היה ישיר, ישר ומתעמת.

מה שקרה מכאן ואילך הוא מופת למשא ומתן וליישוב סכסוכים. בני שני השבטים הבינו שהצדק עם משה, ושהם עלולים לפגוע בטובת הכלל, והציעו פשרה. תחילה, אמרו, נבנה פה גדרות לצאננו ולבקרנו ויישובים למשפחותינו, ואז יקומו כל הגברים יוצאי הצבא שבקרבנו ויצטרפו לשבטים האחרים במסעם אל מעבר לירדן

מערבה. הם יילחמו לצדם, ואפילו ילכו חלוצים בראש. הם לא ישובו אל מקנם ואל משפחותיהם עד שהקרבות ישׁוֹכּו, הארץ כולה תיכבש, וכל השבטים יקבלו את נחלותיהם. רוחה של הצעה זו ושכמותה תנוסח לימים בעיקרון ההלכתי "זה נהנה וזה לא חסר".[1] אנחנו, אומרים שני השבטים, ניהנה מארץ טובה למקנה שלנו; ושאר השבטים לא יחסרו דבר, שהרי אנו שנשרת בצבא, נהיה בקו הקדמי, ונישאר שם עד לניצחון.

משה מכיר בכך שהשבטים ענו על דרישותיו. הוא חוזר על הצעתם, כדי לוודא שהוא והם הבינוה באותה דרך, ושהם מתכוונים לקיימה. הוא מעמיד להם "תנאי כפול", כלומר מסביר להם שאם יפעלו על פי הבטחתם יהיו לכך תוצאות מסוימות, ואם לא יפעלו על פיה יהיו תוצאות מסוימות אחרות. הוא אינו מותיר להם פתח מפלט מהתחייבותם. שני השבטים מסכימים. העימות נמנע. בני גד וראובן השיגו מה שרצו, אך האינטרסים של יתר השבטים ושל העם בשלמותו הובטחו. זה היה משא ומתן למופת.

צדקת חששותיו של משה הוכחה כעבור שנים רבות, לאחר כיבוש הארץ בימי יהושע - כאשר עמדו בני גד וראובן, ואיתם חצי שבט מנשה, לממש את חלקם בעסקה ולהתיישב בעבר הירדן. אי־הבנה של כוונת השבטים הללו הביאה את העם אל סף מלחמת אחים.

המעשה מסופר בפרק כב בספר יהושע. כאשר שָבו הלוחמים בני שני השבטים ומחצית השבט אל מִקנם ואל משפחותיהם, הם בנו מזבח גדול על גדתו המזרחית של הירדן. בני ישראל האחרים פירשו זאת כהכרזת פרישה ופילוג, והכינו ידיהם לַקרב. יהושע, במהלך דיפלומטי מזהיר, שלח מתווך: פינחס, לשעבר קנאי ועתה איש שלום. פינחס הזהיר את בני שבטי המזרח מהתוצאות האיומות שיהיו להקמת מרכז דתי בנחלתם: קריעת העם לשניים.

בני גד וראובן הבהירו שזו לא הייתה כוונתם בשום אופן. אדרבה, הם פעלו במטרה למנוע חשדנות ולבצר את אחדות האומה. הם חששו שכאשר בני ישראל יראו שהם חוצים את הירדן מזרחה הם יסיקו מכך שאינם רוצים עוד להיות חלק מהעם. לכן בנו את המזבח: לא כדי להקריב קרבנות, לא כמתחרה למשכן, אלא רק כסמל ואות לדורות הבאים, למען יֵדעו שגם הם מבני ישראל. התשובה הניחה את דעתם של פינחס וחבריו למשלחת, ומלחמת האחים נמנעה.

1. בבא קמא כ ע"ב.

המשא ומתן בין משה לשני השבטים בפרשתנו תואם להפליא את העקרונות שנוסחו לא מכבר ב"פרויקט המשא ומתן של אוניברסיטת הארוורד", ואשר הוצגו בידי רוג'ר פישר, ויליאם יורי וברוס פאטון בספרם **כן!**, שכבר הספיק להיעשות לקלסיקה בתחומו.[2] הנה תמצית העקרונות למשא ומתן מוצלח המופיעים שם:

הפרידו בין האנשים לבעיה. בכל משא ומתן צצים מתחים אישיים משלל סוגים. כדי לטפל בבעיה באופן ענייני יש להסיר את המתחים הללו מסדר היום.

התמקדו באינטרסים, לא במיצוב. כל סכסוך יכול בקלות להיעשות למשחק סכום אפס: אם אני מנצח, אתה מפסיד. אם אתה מנצח, אני מפסיד. הדבר קורה כאשר מתמקדים במיצובם של הצדדים, והשאלה הופכת ל"מי המנצח?". כאשר מתמקדים לא במיצובים אלא באינטרסים, השאלה היא "האם יש דרך להשיג את מה ששנינו רוצים?".

צרו אפשרויות לרווח הדדי. זהו, כאמור, העיקרון ההלכתי "זה נהנה וזה לא חסר". הוא מעשי משום שבדרך כלל לשני הצדדים יש מטרות שונות שאינן סותרות זו את זו.

הקפידו על תבחינים אובייקטיביים. על שני הצדדים להסכים מראש שקיום ההסכם העתידי יימדד על פי קריטריונים אובייקטיביים וחסרי פניות. שאם לא כן, הוויכוח יימשך גם לאחר ההגעה להסכם, מפני שכל צד יטען שהצד השני אינו עומד בסיכומים.

משה מקיים את כל ארבעת העקרונות. ראשית, הוא מבחין בין האנשים לבין הבעיה בהבהירו לבני גד וראובן שהתנגדותו לדרישתם אינה קשורה לְזֶהותם, אלא לניסיון העבר של בני ישראל בפרשת המרגלים. גם אז כל בני ישראל סבלו, בלי קשר לְזֶהותם השבטית או האישית של עשרת המרגלים מוציאי דיבת הארץ. אף אחד לא הרוויח מהמעשה שלהם; גם לא השבטים שלהם, ואפילו לא הם עצמם. גם הפעם הבעיה אינה נוגעת לשבט זה או אחר אלא לעם בשלמותו.

שנית, הוא מתמקד באינטרסים ולא במיצוב. טובתו של העם היא אינטרס של שני השבטים. אם יעדיפו את האינטרס הפרטי שלהם על האינטרס הלאומי, הקב"ה יכעס ויעניש את כל העם, גם את שבטי גד וראובן. בכך שונה המשא ומתן הזה תכלית שינוי ממחלוקת קורח ועדתו. שם נסב הכול על מיצוב אישי, לא על אינטרסים פרקטיים: השאלה הייתה למי הבכורה. התוצאה הייתה טרגית.

2. רוג'ר פישר, ויליאם יורי וברוס פאטון, **כן! - לשאת ולתת ולהגיע לסיכום חיובי בעסקים, בעבודה ובחיי היום־יום**, עברית: דרורה בלישה, תל אביב: מטר, 2013.

גם העיקרון השלישי התקיים פה. בני גד וראובן יצרו אפשרות לרווח הדדי. אם תיתנו לנו - אמרו - לבנות מתקני עראי למקננו ולילדינו, נצא למלחמה, ולא זו אף זו, נצא חלוצים בראש המחנה. אנחנו נרוויח, כי נדע שבקשתנו תיענה, והעם ירוויח מנכונותנו להתנדב למשימה הצבאית התובענית.

ולבסוף, הייתה הסכמה לגבי תבחינים אובייקטיביים. בני גד וראובן ישובו לגדה המזרחית רק לאחר שכל השבטים יֵשבו לבטח בנחלתם. וכך אכן קרה, כמסופר בספר יהושע:

> אָז יִקְרָא יְהוֹשֻׁעַ לָראוּבֵנִי וְלַגָּדִי וְלַחֲצִי מַטֵּה מְנַשֶּׁה, וַיֹּאמֶר אֲלֵיהֶם: אַתֶּם שְׁמַרְתֶּם אֵת כָּל אֲשֶׁר צִוָּה אֶתְכֶם מֹשֶׁה עֶבֶד ה׳, וַתִּשְׁמְעוּ בְקוֹלִי לְכֹל אֲשֶׁר צִוִּיתִי אֶתְכֶם. לֹא עֲזַבְתֶּם אֶת אֲחֵיכֶם זֶה יָמִים רַבִּים - עַד הַיּוֹם הַזֶּה - וּשְׁמַרְתֶּם אֶת מִשְׁמֶרֶת מִצְוַת ה׳ אֱלֹהֵיכֶם. וְעַתָּה הֵנִיחַ ה׳ אֱלֹהֵיכֶם לַאֲחֵיכֶם כַּאֲשֶׁר דִּבֶּר לָהֶם, וְעַתָּה פְּנוּ וּלְכוּ לָכֶם לְאָהֳלֵיכֶם אֶל אֶרֶץ אֲחֻזַּתְכֶם אֲשֶׁר נָתַן לָכֶם מֹשֶׁה עֶבֶד ה׳ בְּעֵבֶר הַיַּרְדֵּן.
> (יהושע כב, א-ד)

הנה לנו אפוא משא ומתן למופת. קרן של תקווה לאחר סדרת ההתנגשויות ההרסניות ששזרה את ספר במדבר, ונר תמיד של חלופה אפשרית לכל אותם סכסוכים הרסניים שהיו עתידים להתרגש על עם ישראל.

משה מצליח במשא ומתן לא מפני שהוא חלש, לא מפני שהוא נכון להתפשר על טובת האומה ושלמותה, לא מפני שהוא טובל את מילותיו בדבש ונוקט תחבולות דיפלומטיות, אלא מפני שהוא ישר, עקרוני וממוקד בטוב המשותף. כולנו מתמודדים בשלב כלשהו בחיינו עם סכסוכים. הנה לנו הדרך ליישבם.

מטות

הקול הנבואי

בשלוש השבתות שבין המצרים, בין צום שבעה־עשר בתמוז לצום תשעה באב, אנו מפטירים בשלושה פרקי נבואה מכאיבים במיוחד. "תלתא דפורענותא", מכונות שלוש הפטרות אלו, ומכתן כה צורבת עד שאחריהן נזדקק ל"שבע דנחמתא". הפטרותיהן של שתי השבתות הראשונות לקוחות מפרקי הפתיחה של ספר ירמיהו, והשלישית היא הפתיחה של ספר ישעיהו.

דומה שאין עוד תקופה בשנה המפגישה אותנו באופן כה מטלטל עם כוח עמידותם של נביאינו הגדולים. לנביאים לא הייתה עוצמה פוליטית. הם לא היו מלכים או אנשי חצר. בדרך כלל הם גם לא היו כוהנים או אנשי הממסד הדתי. לא היה להם תפקיד רשמי. הם לא נבחרו. רבים מהם סבלו מהיעדר מוחלט של פופולריות - ובראשם מחבר הפטרת השבוע שלנו, ירמיהו. הוא נאסר, הולקה, עונה, הועמד לדין ורק בעור שיניו ניצל. בני זמנם של הנביאים לא נשמעו להם. היוצאים מכלל זה מעטים; יונה, שדיבר אל תושביה הלא־יהודים של נינווה, הוא אחד מהם. אולם דברי הנביאים נכתבו ונשמרו לדורות ונעשו חלק מרכזי בתנ"ך. הנביאים היו המבקרים החברתיים הראשונים בעולם, והמסר שלהם מוסיף ונשמע.

המיוחד בנביאי ישראל לא היה שהם חזו את העתיד לבוא. העולם העתיק רחש אנשים כאלה: מגידי עתידות, אוראקלים, קוראי קלפים, שאמאנים ושאר מכשפים. כל אחד מהם טען שיש לו מהלכים בחצרו של אותו "כוח נשגב שמעצב את גורלנו, לא משנה כמה נחצוב בכוח".[1] ליהדות לא הייתה סבלנות לאנשים כאלה. "לֹא יִמָּצֵא בְךָ... קֹסֵם קְסָמִים מְעוֹנֵן וּמְנַחֵשׁ וּמְכַשֵּׁף וְחֹבֵר חָבֶר וְשֹׁאֵל אוֹב וְיִדְּעֹנִי וְדֹרֵשׁ אֶל הַמֵּתִים, כִּי תוֹעֲבַת ה' כָּל עֹשֵׂה אֵלֶּה", גוזרת התורה (דברים יח, י-יב). היהדות שוללת את המעשים הללו מפני שהיא מאמינה בחירותו של האדם. העתיד איננו כתוב מראש.

1. ויליאם שייקספיר, **המלט**, עברית: דורי פרנס, אתר "שייקספיר ושות'", מערכה חמישית, תמונה 2.

הוא תלוי בנו ובמה שנבחר. **הצלחתה של תחזית היא בהתגשמותה; ואילו הצלחתה של נבואה היא בהתבדותה.** הנביא מספר לנו על העתיד שיבוא אם לא נכיר בסכנה ונתקן את דרכינו. אם נשמע לו ונעשה זאת, נבואתו לא תתממש. הנביא (או הנביאה, שכן בתנ"ך נזכרות שבע נביאות) איננו חוזה; הוא מתריע.[2]

נביאינו גם לא התאפיינו ביכולת לברך את העם או לקללו. כישרון זה היה נחלתו של בלעם, לא של ישעיהו או ירמיהו. ביהדות, הברכה באה מפי כוהנים, לא מפי נביאים.

את נביאי ישראל ייחדו דברים אחרים. הראשון הוא תפיסתם ההיסטורית. הנביאים היו האנשים הראשונים שראו את יד ה' בהיסטוריה. אנחנו נוטים לתפוס את תחושת הזמן כדבר מובן מאליו. הזמן קורה. הזמן חולף. על פי מימרה עממית, הזמן הוא השיטה של אלוהים לוודא שלא הכול יקרה בבת אחת. אך למעשה יש דרכים שונות להתייחס לזמן, ותרבויות שונות תפסו את הזמן באופנים שונים.

יש זמן **מחזורי**: הזמן הוא תנועתן האטית של עונות השנה, או מחזור החיים והמוות, ההיוולדות וההולדה. ואכן, בעולם הטבע שוררת מחזוריות. יש עצים שחיים אלפי שנים, ויש זבובים המתים בני יומם, אבל בסופו של דבר כל מה שחי - מת. המינים שורדים, אך הפריטים לא. קהלת הוא מבטאה המפורסם של תפיסה זו ביהדות: "וְזָרַח הַשֶּׁמֶשׁ וּבָא הַשָּׁמֶשׁ וְאֶל מְקוֹמוֹ שׁוֹאֵף זוֹרֵחַ הוּא שָׁם. הוֹלֵךְ אֶל דָּרוֹם וְסוֹבֵב אֶל צָפוֹן, סוֹבֵב סֹבֵב הוֹלֵךְ הָרוּחַ וְעַל סְבִיבֹתָיו שָׁב הָרוּחַ... מַה שֶּׁהָיָה הוּא שֶׁיִּהְיֶה וּמַה שֶּׁנַּעֲשָׂה הוּא שֶׁיֵּעָשֶׂה וְאֵין כָּל חָדָשׁ תַּחַת הַשָּׁמֶשׁ" (קהלת א, ה-ט).

ויש גם זמן **קווי**: הזמן כרצף הכרחי של סיבות ותוצאות. ניסוחה המפורסם של תפיסה זו ניתן לה בידי האסטרונום הצרפתי פייר־סימון לַפְּלָאס ב־1814, באומרו כי אם "נכיר את כל הכוחות הפועלים בטבע, ואת מיקומם המדויק של כל הרכיבים שהטבע עשוי מהם", וכן את כל חוקי הפיזיקה והכימיה, כי אז "לא יישאר שום דבר חסר ודאות, והעתיד, כמוהו כעבר, יהיו הווים" לנגד עינינו. קרל מרקס יישם רעיון זה בתיאוריה החברתית וההיסטורית שלו. מתפיסה זו, שעל פיה תהליכים היסטוריים הם בלתי נמנעים, קצרה הדרך לשלילת חירות האדם.

ולבסוף, ישנו הזמן **כרצף אירועים** גרידא, בלי תכנית או מגמה כללית. תפיסה זו הדריכה את ראשוני ההיסטוריונים ביוון העתיקה, הרודוטוס ותוקידידס - וממשיכיהם רבים.

2. לפירוט של ההבחנה הזו ראו את הדרשה "הנביא במבחן" לפרשת שופטים.

לכל אחת מהתפיסות הללו יש מקום. הראשונה מקומה בביולוגיה, השנייה בפיזיקה, השלישית בהיסטוריוגרפיה חילונית. אך אף לא אחת מהן משקפת את חוויית הזמן של הנביאים. נביאי ישראל ראו את הזמן כזירת ההתרחשות של הדרמה הגדולה שבין אלוהים לאנושות, ובפרט זו שבין אלוהים לעם ישראל. אם העם הזה שומר אמונים לייעודו, לבריתו, הוא משגשג. אם הוא מפר את הברית, הוא נענש בתבוסה ובגלות. ירמיהו לא נלאה לחזור על כך באוזני בני זמנו.

עד כאן באשר לזמן. התובנה הנבואית השנייה היא הקשר העבות בין מונותיאיזם למוסריות. בדרך זו או אחרת הנביאים הרגישו - הדבר מובלע בנבואותיהם, גם אם אינו אמור במפורש - שעבודת האלילים איננה רק שקרית, אלא גם משחיתה. בעיניים פגאניות, העולם הוא זירת התגוששות בין כוחות מרובים וסותרים. בקרבות הללו החזק מנצח. החזק מביס את הצודק. המתאימים שורדים והחלשים מתים. בעידן המודרני ניטשה האמין בכך, וכמוהו הדרוויניסטים החברתיים.

הנביאים התנגדו לזאת בכל כוחם. בעיניהם, כוחו של אלוהים מִשני; מעל לַכול עומדת צדקתו. כיוון שאלוהים אוהב את עם ישראל וגואל אותו, עם ישראל מחויב להכיר בו כריבונו העליון ולשמור לו אמונים. אם בני ישראל לא יהיו נאמנים לה׳, הם לא יהיו נאמנים גם לבני אדם. הם ישקרו, יגנבו, ירמו: ירמיהו מפקפק אם בכל ירושלים נותר אדם ישר אחד (ירמיהו ה, א). גם את המוסר המיני והנאמנות הזוגית הם יאבדו: ״בָּנַיִךְ עֲזָבוּנִי וַיִּשָּׁבְעוּ בְּלֹא אֱלֹהִים, וָאַשְׂבִּעַ אוֹתָם וַיִּנְאָפוּ וּבֵית זוֹנָה יִתְגֹּדָדוּ. סוּסִים מְיֻזָּנִים מַשְׁכִּים הָיוּ, אִישׁ אֶל אֵשֶׁת רֵעֵהוּ יִצְהָלוּ״ (ירמיהו ה, ז-ח).

התובנה הגדולה השלישית של הנביאים הייתה עליונות המוסר על הפוליטיקה. האמירות הפוליטיות של הנביאים מועטות עד להפתיע. נכון, שמואל הסתייג ממוסד המלוכה, אבל בכל נבואותיהם הרבות של ישעיהו וירמיהו כמעט שאין רמז לעמדתם באשר לצורת השלטון הרצויה בממלכת יהודה או בעם ישראל כולו. לעומת זאת, הם עומדים שוב ושוב על כך שעוצמתה האמתית של אומה - ובפרט של ישראל או יהודה - אינה צבאית או דמוגרפית כי אם מוסרית ורוחנית. אם אנו נאמנים לאלוהינו ונאמנים זה לזה, שום כוח בעולם לא ינצח אותנו. ואם נפר אמונים אלה, שום כוח לא יצילנו. כדברי ירמיהו בהפטרת פרשת השבוע הבא, פרשת מסעי, הגילוי שאלוהי השקר מציעים רק נחמה כוזבת עלול לבוא כאשר כבר מאוחר מדי:

> אֹמְרִים לָעֵץ: אָבִי אַתָּה, וְלָאֶבֶן: אַתְּ יְלִדְתָּנוּ, כִּי פָנוּ אֵלַי עֹרֶף וְלֹא פָנִים, וּבְעֵת רָעָתָם יֹאמְרוּ: קוּמָה וְהוֹשִׁיעֵנוּ. וְאַיֵּה אֱלֹהֶיךָ אֲשֶׁר עָשִׂיתָ לָּךְ? יָקוּמוּ, אִם יוֹשִׁיעוּךָ בְּעֵת רָעָתֶךָ; כִּי מִסְפַּר עָרֶיךָ הָיוּ אֱלֹהֶיךָ, יְהוּדָה. (ירמיהו ב, כז-כח)

ירמיהו, הלוהב והמיוסר מכל הנביאים, נתפס בעיני הדורות כנביא זעם. אך אין זה הוגן כלפיו. הוא היה גם נביא תקווה מן המעלה הראשונה. הוא האיש שאמר כי עם ישראל נצחי כמו השמש, הירח והכוכבים (ירמיהו לא, לד-לו). הוא האיש אשר בשעה שהבבלים הטילו מצור על ירושלים קנה חלקת שדה, כהצהרה מעשית של אמונה שהיהודים ישובו מהגלות - "כִּי כֹה אָמַר ה' צְבָאוֹת אֱלֹהֵי יִשְׂרָאֵל: עוֹד יִקָּנוּ בָתִּים וְשָׂדוֹת וּכְרָמִים בָּאָרֶץ הַזֹּאת" (ירמיהו לב, טו).

תקוות הגאולה וידיעת החורבן הקרב לא היו אצל ירמיהו יסודות סותרים: הן היו שני צדדיו של אותו מטבע. אלוהים שדן את עמו לגלות הוא אותו אלוהים שישיב את העם ממנה, משום שגם אם העם ישכחנו הוא לעולם לא ישכח את העם. ירמיהו אולי איבד את אמונתו בעמו, אך אמונתו באלוהיו לא אבדה ולו לרגע.

הנבואה חדלה מישראל אחרי חגי, זכריה ומלאכי, נביאי ראשית בית שני. אולם האמיתות הנבואיות נכונות גם לזמננו. רק מתוך נאמנות לאלוהים נשארים אנשים נאמנים זה לזה. רק מתוך פתיחות לכוח שלמעלה מהם מִתְעַלִּים אנשים על עצמם. רק מתוך הבנת כוחות העומק המעצבים את ההיסטוריה יכול עַם להתגבר על פגעי ההיסטוריה. זמן רב נדרש לעם ישראל המקראי ללמוד את האמיתות הללו - ואכן, זמן רב מאוד חלף עד ששב אל ארצו ואל זירת הפעולה של ההיסטוריה. אסור לנו לשכוח אותן שוב.

מסעי

המורכבות של זכויות האדם

סיומו של ספר במדבר מוזר. לפני שבועיים, בפרשת פינחס, קראנו כיצד באו חמש בנות צלפחד למשה ובפיהן טענה המיוסדת על הצדק ועל זכויות האדם.[1] אביהן מת ואין לו בנים. הירושה, הנַחֲלה במקרה זה, אמורה לעבור מאב לבן. אביהן ודאי היה זכאי לנחלתו, והנה הן יורשותיו היחידות. זכותן אפוא שנחלה זו תעבור לרשותן: "לָמָּה יִגָּרַע שֵׁם אָבִינוּ מִתּוֹךְ מִשְׁפַּחְתּוֹ כִּי אֵין לוֹ בֵּן? תְּנָה לָּנוּ אֲחֻזָּה בְּתוֹךְ אֲחֵי אָבִינוּ" (במדבר כז, ד).

משה לא קיבל עד כה הנחיות באשר למקרים כאלה, ולכן פנה ישירות אל ה'. ה' פסק לטובת הנשים: "כֵּן בְּנוֹת צְלָפְחָד דֹּבְרֹת. נָתֹן תִּתֵּן לָהֶם אֲחֻזַּת נַחֲלָה בְּתוֹךְ אֲחֵי אֲבִיהֶם וְהַעֲבַרְתָּ אֶת נַחֲלַת אֲבִיהֶן לָהֶן" (כד, ז). בהזדמנות זו הוא נתן למשה הנחיות נוספות בדיני ירושה. ואז ממשיכה התורה ומספרת על עניינים אחרים.

והנה עכשיו, ממש בסוף החומש, מדווחת לנו התורה על אירוע שהוא המשכו הישיר של סיפור בנות צלפחד. מנהיגי שבט מנשה, שבטו של צלפחד, והשבט־האח אפרים, באו לפני משה ותלונה בפיהם. אם הקרקע תימסר לבנות צלפחד והן יינשאו לאנשים משבטים אחרים, תיפול האדמה בידיהם של השבטים הללו. כך ייקרעו לנצח נתחים מנחלת מנשה.

שוב הביא משה את הסוגיה אל ה', וה' נתן פתרון פשוט. לבנות צלפחד זכות על הקרקע, אך כך גם לשבט מנשה. לכן, אם רוצות הבנות לשמור על זכותן, הן חייבות להתחתן עם גברים מתוך השבט. כך יהיה אפשר לכבד את שתי הטענות. הבנות לא יאבדו את זכותן על הקרקע, אך יאבדו משהו מהחופש שלהן בבחירת שותף לחיים.

1. השימוש בביטוי הזה כאן הוא כמובן אנכרוניסטי. רק במאה השבע־עשרה החלו לדבר על זכויות האדם. ובכל זאת, לא יהיה זה אבסורד לראות בטיעון של בנות צלפחד "לָמָּה יִגָּרַע שֵׁם אָבִינוּ" (במדבר כז, ד) טיעון של זכויות אדם.

שתי הפרשיות קשורות קשר הדוק. מילים דומות משמשות בהן. השורש קר"ב פותח את שתיהן: בנות צלפחד קָרבו אל משה, אל הכוהנים ואל הנשיאים וכך גם ראשי משפחות שבט יוסף (כז, א; לו, א). שורש משותף נוסף הוא גר"ע: גם בנות צלפחד וגם ראשי המשפחות חוששים שחלקם ייגרע (כז, ד; לו, ג-ד). בשני המקרים עונה ה' באותו מטבע לשון: "כֵּן בְּנוֹת צְלָפְחָד דֹּבְרֹת" (כז, ז), "כֵּן מַטֵּה בְנֵי יוֹסֵף דֹּבְרִים" (לו, ה).[2] מדוע אפוא מופיעות הפרשיות בנפרד, ושמונה פרקים חוצצים ביניהן? ומדוע משובץ חלקו השני של הסיפור בפרק החתימה של ספר במדבר, ונועל אותו בנימת אנטי־קליימקס שכזו? ושמא נועד הסיפור הזה, ונועד מיקומו, להעביר מסר חשוב גם לנו, בימינו?

ספר במדבר הוא ספרם של יחידים. הוא מתחיל במפקד, שמטרתו העיקרית איננה לומר מה היה מניין בני ישראל, אלא להדגיש שכל אדם חשוב בפני עצמו; רעיון זה מובע בביטוי המיוחד שהתורה נוקטת בציוויים על המפקדים בפרשת במדבר ובפרשת נשוא ובפרשת פינחס, "נשיאת ראש". המִפקד כמו מרים את ראשו של כל יחיד ויחיד. החומש גם מתמקד בפסיכולוגיה של יחידים. הוא מספר לנו על ייאושו של משה, על הביקורת שהייתה לאהרן ולמרים כלפיו, על המרגלים שחסַר להם האומץ להגיש דין וחשבון חיובי, ועל הממורמרים למיניהם בראשות קורח שערערו על מנהיגותו של משה. הוא מספר לנו על יהושע וכלב, על אלדד ומידד, על זמרי ופינחס, על בלק ובלעם ועל עוד אחרים. דגש זה על יחידים מגיע לשיאו בתפילתו של משה לה' שימנה לו ממשיך, "יִפְקֹד ה' אֱלֹהֵי הָרוּחֹת לְכָל בָּשָׂר אִישׁ עַל הָעֵדָה" (כז, טו); חז"ל ורש"י פירשו שהכוונה כאן למינוי מנהיג "לכל בשר", מנהיג שיתייחס לכל יחיד ביחידותו ובייחודיותו.

בהקשר הזה נמצאת בקשת בנות צלפחד. הן תבעו את זכותן כיחידות. ובְדין תבעוה. כפי שציינו מפרשים רבים, בשנות הנדודים במדבר הנשים התנהגו למופת בעוד הגברים שירכו דרכם שוב ושוב. את הזהב לעגל הזהב נתנו הגברים, לא הנשים. המרגלים היו גברים. ידועים דברי בעל **הכלי יקר** כי לוּ שלח משה למשימה נשים, הן היו חוזרות ובפיהן מסקנות חיוביות.[3] ה' הכיר בצדקת טענתן של בנות צלפחד - בזכויות שלהן כבני אדם יחידים.

2. ומי יודע, אולי זהו מקור ההשראה לבדיחה העממית הידועה על שני בעלי הדין שבאו לפני הרב והרצו טענותיהם, ולכל אחד מהם אמר הרב שהוא צודק; משׁשאלה אשת הרב איך ייתכן ששניהם צודקים, השיב לה "גם את צודקת".
3. **כלי יקר** (ר' שלמה אפרים מלונטשיץ, 1550-1619) לבמדבר יג, ב.

אבל החברה בנויה לא רק מן היחידים הכלולים בה. כפי שמראה ספר שופטים, אינדיבידואליזם הוא שם נרדף לתוהו ובוהו: "בַּיָּמִים הָהֵם אֵין מֶלֶךְ בְּיִשְׂרָאֵל, אִישׁ הַיָּשָׁר בְּעֵינָיו יַעֲשֶׂה" (שופטים כא, כה). זה הטעם להדגשה הרבה הניתנת בספר במדבר, לכל אורכו, לתפקידם המרכזי של השבטים כעיקרון המארגן של חיי ישראל. בני ישראל נמנו שבט־שבט. התורה מתארת את סדר החניה המדויק של השבטים סביב המשכן, ואת מיקומם היחסי בעת מסע. בפרשת נשוא מפרטת התורה באריכות בלתי אופיינית את קרבנות שנים־עשר השבטים בחנוכת המשכן - אף כי תריסר הרשימות זהות לחלוטין. השבטיות איננה עובדה נסיבתית מקרית. היא יסוד המבנה של החברה הישראלית הקדומה. כמו ארצות הברית של אמריקה, שביסודה היא פדרציה של מדינות (במקור שלוש־עשרה מדינות, וכיום חמישים), כך הייתה גם ישראל הקדומה, עד למינוי המלך, פדרציה של שבטים.

שבטיות, במתכונת זו או אחרת, חיונית לקיומה של חברה חופשית.[4] החברה היהודית בישראל המודרנית בנויה על פסיפס של עדות, מכל קצווי תבל, ועל קשת מגוונת של סגנונות דתיים ושל זהויות יהודיות. כל אחד מאיתנו משתייך בעת ובעונה אחת לכמה מעגלי זהות, הנוגעים לרקע משפחתי, למקצוע, למקום מגורים, לקהילה ועוד. אלה הם "מבנים מתַווכים", הגדולים מן היחיד אך קטנים מן המדינה - ובהם אנחנו מפתחים את מגעינו החברתיים הישירים ואת זהויותינו המורכבות. כאלה הם מעגלי המשפחה והחברים, השכנים והעמיתים לעבודה. יחד הם יוצרים את מה שמכונה החברה האזרחית. חברה אזרחית חזקה היא תנאי לחופש.[5]

משום כך, החברה חייבת לתת מקום לא רק לזכויות הפרט, אלא גם לזהויות קבוצתיות. הדוגמה הקלסית לחברה שנמנעה מלעשות כן היא צרפת המהפכנית. במהלך דיון באספה המהפכנית של צרפת, ב־1789, השמיע הרוזן מקלרמון־טוֹנר את מימרתו המפורסמת "יש לשלול מהיהודים כל דבר בתורת אומה, ולתת להם כל דבר בתורת יחידים". עוד אמר באותו נאום כי אם היהודים מתעקשים להגדיר את עצמם כאומה, כלומר כתת־קבוצה נבדלת בתוך הרפובליקה, "עליהם לומר זאת, ואז יש לגרש אותם".[6]

לכאורה, הֶסדר הוגן וסביר. במדינת הלאום החילונית החדשה הוצעו ליהודים זכויות אזרח. אך למעשה הכול נלקח מהם, שכן פירוש הדבר היה שהם נדרשים לוותר

4. ראו על כך בספר Sebastian Junger, *Tribe: On Homecoming and Belonging*, London: Fourth Estate, 2016.
5. אדמונד בֶּרק ואלקסיס דה־טוקוויל הם מפתחיו הקלסיים והמשכנעים של טיעון זה.
6. יעקב כ"ץ, **שנאת ישראל: משנאת הדת לשלילת הגזע**, תל אביב: עם עובד, 1979, עמ' 97.

על זהותם היהודית במרחב הציבורי. התפיסה האזרחית המהפכנית שללה את קיומה של חוליית ביניים כלשהי, בדמות זהות דתית או אתנית, בין היחיד לבין המדינה. לא מקרה הוא שכעבור מאה שנה הייתה צרפת ממרכזי האנטישמיות האירופית, בהסלמה מסחררת שתחילתה ברב המכר הנתעב של אדואר דרימון **צרפת היהודית** ב־1886 ושיאה כעבור פחות מעשור בפרשת דרייפוס. למשמע שאגות ההמון הפריזאי "מוות ליהודים" הבין תיאודור הרצל שלמרות כל ההצהרות היהודים עדיין לא התקבלו באמת כאזרחים באירופה. היהודים גילו שאירופה המערבית שהתיימרה לבטל את השבטים רואה בהם שבט.

חוקר קופי האדם פראנס דה־ואל, שאת מחקריו על קופי הבונובו הזכרנו בדרשתנו לפרשת קורח "הירכיה ופוליטיקה: הסיפור שאינו נגמר", מבטא זאת יפה. כמעט כל תרבות המערב המודרנית, הוא אומר, נבנתה על גבי רעיון היחיד הבוחר והאוטונומי. אבל אנו איננו כאלה. יש לנו זיקות חזקות למשפחה, לחברים, לשכנים, לבעלי ברית, לבני דתנו ולאחינו למוצא. והוא ממשיך:

> מוסריות העוסקת אך ורק בזכויות הפרט נוטה להתעלם מהַקשרים, מהצרכים ומהתלות ההדדית שאפיינו את קיומנו מימי בראשית. רק מוסריות קרה מציבה את קביעת המרחב האישי של בני אדם בראש מעייניה, ודוחקת כל אדם לפינה קטנה משלו ביקום. זוהי חידה, כיצד צמח הדיוקן המעוות הזה של החברה במוחותיהם של הוגי דעות בעלי שם.[7]

וזה בדיוק מה שאומרת לנו התורה בפצלה את סיפור בנות צלפחד לשני חלקים מקבילים ונפרדים. החלק הראשון, שבפרשת פינחס, עניינו זכויות הפרט: במקרה זה, זכותן של בנות צלפחד לָרֶשת את נחלת אביהן. החלק השני, בפרשת מסעי, עניינו זכויות קבוצתיות: במקרה זה, זכותו של שבט מנשה על נחלתו. התורה מאשרת את שתי הזכויות הללו, מפני ששתיהן נחוצות בחברה חופשית.

רבות מן הבעיות הסבוכות ביותר למראית עין בעולם היהודי כיום צצו מפני שהיהודים, בעיקר במערב, רגילים לתרבות שזכויות הפרט גוברות בה על כל ערך אחר. תרבות זו מקדשת את החופש שלנו לבחור אורח חיים, לבחור פולחן דתי, לבחור זהות. אבל תרבות המתבססת רק על זכויות הפרט מערערת את מסגרות

7. פראנס דה ואל, **טובים מטבעם**, עברית: תמר רון, חיפה: הוצאת אוניברסיטת חיפה, 1998, עמ' 150.

ההשתייכות שלו: המשפחה, הקהילה, המסורת, הנאמנות, והקודים המשותפים של יראת הכבוד והאיפוק.

היהדות מוקירה מאוד את ערכו של היחיד, אך מעריכה לא פחות גם את המוסדות המשמרים את זהויותינו הקבוצתיות. יש לנו זכויות כיחידים, אך זהויות יש לנו רק כבני שבטים. כיבודן של הזכויות משני הסוגים הוא משימה עדינה, קשה וחיונית. סופו של ספר במדבר מראה לנו איך למלא אותה.

מסעי

גמול ונקם

סמוך לחתימת חומש במדבר מופיע דין ערי המקלט: שלוש ערים מעבר לירדן מזרחה, ועוד שלוש שיתווספו בגדתו המערבית לאחר שבני ישראל ישתלטו עליה. מי שהרג נפש יכול לברוח לעיר מקלט ולקבל הגנה עד שמקרהו יידון בבית דין. אם יימצֵא אשֵם ברצח, דינו מיתה. אבל אם יימצא שהרג בשוגג - בתאונה, או בהיסח הדעת, בלי זדון ובלי מחשבה תחילה - דינו יהיה להישאר בעיר המקלט "עַד מוֹת הַכֹּהֵן הַגָּדֹל" (במדבר לה, כה). שם יהיה מוגן מפני נקמתם של גואלי הדם - בדרך כלל קרובים מדרגה ראשונה של ההרוג.

ההלכה רואה בחומרה כל הריגה של נפש. אבל יש הבדל יסודי בין רצח בזדון לבין הריגה בשוגג. להרוג, מתוך כוונת נקם, אדם שלא רָצַח אלא הָרַג בשוגג, איננו מעשה של צדק אלא הכפלה של שפיכות הדמים. זה מעשה שיש למונעו. מכאן הצורך במקלט בטוח שיגן על אנשים הנתונים בסיכון.

מניעתה של אלימות בלתי מוצדקת היא ערך יסוד בתורה. הברית שכרת אלוהים עם נוח ועם האנושות אחרי המבול מגדירה את הרצח כפשע האולטימטיבי: "שֹׁפֵךְ דַּם הָאָדָם - בָּאָדָם דָּמוֹ יִשָּׁפֵךְ. כִּי בְּצֶלֶם אֱלֹהִים עָשָׂה אֶת הָאָדָם" (בראשית ט, ו). הדם השפוך זועק לשמים וליושב בהם. אלוהים אמר לקין אחרי שרצח את הבל, "קוֹל דְּמֵי אָחִיךָ צֹעֲקִים אֵלַי מִן הָאֲדָמָה" (בראשית ד, י).

עתה, בשלהי החומש הרביעי, מהדהד שוב הקול ההוא מתחילת החומש הראשון: "וְלֹא תַחֲנִיפוּ אֶת הָאָרֶץ אֲשֶׁר אַתֶּם בָּהּ, כִּי הַדָּם הוּא יַחֲנִיף אֶת הָאָרֶץ, וְלָאָרֶץ לֹא יְכֻפַּר לַדָּם אֲשֶׁר שֻׁפַּךְ בָּהּ כִּי אִם בְּדַם שֹׁפְכוֹ" (במדבר לה, לג). השורש חנ"ף אינו מופיע בשום מקום אחר בתורה, והוראתו פה היא לזהם, לטמא, ללכלך, לחלֵל. עולם שרֶצח איננו נענה בו בעונש הוא עולם שיש בו דופי מהותי. חיי האדם קדושים. אפילו שפיכות דמים מוצדקת, כגון במלחמה, יוצרת טומאה. כוהן ששפך דמים אינו יכול

עוד לברך את העם.[1] ה' אסר על דוד לבנות את המקדש "כִּי דָמִים רַבִּים שָׁפַכְתָּ אַרְצָה לְפָנָי" (דברי הימים א' כב, ח). המוות מטמא.

זהו שורשו של רעיון הנקם. ואף כי התורה פוסלת את הנקמה, לבד ממקרים שה' מצווה בהם במפורש לנקום,[2] שמץ מן הרעיון הזה מבצבץ במושג "גואל הדם". גאולת דם איננה בדיוק נקמת דם. גואל, בכלל, הוא אדם המתקן איזון שהופר בעולם, המציל מישהו או משהו ומחזירם אל מקומם הצודק. בועז, למשל, גאל נחלה שהשתייכה לנעמי.[3] גואל הוא גם מי שמחזיר את החופש לקרוב משפחתו שנאלץ להימכר לעבדות.[4] ה' גואל את עמו מעבדות במצרים. גואל דם הוא מי שמוודא שרצח לא יישאר בלי עונש.

אלא שכאמור, לא כל הרג הוא רצח. יש הרג בשגגה, והמבצע אותו גולה לעיר מקלט. וברעיון עיר המקלט יש עמימות מסוימת: האם עיר המקלט היא ביסודה **אמצעי הגנה** על הרוצח בשגגה, או שמא היא **צורת ענישה** - אמנם לא עונש המוות המושת על רוצח במזיד, אך בכל זאת עונש? בדרך כלל, במקרא, גלות היא צורת ענישה. אדם וחווה גלו מגן עדן אחרי החטא. על קין נגזר, לאחר שהרג את הבל, להיות "נָע וָנָד בָּאָרֶץ". בתפילה אנו אומרים "ומפני חטאינו גלינו מארצנו".

האמת היא ששני היסודות הללו משמשים יחדיו. מצד אחד, התורה אומרת "וְהִצִּילוּ הָעֵדָה אֶת הָרֹצֵחַ מִיַּד גֹּאֵל הַדָּם, וְהֵשִׁיבוּ אֹתוֹ הָעֵדָה אֶל עִיר מִקְלָטוֹ אֲשֶׁר נָס שָׁמָּה" (במדבר לה, כה). כאן מודגש היסוד ההגנתי, הצלתו של ההורג. אולם מנגד אומרת התורה מיד: "וְאִם יָצֹא יֵצֵא הָרֹצֵחַ אֶת גְּבוּל עִיר מִקְלָטוֹ אֲשֶׁר יָנוּס שָׁמָּה, וּמָצָא אֹתוֹ גֹּאֵל הַדָּם מִחוּץ לִגְבוּל עִיר מִקְלָטוֹ וְרָצַח גֹּאֵל הַדָּם אֶת הָרֹצֵחַ - אֵין לוֹ דָּם" (שם, כה-כו), כלומר גואל הדם שרצח את הרוצח מחוץ לעיר המקלט לא ייאשם ברצח. כאן מוצג יסוד האשמה של הגולה לעיר המקלט; שאם לא כן, מדוע גואל הדם אינו נחשב לרוצח?[5]

הבדלי הדגשים ניכרים בהבדלים שבין ההסבר המופיע בתלמוד לכך שהרוצח בשגגה נשאר בעיר המקלט עד מות הכוהן הגדול, לבין ההסבר שנותן לדין זה

1. ברכות לב ע"ב; רמב"ם, **משנה תורה**, הלכות תפילה טו, ג.
2. רק ה', נותן החיים, יכול לצוות עלינו ליטול חיים. ציוויים כאלה מבוססים תדיר על עובדות הידועות לו ולא לנו.
3. ראו רות, פרקים ג-ד.
4. ראו ויקרא כה. השורש גא"ל מופיע בפרק זה, העוסק בגאולת נחלות, 19 פעמים.
5. ראו אמנון בזק, "ערי מקלט וערי מנוסה", בתוך עזרא ביק ויונתן פיינטוך (עורכים), **תורת עציון: דברים**, ירושלים: מגיד, 2015, עמ' 209-216.

הרמב"ם. לפי התלמוד, הכוהנים הגדולים "היה להן לבקש רחמים על דורָן ולא בִקשו".[6] הכוהן צריך להתפלל שלא יקרו בימיו תאונות קטלניות. ההנחה היא שאם הכוהן היה מתפלל ביתר כוונה, ה' לא היה מאפשר לַהֶרג בשגגה הזה לקרות. בין שעל ההורג מוטלת אשמה מוסרית ובין שלא, דבר רע קרה ונדרשת כפרה - והכפרה תושג בחלקה באמצעות עיר המקלט, ובחלקה האחר באמצעות מות הכוהן הגדול. הכוהן הגדול כיפר על העם בכללותו - ועל כן מותו, בהגיע יומו, כיפר על מקרי המוות בשגגה שהיו בימיו.

הרמב"ם, לעומת זאת, נותן בספרו **מורה הנבוכים** הסבר אחר לגמרי. לדעתו, תפקידה המרכזי של עיר המקלט איננו כפרה אלא הגנה. אדם גולה לעיר מקלט כדי להניח לסערת הנפש של גואל הדם לשכוך. הוא נשאר שם עד מות הכוהן הגדול משום שמותו מחולל אווירה ציבורית של אבל, המפוגגת את תאוות הנקם - "כי טבע הוא באדם שכל מי שפגע בו אסון, כאשר פוגע בזולתו אסון דומה או חמור יותר הוא מוצא בזאת נחמה על פגעו. ובין האסונות של מות בני אדם אין אצלנו חמור יותר ממותו של כהן גדול".[7]

תאוות הנקם היא תופעה בסיסית. היא קיימת בכל חברה. היא גורמת למעגלי דמים - משפחת מונטגיו נגד משפחת קפיולט ב**רומיאו ויוליה**, משפחת קורליאונה נגד משפחת טטאליה ב**הסנדק** - שאין להם סוף טבעי. מלחמות בין שבטים הרסו לעתים חברות שלמות.[8]

התורה, שהבינה כי תאוות הנקם היא מטבע האדם, מבייתת אותה באמצעות תרגומה לכדי מהות אחרת לגמרי. היא מכירה בכאבה של משפחת הקרבן, בתחושת האבדן שלה ובחרונה המוסרי. זו משמעות הביטוי גואל הדם: הדמות המייצגת את יצר הנקם. התורה ניתנה לבני אדם, על כל קשת היצרים שלהם; לא למלאכי עליון. היא מעמידה קוד התנהגות ריאליסטי, לא אוטופי. אולם היא תוחבת רכיב חיוני אחד בין ההורג לבין משפחת ההרוג: את עקרון הצדק. אסור שיהיה מעשה ישיר של נקמה. ההורג חייב להיות מוגן עד שיובא למשפט. אם יימצא אשם, ישלם את המחיר. אם יימצא חף מפשע, יזכה למפלט. **פעולה זו הופכת את הנקמה לגמול.** היא משנה את כל התמונה.

6. מכות יא ע"א.
7. **מורה הנבוכים**, ג, מ.
8. ראו רנא ז'יראר, **האלימות והקדושה**, עברית: יותם ראובני, תל אביב: נמרוד, תשס"ט.

רבים מתקשים להבחין בין גמול לנקמה, אך אלה הם מושגים שונים בתכלית. נקמה היא מערכת יחסים של אני־אתה. אתה הרגת את בן משפחתי, אז אני אהרוג אותך. הנקמה היא אישית במהותה. הגמול, לעומת זאת, הוא **אימפרסונלי**, על־אישי. לא מונטגיו נגד קפיולט, אלא שני הצדדים תחת שלטון החוק הבלתי משוחד. ההגדרה הטובה ביותר לחברה שהתורה שואפת ליצור היא **נומוקרטיה**: שלטונם של החוקים, לא של בני אדם.

הגמול הוא דחייתו העקרונית של הנקם. הוא אומר שאיננו חופשיים ליטול את החוק לידינו. אל לו לַיֵּצֶר לכופף את ההליך המשפטי התקין, כי אם כך יעשה נימצא על דרך המלך אל האנרכיה ואל שפיכות הדמים. החוטא צריך לבוא על עונשו, אבל רק לאחר שנמצא בהליך הוגן כי הוא אכן חטא, ובתנאי שהדבר נעשה בשמה של החברה כולה ולא בשמו של הקרבן בלבד. עיקרון זה הוא שהדריך את צייד הנאצים שמעון ויזנטל במאמציו להביא את הפושעים הללו למשפט. לביוגרפיה שלו נתן את הכותרת **משפט ולא נקם**. ערי המקלט היו חלק מתהליך שהכפיף את הנקם למשפט והחליף את הנקם בגמול.

אבל אין זו רק היסטוריה עתיקה. כזכור, מיד לאחר נפילת חומת ברלין וקץ המלחמה הקרה ב־1989 התלקחה מלחמה אתנית אכזרית ביוגוסלביה לשעבר, תחילה בבוסניה ואחר כך בקוסובו. כיום משתוללות מלחמות אתניות ועדתיות בעיראק, בסוריה ובארצות נוספות. בספרו **כבודו של הלוחם** מסביר מייקל איגנטייף כיצד הייתה ההידרדרות לתוהו ובוהו באזורים הללו מהירה כל כך:

> המכשול המוסרי העיקרי העומד בדרכה של ההתפייסות הוא תשוקת הנקם... האלימות שהיא יוצרת היא צורה טקסית של חלוקת כבוד למתי הקהילה - ובזאת נעוצה הלגיטימיות שלה. על כן כה קשה ההתפייסות: עליה להתחרות במוסר החלופי רב העוצמה של האלימות. הטרור הפוליטי עיקש משום שהוא פרקטיקה אתית. הוא פולחן מתים, ביטוי נורא ומוחלט של כבוד.[9]

ההתעלמות מקיומה של תאוות הנקם היא שטות נמהרת. התאווה הזו מקננת באדם, נרצה או לא נרצה. אך כאשר מניחים לתאווה זו למשול בלא מצרים, היא מדרדרת

9. Michael Ignatieff, *The Warrior's Honor: Ethnic War and the Modern Conscience*, New York: Henry Holt, 1997, p. 188.

חברות למרחץ דמים שאין לו סוף. החלופה היחידה לכך היא תיעול רגש הנקם בעזרתם של החוק, המשפט ההוגן, ומסקנתם המעשית - הענשה או מפלט. כך יכול הגמול לתפוס את מקומה של הנקמה, ומעגלי הצדק - את מקומו של מעגל האימה.

מסעי

משה, ישעיהו, ירמיהו

פרשת מסעי נקראת תמיד בימי בין המצרים. עם ישראל מעלה בימים אלה את זכר שתי תבוסותיו הלאומיות הגדולות. בית המקדש היה סמלו של עם ישראל - וחורבן בית המקדש מסמל אפוא את חורבן העם. חורבנות שני בתי המקדש, במאה השישית לפני הספירה ובמאה הראשונה לספירה, אירעו בעטייה של מנהיגות עלובה.

זרעי החורבן של הבית הראשון נטמנו שנים לא רבות אחרי הקמתו, בהחלטה הרת אסון של המלך רחבעם בן שלמה. שלהי שנות מלכותו של שלמה עוררו תסיסה בקרב נתיניו. מנגנון המס של פרעה העמיס עליהם, בייחוד בשנות בניין המקדש, נטל כבד משאת. משמֵת שלמה באו אל בנו ויורשו רחבעם וביקשוהו להפחית מן הנטל. יועציו הוותיקים של שלמה הציעו לבנו להיענות לבקשה. העצה שנתנו לו היא מן היפות שניתנו אי־פעם למנהיג: אם תשרת את העם, העם ישרת אותך (מלכים א׳ יב, ז). רחבעם לא שעה לעצה. הממלכה התפלגה לשתי ממלכות חלשות, שנפילתן הייתה רק שאלה של זמן. כדברי אברהם לינקולן, ״בית שהתפלג נגד עצמו לא יעמוד לאורך ימים״.

חורבן בית שני בימי הרומאים נבע מקריסה מוחלטת של המנהיגות ביהודה. בית חשמונאי שניצח את ההלניזם בשדה הקרב, נכנע לו בהדרגה בזירה התרבותית ובזירה המדינית. הכהונה הייתה נתונה לפוליטיזציה ולהשחתת המידות. הרמב״ם כתב באיגרת לחכמי מרסיי כי בית שני חרב משום שהיהודים לא למדו את חוכמת המלחמה. בתלמוד נאמר שהבית חרב בגלל שנאת חינם. יוסף בן מתתיהו תולה את החורבן במלחמה הפנימית בין סיעות הקנאים שהגנו על ירושלים. כל ההסברים הללו נכונים, וכולם חלק מתופעה אחת: כשאין מנהיגות אפקטיבית מתחוללת פלגנות. יש סכסוך פנימי, האנרגיה מתבזבזת, ואין אסטרטגיה לכידה. התבוסה בלתי נמנעת.

בעיני היהדות, מנהיגות איננה מותרות. היא כורח. עמֵנו עם קטן ופגיע מאוד. כשיש לנו השראה מנהיגותית, אנו עולים לגדולה. באין השראה אנו צונחים לתהום.

לשלושת השבועות של ימי בין המצרים יש, ככל שהדבר יישמע מוזר, מסר מעודד. הוא טמון בעובדה שעם ישראל שרד מן החורבנות שפקדו אותו - ולא רק שהוא שרד, הוא אף התאושש והתחזק. עם ישראל נעשה אומה של שורדים, במובן החיובי ביותר של המילה. מי נתן ליהודים את העוז ואת התעוזה להיות כאלה?

התשובה היא: שלושה מנהיגים ששמותיהם קשורים לבלי הַתר בשלושת השבועות. אלה הם משה, שהמסר שלו לדורות הבאים בתחילת ספר דברים נקרא תמיד בשבת שלפני תשעה באב; ישעיהו, שמפטירים בחזונו באותה שבת והוא הנותן לה את שמה "שבת חזון"; וירמיהו, הנביא שחזה את החורבן, ושמפטירים בנבואותיו בשתי השבתות האחרות שבשלושת השבועות.

מה עשה את שלושת האישים הללו למנהיגים גדולים? שלושתם היו ביקורתיים כלפי בני זמנם - אבל כאלה הם רוב האנשים. אין צורך בכישרון מיוחד כדי להיות ביקורתי. שלושתם חזו חורבן - אבל ירמיהו עצמו הצביע על כך שנבואת זעם היא אופציה נטולת סיכון. אם יקרו דברים רעים, זו תהיה הוכחה לצדקתך; ואם לא - תמיד תוכל לומר שאלוהים החליט לרחם עלינו וחזר בו מכוונתו.[1]

מה אפוא ייחד את משה, ישעיהו וירמיהו? מה הפך אותם למנהיגים גדולים? ובפרט, מה הפך אותם למנהיגים דווקא בימים קשים, ומתוך כך למנהיגים לכל עת? התשובה שוב עומדת בסימן שלוש, שכן לדעתי שלושת המנהיגים שאנו מעלים על נס בשלושת השבועות התייחדו בשלושה דברים.

הראשון הוא ששלושתם היו נביאי תקווה. אפילו ברגעים הקודרים ביותר הם הצליחו לראות מבעד לחשרת הסופה את השמים התכולים שמעבר לה. הם לא היו אופטימיסטים, אך הייתה להם תקווה.[2] כדי להיות אופטימיסט לא צריך אומץ. אך כדי להיות נביא של תקווה דרושים אומץ, חוכמה, הבנה עמוקה של ההיסטוריה, הכרה בָּאֶפשרי ולא רק בַּסביר, וכושר ביטוי. כל אלה היו למשה, לישעיהו ולירמיהו. הנה זה בפי משה:

וְהָיָה כִי יָבֹאוּ עָלֶיךָ כָּל הַדְּבָרִים הָאֵלֶּה, הַבְּרָכָה וְהַקְּלָלָה אֲשֶׁר נָתַתִּי לְפָנֶיךָ וַהֲשֵׁבֹתָ אֶל לְבָבֶךָ בְּכָל הַגּוֹיִם אֲשֶׁר הִדִּיחֲךָ ה' אֱלֹהֶיךָ שָׁמָּה. וְשַׁבְתָּ עַד ה' אֱלֹהֶיךָ וְשָׁמַעְתָּ בְקֹלוֹ כְּכֹל אֲשֶׁר אָנֹכִי מְצַוְּךָ הַיּוֹם, אַתָּה וּבָנֶיךָ בְּכָל לְבָבְךָ וּבְכָל נַפְשֶׁךָ. וְשָׁב ה' אֱלֹהֶיךָ אֶת שְׁבוּתְךָ וְרִחֲמֶךָ וְשָׁב וְקִבֶּצְךָ מִכָּל הָעַמִּים אֲשֶׁר הֱפִיצְךָ ה' אֱלֹהֶיךָ שָׁמָּה.

1. ראו ירמיהו כח; רמב"ם, **משנה תורה**, הלכות יסודי התורה י, ד.
2. על ההבחנה בין אופטימיזם לתקווה ראו את הדרשה "ביטחון בהצלחה" לפרשת שלח.

אִם יִהְיֶה נִדַּחֲךָ בִּקְצֵה הַשָּׁמָיִם - מִשָּׁם יְקַבֶּצְךָ ה' אֱלֹהֶיךָ וּמִשָּׁם יִקָּחֶךָ. (דברים ל, א-ד)

והנה בנבואת ישעיהו:

וְאָשִׁיבָה שֹׁפְטַיִךְ כְּבָרִאשֹׁנָה וְיֹעֲצַיִךְ כְּבַתְּחִלָּה. אַחֲרֵי כֵן יִקָּרֵא לָךְ עִיר הַצֶּדֶק, קִרְיָה נֶאֱמָנָה. (ישעיהו א, כו)

ואצל ירמיהו:

כֹּה אָמַר ה': מִנְעִי קוֹלֵךְ מִבֶּכִי וְעֵינַיִךְ מִדִּמְעָה, כִּי יֵשׁ שָׂכָר לִפְעֻלָּתֵךְ, נְאֻם ה', וְשָׁבוּ מֵאֶרֶץ אוֹיֵב. וְיֵשׁ תִּקְוָה לְאַחֲרִיתֵךְ, נְאֻם ה', וְשָׁבוּ בָנִים לִגְבוּלָם. (ירמיהו לא, טו-טז)

המיוחד בכל שלוש נבואות התקווה הללו הוא שהן נאמרו בידיעה שדברים רעים עתידים לקרות לעם ישראל. אין זו תקווה קלילה הנישאת לה על כנף רננים נעלסה; זו תקווה עיקשת הבוקעת מגיא צלמוות.

המאפיין השני המייחד את משה, ישעיהו וירמיהו הוא שדברי הביקורת שלהם נאמרו מתוך אהבה. ישעיהו אמר, בשמו של הקב"ה, מילים שהן אולי המלבבות ביותר שנאמרו לעם ישראל בזמן מן הזמנים: "כִּי הֶהָרִים יָמוּשׁוּ וְהַגְּבָעוֹת תְּמוּטֶנָה - וְחַסְדִּי מֵאִתֵּךְ לֹא יָמוּשׁ וּבְרִית שְׁלוֹמִי לֹא תָמוּט, אָמַר מְרַחֲמֵךְ ה'" (ישעיהו נד, י). ירמיהו, בתוך שטף דברי התוכחה הקשים שלו, התנבא במילות אהבה מופלאות שהיו למטבעות לשון: "כֹּה אָמַר ה': זָכַרְתִּי לָךְ חֶסֶד נְעוּרַיִךְ, אַהֲבַת כְּלוּלֹתָיִךְ, לֶכְתֵּךְ אַחֲרַי בַּמִּדְבָּר בְּאֶרֶץ לֹא זְרוּעָה" (ירמיהו ב, ב).

ומשה - אהבתו לעמו מהדהדת מכל התפילות שנשא למענו, ויותר מכולן תחנוניו לה' לאחר חטא העגל. הוא היה מוכן אז למסור את נפשו כדי שה' יסלח לעם: "וְעַתָּה אִם תִּשָּׂא חַטָּאתָם - וְאִם אַיִן, מְחֵנִי נָא מִסִּפְרְךָ אֲשֶׁר כָּתָבְתָּ" (שמות לב, לב). קל להיות ביקורתי, אבל המבקרים המשפיעים הם רק אלה האוהבים באמת ובתמים את מושא ביקורתם ומשכילים להראות לו את אהבתם זו.

והמאפיין השלישי והאחרון: משה, ישעיהו וירמיהו היו שלושת הנביאים שדיברו יותר מכל הנביאים האחרים על תפקידו של עם ישראל בקֶרב האנושות. משה אמר שיש לשמור את המצוות והחוקים שבתורת ה' "כִּי הִוא **חָכְמַתְכֶם וּבִינַתְכֶם לְעֵינֵי הָעַמִּים**" (דברים ד, ו). בפי ישעיהו שָׂם ה' הצהרות, כגון "וְאַתֶּם עֵדַי, נְאֻם ה', וַאֲנִי

אֵל" (ישעיהו מג, יב), או "אֲנִי ה' קְרָאתִיךָ בְצֶדֶק וְאַחְזֵק בְּיָדֶךָ וְאֶצָּרְךָ וְאֶתֶּנְךָ לִבְרִית עָם, **לְאוֹר גּוֹיִם**. לִפְקֹחַ עֵינַיִם עִוְרוֹת, לְהוֹצִיא מִמַּסְגֵּר אַסִּיר, מִבֵּית כֶּלֶא יֹשְׁבֵי חֹשֶׁךְ" (מב, ו-ז). ירמיהו היה המנהיג שהגדיר לדורו ולדורות הבאים את תפקיד היהודים בתפוצות: "וְדִרְשׁוּ אֶת שְׁלוֹם הָעִיר אֲשֶׁר הִגְלֵיתִי אֶתְכֶם שָׁמָּה וְהִתְפַּלְלוּ בַעֲדָהּ אֶל ה', כִּי בִשְׁלוֹמָהּ יִהְיֶה לָכֶם שָׁלוֹם" (ירמיהו כט, ז) - ההכרזה הראשונה בהיסטוריה על מהותו של מיעוט יצירתי.

מדוע נקודת המבט האוניברסלית כה חשובה פה? מפני שמנהיגים הדואגים רק לעמם הם שוביניסטים. לא אומץ אמתי הם נוסכים בעמם, כי אם רברבנות, ציפיות שווא ורגש אגוצנטרי.

ה' נתן למשה הצעיר הזדמנות להראות שלא רק למען בני עמו הוא מוכן להיחלץ - ומשה נענה לאתגר, והושיע את בנות יתרו מתגרת ידם של הרועים (שמות ב, יז). ירמיהו נתקדש בידי ה' להיות "נָבִיא לַגּוֹיִם", לא רק ליהודים (ירמיהו א, ה). ישעיהו הפליא לבטא בנבואותיו אכפתיות לגורלן של אומות כמצרים ואשור, אויבותיה של ממלכת יהודה, שלבו היה כמובן נתון לה (ישעיהו יט, יט-כה).

גדולתם של מנהיגים גדולים אינה רק בדאגתם לעמם שלהם; הרי כולנו, למעט אלה מאיתנו הנגועים בשנאה עצמית, עושים זאת. גדולתם המיוחדת היא בדאגתם לאנושות. רגישותם האוניברסלית היא המאצילה על מסירותם לעמם שלהם הוד ועוצמה מוסרית.

להיות סוכן של תקווה, לאהוב את העם שאתה מנהיג, ולהרחיב את אופקי האכפתיות כך שיקיפו את האנושות כולה - זהו סוג המנהיגות המקנה את היכולת להתאושש ממשבר ולהמשיך הלאה. הוא אשר עשה את משה, את ישעיהו ואת ירמיהו לשלושה מן המנהיגים הדגולים בכל הזמנים.

ספר דברים

דברים

חומש הברית

ספר דברים נראה כתערובת של היסטוריה, מצוות, זיכרונות ותחזיות. האם יש פשר למבנה שלו? יתרה מכך, חז"ל ראו את ספר דברים, דווקא אותו, כספר מוּבנֶה. בשאר חומשי התורה, יש מחכמינו שדרשו סמיכות פרשיות, כלומר סברו שיש מה ללמוד מעצם מיקומו של עניין מסוים בתורה מיד לאחר עניין אחר - ויש שלא צידדו בכך, משום ש"אין מוקדם ומאוחר בתורה". אולם על ספר דברים מסכימים כולם שיש בו מבנה וסדר מדויקים.[1] מהו הסדר הזה?

ועוד שאלה. חז"ל קראו לספר דברים "משנֶה תורה". מכך נגזר גם שמו הלועזי של הספר, דאוטרונומי, שמשמעו בלטינית "תורה שנייה". באיזה מובן ספר דברים הוא משנה תורה? חלק מהמצוות האמורות בו מופיעות בחומשים הקודמים, וחלק לא. בין שנאמר ש"משנה תורה" משמעו ספר החוזר על המצוות שמשה קיבל בסיני ובאוהל מועד, ובין שנאמר שמשמעות הביטוי הזה היא תוספת לתורה, יבואו כתובים אלה או אחרים מתוכו ויקלקלו את התזה. מהי אפוא משמעותו הנכונה של הביטוי משנה תורה?

ושלישית, מהו בכלל מקומו של הספר הזה בתורה? נמצאים בו הנאומים שמשה נשא בחודש האחרון של חייו לפני בני דור המדבר העומדים לחצות את הירדן ולהיכנס לארץ. מדוע צריכים נאומים אלה להיכלל בתורה עצמה? אם התורה היא ספר היסטוריה, היה ראוי להמשיך ישירות מסוף ספר במדבר, שבו עומדים בני ישראל בשערי הארץ, אל ספר יהושע, הממשיך מאותה נקודה. אם התורה היא בעיקרה ספר מצוות, היה ראוי שספר דברים יכיל רק מצוות, בלי פרקי ההיסטוריה והנבואה הכלולים בו. איזה מין ספר הוא ספר דברים, ומה מעמדו בתורה בשלמותה?

עזרה מפתיעה מושיטה לנו דווקא הארכיאולוגיה המודרנית. בידינו כיום תעודות, על חרס ועל אבן, ובהן חוזים מדיניים בין־לאומיים קדומים - למשל

1. ברכות כא ע"ב.

אסטלת הנשרים, המנציחה את ניצחונו של אאנתום מלך לגש שבדרום מסופוטמיה על ממלכת אומה, ואסטלת הניצחון של נרם־סין מלך קיש ואכד על מלך עילם. שתיהן מתוארכות לאלף השלישי לפני הספירה, כלומר מאות שנים לפני זמנו של אברהם אבינו. החוזים נחלקים לשני סוגים: "בריתות שוויון" בין צדדים בעלי כוח שווה פחות או יותר, ו"בריתות כפיפות" בין מעצמה אזורית לבין ממלכה חלשה.

הבריתות היו תשתיתם של היחסים הבין־לאומיים במזרח הקדום. גם במקרא ממלאות תפקיד נכבד בריתות בין שבטים, עמים וממלכות. אברהם, למשל, כרת ברית עם אבימלך מלך גרר בבאר שבע (בראשית כא, כז-לב). כמוהו עשה גם יצחק (בראשית כו, כח). יעקב כרת ברית עם לבן (בראשית לא, מד-נד). מחוזי הברית הקדומים המצויים בידינו אפשר ללמוד על צורתן המדויקת של הבריתות הללו.

בחוזה ברית בין־לאומי טיפוסי נכללו שישה חלקים. תחילה באה (1) **פתיחה**, המבססת את זהותו של האדם או הכוח שיזם את הברית. אחריה שובץ (2) **מבוא היסטורי**, שסקר את תולדות היחסים בין הצדדים. הבאים בתור הם (3) **תנאי הברית**, שבאו בשתי צורות או באחת מהן: (א) **עקרונות כלליים**, ו־(ב) **תנאים מפורטים**. לאחר מכן באו הוראות בדבר (4) **הפקדת כתב הברית במקום קדוש והקראתו במועדים קבועים**. החלק הבא מונה את (5) **הסנקציות** הכרוכות בברית, כלומר הברכות שיבואו על מי שישמור אותה והקללות שיחולו על ראש מפיריה. ולבסוף מגיעה (6) **הצהרת העדים** להסכם - בדרך כלל היו אלה מלכי שני העמים. מרתק לראות כי ספר דברים בנוי במתכונת זו ממש, כחוזה ברית ארוך ומורחב. הנה, כך:

פתיחה (דברים א, א - א, ה): הכרזה על המקום, הזמן והאדם היוזם את הברית - משה, בשם ה׳.

מבוא היסטורי (א, ו - ד, מט): גלילת המאורעות שהביאו את הצדדים לנקודה שהם נמצאים בה, והתמקדות בעיקר באירועים המתוארים בספר במדבר.

תנאים - (א) עקרונות כלליים (פרקים ה-יא): עשרת הדיברות, שמע ועוד, ותיאור האירועים שסביב כריתת הברית בסיני. (ב) תנאים מפורטים (פרקים יב-כו): פירוט של מצוות, בהדגשת אופן קיומן בידי העם כולו בארץ ישראל.

הפקדה וקריאה קבועה (פרק כז, וכן פרק לא, ט-יג): הציוויים שיש לכתוב על אבן (אסטלה) בהר עיבל; כתיבת "התורה הזאת" בידי משה והפקדתה בארון הברית; מצוות הקהֵל, הקריאה בתורה בציבור, בפי המלך, אחת לשבע שנים.

סנקציות (כח, א - ל, יח): הברכות והקללות; אשרור הברית; הכרזה שגם אם העם יפר את הברית, והקללות יבואו עליו, דרכי תשובה לא יינעלו בפניו.

עדים (ל, יט - לב, א): "הַשָּׁמַיִם וְהָאָרֶץ" (ל, יט; לא, כח; לב, א); "הַשִּׁירָה הַזֹּאת" (לא, יט).

ספר דברים כולו, לבד מחתימתו (הכוללת את שירת האזינו, הברכות לשבטי ישראל ומות משה), הוא אפוא כתב ברית בעל ממדים מונומנטליים. עכשיו מובן לנו טיבו החריג של הספר, ונהיר לנו מבנהו. הוא נטל נוסחה מדינית קדומה והשתמש בה למטרה חדשה לגמרי.

בין הקב"ה לישראל כרותה ברית, וספר דברים הוא כתב הברית. המיוחד בברית זו הוא, בראש ובראשונה, שאחד הצדדים הוא אלוהים בכבודו ובעצמו. בעיני העמים השכנים, חוזה כזה היה נראה בוודאי חסר פשר; וגם במושגי ימינו זהו מסמך יוצא דופן. הרעיון שאלוהים עשוי לקשור עצמו עם בני אדם, לראות את עתידם כעניינו שלו, למנותם לשגריריו, "עדיו", בעולם - רעיון זה נותר רדיקלי ומאתגר עד עצם ימינו אלה.

הברית הזו מיוחדת גם בזהותו של הצד השני, המקביל ל"צד החלש" בבריתות הכפיפות הבין־לאומיות הקדומות. בדרך כלל, צד זה הוא המלך או השליט של אותה אומה. ואילו כאן, זהו העם בשלמותו. לאורך כל ספר דברים, וכן בפרקים יט ו־כד בספר שמות, אנו למדים שכל יחיד ויחיד מישראל הוא צד בברית עם הקב"ה, והוא שותף עם כל אחיו באחריות לשמירתה. זה מקורו של הכלל "כל ישראל עֲרֵבים זה בזה", שממנו השתלשל גם מושג "אנחנו, העם" האמריקני. החשבת כל יחיד לבן ברית הייתה מהפך. פירושו היה, בין היתר, שכל אדם מישראל צריך להכיר את הסיפור של עמו, ולספר אותו בפסח ובמעמד הבאת הביכורים למקדש.

זוהי פוליטיקת הברית: מבנה פוליטי ייחודי, המבוסס לא על היררכיה של כוח אלא על תחושה של עבר משותף וייעוד משותף. זוהי פוליטיקה מוסרית, המכוונת ליצירת חברה צודקת ומאירת פנים, חברה המכבדת את אנושיותם של כל בניה ובייחוד של הנזקקים והחלשים ואנשי השוליים - הגֵר, היתום והאלמנה.

בריתות כפיפות היו מוכרות היטב במזרח הקדום, אבל רק בהקשר פוליטי. כברית דתית, הברית שלנו הייתה יחידה במינה. משמעותה היא שאלוהים בחר באומה שלמה להיות שותפתו במלאכת הבריאה - על ידי כך תַראה לאנושות כולה איך לבנות חברה המאמינה שכל פרט נברא בצלם אלוהים.

מכאן יובן לנו הביטוי "משנה תורה". כוונתו היא שהספר הוא "עותק" של הברית בין אלוהים לעם - הברית שנכרתה בסיני, אושררה "בְּעֵבֶר הַיַּרְדֵּן", ואושררה שוב בצמתים מכריעים בהיסטוריה היהודית. זהו תיעוד כתוב של הסכם, ממש כפי שהכתובה היא תיעוד כתוב של התחייבויות הבעל כלפי אשתו.

מקומו של ספר דברים בתנ"ך נהיר עתה אף הוא. הספר הוא נקודת המפנה של ההיסטוריה היהודית כולה. אילו היו לדור יוצאי מצרים האמונה והאומץ הדרושים לכניסה לארץ המובטחת, נקודת המפנה של ההיסטוריה היהודית הייתה מעמד הר סיני. אלא שחטא המרגלים הראה שבאנשי הדור ההוא לא קמה הרוח. הרגע המכריע חיכה אפוא לדור הבא, והגיע כאשר משה, בערוב ימיו, חידש את הברית בין ה׳ לבני ישראל, כתנאי לירושת הארץ בידיהם. ארבעת החומשים הראשונים בתורה היו מבוא לקראת הרגע הזה, וכל ספרי הנביאים והכתובים הם פרשנות לו: דין וחשבון על התממשותו לאורך השנים.

ספר דברים הוא ספר הברית, נקודת המשען של התיאולוגיה היהודית, והוא מגדיר מיזם יחיד במינו. שכן הוא מכוון לגובה עצום: אל בנייתה של חברה שתנחיל לבניה מוסר, תשמש מקור השראה לאחרים, ותהיה מופת למה שתוכל האנושות בשלמותה להשיג אם תעבוד את האל האחד שברא את כל בני האדם בצלמו.

דברים

המנהיג כמורה

זה היה רגע גדול של תמורה אישית, והוא שינה לא רק את משה, אלא את כל תפיסת המנהיגות שלנו.

בסוף ספר במדבר היה נראה שבא קֵצה של הקריירה המנהיגותית של משה. הוא מינה לו יורש, יהושע, אשר הוא, ולא משה, יעביר את העם את נהר הירדן אל ארץ חפצו. דומה שמשה השיג את כל שהיה עליו להשיג. לא נותרו לו מלחמות להילחם, לא נסים לחולל, לא תפילות לשאת בשם העם.

אבל כאן עשה משה מעשה הנושא את חותם הגדולה. למשך החודש האחרון של חייו הוא הקהיל את העם ונשא באוזניו סדרת נאומים שאנו מכירים כספר דברים. הוא סקר בהם את עברו של העם, וחזה את עתידו. הוא נתן לבני עמו מצוות, חלקן ישנות בנוסח מחודש, אחרות חדשות שמשה מצא לנכון למוסרן דווקא ערב הכניסה לארץ. משה שזר את כל חוטי ההיסטוריה והחוק הללו למסכת אחת של חזון כולל, שבו לימד את בני עמו לראות בעצמם עם קדוש, העם היחיד שריבונו ומחוקקו הוא אלוהים בכבודו ובעצמו.

לו פנה אליכם אדם שאינו יודע דבר על היהדות ועל העם היהודי, וביקש מכם להציע לו ספר אחד שיסביר את שני הדברים הללו, מיהם היהודים ומדוע הם עושים מה שהם עושים, ההמלצה המוצלחת ביותר הייתה ספר דברים. אין עוד ספר שכמוהו מתמצת וממחיז את כל רכיבי היסוד של היהדות כאמונה וכאורח חיים.

בהרצאה עתירת צפיות של TED, ובספר הנושא את אותה כותרת,[1] אומר סיימון סינק כי מנהיגים המחוללים תמורה הם אלה ה"מתחילים בלמה". אנטואן דה־סנט אקזופרי אמר זאת במילים פיוטיות יותר: "אם בדעתכם לבנות אונייה, אל תגייסו

1. לצפייה בהרצאה: http://www.youtube.com/watch?v=qpoHIF3SfI4. פרטי הספר: Simon Sinek, *Start with Why: How Great Leaders Inspire Everyone to Take Action*, New York: Portfolio, 2011.

אנשים שיחטבו עצים ואל תכבירו עליהם משימות ועבודה, אלא פשוט **למדו אותם להתגעגע אל מרחבי האינסוף של הים**".

בספר דברים משה נתן לעם את ה"למה" שלו. בני ישראל הם עמו של אלוהים, העם שהוא אוהב, העם שהוא פדה מעבדות, העם שהוא נתן לו - בדמות המצוות - את חוקת החירות. הם אולי יהיו עם קטן, אבל הם יהיו ייחודיים. זה יהיה עם שקורותיו יערערו על חוקיה הטבעיים של ההיסטוריה. עמים אחרים, אומר משה, יכירו בנִסְּיוּתוֹ של הסיפור היהודי - ואכן כך סברו הוגים מאומות העולם, מבלז פסקל עד ניקולאי ברדייב.

בחודש האחרון לחייו חדל משה מהיות משה המשחרר, עושה הנסים והגואל, ונעשה משה רבנו. הוא היה הדוגמה הראשונה בהיסטוריה למנהיג מהסוג שהיהודים היו עתידים להנפיק יותר מכל עם אחר: המנהיג כמוֹרֶה.

משה ידע אל נכון כי לא כל הישגיו הגדולים יתמידו להתקיים. העם שהוא גאל יחזור ביום מן הימים להיות עם נרדף וגולה. אולם אז, בפעם הבאה שזה יקרה, לא יהיה לו שום משה שיעשה נסים. לכן שתל משה חזון בתודעתם של בני ישראל, תקווה בלבבם, קוד התנהגות במעשיהם ועוז בנפשותיהם - שכן כל אלה לא יימוגו. כשמנהיגים נעשים מחנכים, הם משנים חיים של אנשים.

במסה מרשימה ושמה "מי ראוי להנהיג את עם ישראל"[2] הִנגיד הרב יוסף דב סולובייצ'יק בין עמדותיה של היהדות כלפי שני טיפוסי מנהיגים: המלך והמורה. התורה מעמידה מגבלות חמורות לכוחו של המלך. אסור לו להרבות זהב, נשים וסוסים. המלך מצווה "לְבִלְתִּי רוּם לְבָבוֹ מֵאֶחָיו וּלְבִלְתִּי סוּר מִן הַמִּצְוָה יָמִין וּשְׂמֹאול" (דברים יז, כ).

מלך יכול להתמנות רק לבקשת העם. על פי אבן עזרא, מינוי מלך הוא רשות. אברבנאל סבר שההיתר להמליך מלך הוא ויתור לחולשה אנושית. רבנו בחיי ראה בקיומו של מלך עונש, לא פרס.[3] כללוֹ של דבר, יחסה של היהדות למלוכה, כלומר למנהיגות כעמדת כוח, הוא לכל היותר הססני.

מנגד, כלפי מורים היא רוחשת הוקרה כמעט עד בלי גבול. "יהי... מורא רבך כמורא שמים", נאמר בפרקי אבות.[4] כבודו ומוראו של המורה קודמים אפילו לאלו

2. Abraham R. Besdin (ed.), *Reflections of the Rav,* Jerusalem: World Zionist Organisation, 1979, pp. 127–139.

3. בפירושיהם לדברים יז, טו. רבנו בחיי סבר שהעם לא היה זקוק, מבחינה עקרונית, למלך לבד ממלך מלכי המלכים. כתימוכין לעמדתו הוא מצטט מנבואת הושע: "אֶתֶּן לְךָ מֶלֶךְ בְּאַפִּי וְאֶקַּח בְּעֶבְרָתִי" (הושע יג, יא).

4. משנה, אבות ד, יב.

של ההורים, פוסק הרמב"ם, משום שהוריו של אדם מביאים אותו לעולם הזה, ואילו מוריו מקנים לו את הכניסה לעולם הבא.[5]

כשמישהו מפעיל עלינו כוח הוא מצמצם אותנו. אבל כשמישהו מלמד אותנו, הוא עוזר לנו לגדול. היהדות, הִרגישה כל כך לכבוד האדם, מעדיפה משום כך את המנהיגות כחינוך על פני המנהיגות ככוח. וזה התחיל אצל משה, בערוב ימיו.

לאורך כל עשרים ושתיים שנות כהונתי כרב ראשי באנגליה נשאתי איתי את הציטוט הבא מפיו של דוד בן־גוריון. ראש הממשלה הראשון, יהודי חילוני, העמיק בלימוד ההיסטוריה והתנ"ך ודייק בהבנת היבט זה של המנהיגות. הנה דבריו הרהוטים:

> בין שאתה מכהן בתפקיד צנוע ברשות מקומית או באיגוד מקצועי קטן, ובין שאתה נושא בכהונה רמה בממשל הלאומי, העקרונות הם שווים ביסודם. עליך לדעת מה ברצונך להשיג, לדעת בבטחה מהם יעדיך, ולהחזיקם תמיד נגד עיניך. עליך לקבוע לעצמך את קדימויותיך, עליך לחנך את מפלגתך והציבור הרחב. עליך לתת אמון באנשיך, לעתים קרובות אמון רב מזה שיש להם בעצמם. כי המנהיג הפוליטי האמתי יודע על סמך תחושתו מהם גבולות היכולת של האדם, והוא יֵדע לעורר את הזולת למצות יכולת זו בזמן משבר. עליך לדעת מתי להיאבק ביריביך הפוליטיים ומתי להתעכב בעמדת המתנה. לעולם אסור לך להתפשר על דברים שבעיקרון. בכל עת עליך להיות מודע לגורם הזמן, והדבר מחייב ערנות למתרחש סביבך: באזורך, אם אתה מנהיג מקומי, ובמדינה ובעולם, אם אתה מנהיג לאומי. ומכיוון שהעולם אינו שוקט אף לרגע, ובמגמות העוצמה מתרחשות כל העת חליפות ותמורות, עליך תמיד לשקול ולבחון מחדש את המדיניות שהחלטת לנקוט לשם מימוש היעדים שבחרת. מנהיג פוליטי חייב להקדיש זמן רב למחשבה. וכן עליו להקדיש זמן רב לחינוך מתמיד של הציבור.[6]

המשורר האנגלי פֶּרסי בִּיש שֶׁלי אמר פעם כי "המשוררים הם מחוקקיו הבלתי מוכרים של העולם". אינני יודע עד כמה זה נכון, אך אני יודע היטב דבר אחד: שבין לתת לאנשים את מה שהם רוצים, לבין ללמד אותם מה לרצות, יש כל ההבדל שבעולם.

5. **משנה תורה**, הלכות תלמוד תורה ה, א.
6. משה פרלמן, **דוד בן־גוריון**, תל אביב: מודן, 1987, עמ' 49–50. אני מודה ללורד יונתן קסטנבאום, מנהל לשכת הרב הראשי לבריטניה בשנים 1991–1996, שהראה לי את הציטוט הזה.

מחנכים הם בנאיו הבלתי מוכרים של העתיד, ואם מנהיג רוצה להטביע חותם מתמשך עליו ללכת בעקבות משה ולהיעשות מחנך. רעיון המנהיג כמוֶרה, המפעיל השפעה ולא כוח, סמכות רוחנית ואינטלקטואלית ולא אמצעי כפייה, הוא מן התרומות הגדולות ביותר שהרימה היהדות לאופקים המוסריים של האנושות. את זאת מדגים לנו היטב ספר דברים, שבו משה מכנס את הדור הבא ומלמד אותו חוקים ולקחים שישרדו, ויעוררו השראה, כל עוד יש בני אדם על פני האדמה.

דברים

למה יש כל כך הרבה עורכי דין יהודים?

בפתח ספר דברים סוקר משה את קורות בני ישראל במדבר. תחילת סיפורו - במינוי שופטי העם ומנהיגיו, ראשי האלפים, המאות, החמישים והעשרות. והוא ממשיך ומספר:

וָאֲצַוֶּה אֶת שֹׁפְטֵיכֶם בָּעֵת הַהִוא לֵאמֹר: שָׁמֹעַ בֵּין אֲחֵיכֶם וּשְׁפַטְתֶּם צֶדֶק בֵּין אִישׁ וּבֵין אָחִיו וּבֵין גֵּרוֹ. לֹא תַכִּירוּ פָנִים בַּמִּשְׁפָּט; כַּקָּטֹן כַּגָּדֹל תִּשְׁמָעוּן. לֹא תָגוּרוּ מִפְּנֵי אִישׁ, כִּי הַמִּשְׁפָּט לֵאלֹהִים הוּא. וְהַדָּבָר אֲשֶׁר יִקְשֶׁה מִכֶּם - תַּקְרִבוּן אֵלַי וּשְׁמַעְתִּיו. (דברים א, טז-יז)

וכך, את שער ספר נאום חייו, את פתח הסיכום הגדול של קורות ישראל בעבר ושל ייעודו העתידי כעם קדוש, מקדיש משה למִנהל משפטי. בהמשך נאומו יתמצת את חשיבות הנושא בסיסמה הנצחית "צֶדֶק צֶדֶק תִּרְדֹּף" (דברים טז, כ). המילים "צדק" ו"משפט" שוזרות את הספר כולו. השורש צד"ק מופיע 18 פעם בחומש דברים, והשורש שפ"ט לא פחות מ־48.

הצדק היה לאורך הדורות לבה הפועם של אמונת ישראל. זכורים דבריו של אלברט איינשטיין כי "רדיפת דעת לשמה, אהבת צדק כמעט קנאית, וכמיהה לעצמאות אישית - אלו הן תכונותיה של המסורת היהודית הגורמות לי להודות לכוכבים על כי נולדתי אל תוכה". במהלך תכנית טלוויזיה שהכנתי לבי־בי־סי שאלתי את הייזל קוֹסְגְרוֹב, האישה הראשונה שנתמנתה לשופטת בסקוטלנד, חברה פעילה בקהילה היהודית באדינבורו, מה גרם לה לבחור בקריירה משפטית. היא השיבה כאילו הדבר ברור מאליו: "כי היהדות מלמדת: צדק צדק תרדוף".

אחד מעורכי הדין היהודים הגדולים בזמננו, אלן דרשוביץ, פרסם ספר ושמו **אברהם: עורך הדין היהודי הראשון בעולם (ובשום אופן לא האחרון).**[1] אברהם אבינו הוא בעיניו "אבי המקצוע המשפטי, סנגורם של המקוללים המוכן להסתכן בכול, אפילו בחמת זעמו של אלוהים, כדי להגן על לקוחותיו"; לא רק מייסד המונותיאיזם, אלא גם מייסד שרשרת ארוכה של עורכי דין יהודים. דרשוביץ מתאר את תפילת אברהם למען תושבי סדום ("הֲשֹׁפֵט כָּל הָאָרֶץ לֹא יַעֲשֶׂה מִשְׁפָּט?") בצבעים חיים של דרמת בית משפט - שבה אברהם הוא פרקליטם של אזרחי העיר, ואלוהים הוא כביכול הנאשם. תפילת אברהם היא החלוץ־המבשר של מקרים רבים המתועדים בתורה, בנביאים ובכתובים, שבהם טענו הנביאים בשם הצדק באוזני אלוהים ובאוזני העם.

בעידן המודרני היהודים בולטים בעולם המשפט. בארצות הברית העמידה הקהילה היהודית שורת שופטים בכירים, בהם לואיס ברנדייס, בנג׳מין קרדוזו ופליקס פרנקפורטר. רות ביידר גינסבורג היהודייה הייתה האישה השנייה שהתמנתה לבית המשפט העליון. בין השנים 1996 ו־2008 שניים משלושת נשיאי בתי המשפט העליונים בבריטניה היו יהודים: פיטר טיילור והארי וולף. בגרמניה של תחילת שנות השלושים היו היהודים 0.7 אחוזים מהאוכלוסייה, אך 16.6 אחוזים מעורכי הדין והשופטים.

מאפיין מסוים של התנ"ך ראוי לציון בהקשר זה. כמה מן המפגשים הנסערים ביותר בין הנביאים לקב"ה מיוצגים כדרמות של בית משפט. לפעמים, כגון אצל משה, ירמיהו וחבקוק, התובע הוא האנושות או עם ישראל. אצל איוב התובע הוא אדם יחיד שבאו עליו ייסורים שלא כדין. הנאשם הוא אלוהים עצמו. אלי ויזל כתב ספר על יהודים בפרעות ת"ח ות"ט התובעים את אלוהים לדין.[2] במקרים אחרים, אלוהים הוא התובע את בני ישראל למשפט.

המקרא מציין את הדיאלוגים הייחודיים הללו שבין שמים לארץ במונח "ריב".[3] הדבר נגזר מהרעיון שהיחסים בין אלוהים לאנושות, ובפרט בינו לבין עם ישראל, הם יחסי ברית - דהיינו יחסי התחייבות הדדית: האדם יציית לחוקיו של אלוהים,

1. Alan Dershowitz, *Abraham: The World's First (But Certainly Not Last) Jewish Lawyer*, New York: Schocken, 2015.
2. Elie Wiesel, *The Trial of God*, New York: Schocken, 1995. ויזל אמר פעם שהעלילה ההיסטורית הבדיונית מבוססת על אירוע במחנה אושוויץ שהוא עצמו נכח בו.
3. על הריב עם אלוהים במקרא ראו Anson Laytner, *Arguing with God: A Jewish Tradition*, Northvale, N.J.: Jason Aronson, 1977.

ואלוהים יאיר לו את פניו וישמור לו אמונים. כל צד רשאי לתבוע את הצד השני לדין, כביכול, על הפרת הברית.

שלושה מאפיינים מציינים את היהדות כאמונה נבדלת. הראשון הוא הרעיון הרדיקלי שכאשר אלוהים מתגלה לבני האדם הוא עושה זאת בצורה של חוק. בעולם העתיק, אלוהים היה כוח. ביהדות, אלוהים הוא סדר, וסדר מושתת על חוק. בעולם הטבע, עולמן של סיבות ותוצאות, הסדר מתבטא בחוק המדעי. אבל בעולם האנושי, שבו קיים רצון חופשי, הסדר מתבטא כחוק מוסרי. מכאן השם "תורה", שעניינו הכוונה והוראה אך מעל לַכול חוק. משמעותו הבסיסית ביותר[4] של העיקרון היסודי ביותר ביהדות, תורה מן השמים, הוא שאלוהים, לא בני האדם, הוא מקור החוק המחייב.

שנית, מוטל עלינו לפרש את החוק. זו אחריותנו כשומרי התורה שבעל־פה. הביטוי שמשה נוקט כדי לתאר את קול האלוהים שבני ישראל שמעו במעמד הר סיני, "קוֹל גָּדוֹל וְלֹא יָסָף" (דברים ה, יח), מובן לפרשנים בשתי דרכים סותרות לכאורה, ורש"י מביא את שתיהן. אפשר להבין שהקול חדל ולא הוסיף להישמע, אך אפשר גם להבין את ההפך: ש"לא יסף" משמעו לא חדל, והקול ממשיך להישמע מאז ועד היום. אך האמת היא שאין סתירה. הקול שנשמע ואז חדל הוא קולה של התורה שבכתב. הקול שלא חדל וממשיך להישמע הוא קולה של התורה שבעל־פה.

התורה שבכתב היא "מן השמים", אך על התורה שבעל־פה דורשים חז"ל[5] את הפסוק "לֹא בַשָּׁמַיִם הִוא" (דברים ל, יב). היהדות היא אפוא שיחה מתמשכת בין נותן החוק לבין מפרשי החוק. לכך, בין היתר, מכוונים חז"ל באומרם כי "כל דיין שדן דין אמת לאמיתו אפילו שעה אחת - מעלֶה עליו הכתוב כאילו נעשה שותף להקדוש ברוך הוא במעשה הבריאה".[6]

שלישית, החינוך הוא ערך יסודי ביהדות, ולימוד התורה, היינו החוק, הוא מיסודות החינוך. על כך דיבר הנביא ישעיהו כשאמר "שִׁמְעוּ אֵלַי יֹדְעֵי צֶדֶק, **עַם תּוֹרָתִי בְלִבָּם**; אַל תִּירְאוּ חֶרְפַּת אֱנוֹשׁ וּמִגִּדֻּפֹתָם אַל תֵּחָתּוּ" (ישעיהו נא, ז). לכך כיוון הנביא ירמיהו כשניבא "כִּי זֹאת הַבְּרִית אֲשֶׁר אֶכְרֹת אֶת בֵּית יִשְׂרָאֵל אַחֲרֵי הַיָּמִים הָהֵם, נְאֻם ה': **נָתַתִּי אֶת תּוֹרָתִי בְּקִרְבָּם וְעַל לִבָּם אֶכְתֲּבֶנָּה**, וְהָיִיתִי לָהֶם לֵאלֹהִים וְהֵמָּה יִהְיוּ לִי לְעָם" (ירמיהו לא, לב). על כך סיפר יוספוס פלביוס בכותבו "בקִרבנו אין אף

4. אמנם זו לא המשמעות היחידה. ראו רמב"ם, **משנה תורה**, הלכות תשובה ג, ה.
5. בבא מציעא נט ע"ב.
6. שבת י ע"א.

איש אחד אשר לא יקל לו לספר את כל החוקים בעל־פה מלפרש את שמו, כי כה הסכַּנו להגות בהם מראשית הגיענו לבינה עד אשר **נעשו חרותים בלבבנו**".[7] להיות ילד יהודי פירושו להיות, כמאמר הניב הבריטי, "מלוּמָד בַּחוק". אנחנו אומה של משפטנים חוקתיים.

למה? כי היהדות איננה רק עניין של רוחניות. היא אינה רק מתכון לישועת נפשו של היחיד. היהדות היא מערכת הנחיות ליצירת מה שהרב אהרן ליכטנשטיין ז"ל כינה "יופי חברתי". עניין לה בהבאת אלוהים אל המרחבים המשותפים של חיינו הקיבוציים. לשם כך צריך חוק: חוק המגלם צדק, כבוד שווה לכל בני האדם שאינו תלוי בצבע ובמעמד; חוק שאינו מפלה בדינו בין עני לעשיר, חזק לחלש, ובמקרי קיצון גם בין אלוהים לאדם; חוק הקושר בין המחוקק, הלוא הוא הקב"ה, לבין הפרשנים, שהם אנחנו; חוק המאפשר לחופש לחיות בצוותא חדא עם הסדר, באופן שהחופש שלי לא ייקנה במחיר החופש שלך.

אין פלא אפוא שיהודים כה רבים הם עורכי דין.

7. יוסף בן מתתיהו, **קדמות היהודים (נגד אפיון)**, עברית: י"נ שמחוני, תל אביב: מסדה, תשי"ט, מאמר שני, עמ' עד.

ואתחנן

ברית ה׳, בריטניה וארצות הברית

זהו אחד הסיפורים הגדולים בכל הזמנים, ומשה רבנו חזה אותו שלושת אלפים שנה לפני שהוא התרחש. הנה דבריו של משה, בפרשת השבוע שלנו:

> רְאֵה, לִמַּדְתִּי אֶתְכֶם חֻקִּים וּמִשְׁפָּטִים כַּאֲשֶׁר צִוַּנִי ה׳ אֱלֹהָי לַעֲשׂוֹת כֵּן בְּקֶרֶב הָאָרֶץ אֲשֶׁר אַתֶּם בָּאִים שָׁמָּה לְרִשְׁתָּהּ. וּשְׁמַרְתֶּם וַעֲשִׂיתֶם כִּי הִוא חָכְמַתְכֶם וּבִינַתְכֶם לְעֵינֵי הָעַמִּים, אֲשֶׁר יִשְׁמְעוּן אֵת כָּל הַחֻקִּים הָאֵלֶּה וְאָמְרוּ: רַק עַם חָכָם וְנָבוֹן הַגּוֹי הַגָּדוֹל הַזֶּה. כִּי מִי גוֹי גָּדוֹל... אֲשֶׁר לוֹ חֻקִּים וּמִשְׁפָּטִים צַדִּיקִם כְּכֹל הַתּוֹרָה הַזֹּאת אֲשֶׁר אָנֹכִי נֹתֵן לִפְנֵיכֶם הַיּוֹם? (דברים ד, ה–ח)

משה האמין כי יום יבוא והרעיון בדבר אומה המיוסדת על ברית עם אלוהים יעורר השראה בקרב עמים אחרים, בזכות החזון החברתי הגלום ברעיון זה. חברה שאלוהים הוא ריבונה, וכל היחידים שבתוכה כפופים אליו ישירות ונתפסים כברואים בצלמו - היא חברה שההיררכיה החברתית הכוחנית בטלה בה, ושולטים בה עקרונות הצדקה והמשפט, החסד והרחמים. ״הָעַמִּים״ יוקירו את חוכמתה של התורה ואת גדולתם של אותם ״חֻקִּים וּמִשְׁפָּטִים צַדִּיקִם״ שהיא מכילה. וזה אכן קרה. בהזדמנויות רבות טענתי כי אפשר לראות זאת בַּבהירות המְרבית בתרבות הפוליטית ובשפה הפוליטית של ארצות הברית.

הפוליטיקה האמריקנית מבוססת עד עצם היום הזה על רעיון הברית המקראי. נשיאי ארצות הברית מעלים אותו כמעט תמיד בנאומי ההשבעה שלהם, ועושים זאת בלשון שניגונה ועיגונה שאובים מסֵפר דברים. כך, למשל, בהשבעתו השנייה ב־1985 דיבר רונלד רייגן על אמריקה כעל ״אומה אחת תחת אלוהים, המתמסרת לחלום החירות שהוא נטע בלב האדם, ואשר נקראת עתה להנחיל חלום זה לעולם המחכה והמקווה לו״.

בנאום ההשבעה שלו בשנת 1989, ג'ורג' בוש האב התפלל: "לכוח יש שימוש צודק אחד בלבד, והוא לשרת את בני האדם. עזור לנו, אלוהים, לזכור זאת. אמן". וב־1997 אמר ביל קלינטון: "את ההבטחה שחיפשנו בארץ חדשה נמצא שוב בארץ של הבטחה חדשה".

ג'ורג' ו' בוש אמר ב־2001, "מנחֶה אותנו כוח גדול מאיתנו, אשר ברא אותנו שווים בצלמו". בהשבעתו השנייה ב־2005 הצהיר, "מיום היווסדנו הכרזנו כי לכל איש ואישה על פני האדמה יש זכויות וכבוד וערך מוחלט, משום שהם נושאים את צלמו של עושה שמים וארץ".

ב־2009 סיים ברק אובמה את נאומו במילים אלו: "ייאמר נא בפי נכדינו, כי כאשר הועמדנו במבחן סירבנו להניח למסע הזה לבוא אל קצו, לא הפנינו גב ולא היססנו - ובעיניים נעוצות באופק, ובחסדי אלוהים איתנו, נשאנו את מתנת החירות הגדולה והעברנו אותה בבטחה אל דורות העתיד".

זוהי שפה דתית גלויה, שאין לה מקבילה בשום חברה דמוקרטית אחרת בעולם, והיא נשמעת כמדרש מתמשך על ספר דברים.

איך זה קרה? זה התחיל בהמצאת הדפוס בידי יוהנס גוטנברג במיינץ בשנת 1439, ובפיתוחה באנגליה בשנת 1476 בידי ויליאם קקסטון. בעקבותיה, ספרים נעשו יקרים פחות ונגישים יותר. האוריינות פשטה. ואז, ב־1517, הגיעה הרפורמציה, שהעדיפה את היחיד על פני הכנסייה וקבעה את סיסמת "סוֹלה סְקריפּטוּרה", כלומר "כתבי הקודש לבדם": רק להם הסמכות הדתית.

השלב הבא היה תרגום התנ"ך, "הברית הישנה" בפי הנוצרים, ללשונות המדוברות. אנחנו נוטים לשכוח כי התנ"ך הוא יצירה חתרנית. אין הוא ספר המטיף להכנעה. הוא מספר על נביאים שלא התייראו להוכיח מלכים, ועל המלך שאול שאיבד את כתרו משום שלא שמע בקול ה'. לשלטונות הייתה אפוא סיבה טובה שלא לרצות בהדפסת ספרי תנ"ך בשפה שהציבור הרחב מבין. תרגום התנ"ך ללשונות המדוברות באירופה נאסר במאה השש־עשרה. בשנות השלושים של מאה זו הופיע תרגומו הגדול של ויליאם טינדייל. המתרגם שילם על כך בחייו. הוא נעצר, הועמד לדין בעוון כפירה, נמצא אשם - וב־1536 הועלה על המוקד.

אך עם הזמן הבינו רודני אירופה כי מהפכת הדפוס היא עובדה קיימת וכי אי־אפשר לעצור את התפשטות הידע. תרגומיו האנגליים של התנ"ך הוסיפו להידפס ולהימכר במספרים עצומים. הבולט שבהם היה תרגום ז'נבה משנת 1560. בו קראו המשוררים ויליאם שייקספיר, ג'ון מילטון וג'ון דאן והמהפכן אוליבר קרומוול, וכמוהם גם ראשוני המתיישבים האנגלים באמריקה.

בשולי עמודיו של תנ״ך ז׳נבה הופיע פירוש. הוא היה תמציתי, אך לפעמים נפיץ. הדבר נכון במיוחד באשר לפרשת המיילדות העבריות בפרשת שמות - המקרה המתועד הראשון של אי־ציות אזרחי למשטר בלתי מוסרי. פרעה ציווה על המיילדות להרוג את כל הבן היילוד, והן לא עשו זאת. תנ״ך ז׳נבה אומר על כך בביאורו: ״האי־ציות הזה היה חוקי״. ועל מצוותו של פרעה למצרים להטביע את ילדי העברים הזכרים מעיר תנ״ך ז׳נבה: ״כשרודנים מתקשים למשול בדרכי מרמה, זעמם מתפרץ״. זה היה לא פחות ממתן הצדקה למרד נגד מלך עריץ וחמסן.

תנ״כֵי טינדייל וז׳נבה הובילו לצמיחתה של קבוצת הוגים הידועה בכינוי ״ההבראיסטים הנוצרים״. המפורסם שבהם, ג׳ון סֶלְדֶן (1654-1584), אפילו זכה שיכנוהו ״הרב הראשי לאנגליה של הרנסנס״. סלדן וחבריו למדו לא רק תנ״ך, אלא גם תלמוד בבלי, ומסכת סנהדרין בפרט, ו**משנה תורה** לרמב״ם, כדי לחלץ עקרונות יהודיים הניתנים ליישום בפוליטיקה בת הזמן.

עבודתם תוארה לאחרונה בספר **הרפובליקה העברית**, מחקרו הנאֶה של הפילוסוף הפוליטי איש הארוורד אֶריק נלסון. נלסון טוען שהתנ״ך השפיע על הפוליטיקה האירופית והאמריקנית בשלוש דרכים.

ראשית, ההבראיסטים הנוצרים נטו להיות רפובליקנים ולא מלוכנים. הם צידדו בעמדה שאנו, תלמידי המפרשים היהודים, מכירים כעמדתו של אברבנאל - שמינוי מלך בישראל בימי שמואל היה חטא, אמנם חטא נסלח, ולא קיום מצווה.

שנית, בלב משנתם הפוליטית הם העמידו את הרעיון שאחת המשימות של הממשלה היא חלוקה מחודשת של העושר, והעברת הון מהעשירים לעניים. רעיון זה זר לחוק הרומי.

ושלישית, העקרונות הפוליטיים שהם זיהו בתנ״ך, ובייחוד עקרון הפרדת הרשויות בין המלך לבין הכוהן הגדול, שימשו אותם לטעון בזכות הסובלנות הדתית.

מפגש היסטורי זה בין הנוצרים לתנ״ך במאה השבע־עשרה הוא אשר הוליד את החירות, הן באנגליה הן באמריקה. הקלוויניסטים והפוריטנים אשר הנהיגו את המהפכות באנגליה ובאמריקה רוו מן ההגות המדינית המקראית, ובעיקר זו שבספר דברים.

ניסויים במדעי החברה מצריכים תנאי מעבדה סטריליים, כגון קבוצת מחקר וקבוצת ביקורת. ההיסטוריה איננה כזו. ובכל זאת, ההיסטוריה המודרנית מספקת לנו דבר הקרוב מאוד לניסוי מבוקר בחֵירוּת. מבין ארבע המהפכות המציינות את המודרנה, שתיים התבססו על התנ״ך, ושתיים על פילוסופים חילונים. הראשונות הן המהפכה האנגלית בשנות הארבעים של המאה השבע־עשרה והמהפכה האמריקנית

ב־1776. האחרונות הן המהפכה הצרפתית, שנשענה על אדני הפילוסופיה של ז'אן־ז'אק רוסו, והמהפכה הסובייטית, שהושתתה על תורת קרל מרקס. מבחן התוצאה חד־משמעי. המהפכות שנישבה בהן רוח מקראית, באנגליה ובאמריקה, הולידו חירות. המהפכה הצרפתית, לעומת זאת, הולידה את שלטון הטרור של 1793–1794. המהפכה הסובייטית הולידה את הגולאגים של סטלין.

על התרומה של התנ"ך לחירות כתב ג'ון אדמס, הנשיא השני של ארצות הברית: "אני עומד על דעתי כי העברים עשו לתַרבותו של האדם יותר מכל אומה אחרת. גם אילו הייתי אתיאיסט המאמין בעיוורונו של הגורל, עדיין הייתי מאמין שהגורל זימן את היהודים להיות המכשיר המהותי ביותר לתַרבות האומות".[1]

למרבה האירוניה, בשיח הפוליטי בישראל בת זמננו אין רוח המקרא מרחפת כלל. הפוליטיקה הישראלית חילונית בלשונה וברעיונותיה. מכונניה של מדינת ישראל החזיקו באידיאלים נעלים, אך הם נהו אחר מרקס, טולסטוי וניטשה יותר מכפי שנשאו עיניהם אל משנתו של משה רבנו. הדת נותרה בישראל עניין מגזרי ולא אבן הבניין של החברה.

כמובן, יש בישראל העומדים על מלוא הרלוונטיות של ספר דברים ושל פוליטיקת הברית למדינאות בת זמננו. חלוץ החוקרים בתחום זה היה פרופ' דניאל אלעזר ז"ל, שהקדיש את חייו לחילוץ תיאוריה מדינית יהודית. יש לו ממשיכים, ובהם, בין היתר, החוקרים במרכז שלם.

הדבר חשוב לאין מידה. בכל פעם שהיהודים איבדו את חזונם הדתי, וכל אימת שהדת נעשתה אצלם כוח מפלג במקום כוח מאחד, הם איבדו לבסוף גם את ריבונותם. לאורך ארבעת אלפי שנות ההיסטוריה היהודית, מעולם לא שרדה לאורך זמן, לא בישראל ולא מחוצה לה, חברה יהודית שבסיסה איננו דתי.

כמה אירוני הוא שהתרבות הפוליטית בארצות הברית היא יהודית יותר מזו שבמדינת היהודים. אולם משה רבנו צפה שכך יהיה. שִׁמרו וקַיימו את התורה, אמר משה, "כִּי הִוא חָכְמַתְכֶם וּבִינַתְכֶם **לְעֵינֵי הָעַמִּים**". משה ידע שהעמים יראו את מה שהיהודים לפעמים יחמיצו: שאפשר ללמוד מחוכמתה של תורת ה' איך לקיים חברה חופשית.

הפוליטיקה הישראלית זקוקה לחזון הצדק החברתי, החמלה, כבוד האדם ואהבת הזר – החזון שהציב משה רבנו, חזון שמאז ועד היום לא כהתה עינו ולא נס לֵחו.

1. *The Works of John Adams*, Boston: Little, Brown and Company, 1854, IX, p. 609.

ואתחנן

כוח הלָמָּה

מה הפך אנשים כמרטין לותר קינג וסטיב ג׳ובס לנִפלים מכל בני זמנם, לאנשים המזדקרים בעיני כול מעל לכל היתר, גם מעל לאנשים מחוננים ומיומנים לא פחות מהם? בדרשתנו לפרשת דברים "המנהיג כמורה" הזכרנו את סיימון סינֶק ששאל כיצד מצליחים מנהיגים גדולים לעורר אנשים לפעולה, וענה כך: רוב האנשים מדברים על ה"מה". מעטים מדברים על ה"איך". אבל מנהיגים גדולים מתחילים ב"למה". וזה מה שהופך אותם למחוללי תמורות.

הרצאתו של סינק עסקה במנהיגות עסקית ופוליטית. אבל הדוגמאות המאלפות ביותר לתופעה שתיאר הן דתיות - או לפחות דתיות בעקיפין. בספרִי **השותפות הגדולה**[1] טענתי שהמייחד את דתות המונותיאיזם מבית מדרשו של אברהם אבינו הוא שהן מאמינות כי **יש** תשובה לשאלה "למה". העולם וחיי האדם אינם חסרי משמעות, אינם מקרה גרידא. כפי שאמרו גם פרויד, גם איינשטיין וגם ויטגנשטיין, האמונה הדתית היא האמונה בכך שהחיים רוויי משמעות.

פרשת ואתחנן מאירה אמיתה זו באור יקרות. היהדות מדברת הרבה על ה"מה": מה מותר, מה אסור, מה קודש, מה חול. יש בה גם הרבה "איך": איך ללמוד, איך להתפלל, איך לצמוח מתוך עבודת ה׳ ומתוך יחסים עם הזולת. יחסית לכך, על ה"למה" אומרת התורה פחות. ובכל זאת, בפרשתנו אומר משה כמה מן הדברים המרשימים ביותר שנאמרו אי־פעם על ה"למה" של הקיום היהודי. יכולתו זו של משה היא שעשתה אותו למנהיג משנה הבריות הגדול שהיה, ויש לה השלכות גם עלינו כאן ועכשיו.

דבריו של משה חורגים מאוד מן המתבקש מאליו, וכדי לעמוד על גודל ייחודם עלינו להיזכר במצבם של בני ישראל בשעת אמירתם. הם עדיין במדבר. הם עוד לא

1. יונתן זקס, **השותפות הגדולה: הדת, המדע והחיפוש אחר משמעות**, עברית: צור ארליך, ירושלים: מגיד, 2013.

נכנסו לארץ. הם סובלים מנחיתות צבאית לעומת יושבי הארץ. עשרה משנים־עשר המרגלים כבר טענו, כארבעה עשורים קודם לכן, שכיבוש הארץ הוא משימה בלתי אפשרית. בעולם של אימפריות ושל עמים היושבים בעריהם הבצורות, בני ישראל נראים לעין הבלתי מזוינת חסרי הגנה, חסרי ניסיון, עוד שבט משבטי הזעם ששטפו את אסיה ואפריקה בימי קדם. משקיפים מבחוץ בני הזמן ההוא, שלא הכירו את אורח חייהם הדתי המיוחד של בני ישראל, ודאי התקשו להצביע על שוני מהותי בינם לבין היבוסים והפריזים, המדיינים והמואבים, ויתר העממים שאכלסו את הפינה ההיא במזרח התיכון.

ובכל זאת משה טוען בוודאות מוחלטת שמה שקרה לבני ישראל עד כה עתיד לשנות את העולם כולו ולנסוך בו השראה. הקשיבו לדבריו ולסגנונם:

> כִּי שְׁאַל נָא לְיָמִים רִאשֹׁנִים אֲשֶׁר הָיוּ לְפָנֶיךָ, לְמִן הַיּוֹם אֲשֶׁר בָּרָא אֱלֹהִים אָדָם עַל הָאָרֶץ, וּלְמִקְצֵה הַשָּׁמַיִם וְעַד קְצֵה הַשָּׁמָיִם: הֲנִהְיָה כַּדָּבָר הַגָּדוֹל הַזֶּה? אוֹ הֲנִשְׁמַע כָּמֹהוּ? הֲשָׁמַע עָם קוֹל אֱלֹהִים מְדַבֵּר מִתּוֹךְ הָאֵשׁ, כַּאֲשֶׁר שָׁמַעְתָּ אַתָּה, וַיֶּחִי? אוֹ הֲנִסָּה אֱלֹהִים לָבוֹא לָקַחַת לוֹ גוֹי מִקֶּרֶב גּוֹי בְּמַסֹּת בְּאֹתֹת וּבְמוֹפְתִים וּבְמִלְחָמָה וּבְיָד חֲזָקָה וּבִזְרוֹעַ נְטוּיָה וּבְמוֹרָאִים גְּדֹלִים, כְּכֹל אֲשֶׁר עָשָׂה לָכֶם ה׳ אֱלֹהֵיכֶם בְּמִצְרַיִם לְעֵינֶיךָ? (דברים ד, לב–לד)

משה היה משוכנע שההיסטוריה הישראלית יחידה במינה, ושהיא תמשיך להיות כזו. קבוצה קטנה וחסרת מגן השתחררה מעול הגדולה באימפריות, לא בכוחות עצמה אלא בידי אלוהים. משה מציג אפוא את ההיסטוריה הישראלית כייחודית על שום היותה סיפור של גאולה. מוקדם יותר בנאום הוא מציג ייחודיות נוספת של קורות ישראל, הלוא היא ייחודיות ההתגלות:

> כִּי מִי גוֹי גָּדוֹל אֲשֶׁר לוֹ אֱלֹהִים קְרֹבִים אֵלָיו כַּה׳ אֱלֹהֵינוּ בְּכָל קָרְאֵנוּ אֵלָיו? וּמִי גּוֹי גָּדוֹל אֲשֶׁר לוֹ חֻקִּים וּמִשְׁפָּטִים צַדִּיקִם כְּכֹל הַתּוֹרָה הַזֹּאת אֲשֶׁר אָנֹכִי נֹתֵן לִפְנֵיכֶם הַיּוֹם? (שם, ז–ח)

לעמים אחרים יש אלים שהם מתפללים אליהם ומקריבים להם קרבנות. גם העמים האחרים מייחסים לאלים את ההצלחות הצבאיות שלהם. אבל שום עם אחר אינו רואה את אלוהיו כריבון ומחוקק ומצַווה. אצל הגויים החוק מגלם את צו המלך, או, במאות השנים האחרונות, את רצון העם. ישראל הייתה האומה היחידה בעולם הקדום

שאפילו כשהיה בה מלך, הוא לא היה מחוקק; האומה היחידה שהאלוהים נתפס בה לא רק ככוח עליון אלא גם כאדריכל החברה, כמתזמר הגדול של סימפוניית הצדק והרחמים, החירות וכבוד האדם.

השאלה היא למה. לקראת סוף הפרק נותן משה תשובה אחת: "וְתַחַת כִּי אָהַב אֶת אֲבֹתֶיךָ וַיִּבְחַר בְּזַרְעוֹ אַחֲרָיו" (ד, לז). ה' אהב את אברהם, בין היתר מפני שאברהם אהב אותו. ואת צאצאיו של אברהם אהב ה' כי הם היו צאצאיו, והוא הבטיח לאביהם שיברך וינצור אותם. תשובה נוספת, המתיישבת עם הראשונה אך שונה ממנה, נתן משה בתחילת הפרק:

> רְאֵה, לִמַּדְתִּי אֶתְכֶם חֻקִּים וּמִשְׁפָּטִים כַּאֲשֶׁר צִוַּנִי ה' אֱלֹהָי לַעֲשׂוֹת כֵּן בְּקֶרֶב הָאָרֶץ אֲשֶׁר אַתֶּם בָּאִים שָׁמָּה לְרִשְׁתָּהּ. וּשְׁמַרְתֶּם וַעֲשִׂיתֶם, כִּי הִוא חָכְמַתְכֶם וּבִינַתְכֶם לְעֵינֵי הָעַמִּים, אֲשֶׁר יִשְׁמְעוּן אֵת כָּל הַחֻקִּים הָאֵלֶּה וְאָמְרוּ: רַק עַם חָכָם וְנָבוֹן הַגּוֹי הַגָּדוֹל הַזֶּה. (שם, ה-ו)

מדוע חשוב למשה, או לקב"ה, מה דעתם של העמים האחרים על התורה והמצוות? הרי היהדות היא סיפור אהבה בין אלוהים לבין עם מסוים. סיפור המנומר בסערות רבות, אף כי יש בו פרקים של מנוחה ונחלה; סיפור המתרונן לעתים בעליזות אך גם אז הוא אינטימי ואפילו מופנם. מה לשאר העולם ולסיפור הזה?

ובכן, לשאר העולם יש ויש עניין בסיפור הזה. היהדות אינה מתעניינת רק ביהודים. כבר בדבריו הראשונים לאברהם אמר הקב"ה, "וַאֲבָרֲכָה מְבָרְכֶיךָ וּמְקַלֶּלְךָ אָאֹר, וְנִבְרְכוּ בְךָ כֹּל מִשְׁפְּחֹת הָאֲדָמָה" (בראשית יב, ג). עם ישראל נועד להיות מקור ברכה לעולם. אלוהי ישראל הוא אלוהי האנושות כולה. עוד לפני שדיבר עם אברהם דיבר אל אדם, חווה, קין ונוח וכרת ברית עם האנושות. יוסף, בהיותו במצרים, דיבר שוב ושוב על ה' - בבית פוטיפר, בכלא ובארמון פרעה. הוא רצה שהמצרים יֵדעו כי את הדברים שעשה לא עשה בעצמו; שהוא היה רק סוכן של אלוהי ישראל. מכל אלה ניכר בבירור שה' אינו אדיש כלפי אומות העולם.

כך לאורך התנ"ך כולו. ה' אמר למשה שיעשה אותות ומופתים במצרים "וְיָדְעוּ מִצְרַיִם כִּי אֲנִי ה'" (שמות ז, ה). לירמיהו קרא ה' "נָבִיא לַגּוֹיִם" (ירמיהו א, ה). את יונה שלח אל האשורים בנינווה. בפי הנביא עמוס שם תוכחות לגויים שקדמו לתוכחותיו על פשעי ישראל ויהודה. בנבואה שהיא אולי המדהימה ביותר בתנ"ך מעביר ישעיהו את המסר שיום יבוא וה' יברך את אויבי ישראל: "אֲשֶׁר בֵּרֲכוֹ ה' צְבָאוֹת לֵאמֹר: בָּרוּךְ עַמִּי מִצְרַיִם, וּמַעֲשֵׂה יָדַי אַשּׁוּר, וְנַחֲלָתִי יִשְׂרָאֵל" (ישעיהו יט, כו).

ה׳ דואג לכל האנושות. לכן מה שאנחנו עושים כיהודים משפיע על כל האנושות, לא רק במובן המיסטי, אלא גם כמופת המדגים לאנושות כיצד להיות אוהביו ואהוביו של האלוהים. העמים האחרים יביטו בעם ישראל ויבינו שכוח עילאי כלשהו פעל בקורותיו. כדברי מילטון הימלפרב המנוח:

> כל יהודי יודע כמה הוא אדם רגיל, רגיל עד לשד עצמותיו. ובכל זאת, כשאנו מתבוננים בעצמנו כקבוצה, אנו חשים שדברים גדולים ומסתוריים סוחפים אותנו... מספר היהודים בעולם קטן מטעות סטטיסטית זעירה במפקד האוכלוסין בסין. אבל אנחנו גדולים בהרבה ממספרנו. דומה שדברים גדולים קרו סביבנו ולנו.[2]

לא נקראנו לגייר את העולם. נקראנו להצית את דמיונו. הנביא זכריה התנבא על הימים שבהם "יַחֲזִיקוּ עֲשָׂרָה אֲנָשִׁים מִכֹּל לְשֹׁנוֹת הַגּוֹיִם וְהֶחֱזִיקוּ בִּכְנַף אִישׁ יְהוּדִי לֵאמֹר: נֵלְכָה עִמָּכֶם כִּי שָׁמַעְנוּ אֱלֹהִים עִמָּכֶם" (זכריה ח, כ). הוטל עלינו להיות שגריריו של אלוהים בעולם, ולהעיד בגופנו, באורח חיינו, שעַם קטן מסוגל לשרוד ולפרוח בתנאים קשים מאין כמוהם, לבנות חברה של חירות בחסות החוק שבניה כולם עָרֵבים לה ועָרֵבים זה בזה, ולקיים את אשר אלוהיו דורש ממנו: "עֲשׂוֹת מִשְׁפָּט וְאַהֲבַת חֶסֶד וְהַצְנֵעַ לֶכֶת עִם אֱלֹהֶיךָ" (מיכה ו, ח). דברי משה בפרשת ואתחנן הם כתב השליחות של עם ישראל.

ויש בהחלט מי שמביט ומתרשם. מסקנתי מעשרות שנים בזירה הציבורית בחו"ל היא **שלא־יהודים מכבדים יהודים שמכבדים את היהדות**. קשה להם להבין למה במדינות שיש בהן חופש דת אמתי יש יהודים העוזבים את דתם או מעדיפים להגדיר את זהותם באופן אתני גרידא. נראה לי שהעולם, במערבולת שהוא אחוז בה כרגע, זקוק למסר היהודי - המסר האומר שאלוהים קורא לנו להיות נאמנים לאמונתנו שלנו ולהיות ברכה לבני כל האמונות. דמיינו עולם שבו כולם מאמינים בזה, ומנסים לממש זאת. הלוואי.

אנחנו לא סתם עוד קבוצה אתנית. אנחנו העם שהוליד את רעיון החופש והעמיד אותו על חינוך הילדים לאהוב ולא לשנוא. דתנו היא הדת המקדשת את הנישואים והמשפחה, ואשר מדברת על חובות לפני שהיא מדברת על זכויות. חזוננו הוא החזון הרואה בהקלת העוני משימה דתית, מפני שכדברי הרמב"ם אדם רעב, חולה, חסר

2. Milton Himmelfarb and Gertrude Himmelfarb, *Jews and Gentiles*, New York: Encounter, 2007, p. 141.

בית או גלמוד אינו יכול לעסוק בהשגות רוחניות נעלות.[3] אנחנו עושים את כל זאת לא מפני שאנחנו שמרנים או ליברלים, רפובליקנים או דמוקרטים, ימנים או שמאלנים, אלא מפני שאנחנו מאמינים שזה מה שה׳ רוצה מאיתנו.

מילים רבות נכתבות בימינו על ה״מה״ ועל ה״איך״ של היהדות, אך מילים מעטות מדי מוקדשות ל״למה״. משה, בחודש האחרון של חייו, לימד את ה״למה״. וכך הוא עורר אנשים לפעולה בדורו ובכל הדורות שאחריו, עד עצם הדור הזה. אם רצונכם לשנות את העולם, התחילו ב״למה״.

3. **מורה הנבוכים**, ג, כז.

ואתחנן

הישר והטוב

בין פסגותיה של פרשת ואתחנן – "שמע ישראל", עשרת הדיברות ועוד – מצטנע פסוק קטן בעל השלכות גדולות על ההשקפה המוסרית היהודית. הנה הוא, ועמו הפסוק שלפניו:

> שָׁמוֹר תִּשְׁמְרוּן אֶת מִצְוֹת ה׳ אֱלֹהֵיכֶם וְעֵדֹתָיו וְחֻקָּיו אֲשֶׁר צִוָּךְ. וְעָשִׂיתָ הַיָּשָׁר וְהַטּוֹב בְּעֵינֵי ה׳, לְמַעַן יִיטַב לָךְ וּבָאתָ וְיָרַשְׁתָּ אֶת הָאָרֶץ הַטֹּבָה אֲשֶׁר נִשְׁבַּע ה׳ לַאֲבֹתֶיךָ. (דברים ו, יז–יח)

הקושי עולה מאליו. פסוק יז קורא לשמור את המצוות, העדוֹת והחוקים. הללו, לכאורה, כוללים את כל מה שיש לתורה לומר על התנהגות ומוסר. מדוע אפוא ממשיך פסוק יח וקורא לעשות את "הישר והטוב"? האם ישנם ישר וטוב שאינם כלולים במצוות?

רש"י מסביר שהישר והטוב בפסוק שלנו הם "פשרה, לפנים משורת הדין". ההלכה מעמידה כביכול סף מינימום מחייב, אך המוסר שואף לאמת מידה גבוהה יותר.[1] ואכן, האנשים המרשימים אותנו במיוחד בטוב לבם ובצדקתם אינם סתם שומרי חוק ומצוות; קדושי המוסר וגיבוריו דורשים מעצמם יותר ממה שהחוק מחייב. לכך, על פי רש"י, מתכוונת התורה בדרישתה לעשות את הישר והטוב.

הרמב"ן מצטט את רש"י ומסכים עמו, אך ממשיך ואומר דבר שונה מעט:

> מתחילה אמר שתשמור חוקותיו ועדותיו אשר ציוך, ועתה יאמר גם באשר לא ציווך תן דעתך לעשות הטוב והישר בעיניו, כי הוא אוהב הטוב והישר.

1. ראו Lon Fuller, *The Morality of Law*, New Haven: Yale University Press, 1969, ומאמרו של הרב אהרן ליכטנשטיין, "מוסר והלכה במסורת היהודית: האם המסורת היהודית מכירה באתיקה שאינה תלויה בהלכה?", **דעות, ביטאון האקדמאים הדתיים** מו (תשל"ז), עמ׳ 5–20 (המאמר חזר ונדפס בעברית ובאנגלית בכמה במות).

> וזה עניין גדול. לפי שאי אפשר להזכיר בתורה כל הנהגות האדם עם שכניו ורעיו וכל משאו ומתנו ותיקוני היישוב והמדינות כולם. אבל אחרי שהזכיר מהם הרבה, כגון "לֹא תֵלֵךְ רָכִיל בְּעַמֶּיךָ" (ויקרא יט, טז), "לֹא תִקֹּם וְלֹא תִטֹּר" (שם, יח) ו"לֹא תַעֲמֹד עַל דַּם רֵעֶךָ" (שם, טז), "לֹא תְקַלֵּל חֵרֵשׁ" (שם, יד), "מִפְּנֵי שֵׂיבָה תָּקוּם" (שם, לב) וכיוצא בהן - חזר לומר בדרך כלל שיעשה הטוב והישר בכל דבר, עד שייכנס בזה הפשרה ולפנים משורת הדין... עד שייקרא בכל עניין תם וישר.[2]

הרמב"ן מרחיק לכת מרש"י. לפי רש"י, הישר והטוב הם אמות מידה התנהגותיות גבוהות מאלו שהחוק היבש דורש. דומה שהרמב"ן אומר לנו שבחיים המוסריים יש היבטים שמושג החוק אינו תופס בהם כלל. לכך כוונתו באומרו "אי אפשר להזכיר בתורה כל הנהגות האדם עם שכניו ורעיו".

חוקים הם כללים אוניברסליים, עקרונות החלים בכל המקומות ובכל הזמנים. אסור לרצוח. אסור לשדוד. אסור לגנוב. אסור לשקר. אבל יש בחיי המוּסָר מאפיינים חשובים שאינם אוניברסליים כלל. הם נוגעים לנסיבות מסוימות ולצורת תגובתנו כלפיהן. מהו להיות בעל טוב או רעיה טובה, הורה טוב, מורה טוב, חבר טוב? מהו להיות מנהיג גדול, מונהג טוב, חבר צוות טוב? מתי נכון לשבֵּח, ומתי מתאים לומר "יכולת לעשות טוב יותר"? יש היבטים מוסריים שאי־אפשר לצמצמם לכדי כללי התנהגות, מפני שמה שחשוב בהם איננו רק מה שאנו עושים, אלא גם האופן שאנו עושים זאת: בענווה, למשל, בעדינות, ברגישות, בהתחשבות.

המוסר עוסק באנשים, ואין שני אנשים זהים. כאשר ביקש משה מהקב"ה למנות לו ממשיך, הוא פתח את בקשתו במילים "יִפְקֹד ה' אֱלֹהֵי הָרוּחֹת לְכָל בָּשָׂר אִישׁ עַל הָעֵדָה" (במדבר כז, טז). על פי חז"ל, משה אומר כאן שהיות שכל אדם שונה מחברו, הוא מבקש מה' למנות מנהיג שיתייחס לכל יחיד כאל יחיד - מתוך ידיעה שמה שמועיל לאדם אחד מזיק לאחר.[3] יכולת זו למצוא את המענה הנכון לאדם הנכון בזמן הנכון מאפיינת לא רק מנהיגות טובה, אלא גם טוב אנושי בכלל.

פירוש רש"י לספר בראשית מתחיל בשאלה מפורסמת: אם התורה היא ספר של מצוות, מדוע אינה מתחילה במצווה הראשונה שניתנה לעם ישראל כעַם, מצוות קידוש החודש בפרק יב של ספר שמות? מדוע נכללו בה סיפורי אדם וחווה, קין

2. רמב"ן לדברים ו, יח.
3. ספרא זוטא, מדרש תנחומא ופירוש רש"י לתורה על אתר.

והבל, האבות והאימהות וילדיהם? תשובתו של רש"י אינה נוגעת להנחיות מוסריות, אלא לעיגון זכותנו על הארץ. אבל הנצי"ב (הרב נפתלי צבי יהודה ברלין) כותב בפירושו **העמק דבר**[4] כי סיפורי בראשית נועדו ללמדנו כיצד ידעו האבות להיות ישרים במגעם ומשאם, אפילו עם נוכרים ועובדי אלילים. משום כך, הוא מסביר, מכונה ספר בראשית גם "ספר הישר".

מוסר אינו רק מערכת חוקים, גם אם זו מערכת מסועפת של תרי"ג מצוות ועוד גוף ענֵף של מצוות דרבנן ותקנות חכמים. מוסר הוא גם אופן היענותנו אל בני אדם כאל יחידים. סיפור אדם וחווה בגן עדן הוא, לפחות בחלקו, סיפור על השתבשות של יחסים אישיים כשאינם אישיים. אדם מתייחס לאשתו כאל "אישה": שם גֶנרי, שם של סוג. רק לאחר חטא עץ הדעת הוא נותן לה את שמה הפרטי, חווה, ומכיר בַּיְּחידיות הפרטית שלה. ורק אז אלוהים עושה להם כותנות עור ומלבישם.

זהו גם ההבדל בין אלוהי אריסטו לאלוהי אברהם. אריסטו חשב שאלוהים מכיר רק את האוניברסלי, ולא את הפרטיקולרי; שהוא עוסק רק בכללים, ולא במקרים הפרטיים. זהו אלוהי המדע, אלוהי הנאורות, אלוהי שפינוזה. אלוהי אברהם, לעומת זאת, מכיר בייחודיות האישית שלנו, במה שעושה אותנו שונים מזולתנו כמו גם במה שמשותף לכולנו.

זהו, בסופו של דבר, שורש ההבדל בין שני העקרונות הגדולים של האתיקה היהודית: הצדק והאהבה. הצדק אוניברסלי. הוא נוהג בכל האנשים בשווה. בעשיר כבעני, בחזק כבחלש. אין הוא מבחין בין אנשים על פי צבע או מעמד. אבל האהבה היא פרטיקולרית. הורה אוהב את ילדיו בגלל מה שמייחד כל אחד מהם. החיים המוסריים הם שילוב של השניים. משום כך אי־אפשר לצמצמם לכדי כללים אוניברסליים בלבד. לכך מתכוונת התורה בצוותה עלינו לעשות את הישר והטוב שמעבר למצוות, לעדות ולחוקים.

מורה טוב יודע מה לומר לתלמיד חלש שבמאמץ רב הצליח יותר מן המצופה, ומה לומר לתלמיד מחונן המקבל את הציונים הטובים בכיתה אך עדיין אינו מממש את מלוא היכולת הגלומה בו. מעסיק טוב יודע מתי לשבֵּח ומתי לאתגֵר. כולנו צריכים לדעת מתי להתעקש על הצדק ומתי לנהוג בסלחנות. האנשים שיש להם השפעה מכרעת על חיינו הם בדרך כלל האנשים שאנו מרגישים שהבינו אותנו בייחודיותנו. בשבילם אין אנו רק פרודות בתוך המון. המוסר כולל חוקים אוניברסליים, ובלעדיהם

4. במבוא לפירוש לספר בראשית.

אין לו קיום, אך הוא עוסק גם בקשרים בין־אישיים שאי־אפשר לדחוס למיטת סדום של חוקים.

רבי ישראל מרוז'ין שאל פעם אחד מתלמידיו כמה חלקים יש **בשולחן ערוך**. ענה התלמיד, ארבעה. "ומה אתה יודע על החלק החמישי?" שאל האדמו"ר. "חלק חמישי?" תהה התלמיד. "כן, יש חלק חמישי. הוא אומר: עם כל אדם התנהג כמענטש". החלק החמישי בקוד ההלכתי הוא ההתנהגות שאינה יכולה להתנסח כחוק. מי שמקיים אותו עושה את הישר והטוב.

עקב

מוסר של אהבה

בספר דברים בוקע לראשונה במפורש רעיון שפיכה כמעיין נסתר עוד מראשית התורה: ה׳ הוא אלוהי האהבה. יותר משאנו אוהבים אותו, הוא אוהב אותנו. הנה, למשל, פסוקי הפתיחה של פרשתנו:

> וְהָיָה עֵקֶב תִּשְׁמְעוּן אֵת הַמִּשְׁפָּטִים הָאֵלֶּה וּשְׁמַרְתֶּם וַעֲשִׂיתֶם אֹתָם, וְשָׁמַר ה׳ אֱלֹהֶיךָ לְךָ אֶת הַבְּרִית וְאֶת הַחֶסֶד אֲשֶׁר נִשְׁבַּע לַאֲבֹתֶיךָ. וַאֲהֵבְךָ וּבֵרַכְךָ וְהִרְבֶּךָ... (דברים ז, יב–יג)

ובהמשך הפרשה:

> הֵן לַה׳ אֱלֹהֶיךָ הַשָּׁמַיִם וּשְׁמֵי הַשָּׁמָיִם הָאָרֶץ וְכָל אֲשֶׁר בָּהּ - רַק בַּאֲבֹתֶיךָ חָשַׁק ה׳ לְאַהֲבָה אוֹתָם וַיִּבְחַר בְּזַרְעָם אַחֲרֵיהֶם בָּכֶם מִכָּל הָעַמִּים כַּיּוֹם הַזֶּה. (י, יד–טו)

והנה זה בפסוק מפרשת השבוע שעבר:

> וְתַחַת כִּי אָהַב אֶת אֲבֹתֶיךָ וַיִּבְחַר בְּזַרְעוֹ אַחֲרָיו וַיּוֹצִאֲךָ בְּפָנָיו בְּכֹחוֹ הַגָּדֹל מִמִּצְרָיִם. (ד, לז)

ספר דברים רווי מילות אהבה. השורש אה״ב מופיע פעמיים בספר שמות ופעמיים בספר ויקרא (שתיהן בפרק יט), אינו מופיע כלל בספר במדבר, ואילו בספר דברים הוא מופיע 23 פעמים. חומש דברים הוא ספר על האושר החברתי ועל כוחה של האהבה לשנות את ההוויה.

בין המיתוסים הלא מדויקים הרווחים בתרבות המערב, יש סילוף מקוֹמֵם במיוחד: ההנגדה הנוצרית בין הנצרות כדת האהבה והסליחה לבין היהדות כדת הדין

והנקם. האמת היא שהיהדות היא אשר הביאה לעולם את הסליחה.[1] הסליחה הבין־אישית נולדה כאשר יוסף סלח לאחיו על שמכרו אותו לעבדות. הסליחה האלוהית נולדה לאחר חטא העגל והתמסדה בעקבות זאת עם כינונו של יום כיפור.

כך גם באשר לאהבה. כש"הברית החדשה" מדברת על אהבה, היא עושה זאת באמצעות ציטוט ישיר מספר ויקרא ("וְאָהַבְתָּ לְרֵעֲךָ כָּמוֹךָ") ומסֵפר דברים ("וְאָהַבְתָּ אֵת ה' אֱלֹהֶיךָ בְּכָל לְבָבְךָ וּבְכָל נַפְשְׁךָ וּבְכָל מְאֹדֶךָ"). כדברי הפילוסוף סיימון מאי בספרו המצוין **האהבה: היסטוריה**: "האמונה הנפוצה שכל עניינו של התנ"ך הוא נקמה ו'עין תחת עין', ושספרי הבשורות של הברית החדשה הם אשר המציאו את האהבה כערך אוניברסלי ובלתי מותנה, צריכה להימנות עם האי־הבנות הגדולות ביותר בכל תולדות המערב. שכן התנ"ך לא רק שהוא מקורן של שתי מצוות האהבה, אלא הוא בית היוצר של חזון מוסרי רחב שיסודו בהשתאות מכוחה של האהבה".[2] מסקנתו אינה משתמעת לשתי פנים: "אם לאהבה בעולם המערבי יש טקסט מכונן, טקסט זה כתוב בעברית".[3]

יתרה מכך. בספרו **החיים האתיים**[4] מונה הפילוסוף הארי רֶדְנֶר ארבע קבוצות יסוד של השקפות עולם אתיות בתולדות האדם. לאתיקה מן הסוג הראשון הוא קורא **אתיקה אזרחית**, והיא מאפיינת את יוון ורומא העתיקות. שנייה היא **אתיקת החובה**, שהוא מזהה עם דתות קונפוציוס וקרישנה ועם הסטואיקנים המאוחרים. שלישית היא **אתיקת הכבוד**, שכללי ההתנהגות והטעם הטוב שלה לקוחים מעולם הצבא וחצרות המלכים, והיא מאפיינת תרבויות אסלאמיות וערביות בימי הביניים ובימינו, ואת אירופה הביניימית על אתוס האבירים שלה.

את שורשיה של הרביעית, זו שהוא מכנה בפשטות **מוסריות**, הוא מזהה בספר ויקרא ובספר דברים. הוא מגדיר אותה, שוב בפשטות, כ"אתיקת האהבה", משום שזה הדבר אשר ייחד את המערב מבחינה מוסרית: "הציווי המקראי 'וְאָהַבְתָּ לְרֵעֲךָ כָּמוֹךָ' הוא צורה מיוחדת מאוד של אהבה, פיתוח ייחודי של הדת היהודית שאינו דומה לשום דבר הקיים מחוצה לה. זוהי אהבה אלטרואיסטית עילאית, שכן לאהוב

1. וראו על כך בהרחבה בדרשות לפרשת וייגש בספרי: Jonathan Sacks, *Covenant and Conversation: Genesis*, Jerusalem: Maggid, 2009, pp. 301–327, וכן בספרו של דיוויד קונסטן David Konstan, *Before Forgiveness: The Origins of a Moral Idea*, Cambridge: Cambridge University Press, 2012.
2. Simon May, *Love: A History*, New Haven: Yale University Press, 2011, pp. 19–20.
3. שם, עמ' 14.
4. Harry Redner, *Ethical Life: The Past and Present of Ethical Cultures*, New York: Rowman and Littlefield, 2001.

את הזולת כפי שאנו אוהבים את עצמנו פירושו לשים את עצמנו במקומו של הזולת ולפעול בשמו כפי שהיינו פועלים למען עצמנו באופן טבעי ואנוכי".[5] אמנם גם הבודהיזם מעלה על נס את אהבת הזולת, אך זו אהבה מסוג אחר: פחות אישית, ונטולת זיקה ליחסים עם אלוהים.

מושג האהבה המקראי הוא רדיקלי מכמה בחינות. ראשית, התורה קובעת, בניגוד לכל תרבויות העולם העתיק כמעט, שהיסודות שהמציאות עשויה מהם אינם עוינים את האנושות ואינם אדישים כלפיה. אנחנו כאן מפני שמישהו רצה שנהיה כאן, ישות הדואגת לנו, משגיחה עלינו ודורשת את טובתנו.

שנית, האהבה שאלוהים ברא בה את העולם איננה נחלתו הבלעדית. היא נועדה לשמש מופת לנו, באנושיותנו. אנחנו מצוּוים לאהוב את הרֵע ואת הגר, לעשות מעשי צדקה וחסד, ולבנות חברה על אדנֵי האהבה. כך מנסחת זאת פרשתנו:

> כִּי ה׳ אֱלֹהֵיכֶם הוּא אֱלֹהֵי הָאֱלֹהִים וַאֲדֹנֵי הָאֲדֹנִים, הָאֵל הַגָּדֹל, הַגִּבֹּר וְהַנּוֹרָא, אֲשֶׁר לֹא יִשָּׂא פָנִים וְלֹא יִקַּח שֹׁחַד. עֹשֶׂה מִשְׁפַּט יָתוֹם וְאַלְמָנָה וְאֹהֵב גֵּר לָתֶת לוֹ לֶחֶם וְשִׂמְלָה. וַאֲהַבְתֶּם אֶת הַגֵּר, כִּי גֵרִים הֱיִיתֶם בְּאֶרֶץ מִצְרָיִם. (דברים י, יז–יט)

בקצרה: **אלוהים ברא את העולם באהבה ובסליחה, והוא מבקש מאיתנו לאהוב את זולתנו ולסלוח לו.** סבורני כי זהו הרעיון המוסרי העמוק ביותר בכל תולדות האדם.

אולם כאן עולה שאלה מתבקשת. כיצד זה שהאהבה, המתבלטת כל כך בספר דברים, שולית כל כך בחומשים הקודמים - שמות, ויקרא (למעט פרק יט) ובמדבר?

הדרך הטובה ביותר לענות על שאלה זו היא לשאול שאלה אחרת. איך זה שהסליחה נעדרת מספר בראשית, לפחות על פני השטח של העלילה?[6] אלוהים אינו סולח לאדם ולחווה, ולא לקין (אם כי הוא מקל בעונשם). הסליחה איננה משתתפת בדרמות של המבול, מגדל בבל ומהפכת סדום ועמורה (אברהם מפציר באלוהים לחוס על הערים אם יימצאו בהן כך וכך אנשים צדיקים; זו איננה בקשת מחילה). הסליחה האלוהית מופיעה לראשונה בספר שמות, כאשר ה׳ נענה לבקשתו של משה לסלוח לעם לאחר חטא העגל - ולאחר מכן היא מתמסדת בדמות יום כיפור (ויקרא טז). לא קודם לכן. מדוע?

5. שם, עמ׳ 50.
6. כוונתי לפשט הכתובים. מדרשי חז"ל מכניסים מפעם לפעם לסיפורי בראשית את רכיב הסליחה.

התשובה הפשוטה והרדיקלית היא זו: **אלוהים אינו סולח לבני האדם כל עוד בני האדם אינם לומדים לסלוח זה לזה.** לקראת סוף ספר בראשית יוסף סולח לאחיו. רק לאחר מכן מתחיל אלוהים לסלוח לבני אדם.

עתה נחזור לאהבה. בספר בראשית היא נזכרת פעמים רבות. אברהם אוהב את יצחק. יצחק אוהב את עשו. רבקה אוהבת את יעקב. יעקב אוהב את רחל. הוא גם אוהב את יוסף. אהבה בין־אישית יש בשפע בספר בראשית. **אלא שכמעט כל האהבות בספר בראשית מתגלות כפלגניות.** הן מובילות למתח בין יעקב לעשו, בין רחל ללאה ובין יוסף לאחיו. בספר בראשית מובלעת הבחנה מעמיקה שרוב רובם של אנשי המוסר והתיאולוגיה החמיצו: אהבה כשלעצמה - אהבה אמתית, אישית ויוקדת, אהבה מהסוג השכיח בספרי הנביאים והמאפיין את שיר השירים, שיר האהבה הגדול של התנ"ך (להבדיל מהאהבה המנותקת והמוכללת הקרויה אָגָאפֶּה שאנו מקשרים עם יוון העתיקה) - אהבה כזו אין בה כדי לשמש בסיס לחברה. כשם שהיא יכולה לאחֵד, היא יכולה גם לפצל.

משום כך, האהבה אינה מופיעה בתורה כמוטיב מרכזי עד הגיעֵנו אל החזון החברתי־מוסרי־מדיני האחדותי של ספר דברים, המצרף אהבה עם צדק. שהרי לצד האהבה גם הצדק מתגלה כאחד ממושגי המפתח של ספר דברים, והמילה "צדק" לנגזרותיה מופיעה בו 18 פעמים. לעומת זאת, המושג מופיע בספר שמות רק ארבע פעמים, בספר במדבר אינו מופיע כלל, ובספר ויקרא מופיע רק בפרק יט - אותו פרק שבו, כאמור, נמצאות גם הופעותיה היחידות של המילה "אהבה" בחומש זה. במילים אחרות, **ביהדות, אהבה וצדק כרוכים זה בזה.** הנה שוב במילותיו של סיימון מאי:

> חובתנו להצביע כאן על תופעה העומדת ביסוד ההיסטוריה של מושג האהבה במערב: שבבסיסן של מצוות האהבה בספר ויקרא עומדת תביעה רדיקלית לצדק. לא צדק קר, מנגנון מכני של תגמולים, אלא צדק הרואה בזולת אדם בעל צרכים ואינטרסים ונכנס עמו במערכת יחסים של כבוד הדדי. אנו נדרשים להכיר ברעינו כשווים לנו בפני חוק האהבה. הצדק והאהבה כרוכים אפוא יחדיו לבלי הפרד.[7]

אהבה שאין עמה צדק מובילה לריבות, וסופה שתחולל שנאה. צדק שאין עמו אהבה הוא גידם, נטול שתי זרועותיו האנושיות, החסד והרחמים. אנו זקוקים לצדק ולאהבה גם יחד. חזון מוסרי ייחודי זה, שבו אהבת אלוהים לבני האדם ואהבת בני

7. May, *Love: A History*, p. 17.

עקב

האדם לאלוהים מיתרגמות לכדי אתיקה של אהבת הרֵע והגֵר, הוא אבן היסוד של תרבות המערב בתפארתה. הוא נולד כאן, בספר דברים, הספר שבו האהבה היא חוק והחוק הוא אהבה.

עקב

ההקשבה כערך רוחני

אחת המילים החשובות ביותר ביהדות היא מילה שכיחה שתכופות איננה מובנת לאשורה. שתי הופעותיה המפורסמות ביותר נמצאות בפרשת השבוע שעבר ובפרשת השבוע שלנו: "**שְׁמַע** יִשְׂרָאֵל, ה' אֱלֹהֵינוּ, ה' אֶחָד" (דברים ו, ד) ו"וְהָיָה אִם **שָׁמֹעַ תִּשְׁמְעוּ** אֶל מִצְוֹתַי אֲשֶׁר אָנֹכִי מְצַוֶּה אֶתְכֶם הַיּוֹם לְאַהֲבָה אֶת יְהוָה אֱלֹהֵיכֶם וּלְעָבְדוֹ בְּכָל לְבַבְכֶם וּבְכָל נַפְשְׁכֶם" (יא, יג) - פתיחות הפרשה הראשונה והפרשה השנייה בקריאת שמע. היא אף פותחת את פרשתנו: "וְהָיָה עֵקֶב **תִּשְׁמְעוּן** אֵת הַמִּשְׁפָּטִים הָאֵלֶּה" (ז, יב).

המילה היא, כמובן, הפועַל "שמע". לפועל זה במקרא יש מובנים רבים בעת ובעונה אחת: לשמוע, להקשיב, לשים לב, להבין, להפנים, להיענות, לציית. היא מילת מפתח בספר דברים; היא מופיעה בו 92 פעמים, יותר מבכל חומש אחר. שוב ושוב אומר משה לעמו, בחודש האחרון לחייו, שמעו. הקשיבו, שימו לב. שמעו מה אני אומר. שמעו מה ה' אומר. הקשיבו לדברים שהוא מבקש מאיתנו. אם רק תשמעו... **היהדות היא דת של הקשבה**. זוהי אחת התרומות המקוריות ביותר שלה לתרבות האנושית.

תרבות המערב נבנתה על צמד יסודות: יוון העתיקה וישראל הקדומה. השתיים שונות זו מזו בכל דרך אפשרית. תרבות יוון הייתה תרבות ויזואלית. הישגיה הגדולים קשורים לעין, לראייה. היא הגישה לעולם את היפות ביצירות האמנות, הפיסול והאדריכלות שנראו בו עד ימיה. האירועים הציבוריים האופייניים לה ביותר היו הצגות התיאטרון והמשחקים האולימפיים - אלו ואלו מופעים, מחזות שצופים בהם. אפלטון תפס את הידיעה כמין ראיית עומק, ראיית המהות האמתית שמתחת לפני השטח.

רעיון זה, שלָדַעת הוא לראות, נשאר עד היום המטפורה השלטת במערב. יש לדבָר אחיזה גם בלשוננו; אנחנו "שופכים אור" על נושא כשאנו מסבירים אותו, אנחנו בוחנים אותו מתוך "נקודת מבט" או "זווית ראייה" משלנו, אנחנו "רואים את הנולד" כשאנו "צופים" את העתיד, ועוד. אך התופעה ניכרת יותר בלשונות אירופה, כגון

בשפה האנגלית, שבה גם הביטויים הבסיסיים ביותר הנוגעים להבנה ולידיעה באים מעולם הראייה. תובנת העומק, ראיית הנולד וההבנה בדיעבד הן insight, foresight ו־hindsight, שפירושן המילולי הוא ראייה פנימה, ראייה לפנים וראייה לאחור. הבחנה היא observation, תצפית. המחשה והדגמה הן illustrate, הארה. כשהאנגלי רוצה לומר שהבין הוא אומר I see, אני רואה.[1]

היהדות מציעה כיוון אחר לגמרי. היהדות היא אמונה באל שאיננו יכולים לראות, באל שאי־אפשר לייצג אותו באופן ויזואלי. עשיית פסל מסכה היא מן האיסורים האמורים בעשרת הדיברות: זוהי עבודה זרה. בפרשת ואתחנן מזכיר משה לבני ישראל שבמפגש הישיר שהיה להם עם הקב"ה במעמד הר סיני "קוֹל דְּבָרִים אַתֶּם שֹׁמְעִים וּתְמוּנָה אֵינְכֶם רֹאִים זוּלָתִי קוֹל" (ד, יב). ה' מתַקשר בקולות, לא במראות. הוא מדבר. הוא מצַווה. הוא קורא. משום כך המעשה הדתי העילאי הוא השמיעה. כשה' מדבר, אנחנו כורים אוזן. כשהוא מצווה, אנחנו שומעים בקולו.

"הרב הנזיר", הרב דוד כהן, תלמידו של הרב קוק ואביו של הרב הראשי לשעבר של חיפה שאר־ישוב כהן, הראה שבתלמוד הבבלי כל המטפורות הנוגעות להבנה מבוססות לא על ראייה אלא על שמיעה: "תא שמע" (בוא ושמע); "קא משמע לן" (משמיע לנו, כלומר מלמדנו); "שמע מינה" (שמע ממנה, כלומר הסק מכאן את המסקנה); "לא שמיעא לי" (לא נשמע לי, כלומר אינני מסכים); "שמעתא" (שמועה, כלומר סוגיה) ועוד.[2]

ההבדל נראה (או נשמע) קטן, אבל הוא גדול מאוד. אצל היוונים, אידיאל הידיעה כרוך בניתוק. יש מי שרואה, הסובייקט, ויש מה שנראה, האובייקט, והם שייכים לשני תחומים נפרדים. אדם המביט בציור או בפסל או במחזה תיאטרון או במשחקי ספורט איננו עצמו חלק מהיצירה, מהדרמה או מהתחרות. הוא צופה, לא משתתף.

דיבור והקשבה אינם צורות של ניתוק. הם צורות של מעורבות. הם מחוללים יחסי גומלין. במילה העברית "דעת" מובלעות גם מעורבות, קרבה ואינטימיות. "וְהָאָדָם יָדַע אֶת חַוָּה אִשְׁתּוֹ וַתַּהַר וַתֵּלֶד אֶת קַיִן" (בראשית ד, א). זוהי ידיעה במובן העברי, לא היווני. אנחנו יכולים להיכנס למערכת יחסים עם אלוהים, אף כי הוא אינסופי ואנחנו סופיים, משום שהמילים מקשרות בינינו. בהתגלות, אלוהים מדבר

1. ראו George Lakoff and Mark Johnson, *Metaphors We Live By*, Chicago: University of Chicago Press, 1980.
2. בעמודיו הראשונים של חיבורו של הרב הנזיר **קול הנבואה**, ירושלים: מוסד הרב קוק, 1970.

אלינו. בתפילה, אנחנו מדברים אליו. אם רצונכם להבין מערכת יחסים כלשהי - בין בעל לאשתו, בין הורה לילד, בין מעסיק למועסק - עקבו בתשומת לב אחר הדיבור וההקשבה שביניהם, והתעלמו מכל השאר.

היוונים לימדונו את צורות הידיעה שמקורן תצפית והיסק, דהיינו המדע והפילוסופיה. המדענים הראשונים והפילוסופים הראשונים היו יוונים בני המאות השישית עד הרביעית לפני הספירה. אך לא כל דבר אפשר להבין בתצפית ובהסתכלות בלבד. בספר שמואל א׳ יש סיפור המלמדנו זאת יפה. שאול מלך ישראל **נראה** מתאים. הוא היה גבוה ״מִשִּׁכְמוֹ וָמַעְלָה גָּבֹהַּ מִכָּל הָעָם״ (ט, ב; י, כג). הוא היה בעל **מראה** מלכותי. אך במידותיו ובמזגו הוא לא היה מנהיג כלל; הוא היה מונהג. ה׳ אמר אפוא לשמואל למשוח מלך אחר במקומו, אחד מבני ישי. שמואל הלך לשם והתפעל ממראהו של אחד הבנים, אליאב. ברור היה לו שזה מְשִׁיח ה׳. אך ה׳ אמר לו, ״אַל תַּבֵּט אֶל מַרְאֵהוּ וְאֶל גְּבֹהַּ קוֹמָתוֹ, כִּי מְאַסְתִּיהוּ. כִּי לֹא אֲשֶׁר יִרְאֶה הָאָדָם, **כִּי הָאָדָם יִרְאֶה לַעֵינַיִם וַה׳ יִרְאֶה לַלֵּבָב**״ (שמואל א׳ טז, ז).

היהודים והיהדות לימדו כי איננו יכולים לראות את אלוהים, אך אנו יכולים לשמוע אותו והוא שומע אותנו. המילה המדוברת והנשמעת היא המאפשרת לנו לקיים יחסי קרבה עם אלוהים כאָבִינו, כשותפנו, כמלכנו, כְּאֶחד שאוהב אותנו ואנו אוהבים אותו. איננו יכולים להציג את אלוהים באופן מדעי. איננו יכולים להוכיח את אלוהים באופן לוגי. אלו הן צורות מחשבה יווניות, לא יהודיות. לדעתי, מנקודת מבט יהודית, הניסיון להוכיח את מציאות האל באופן לוגי או מדעי הוא מאמץ מוטעה.[3] אלוהים איננו אובייקט אלא סובייקט. דרך ההתייחסות היהודית לאלוהים היא אינטימיות ואהבה, ולצדן יראה והערצה.

דוגמה מודרנית מרתקת לכך נתן יהודי אשר רוב ימי חייו היה מנוכר ליהדותו, הלוא הוא זיגמונד פרויד. הוא קרא לפסיכואנליזה ״ריפוי בדיבור״, אך מדויק יותר לתארה כ״ריפוי בהקשבה״.[4] הפסיכואנליזה מבוססת על העובדה שהקשבה פעילה היא בעלת ערך טיפולי בפני עצמה. רק לאחר שהפסיכואנליזה נפוצה בעולם, ובייחוד

3. אכן, רבים מגדולי הפילוסופים היהודים בימי הביניים התמסרו למפעל זה. הם עשו כן בהשפעת ההגות הניאו־אפלטונית והניאו־אריסטוטלית, שהגיעה אליהם בתיווכם של הפילוסופים המוסלמים הגדולים. יוצא דופן ביניהם היה רבי יהודה הלוי **בספר הכוזרי**.

4. ראו Adam Philips, *Equals*, London: Faber and Faber, 2002, p. xii. וראו גם Salman Akhtar, *Listening to Others: Developmental and Clinical Aspects of Empathy and Attunement*, Lanham: Jason Aronson, 2007.

בארצות הברית, נכנס ללשון האנגלית הביטוי I hear you, אני שומע אותך, כדרך לשדר אמפתיה.[5]

יש בהקשבה משהו רוחני מאוד. היא הדרך היעילה ביותר שאני מכיר ליישוב סכסוכים. דברים רבים יכולים לחולל קונפליקט, אבל מה שמקיים אותו לאורך זמן הוא ההרגשה של צד אחד לפחות שלא שומעים אותו. שלא מקשיבים לו. משום כך השימוש בכוח או בחרם ליישוב סכסוכים הוא שיטה שאינה מוכיחה את עצמה. הוא גורם אולי לנצירת האש לזמן־מה, אך לבסוף היא חוזרת לבעור וביתר שאת. איוב, שבאו עליו ייסורים בלי עוון, אינו מתרשם מטענות רעיו - ולא מפני שהוא בטוח שהוא עצמו צודק, אלא משום שהוא רוצה שישמעו אותו. מושכל ראשון בתורת המשפט, ולא במקרה, הוא הכלל audi alteram partem, שְׁמַע את הצד האחֵר.

ההקשבה היא לִבה של מערכת יחסים. אנו מקשיבים, משמע אנו פתוחים לזולת, אנו מכבדים אותו, אכפת לנו מה הוא חושב ומה הוא מרגיש. אנו מקשיבים, משמע אנו מרשים לזולתנו להיות כן ולומר את אשר על לבו, גם אם אנו מסתכנים בשמיעת דברים לא נעימים. הורה טוב מקשיב לילדו. מעסיק טוב מקשיב לעובדיו. חברה מסחרית טובה מקשיבה ללקוחות. מנהיג טוב מקשיב למונהגיו. ההקשבה איננה מבטאת הסכמה, כי אם אכפתיות. ההקשבה היא האקלים שהאהבה והכבוד צומחים בו.

אנו היהודים מאמינים שיחסינו עם אלוהים הם, נוסף על ערכם העצמי, גם סדנה מתמשכת ליחסינו עם בני אדם. איך נוכל לצפות שאלוהים יקשיב לנו אם איננו טורחים להקשיב לבן זוגנו, לילדינו, או לאלה המושפעים מעבודתנו? ואיך נוכל לצפות לפגוש את אלוהים אם לא למדנו להקשיב? בהר חורב לימד ה' את אליהו שהוא נמצא לא ברוח ולא ברעש ולא באש אלא ב"קוֹל דְּמָמָה דַקָּה" (מלכים א' יט, יב), שנראה לי כי פירושו **קול שאפשר לשמוע רק אם מקשיבים**.

קהלי המונים מתרגשים למשמע דוברים גדולים, אבל את חייהם של אנשים משנים דווקא המקשיבים הגדולים. במפגש בינינו לבין אלוהים, כמו גם במפגש בינינו לבין הזולת, ההקשבה היא המבוא לאהבה.

5. שימו לב שיש הבדל בין אמפתיה לסימפתיה. האמירה I hear you היא דרך לציין - בכוונת או שלא בכוונת - שאני שם לב לרגשות שלך, לאו דווקא שאני מסכים איתם או איתך.

עקב

כוחה של הכרת הטוב

בשנות התשעים נערך אחד המחקרים הרפואיים הגדולים בעת החדשה. הוא נודע בכינוי "מחקר הנזירוֹת". כ־700 נזירות אמריקניות ממסדר "אחיות בית הספר של גבִרתנו" בארצות הברית הסכימו להנגיש את הרישומים האישיים והרפואיים שלהן לצוות של חוקרי תהליכי הזדקנות ואלצהיימר. בתחילת המחקר היו המשתתפות בנות 75 עד 102.[1]

רוחב היריעה החריג של המחקר נגזר מן העובדה שבהיותן נזירות צעירות, כבנות עשרים, התבקשו המשתתפות בידי ראשת המסדר לכתוב דין וחשבון אוטוביוגרפי קצר על חייהן ועל הסיבות שגרמו להן להצטרף למנזר. מסמכים אלה נותחו בידי החוקרים בעזרת קידוד שפותח במיוחד לצורך זה, המאפשר בין היתר לציין רגשות חיוביים ושליליים. לאורך שנות התשעים נבדק בפרוטרוט, מדי שנה בשנה, מצבה הרפואי של כל נזירה. כך יכלו החוקרים לבדוק אם יש מתאם בין מצבן הרגשי של הנזירות בצעירותן לבין מצב בריאותן בזקנתן. העובדה שכל הנזירות ניהלו כל אותן עשרות שנים שמאז הצטרפותן למנזר אורח חיים דומה מאוד הפכה אותן לקבוצה אידיאלית לבחינת השערות בדבר הקשר בין עמדות רגשיות לבין בריאות גופנית.

התוצאות, שפורסמו בשנת 2001, היו מדהימות.[2] ככל שהנזירה ביטאה בצעירותה רגשות חיוביים יותר - שביעות רצון, הכרת תודה, אושר, אהבה ותקווה - כך גדלה הסבירות שתהיה חיה ובריאה כעבור שישים שנה ויותר. בין בעלות הרגשות החיוביים הרבים לבין אלו שנטו לרגשות שליליים יותר נמצא פער בן כשבע שנים בתוחלת החיים. ממצא זה היה כה מרשים, שהוא בישר את הולדתו של תחום מחקר

1. ראו רוברט אמונס, **תודה! - מחקר מדעי חדש מוכיח: הכרת תודה תגרום לכם להיות מאושרים יותר**, עברית: מרינה גרוסלרנר, תל אביב: מטר, 2008.
2. Deborah D. Danner, David A. Snowdon and Wallace V. Friesen, "Positive Emotions in Early Life and Longevity: Findings from the Nun Study," *Journal of Personality and Social Psychology*, vol. 80, no. 5 (2001), pp. 804–813.

חדש, חקר הכרת התודה, והיה אבן דרך בהעמקת ההבנה של השפעת הרגש על הבריאות.

את מה שמדע הרפואה יודע היום על יחידים, משה רבנו ידע לגבי אומות. הכרת הטוב נמצאת בלב חזונו של משה על עתידם של בני ישראל בארץ ישראל. במדבר הם לא הצטיינו בכך במיוחד. הם התאוננו על מחסור במזון ובמים, על המן שנמאס עליהם ועל היעדר בשר וירקות, על האיום מצד המצרִים שמאחור ועל הסכנות האורבות להם מלפָנים בארץ היעודה. הם היו נעדרי הכרת תודה בימים הקשים של הנדודים במדבר - אך משה דיבר על סכנה גדולה יותר: על היעדר הכרת תודה בימים טובים. הוא הזהיר:

> פֶּן תֹּאכַל וְשָׂבָעְתָּ, וּבָתִּים טֹבִים תִּבְנֶה וְיָשָׁבְתָּ, וּבְקָרְךָ וְצֹאנְךָ יִרְבְּיֻן, וְכֶסֶף וְזָהָב יִרְבֶּה לָּךְ, וְכֹל אֲשֶׁר לְךָ יִרְבֶּה - וְרָם לְבָבֶךָ וְשָׁכַחְתָּ אֶת ה׳ אֱלֹהֶיךָ הַמּוֹצִיאֲךָ מֵאֶרֶץ מִצְרַיִם, מִבֵּית עֲבָדִים, הַמּוֹלִיכְךָ בַּמִּדְבָּר הַגָּדֹל וְהַנּוֹרָא נָחָשׁ שָׂרָף וְעַקְרָב וְצִמָּאוֹן אֲשֶׁר אֵין מָיִם, הַמּוֹצִיא לְךָ מַיִם מִצּוּר הַחַלָּמִישׁ, הַמַּאֲכִלְךָ מָן בַּמִּדְבָּר... וְאָמַרְתָּ בִּלְבָבֶךָ: כֹּחִי וְעֹצֶם יָדִי עָשָׂה לִי אֶת הַחַיִל הַזֶּה. (דברים ח, יב-יז)

הדבר הגרוע ביותר שעלול לקרות להם, התרה משה, הוא שהם ישכחו איך הם הגיעו לארץ, איך הבטיח אותה ה׳ לאבותיהם והוציאם מעבדות לחירות וקיים אותם במדבר ארבעים שנה. זה היה רעיון מהפכני: הרעיון שקורותיה של האומה ייחקקו בנפשות בניה; שתופח בהיסטוריה הזו רוח באמצעות מחזור שנתי של חגים; ושהאומה, כאומה, לעולם לא תייחס את הישגיה לעצמה ותאמר ״כֹּחִי וְעֹצֶם יָדִי עָשָׂה לִי אֶת הַחַיִל הַזֶּה״, אלא תדע תמיד לייחס את ניצחונותיה, ואת עצם קיומה, לישות נעלה ממנה: לאלוהים. זהו מן הרעיונות השזורים בספר דברים והמהדהדים בו שוב ושוב.

בזכות מחקר הנזירות, ושפע המחקרים שבאו בעקבותיו, אנו מכירים כיום את דרכי ההשפעה הרבות של פיתוח רגש הכרת הטוב. הוא משפר את הבריאות הגופנית ואת החיסון מפני מחלות. אנשים מכירי־טוב נוטים יותר להתעמל דרך קבע ולהקפיד על בדיקות רפואיות שגרתיות. רגש ההודיה מפחית רגשות מכאיבים כגון טינה, תסכול וחרטה, ואת ההסתברות לדיכאון. הוא עוזר להימנע מתגובת יתר לחוויות שליליות בדמות שאיפת נקם. הוא אפילו נוטה להיטיב את השינה. הוא מעודד את הכרת הערך העצמי, ומצמצם את הסיכויים שאדם יקנא בזולתו על הישגיו והצלחותיו. למכירי־טוב גם יש, בממוצע, מערכות יחסים מוצלחות יותר. אמירת ״תודה״ היא שֶׁמן בגלגליה של החברות, והיא גם גורמת לעובדים להפיק

יותר. כן היא מהווה רכיב מרכזי בחיזוק החוסן. מחקר שנעשה בקרב ותיקי מלחמת וייטנאם מצא כי אלה מהם שנטו להכרת הטוב סבלו משיעור מופחת של תסמינים פוסט־טראומטיים. הידיעה כמה רבים הם הדברים שראוי כי נודה עליהם עוזרת לנו לעבור בשלום חוויות קשות, מפיטורין עד שכול.[3]

התפילה היהודית היא סמינר מתמשך בהכרת הטוב. ברכות השחר הנאמרות בתחילתו של כל יום הן שיר הודיה על החיים: על גופנו, על עולמנו הגשמי, על האדמה שאנו עומדים עליה ועל העיניים שניתנו לנו לראות אותה. המילים הראשונות שאנו אומרים מדי בוקר הן "מודה אני": יומֵנו מתחיל בהכרת הטוב.

הכרת הטוב אחראית גם למאפיין מרתק של תפילת העמידה. בחזרת הש"ץ, החזן חוזר בקול על תפילת העמידה שהקהל אמר קודם בלחש. לקהל אין חלק פעיל בחזרת הש"ץ, לבד מאמירת "אמן" ומהשתתפות ב"קדושה" - אך יש בה ברכה אחת שהקהל פעיל בה לכל אורך הדרך. זוהי ברכת ההודאה. כשהחזן מגיע למילים "מודים אנחנו לך" שבראש הברכה, הקהל מתחיל לומר במקביל ברכת הודאה אחרת, הידועה בשם "מודים דרבנן". זו הברכה היחידה בחזרת הש"ץ שהקהל אינו מסתפק בה באמירת אמן. הרב אליהו שפירא (1660–1712) מסביר בספרו **אליהו רבה** שהסיבה לכך היא שאמירת תודה היא דבר שאי־אפשר להשאיר לאחרים לעשות בשמנו. התודה צריכה לבוא ישירות מאיתנו.[4]

הכרת הטוב היא, בין היתר, ההכרה שאיננו יוצריו הבלעדיים של הטוב שבחיינו. האגואיסט, אומר הפילוסוף הצרפתי בן זמננו אנדרֶה קוֹנְט־סְפּוֹנְוִויל, "הוא כפוי טובה, מפני שאין הוא אוהב להכיר בחובו לאחרים, והכרת תודה היא ההכרה בחוב הזה".[5] בן ארצו בן המאה השבע־עשרה, הסופר פרנסואה דה־לה־רוֹשְׁפוֹקוֹ, ניסח זאת ביתר בוטות: "הגאווה מסרבת להיות חייבת; האהבה העצמית מסרבת לשלם".[6] להכרת הטוב יש זיקה פנימית לענווה. היא מודה כי מה שאנחנו ומה שיש לנו - כל אלה הם בזכות אחרים, ומעל לכול בזכות אלוהים. קונט־ספונוויל מוסיף: "אלה שאינם מסוגלים להכיר טובה חיים לשווא; לעולם לא יהיו שבעי רצון או מאושרים, לעולם

3. חלק נכבד מהמידע בפסקה זו שאוב מהאתר "Greater Good: The Science of a Meaningful Life".
4. **אליהו רבה**, אורח חיים קכז, א.
5. André Comte-Sponville, *A Short Treatise on the Great Virtues: The Uses of Philosophy in Everyday Life*, London: Heinemann, 2002, p. 133.
6. שם, עמ' 135.

לא ירגישו מימוש עצמי. בלשונו של סנקה - הם אינם חיים, הם רק מתכוננים לחיות".[7]

אף כי לא רק אנשים דתיים יודעים להכיר טובה, הרי האמונה באלוהים כבורא עולם, כמעצב ההיסטוריה או כנותנם של חוקי חיים, יש בה דבר־מה המכוון אותנו אל הכרת הטוב ומקרבנו אליה. קשה להרגיש הכרת תודה בעולם שנוצר בלי סיבה ושאדיש לגורלנו. אמונתנו באל אישי היא הנותנת לתודותינו את הכוח ואת מרכז הכובד.

אין זה מקרה שבארצות הברית, שנוסדה בידי פוריטנים מעריצי התנ"ך, קיים בלוח השנה "חג ההודיה", המיועד להכרה בנוכחותו של אלוהים בהיסטוריה הלאומית. ב־3 באוקטובר 1863, בעיצומה של מלחמת האזרחים, פרסם הנשיא אברהם לינקולן הודעה על הפיכת חג ההודיה, שהיה עד אז בגדר מנהג, לחג לאומי. בדבריו הודה לאלוהים על כי גם בשעה שהאומה שרויה במלחמה עם עצמה ובשרה, עדיין היא מתברכת בדברים ששני הצדדים הלוחמים יכולים להודות עליהם: יבול מוצלח, היעדר פלישה של צבא זר, וכן הלאה. והוא המשיך:

> שום יועץ בשר ודם לא הגה את הדברים הללו, ושום יד בת תמותה לא הוציאתם אל הפועל. הם מתת חסדו של האל הנעלֶה מכל עליון, אשר גם בחמת זעמו על חטאינו משפיע עלינו מרחמיו... אני מזמין אפוא את עמיתיי האזרחים בכל חלקי ארצות הברית... לייחד ולשמור את יום חמישי האחרון של נובמבר הקרוב כיום של הודיה ושבח למיטיבנו, אבינו שבשמים. ואני ממליץ להם כי בשעה שיודו לאלוהינו כדין על כל הטובות והברכות ויפרטון אחת לאחת, יבקשו גם, מתוך חרטה שפלת רוח על מרי חטאתנו הלאומית, את רוך רחמיו על כל אלו שריב האזרחים הנורא שנקלענו אליו הפכם לאלמנות וליתומים, לאבלים ולמיוסרים, ויפצירו בו מכל לִבָּם כי ימהר וישלח את זרוע עוזו לרפא את פצעי האומה ולקוממה מעפר - כי חפץ הוא בשלום ובאחווה, ברגיעה ובאחדות.

לו נישאה הכרזה כזו בימינו - בישראל, או בארצות הברית, או בעצם בכל מדינה שהיא - אולי הייתה תורמת משהו לריפוי הפצעים המשסעים כיום את האומות. ההודיה חשובה לחבָרות כשם שהיא חשובה ליחידים. היא מגנה עלינו ממשקעיה

7. שם, עמ' 137.

של הטינה ומיהירותו של הכוח. היא מזכירה לנו כמה תלויים אנחנו באחרים, ובכוח העליון הגדול מכולנו. כמו ליחידים, כך גם לעמים: ההודיה חיונית לאושר ולבריאות.

ראה

הפוליטיקה של החופש

בפרשות הקודמת פרש משה את העקרונות הכלליים של הברית - ועתה, בפרשת ראה ובפרשות שיבואו אחריה, הוא פונה אל הפרטים. לסקירה הארוכה של המצוות שינחו את חיי ישראל בארצו יש מסגרת הפותחת וחותמת אותה: בחירה גורלית שהאומה עומדת בפניה. זה נוסח הדברים בתחילת פרשתנו:

> רְאֵה, אָנֹכִי נֹתֵן לִפְנֵיכֶם הַיּוֹם בְּרָכָה וּקְלָלָה. אֶת הַבְּרָכָה - אֲשֶׁר תִּשְׁמְעוּ אֶל מִצְוֹת ה' אֱלֹהֵיכֶם אֲשֶׁר אָנֹכִי מְצַוֶּה אֶתְכֶם הַיּוֹם. וְהַקְּלָלָה - אִם לֹא תִשְׁמְעוּ אֶל מִצְוֹת ה' אֱלֹהֵיכֶם, וְסַרְתֶּם מִן הַדֶּרֶךְ אֲשֶׁר אָנֹכִי מְצַוֶּה אֶתְכֶם הַיּוֹם, לָלֶכֶת אַחֲרֵי אֱלֹהִים אֲחֵרִים אֲשֶׁר לֹא יְדַעְתֶּם. (דברים יא, כו-כח)

והנה החיתום, לקראת סוף ספר דברים:

> רְאֵה, נָתַתִּי לְפָנֶיךָ הַיּוֹם אֶת הַחַיִּים וְאֶת הַטּוֹב וְאֶת הַמָּוֶת וְאֶת הָרָע... הַעִידֹתִי בָכֶם הַיּוֹם אֶת הַשָּׁמַיִם וְאֶת הָאָרֶץ: הַחַיִּים וְהַמָּוֶת נָתַתִּי לְפָנֶיךָ, הַבְּרָכָה וְהַקְּלָלָה - וּבָחַרְתָּ בַּחַיִּים, לְמַעַן תִּחְיֶה אַתָּה וְזַרְעֶךָ. (דברים ל, טו-יט)

הרמב"ם רואה בשתי הפרשיות הללו הוכחה לאמונתנו בבחירה חופשית,[1] וברור שהן אכן כאלו. אך יש בהן עוד משהו; הן גם הצהרות פוליטיות. הקשר בין החופש **האישי** (שעליו מדבר הרמב"ם) לבין הבחירה **הקולקטיבית** (שעליה מדבר משה) הוא זה: **אם בני האדם הם חופשיים, הם צריכים חברה חופשית שבתוכה יוכלו ליישם את החופש הזה.** ספר דברים הוא הניסיון הראשון בהיסטוריה להעמיד חברה חופשית.

1. **משנה תורה**, הלכות תשובה ה, ג.

חזונו של משה הוא חזון פוליטי מובהק - אבל בדרכו הייחודית. כאן הפוליטיקה איננה מרוץ אחר כוח, מערכת של הגנה על אינטרסים, או מכשיר למיצובם של מעמדות ושכבות. היא איננה כלי ביטוי לגאווה לאומית. אין בדבריו של משה תשוקה לתהילה, לכבוד, להתפשטות, לאימפריה. אין בה ולו שמץ של לאומנות במובנה המקובל. משה איננו אומר לבני עמו כמה הם כבירים. הוא אומר להם שהם היו קשי עורף, שהם חטאו, ושכישלונם האמוני בחטא המרגלים עלה להם בארבעים שנות המתנה לפני כניסתם לארץ. אילו היה משה מועמד בבחירות, הוא היה מפסיד. הוא איננו מנהיג מן הסוג הזה.

במקום כל זה, הוא קורא לעם לקבל על עצמו ענווה ואחריות. אנחנו - הוא בעצם אומר - אנחנו העם שאלוהים בחר בו לניסוי גדול. האם נוכל ליצור חברה שאיננה כמצרים, שאיננה אימפריה, שאיננה מחולקת לשולטים ונשלטים? האם נצליח לשמור אמונים לַיד העל־אנושית שהובילה את כולנו מיום שעמדתי לראשונה לפני פרעה ותבעתי ממנו חופש? אם אנחנו באמת מאמינים באלוהים - לא אלוהים כהפשטה פילוסופית, אלא אלוהים שקורותינו שורטטו בכתב ידו, אלוהים שנשבענו לו אמונים בהר סיני, אלוהים שהוא ריבוננו היחיד - כי אז בכוחנו לעשות גדולות ונצורות.

גדולות ונצורות לא במובן המקובל, אלא במובן המוסרי. מפני שאם כל הכוח, כל העושר וכל העוצמה שייכים לאלוהים, אין שום הצדקה שכוח, עושר או עוצמה יגרמו לפירוד בינינו. כולנו יקרים בעיני ה׳ באותה מידה. על כולנו הוא הטיל להאכיל את העניים ולאמץ אל קרבנו את היתום ואת האלמנה, את הלוי נטול הקרקע ואת הנוכרי, ולחלוק עמם את ימי שמחתנו ואת ימי המנוחה שלנו. נצטווינו ליצור חברה צודקת המוקירה את כבוד האדם ואת חירותו.

משה מדגיש שלושה עקרונות. ראשית, אנחנו חופשיים. הבחירה בידינו. ברכה או קללה? טוב או רע? אֱמונים או בגידה? אתם תחליטו, אומר משה. אין תקדים להטלת חירות קשה שכזו על אומה שלמה. קל לנו להבין שכפרטים אנו נדרשים להכרעות מוסריות. אדם וחווה נדרשו להן. כך גם קין. הבחירה טבועה באנושיותנו. אך שאנו נדרשים לכך כאומה - זהו חידוש. אין כאן שום תירוצים, אומר משה. עם ישראל לא יוכל להתמסכן ולומר - לא הייתה לנו בְּרֵרה / היינו מעטים / נוצחנו / זה קרה בגלל המנהיגים שלנו / האויב אשם. לא ולא, אומר משה. גורלכם בידכם.

ריבונות האל איננה מסלקת את אחריות האדם. אדרבה, היא מעמידה אותה במרכז. אם תהיו נאמנים לה׳, אומר משה, תגברו גם על אימפריות. ואם תפרו אמונים, דבר לא יושיע אתכם, גם לא כוח צבאי ובריתות מדיניות. אם תבגדו בייעודכם הייחודי, אם תעבדו את אלילי העמים שסביבכם, תיעשו דומים להם. גורלכם יהיה

כגורלה של כל אומה קטנה החיה בצלן של מעצמות־על. אל תאשימו באסונכם את זולתכם או את מזלכם. הבחירה היא רק שלכם - וכך גם האחריות.

שנית, לכולנו יש אחריות קולקטיבית. המימרה "כל ישראל ערבים זה בזה" נוסחה בידי חז"ל, אך מקורה בתורה. גם הדבר הזה הוא בעל משמעות רדיקלית. היהדות איננה מחזיקה בתיאוריה ההיסטוריוסופית של "האדם הגדול" המנווט את הקורות, במה שתומס קרלייל כינה "גיבורים ופולחן גיבורים". גורל עם ישראל תלוי במעשי עם ישראל, "כֹּל אִישׁ יִשְׂרָאֵל" - מ"רָאשֵׁיכֶם, שִׁבְטֵיכֶם, זִקְנֵיכֶם וְשֹׁטְרֵיכֶם" עד "חֹטֵב עֵצֶיךָ" ו"שֹׁאֵב מֵימֶיךָ" (דברים כט, ט-י). זהו מקור הביטוי האמריקני (שאין לו מקבילה באוצר המילים של הפוליטיקה הבריטית, למשל) "אנחנו, העם".

להבדיל מכל האומות בעולם העתיק, ומרוב האומות בימינו, אומת הברית לא האמינה שעתידה נקבע בידי מלכים, קיסרים, חצר מלוכה או אליטה שלטת. הוא נקבע על ידי כל אחד ואחת מאיתנו - כפועלים מוסריים האחראים במצטבר ל"טוב המשותף" של כולנו. לכך מכוון הפילוסוף מיכאל וולצר כאשר הוא מכנה את ישראל המקראית "כמעט דמוקרטיה".[2]

שלישית, זוהי פוליטיקה שאלוהים במרכזה. בעולם העתיק לא היה שֵׁם למשטר מסוג זה, ולכן טבע לו יוספוס פלביוס את השם "תיאוקרטיה". אלא שלאורך השנים הוטענה מילה זו במטען שלילי, והחלה לציין שלטון של ממסד דתי או כת כוהנים. לא כזו הייתה ישראל הקדומה. שוב עולה על הדעת ביטוי אמריקני: ישראל הייתה "אומה אחת תחת אלוהים". אם רצוננו במונח לועזי בן מילה אחת שיעשה צדק עם החזון המשטרי של ספר דברים, מונח זה לא יהיה "תיאוקרטיה" כי אם "**נומוקרטיה**": שלטון החוקים, להבדיל משלטונם של בני אדם.

ישראל המקראית היא המקרה הראשון בהיסטוריה של ניסיון לכונן חברה חופשית. לא חופשית במובן המודרני, כזו המקיימת את "חופש המצפון". מושג זה נולד במאה השבע־עשרה באירופה, שהייתה מצולקת ממאה שנות מלחמות דת בין קתולים לפרוטסטנטים. חופש המצפון הוא ניסיון לפתור בעיה מסוימת: כיצד יכולים אנשים בעלי אמונות דתיות שונות באופן ניכר (במקרה זה, אלו ואלו נוצְרים) לחיות יחד בשלום. אבל זו איננה הבעיה שישראל המקראית ביקשה לפתור.

ישראל המקראית ביקשה לפתור בעיה אחרת: **איך הופכים את החופש והאחריות לנחלת הכלל?** איך מגבילים את כוחם של השליטים להפוך את המוני העם לעבדים,

2. מיכאל וולצר, **בצלו של אלוהים: פוליטיקה במקרא**, עברית: יניב פרקש, ירושלים: כתר, תשע"ז.

לכוח אדם זול המנוצל לבניין בנייני פאר ולמסעות מלחמה אימפריאליים? צָדק ההיסטוריון בן המאה התשע־עשרה לורד אקטון כאשר טען כי בישראל המקראית נולד החופש במובן זה של המילה:

> המשטר של בני ישראל היה פדרציה, שהמֶלט המלכד אותה לא היה רָשות פוליטית כלשהי, אלא אחדות המוצא והאמונה, ואבן הבניין שלה לא הייתה כוח פיזי אלא ברית וולונטרית... כיסא המלך עמד על רגליים של הסכמה, ומהיושב עליו נשללה הזכות לחוקק חוקים לעם שהכיר במחוקק אחד בלבד: אלוהים... אנשים אשר רוח בהם, שקיימו שושלת בלתי פוסקת של נבואה נגד העושקים והרוצצים, טענו תמיד שהחוקים, שהם אלוהיים, גוברים על השליטים החוטאים... האומה העברית שִׂרטטה את קווי השורות שעליהם נכתבו מאז ואילך אותיות החופש.[3]

זהו רעיון מרהיב, סוחף ומאתגר. אם אלוהים הוא ריבוננו היחיד, כוחם של בני אדם הוא תמיד עקיף, מוגבל ונתון לתיחום מוסרי. היהודים היו הראשונים שהאמינו כי אומה שלמה יכולה למשול בעצמה מתוך חופש וכבוד לכול. הדבר אינו נוגע כלל למבני משטר (מונרכיה, אוליגרכיה, דמוקרטיה - היהודים ניסו את כולן), וכל עניינו הוא אחריות מוסרית קולקטיבית.

עם ישראל לא הצליח אף פעם להעפיל אל מלוא החזון הזה, אך מעולם לא חדל לשאת אליו את עיניו. גם אנו, כיום, בכלל זה. אלוהים נתן לנו חופש; הבה נשתמש בו ליצירת חברה צודקת, נדיבה ונעימה. אלוהים לא יעשה זאת בשבילנו, אך הוא לימד אותנו מה לעשות. וכבר לימדנו משה: הבחירה כולה בידינו.

3. Lord Acton, *Essays in the History of Liberty*, Indianapolis: Liberty Classics, 1985, pp. 7–8.

ראה

להגדיר את המציאות

משה אומר:

> רְאֵה, אָנֹכִי נֹתֵן לִפְנֵיכֶם הַיּוֹם בְּרָכָה וּקְלָלָה. אֶת הַבְּרָכָה - אֲשֶׁר תִּשְׁמְעוּ אֶל מִצְוֹת ה' אֱלֹהֵיכֶם אֲשֶׁר אָנֹכִי מְצַוֶּה אֶתְכֶם הַיּוֹם. וְהַקְּלָלָה - אִם לֹא תִשְׁמְעוּ אֶל מִצְוֹת ה' אֱלֹהֵיכֶם, וְסַרְתֶּם מִן הַדֶּרֶךְ אֲשֶׁר אָנֹכִי מְצַוֶּה אֶתְכֶם הַיּוֹם, לָלֶכֶת אַחֲרֵי אֱלֹהִים אֲחֵרִים אֲשֶׁר לֹא יְדַעְתֶּם. (דברים יא, כו-כח)

בדברים אלה הוא בעצם **מגדיר את המציאות** לדור הבא ולדורות כולם. הוא עושה זאת כהקדמה למה שהוא עתיד לומר בפרקים הבאים: פירוט שיטתי של מערכת המצוות היהודית, בכל תחומי החיים, לקראת התיישבותה של האומה בארצה. משה חושש שמרוב עצים העם לא יראה את היער. תרי"ג המצוות הן אכן מערכת מפורטת. מטרתה לקדש את כל היבטי החיים, מהרגלי השגרה עד למבנה החברה ומוסדותיה. היא מבקשת לעצב עולם חברתי שבו אנו הופכים כל חוויית חולין למפגש עם השכינה. לכן משה מקדים לפירוט את הכלל, את המסגרת - ומציב בחירה פשוטה בתכלית.

אנחנו עם ייחודי, הוא אומר לדור החדש. אנחנו אומה קטנה. אין לנו לא ריבוי האוכלוסין, לא העושר ולא הנשק המתוחכם שיש לאימפריות גדולות. אנחנו קטנים אפילו יותר מרוב האומות הקטנות שסביבנו. נכון לעכשיו, אפילו ארץ אין לנו. אבל אנחנו שונים, והשוני מגדיר אחת ולתמיד מי אנחנו ולָמה אנחנו. ה' בחר בנו להיות מְנָיוֹתיו בבורסת ההיסטוריה. הוא פדה אותנו מעבדות ואימץ אותנו בברית של שותפות.

הוא לא בחר בנו בזכות מעלותינו התרומיות. "לֹא בְצִדְקָתְךָ וּבְיֹשֶׁר לְבָבְךָ אַתָּה בָא לָרֶשֶׁת אֶת אַרְצָם" (דברים ט, ה). איננו צדיקים יותר מאחרים, אומר משה. נבחרנו משום שאבותינו - אברהם, יצחק, יעקב, שרה, רבקה, רחל ולאה - היו האנשים הראשונים שנענו לקריאתו של האל האחד ללכת אחריו, לעבוד לא את הטבע אלא

את בורא הטבע, להעריץ לא את הכוח אלא את החסד והרחמים, לבנות לא חברה מעמדית אלא חברה המכבדת את כל בניה במידה שווה ואשר שמה בראש מעייניה את האלמנה, היתום והגר.

אל תחשבו, אומר משה, שנוכל לשרוד כעם בין העמים העובד את אלוהיהם וחי את חייהם. אם כך נעשה, נהיה כפופים לחוקים האוניברסליים המושלים בחיי האומות מִשחר התרבות עד ימינו. אומות נולדות, צומחות, פורחות, ואז מתמסרות לשביעות רצון עצמית, שוקעות בשחיתות, מתפלגות, מובסות, ולבסוף גוועות אלי קבורה מכובדת יותר או פחות במוזיאונים ובספרי ההיסטוריה. עם ישראל קטן ופגיע, והגורל הזה יפקוד אותו בלי שיהוי רב. לכך קורא משה "הקללה".

החלופה פשוטה - אם גם תובענית ועמוסת פרטים. עניינה להעמיד את אלוהים כריבוננו, כשופט מעשינו, כמעצב חוקינו, כמוציא לפועל של חירותנו, כמגן ייעודנו וכמושא פולחננו ואהבתנו. אם נשתית את קיומנו על ישות כַּבירה לאין ערוך מאיתנו, נתרומם לגבהים שאחרת לא נגיע אליהם לעולם. אך לשם כך דרושה נאמנות מוחלטת לאלוהים ולמצוותיו. זו הדרך היחידה להינצל כאומה מרָקב, מקרָב ומקֶבר.

אין זה חזון פוריטני כלל ועיקר. שתיים ממילות המפתח בספר דברים הן אהבה ושמחה. כפי שציינו באחת מדרשותינו לפרשה הקודמת, השורש אה"ב מופיע פעמיים בספר שמות, פעמיים בספר ויקרא, אף לא פעם אחת בספר במדבר, ו־23 פעמים בספר דברים. השורש שמ"ח מופיע רק פעם אחת בכל חומש - לבד מחומש דברים, שהוא מופיע בו תריסר פעמים. משה איננו מצניע את העובדה שחיי הברית יהיו תובעניים. לא אהבה ולא שמחה יכולות לחול על חברה שלמה אם אין מתקיימים בה קודים של הגבלה עצמית ושל מחויבות לטוב המשותף.

משה יודע שאנשים חושבים ופועלים תכופות בדרכים של טווח קצר, ומבכרים את העונג של היום על פני האושר של מחר ואת הרווח האישי על טובת החברה כולה. הם עושים שטויות, כיחידים וכציבור. על כן, לאורך כל ספר דברים, הוא שב ומטעים כי הדרך לשגשוג ארוך טווח - ה"טוב", ה"ברכה", החיים עצמם - כל עניינה הכרעה פשוטה אחת: קבלו את ה' כריבונכם, עשו את רצונו, והברכות יבואו. ואם לא תעשו כן, מוקדם או מאוחר תיכבש ארצכם ואתם תיזָרו בין העמים ותדעו סבל העולה על כל דמיון. בזאת הגדיר משה את המציאות לבני ישראל בזמנו ובכל זמן.

משמעותם של מאורעות אף פעם איננה ניכרת מתוך עצמה. היא תמיד נתונה לפרשנות. לפעמים, מתוך פחז או פחד או קוצר ראות, מנהיגים שוגים בהבנתה. נוויל צ'מברליין הגדיר את האתגר לנוכח האיום הנאצי כהשגת "שלום בזמננו". צ'רצ'יל הוא שהבין את השגיאה והגדיר את האתגר האמתי, הגנת החירות מפני העריצות.

בזמנו של אברהם לינקולן היו בארצות הברית מתנגדים רבים לעבדות, כמו גם מצדדים רבים בה - אך לינקולן הוא שהגדיר את ביטול העבדות כצעד הנחוץ לשימור "האיחוד" (המדינות שלא פרשו מארצות הברית; מדינות "הצפון" במלחמת האזרחים). חזון גדול זה הוא שאפשר לו לומר, בנאום ההשבעה השני שלו: "בלי זדון כלפי איש ועם צדקה לכול, מתוך ביטחון בצדק באשר אלוהים נותן לנו לראות את הצדק, הבה נמשיך בדרכנו לסיים את מלאכתנו, לאחות את פצעי האומה...". הוא לא הסכים שביטול העבדות וקץ המלחמה ייתפסו כניצחון של צד אחד על השני, אלא הגדיר אותם כניצחון של האומה כולה.

בספרי על הדת והמדע, **השותפות הגדולה**,[1] הסברתי שיש הבדל בין **הסיבה** לתופעה כלשהי לבין **המשמעות** שלה. חיפוש סיבות הוא תכליתו של **הסבר**. חיפוש משמעות הוא תכליתה של **פרשנות**. המדע יכול להסביר, אבל לא לפרש. האם עשר מכות מצרים היו שרשרת של אירועים טבעיים, או עונש משמים, או שני הדברים גם יחד? אין שום ניסוי מדעי היכול לענות על שאלה זו. האם קריעת ים סוף הייתה התערבות אלוהית בהיסטוריה, או מקרה קיצוני של רוח מזרחית שחשפה גדה של נהר קדום ששקע? האם הייתה יציאת מצרים פעולה אלוהית של שחרור, או סדרה ממוזלת של מקרים שאפשרה לקבוצת עבדים להימלט? גם לאחר שכל ההסברים הסיבתיים ניתנים, נשארת האיכות הנסית - מאורע משַנה היסטוריה שחותם יד אלוהים ניכר בו. תרבות איננה טבע. בטבע יש רק סיבות; את המשמעויות נותנת התרבות לבדה. האדם מתייחד מבעלי החיים בהיותו יוצר תרבות ומחפש משמעות, ודבר זה משפיע על כל מה שאנו עושים.

ויקטור פרנקל, הפסיכותרפיסט ששרד מאושוויץ, הִרבה לומר שחיינו נקבעים לא על ידי מה שקורה לנו אלא על ידי אופן תגובתנו למה שקורה לנו - ואופן תגובתנו תלוי בַפירוש שאנו נותנים למאורעות. האם האסון שפקד אותי הוא לי סוף העולם, או שמא הוא הזדמנות לחלץ מעצמי משאבי גבורה ואצילות שלא הכרתי? נסיבות מסוימות עשויות להתפרש בצורה שונה בידי שני אנשים, באופן שיגרום לאחד מהם לומר נואש ולשני לאזור אומץ. העובדות זהות, המשמעויות מקוטבות. הפירוש שאנו נותנים למציאות משפיע על תגובתנו כלפיה, ותגובותינו הן המעצבות את חיינו - את חיי הפרט ואת חיי הציבור.

צדק אפוא מקס דה־פְּרִי, מנכ"ל חברת הריהוט האמריקנית "הרמן מילר"

1. יונתן זקס, **השותפות הגדולה: הדת, המדע והחיפוש אחר משמעות**, עברית: צור ארליך, ירושלים: מגיד, 2013, עמ' 3-23.

ומחברו של רב מכר על מנהיגות, באומרו כי "האחריות הראשונה של מנהיג היא להגדיר את המציאות".[2]

כל משפחה, קהילה וארגון חווים משברים וניסיונות. האם הם מובילים לוויכוחים ולהטחת האשמות - או שהקבוצה רואה אותם כיד ההשגחה, "ירידה שהיא צורך עלייה"? האם הקבוצה משלבת זרועות כדי להתמודד עם האתגר? הרבה, אולי הכול, תלוי באופן שהיא מגדירה בו את המציאות. דבר זה, בתורו, תלוי במנהיגות (או בהיעדרה) מתחילת הדרך עד למשבר. משפחות חזקות וקהילות חזקות מתאפיינות בכך שהאידיאלים שלהן ברורים להן, ולכן רוחות של תמורה אינן מערערות אותן.

משה היטיב לעשות זאת מכולם, כאשר שרטט את הבחירה: בין טוב לרע, בין חיים למוות, בין ברכה לקללה, בין הליכה בדרכי ה׳ לבין נְהִייה אחר אלילי נכר. בהירות זו מסבירה מדוע החתים, הכנענים, הפריזים והיבוסים אינם עוד, ואילו עם ישראל חי וקיים למרות כל חילופי הנסיבות שחווה בתולדותיו הארוכות.

מי אנחנו? איפה אנחנו? מה אנחנו מנסים להשיג? איזה סוג אנשים אנחנו שואפים להיות? אלו הן השאלות שמנהיגים עוזרים לקבוצה לשאול ולמצוא להן תשובה. וכאשר קבוצה עושה זאת יחד, היא מתברכת בחוסן ובעמידות שאין שני להם.

2. Max De Pree, *Leadership Is an Art*, New York: Doubleday, 1989.

ראה

מעשר שני לחברה חזקה

ישראל הקדומה של ימי המקרא הייתה חברה חקלאית. בהתאם לכך, בחרה התורה בחיים החקלאיים כמסגרת למימוש חזונה הדתי והחברתי. בחזון זה יש שלושה רכיבים יסודיים.

הראשון הוא הקלת העוני. מִטעמים רבים, התורה מאמצת את העקרונות הבסיסיים של מה שאנו מכנים כלכלת השוק. אלא שהשיטה הזו, המצטיינת ביצירת עושר, טובה פחות בחלוקתו ההוגנת. לכך מכוונת החקיקה החברתית של התורה; כלשונו של הנרי ג'ורג', "להניח את היסוד למדינה חברתית שלא יתקיימו בה עוני קשה ומחסור משפיל".[1]

זו מטרת המצוות המותירות חלקים מן היבול לעניים: לקט, שכחה ופאה. שיבולים שנשמטו, עומרים שנשכחו, ומה שגדל בפינת השדה. נוסף על כך, תנובת השנה השביעית היא הפקר, אינה שייכת לאף אחד ושייכת לכולם; ומעשר עני ניתן בשנים השלישית והשישית בכל מחזור שבע שנים. בשמיטה וביובל, אחת לשבע שנים ואחת לחמישים שנה, מתקיימות דרגות שונות של שמיטת חובות, שחרור עבדים והחזרת נחלות לבעליהן המקוריים, וכך מושבים חלקים נכבדים במשק אל נקודת ההתחלה ההוגנת יחסית. העיקרון הראשון הוא אפוא: אַל יגיע איש לידי עוני חמוּר.

העיקרון השני הוא תמיכה בכוהנים ובלוויים - והוא המכונן את מצוות התרומה הניתנת לכוהנים והמעשר הראשון הניתן ללוויים. הכוהנים והלוויים היו בישראל המקראית אליטה דתית, שתפקידה היה להבטיח כי בלב החיים הלאומיים תתקיים כראוי עבודת ה', בפרט במקדש. היו להם עוד תפקידים חשובים, כגון מורים ושופטים.

1. Henry George, *Moses, Apostle of Freedom: An Address*, Melbourne: Henry George Foundation, 1945.

העיקרון השלישי הוא אישי ורוחני יותר. מצוות כגון הבאת הביכורים לירושלים והעלייה לרגל בחגים פסח, שבועות וסוכות, המציינים בין היתר את עונות השנה החקלאית, מנחילות את ערכי הענווה והכרת הטוב. הן מלמדות את האדם שהארץ שייכת לאלוהים, ושאנחנו רק דייריו ואורחיו. הגשם, השמש והאדמה עצמה נותנים לנו תנובה רק בגלל ברכת ה׳. בלי תזכורות קבועות כגון אלו, חֲבָרות שוקעות, לאט אבל בטוח, לחומרנות ולשביעות רצון עצמית. שליטים ואליטות שוכחים שתפקידם לשרת את עמם, וסבורים שתפקיד העם לשרת אותם. כך, בשיא פריחתן של אומות, מתחילה בלי מֵשים שקיעתן.

דומה שכל העקרונות הללו אינם נוגעים למצווה אחת האמורה בפרשתנו, מצוות מַעֲשֵׂר שֵׁנִי, ומותירים אותה בלתי מובנת. כאמור, בשנה השלישית והשישית למחזור השמיטה ניתן מעשר לעני. אולם בשנים הראשונה, השנייה, הרביעית והחמישית נוהגת מצוות מעשר שני. מעשר זה אינו מיועד לעניים, וגם לא לכוהנים או ללוויים. האיכר לוקח אותו לירושלים ושם אוכל אותו בטהרה:

> וְאָכַלְתָּ לִפְנֵי ה׳ אֱלֹהֶיךָ בַּמָּקוֹם אֲשֶׁר יִבְחַר לְשַׁכֵּן שְׁמוֹ שָׁם מַעְשַׂר דְּגָנְךָ תִּירֹשְׁךָ וְיִצְהָרֶךָ וּבְכֹרֹת בְּקָרְךָ וְצֹאנֶךָ לְמַעַן תִּלְמַד לְיִרְאָה אֶת ה׳ אֱלֹהֶיךָ כָּל הַיָּמִים. (דברים יד, כג)

אם האיכר גר הרחק מירושלים, מוצעת לו חלופה:

> וְנָתַתָּה בַּכָּסֶף וְצַרְתָּ הַכֶּסֶף בְּיָדְךָ וְהָלַכְתָּ אֶל הַמָּקוֹם אֲשֶׁר יִבְחַר ה׳ אֱלֹהֶיךָ בּוֹ. וְנָתַתָּה הַכֶּסֶף בְּכֹל אֲשֶׁר תְּאַוֶּה נַפְשְׁךָ: בַּבָּקָר וּבַצֹּאן וּבַיַּיִן וּבַשֵּׁכָר וּבְכֹל אֲשֶׁר תִּשְׁאָלְךָ נַפְשֶׁךָ, וְאָכַלְתָּ שָּׁם לִפְנֵי ה׳ אֱלֹהֶיךָ וְשָׂמַחְתָּ אַתָּה וּבֵיתֶךָ. (שם, כה-כו)

הקושי ברור: המעשר השני לא ניתן לעניים, ולא לכוהנים, ועל כן הוא אינו שייך לעיקרון הראשון או השני. אולי השתייך לעיקרון השלישי, ונועד להזכיר לחקלאי שהארץ שייכת לאלוהים, אך גם אפשרות זו אינה נראית סבירה - כי להבדיל מהבאת הביכורים ומהעלייה לרגל, אכילת המעשר בירושלים אינה כרוכה בשום הצהרה או טקס דתי. לבד מעצם השהות בירושלים, דומה שלמוסד המעשר השני אין תוכן עיוני או רוחני. מה אפוא עומד מאחוריו?

חז״ל אמרו, על סמך המילים ״לְמַעַן תִּלְמַד לְיִרְאָה אֶת ה׳ אֱלֹהֶיךָ״, המופיעות בפסוק שציטטנו, שהמעשר השני נועד לעודד לימוד. האיכר השוהה בירושלים לצורך

אכילת המעשר או המזונות שנקנו בדמי פדיונו מושפע בינתיים מהאווירה של עיר הקודש שתושביה עסוקים בעבודת המקדש ובלימוד תורה.[2] דומה הדבר לקהילות בחו"ל בימינו המארגנות טיולי לימוד לישראל.

אולם לרמב"ם הסבר אחר:

> גם את מעשר שני הוא ציווה להוציא על מזון בלבד בירושלים, כדי שזה יעורר בהכרח למתן צדקה, שהרי אי אפשר להחליפו אלא באוכל, ויהיה קל לאדם להקנותו מעט מעט. זה מחייב להתכנס במקום אחד כדי שהאחווה והאהבה בין האנשים תתחזקנה מאוד.[3]

לדעת הרמב"ם, למעשר השני מטרה חברתית. הוא מחזק את החברה האזרחית. הוא יוצר קשרים וחברויות בין אנשים. הוא מעודד את הבאים לחלוק את ברכת יבולם עם הזולת. הוא גורם לְזָרים להיפגש זה עם זה ולהתיידד. בין עולי הרגל נוצרת אווירת אחווה. כך מתפתחות תחושות של אזרחות משותפת, של שייכות ושל זהות קיבוצית. דבר דומה אומר הרמב"ם על החגים עצמם:

> תועלתה של העלייה לרגל, טעמה ידוע: בגלל התחדשות התורה הנובעת מאותה התכנסות כתוצאה מן ההיפעלות והאחווה שבין האנשים.[4]

במילים אחרות, האווירה בירושלים בעת שעולי הרגל מתכנסים בה מעודדת מוכוונות ציבורית: התמקדות של היחידים בהיבט הציבורי של החיים, בטובת הכלל ובקשרים עם הזולת. הרמב"ם מוסיף ומסביר שם כי המזון נמצא בירושלים בעת העלייה לרגל בשפע, כי אנשים באים עם פירות נטע רבעי, עם מעשר בהמה, ועם תבואה, יין ושמן של מעשר שני. את כל אלה אי־אפשר למכור ואי־אפשר לשמור לשנה הבאה; הכמות הגדולה חייבת להיאכל, ועל כן הבריות חולקים אותה איש עם רעהו – ובפרט עם נזקקים, כפי שמפרטת התורה: "וְשָׂמַחְתָּ בְּחַגֶּךָ אַתָּה וּבִנְךָ וּבִתֶּךָ וְעַבְדְּךָ וַאֲמָתֶךָ וְהַלֵּוִי וְהַגֵּר וְהַיָּתוֹם וְהָאַלְמָנָה אֲשֶׁר בִּשְׁעָרֶיךָ" (דברים טז, יד).

2. ספרי על אתר. גרסה מורחבת של פירוש זה נמצאת ב**ספר החינוך**, מצווה שס. וראו גם תוספות, בבא בתרא כא ע"א, ד"ה "כי מציון".
3. **מורה הנבוכים**, ג, לט.
4. שם, מו.

בשנות השלושים של המאה התשע־עשרה, כאשר כתב ההוגה הצרפתי אלקסיס דה־טוקוויל על הדמוקרטיה בארצות הברית, הוא נוכח שעליו לטבוע מטבע לשון חדש לתופעה שנתקל בה שם, ושהייתה בעיניו אחת הסכנות הגלומות בחברה דמוקרטית. המונח שטבע היה **אינדיבידואליזם**. הוא הגדירו כ"רגש בוגר ושלֵו, המכַוון כל אזרח להינתק מכלל חבריו ולפרוש הצִדה עם משפחתו וידידיו, כדי שלאחר שייצור לו כך חוג קטן משלו יעזוב בחפץ לב את החברה לנפשה".[5] לדעתו, הדמוקרטיה מעודדת אינדיבידואליזם - והוא, בתורו, גורם לבריות להשאיר את ענייני הטוב המשותף לממשלה, שמתוך כך הולכת ומתחזקת במידה העלולה לאיים על החופש עצמו.

זו הייתה תובנה מבריקה. שתי דוגמאות מן הזמן האחרון ממחישות זאת. את הראשונה הציג הסוציולוג הדגול איש הארוורד רוברט פאטנם במחקרו על רשויות מקומיות באיטליה בשנות התשעים.[6] לאורך שנות השבעים הוקמו בכל האזורים באיטליה מוסדות שלטון מקומי במבנה זהה ובאותם תנאים - אך לאורך עשרים השנים הבאות חלק מהאזורים שגשגו, ואחרים קפאו על שמריהם; בחלק היו ממשל יעיל וצמיחה כלכלית, בעוד אחרים התבוססו בשחיתות ובהישגים ירודים. פאטנם מצא כי המפתח להבדלים בין אזור לאזור היה המידה שבה נמצא בו ציבור אזרחים פעיל, מעורב ובעל מודעות ציבורית.

הדוגמה השנייה מוכרת בשם "משחק הטרמפיסט" - ניסוי הבוחן מוכוונות ציבורית בתוך קבוצה. בחייה של חברה יש תמיד פוטנציאל להתנגשות בין האינטרס האישי לבין הטוב המשותף. במקרים רבים יש ליחיד פיתוי להשתמש במשאבים ציבוריים בלי לשאת בנטל המשותף; למשל, לנסוע בתחבורה ציבורית בלי לשלם. כאשר רבים בוחרים לעשות כך, האמון ההדדי בחברה נשחק והמוכוונות הציבורית שוקעת.

במשחק, כל משתתף מקבל עשרה דולרים ומוזמן לתרום לקופה משותפת; מוסכם כי הסכום שיצטבר בקופה יוכפל פי שלושה, למשל, והסכום שיתקבל יחולק בשווה בין השחקנים. כך, אם כל השחקנים יתרמו איש איש את כל עשרת הדולרים שלו, כל אחד מהם יקבל שלושים דולר. אולם אם יש, למשל, שישה שחקנים, יכול אחד מהם לעשות חשבון ולגלות שהוא יכול לא לתרום כלום, להניח לחמשת האחרים

5. אלקסיס דה־טוקוויל, **הדמוקרטיה באמריקה**, עברית: אהרן אמיר, ירושלים: הוצאת שלם, תשס"ח, כרך שני, חלק ב, פרק ב: "על האינדיבידואליזם בארצות דמוקרטיות", עמ' 537.

6. Robert D. Putnam, *Robert Leonardi and Raffaella Nanetti, Making Democracy Work: Civic Traditions in Modern Italy*, Princeton, N.J.: Princeton University Press, 1993.

לתרום את כל כספם, כך שבקופה ייאספו חמישים דולר שיהפכו ל־150 - ואז לקבל כמו כל אחד מהם שישית מהסכום, קרי 25 דולר, וליהנות נוסף על כך גם מעשרת הדולרים ששמר לעצמו.

כאשר זה קורה, ויש כמה סיבובים במשחק, השחקנים האחרים מבחינים מיד שלא כולם תורמים סכום שווה. חוסר ההוגנות הזה גורם להם להחליט בסיבוב הבא שגם הם יתרמו פחות. כך פוחת סך התרומות, וכולם מפסידים מכך כי הסכום המוכפל קטן. הקבוצה מפסידה, ושום יחיד אינו מרוויח. לעומת זאת, אם ניתנת לשחקנים אפשרות להעניש את הנצלן על חשבונם - למשל, אם נקבע שעל כל דולר שנתרם למטרת העונש ייקנס השחקן הנענש בשלושה דולרים - השחקנים נוטים להשתמש באפשרות הזו, אף שבטווח המיָדי היא עולה להם כסף. הטרמפיסט הנענש לומד לקח, חדל ממנהגו, ובסופו של דבר כולם מרוויחים.

בשעה שאני כותב את הדרשה הזו, כלכלת יוון עומדת על סף התמוטטות. לפני כמה שנים, ב־2008, ערך הכלכלן בנדיקט הרמן ניסוי השוואתי במשחק הטרמפיסט; הוא הריץ אותו בערים שונות ברחבי העולם, לראות אם יש הבדלים גיאוגרפיים ותרבותיים בהתנהגות השחקנים. ואכן, הוא מצא כי במקומות כגון בוסטון, קופנהגן, בון וסיאול התרומות מרצון לקופה המשותפת היו גבוהות; נמוכות הרבה יותר היו התרומות באיסטנבול, בריאד ובמינסק, מקומות שבהם הכלכלה מפותחת פחות. אך התרומות הנמוכות ביותר נרשמו באתונה. יתרה מכך, באתונה, אפילו כאשר השחקנים העניש את הנצלנים, הללו לא סרו מדרכם הרעה. הם העדיפו לנקום במענישים, ולהעניש אותם בחזרה. כשהמוכוונות הציבורית נמוכה, החברה אינה מצליחה להתלכד והכלכלה אינה מצליחה לצמוח.[7]

לכך בדיוק מכוונת התובנה המבריקה של הרמב"ם. מעשׂר שני נועד לייצר הון חברתי: לְרַשֵּׁת את החֶברה בעבותות של אמון ושל אלטרואיזם הדדי, באמצעות הכורח לחלק אוכל לזרים ברחובותיה ספוגי הקדושה של ירושלים. אהבת ה' עושה אותנו לאזרחים טובים יותר ולאנשים נדיבים יותר, וכך מחסנת אותנו מפני האינדיבידואליזם שתיאר דה־טוקוויל, זה המפורר את החברה הדמוקרטית עד חשש קריסה.

7. B. Herrmann, C. Thoni and S. Gachter, "Antisocial Punishment Across Societies," *Science* 319.5868 (2008), pp. 1362–1367.

שופטים

המלך לומד

פרשת שופטים היא המקור הקלסי למה שחכמינו כינו "שלושה כתרים": כתר כהונה, כתר מלוכה וכתר תורה.[1] זהו הביטוי הראשון בהיסטוריה לעקרון הפרדת הרשויות, שנוסח לראשונה בידי מונטסקייה בספרו **רוח החוקים** באמצע המאה השמונה־עשרה, ואשר נעשה בשלהי אותה מאה לאחד העקרונות המכוננים בחוקה האמריקנית.[2]

בזירה האנושית ראוי שהכוח יהיה מחולק ומבוזר, ולא מרוכז בידי אדם אחד או מוסד אחד. וכך, בישראל המקראית, היו מלכים, כוהנים ונביאים. למלכים היה הכוח החילוני, כוח הממשל. הכוהנים היו המנהיגים במרחב הדתי. הם ניהלו את עבודת הקודש במשכן ובמקדש, ופסקו הלכה בעניינים הנוגעים לקדושה ולטהרה. את הנביאים הסמיך ה׳ להשמיע ביקורת כאשר הכוח השחית את בעליו, ולהזכיר לבריות את ייעודם הדתי כשהם רחקו ממנו.

פרשתנו עוסקת בכל שלושת התפקידים הללו. אולם אין ספק שאת מרב תשומת הלב מושכת פרשת המלכים, ויש לכך סיבות רבות. ראשית, זו המצווה היחידה בתורה שמצוין בה כי כך עושים עמים אחרים: "כִּי תָבֹא אֶל הָאָרֶץ אֲשֶׁר ה׳ אֱלֹהֶיךָ נֹתֵן לָךְ וִירִשְׁתָּהּ וְיָשַׁבְתָּה בָּהּ, וְאָמַרְתָּ אָשִׂימָה עָלַי מֶלֶךְ כְּכָל הַגּוֹיִם אֲשֶׁר סְבִיבֹתָי..." (דברים יז, יד). בדרך כלל, בתורה בני ישראל מצווים להיות שונים מהעמים האחרים. עצם חריגותה של מצווה זו אותתה למפרשים לאורך הדורות כי יחסה של התורה למלוכה הוא דו־ערכי.

1. משנה, אבות ד, יג; רמב"ם, **משנה תורה**, הלכות תלמוד תורה ג, א.
2. החלוקה של מונטסקייה, ובעקבותיו זו שנוהגת ברוב המדינות הדמוקרטיות במערב, היא בין רשות מחוקקת, רשות מבצעת ורשות שופטת. ביהדות, עיקר החקיקה נעשית בידי אלוהים. למלכים ולחכמים יש סמכות לחקיקה משנית בלבד, כדי להבטיח את שמירת החוק והסדר ו"לעשות סייג לתורה". המלך הוא הרשות המבצעת, והכהונה, בזמן המקרא, הייתה הרשות השופטת. את "כתר תורה" ענדו אז הנביאים, והוא היה מוסד ייחודי: ביקורת חברתית מתוקף סמכות אלוהית – משימה שבעידן המודרני מבוצעת, לא תמיד בהצלחה, על ידי האינטלקטואלים הציבוריים. חסרים כיום נביאים. ואולי הם חָסרו תמיד.

שנית, הציווי הוא בעל אופי שלילי להפליא. הוא אומר לנו מה אסור למלך לעשות, ולא כל כך מה המלך צריך לעשות. אסור לו להרבות סוסים, אסור לו להרבות נשים, אסור לו להרבות כסף וזהב (יז, טז-יז). אלה הם פיתויים הבאים עם הכוח, וכפי שאנו יודעים מספרי התנ"ך הבאים, אפילו הגדולים שבמלכים, אפילו שלמה המלך בכבודו ובעצמו, לא היו חסינים מפניהם.

שלישית, על פי הרעיון היהודי הבסיסי שמנהיגות היא שירות - לא שררה, לא עוצמה, לא מעמד ולא עליונות - המלך מצווה להיות עניו: הוא צריך לקרוא בתורה "כָּל יְמֵי חַיָּיו - לְמַעַן יִלְמַד לְיִרְאָה אֶת ה' אֱלֹהָיו... לְבִלְתִּי רוּם לְבָבוֹ מֵאֶחָיו" (יז, יט-כ). הענווה אינה קלה למי שכולם סביבו משתחווים לו וחייהם ומותם נתונים בידיו.

זה מקור השונות הקיצונית בין המפרשים ביחסם למלוכה. הרמב"ם גורס שמינוי מלך הוא חובה, אבן עזרא טוען שזו רשות, אברבנאל סבור שזוהי התפשרות, ורבנו בחיי קובע שזה עונש - עמדה שהגיעה במקרה לידיעתו של המשורר ג'ון מילטון באחת התקופות הסוערות והאנטי־מלוכניות בהיסטוריה האנגלית.[3]

אולם ישנו, כאמור, ממד חיובי אחד ברור במצוות המלך, ממד חשוב במיוחד:

> וְהָיָה כְשִׁבְתּוֹ עַל כִּסֵּא מַמְלַכְתּוֹ וְכָתַב לוֹ אֶת מִשְׁנֵה הַתּוֹרָה הַזֹּאת עַל סֵפֶר מִלִּפְנֵי הַכֹּהֲנִים הַלְוִיִּם. וְהָיְתָה עִמּוֹ וְקָרָא בוֹ כָּל יְמֵי חַיָּיו, לְמַעַן יִלְמַד לְיִרְאָה אֶת ה' אֱלֹהָיו לִשְׁמֹר אֶת כָּל דִּבְרֵי הַתּוֹרָה הַזֹּאת וְאֶת הַחֻקִּים הָאֵלֶּה לַעֲשֹׂתָם, לְבִלְתִּי רוּם לְבָבוֹ מֵאֶחָיו וּלְבִלְתִּי סוּר מִן הַמִּצְוָה יָמִין וּשְׂמֹאול - לְמַעַן יַאֲרִיךְ יָמִים עַל מַמְלַכְתּוֹ הוּא וּבָנָיו בְּקֶרֶב יִשְׂרָאֵל. (יז, יח-כ)

ממשיכו של משה, יהושע, מצטווה ציווי דומה עם היכנסו לתפקידו:

> לֹא יָמוּשׁ סֵפֶר הַתּוֹרָה הַזֶּה מִפִּיךָ וְהָגִיתָ בּוֹ יוֹמָם וָלַיְלָה, לְמַעַן תִּשְׁמֹר לַעֲשׂוֹת כְּכָל הַכָּתוּב בּוֹ. כִּי אָז תַּצְלִיחַ אֶת דְּרָכֶךָ וְאָז תַּשְׂכִּיל. (יהושע א, ח)

מנהיגים לומדים. זהו העיקרון הנקבע כאן. נכון, יש להם יועצים, זקנים, סופרים וחכמי חצר. ונכון גם שלמלכי ישראל המקראית היו נביאים שהשמיעו באוזניהם את דבר ה': שמואל לשָאול, נתן לדָוִד, ישעיהו לחזקיהו וכן הלאה. אבל אלה שגורל האומה

3. ראו Eric Nelson, *The Hebrew Republic*, Cambridge, Mass.: Harvard University Press, 2010, pp. 41–42.

מוטל על שכמם אינם רשאים לגלגל מעליהם את מטלת החשיבה, הקריאה, הלמידה והזכירה. אין להם זכות לומר "אני עסוק בענייני המדינה. אין לי זמן לספרים". מנהיגי עם הספר צריכים להיות אנשי ספר.

גדולי המדינאים בעידן המודרני הבינו זאת, לפחות במונחים חילוניים. לוויליאם גלַדסטון, ששימש ראש ממשלת בריטניה למשך ארבע תקופות כהונה, הייתה ספרייה ובה 32 אלף כרכים. הוא תיעד ביומנו כל ספר שגמר לקרוא, ומתוך כך ידוע לנו שהוא גמע 22 אלף מן הכרכים הללו. בהנחה שהוא עשה זאת לאורך 80 שנה (מתוך 88 שנות חייו), הוא קרא 275 ספרים בשנה בממוצע; יותר מחמישה ספרים בשבוע. הוא גם כתב ספרים רבים על מגוון נושאים, מפוליטיקה דרך דת ועד ספרות יוון העתיקה, והמחקרים ששטח בספרים אלה היו מרשימים ביותר. הוא היה, למשל, הראשון שהבחין כי ליוונים הקדמונים לא הייתה תפיסת צבע כמו זו שלנו, וכי ביטויים תמוהים של צבע בשירת הומרוס, כגון תיאור הים כבעל צבע של יין, עניינם לא הגוון אלא מידת הכהות.[4] בנימין דיסראלי, אף הוא ראש ממשלת בריטניה, חיבר רומנים רבי מכר לפני שנכנס לפוליטיקה.

בקרו בביתו של דוד בן־גוריון בתל אביב ותגלו כי בעוד קומת הקרקע ספרטנית עד כדי צנע, הקומה הראשונה היא ספרייה אחת גדולה ובה עיתונים, כתבי עת ו־20 אלף ספרים. עוד 4,000 ספרים תוכלו לראות בארונות הצריף שלו בשדה בוקר. כמו גלדסטון, גם בן־גוריון היה קורא שאינו יודע שובעה ומחבר פורה. הקריאה והכתיבה הן אשר הופכות את הפוליטיקאי למדינאי.

מעטים מן המנהיגים בימינו הם מלומדים בסדר הגודל הזה. ברק אובמה יוצא דופן, שכן לפני שנעשה נשיא ארצות הברית היה עורך כתב העת לענייני משפטים של אוניברסיטת הארוורד וחיבר את האוטוביוגרפיה **חלומות מאבי** ואת מסתו הפוליטית שובת הלב "האומץ לקוות".

שני מלכיה הגדולים של ישראל הקדומה, דוד ושלמה, היו משוררים. דוד כתב את מזמורי תהלים, ושלמה, על פי המסורת, את שיר השירים, משלי וקהלת. מילת המפתח המקראית הנקשרת עם מלכים היא "חָכְמָה". שלמה התפרסם בחוכמתו במיוחד:

> וַיִּשְׁמְעוּ כָל יִשְׂרָאֵל אֶת הַמִּשְׁפָּט אֲשֶׁר שָׁפַט הַמֶּלֶךְ וַיִּרְאוּ מִפְּנֵי הַמֶּלֶךְ כִּי רָאוּ כִּי חָכְמַת אֱלֹהִים בְּקִרְבּוֹ לַעֲשׂוֹת מִשְׁפָּט. (מלכים א׳ ג, כח)

4. ראו על כך בהרחבה בספרו של גיא דויטשר, **בראי השפה: כיצד המילים צובעות את עולמנו**, עברית: עמרי אשר, תל אביב: חרגול ועם עובד, 2011, פרק ראשון, עמ׳ 35–50.

וַתֵּרֶב חָכְמַת שְׁלֹמֹה מֵחָכְמַת כָּל בְּנֵי קֶדֶם וּמִכֹּל חָכְמַת מִצְרָיִם... וַיָּבֹאוּ מִכָּל הָעַמִּים לִשְׁמֹעַ אֵת חָכְמַת שְׁלֹמֹה מֵאֵת כָּל מַלְכֵי הָאָרֶץ אֲשֶׁר שָׁמְעוּ אֶת חָכְמָתוֹ. (מלכים א׳ ה, י-יד)

וַתֵּרֶא מַלְכַּת שְׁבָא אֵת כָּל חָכְמַת שְׁלֹמֹה וְהַבַּיִת אֲשֶׁר בָּנָה... וְלֹא הָיָה בָהּ עוֹד רוּחַ, וַתֹּאמֶר אֶל הַמֶּלֶךְ: אֱמֶת הָיָה הַדָּבָר אֲשֶׁר שָׁמַעְתִּי בְּאַרְצִי עַל דְּבָרֶיךָ וְעַל חָכְמָתֶךָ. וְלֹא הֶאֱמַנְתִּי לַדְּבָרִים עַד אֲשֶׁר בָּאתִי וַתִּרְאֶינָה עֵינַי וְהִנֵּה לֹא הֻגַּד לִי הַחֵצִי הוֹסַפְתָּ חָכְמָה וָטוֹב אֶל הַשְּׁמוּעָה אֲשֶׁר שָׁמָעְתִּי... וְכָל הָאָרֶץ מְבַקְשִׁים אֶת פְּנֵי שְׁלֹמֹה לִשְׁמֹעַ אֶת חָכְמָתוֹ אֲשֶׁר נָתַן אֱלֹהִים בְּלִבּוֹ. (מלכים א׳ י, ד-כד)

"חָכְמָה" עניינה שונה מעט מ"תורה", הנקשרת בדרך כלל יותר עם כוהנים ונביאים ופחות עם מלכים. היא מציינת בעיקר את החוכמה האנושית, הארצית, האוניברסלית, ופחות מכך את המורשת היהודית הייחודית. המדרש אומר, "אם יאמר לך אדם יש חכמה בגויים, תאמין; יש תורה בגויים, אל תאמין".[5] במונחי זמננו, ובהכללה, אפשר לומר שהחוכמה היא המדעים והאמנויות, כל מה שמאפשר לנו לראות את העולם כמעשה ידי ה׳ ואת האדם כצלם אלוהים; ואילו התורה היא המוסר והמורשת הרוחנית הייחודיים לישראל.

המקרה של שלמה מכאיב במיוחד, מפני שלמרות כל חוכמתו, הוא לא חמק אף לא מאחד מן הפיתויים האמורים בפרשתנו: הוא הרבה לו סוסים, הוא נשא נשים רבות, והוא צבר כסף רב. חוכמה שאין עמה תורה לא תציל את המנהיג מההשחתה הבאה עם הכוח.

רק יחידי סגולה מקרבנו עתידים להיות מלכים, נשיאים וראשי ממשלה, אך בכל זאת ראוי לכולנו ללמוד את העיקרון הכללי הטמון בדברים. מנהיגים לומדים. הם קוראים. הם מקדישים זמן להתיידדות עם עולם הרעיונות. רק כך הם רוכשים את הפרספקטיבה המיוחדת שלהם, המאפשרת להם לראות רחוק ולראות שקוף. להיות מנהיג יהודי פירושו להקדיש זמן ללימוד חוכמה וללימוד תורה: חוכמה כדי להבין את העולם כפי שהוא, ותורה כדי להבין את העולם כפי שראוי שיהיה.

מנהיגים אינם חדלים לעולם מללמוד. על ידי כך הם צומחים ומלמדים אחרים לצמוח איתם.

5. איכה רבתי ב, יג.

שופטים

הנביא במבחן

משה מונה בפרשתנו את כל תפקידי ההנהגה הלאומית שיתרקמו לאחר מותו. לצד הכוהנים/השופטים והמלך, הוא מציין גם את הנביא:

נָבִיא מִקִּרְבְּךָ מֵאַחֶיךָ כָּמֹנִי יָקִים לְךָ ה' אֱלֹהֶיךָ אֵלָיו תִּשְׁמָעוּן. (דברים יח, טו)

משה מצהיר שהוא לא יהיה אחרון הנביאים. שיהיו לו ממשיכים. וכך אכן היה. מימי שמואל עד לימי בית שני, כל דור העמיד אנשים - ולעתים נשים - שהשמיעו את דבר ה' באומץ רב, ולא חששו לנזוף במלכים, להתרות בכוהנים, או לגעור בכל בני דורם על חוסר אמונה או ליקוי מוסרי.

אולם דבריו העלו גם שאלה מתבקשת: איך מבחינים בין נביא אמת לנביא שקר? להבדיל מן המלכים והכוהנים, סמכותם של הנביאים לא באה להם ממינוי רשמי. סמכותם הייתה נעוצה באישיותם, ביכולתם לתת קול לדבַר האלוהים, בהשראה שֶׁקָרנה מהם. אבל דווקא משום שלנביאים הייתה גישה בלעדית למילים שאחרים לא יכלו לשמוע, לחזיונות שאחרים לא יכלו לראות, התקיימה אפשרות ממשית של נביאי שקר - דוגמת נביאי הבעל בימי אחאב. סמכות כריזמטית, שלא כמו סמכות מוסדית, היא מערערת מטבעה. כיצד אפשר היה לוודא שנוכלים, או אפילו אנשים כנים אך מבולבלים, המסוגלים לחולל אותות ומופתים ולסחוף אחריהם אנשים בכוח הדיבור, לא יוליכו את העם בכיוון הלא נכון, תוך שהם מטעים את זולתם ואולי אפילו את עצמם?

לשאלה הזו יש כמה ממדים, ופרשתנו נוגעת באחד מהם: **יכולתו של הנביא לחזות את העתיד**. כך אומר זאת משה:

וְכִי תֹאמַר בִּלְבָבֶךָ: אֵיכָה נֵדַע אֶת הַדָּבָר אֲשֶׁר לֹא דִבְּרוֹ ה'? - אֲשֶׁר יְדַבֵּר הַנָּבִיא בְּשֵׁם ה' וְלֹא יִהְיֶה הַדָּבָר וְלֹא יָבוֹא, הוּא הַדָּבָר אֲשֶׁר לֹא דִבְּרוֹ ה'. בְּזָדוֹן דִּבְּרוֹ הַנָּבִיא. לֹא תָגוּר מִמֶּנּוּ. (דברים יח, כא-כב)

במבט ראשון, המבחן נראה פשוט: אם מה שהנביא חוזה שיקרה אכן קורה, הוא נביא אמת, והדבר שאמר הוא הדבר אשר דיברוֹ ה׳. אם לא - לא. אולם ברור שהדברים היו מסובכים יותר.

המקרה הקלסי הוא ספר יונה. ה׳ מצווה על יונה להתריע בפני תושבי נינווה כי רשעותם עומדת להביא עליהם פורענות קשה. יונה מנסה לברוח אך אינו מצליח - הסיפור המפורסם על הים, הסערה והדג הגדול. לבסוף הוא הולך לנינווה ומשמיע את המילים שה׳ ציווהו לומר - ״עוֹד אַרְבָּעִים יוֹם וְנִינְוֵה נֶהְפָּכֶת״. התושבים חוזרים בתשובה והעיר ניצלת. אולם יונה מאוכזב:

> וַיֵּרַע אֶל יוֹנָה רָעָה גְדוֹלָה וַיִּחַר לוֹ. וַיִּתְפַּלֵּל אֶל ה׳ וַיֹּאמַר: אָנָּה ה׳, הֲלוֹא זֶה דְבָרִי עַד הֱיוֹתִי עַל אַדְמָתִי? עַל כֵּן קִדַּמְתִּי לִבְרֹחַ תַּרְשִׁישָׁה, כִּי יָדַעְתִּי כִּי אַתָּה אֵל חַנּוּן וְרַחוּם אֶרֶךְ אַפַּיִם וְרַב חֶסֶד וְנִחָם עַל הָרָעָה. וְעַתָּה ה׳, קַח נָא אֶת נַפְשִׁי מִמֶּנִּי, כִּי טוֹב מוֹתִי מֵחַיָּי. (יונה ד, א–ג)

אפשר להבין את תואנתו של יונה בשתי דרכים. ראשית, ייתכן שהוא התמרמר על כך שה׳ סלח לאנשי נינווה. הרי כולם היו רשעים וראוי היה להם להיענש. מדוע החרטה ושינוי הלב פוטרים אותם מעונש על מה שהיה? ודרך הבנה שנייה: יונה מרגיש שהוא יצא טיפש. הוא אמר לבני נינווה שבעוד ארבעים יום העיר תיהפך. זה לא קרה. רחמי ה׳ על תושבי העיר הציגו את תחזיתו כהבל.

יונה שגה בהתמרמרותו. על פי ההבנה הראשונה, ברור ששגה. ואכן, ה׳ שואל אותו שאלה רטורית, החותמת את הספר: ״וַאֲנִי לֹא אָחוּס עַל נִינְוֵה הָעִיר הַגְּדוֹלָה?״ האם אינני אל רחום וחנון? האין זה ראוי שאסלח? אלא שכאן עולה השאלה השנייה, על התבדות נבואת הזעם של יונה. הרי משה מעמיד בפרשתנו את אמת המידה לזיהוי נבואת שקר: ״אֲשֶׁר יְדַבֵּר הַנָּבִיא בְּשֵׁם ה׳ וְלֹא יִהְיֶה הַדָּבָר וְלֹא יָבוֹא, הוּא הַדָּבָר אֲשֶׁר לֹא דִבְּרוֹ ה׳״. יונה הזהיר שהעיר תיהפך בעוד ארבעים יום. העיר נשארה על מכונהּ. ובכל זאת, יונה דיבר את הדבר שדיבר ה׳! איך זה ייתכן?

התשובה נמצאת בספר ירמיהו. ירמיהו ניבא אסון לאומי. העם, אמר, סטה מדרך ה׳, והתוצאה תהיה חורבן וגלות. זה היה כמובן מסר קשה ומדכדך, שלא נעים לשמוע כלל. והנה קם נביא שקר, חנניה בן עזור, והשמיע מסר הפוך. בבל, אויבתה של יהודה, תינגף בקרוב. בעוד שנתיים יוסר עולו של נבוכדנצר מלך בבל מצוואָרם של העמים. ירמיהו ידע שאין זה נכון, ושחנניה מספר לעם את מה שהוא

רוצה לשמוע במקום את מה שהוא **צריך** לשמוע. הוא פנה אל חנניה "לְעֵינֵי הַכֹּהֲנִים וּלְעֵינֵי כָל הָעָם הָעֹמְדִים בְּבֵית ה׳", ואמר לו כך:

> אָמֵן, כֵּן יַעֲשֶׂה ה׳! יָקֵם ה׳ אֶת דְּבָרֶיךָ אֲשֶׁר נִבֵּאתָ, לְהָשִׁיב כְּלֵי בֵית ה׳ וְכָל הַגּוֹלָה מִבָּבֶל אֶל הַמָּקוֹם הַזֶּה. אַךְ שְׁמַע נָא הַדָּבָר הַזֶּה אֲשֶׁר אָנֹכִי דֹּבֵר בְּאָזְנֶיךָ וּבְאָזְנֵי כָּל הָעָם: הַנְּבִיאִים אֲשֶׁר הָיוּ לְפָנַי וּלְפָנֶיךָ מִן הָעוֹלָם, וַיִּנָּבְאוּ אֶל אֲרָצוֹת רַבּוֹת וְעַל מַמְלָכוֹת גְּדֹלוֹת לְמִלְחָמָה וּלְרָעָה וּלְדָבֶר. [ולעומת זאת] הַנָּבִיא אֲשֶׁר יִנָּבֵא לְשָׁלוֹם בְּבֹא דְּבַר הַנָּבִיא יִוָּדַע הַנָּבִיא אֲשֶׁר שְׁלָחוֹ ה׳ בֶּאֱמֶת. (ירמיהו כח, ה–ט)

ירמיהו עורך הבחנה יסודית בין חדשות טובות לחדשות רעות. קל לנבא אסון. אם הנבואה התגשמה, ברור שדיברת אמת; ואם האסון לא קרה, תמיד תוכל לומר: ה׳ סלח וחזר בו. נבואה שלילית איננה ניתנת להפרכה – אך נבואה חיובית כן. אם הטוב שנחזה אכן מתרחש, ברור שהנבואה אמת. אבל אם לא, אי־אפשר לומר "ה׳ שינה את דעתו", משום שה׳ לעולם אינו חוזר בו מהבטחה לטוב, לשלום או לשִיבה.

רק נביא החוזה טוב יכול אפוא להיבחן. על כן שגה יונה כשחשב שנכשל כאשר חזה רעה והרעה לא באה. ובלשונו של הרמב"ם:

> דברי הפורענות שהנביא אומר, כגון שיאמר פלוני ימות או שנה פלונית שנת רעב או מלחמה וכיוצא בדברים אלו – אם לא עמדו דבריו, אין בזה הכחשה לנבואתו; ואין אומרין הנה דבר דיברת ולא בא. שהקדוש ברוך הוא "אֶרֶךְ אַפַּיִם וְרַב חֶסֶד וְנִחָם עַל הָרָעָה" (יואל ב, יג; יונה ה, ב); ואפשר שעשו תשובה ונסלח להם כאנשי נינווה, או שֶתלה להם כחזקיה. אבל אם הבטיח על טובה ואמר שיהיה כך וכך, ולא באה הטובה שאמר – בידוע שהוא נביא שקר. שכל דבר טובה שיגזור האל, אפילו על תנאי – אינו חוזר. הא למדת, שבדברי הטובה בלבד ייבחן הנביא.[1]

עולות מכאן מסקנות שהן עקרונות יסוד. ראשית, נביא איננו אוראקל. נבואה איננה תחזית. היהדות מאמינה ברצון חופשי, ולכן עתידם של בני אדם אינו ניתן לחיזוי ודאי. בני אדם מסוגלים לשינוי. ה׳ סולח. כמאמרנו בתפילת הימים הנוראים, "ותשובה ותפילה וצדקה מעבירין את רוע הגזֵרה". אין גזֵרה שאי־אפשר להשיבה. נביא איננו

1. **משנה תורה**, הלכות יסודי התורה י, ד.

חוזה עתידות. הוא **מתריע**. הוא מתנבא לא כדי לחזות אסונות עתידיים, אלא כדי למנוע אותם. תחזית מצליחה כשהיא מתגשמת. נבואה מצליחה כשהיא מתבדה.

המסקנה השנייה מרחיקת לכת לא פחות. מבחנה האמתי של נבואה מתקיים כאשר היא מבשרת טובות, לא רעות. פורענויות, חורבנות ואסונות אינם מוכיחים דבר. כל אדם יכול לחזות אותם בלי לסכן לא את סמכותו ולא את המוניטין שלו. רק בהתגשמות חזונו החיובי ייבחן הנביא. כך היה בנביאי ישראל. הם היו ריאליסטים, לא אופטימיסטים. הם הזהירו מפני הסכנות הנשקפות, אך כולם, בלי יוצא מן הכלל, גם היו סוכנים של תקווה. הם ידעו להביט אל מעבר לפורענות, אל הנחמה. זהו מבחנו של נביא אמת.

שופטים

אחריות סביבתית

יש בתורה מצוות שחכמים הבינו באופן כה צר, עד שהן נעשו כמעט בלתי ישימות. דוגמה אחת לכך היא עיר הנידחת, העיר שהודחה לעבודת אלילים, שהתורה קובעת לגביה "הַכֵּה תַכֶּה אֶת יֹשְׁבֵי הָעִיר הַהִוא לְפִי חָרֶב" (דברים יג, טז). דוגמה נוספת היא בן סורר ומורה, הבן המרדן, הזולל והסובא שהוריו מביאים אותו אל בית הדין, ואם הוא נמצא אשם הוא מוצא להורג (דברים כא, יח-כא).

בשני המקרים הללו, היו מן החכמים שהטילו על הדין סייגים רבים כל כך עד שאמרו כי "לא היה ולא עתיד להיות" מקרה שהוא יוחל בו.[1] על עיר הנידחת אמר רבי אליעזר שאפילו אם יש בה מזוזה אחת בלבד, די בכך כדי שתיפטר מן העונש.[2] על בן סורר ומורה לימד רבי יהודה שאם קולותיהם של אביו ושל אמו אינם זהים, הדין לא חל עליו.[3] על פי פירושים אלה, שתי המצוות לא נועדו להתקיים למעשה, אלא ניתנו רק שנדרוש בהן ונקבל שכר לימוד תורה.[4] תפקידן הוא רק חינוכי, לא משפטי.

מנגד, יש מצוות המתגלות בידי חז"ל כרחבות הרבה יותר מכפי שהן נראות במבט ראשון. דוגמה מצוינת לכך נמצאת בפרשת השבוע. היא חלק מדיני המצור במלחמה. התורה מצַווה:

> כִּי תָצוּר אֶל עִיר יָמִים רַבִּים לְהִלָּחֵם עָלֶיהָ לְתָפְשָׂהּ, לֹא תַשְׁחִית אֶת עֵצָהּ לִנְדֹּחַ עָלָיו גַּרְזֶן, כִּי מִמֶּנּוּ תֹאכֵל. וְאֹתוֹ לֹא תִכְרֹת. כִּי הָאָדָם עֵץ הַשָּׂדֶה לָבֹא מִפָּנֶיךָ בַּמָּצוֹר? רַק עֵץ אֲשֶׁר תֵּדַע כִּי לֹא עֵץ מַאֲכָל הוּא, אֹתוֹ תַשְׁחִית וְכָרָתָּ וּבָנִיתָ מָצוֹר עַל הָעִיר אֲשֶׁר הִוא עֹשָׂה עִמְּךָ מִלְחָמָה עַד רִדְתָּהּ. (דברים כ, יט-כ)

1. סנהדרין עא ע"א.
2. שם.
3. משנה, סנהדרין ח, ד.
4. תוספתא, סנהדרין יא, ו; יד, א.

האיסור להשחית עצי פרי ידוע בכינוי "בל תשחית". לכאורה הוא נקודתי מאוד. הוא רק אוסר להפעיל מדיניות של "אדמה חרוכה" במלחמה. לא נראה שהוא נוגע לימי שלום. אולם חז"ל הבינו אותו כדין רחב הרבה יותר, הנוגע לכל מעשה של הרס בלתי נחוץ. הרמב"ם מנסח זאת כך: "ולא האילנות בלבד, אלא כל המשַׁבֵּר כלים, וקורע בגדים, והורס בניין, וסותם מעיין, ומאבד מאכלות דרך השחתה - עובר ב'לֹא תַשְׁחִית'".[5] זהו הבסיס ההלכתי לאתיקה של האחריות הסביבתית.

מדוע מצרה התורה שבעל־פה (או לפחות כמה מחכמיה) את תחומן של מצוות מסוימות, ומרחיבה את תחומן של אחרות? התשובה הקצרה היא: איננו יודעים. ספרות חז"ל אינה מספרת לנו. אבל אפשר להעלות השערות. פוסק המבקש לפרש דין מסוים ישאף לעשות זאת בדרך העולה בקנה אחד עם התורה כמכלול. אם נראה כי דין מסוים מתנגש עם עקרון יסוד הלכתי, הוא יובן (לפחות בידי חלק מן הפוסקים) באופן מוגבל. אם הוא מעצים עקרון יסוד הלכתי, הוא יובן בצורה מורחבת.

דין עיר הנידחת, זו שכל תושביה נידונים למוות כאיש אחד, מתנגש לכאורה עם עקרון הצדק האישי. כאשר עמדה סדום בפני חורבן בגלל חטאי תושביה, אברהם התווכח עם אלוהים וטען שאפילו אם יימצאו בעיר עשרה חפים מפשע החרבת העיר תהיה עוול: "הֲשֹׁפֵט כָּל הָאָרֶץ לֹא יַעֲשֶׂה מִשְׁפָּט?"

את דין בן סורר ומורה מסביר רבי יוסי הגלילי על פי העיקרון "נידון על פי סופו". הנער התחיל בגנבה, ועל פי התנהגותו סביר להניח שיידרדר לאלימות ולרצח. לכן "אמרה תורה ימות זכאי ואל ימות חייב".[6] זוהי ענישה מניעתית. הילד נענש פחות על מה שעשה ויותר על מה שהוא עלול לעשות בהמשך. רבי שמעון בר יוחאי, שאמר שדין בן סורר ומורה לא התקיים מעולם, סבר אולי שעקרון היסוד ההלכתי הפוך: שאדם נידון רק על מה שעשה, לא על מה שיעשה. ענישת תגמול היא צדק; ענישה הרתעתית - לא.

נחזור ונאמר: מדובר בהשערה. ייתכנו סיבות אחרות. אולם הגיוני לשער שחכמינו שאפו ליצור התאמה מרבית בין פסיקות ההלכה שלהם לבין מערכת הערכים ההלכתית כפי שהם הבינוה. על פי השערה זו, דין עיר הנידחת נועד ללמדנו שכאשר עבודה זרה בפומבי מתקבלת בהסכמה, היא מידבקת - כפי שאכן ראינו אצל מלכי ישראל. דין בן סורר ומורה נועד ללמדנו מה חלקלק הוא המדרון מעבריינות נוער לפשיעת מבוגרים. חוקים קיימים לא רק כדי להסדיר, אלא גם כדי לחנך.

5. **משנה תורה**, הלכות מלכים ומלחמותיהם ו, י.
6. משנה, סנהדרין ח, ה.

לעומת דינים אלה, דין בל תשחית מתאים בבירור לעקרונות הלכתיים ומחשבתיים ידועים. התורה דואגת למה שמכונה היום "קיימות". ביטוי בולט יש לכך בשלוש מצוות הנוגעות למנוחה תקופתית: שבת, שמיטה ויובל. בשבת אסורה כל עבודה חקלאית, "לְמַעַן יָנוּחַ שׁוֹרְךָ וַחֲמֹרֶךָ" (שמות כג, יב). היא שמה גבול להתערבותנו בטבע ולמרוץ הצמיחה הכלכלית. אנו נעשים מודעים לכך שאנחנו יצירי כפיו של ה', ולא רק יוצרים בעצמנו. האדמה איננה שלנו אלא של ה'. היא נמסרת לנו לשישה ימים, אך ביום השביעי אנו מוותרים על כוחנו. אסור לנו לעשות כל "מלאכה", משמע כל מעשה המשנה את מצבו של דבר־מה למטרות אנושיות. השבת היא תזכורת שבועית לשלמותו של הטבע ולגבולות השאפתנות האנושית.

מה שהשבת עושה לבני האדם ולבעלי החיים עושים השמיטה והיובל לארץ. גם האדמה זכאית למנוחה תקופתית. התורה מזהירה שאם בני ישראל לא ישמרו את השמיטה, הם יגלו מהארץ: "אָז תִּרְצֶה הָאָרֶץ אֶת שַׁבְּתֹתֶיהָ כֹּל יְמֵי הֳשַׁמָּה וְאַתֶּם בְּאֶרֶץ אֹיְבֵיכֶם; אָז תִּשְׁבַּת הָאָרֶץ וְהִרְצָת אֶת שַׁבְּתֹתֶיהָ. כָּל יְמֵי הָשַּׁמָּה תִּשְׁבֹּת אֵת אֲשֶׁר לֹא שָׁבְתָה בְּשַׁבְּתֹתֵיכֶם בְּשִׁבְתְּכֶם עָלֶיהָ" (ויקרא כו, לד–לה). שני טעמים למצווה. האחד הוא סביבתי. כפי שמציין הרמב"ם, ניצול יתר של קרקע גורם לשחיקתה ולאבדן פוריותה. בני ישראל נצטוו אפוא לשמר את אדמתם על ידי הרפיה מחזורית: לוותר על רווח קְצַר טווח למען תועלת ארוכת ימים.[7] הטעם השני, החשוב לא פחות, הוא אמוני. "כִּי לִי הָאָרֶץ", אומר ה', "כִּי גֵרִים וְתוֹשָׁבִים אַתֶּם עִמָּדִי" (ויקרא כה, כג). אנחנו אורחים על פני האדמה הזו.

קבוצה נוספת של מצוות מכוונת נגד התערבות מוגזמת בטבע. התורה אוסרת להכליא בהמות, לזרוע את השדה בתערובת זרעים וללבוש בגד שמעורבים בו צמר ופשתים יחדיו. איסורים אלה קרויים "חוקים".[8] על פי הבנתו של הרמב"ן, מונח זה מכוון **למצוות שנועדו לכבד את שלמותו של הטבע**. לערבב מינים שונים, טען, פירושו לחשוב שאנו יכולים לשפר את הבריאה, וזהו עלבון לבורא עולם. לכל מין יש דרכי התפתחות ורבייה משלו, ואי־אפשר לערבבם. "והמרכיב שני מינין מְשַׁנֶּה ומכחיש במעשה בראשית, כאילו יחשוב שלא השלים הקב"ה בעולמו כל הצורך ויחפוץ הוא לעזור בבריאתו של עולם להוסיף בו בריות".[9] את אותו טעם, הגנת המינים הקיימים, מייחס הרמב"ן גם למצוות שילוח הקן שבספר דברים – החובה

7. **מורה הנבוכים**, ג, לט.
8. הרחבנו בעניינם בספר זה בדרשתנו לפרשת חוקת "מלחמה במרתפי התודעה".
9. רמב"ן לויקרא יט, יט.

לשחרר ציפור כאשר לוקחים את גוזליה. אמנם התורה מתירה לאכול מינים מסוימים של חיות, אך היא דואגת שלא נביא מינים אלה לידי הכחדה.

הסבריו של הרש"ר הירש, בן המאה התשע־עשרה, לטעמי המצוות, הם מן המשכנעים שניתנו אי־פעם. על החוקים הקשורים להגנת הסביבה הוא אומר כי הם מבטאים דרישה כי "כמו עִם האדם כן תתנהג עם כל יצור ממך ולמטה; מהאדמה אשר תישא הכול, עד הצמחים ומפלגת בעלי החיים". זהו סוג של צדק חברתי המוּחל על עולם הטבע: "המה ידרשו ממך: כבד היצורים בהיותם קניין ה', אל תשחית דבר מהם! אל תרע ואל תצר למו! אל תעשה בם כלה! השתמש בכל דבר בהשכל ודעת. ... כבד את הברואים בהיותם עבדים במערכת הבריאה".[10]

הרש"ר הירש נתן גם פירוש חדש לפסוק מפרק א בספר בראשית "וַיֹּאמֶר אֱלֹהִים: נַעֲשֶׂה אָדָם בְּצַלְמֵנוּ כִּדְמוּתֵנוּ" (א, כו). מה פשר לשון הרבים? עם מי מתייעץ פה אלוהים? הרי האדם עוד איננו קיים, ומי חוץ מן האדם עשוי בצלמו של אלוהים וכדמותו? הרש"ר הירש משיב שהכוונה היא לשאר הברואים. היות שהאדם לבדו עתיד לפתח את היכולת לשנות את עולם הטבע, ואולי גם להעמידו בסכנה, מצא הקב"ה לנכון להתייעץ עם הטבע ולקבל את הסכמתו למהלך. משתמע מכך צו התנהגותי לאדם: הוא יכול להשתמש בטבע רק בדרכים שיחזקו אותו. אם ינצל את הטבע באופן שיסכן אותו, זו תהיה חריגה מכתב הסמכות שלנו כמנהלי משק הבית של כוכב הלכת ארץ.

בהקשר זה חשוב במיוחד פסוק מן הפרק הבא בספר בראשית, פרק ב. האדם הוצב בגן עדן "לְעָבְדָהּ וּלְשָׁמְרָהּ" (ב, טו). לְעובדה, משמע לא להיות רק אדונה, אלא גם להיות עַבדהּ ומשָׁרתה. ולשומרה – להיות השומר שלה; אותו ביטוי המציין בתורה את מי שמופקד על הגנת רכוש שאינו שייך לו. השומר חייב להיות ערני, ועלול להיענש על רשלנות. עובד ושומר – זוהי אולי ההגדרה הקצרה המוצלחת ביותר של גישת התורה לאחריות האדם כלפי הטבע.

שלטונו של האדם על הטבע מוגבל אפוא בידי הדרישות לעובדו ולשומרו. הסיפור המפורסם המופיע מיד לאחר פסוק זה, סיפור האכילה מעץ הדעת והגירוש מגן עדן, מבטא אף הוא את הרעיון. לא כל מה שאפשרי מותר. ואם נחצה את הגבולות יקרה אסון. את הדברים מתמצת מדרש פשוט: "בשעה שברא הקדוש ברוך הוא את אדם הראשון, נטלו והחזירו על כל אילני גן עדן, ואמר לו: ראה מעשיי כמה נאים

10. רש"ר הירש, **אגרות צפון**, עברית: שמואל אהרנזאהן, וילנה: 1890, המכתב העשתי עשר, עמ' 150.

ומשובחין הן, וכל מה שבראתי בשבילך בראתי. תן דעתך שלא תקלקל ותחריב את עולמי, שאם קלקלת אין מי שיתקן אחריך".[11]

כיום ידועות לנו הרבה יותר מבעבר הסכנות הסביבתיות הכרוכות במרוץ חסר רסן אחר רווח כלכלי. גישתה המרחיבה של התורה שבעל־פה לאיסור "בל תשחית" צריכה להיות כיום נר לרגלנו. עלינו להרחיב את אופקי האחריות הסביבתית שלנו, למען הדורות שטרם נולדו, ולמען שמו של הבורא שאנו אורחיו על פני האדמה.

11. קהלת רבה ז, יג.

כי תצא

לא על האהבה לבדה

פרשתנו עמוסה במצוות, ואחת מהן מעניינת במיוחד. הנה היא:

> כִּי תִהְיֶיןָ לְאִישׁ שְׁתֵּי נָשִׁים, הָאַחַת אֲהוּבָה וְהָאַחַת שְׂנוּאָה, וְיָלְדוּ לוֹ בָנִים הָאֲהוּבָה וְהַשְּׂנוּאָה, וְהָיָה הַבֵּן הַבְּכוֹר לַשְּׂנִיאָה - וְהָיָה בְּיוֹם הַנְחִילוֹ אֶת בָּנָיו אֵת אֲשֶׁר יִהְיֶה לוֹ לֹא יוּכַל לְבַכֵּר אֶת בֶּן הָאֲהוּבָה עַל פְּנֵי בֶן הַשְּׂנוּאָה הַבְּכֹר; כִּי אֶת הַבְּכֹר בֶּן הַשְּׂנוּאָה יַכִּיר לָתֶת לוֹ פִּי שְׁנַיִם בְּכֹל אֲשֶׁר יִמָּצֵא לוֹ; כִּי הוּא רֵאשִׁית אֹנוֹ, לוֹ מִשְׁפַּט הַבְּכֹרָה. (דברים כא, טו-יז)

ההיגיון בדין זה ברור. בישראל הקדומה, הבכור זכה בנתח כפול מן הירושה.[1] דין זה משמיענו שהדבר אינו נתון לשיקול דעתו של האב. האב אינו יכול להחליט להעביר את זכות היתר הזו לבן אחר. ובפרט אסור לו לעשות זאת מתוך העדפה כלפי בנה של הרעיה שהוא אוהב יותר.

שלוש המצוות הפותחות את הפרשה - "אשת יפת תואר" שנשבתה במלחמה, דין הירושה שהזכרנו לעיל, ודין "בן סורר ומורה" - עוסקות כולן בקלקולים במשפחה. חז"ל אמרו שהן ניתנו בסדר זה כדי לרמוז שאדם הלוקח לו לאישה שבוית מלחמה יסבול מסכסוכים בתוך המשפחה, והתוצאה תהיה בן עבריין.[2] הנישואים הם בעיני היהדות אבן היסוד של החברה. קלקולים בחיי הנישואים יובילו לקלקולים בכל מקום.

עד כאן הכול ברור. הבעיה היא שדין בן האהובה ובן השנואה עומד לכאורה בניגוד חד לאחד הסיפורים המרכזיים בתורה - סיפור יעקב ושתי נשיו, לאה ורחל. התורה עצמה טורחת להדגיש זאת בשותלה רמזים לשוניים עבים כפיל הקושרים בין

1. הדבר משתמע כבר בסיפור יעקב, ראובן ויוסף. על כך ראו להלן. חז"ל הסיקו זאת גם מסיפור בנות צלפחד. ראו במדבר כז, ז ובבא בתרא קיח ע"ב.
2. סנהדרין קז ע"א.

הסיפור שבספר בראשית לבין המצווה שבספר דברים. אחד הרמזים הללו הוא צמד ההפכים "אהובה" ו"שנואה" החוזר ונשנה במצווה שלנו: במילים אלו עצמן מתאר הכתוב בספר בראשית את לאה ורחל.

כזכור, יעקב שברח אל בית דודו לָבָן התאהב בבתו הצעירה רחל, ועל פי דרישת לבן עבד שבע שנים כדי לקבל את ידה - אך בליל הכלולות החליפהּ לבן בלאה. כשהתלונן יעקב "מַה זֹּאת עָשִׂיתָ לִּי? הֲלֹא בְרָחֵל עָבַדְתִּי עִמָּךְ, וְלָמָּה רִמִּיתָנִי?", ענה לו לבן באירוניה עוקצנית, המרמזת למעשיו של יעקב עצמו עם עשו אחיו: "לֹא יֵעָשֶׂה כֵן בִּמְקוֹמֵנוּ לָתֵת הַצְּעִירָה לִפְנֵי הַבְּכִירָה" (בראשית כט, כה-כו). יעקב נאלץ להסכים לעבוד שבע שנים נוספות תמורת רחל.

החתונה השנייה התקיימה רק שבוע אחרי הראשונה. ואז מספר הכתוב: "וַיָּבֹא [יעקב] גַּם אֶל רָחֵל, וַיֶּאֱהַב גַּם אֶת רָחֵל מִלֵּאָה... וַיַּרְא ה' כִּי שְׂנוּאָה לֵאָה וַיִּפְתַּח אֶת רַחְמָהּ, וְרָחֵל עֲקָרָה" (שם, ל-לא). לאה קראה לבנה הבכור ראובן, אך הוסיפה לכאוב את היותה הרעיה האהובה פחות. וכך מסופר על הולדת בנה השני: "וַתַּהַר עוֹד וַתֵּלֶד בֵּן. וַתֹּאמֶר, כִּי שָׁמַע ה' כִּי שְׂנוּאָה אָנֹכִי וַיִּתֶּן לִי גַּם אֶת זֶה. וַתִּקְרָא שְׁמוֹ שִׁמְעוֹן" (שם, לג). המילה "שנואה" מופיעה רק שש פעמים בתורה כולה. את כולן ציטטנו פה: פעמיים ביחס ללאה, וארבע פעמים בדין שבפרשתנו.

ויש זיקה מילולית נוספת בין המצווה לבין הסיפור, חזקה אפילו יותר. הביטוי המיוחד "ראשית אונו", המתאר את הבכור כראשית כוחו של אביו מולידו, מופיע בתורה רק פעמיים: אצלנו ("כִּי הוּא רֵאשִׁית אֹנוֹ, לוֹ מִשְׁפַּט הַבְּכֹרָה"), וביחס לראובן, בכורה של לאה, בברכות יעקב לבניו: "רְאוּבֵן בְּכֹרִי אַתָּה, כֹּחִי וְרֵאשִׁית אוֹנִי, יֶתֶר שְׂאֵת וְיֶתֶר עָז" (בראשית מט, ג).

לנוכח ההקבלות התוכניות והלשוניות הללו, כל קורא קשוב יזהה על כורחו ממש את המצווה שבספר דברים כפרשנות שלאחר מעשה על התנהגותו של יעקב כלפי בניו. אלא שכאמור, התנהגות זו של יעקב הפוכה מזו שנדרשת במצווה. יעקב העביר גם העביר את הבכורה מראובן, בכורו האמתי, בנה של לאה האהובה פחות, ליוסף, בנה הבכור של אשתו האהובה רחל. כך אמר ליוסף: "וְעַתָּה שְׁנֵי בָנֶיךָ הַנּוֹלָדִים לְךָ בְּאֶרֶץ מִצְרַיִם עַד בֹּאִי אֵלֶיךָ מִצְרַיְמָה - לִי הֵם: אֶפְרַיִם וּמְנַשֶּׁה כִּרְאוּבֵן וְשִׁמְעוֹן יִהְיוּ לִי" (בראשית מח, ה). יוסף אפוא יקבל חלק כפול בירושה, על ידי החשבת כל אחד משני בניו כבן של יעקב, כלומר שבט משבטי ישראל. ראובן אמור היה לקבל נחלה כפולה - והנה דווקא יוסף זוכה לכך.

איך ניישב סתירה זו בין דברים לבראשית, בין הלכה למעשה? ייתכן שהעיקרון שקבעו חז"ל, שהאבות שמרו מצוות עוד לפני מתן תורה, הוא רק על דרך הקירוב.

במתן תורה השתנו פרטיהם של חלק מהדינים. כך, למשל, הרמב"ן מציין שהייבום המתואר בסיפור יהודה ותמר שונה מעט מזה המותווה במצווה שבספר דברים.[3]

אין זו הסתירה לכאורה היחידה בין מעשי האבות לבין המצוות שניתנו לבנים. יש עוד, ואחת הבולטות שבהן היא העובדה שיעקב התחתן עם שתי אחיות בניגוד לאיסור תורה מפורש (ויקרא יח, יח). הפתרון של הרמב"ן לכל הסתירות הללו - פתרון אלגנטי, הנגזר מעמדתו הרדיקלית בדבר הקשר בין ארץ ישראל לבין המצוות - הוא שהאבות שמרו את מצוות התורה רק כאשר התגוררו בארץ ישראל.[4] יעקב התחתן עם האחיות כשהיה בבית לבן בחרן - בתחום טורקיה של ימינו. העברת הבכורה ליוסף נעשתה במצרים.

אברבנאל מציע הסבר אחר. הוא אומר שיעקב העביר את הזכות לכפל ירושה מראובן ליוסף כי ה' אמר לו לעשות כך. אם כן, המצווה בספר דברים מרמזת לסיפור בספר בראשית כדי להבהיר שמקרה יוסף היה יוצא דופן, לא תקדים.

פתרון שלישי מציע רבי עובדיה ספורנו. לדבריו, האיסור שבספר דברים חל רק כאשר העברת הבכורה נעשית משום שהאב אוהב אישה אחת יותר מצָרתה. הוא אינו חל כאשר הבכור נאשם בחטא חמור וראוי לעונש של שלילת הבכורה. לכך מכוונים דברי יעקב על ערש דווי לראובן, שאת תחילתם ציטטנו קודם. הנה הברכה לראובן במלואה: "רְאוּבֵן בְּכֹרִי, אַתָּה כֹּחִי וְרֵאשִׁית אוֹנִי, יֶתֶר שְׂאֵת וְיֶתֶר עָז; פַּחַז כַּמַּיִם אַל תּוֹתַר כִּי עָלִיתָ מִשְׁכְּבֵי אָבִיךָ אָז חִלַּלְתָּ יְצוּעִי עָלָה" (בראשית מט, ג-ד). ראובן הוא הבכור - אך הוא נענש כי חילל את משכב אביו. בספר דברי הימים הדבר אמור במפורש: "וּבְנֵי רְאוּבֵן בְּכוֹר יִשְׂרָאֵל, כִּי הוּא הַבְּכוֹר וּבְחַלְּלוֹ יְצוּעֵי אָבִיו נִתְּנָה בְּכֹרָתוֹ לִבְנֵי יוֹסֵף בֶּן יִשְׂרָאֵל וְלֹא לְהִתְיַחֵשׂ לַבְּכֹרָה" (דברי הימים א' ה, א).

ואולי אפשר להציע פתרון מסוג אחר. התורה מיוחדת בכך שהיא, בעת ובעונה אחת, ספר חוקים (וזה פירושה הראשי של המילה תורה, מלשון הוראה) וספר היסטוריה. בכל התרבויות האחרות, אלו הן שתי סוגות נבדלות. ישנו החוק, שהוא מענה לשאלה "מה מותר, מה צריך ומה אסור לעשות?"; וישנה ההיסטוריה, שהיא תשובה לשאלה "מה קרה?". שתי מלכויות של תוכן שאין האחת בהן נוגעת בחברתה.

3. ראו רמב"ן לבראשית לח, ח.
4. רמב"ן לבראשית כו, ה.

לא כן ביהדות. במקרים רבים, במיוחד במה שקרוי בתורה "משפט", כלומר הדין האזרחי, יש חיבור בין חוק להיסטוריה, בין מה שקרה לבין מה שצריך לעשות.[5] כך, למשל, חלק נכבד מחוקי התורה נובעים ישירות מחוויית העבדות במצרים - כמו לומר: אבותינו סבלו מדבר זה במצרים, ולכן אל תעשו אותו. אל תתעמרו בפועלים שלכם. אל תאפשרו לבן עמכם להיות עבד כל ימי חייו. אל תותירו את העבדים ואת השכירים שלכם בלי יום מנוחה שבועי. וכן הלאה.

לא כל מצוות התורה הן כאלו, אך חלקן כן. הם מגלמות אמיתות שנלמדו מן הניסיון, תפיסת צדק שעוצבה בידי הלקח ההיסטורי. התורה רואה בעבר מדריך לעתיד: לפעמים על דרך החיוב, אך לפעמים על דרך השלילה. ספר בראשית אומר לנו, בין היתר, שההעדפה שיעקב נקט בבית - כלפי רחל על חשבון לאה, וכלפי יוסף על חשבון ראובן - גרמה למתח בלתי פוסק. היא גרמה לכך שהאחים מכרו את יוסף וכמעט שהרגוהו. לפי אבן עזרא, התמרמרותם של צאצאי ראובן עברה מדור לדור, והיא שהדריכה את דתן ואבירם, בני שבט ראובן, שחברו לקורח במרד נגד משה.[6]

יעקב עשה מה שעשה מתוך אהבה. רגשותיו כלפי רחל הציפו אותו, וכמוהם רגשותיו כלפי יוסף בנה הבכור. האהבה היא ערך מרכזי ביהדות: לא רק אהבה שבין איש לאשתו ובין הורים לילדיהם, אלא גם אהבת ה׳, אהבת הֵרֵע ואהבת הגֵר. **אבל האהבה אינה חזות הכול**. גם צדק חייב להיות, וגם שוויון בפני החוק. מן ההכרח שכולם ירגישו שהחוק וההוגנות נמצאים באותו צד של המתרס. אי־אפשר לבנות חברה על האהבה לבדה. האהבה מאחדת, אבל היא גם מפלגת. היא מותירה מאחוריה את האהובים פחות, המרגישים נטושים, זנוחים, מבוזים, "שנואים". בהתהלכה לה יפה וקורנת ובוערת, היא עלולה להתוות שובל חרוך של מריבות וקנאה ולחולל מערבולות של אלימות ונקמה.

זהו הדבר שהתורה אומרת לנו ביוצרה זיקות מילוליות בין החוק שבפרשתנו לבין סיפורם של יעקב ובניו בספר בראשית. היא מלמדת אותנו שהחוק איננו שרירותי. הוא מושרש בניסיון ההיסטורי. חוק הוא גם תיקון, הוא דרך להחזיר

5. זה נושא ספרו הידוע של רוברט קאבר **נומוס ונראטיב** (עברית: אביעד שטיר, ירושלים: הוצאת שלם, תשע"ב). קאבר סבר כי "שום קבוצה של מוסדות משפטיים או של פְּרֶסקריפציות אינה יכולה להתקיים בנפרד מן הנראטיבים המקצים לה מקום ומקנים לה משמעות. לצד כל חוקה קיים אפוס, לצד כל עשרת דיברות קיימים כתבי קודש" (הקדמה, עמ׳ 1).

6. אבן עזרא לבמדבר טז, א.

למוטב את מה שהשתבש בעבר. אנחנו צריכים ללמוד לאהוב; אבל אנחנו צריכים גם לדעת את מגבלותיה של האהבה ולהכיר בחשיבותם של הצדק וההוגנות במשפחה ובחברה.

כי תצא

על שילשים ועל ריבעים

בתורה ישנה לכאורה סתירה יסודית. מצד אחד, בשלוש-עשרה מידות הרחמים נאמר כי ה׳ הוא אל ״רַחוּם וְחַנּוּן, אֶרֶךְ אַפַּיִם וְרַב חֶסֶד וֶאֱמֶת... וְנַקֵּה לֹא יְנַקֶּה; **פֹּקֵד עֲוֹן אָבוֹת עַל בָּנִים וְעַל בְּנֵי בָנִים עַל שִׁלֵּשִׁים וְעַל רִבֵּעִים**״ (שמות לד, ז). משמע, צאצאים משלמים על חטאי אבותיהם. מנגד, בפרשת השבוע שלנו נאמר במפורש ההפך: ״לֹא יוּמְתוּ אָבוֹת עַל בָּנִים, **וּבָנִים לֹא יוּמְתוּ עַל אָבוֹת**; אִישׁ בְּחֶטְאוֹ יוּמָתוּ״ (דברים כד, טז). ציווי זה אף חוזר ומצוטט בספר מלכים, בעניין המלך אמציה בן יואש שנהג על פיו:

> וַיְהִי כַּאֲשֶׁר חָזְקָה הַמַּמְלָכָה בְּיָדוֹ וַיַּךְ אֶת עֲבָדָיו הַמַּכִּים אֶת הַמֶּלֶךְ אָבִיו, וְאֶת בְּנֵי הַמַּכִּים לֹא הֵמִית, כַּכָּתוּב בְּסֵפֶר תּוֹרַת מֹשֶׁה אֲשֶׁר צִוָּה ה׳ לֵאמֹר: לֹא יוּמְתוּ אָבוֹת עַל בָּנִים, וּבָנִים לֹא יוּמְתוּ עַל אָבוֹת, כִּי אִם אִישׁ בְּחֶטְאוֹ יוּמָת. (מלכים ב׳ יד, ה-ו)

אפשר ליישב את הסתירה בפשטות. בדיני שמים, בצדק האלוהי, ה׳ אכן פוקד עוון אבות על בנים. המצווה בספר דברים, לעומת זאת, מכוונת לשופטים בשר ודם. איך יכולים בני תמותה לדעת באיזו מידה מושפע פושע מאבותיו, או משפיע על צאצאיו? אין לו לדיין אלא מה שעיניו רואות. לכן, מבחינת הדין הפלילי, הפושע אשם, ורק הוא; לא אלה שאולי עיצבו את אופיו.

ובכל זאת, העניין איננו כה פשוט. ירמיהו ויחזקאל, שני הנביאים הגדולים של גלות בבל, מציגים שוב את עקרון האחריות האישית. שניהם תוקפים מָשָׁל נוקב שהיה כנראה נפוץ בימיהם - ״אבות אכלו בוסר ושיני בנים תקהינה״. ירמיהו אומר:

> בַּיָּמִים הָהֵם לֹא יֹאמְרוּ עוֹד ״אָבוֹת אָכְלוּ בֹסֶר וְשִׁנֵּי בָנִים תִּקְהֶינָה״, כִּי אִם אִישׁ בַּעֲוֹנוֹ יָמוּת: כָּל הָאָדָם הָאֹכֵל הַבֹּסֶר תִּקְהֶינָה שִׁנָּיו. (ירמיהו לא, כח-כט)

וכך אומר יחזקאל:

> וַיְהִי דְבַר ה׳ אֵלַי לֵאמֹר: מַה לָּכֶם אַתֶּם מֹשְׁלִים אֶת הַמָּשָׁל הַזֶּה עַל אַדְמַת יִשְׂרָאֵל לֵאמֹר "אָבוֹת יֹאכְלוּ בֹסֶר וְשִׁנֵּי הַבָּנִים תִּקְהֶינָה"? חַי אָנִי, נְאֻם ה׳ אלוהים, אִם יִהְיֶה לָכֶם עוֹד מְשֹׁל הַמָּשָׁל הַזֶּה בְּיִשְׂרָאֵל. הֵן כָּל הַנְּפָשׁוֹת לִי הֵנָּה; כְּנֶפֶשׁ הָאָב וּכְנֶפֶשׁ הַבֵּן - לִי הֵנָּה. הַנֶּפֶשׁ הַחֹטֵאת הִיא תָמוּת. (יחזקאל יח, א-ד)

הנביאים אינם מדברים על סדרי הדין בבית המשפט ועל אחריות פלילית. הם מדברים על דרכי הצדק והמשפט של אלוהים. הם נותנים לעם תקווה באחת מנקודות השפל בהיסטוריה היהודית: חורבן ממלכת יהודה ובית המקדש הראשון בידי הבבלים. העם, היושב ובוכה על נהרות בבל, כבר שכח אולי את התקווה. גולי בבל נידונו על חטאי אבותיהם, שדרדרו את העם אל המצוקה הנואשת הזו, ונראה היה כי גלותם תימשך עוד דורות רבים, עד אין קץ. "יָבְשׁוּ עַצְמוֹתֵינוּ וְאָבְדָה תִקְוָתֵנוּ", מצטט ה׳ את הגולים באוזני יחזקאל בחזון העצמות היבשות (יחזקאל לז, יא). יחזקאל וירמיהו לחמו נגד הייאוש הזה. עתידו של העם, אמרו, נתון בידיו. אם ישוב אל ה׳, ה׳ ישיבו אל ארצו. בני הדור הזה לא יישאו את אשמת אבותיהם. שיני הבנים לא תקהינה מבוסר החטא שאכלו האבות.

אם כן, חזרה קושייתנו למקומה: איך מתיישבים דברי ירמיהו ויחזקאל עם האמור בי"ג המידות, שה׳ פוקד עוון אבות על בנים? חז"ל הבחינו בכך, ותשובתם מרחיקת לכת. על פי התנא רבי יוסי בר חנינא, "ארבע גזירות גזר משה רבנו על ישראל, באו ארבעה נביאים וביטלום" - וזו אחת מהן: "משה אמר 'פֹּקֵד עֲוֹן אָבוֹת עַל בָּנִים', בא יחזקאל וביטלה: 'הַנֶּפֶשׁ הַחֹטֵאת הִיא תָמוּת'".[1] הנביאים ביטלו אחת מי"ג המידות!

חז"ל נשאו את דגל האחריות האישית. הם דחו את האפשרות שצאצאיו של חוטא ייענשו בגללו, אפילו בידי שמים. לכן פירשו מחדש כל פסוק המעורר רושם הפוך. עמדתם העקרונית היא שהפסוק "פֹּקֵד עֲוֹן אָבוֹת עַל בָּנִים" נוגע לבנים "שאוחזין מעשה אבותיהם בידיהם", כלומר חוטאים גם הם.[2] במקומות שהמקרא מספר בהם על מקרים שילדים הוענשו בהם יחד עם הוריהם, חז"ל מפרשים כי היה בידי הילדים למחות כלפי אבותיהם, או אף להצילם מן החטא, אך הם לא מחו.

1. מכות כד ע"א.
2. ברכות ז ע"א; סנהדרין כז ע"ב.

וכדברי הרמב"ם, "כל שאפשר בידו למחות ואינו ממחה, הוא נתפס בעוון אלו כולם שאפשר לו למחות בהן".[3]

האִם איחר אפוא רעיון האחריות האישית להגיע אל היהדות - כטענתם של כמה חוקרים? נראה מאוד שלא. כבר במחלוקת קורח, כשה' איים לכַלות את עדת בני ישראל כולה, אמרו לו משה ואהרן: "הָאִישׁ אֶחָד יֶחֱטָא וְעַל כָּל הָעֵדָה תִּקְצֹף?" (במדבר טז, כ). כאשר החלה מגפה בעם בעקבות חטא המִפקד של דוד, התפלל דוד לה': "הִנֵּה אָנֹכִי חָטָאתִי וְאָנֹכִי הֶעֱוֵיתִי, וְאֵלֶּה הַצֹּאן מֶה עָשׂוּ? תְּהִי נָא יָדְךָ בִּי וּבְבֵית אָבִי" (שמואל ב' כד, יז). עקרון האחריות האישית הוא עיקרון בסיסי ביהדות, כמו גם ביתר תרבויות המזרח הקדום.[4]

נראה כי לא התפתחות היסטורית לפנינו, אלא שתי דרכי הסתכלות על האחריות האישית: פלילית - ומוסרית. מבחינה משפטית, רק הפושע אחראי למעשהו. אך התורה מבקשת לומר לנו שאנחנו שומרי אחינו; יש לנו אחריות כהורים, כשכנים, כבני עיר, כאזרחים, כבני ברית. כולנו אחראים לבריאותה הרוחנית והמוסרית של החברה. "כל ישראל עֲרֵבים זה בזה", אמרו חז"ל. אחריות משפטית היא דבר אחד, והוא קל להגדרה. אבל אחריות מוסרית היא דבר רחב הרבה יותר, ומתוך כך גם מטושטש יותר. כדברי הרמב"ם על מצוות התוכחה: "ואין ראוי שיאמר, 'אחַר שאני לא אחטא, אם יחטא אחר זולתי מה לי עם אלוהיו?' זה הֵפך התורה".[5]

בייחוד נכון הדבר באשר ליחסי הורים וילדים. אברהם אבינו נבחר, אומרת התורה, "לְמַעַן אֲשֶׁר יְצַוֶּה אֶת בָּנָיו וְאֶת בֵּיתוֹ אַחֲרָיו וְשָׁמְרוּ דֶּרֶךְ ה' לַעֲשׂוֹת צְדָקָה וּמִשְׁפָּט" (בראשית יח, יט). חובת ההורים לחנך את ילדיהם היא מאבני היסוד של היהדות. היא מופיעה בשתיים משלוש הפרשיות של קריאת שמע, ובקטעים המצוטטים בחטיבת ארבעת הבנים בהגדה של פסח. על פי הרמב"ם, אחד מארבעת העוונות הגדולים, אלה שהחוטא בהם "אין הקדוש ברוך הוא מספיק בידו לעשות תשובה, לפי גודל חטאו", הוא עוונו של "הרואה בנו בתרבות רעה, ואינו ממחה בידו". זאת כי "הואיל ובנו ברשותו, אילו מיחה בו היה פורש" מהתרבות הרעה. על כן, האב נחשב כאילו "החטיא אותו" באופן פעיל.[6]

3. **משנה תורה**, הלכות דעות ו, ז.
4. ראו יחזקאל קאופמן, **תולדות האמונה הישראלית**, ירושלים ותל אביב: מוסד ביאליק ודביר, כרך ב, פרק יט: "תורת הגמול".
5. **ספר המצוות**, מצוות עשה רה.
6. **משנה תורה**, הלכות תשובה ד, א.

וזהו הקול הקורא אלינו משלוש־עשרה המידות. אין לנו אחריות פלילית לא לחטאי הורינו ולא לחטאי ילדינו. אבל במובן עמוק יותר, אמורפי יותר, למעשינו ולאורחות חיינו יש השפעה על בנינו, וגם על נכדינו ועל נינינו.

ההשפעה הזו תוארה לאחרונה באופן מטלטל במיוחד בספריהם של שניים מהמבקרים החברתיים המעמיקים ביותר בארצות הברית: צ'רלס מאריי ממכון אנטרפרייז ורוברט פאטנם מאוניברסיטת הארוורד. למרות השוני העצום בין גישותיהם הפוליטיות, מאריי בספרו **מתפרקים** ופאטנם בספרו **הילדים שלנו** משמיעים נבואת זעם כמעט זהה בדבר האסון החברתי שבדרך. לדעת פאטנם, "החלום האמריקני נתון במשבר".[7] לדעת מאריי, התפצלות החברה האמריקנית לשני מעמדות שיכולת הניידות ביניהם פוחתת והולכת "תשים קץ למה שעשה את אמריקה לאמריקה".[8]

תמצית טענתם היא שבנקודה מסוימת, בשלהי שנות החמישים או בתחילת שנות השישים, שורה ארוכה של מוסדות חברתיים ושל קודים מוסריים החלה להתפורר. חל פיחות בערכם של הנישואים. משפחות החלו להתפרק. יותר ויותר ילדים גדלו בלי קשר איתן עם הוריהם הביולוגיים. צורות חדשות של עוני בקרב ילדים החלו להופיע, ונפוצו תחלואים חברתיים כגון התמכרות לסמים ולאלכוהול, הריונות של נערות, עבריינות נוער ואבטלה בשכונות של בעלי הכנסה נמוכה. המעמדות הגבוהים נחלצו עם הזמן מן הסכנה, ושם עוסקים במרץ בהכשרת הדור הצעיר להישגיות - בשעה שבצד האחר של הקשת החברתית גדלים הילדים בלי תקווה של ממש לחינוך טוב, להתקדמות בחברה ולהצלחה מקצועית. החלום האמריקני של הזדמנות לכולם מתבלה והולך.

ההתפתחות הזו טרגית, מפני שלרגע שכחו הבריות את האמת שמלמד אותנו התנ"ך - שמה שאנחנו עושים משפיע לא רק עלינו. הוא ישפיע על ילדינו, עד דור שלישי ורביעי. אפילו גדול הליברטריאנים בעת החדשה, הפילוסוף ג'ון סטיוארט מיל, כתב: "עצם גרימת קיומו של בן־אנוש היא אחת מהפעולות האחראיות ביותר במעגל חייהם של בני האדם. לקבל על עצמך אחריות זו - להעניק חיים שיוכלו להיות קללה או ברכה - אלא אם יהיו לוולד לפחות הסיכויים הרגילים לקיום רצוי, הרי זה פשע נגד אותו יצור".[9]

7. Robert Putnam, *Our Kids: The American Dream in Crisis*, New York: Simon & Schuster, 2015.
8. Charles Murray, *Coming Apart: The State of White America, 1960–2010*, New York: Crown Forum, 2012.
9. ג'ון סטיוארט מיל, **על החירות**, עברית: אהרן אמיר, ירושלים: הוצאת שלם, 2006, עמ' 129.

על שילשים ועל ריבעים

אם איננו משמשים הורים טובים לילדינו, אולי אין לנו אחריות פלילית, אך בני הדור הבא - שלנו ושל החברה כולה - ישלמו את המחיר. עווננו יִיפָּקד עליהם.

כי תצא

תקנת השבים

פרשת השבוע מזמנת לנו דוגמה נאה להומניות של ההלכה, כמו גם לדרך הפרשנות של חז״ל לתורה. נקודת המוצא שלנו היא הפסוקים האלה:

> כִּי יִהְיֶה רִיב בֵּין אֲנָשִׁים, וְנִגְּשׁוּ אֶל הַמִּשְׁפָּט, וּשְׁפָטוּם וְהִצְדִּיקוּ אֶת הַצַּדִּיק וְהִרְשִׁיעוּ אֶת הָרָשָׁע. וְהָיָה אִם בִּן הַכּוֹת הָרָשָׁע, וְהִפִּילוֹ הַשֹּׁפֵט וְהִכָּהוּ לְפָנָיו כְּדֵי רִשְׁעָתוֹ בְּמִסְפָּר. אַרְבָּעִים יַכֶּנּוּ לֹא יֹסִיף. פֶּן יֹסִיף לְהַכֹּתוֹ עַל אֵלֶּה מַכָּה רַבָּה וְנִקְלָה אָחִיךָ לְעֵינֶיךָ. (דברים כה, א-ג)

הפסוקים אינם נלמדים כפשוטם, שכן משתמע מהם שבדין אזרחי קיים עונש מלקות, ולא כך קובעת ההלכה. אולם עניינו הפעם אינו בכך, אלא במילים החותמות את הקטע: ״וְנִקְלָה אָחִיךָ לְעֵינֶיךָ״.

חז״ל למדו מכאן עקרון יסוד: שיקומו של עבריין שריצה את עונשו. בתחילת הקטע קוראים לעבריין ״הָרָשָׁע״, כלומר האשם, ואילו בסופו, משנענש ולקה, הוא נקרא ״אָחִיךָ״. על כך אמרו חז״ל: ״כל היום קורא‌ו רשע - ומִשֶּׁלקה קְרָאוֹ אחיך״.[1]

מכאן מסקנה הלכתית נקודתית - ומסקנה כללית. הדין הנקודתי נוגע לעֲבֵרות שעונשן כרת. כרת הוא העונש המצוין בתורה כמה פעמים בביטויים כגון ״וְנִכְרְתָה הַנֶּפֶשׁ הַהִוא מֵעַמֶּיהָ״. במקרים רבים אנו מפרשים שדין זה נועד להתבצע בידי שמים, ואילו בית הדין, מצדו, אינו הורג את העבריין אלא מענישו במלקות. מהעיקרון ״מִשֶּׁלקה קְרָאוֹ אחיך״ לומדים כאן כי עונש המלקות הזה מבטל את העונש האלוהי. עכשיו, משלקה העבריין, הוא אחיך, כלומר לא ייכרת מֵהָעָם - והוא פָּטוּר.[2]

1. רש״י על אתר, על פי ספרי דברים על אתר.
2. משנה, מכות ג, טו.

אך ישנה כאמור גם מסקנה הלכתית כללית הרבה יותר. חז"ל למדו מכאן שעבריין, לאחר שנענש כראוי לו, חוזר למעמדו הקודם. למשל, מותר לו להיות עד, ועברו הפלילי אינו פוסל את עדותו. הכתם שהעיב על אישיותו היה זמני, לא קבוע. חוטאים נועדו לְהִשְׁתַּקֵּם.

זה היסוד לתקנה מיוחדת שתיקנו חז"ל, "תקנת השבים", שנועדה להסיר מכשולים מדרכו של החוזר בתשובה. המשנה מספרת כי רבי יוחנן העיד (מסר עדות על הלכה פסוקה שלמד) "על המריש הגזול שבנאו בבירה, שייטול את דמיו, מפני תקנת השבים".[3] כלומר, אדם שגזל קורת עץ והשתמש בה לבניין, יחזיר לנגזל את ערכה הכספי, ולא אותה עצמה.

הכלל הוא שבמקרה גזל, הצד האשם חייב להחזיר את הגזלה לבעלים החוקיים: "וְהֵשִׁיב אֶת הַגְּזֵלָה אֲשֶׁר גָּזָל" (ויקרא ה, כג). קל להבין מדוע. אילו הותר לגזלנים לפצות את הנגזלים במקום להחזיר את הגזלה עצמה, היה בכך משום היתר בפועל לקנות חפץ בכפייה: לגזול אותו ולשלם עליו. זה היה עוול מובהק.

ובכל זאת, הדין הזה מושעה במקרה שהחזרת הגזלה תסב לגזלן נזק גדול מאוד. במקרה המתואר במשנה, כדי להחזיר את הקורה יהיה צורך להרוס את הבניין שהיא ניצבת בו. גזלן עשוי לחוש רגשי אשמה וחרטה, ולרצות לתקן את אשר עיוות; אבל אם הדבר יהיה כרוך בהפסד חסר פרופורציה - לא רק ויתור על הקורה שגנב, אלא אבדן של בית שלם - הוא עלול להחליט שהחזרה בתשובה עולה לו ביוקר מוגזם, ולהימנע מהשבת הגזלה.

יהיו שיגידו: למי אכפת? האיש גזלן. זכויותיו של הזכאי, בעליה המקורי של הקורה, הן החשובות; לא זכויותיו של האשם. אכן, הגזלן הפר את החוק, והוא איננו ראוי לרחמי בית המשפט. אבל ההלכה החליטה אחרת. הבעלים צריך כמובן לקבל פיצוי על ההפסד; אלמלא זאת, העוול היה זועק לשמים. אבל עלינו להתחשב גם בעבריין בדבר מסוים: עלינו להסיר כל מכשול מדרך שיבתו אל שמירת החוק. חכמינו הבינו היטב שעיקרון זה אינו אמור בתורה, איננו מדאורייתא. כדי לממשו עליהם לפעול ולתקן תקנה, תקנת השבים. אולם הם לא היו עושים זאת אלמלא הרגישו שזוהי רוח התורה.

הם לא הסתפקו בכך. בגמרא מצוטטת ברייתא ובה עיקרון יוצא דופן: "הגזלנין ומַלְוֵי ברבית שהחזירו אין מקבלין מהן, והמקבל מהן אין רוח חכמים נוחה הימנו".[4]

3. משנה, גיטין ה, ה.
4. בבא קמא צד ע"ב.

הכוונה היא לגזלנים המבקשים לחזור ממעשיהם הרעים ומשיבים את הגזלה מרצונם. הגמרא מסבירה שדין זה יסודו במעשה שהיה:

> מעשה באדם אחד שבִּקש לעשות תשובה. אמרה לו אשתו: ריקה! אם אתה עושה תשובה אפילו אבנט אינו שלך! ונמנע ולא עשה תשובה. באותה שעה אמרו: הגזלנין ומלוֵי רִביות שהחזירו אין מקבלין מהם, והמקבל מהם אין רוח חכמים נוחה הימנו.[5]

כמובן, הדבר אינו אמור בגזלן שהובא לדין, אלא רק במי שמתוקף מצפונו החופשי בלבד החליט להתוודות ולתקן את העוול. הכלל הזה גם אינו חל במקרה שהגזלן מחזיק ברשותו את הרכוש הגנוב. זו גם אינה הנחיה משפטית; הבעלים החוקי עדיין יכול לתבוע את הגזלן לדין. יש שהרחיקו לֶכת ואמרו שהברייתא לא נאמרה כהלכה לדורות, שהרי היא פותחת פתח גדול לגזלנים להעמיד פנים שחזרו בתשובה וליהנות מן הגזל בלי עונש.[6] ועדיין, למרות הכול, הרמב"ם כותב:

> כל הגוזל את חברו שווה פרוטה כאילו נטל נשמתו ממנו... ואף על פי כן, אם לא הייתה הגזילה קיימת, ורצה הגזלן לעשות תשובה, ובא מאליו והחזיר דמי הגזילה - תקנת חכמים היא שאין מקבלין ממנו, אלא עוזרין אותו ומוחלין לו כדי לקרב הדרך הישרה על השבים...[7]

עיקרון נוסף שחכמינו ניסחו, הפעם על בסיס מצווה מן התורה, קובע שאין להזכיר את עברו של החוטא. אסור לומר לבעל תשובה "זכור מעשיך הראשונים". העושה כך חוטא בהונאת דברים, האסורה על פי הפסוק "וְלֹא תוֹנוּ אִישׁ אֶת עֲמִיתוֹ" (ויקרא כה, יז).[8] אחד החרמות שהטיל רבנו גרשום מאור הגולה חל על מי שמזכיר בפומבי את מעשיו הרעים של בעל תשובה.[9]

הדינים והתקנות הנוגעים לשבים מחטאם רבים ומורכבים, ואינני מנסה לתמצת אותם פה. אולם ברור כי מקדמת דנא שאפו חכמינו לאזן בין רדיפת הצדק לבין

5. שם.
6. ראו "מגיד משנה" על הלכות גזלה ואבדה א, יג.
7. **משנה תורה**, הלכות גזלה ואבדה א, יג.
8. **משנה תורה**, הלכות תשובה ז, ח.
9. הרב יואל הכהן מילר (עורך), **תשובות חכמי צרפת ולותיר**, וינה, 1881, סימן כא.

הרצון לסייע לפושעים ולחוטאים למצוא את דרכם חזרה לחברה ולחיים המהוגנים. את כתב המינוי שלהם למשימה זו כתב הנביא יחזקאל:

> וְאַתָּה בֶן אָדָם אֱמֹר אֶל בֵּית יִשְׂרָאֵל: כֵּן אֲמַרְתֶּם לֵאמֹר, כִּי פְשָׁעֵינוּ וְחַטֹּאתֵינוּ עָלֵינוּ, וּבָם אֲנַחְנוּ נְמַקִּים, וְאֵיךְ נִחְיֶה? אֱמֹר אֲלֵיהֶם: חַי אָנִי נְאֻם אֲדֹנָי ה׳ אִם אֶחְפֹּץ בְּמוֹת הָרָשָׁע כִּי אִם בְּשׁוּב רָשָׁע מִדַּרְכּוֹ וְחָיָה. שׁוּבוּ, שׁוּבוּ מִדַּרְכֵיכֶם הָרָעִים! וְלָמָּה תָמוּתוּ בֵּית יִשְׂרָאֵל? (יחזקאל לג, י–יא)

רעיונות אלה הקדימו את זמנם במאות רבות של שנים - ואפילו היום יש לנו מה ללמוד מהם. צדק גמולי אינו עומד בניגוד לכבוד האדם ולחירותו. להפך: הוא מבוסס עליהם. ההלכה שואפת לא רק להגן על זכויותיהם של נפגעי עברה, אלא גם לעזור לעבריינים לבנות את עתידם. היהדות מייחסת אשמה למעשים, לא לאנשים. המעשה, לא האדם, הוא הראוי לגינוי. משֶריצה העבריין את עונשו וחזר בו מחטאיו הוא שב ונהיה "אָחִיךָ".

כי תבוא

זיכרון הוא זהות

אחת הסיבות לכך שהדת שרדה בעולם המודרני למרות מאות שנות חילון היא שהדת עונה על שלוש שאלות שכל אדם חושב שואל את עצמו בשלב זה או אחר בחייו: מי אני? למה אני כאן? מהי הדרך הנכונה לִחיות?

מענֶה על השאלות הללו איננו יכולים לקבל מארבעת המוסדות הגדולים של המערב המודרני: המדע, הטכנולוגיה, כלכלת השוק והמדינה הדמוקרטית הליברלית. המדע אומר לנו איך, אבל לא למה. הטכנולוגיה נותנת לנו כוח, אבל אינה יכולה לומר לנו איך להשתמש בכוח הזה. השוק נותן לנו אפשרויות בחירה, אבל אינו אומר לנו מה לבחור. המדינה הדמוקרטית הליברלית נמנעת באופן עקרוני מעידוד דרך חיים מסוימת. התוצאה היא שהתרבות בת זמננו פורשת בפנינו מגוון אפשרויות כמעט אינסופי, אבל איננה אומרת לנו מי אנחנו, למה אנחנו כאן, ומהי דרך החיים הראויה לנו.

ובכל זאת, אלו הן שאלות יסוד. השאלה הראשונה שמשה שואל את אלוהים, בהתגלותו הראשונה אליו בסנה, היא "מִי אָנֹכִי?" (שמות ג, יא). מובנו הפשוט של ביטוי זה, בהקשרו בתוך הפסוק, הוא שאלה רטורית: מי אני שאצליח לבצע משימה אדירה כל כך, להוציא עם שלם לחופשי? "מִי אָנֹכִי כִּי אֵלֵךְ אֶל פַּרְעֹה וְכִי אוֹצִיא אֶת בְּנֵי יִשְׂרָאֵל מִמִּצְרָיִם?" אבל מעבר למובן פשוט זה, נמצאת כאן שאלה אמתית של זהות. משה גודל בידי נסיכה מצרייה, בת פרעה. כשהציל את בנות יתרו מהרועים המדיינים המקומיים, הן סיפרו לאביהן "אִישׁ מִצְרִי הִצִּילָנוּ" (שמות ב, יט). משה נראה מצרי ונשמע מצרי. ואז הוא התחתן עם ציפורה, אחת מבנותיו של יתרו, ובילה עשרות שנים כרועה מדייני. לוח הזמנים אינו ברור לגמרי, אך הוא היה איש צעיר למדי כשהלך למדיין, ואילו כשהתחיל להנהיג את בני ישראל היה בן שמונים, ועל כן נראה שאת רוב שנות חיי בגרותו בילה עם חותנו המדייני ועם עדריו. השאלה "מי אנוכי?" מבטאת אפוא גם את ההתחבטות העמוקה הזו. מי אני? מצרי, מדייני או ישראלי?

על פי גידולו היה מצרי, על פי רוב שנותיו היה מדייני - אך הנתון המכריע היה מוצאו. הוא היה צאצאו של אברהם ובנם של עמרם ויוכבד. לשאלתו השנייה לאלוהים, מה שמו, כיצד יזהה אותו באוזני בני ישראל, ענה לו אלוהים תחילה "אֶהְיֶה אֲשֶׁר אֶהְיֶה", אבל אז הוסיף תשובה שנייה:

כֹּה תֹאמַר אֶל בְּנֵי יִשְׂרָאֵל: "ה' אֱלֹהֵי אֲבֹתֵיכֶם - אֱלֹהֵי אַבְרָהָם, אֱלֹהֵי יִצְחָק וֵאלֹהֵי יַעֲקֹב - שְׁלָחַנִי אֲלֵיכֶם". זֶה שְּׁמִי לְעֹלָם וְזֶה זִכְרִי לְדֹר דֹּר. (שמות ג, יד-טו)

שוב לפנינו כפל משמעות. ברובד הנגלה, אלוהים אומר למשה מה לענות לבני ישראל כשישאלו אותו מי שלח אותו. אבל ברובד עמוק ממנו, התורה מספרת לנו על מהותה של הזהות. התשובה לשאלה "מי אנוכי?" איננה רק שקלול של מקום הולדתי, חינוכי ומגוריי, משלח ידי או תחומי העניין והטעם שלי. נתונים אלה עונים על השאלות "איפה אני?" ו"מה אני?", אבל לא על השאלה "מי אני?". תשובתו של אלוהים - אני אלוהי אבותיכם - טומנת בחובה כמה אמירות יסוד בעניין הזהות.

ראשית, זהות היא עניין גנאלוגי, עניין של אילן יוחסין. זהותי קשורה לזהותם של הוריי, וזהות הוריי לזהות הוריהם, וכן הלאה. לא תמיד זה נכון. יש ילדים מאומצים. יש ילדים המתנתקים מהוריהם במודע. אבל אצל רובנו הזהות טמונה בהתוודעות לסיפורם של אבותינו. ואצלנו היהודים, עַם שעקירה ונדודים היו מנת חלקו במידה שאין דומה לה, סיפורם של אבותינו הוא כמעט תמיד סיפור של מסע, של אומץ, של סבל או בריחה מסבל, ושל כוח עמידה.

שנית, הגנאלוגיה עצמה מספרת סיפור. מיד לאחר שאמר למשה להגיד לבני ישראל שאלוהי אבותיהם שלח אותו אליהם, מוסיף אלוהים ואומר לו:

לֵךְ וְאָסַפְתָּ אֶת זִקְנֵי יִשְׂרָאֵל וְאָמַרְתָּ אֲלֵהֶם, "ה' אֱלֹהֵי אֲבֹתֵיכֶם נִרְאָה אֵלַי - אֱלֹהֵי אַבְרָהָם, יִצְחָק וְיַעֲקֹב - לֵאמֹר: פָּקֹד פָּקַדְתִּי אֶתְכֶם וְאֶת הֶעָשׂוּי לָכֶם בְּמִצְרָיִם, וָאֹמַר: אַעֲלֶה אֶתְכֶם מֵעֳנִי מִצְרַיִם אֶל אֶרֶץ הַכְּנַעֲנִי וְהַחִתִּי וְהָאֱמֹרִי וְהַפְּרִזִּי וְהַחִוִּי וְהַיְבוּסִי, אֶל אֶרֶץ זָבַת חָלָב וּדְבָשׁ". (שם, טז-יז)

רצה לומר: העניין אינו מסתכם בכך שאלוהים הוא אלוהי אבותיהם. הוא גם האלוהים שהבטיח להם הבטחות מסוימות: שהוא יוציאם מעבדות לחירות ויביאם מן הגלות אל ארצם. בני ישראל הם אפוא חלק מסיפור המשתרע על פני הדורות. הסיפור עוד לא נגמר, ואלוהים עומד לכתוב את הפרק הבא שלו.

יתרה מכך. כשאלוהים אמר למשה, בחלק הראשון של תשובתו, שהוא אלוהי אבותיהם של בני ישראל, הוא הוסיף "זֶה שְּׁמִי לְעֹלָם וְזֶה זִכְרִי לְדֹר דֹּר". יש כאן הבחנה בין שמו, המתקיים לעולם, לבין זכרו העובר מדור לדור; אלוהים נמצא **מעל לזמן**, בנצח, "לְעֹלָם", אבל כשהדברים נוגעים להבנה האנושית הוא מתקיים **בתוך הזמן**, "לְדֹר דֹּר". והוא עושה זאת באמצעות ההנחלה של הזיכרון: "וְזֶה זִכְרִי לְדֹר דֹּר". הזהות העוברת מדור לדור תלויה לא רק במה שההורים היו; היא תלויה גם **במה שהם זכרו והעבירו הלאה.** הזהות האישית מעוצבת בזיכרונו של היחיד. הזהות הקבוצתית נקבעת באמצעות הזיכרון הקולקטיבי.[1]

והנה אנו מגיעים לפרשת השבוע שלנו, ולמצווה מיוחדת הנכללת בה: מצוות מקרא ביכורים. עם הבאת הביכורים אל "הַמָּקוֹם אֲשֶׁר יִבְחַר", דהיינו ירושלים, ומסירתם לכוהן, יש לומר הצהרה זו:

> אֲרַמִּי אֹבֵד אָבִי. וַיֵּרֶד מִצְרַיְמָה וַיָּגָר שָׁם בִּמְתֵי מְעָט, וַיְהִי שָׁם לְגוֹי גָּדוֹל עָצוּם וָרָב. וַיָּרֵעוּ אֹתָנוּ הַמִּצְרִים וַיְעַנּוּנוּ וַיִּתְּנוּ עָלֵינוּ עֲבֹדָה קָשָׁה. וַנִּצְעַק אֶל ה' אֱלֹהֵי אֲבֹתֵינוּ, וַיִּשְׁמַע ה' אֶת קֹלֵנוּ וַיַּרְא אֶת עָנְיֵנוּ וְאֶת עֲמָלֵנוּ וְאֶת לַחֲצֵנוּ, וַיּוֹצִאֵנוּ ה' מִמִּצְרַיִם בְּיָד חֲזָקָה וּבִזְרֹעַ נְטוּיָה וּבְמֹרָא גָּדֹל וּבְאֹתוֹת וּבְמֹפְתִים. וַיְבִאֵנוּ אֶל הַמָּקוֹם הַזֶּה, וַיִּתֶּן לָנוּ אֶת הָאָרֶץ הַזֹּאת, אֶרֶץ זָבַת חָלָב וּדְבָשׁ. וְעַתָּה הִנֵּה הֵבֵאתִי אֶת רֵאשִׁית פְּרִי הָאֲדָמָה אֲשֶׁר נָתַתָּה לִּי, ה'. (דברים כו, ה–י)

פסקה זו מוכרת לרבים משום שעוד מימי בית שני, אם לא קודם, היא חלק מרכזי מן ההגדה של פסח, ועליה מושתת הסיפור שאנו מספרים בליל הסדר. אך הנה כי כן, במקורה היא נאמרה בהבאת הביכורים, לא בפסח; מחג השבועות ואילך. זה מפליא, משום שכאשר מביאים ביכורים, כאשר מודים לה' על הארץ ועל תבואתה ועל פירותיה, מתבקש יותר לשבח אותו כאלוהי הטבע, לא כאלוהי ההיסטוריה; לדבֵּר על בריאת העולם, לא על מעשיו של יעקב אבינו ועל יציאת מצרים. הסיפור המסופר במקרא ביכורים מסביר מדוע אני, מביא הביכורים, נמצא כאן, ולמה העם שאני שייך אליו הנו העם שהנו ומדוע מקומו הוא "המקום הזה". לא היה כדבר הזה בעולם העתיק, ואין כמוהו גם בימינו. כדבריו של יוסף חיים ירושלמי בספרו הקלסי **זָכוֹר**,[2] היהודים הם

1. לחיבורים קלסיים על זיכרון קיבוצי וזהות קיבוצית ראו Maurice Halbwachs, *On Collective Memory*, Chicago: University of Chicago Press, 1992; Jacques Le Goff, *History and Memory*, New York: Columbia University Press, 1992.
2. יוסף חיים ירושלמי, **זכור**, עברית: שמואל שביב, תל אביב: עם עובד, תשמ"ח.

העם הראשון שראה את אלוהים בתוך ההיסטוריה, העם הראשון שמצא בהיסטוריה משמעות־על, **העם הראשון שעשה את הזיכרון לחובה דתית.**

מן הסיבה הזו, הזהות היהודית היא הזהות העיקשת ביותר שהעולם ידע: הזהות היחידה שנשמרה אלפיים שנה בידי מיעוט שהיה מפוזר על פני ארבע כנפות תבל, הזהות היחידה שהובילה לבסוף את נושאיה אל ארצם הקדומה, להקים בה מדינה משלהם ולדובב את שפת הסֵפר העתיקה שלהם. זהותנו היא זיכרוננו, ומקרא הביכורים הוא דרך להבטיח שהיהודים לא ישכחו לעולם.

את מדפי הספרים החדשים בארצות הברית שוטף זה כמה שנים גל של ספרים התוהים על מצבו של הסיפור הלאומי האמריקני: האם הוא עוד מסופר? האם הילדים עוד לומדים אותו? האם הוא עדיין ממסגר את התודעה הלאומית של כלל האזרחים, ומזכיר לדורות חדשים לאילו מאבקים נדרשו אבותיהם כדי לבנות מולדת לחופש, ומה נדרש מאיתם כיום כדי שהחירות תוסיף ותתקיים?[3] תחושת המשבר מורגשת היטב בספרים הללו, ואף כי מחבריהם בעלי דעות פוליטיות מגוונות ומנוגדות, התזה של כולם זהה פחות או יותר: אם תשכחו את הסיפור, תאבדו את זהותכם. גם אומות עלולות ללקות באלצהיימר. אנחנו תלויים במה שאנחנו זוכרים, וכך גם העולם המערבי כולו; והאפשרות הממשית שהעולם המערבי יאבֵד את זיכרונו הקולקטיבי היא איום מִיָּדִי על עתיד החירות.

היהודים מספרים את סיפור ה"מי אנחנו?" שלהם במסירות ובהתמדה רבות משל כל אומה אחרת על פני האדמה. לכן הזהות היהודית עשירה ומהדהדת כל כך. בעידן שבו הזיכרון הדיגיטלי במכשירים שבידינו גדל במהירות עצומה, מקילו־בייטים אך זה לא כבר למגה־בייטים ולג'יגה־בייטים והלאה, והזיכרון שבמוחנו מתכווץ מפניו, ליהדות יש מסר לאנושות כולה. את זיכרון הזהות אי־אפשר להעביר למכוֹנה. צריך לרענן אותו דרך קבע ולהנחילו לדורות הבאים. וינסטון צ'רצ'יל אמר, "כרוחק מבטך לאחור – כן רוחק מבטך קדימה".[4] כשאנו מספרים את סיפור עֲבָרֵנו, אנו בונים את עתיד ילדינו.

3. בין הבולטים בספרים אלה: Charles Murray, *Coming Apart*, New York: Crown, 2013; Robert Putnam, *Our Kids*, New York: Simon & Schuster, 2015; Os Guinness, *A Free People's Suicide*, Downers Grove, Ill.: IVP, 2012; Eric Metaxas, *If You Can Keep It*, New York: Viking, 2016; Yuval Levin, *The Fractured Republic*, New York: Basic Books, 2016.

4. Chris Wrigley, *Winston Churchill: A Biographical Companion*, Santa Barbara: ABC-CLIO, 2002, p. xxiv.

כי תבוא

המנון לשמחה

אריסטו אמר כי בעיני רוב רובם של בני האדם, האושר הוא "הטוב שאליו שואף הכול".[1] אך ספק אם בראש פירמידת המאוויים היהודית עומד דווקא האושר. אמנם הוא ממוקם בה בדירוג מכובד. "אשרי" - מלשון אושר - היא המילה הראשונה בספר תהלים. את התפילה המכונה "אשרי" אנו אומרים שלוש פעמים ביום. אנו יכולים בהחלט לאמץ את הפסוק בהכרזת העצמאות האמריקנית המונה בין הזכויות הבלתי ניתנות להכחשה של האדם את החיים, את החירות ואת רדיפת האושר.

ועדיין, האושר איננו הערך המרכזי במקרא. המילה "שמחה" מופיעה בו בשכיחות גבוהה יותר כמעט פי עשרה. השמחה היא מנושאי היסוד של ספר דברים. השורש שמ"ח מופיע רק פעם אחת בכל אחד מן החומשים האחרים, אך בספר דברים מזנקת חשיבותו והוא מופיע תריסר פעמים. השמחה עומדת במרכז חזונו של משה על החיים בארץ ישראל. שם יעבוד העם את ה' בשמחה.

בפרשתנו ממלאת השמחה תפקיד מפתח בשני הקשרים. הראשון הוא הבאת הביכורים למקדש. התורה מתארת את הטקס, ומסכמת: "וְשָׂמַחְתָּ בְכָל הַטּוֹב אֲשֶׁר נָתַן לְךָ ה' אֱלֹהֶיךָ וּלְבֵיתֶךָ, אַתָּה וְהַלֵּוִי וְהַגֵּר אֲשֶׁר בְּקִרְבֶּךָ" (דברים כו, יא).

ההקשר השני שונה למדי - ומפליא. זוהי פרשת התוכחה. בתורה שתי פרשיות תוכחה המתארות קללות איומות העלולות לבוא על עם ישראל: בספר ויקרא (פרק כו, בפרשת בחוקותיי) ובספר דברים (פרק כח, בפרשת כי תבוא). ההבדלים ביניהן ניכרים. בספר ויקרא נחתמות הקללות בזיק של תקווה; פרשת התוכחה בספר דברים, לעומת זאת, נחתמת באפלה קודרת. בספר ויקרא העם עוזב את התורה לגמרי. הוא הולך עם ה' "בְּקֶרִי" - ביטוי שמובנו, על פי דעות שונות, מרדנות, איבה או בוז.

1. אריסטו, **אתיקה: מהדורת ניקומאכוס**, עברית: יוסף ג' ליבס, ירושלים ותל אביב: שוקן, 1985, ספר ראשון.

לעומת זאת, הקללות המתוארות בספר דברים יבואו על העם פשוט "תַּחַת אֲשֶׁר לֹא עָבַדְתָּ אֶת ה' אֱלֹהֶיךָ בְּשִׂמְחָה וּבְטוּב לֵבָב מֵרֹב כֹּל" (כח, מז).

וזה מתמיה. נכון שטוב ונעים לחיות בשמחה. אך האם היעדר שמחה הוא חטא? ואפילו אם הוא חטא - האם יש בחטא זה כדי להסביר גורל מבהיל כָּזה המתואר בפרשת התוכחה? למה מתכוונת התורה כשהיא מייחסת אסון לאומי להיעדר שמחה? כדי להשיב על שאלות אלו, עלינו להבין תחילה את ההבדל בין אושר לבין שמחה. הנה כך מתאר מזמור א בתהלים את חייו של האדם המאושר:

> אַשְׁרֵי הָאִישׁ אֲשֶׁר לֹא הָלַךְ בַּעֲצַת רְשָׁעִים, וּבְדֶרֶךְ חַטָּאִים לֹא עָמָד, וּבְמוֹשַׁב לֵצִים לֹא יָשָׁב, כִּי אִם בְּתוֹרַת ה' חֶפְצוֹ וּבְתוֹרָתוֹ יֶהְגֶּה יוֹמָם וָלָיְלָה. וְהָיָה כְּעֵץ שָׁתוּל עַל פַּלְגֵי מָיִם אֲשֶׁר פִּרְיוֹ יִתֵּן בְּעִתּוֹ וְעָלֵהוּ לֹא יִבּוֹל וְכֹל אֲשֶׁר יַעֲשֶׂה יַצְלִיחַ. (תהלים א, א–ג)

אלה הם חיים שלווים וברוכים, הניתנים למי שחי על פי התורה. כמו עץ, לחיים אלה יש שורשים. הם אינם נידפים בכל רוח מצויה. אנשים מאושרים נהנים מיציבות ונותנים פרחים ופירות. אך כל מאפייני האושר נוגעים לחייו של היחיד. האושר הוא מצב תודעתי וקיומי של הפרט.

לעומת זאת, השמחה בתורה איננה אף פעם עניינו של היחיד. היא תמיד נחלקת עם הזולת. בשנה הראשונה לנישואיו גבר אינו נשלח לשדה הקרב כדי שיישאר בבית "וְשִׂמַּח אֶת אִשְׁתּוֹ אֲשֶׁר לָקָח" (דברים כד, ה). את כל העולות והזבחים, המעשרות והתרומות והנדבות, יש להביא אל המקדש המרכזי - "וַאֲכַלְתֶּם שָׁם לִפְנֵי ה' אֱלֹהֵיכֶם וּשְׂמַחְתֶּם בְּכֹל מִשְׁלַח יֶדְכֶם אַתֶּם וּבָתֵּיכֶם אֲשֶׁר בֵּרַכְךָ ה' אֱלֹהֶיךָ" (יב, ז). חגי ישראל המתוארים בספר דברים הם ימי שמחה, מפני שהם מספקים הזדמנות לחגיגה משותפת: "וְשָׂמַחְתָּ לִפְנֵי ה' אֱלֹהֶיךָ - אַתָּה וּבִנְךָ וּבִתֶּךָ וְעַבְדְּךָ וַאֲמָתֶךָ וְהַלֵּוִי אֲשֶׁר בִּשְׁעָרֶיךָ וְהַגֵּר וְהַיָּתוֹם וְהָאַלְמָנָה אֲשֶׁר בְּקִרְבֶּךָ בַּמָּקוֹם" (טז, יא). שמחה היא חדווה משותפת. אין חווים אותה ביחידות.

אושר הוא גישה לחיים כמכלול - ואילו השמחה חיה את הרגע. הסופר ג' ד' סלינג'ר אמר פעם כי האושר הוא מוצק - והשמחה היא נוזל. אדם רודף אחר האושר, לא אחר השמחה. ואולם השמחה היא שמגַלה את האדם. היא מתעוררת מתוך תחושה של חיבור לאנשים אחרים או לאלוהים. השמחה והאושר אינם בני אותה מחלקה. השמחה היא רגש חברתי. היא הרוממות שאנו חשים בהתמזגנו עם אחרים. היא הגאולה מן הבדידות.

באופן פרדוקסלי, הספר הממוקד ביותר בשמחה בין כל ספרי המקרא הוא דווקא זה הנחשב בדרך כלל למדוכדך מכולם: ספר קהלת. קהלת ידוע לשמצה כאיש שהיה לו הכול ובכל זאת חשב שהכול הבל. כמעט ארבעים פעם מופיעה המילה "הבל" במגילה הזו, ומקובל לחשוב שמובָנָהּ הוא שָווא, חוסר משמעות, חוסר טעם, שטות. אולם גם המילה "שמחה" מככבת במגילת קהלת. היא מופיעה בה 17 פעמים: כאמור, בכל התורה כולה גם יחד היא מופיעה פחות. בכל פעם שקהלת מהרהר בהבלותם של החיים, הוא חותם בהמנון לשמחה:

> יָדַעְתִּי כִּי אֵין טוֹב בָּם כִּי אִם לִשְׂמוֹחַ וְלַעֲשׂוֹת טוֹב בְּחַיָּיו. (ג, יב)
> וְרָאִיתִי כִּי אֵין טוֹב מֵאֲשֶׁר יִשְׂמַח הָאָדָם בְּמַעֲשָׂיו, כִּי הוּא חֶלְקוֹ. (ג, כב)
> וְשִׁבַּחְתִּי אֲנִי אֶת הַשִּׂמְחָה, אֲשֶׁר אֵין טוֹב לָאָדָם תַּחַת הַשֶּׁמֶשׁ כִּי אִם לֶאֱכוֹל וְלִשְׁתּוֹת וְלִשְׂמוֹחַ. (ח, טו)
> כִּי אִם שָׁנִים הַרְבֵּה יִחְיֶה הָאָדָם בְּכֻלָּם יִשְׂמָח. (יא, ח)

ספר קהלת נראה מסוכסך ומבולבל כל עוד אין עומדים על מובנה הנכון של המילה "הבל". ה"הבל" של קהלת איננו חוסר טעם, חוסר משמעות או שטות. ההבל הוא מה שאנו נושפים, נשימה קלה, שטוחה. ספר קהלת הוא הרהור מתמשך על מוסר. יהיו חיינו ארוכים ככל שיהיו, אנחנו יודעים שיום אחד נמות. חיינו הם רק מיקרו־שנייה בהיסטוריה של היקום. "דּוֹר הֹלֵךְ וְדוֹר בָּא וְהָאָרֶץ לְעוֹלָם עֹמָדֶת" (קהלת א, ד). אנחנו חולפים כאד, כנשימה קלה. החיים קצרים ושבירים. כל ההבדל בין חי למת טמון בנשימה.

קהלת מוטרד מעובדה זו מפני שהיא מאיימת לשלול מהחיים את משמעותם. כולנו נמות בטרם נדע מהן ההשלכות ארוכות הטווח של מעשינו בעולם הזה. משה לא זכה להכניס את העם לארץ המובטחת. בניו לא עלו לגדולה כמוהו. אפילו הוא, גדול הנביאים, לא יכול היה לדעת שייזכר לאורך אלפי שנים כגדול מנהיגיו של עם ישראל. וינסנט ואן גוך, להבדיל, הצליח כל חייו למכור רק אחד מציוריו. איננו יודעים מה יורשינו יעשו במה שהשארנו להם. איננו יכולים לדעת איך ניזכר, ואם ניזכר בכלל. איך אפשר אפוא למצוא משמעות בחיים?

קהלת מוצא את המשמעות לא באושר אלא בשמחה - מפני שהשמחה שוכנת לא במחשבות על המחר, אלא בהכרת הטוב של היום. אנחנו כאן; אנחנו חיים; אנחנו בין אנשים אחרים השותפים לתחושת העליצות שלנו. אנחנו חיים על אדמת האל, נהנים מברכתה, אוכלים מתבואתה המושקית בגשמי ה' ומבשילה תחת שמשו,

נושמים את האוויר שהוא נופח בנו, חיים את החיים שהוא מחדש לנו בכל יום תמיד. ואכן, איננו יודעים מה יביא המחר בכנפיו; אכן, אנו מוקפים אויבים; אכן, מעולם לא היה קל או בטוח להיות יהודי. אבל כשאנחנו מתמקדים ברגע, כשאנחנו מרשים לעצמנו לרקוד, לשיר ולהודות, כשאנו עושים דברים לשמם ולא על מנת לקבל פרס, כשאנו משתחררים מהנפרדוּת שלנו ונעשים קול במקהלת הקודש - או־אז שורה עלינו השמחה.

קירקגור כתב פעם: "כדי להתאבל צריך אומץ מוסרי; כדי לשמוח צריך אומץ דתי".[2] ההיסטוריה היהודית רווית אסונות, ובכל זאת היהודים לא איבדו אף פעם את היכולת לשמוח לחגוג בלב המאפליה, לשיר את שיר ה' גם על אדמת נכר. יש מדתות המזרח המבטיחות שלוות נפש למי שירגיל את עצמו להשלים עם המציאות. הפילוסוף אפיקורוס לימד את חסידיו לפרוש לפינה הפרטית הבטוחה, ולא ליטול את הסיכונים הכרוכים בנישואים או בפעילות ציבורית. אפשר למצוא היגיון בגישות הללו, אך היהדות איננה דת של השלָמה, והעם היהודי אינו מן המתחמקים מאתגרי החיים. כל עוד לא נאבד את היכולת לשמוח נוכל לעמוד בכישלונות ובהפסדים. בחג הסוכות אנחנו יוצאים מהביטחון והנוחות של ביתנו וחיים בצריפים מטים לנפול החשופים ללהט החמה, לצינת הלילה ולמטר השמים. ובכל זאת אנו קוראים לחג הזה "זמן שמחתנו". שמחה זו היא חלק מהיות יהודי - וחלק לא קטן.

מכאן קביעתו של משה שהיכולת לשמוח היא הנותנת לעם ישראל את כוח העמידה שלו. בלעדיה לא נהיה חסינים מפני שפע הפגעים המפורטים בפרשת התוכחה. השמחה בצוותא מאחדת אותנו כעם; היא, והכרת הטוב והענווה הנובעות מההכרה שלא כוחנו ועוצם ידינו עשו לנו את החיל הזה אלא ברכת ה'. רדיפת האושר עלולה להוביל לפרישה מהציבור, לבריחה מסיכונים ולאדישות כלפי ייסוריו של הזולת. לא כן השמחה. השמחה מחברת אותנו זה אל זה ואל הקב"ה. השמחה היא היכולת לראות את הטוב בחיים ולדעת שגם אם יהיה רע מחר, הנה היום אנחנו פה, תחת שמֵי ה', אורחיו שהזמין אל היקום שברא.

באחרית ימיו, כשהוא חירש זה עשרים שנה, הלחין בטהובן את הסימפוניה התשיעית שלו: משיאי המוזיקה בכל הזמנים. אינטואיציה טמירה הובילה אותו לתת בה מקום, באופן חסר תקדים בסוגת הסימפוניה, לקול האנושי. המילים שבחר היו מילות "המנון לשמחה" מאת פרידריך שילר. אני חושב על היהדות כעל המנון

2. Søren Kierkegaard, *Journals and Papers*, Bloomington: Indiana University Press, 1967, vol. 2, p. 493.

לשמחה. כמו בטהובן ידע עם ישראל סבל, בדידות, מצוקה ודחייה - אך תמיד היה בו האומץ הדתי לשמוח. עַם היכול לחיות בביטחון מעורער ובכל זאת להרגיש שמחה הוא עם שלעולם לא ינוצח - כי רוחו אינה נשברת, ותקוותו עומדת לעד.

כי תבוא
שְׁאל ישראל

הגיוני להניח כי שפה שיש בה הפועל "לצוות" יהיה בה גם הפועל "לציית". מן האחד משתמע קיומו של האחר, ממש כשם שבעצם המושג "שאלה" מרומזת האפשרות ל"תשובה". אך לא. **תרי"ג מצוות יש בתורה, אך בעברית המקראית אין שום מילה שמשמעותה "לציית"**. בימי החייאתה של העברית כשפת דיבור מודרנית נשאלה מארמית המילה "לציית". עד אז, לא הייתה מילה כזו בעברית.

זו עובדה מדהימה, ורבים החמיצו אותה. החמצה זו גרמה לכמה וכמה נוצרים (וחילונים) לטעות בהבנת טבעה של היהדות: רק הוגים נוצרים מעטים העריכו נכונה את המושג "מִצווה" ואת הרעיון שאלוהים עשוי לבחור להתגלות דווקא בדמות חוקים. ההחמצה אף גרמה לכמה יהודים לחשוב על המצוות בדרך ההולמת את האסלאם (המילה אסלאם פירושה התמסרות והכנעה למצוות האל) יותר מכפי שהיא הולמת את היהדות. לדידה של התורה, למצוות לא מצייתים; למצוות **שומעים**.

השורש שמ"ע הוא מילת מפתח בספר דברים. כבר ציינו בדרשתנו לפרשת עקב "ההקשבה כערך רוחני" כי שורש זה מופיע בחומש שלנו 92 פעמים, בדרך כלל כדי לציין את הדרך שה' רוצה שניענה בה למצוותיו. אולם השורש הזה מציין דברים רבים. הנה כמה מהמשמעויות שיש לו בספר בראשית:

לשמוע, כמובנו הפשוט של הפועל בעברית מודרנית - כמו בפסוק "וַיִּשְׁמַע אַבְרָם כִּי נִשְׁבָּה אָחִיו" (יד, יד).

להיעתר - כמו בפסוקים "כִּי שָׁמַעְתָּ לְקוֹל אִשְׁתֶּךָ וַתֹּאכַל מִן הָעֵץ" (ג, יז) ו"וַתֹּאמֶר רָחֵל, דָּנַנִּי אֱלֹהִים וְגַם שָׁמַע בְּקֹלִי וַיִּתֶּן לִי בֵּן" (ל, ו).

להבין - כגון "הָבָה נֵרְדָה וְנָבְלָה שָׁם שְׂפָתָם אֲשֶׁר לֹא יִשְׁמְעוּ אִישׁ שְׂפַת רֵעֵהוּ" (יא, ז). כך נתפרש במסורת גם הביטוי המאוחר יותר "נַעֲשֶׂה וְנִשְׁמָע" (שמות כד, ז): תחילה נעשה, ואז נבין.

להיות נכון לציית - כדברי המלאך לאברהם אחרי עקדת יצחק: "וְהִתְבָּרְכוּ בְזַרְעֲךָ כֹּל גּוֹיֵי הָאָרֶץ עֵקֶב אֲשֶׁר שָׁמַעְתָּ בְּקֹלִי" (כב, יח). אברהם עמד לציית לציווי האלוהי, אבל ברגע האחרון הורה לו המלאך לעצור.

להיענות במעשה, לעשות את רצונו של הזולת - כמו "כֹּל אֲשֶׁר תֹּאמַר אֵלֶיךָ שָׂרָה שְׁמַע בְּקֹלָהּ" (כא, יב). מובן אחרון זה של "לשמוע" הוא הקרוב ביותר ל"לציית".

העובדה שהפועל שמ"ע מורה על כל המובנים הללו מלמדת שבתורה אין מושג של ציות עיוור. דרכו של עולם שמפקֵד מצַווה וחייל מציית; שאדון מצווה ועבד מציית. המציית אינו מפעיל את מחשבתו. מילותיו של המצַווה ומעשיו של המצוּוה יוצרים יחדיו צמד של פעולה ותגובה - או אפילו של גירוי ותגובה. מבחינה מעשית, לחייל ולעֶבד אין תודעה משלהם. כתיאורו של המשורר אלפרד טניסון בשירו "צו הבריגדה הקלה", "תַּפְקִידָם אֵינוֹ לִשְׁאֹל; רַק לִפְעֹל, אוֹ לִפּוֹל".

לא כך תופסת התורה את היחסים בין אלוהים לבינינו. ה', שברא אותנו בצלמו וחנן אותנו בחופש ובכוח לחשוב, רוצה **שנבין** את מצוותיו. הרלב"ג (רבי לוי בן גרשון, 1344–1288) טען כי זהו הדבר המייחד את התורה:

> והנה תורתנו תיוחד משאר התורות והנימוסים שהיו לשאר האומות, כי תורתנו אין בה דבר לא יגזרהו היושר והבינה, ולזה היה זה הנימוס האלוהי מושך האנשים מצד עצמותו אל שיתנהגו בו. ואמנם נימוסי שאר האומות אינם כן כי הם מסודרים לפי יושר וחכמה, והם נימוסים זרים בטבעי האנשים, ויתנהגו בהם האנשים על צד ההכרח מצד אימת המלכות ואימת הטלת העונש ולא מצד עצמותם.[1]

ברוח דומה מדבר המלומד בן זמננו דוד וייס הלִבני על "הנטייה היהודית לחוק מוצדק", ומנגיד אותה לתרבויות אחרות בעולם העתיק:

> החוק הקדום בדרך כלל מוכח מתוך עצמו, ואין נלווים אליו צידוק או שכנוע. סגנונו קטגורי, תובעני ומצווה... במזרח הקדום במיוחד, בקובצי החוקים אין שום סימן לרצון לשכנע או לכבוש לבבות. הוא קובע, מורה ופוקד, ומצפה להיות מקוים רק מכוח היותו צו רשמי. הוא אינו משתדל (באמצעות מתן צידוק) לקבל את הסכמתם של נמעניו.[2]

1. רלב"ג על התורה, ואתחנן, התועלת הארבע־עשרה.
2. David Weiss Halivni, *Midrash, Mishnah, Gemara: The Jewish Predilection for Justified Law*, Cambridge,

התורה משתמשת בשלושה מכשירים לפחות כדי להראות שמצוותיה אינן שרירותיות ואינן רק צו מגבוה. הראשון, הניכר במיוחד לאורך ספר דברים, הוא מתן **טעמים למצוות**. תכופות, אף כי לא תמיד, הטעם נוגע לחוויית שעבוד מצרים. אתם יודעים - אומר ה' לבני ישראל על ידי משה - איך זה להיות נדכא, להיות נוכרי, להיות זר; אני רוצה שתייסדו חברה מסוג אחר. חברה המגבילה את העבדות, הנותנת לכל אדם יום מנוחה שבועי, המבטיחה שלֶחם לא יחסַר מפי האביון וצֶדק לא יחסר לדך ולחלש.

המכשיר השני, הבולט במיוחד בספר במדבר, הוא **הצמדת החוק לסיפור** - כמו לומר, החוק יובן על הצד הטוב ביותר אם יועמד על רקע ההיסטוריה והחוויה של בני ישראל בתקופתם המעצבת. וכך, חוק פרה אדומה, המטהרת ממגע עם המת, מופיע מיד לפני סיפור מות מרים ואהרן, להזכירנו שהאבל והשכול אמנם מפריעים למגע הישיר שלנו עם אלוהים, אך הפרעה זו אינה נמשכת לנצח: אפשר לשוב ולהיטהר. דין הציצית מופיע אחרי סיפור המרגלים, משום ששניהם קשורים לראייה. הצימוד מדגיש את ההבדל בין ראייה מתוך אֵימה לבין ראייה מתוך אמונה.

המכשיר השלישי הוא **הזיקה בין החוק למטפיזיקה**. יש קשר חזק בין פרק א בספר בראשית, סיפור הבריאה, לבין חוקי הקדושה. שניהם שייכים לתורת כוהנים, לקול הכוהני, ושניהם נוגעים לסדר, להבדלה ולשמירת גבולות. החוקים האוסרים ערבוב חלב ובשר, צמר ופשתים וכן הלאה עניינם מתן כבוד למבנה העומק של הטבע המתואר בפרק הפותח את התורה.

לאורך ספר דברים, כשמשה ניצב בפסגת מנהיגותו, הוא נעשה מחנך, ומסביר לבני הדור החדש, הדור שעתיד לרשת את הארץ ולשבת בה, שהמצוות שה' נתן להם אינן רק צווים אלוהיים. יש בהן גם היגיון שבני אדם מבינים. הן מוסדי ארץ שעליהם יכולה להיבנות חברה חופשית וצודקת. הן מתחשבות בכבוד האדם. הן מבטיחות את שלמותו של הטבע. הן נותנות לאדמה הזדמנות לשבות ולהתאושש. הן מחסנות את עם ישראל מפני חוקי הברזל של עלייתן ונפילתן של אומות.

רק אם יכירו בני ישראל באלוהים כריבונם, יהיו מוגנים מפני שתלטנותם של מלכים ושחיתותו של הכוח. שוב ושוב אומר משה לעם שאם ישמור את מצוות ה' ייהנה מפריחה, ואם לא יעשה כן יספוג תבוסה, חורבן וגלות. אפשר להבין את הסיבתיות הזו כתופעה על־טבעית, אבל אפשר גם להבינה באופנים שבדרך הטבע.

משום כך משתמש משה לכל אורכו של ספר דברים בפועל שמ"ע. הוא רוצה שבני ישראל יצייתו לקב"ה, אך לא באופן עיוור ולא מתוך פחד בלבד. ה' איננו שליט

.Mass.: Harvard University Press, 1986, p. 5

עריץ. בני ישראל צריכים לדעת זאת מתוך התנסות ישירה. הם כבר ראו איך ה', בורא שמים וארץ, בחר בהם לעמו, הוציאם מעבדות לחירות, זן אותם וסוכך עליהם כל שנות הנדודים, והובילם לניצחון על אויביהם. ה' נתן להם את התורה לא למענו אלא למענם. כדברי וייס הלבני, התורה "מזמינה את מקבל החוקים ללמוד את האפקט המיטיב שלהם, ועל ידי כך מכבדת אותו ונותנת לו תחושה שהוא שותף בהם".[3]

זה פשר דבריו המרשימים של משה בסוף פרשתנו, "הַסְכֵּת וּשְׁמַע, יִשְׂרָאֵל! הַיּוֹם הַזֶּה נִהְיֵיתָ לְעָם לַה' אֱלֹהֶיךָ. **וְשָׁמַעְתָּ בְּקוֹל ה'** אֱלֹהֶיךָ וְעָשִׂיתָ אֶת מִצְוֹתָו וְאֶת חֻקָּיו אֲשֶׁר אָנֹכִי מְצַוְּךָ הַיּוֹם" (דברים כז, ט-י). שמירת המצוות מצריכה מעשה של הקשבה, לא רק כניעה וציות עיוור; הקשבה על ממדיה הרבים: קשב, הרהור והתבוננות במהותו של ה' כפי שהיא משתקפת בבריאה, בהתגלות ובגאולה. הקשבה זו משמעה ניסיון להבין את גבולותינו ואת פגמינו כבני אדם. היא דורשת זכירה רגשית חיה של חוויית העבדות במצרים. נדרשים כאן ענווה וזיכרון והכרת הטוב. אך אין נדרשת השעיה של השכל ולא השתקה של הדעת השואלת.

הקב"ה אינו רודן[4] אלא מורה.[5] הוא רוצה שלא רק נציית, אלא גם נבין. לכל העמים יש חוקים, והם צריכים לציית להם. אך מעטים הם העמים לבד מישראל שהעמידו להם כמטרת־על להבין מדוע החוק הוא כפי שהוא. לכך מכוונת התורה במילה "שמע".

3. שם, עמ' 14.
4. ראו עבודה זרה ב ע"ב - ג ע"א.
5. ראו תנחומא (בובר), יתרו טז.

ניצבים

לא בשמים

כשהייתי סטודנט בשלהי שנות השישים - תקופת מהומות הסטודנטים, הסמים הפסיכדליים והמדיטציה של הביטלס עם המהרישי מָהֶש יוגי - התהלך בינינו סיפור. יהודייה אמריקנית בת שישים ומשהו נסעה לצפון הודו, לפגוש גורו מפורסם. קהל רב חיכה שם בתור לראות את האיש הקדוש, אך היא התמרפקה פנימה בהסבירה שהיא מוכרחה לראות אותו בדחיפות. מה שאמרה למאסטר מִשֶּׁהִשתחלה אל האוהל נרשם על ספר הזהב של האגדה האורבנית. היא אמרה לו, "מרווין, תקשיב לאימא שלך. מספיק כבר. בוא הביתה".

משנות השישים ואילך מצאו יהודים את דרכם לדתות ולתרבויות רבות: רשימה נכבדה של יעדים, עם נפקדת בולטת אחת: דתם שלהם. והרי ליהדות היו לאורך שנותיה הרבות מיסטיקנים משלה ומודטים משלה, ומשוררים ופילוסופים גדולים לא חסרו בה, וצמחו בה אנשי קודש ונשות קודש, חוזים ונביאים. לא פעם נדמה שכיסופינו אל ההארה הרוחנית גוברים ככל שהיא זרה ונידחת יותר. אנחנו מעדיפים את הרחוק על פני מה שבהישג ידנו.

פעם חשבתי שתופעה זו ייחודית לעידן המשונה שלנו. אך האמת היא שכבר משה רבנו חזה את האפשרות הזו:

> כִּי הַמִּצְוָה הַזֹּאת אֲשֶׁר אָנֹכִי מְצַוְּךָ הַיּוֹם לֹא נִפְלֵאת הִוא מִמְּךָ וְלֹא רְחֹקָה הִוא. לֹא בַשָּׁמַיִם הִוא לֵאמֹר, "מִי יַעֲלֶה לָּנוּ הַשָּׁמַיְמָה וְיִקָּחֶהָ לָּנוּ וְיַשְׁמִעֵנוּ אֹתָהּ וְנַעֲשֶׂנָּה?" וְלֹא מֵעֵבֶר לַיָּם הִוא לֵאמֹר, "מִי יַעֲבָר לָנוּ אֶל עֵבֶר הַיָּם וְיִקָּחֶהָ לָּנוּ וְיַשְׁמִעֵנוּ אֹתָהּ וְנַעֲשֶׂנָּה?" כִּי קָרוֹב אֵלֶיךָ הַדָּבָר מְאֹד; בְּפִיךָ וּבִלְבָבְךָ לַעֲשֹׂתוֹ. (דברים ל, יא-יד)

משה רומז שביום מן הימים בני ישראל יאמרו שכדי למצוא השראה יש לטפס לשמים או להפליג אל מעבר לים. שדבר האלוהים נמצא היכנשהו, אך ודאי לא כאן. ואכן, כך היה בחלק נכבד מתולדות ישראל, עוד בימי בית ראשון ובית שני. תחילה נמשכו

הלבבות אל אליליהם של העמים השכנים: בעל או כמוש, מרדוך או עשתורת. לאחר זמן, בימי בית שני, נהו היהודים אחר ההלניזם לצורותיו היווניות והרומיות. זו תופעה מוזרה, המתומצתת היטב במימרה הידועה של גראוצ׳ו מרקס "אני מסרב להשתייך למועדון שיקבל אותי כחבר". ליהודים יש מאז ומקדם נטייה להתאהב באלו שאינם אוהבים אותם, ולצעוד כמעט בכל נתיב רוחני נוכרי שמזדמן להם. והנטייה הזו פוגעת בהם.

כאשר בעלי כישרונות גדולים עוזבים את היהדות, היהדות נמצאת חסרה. כאשר מבקשי הרוחניות הולכים לרעות בשדות זרים, הרוחניות היהודית מפסידה. בדרך כלל זה קורה באופן הפרדוקסלי שמשה רבנו תיאר בכמה מקומות בספר דברים. זה קורה בתקופות של שפע, לא של עוני; בעידנים של חופש ולא של שעבוד. בתקופות מצוקה, כאשר נדמה שאין לנו סיבות רבות להודות לה׳, אנחנו מודים לו; אך דווקא כאשר חסדו גובר עלינו, אנחנו שוכחים אותו.

כי מתי עבדו היהודים את האלילים, או התייוונו? כשבתי המקדש עמדו על מכונם והיהודים ישבו על אדמתם, במדינה עצמאית או בשלטון עצמי מוגבל. ומתי נטשו רבים מיהודי אירופה את היהדות? בימי האמנציפציה, משלהי המאה השמונה־עשרה ואילך, כאשר הם נהנו לראשונה מזכויות אזרח. רוב משך התקופות הללו, התרבויות הסובבות עִיינו את היהודים ואת דתם. ובכל זאת, היהודים העדיפו לאמץ את התרבות שדחתה אותם ולא את זו שנולדו בתוכה וקיבלו בירושה ויכלו להרגיש בה כבביתם. פעמים רבות התוצאות היו טרגיות.

אימוץ פולחן הבעל לא הפך את בני ישראל לרצויים בעיני הכנענים. ההתייוונות לא גרמה לבני התרבויות ההלניות להוקיר את היהודים. עזיבת היהדות במאה התשע־עשרה לא שמה קץ לאנטישמיות; היא רק תדלקה אותה. מכאן עוצמַת קריאתו של משה: כדי למצוא אמת, יופי ורוחניות, אין צורך להעפיל לשמים או לעבור את הים. "כִּי קָרוֹב אֵלֶיךָ הַדָּבָר מְאֹד; בְּפִיךָ וּבִלְבָבְךָ לַעֲשֹׂתוֹ".

כך קרה שהיהודים העשירו את התרבויות האחרות יותר משפיתחו את תרבותם. חלק מהסימפוניה השמינית של גוסטב מאהלר הוא מיסה קתולית. אירווינג ברלין, בנו של חזן, כתב את השיר "אני חולם על כריסטמס לבן". פליקס מנדלסון, נכדו של חלוץ ההשכלה היהודית משה מנדלסון, חיבר מוזיקה כנסייתית והחזיר אל האולמות את המתיאוס פסיון הנשכח של באך. סימון וֵייל, שהייתה מן המעמיקים שבהוגים הנוצרים במאה העשרים, ואשר תוארה בפי אלבר קאמי כ"נפש הגדולה היחידה בזמננו", נולדה להורים יהודים. כך גם אדית שטיין, שהכנסייה הקתולית מאדירה

את שמה כקדושה נוצרייה מעונה, אך הנאצים רצחוה באושוויץ על שום שנולדה יהודייה. ועוד ועוד.

האם אירופה נכשלה בקבלת יהודיותם של היהודים ושל היהדות? שמא היהדות היא שכשלה בהתמודדות עם אתגרי הזמן והסביבה? התופעה ההיסטורית הזו מורכבת וסבוכה, והסבר אחד לא ימצה אותה. אבל בכל מקרה, היא גרמה לנו להפסיד אוצרות אמנות ורוח, השראה ודעת.

מצב זה השתנה במידת־מה, בישראל וגם בתפוצות. המוזיקה היהודית מתחדשת בשלל גוני יצירתיות, והמיסטיקה היהודית קמה לתחייה. יש סופרים והוגים יהודים דגולים. ועדיין, אנחנו נתונים בתת־הישגיות רוחנית. שורשיה העמוקים של הרוח באים מבפנים: מתוך תוכה של תרבות, של מסורת, של רגישות. הם נעוצים בתחביר ובסמנטיקה של שפת האם של הנשמה. קרוב אלינו מאוד, בפינו ובלבבנו.

יופייה של הרוחניות היהודית טמון בדיוק בכך: בהיותו של האלוהים קרוב. כדי למצוא את שכינת האל אין צורך לא להעפיל למרומי הרים ולא להרחיק לאשרמים מבודדים. היא כאן. היא בשולחן השבת שלנו - לאור הנרות, בקדושתם הפשוטה של יין הקידוש והחלות, בשיר התהילה לאשת החיל ובברכת הבנים והבנות, בשלוות הנפש השורה עלינו בעוזבנו את העולם לנפשו ליממה אחת ובהתענְגֵנו לא על פרי העמל אלא על פרח המרגוע, לא על קניות אלא על מתנות המצויות ברשותנו מאז ומתמיד אך איננו מספיקים להוקירן.

אלוהים קרוב אלינו. הוא כאן, בשירה שבמזמורי תהלים, ספרות הנשמה הגדולה ביותר שנכתבה אי־פעם. הוא כאן, מאזין לשקלא ולטריא שלנו על דף גמרא ולפירושים החדשים שאנו מציעים לכתובים ישנים. הוא כאן, בשמחת הרֶגל ובדמעות תשעה באב, בהדי השופר של ראש השנה ובהרהורי התשובה של יום כיפור. הוא כאן, באווירה הטוב של ארץ ישראל ובאבניה האהובות של ירושלים, מקום שם הקדום והמתקדם מתערים זה בזה כרֵעים אהובים.

אלוהים קרוב. זו התחושה המציפה אותי אחרי עשרות שנים של עיסוק באמונת אבותינו. היהדות איננה צריכה קתדרלות ולא מנזרים, לא תיאולוגיות סתומות ולא פלפולים מטפיזיים, יפים ככל שיהיו, מפני שה׳ אלוהינו הוא אלוהים לכל אדם ובכל מקום, אל שיש לו זמן לכל אחד מאיתנו ואשר פוגש אותנו באשר הננו, ובלבד שאנו מוכנים לפתוח אליו את לבנו.

אני רב. במשך עשרים ושתיים שנה הייתי רב ראשי. אך בחשבון אחרון אני סבור כי אנחנו, הרבנים, לא עשינו די לעזור לאנשים לפתוח את דלתותיהם, את ראשיהם

ואת רגשותיהם לאביהם שבשמים שבראָם־באהבה־על־הארץ, לאלוהינו שאבותינו ידעוהו היטב כל כך ואהבוהו עד אין גבול.

פחדנו. פחדנו מהקשיים האינטלקטואליים של ההתמודדות עם התרבות החילונית שמסביב. פחדנו מהקשיים החברתיים הטמונים בצורך להיות איש־העולם־הגדול שיש לו בכל זאת עולם משלו. פחדנו מהקושי הרגשי שבהיחשפות לביקורת ולהשתלחות ביהודים, ביהדות ובמדינת ישראל. ועל כן נסוגונו אל מאחורי חומה גבוהה, וחשבנו שאנחנו בטוחים. אבל חומות גבוהות לעולם אינן יוצרות ביטחון; הן יוצרות רק פחד.[1] אמצעי הביטחון היעיל היחיד הוא התעמתות עם הקשיים בלי פחד ומתוך העמדת מופת לאחרים.

כשמשה אמר "לֹא בַשָּׁמַיִם הִוא... וְלֹא מֵעֵבֶר לַיָּם", הוא התכוון לדבר כזה בערך: "ילדודס, ההורים שלכם רעדו כשהם שמעו את קול האלוהים בהר סיני. הם היו מוצפים. הם אמרו: אם נמשיך לשמוע את הקולות הללו נמות. ה' ראה שהם נבהלו כל כך, ומצא בשבילם ובשבילכם דרכים חלופיות לפגוש אותו, בלי אימה. כן: הוא בורא העולם וריבון העולם, הוא הכוח העליון והוא עילת כל העילות, הוא מסדר את הכוכבים במשמרותיהם ברקיע כרצונו. אבל הוא גם אבא, ושותף, ואוהב, ואפילו חבר. השכינה היא גם שכֵנה.

"איך תפגשו אותו? הודו לו בכל בוקר על מתנת החיים. אמרו קריאת שמע פעמיים ביום והיזכרו במתנת אהבתו. צרפו את קולכם לקולם של אחרים בתפילה, וכך תתמלאו ברוחו שתנסוך בכם עוצמה ואומץ לשנות את העולם. אם אינכם מצליחים לראות אותו, אין זאת אלא שהסתכלתם בכיוון הלא נכון. כשנדמה לכם שהוא חסר, הוא פשוט עומד מאחורי הדלת ואתם צריכים לגשת ולפתוח אותה.

"אל תנהגו בו כבזר. הוא אוהב אתכם. הוא מאמין בכם. הוא רוצה בהצלחתכם. כדי למצוא אותו אינכם צריכים לעוף לשמים או לצלוח את הים. הוא הקול שאתם שומעים בדממת הנפש. הוא האור שאתם רואים כשאתם פוקחים את עיניכם בפליאה. הוא היד הנוגעת בכם על סף הייאוש. הוא הנשימה הנופחת בכם חיים".

1. ראו רש"י לבמדבר יג, יח.

ניצבים

למה יהדות?

פרשת השבוע מעוררת שאלה הנוגעת אל לב היהדות, ובכל זאת לא נשאלה דורות רבים עד שקם והעלה אותה במאה החמש־עשרה רבי יצחק עראמה.

משה נמצא בערוב ימיו. העם עומד לעבור את הירדן ולהיכנס אל הארץ המובטחת. משה יודע שעליו לעשות עוד דבר אחד לפני מותו. עליו לחדש את הברית בין העם לבין הקב"ה. הוריהם של האנשים והנשים העומדים להיכנס לארץ נכנסו בברית הזו כמעט ארבעים שנה קודם לכן, כשעמדו לרגלי הר סיני ואמרו "כֹּל אֲשֶׁר דִּבֶּר ה' נַעֲשֶׂה וְנִשְׁמָע" (שמות כד, ז). אולם עכשיו יש להבטיח כי בני הדור החדש, **וכל דורות העתיד**, יהיו מחויבים לברית הזאת אף הם. משה רצה שאיש לא יוכל לומר "ה' כרת ברית עם אבותיי אבל לא איתי. לא הסכמתי. לא הייתי שם. אינני מחויב". וכך אומר משה:

> וְלֹא אִתְּכֶם לְבַדְּכֶם אָנֹכִי כֹּרֵת אֶת הַבְּרִית הַזֹּאת וְאֶת הָאָלָה הַזֹּאת. כִּי אֶת אֲשֶׁר יֶשְׁנוֹ פֹּה עִמָּנוּ עֹמֵד הַיּוֹם לִפְנֵי ה' אֱלֹהֵינוּ וְאֵת אֲשֶׁר אֵינֶנּוּ פֹּה עִמָּנוּ הַיּוֹם. (דברים כט, יג-יד)

במילים "אֲשֶׁר אֵינֶנּוּ פֹּה" הכוונה איננה למי מבני ישראל שלא היה באותו רגע לרגלי הר סיני; שהרי העם כולו היה שם. הכוונה היא לדורות שעדיין לא נולדו אז, לכל דורות העתיד. על סמך זאת אומר התלמוד שכל אדם מישראל "מושבע ועומד מהר סיני".[1]

האומנם? התיתכן ברית בלי הסכמה? איך אנחנו יכולים להיות נתונים להתחייבות על בסיס החלטה שקיבלו אבות אבותינו אי־שם בערפילי הזמן? נכון, על פי ההלכה "זכין לאדם שלא בפניו": אפשר לזכות אדם בהטבה גם בלי לבקש את הסכמתו. היות יהודי הוא בוודאי זכייה וברכה - אך הדבר כרוך גם באחריות

1. יומא עג ע"ב; נדרים ח ע"א.

רבה, ובמגבלות על טווח הבחירות הלגיטימיות של האדם. מדוע אפוא אנו מחויבים היום למה שאמרו בני ישראל אי־אז?

מבחינה יהודית, זוהי שאלת השאלות. איך יכולה זהות דתית לעבור מהורה לילדו? אילו הייתה הזהות רק אתנית, אפשר היה להבין זאת. הרי הירושה הבסיסית ביותר שמותירים לנו הורינו היא התורשה שלנו, המטען הגנטי. אבל להיות יהודי איננו מצב גנטי. זוהי מערכת של חובות דתיות.

תשובתם של חז"ל ניתנה בדמות מדרש על הפסוק שציטטנו מפרשתנו. הם אמרו שנשמות כל בני הדורות העתידיים היו בהר סיני. נשמות אלו נתנו את הסכמתן החופשית, דורות לפני שנולדו הגופים שהן ישכנו בהם.[2]

אבל - שואל רבי יצחק עראמה[3] - האם די בכך? הרי ה' כרת ברית לא רק עם נשמות, אלא עם בני אדם בעלי גוף. אנחנו ישויות גשמיות, ויש לנו יצרים גשמיים. קל להבין מדוע תחפוץ הנשמה לבוא בברית עם אלוהים ולמה תקבל על עצמה ברצון את המחויבויות הכרוכות בכך. הרי כל תשוקתה של הנשמה היא קרבת ה'. אך הברית מחייבת את האדם החי, הנושם, בעל הגוף - והסכמתו נדרשת לה. אי־אפשר להניח כמובן מאליו שהאדם בגשמיותו יקבל ברצון את התורה, על כל המגבלות שהיא מטילה על האכילה, השתייה, יחסי המין וכל השאר. הסכמה כזו אפשר לבקש מאדם רק משנולד וגדל והבין במה כל זה כרוך. לפיכך, נוכחות הנשמות שלנו במעמד הר סיני עדיין אינה מסבירה מדוע אנחנו עצמנו מחויבים לברית ההיא. בעצם, רבי יצחק עראמה שואל פה: למה להיות יהודי?

מרתקת העובדה שהוא היה הראשון ששאל זאת מאז ימי התלמוד. מדוע לא שאלו זאת לפני כן? למה רק בספרד של המאה החמש־עשרה? לאורך מאות שנים, השאלה למה להיות יהודי לא התעוררה. זה היה מובן מאליו. אני יהודי כי הוריי יהודים, והוריהם והורי הוריהם, בשלשלת המגיעה אל שחר הולדתה של היהדות. שאלות קיומיות צצות כאשר מרגישים שיש בחירה. לרוב אורך ההיסטוריה, הזהות היהודית לא הייתה בחירה. היא הייתה עובדה מולדת, גורל, ייעוד. היא לא הייתה דבר שאדם בוחר בו; אדם אינו בוחר להיוולד - וגם אינו בוחר להיוולד יהודי.

והנה, בספרד של המאה החמש־עשרה, היהודים הועמדו בפני הבחירה. ב־1391 פרעו נוצרים ביהודים, במעין ליל הבדולח של יהדות ספרד, ומאז ועד הגירוש ב־1492 החריפו הרדיפות בהדרגה, והיהודים הודרו מתחום אחר תחום של החיים הציבוריים.

2. שבועות לט ע"א.
3. בספרו **עקדת יצחק**, דברים, פרשת ניצבים.

הופעל עליהם לחץ אדיר להתנצר, וחלקם עשו זאת. היו מהם ששמרו את יהדותם בחשאי, והיו שלא. לראשונה זה מאות רבות, להיות יהודי נתפס לא רק כגורל אלא גם כבחירה. זה הרקע לשאלתו של רבי יצחק עראמה, שעמדה בלתי נשאלת שנים רבות כל כך קודם לכן. זו גם הסיבה מדוע בימינו, ימים שבהם כל דבר חשוב נראה כנתון לבחירה, נשאלת השאלה הזו שוב.

רבי יצחק עראמה נתן תשובה אחת. תשובה אחרת, משלי, נתתי בספרי **רדיקלית אז, רדיקלית עכשיו**.[4] אבל אני גם סבור שחלק גדול מן התשובה טמון במה שמשה עצמו אמר בסוף נאומו: "הַעִידֹתִי בָכֶם הַיּוֹם אֶת הַשָּׁמַיִם וְאֶת הָאָרֶץ: הַחַיִּים וְהַמָּוֶת נָתַתִּי לְפָנֶיךָ, הַבְּרָכָה וְהַקְּלָלָה. וּבָחַרְתָּ בַּחַיִּים, לְמַעַן תִּחְיֶה אַתָּה וְזַרְעֶךָ" (דברים ל, יט).

וּבָחַרְתָּ בַּחַיִּים. שום דת, שום ציוויליזציה, לא הדגישה בהתמדה ובהבלטה כה רבות את העובדה **שאנחנו יכולים לבחור**. בידינו, אומר הרמב"ם, לבחור אם להיות צדיקים כמשה או רשעים כירבעם.[5] אנחנו יכולים להיות גדולים. אנחנו יכולים להיות קטנטנים. אנחנו יכולים לבחור.

עמֵי קדם, שהאמינו בגורל, במזל, במוירה, באנאנקה, בהשפעת הכוכבים או בשרירותיות הטבע, לא האמינו לגמרי בחופש האנושי. לדידם, חופש אמתי פירושו השלמה עם הגורל (אם אתם דתיים) או מודעות להכרח (אם אתם פילוסופיים). גם בימינו, רוב האתיאיסטים המדעיים אינם מאמינים בחופש. הגֶנים מכתיבים את אשר נעשה. גורלנו כתוב בדנ"א שלנו. הבחירה היא אשליה תודעתית. היא הבדיה שאנחנו מספרים לעצמנו.

היהדות אומרת - לא. הבחירה היא כמו שריר: אם לא תְּאַמְּנו אותה תְּנַוונו אותה. ההלכה היא משטר אימון של כוח הרצון. האם אתה מסוגל להינזר ממאכלים מסוימים? האם אתה יכול למקד את הרוחניות שלך שלוש פעמים ביום? האם את מסוגלת לשבות יום אחד בשבוע? האם אתה מסוגל לרסן את ריצוי היצר - מסוגלוּת שבעיני פרויד היא סימנה של תרבות? האם את יכולה לשלוט בעצמך - יכולת שעל פי "ניסוי המרשמלו" שנערך בילדים היא המנבא התקף ביותר להצלחה בהמשך החיים?[6] להיות יהודי משמעו לא ללכת עם הזרם; לא לעשות מה שאחרים עושים רק מפני שכך הם עושים. היהדות נותנת לנו 613 תרגילים לחישול כוח הרצון, הכוח

4. יונתן זקס, **רדיקלית אז, רדיקלית עכשיו: מורשת הדת העתיקה בעולם**, עברית: מנשה ארבל, ירושלים: הוצאת שלם, תשס"ז.
5. **משנה תורה**, הלכות תשובה ה, ב.
6. Walter Mischel, *The Marshmallow Test*, London: Bantam Press, 2014.

לעצב את חיינו בכוחות עצמנו. וכך נעשים אנחנו, לצד הקב"ה, כותבים־שותפים של חיינו. "אנחנו **צריכים** להיות חופשיים", אמר יצחק בשביס זינגר, "אין לנו בחירה!".

וּבָחַרְתָּ בַּחַיִּים. בדתות רבות אחרות החיים על פני האדמה, החיים עם האהבות והאבדנים, הניצחונות והנפילות, אינם הערך העליון. המיצוי העילאי, הנצח והשלווה והחופש מכאב, יימצא לנו בחיים שלאחר המוות, או באיחודה המלא של הנשמה עם האל, או בהשלמה עם העולם כפי שהוא. בעיני היהדות, חיים כאלה אינם באמת חיים. אולי הם אציליים, רוחניים ונשגבים, אך אין אלה החיים במלואם, הכרוכים בתשוקה, בהסתכנות ובאחריות.

היהדות מלמדת אותנו איך למצוא את אלוהים כאן על פני האדמה, לא בשמים מעל. היא קוראת לחיים של מעורבות, לא של פרישות ובריחה. יותר משהיא מחפשת את האושר, היא שואפת אל השמחה: השמחה שבחיי צוותא, בקֶרב בני אדם אחרים, המברכים על ההוויה והמנסים להיות ברכה. בחיים הרצויים נדרשת הסתכנות: לאהוב, להיקשר, להתחייב. אלה הם חיים למען דבר שהוא גדול מהעונג ומההצלחה האישית. הם תובעים תעוזה.

אין בכך התכחשות לעונג. היהדות אינה סגפנית. אבל גם אין בכך סגידה לעונג. היהדות אינה נהנתנית. הנוסחה היהודית היא קידוש העונג. היא מורידה את השכינה אל המעשים הגופניים ביותר: אכילה, שתייה, אינטימיות. אנחנו פוגשים את אלוהים לא רק בבית הכנסת אלא גם בבית ובבית המדרש, במעשי החסד ובחיי הקהילה, ובכל אשר אנו עושים כדי לתקן משהו מקלקוליו של עולמנו האנושי.

שום דת לא רוממה כל כך את ערכו של האדם החי, הגופני. איננו מוכתמים בחטא קדמון. איננו רק צֶבר של גנים אנוכיים. איננו רק צורת חיים מקרית, אבודה במרחבי היקום. אנחנו ברואיו של אלוהים העשויים בצלמו וכדמותו. אנחנו האנשים שאלוהים בחר בהם להיות שותפיו במלאכת הבריאה. אנחנו העם שאלוהים כמו נשא לאישה במעמד הר סיני ומסר לו ככתובה את התורה. אנחנו האנשים שאלוהים זימן להיות עֵדיו. אנחנו שגרירי השמים בארץ.

איננו טובים מאחרים ואיננו גרועים מהם. אנחנו פשוט שונים, מפני שאלוהים מוקיר את השוני - בעוד בני האדם, רוב הזמן, ניסו לחסל את השוני באמצעות כפיית דת אחת, משטר אחד או אימפריה אחת על כל האנושות. היהדות היא מן הדתות היחידות הגורסות כי לצדיקים מכל האומות יש חלק בעולם הבא בזכות מעשיהם הטובים בעולם הזה.

וּבָחַרְתָּ בַּחַיִּים. בחירה שנשמעת קלה מאין כמוה, אך במבחן המציאות וההיסטוריה הוכח שהיא קשה. בדרך כלל, אנשים בוחרים לא בחיים אלא בתחליפי

חיים. הם מחפשים עושר, רכוש, מעמד, כוח ותהילה. למען האלילים הללו הם מקריבים את הקרבן העילאי, את ימי חייהם. מאוחר מדי הם מבינים שהעושר האמתי איננו מה שיש לאדם, אלא מה שהאדם שמח בו; שהעליון מכל המעמדות הוא מעמד האנשים שמעמד אינו חשוב להם; ושההשפעה הבין־אישית חזקה מן הכוח.

ולכן, אף על פי שמעטות הן הדתות התובעניות יותר מהיהדות, רוב היהודים ברוב התקופות שמרו אמונים ליהדותם, חיו חיים יהודיים, בנו בתים יהודיים והמשיכו את הסיפור היהודי. זו גם הסיבה לשכנועו העמוק של משה, שהתגלה שוב ושוב כמוצדק, כי ה׳ כורת את בריתו לא רק עם הנוכחים במקום ובזמן, אלא גם עם "אֲשֶׁר אֵינֶנּוּ פֹּה עִמָּנוּ הַיּוֹם". על ידי כך שאנו עובדים את ה׳, הגדול מאיתנו עצמנו לאין שיעור, נעשים אנו עצמנו גדולים לאין שיעור מכפי שהיינו אלמלא כן. זו מתנתו של משה לנו.

למה יהדות? כי זוהי הדרך המאתגרת ביותר לבחירה בחיים.

ניצבים

העיקר הארבעה־עשר

תשאלו מישהו כמה עיקרי אמונה יש ביהדות, והתשובה תהיה בוודאי שלושה־עשר. זהו אות להשפעתו הגדולה של הרמב״ם, ששלושה־עשר הוא מספר העיקרים שֶׁמָּנָה. הם מפורטים בפירושו למשנה, במבוא לפרק העשירי של מסכת סנהדרין. ניסוח מאוחר יותר שלהם, ״אני מאמין״, נמצא בסידורים רבים. הגרסה המפורסמת ביותר היא הפיוט ״יגדל״, הנאמר תכופות בתחילתן של תפילות או בסופן. הנה העקרונות בתמצית שבתמצית: (1) קיום אלוהים; (2) אחדות אלוהים; (3) אי־גשמיותו של אלוהים; (4) אלוהים קיים גם לפני היות הזמן ואחריו; (5) רק את אלוהים יש לעבוד; (6) הנבואה; (7) אופייה הייחודי של נבואת משה; (8) תורה מן השמים; (9) נצחיות התורה; (10) אלוהים יודע את כל מעשי בני האדם; (11) שכר ועונש; (12) המשיח; 13. תחיית המתים.

אין מחלוקת על כך שאלה הם העיקרים על פי הרמב״ם. אולם זה לא כל הסיפור.

הרמב״ם, פרשנה ומנסחה הדגול של ההלכה, הקדיש תשומת לב עצומה למבנה של יצירותיו. שום דבר בכתביו איננו מקרי, על אחת כמה וכמה המבנה שלהם. הוא היה לוגיקן ופילוסוף מיומן, והחשיב מאוד את הנחות היסוד של הדברים. הוא הותיר אחריו הסברים מפורטים מדוע כתב יצירה מסוימת בסגנון כזה ולא אחר, בשפה זו ולא אחרת. למשל, את **משנה תורה** הוא כתב בעברית הקרובה לסגנון חז״ל, להבדיל מרוב יצירותיו שנכתבו בערבית. **משנה תורה** הוא מן הספרים הבהירים ביותר שנכתבו אי־פעם בעברית, שלא כמו **מורה הנבוכים**, שכפי שהרמב״ם מסביר במבוא שלו נכתב בערפול מכוון. הארכיטקטורה הספרותית של כתבי הרמב״ם היא מלאכת מחשבת.

מרהיב לגלות שכל יצירותיו המרכזיות של הרמב״ם מאורגנות על פי מספר מסוים אחד. ומפתיע לגלות שמספר זה אינו 13, אלא דווקא 14.

הדוגמה המפורסמת ביותר היא **משנה תורה** עצמו, המכונה גם ״הי״ד החזקה״ משום שהוא מורכב מי״ד ספרים: (1) מדע; (2) אהבה; (3) זמנים; (4) נשים; (5) קדושה;

(6) הפלאה; (7) זרעים; (8) עבודה; (9) קרבנות; (10) טהרה; (11) נזיקין; (12) קניין; (13) משפטים; (14) שופטים.

כך גם ביצירות נוספות. במבוא **לספר המצוות**, הספר שבו מונה הרמב"ם את תרי"ג מצוות התורה, הוא מציג 14 עקרונות שעל פיהם מכריעים מה נמנה כמצווה. נוסף על כך, **ספר המצוות** עצמו מחולק לשתי חטיבות, רמ"ח מצוות עשה ושס"ה מצוות לא תעשה, וכל חטיבה כזו מחולקת ל־14 קבוצות:

	מצוות עשה	**מצוות לא תעשה**
1	אלוהים (א-ט)	אלוהים (א)
2	תורה ותפילה (י-יט)	עבודה זרה (ב-סו)
3	מקדש וכוהנים (כ-לח)	מקדש וכוהנים (סז-פח)
4	קרבנות (לט-צג)	קרבנות (פט-קנד)
5	שבועות (צד-צה)	שבועות (קנה-קנז)
6	טהרה וטומאה (צו-קיג)	טומאה (קנח-קעא)
7	חקלאות (קיד-קמה)	מאכלות אסורים (קעב-רט)
8	כשרות (קמו-קנב)	עבודת האדמה (רי-רלא)
9	מועדים (קנג-קעא)	בין אדם לחברו (רלב-רעב)
10	דיני מדינה (קעב-קצג)	מִנהל משפטי (רעג-ש)
11	בין אדם לחברו (קצד-רח)	סדר ציבורי (שא-שיט)
12	חיי משפחה (רט-רכג)	מועדים (שכ-שכט)
13	עונשין (רכד-רלא)	עריות (של-שסא)
14	קניין (רלב-רמח)	דיני מדינה (שסב-שסה)

בחלק השלישי של **מורה הנבוכים** עוסק הרמב"ם בטעמי המצוות. גם שם (בפרק לה) הוא מחלק את המצוות לקבוצות, הפעם על פי מטרותיהן וכוונתן. ושוב, המספר הנבחר הוא 14. הנה הרשימה ומקצת טעמיה: (1) השקפות יסודיות; (2) עבודה זרה; (3) הכשרת המידות; (4) גמילות חסדים; (5) מניעת העושק והעוול; (6) עונשין ("לפי

שאם לא יענש המזיק לא יסתלקו הנזקים כלל״); (7) ״דיני ממונות התלויות בעסקי בני אדם זה עם זה״; (8) הימים האסורים במלאכה; (9) ״מעשים המחזקים ההשקפות באהבת ה׳ ובמה שצריך להיות בדעה אליו״; (10) המקדש; (11) הקרבנות; (12) טומאות וטהרות, ״והם כולם המטרה בהם באופן כללי ההרחקה מלהיכנס למקדש, כדי שיהא לו בנפש רוממות ויראה ואימה״; (13) איסורי מאכלות, ״והכוונה בכל אלה הפסקת התאוותנות וההפקרות...״; (14) ״איסור מקצת הביאוֹת... שלא לעשות את הדבר תכלית״.[1]

המרתק הוא שרשימות אלו אינן תלויות זו בזו. קבוצות המצוות הנמנות **בספר המצוות**, ב**משנה תורה** וב**מורה הנבוכים** שונות אלו מאלו; עקרונות החלוקה אחרים. גם לרשימת 14 עקרונות מניין המצוות, מצִדה, אין קשר לרשימות האחרות. נראה שהמספר 14 (2 פעמים 7) היה צורת הארגון המועדפת על הרמב״ם.

אילו לא ידענו דבר על עיקרי האמונה של הרמב״ם, ונתבקשנו לנחש את מספרם על סמך היכרותנו עם שאר כתביו, היינו אפוא מנחשים שהמספר הוא 14. ושמא אכן כך הוא, והרמב״ם גרס עקרון אמונה נוסף על אותם י״ג שמנה בפירושו למשנה? התשובה המפתיעה היא: אכן ואכן. הנה כאן, בהלכות תשובה, הוא מציג את העיקר הי״ד:

> רשות כל אדם נתונה לו: אם רצה להטות עצמו לדרך טובה ולהיות צדיק, הרשות בידו; ואם רצה להטות עצמו לדרך רעה ולהיות רשע, הרשות בידו. ... ועיקר זה עיקר גדול הוא, והוא עמוד התורה והמצוה. ... אילו היה האל גוזר על האדם להיות צדיק או רשע... מה מקום היה לכל התורה כולה? ובאיזה דין ואיזה משפט נפרע מן הרשע או משלם שכר לצדיק?[2]

הרמב״ם אינו משאיר מקום לספק: הרצון החופשי הוא מעיקרי האמונה הבסיסיים, ובלעדיו אין משמעות ליהדות. אילו לא היה לנו חופש, לא היה כל טעם שהקב״ה יצווה אותנו לעשות דברים מסוימים ושלא לעשות דברים מסוימים אחרים. לא היה גם שום היגיון בשכר ובעונש, שכן הם מושתתים על הנחת היסוד שהאדם אחראי למעשיו. הרצון החופשי הוא העיקר הארבעה־עשר של האמונה היהודית.

1. על פי **מורה הנבוכים**, ג, לה. בחלק מהקבוצות הרמב״ם מציין שהסביר את הטעם והמטרה במקומות אחרים.
2. **משנה תורה**, הלכות תשובה ה, א-ו.

מדוע אפוא חשבנו אחרת? מדוע הסתפק הרמב"ם בפירושו למשנה בי"ג עיקרים ולא ציין את העיקר הי"ד? התשובה טמונה בהקשר. מניין העיקרים מצוי בהקדמה לפירוש הפרק העשירי במסכת סנהדרין במשנה, שבו נמנים אלה ש"אין להם חלק לעולם הבא". בהתאם לכך, הרמב"ם מונה את העיקרים שההתכחשות לאחד מהם מוציאה את האדם מקהילת המאמינים. כל י"ג העיקרים הללו הם אמונות באשר לקב"ה. העיקר הי"ד, לעומת זאת, הוא אמונה לא על אודות הקב"ה, אלא על אודות האדם. י"ג העיקרים הראשונים מתמצתים את אמונתנו בה'. ואילו העיקר הי"ד - הקובע שה' חנן אותנו בחופש לבחור איך לנהוג - מבטא את אמונתו של ה' בנו, בני האדם.

המקור לעיקרון זה בתורה נמצא בסוף פרשת ניצבים. הוא מופיע כשיאו של האתגר הגדול שמשה מציב לדור הבא:

הַעִדֹתִי בָכֶם הַיּוֹם אֶת הַשָּׁמַיִם וְאֶת הָאָרֶץ: הַחַיִּים וְהַמָּוֶת נָתַתִּי לְפָנֶיךָ הַבְּרָכָה וְהַקְּלָלָה. וּבָחַרְתָּ בַּחַיִּים, לְמַעַן תִּחְיֶה אַתָּה וְזַרְעֶךָ. (דברים ל, יט)

היהדות היא דת של חופש ואחריות. נגד כל התורות הדטרמיניסטיות שצצו בתולדות ההגות העולמית - האסטרולוגית, הפילוסופית, השפינוציסטית, המרקסיסטית, הפרוידיאנית והניאו־דרוויניסטית - עומדת היהדות וקובעת כי אנחנו אדונים לגורלנו. איננו מתוכנתים ועתידנו אינו כתוב. בכוחנו לבחור. זהו העיקר הארבעה־עשר של אמונת ישראל.

וילך

להנהיג את או להנהיג עם

מה אומרים ליורש, ממשיך דרך? איזו עצה נותנים לו? פרשת וילך היא המקום לחפש בו תשובה, מפני שכאן משה מעביר את המושכות ליהושע, והקב"ה ומשה נותנים לו את ברכות הדרך. הברכות הללו שונות זו מזו.

האזינו להן, והן יצלצלו כמעט זהות. משה אומר, "חֲזַק וֶאֱמָץ, כִּי אַתָּה תָּבוֹא אֶת הָעָם הַזֶּה אֶל הָאָרֶץ..." (דברים לא, ז). הקב"ה אומר, "חֲזַק וֶאֱמָץ, כִּי אַתָּה תָּבִיא אֶת בְּנֵי יִשְׂרָאֵל אֶל הָאָרֶץ..." (שם, כג). "תָּבוֹא אֶת" ("את" במובן "עִם") - לעומת "תָּבִיא אֶת". המילים כה דומות, בשורשן ובצלילן, אך חכמינו ראו בהן מילים שונות תכלית שוני. הנה דבריו של רש"י:

> משה אמר ליהושע, "זקנים שבדור יהיו עמך. הכֹּל לפי דעתן ועצתן". אבל הקב"ה אמר ליהושע, "כִּי אַתָּה תָּבִיא אֶת בְּנֵי יִשְׂרָאֵל אֶל הָאָרֶץ אֲשֶׁר נִשְׁבַּעְתִּי לָהֶם: תביא על כרחם. הכל תלוי בך, טול מקל והך על קדקדן. דַּבָּר אחד לדור ולא שני דַבָּרים לדור".[1]

אלה הם סגנונות מנהיגות קוטביים: מנהיגות קונסנזואלית ומנהיגות מְצַווה. משה יעץ ליהושע לנקוט מדיניות של התייעצות ושיתוף. הוא בעצם אמר לו, "אינך צריך ללכת אחרי העם. אתה המנהיג, לא הם. אבל חשוב שתעבוד עם זקני הדור. גם הם מנהיגים. למעשה, הם הצוות שלך. הם צריכים להרגיש שיש להם חלק בתהליך קבלת ההחלטות. הם אינם מצפים שתסכים איתם תמיד. אדרבה, לא תמיד הם אפילו יסכימו זה עם זה. אבל הם מוכרחים להרגיש שמתייעצים איתם.

"אם הם ירגישו שאינך מתעניין בדעתם, אם תצטייר בעיניהם כמי שחושב את עצמו חכם מכולם ונחוש לפעול בדרכו שלו בלי להתחשב בדעתם של אחרים,

1. רש"י לדברים לא, ז.

הם ינסו לחבל במנהיגותך. הם יפגעו בך. אולי הם לא יצליחו. אולי תשרוד. אבל תהיה פצוע. תהיה צולע. מעמדך הציבורי ייפגע. המוני העם יאמרו: איך נכבד אדם שזקנינו אינם מכבדים אותו?

"אני מדבר מתוך ניסיון. מחלוקת קורח ועדתו הייתה אירוע כאוב. זה לא היה רק קורח. היו איתו גם בני ראובן, ומנהיגים נוספים משאר השבטים. אמנם המרד דוכא במהירות במהלך דרמטי מאוד, אבל הוא לקח משהו מכולנו, ושום דבר כבר לא נשאר אצלנו כשהיה. לכן - ודא תמיד שזקני הדור איתך. אם הם יהיו איתך, תצליח".

ואילו הקב"ה, לדברי חכמינו, נקט את העמדה ההפוכה. "הגיע הזמן", כמו אמר ליהושע, "לצאת מהמדבר, לחצות את הירדן, לכבוש את הארץ ולבנות חברה מסוג חדש, המכבדת את בני האדם שבראתי בצלמי במקום לשעבדם ולנצלם. אל תחפש קונסנזוס. לעולם לא תמצא אותו. לאנשים יש אינטרסים שונים. נקודות המבט שלהם אינן זהות. הפוליטיקה היא זירת עימות. לא רציתי שהיא תהיה כזו, אך אין בְרֵרה: נתתי לבני האדם את מתנת החופש ואינני יכול לשלול אותה מהם ולכפות עליהם את רצוני. לכן חובתך להראות לציבור את הדרך.

"לך לפני המחנה. היה ברור. היה עקבי. היה חזק. האדם האחרון שנתן לעם את מה שביקש היה אהרן, ומה שהעם ביקש היה עגל זהב. המעשה ההוא הוביל את עם ישראל אל סף אבדון. בפוליטיקה, בעסקים, ואפילו בחיפוש האמת, שאיפה לקונסנזוס איננה מנהיגות אלא השתמטות ממנהיגות. בחרתי בך להיות ממשיכו של משה כי אני מאמין בך. האמן אפוא בעצמך. אמור לאנשים מה הם צריכים לעשות, והסבר להם מדוע.

"נהג בהם בכבוד. הקשב להם תמיד. אבל בסופו של דבר, האחריות היא שלך. מנהיגים צריכים להנהיג. לא להינהֵג. והאמן לי, גם אם הם ימתחו עליך ביקורת, בבוא העת הם יעריצו אותך. אנשים רוצים שמנהיגיהם ידעו את הדרך; לך בדרכך והראה להם אותה. הם רוצים שמנהיגיהם יהיו החלטיים. נהג תמיד באנשים במרב האדיבות והנדיבות. אבל אם הם לא ישיבו לך אדיבות ונדיבות, אם יתנגדו וינסו לסנדל אותך, לא תהיה בְרֵרה לך אלא ליטול מקל ולהכות על קודקודם. יש רק מנהיג אחד בדור. אם כולם מנהיגים, אין מוזיקה אלא רעש; אין הישגים אלא ישיבות אינסופיות שבהן כולם מדברים ואיש אינו מקשיב".

אלו הן, כאז כן עתה, שתי האפשרויות הגדולות. אך שימו נא לב לדבר משונה. מי שצידד כאן בדרך הקונסנזוס היה משה. אבל משה מעולם לא נהג כך בעצמו. משה הוא האיש שמשך את העם ממצרים כמעט בשערות ראשו, וביד חזקה העבירם את הים ואת המדבר הנורא. זהו האיש שפעל תמיד ביוזמתו, בלי להימלך אפילו בקב"ה.

זהו האיש ששבר את לוחות האבן שנפסלו ונחרתו באצבע אלוהים. מתי הנהיג משה בהסכמה? נכון, היו שבעים הזקנים, היו נשיאי השבטים, היה מבנה מנהלתי של שרי עשרות, חמישים, מאות ואלפים - אבל אף על פי שכל אלה עזרו לו, הם לא שאלו בעצתו והוא לא שאל בעצתם. איך הפך פתאום משה למנהיג שוחר הסכמות שכזה?

זו קושיה אחת. השנייה היא קושיית הראי. הקב"ה הוא שיעץ ליהושע להנהיג ביד רמה, אפילו נגד רצונם של המונהגים. והרי, על פי הבנתם של חז"ל, הקב"ה עצמו לא נהג כך. כך פירשו חז"ל את המילים שאמר אלוהים כשעמד לברוא את האדם, "נַעֲשֶׂה אָדָם בְּצַלְמֵנוּ כִּדְמוּתֵנוּ" (בראשית א, כו):

> "נַעֲשֶׂה אָדָם" - ענוותנותו של הקב"ה למדנו מכאן. לפי שהאדם הוא בדמות המלאכים, ויתקנאו בו, לפיכך נמלך בהן... אף על פי ש[המלאכים] לא סייעוהו ביצירתו, ויש מקום למינים לרדות, לא נמנע הכתוב מללמד דרך ארץ ומדת ענוה, שיהא הגדול נמלך ונוטל רשות מן הקטן...[2]

חז"ל, שתמהו על לשון גוף ראשון רבים שבפי הקב"ה, פירשו שהקב"ה התייעץ עם המלאכים. כה חשוב היה לתורה להעמידנו על חשיבותן של הענווה וההתייעצות, שהסתכנה בנקיטת לשון רבים שעלולה להתפרש כסותרת את ייחוד האל. הקב"ה מתייעץ, אומרים חז"ל. הוא אינו עריץ. "אין הקב"ה בא בטרוניא עם בריותיו".[3]

אמנם, חז"ל אמרו שבמעמד הר סיני "כפה הקב"ה עליהם את ההר כגיגית ואמר להם: אם אתם מקבלים התורה, מוטב. ואם לאו, שם תהא קבורתכם".[4] אך זה איננו פשט הכתוב. להפך, לפני שה' נתן את התורה לישראל הוא ציווה על משה להסביר לעם מה מוצע לו לקבל (שמות יט, ד־ו). רק כאשר העם הסכים - "כָל הָעָם יַחְדָּו" (יט, ח), "כָּל הָעָם קוֹל אֶחָד" (כד, ג) - הברית נכנסה לתוקף. זהו הבסיס המקראי לרעיון המבוטא בהכרזת העצמאות של ארצות הברית, שהשלטון מקבל את סמכותו מ"הסכמת הנשלטים". עצם המעשה של מתן חופש לבני האדם פירושו שאלוהים לעולם אינו כופה עלינו דברים נגד רצוננו. כפי שאמר פעם נשיא ארצות הברית דווייט אייזנהאואר, "הכאת אנשים על ראשם אינה מנהיגות; זוהי תְקיפה". מדוע אפוא בברכתו ליהושע הקב"ה הופך כביכול את עורו?

2. רש"י לבראשית א, כו; בראשית רבה ח, ח.
3. עבודה זרה ג ע"א.
4. שבת פח ע"א.

התשובה, כך נראה לי, היא זו: הקב"ה ומשה רצו שניהם שיהושע יֵדע כי למנהיגות אמתית אין מרשם קבוע מראש. לא רדיפה מתמדת אחר קונסנזוס, ומנגד לא הנחתוֹת מלמעלה. נדרשת מיומנות של איזון בין שתי צורות ההנהגה. הם רצו שיהושע ישמע זאת באופן המהדהד ביותר - ועל כן כל אחד מהם ביטא את העמדה שאינה מצופה ממנו.

משה, ששמו נקשר בעיני כול עם מנהיגות חזקה והחלטית, אמר בעצם ליהושע: "אל תשכח לשאוף להסכמה. משימתך שונה מהמשימה שעמדה בפניי. אני הצטרכתי להוציא אנשים מעבדות. אתה תצטרך להכניסם לארץ החופש. חופש משמעו להתייחס לאנשים ברצינות. הנהגת עם חופשי דורשת הקשבה, כבוד ושאיפה להשיג הסכמה היכן שאפשר".

והקב"ה, שנתן לבני האדם את החופש ושמעולם לא כפה על עמו דבר נגד רצונו, אמר: "יהושע, אני אלוהים; אתה לא. אני צריך לכבד את החופש של בני האדם. אני צריך לתת להם ללכת בדרך שהם החליטו ללכת בה, גם אם היא שגויה והרסנית. אבל אתה אחד האדם, ומשימתך היא להראות למונהגיך את הדרך המובילה אל הצדק, החסד ובניין החברה הטובה. אם הם לא יסכימו איתך, תצטרך ללמד אותם, לשכנע אותם, אך לבסוף להוביל אותם. כי אם כל אחד יעשה את הישר בעיניו, לא חופש ישרור אלא תוהו ובוהו".

כללו של דבר, מנהיגות איננה דבר פשוט. היא מסובכת מפני שהיא עוסקת בבני אדם, ובני אדם הם מסובכים. המנהיג צריך להקשיב להם, אבל גם להוביל אותם. עליו לשאוף לקונסנזוס, אך אם אין כזה - להסתכן ולהכריע. אילו חיכו המנהיגים הגדולים להסכמה כללית, לינקולן לא היה שם קץ לעבדות, רוזוולט וצ'רצ'יל לא היו מובילים את העולם החופשי לניצחון, ובן־גוריון לא היה מכריז על הקמת מדינת ישראל.

אין זה מתפקידם של המנהיגים לתת לציבור את מה שהוא מבקש. תפקידם ללמד את הציבור מה ראוי שירצה. אך בה בעת, שומה עליהם לשתף אחרים בקבלת ההחלטות. אישֵׁי מפתֵח וקהלי בוחרים מרכזיים צריכים להרגיש ששאלו אותם. מנהיגות משתפת, מתייעצת ומקשיבה היא חיונית בחברה חופשית. החלופה היא רודנות מתובלת בהתנקשויות.[5]

מנהיגים צריכים ללמד, אבל גם ללמוד. להעמיד חזון, אך להקדיש זמן גם לפרטים. לדחוף את העם קדימה, אך לא רחוק מדי ולא מהר מדי, לבל ייפול. לדבר אל היצר הטוב של הציבור, ללמד אותו לאהוב ולא לשנוא, לסלוח ולא לבקש נקם.

5. הביטוי מיוחס לוולטייר, אך מנסחו הוא הדיפלומט הגרמני גיאורג הרברט צו־מינסטר (1820–1902).

להעדיף תמיד את הפתרון שבדרכי שלום על פני זה הכרוך בהכאת האנשים על קודקודם, אך להיות נכונים, באין חלופה, לנקוט גם פתרון מסוג זה. מנהיגים צריכים להיות מסוגלים ליותר מסגנון אחד של מנהיגות. כי, כדברי אברהם מאסלו, "מי שיש לו רק פטיש מטפל בכל בעיה כאילו היא מסמר".

לנוכח תועפות המאמצים, האנרגיות, הלחצים והכאבים הכרוכים במלאכת ההנהגה, לחידה היה מדוע יש החפצים להיות מנהיגים - אלמלא ידענו אמת ברורה: שהדרך הטובה ביותר להטעין את החיים במשמעות היא לרומם אחרים ולהביאם לידי גדולה שהם לא ידעו כלל שהיא בהישג ידם; לתקן יחד עם אחרים כמה מהעוולות של האדמה הפצועה הזו ובריותיה החבולות; לפעול במקום לחכות שאחרים יפעלו; ולקחת איתנו עוד אחרים למסע הזה, שכן גם המנהיג הגדול ביותר על פני האדמה, ואפילו בשמים, אינו יכול להנהיג לבדו.

בגלל כל אלה, להיות מנהיג הוא הזכות הגדולה ביותר שמי מאיתנו עשוי להתברך בה. כמאמר משה ליהושע, "אשריך שזכית להנהיג בניו של מקום".[6] כתר המנהיגות אינו נראה לעין, אך הכול יודעים מי עונד אותו ומי לא. הוא נמצא כאן, למרגלותיכם, מחכה שתרימוהו אל ראשכם.[7] חבשו אותו בגאווה, ויהי רצון שיתברכו כל מעשיכם.

6. רש"י לבמדבר כז, יח.
7. רמב"ם, **משנה תורה**, הלכות תלמוד תורה ג, א.

וילך

הקהל וחידוש הברית

הרגע הגיע. משה עומד למות. הוא כבר ראה במות מרים אחותו ואהרן אחיו. הוא כבר התפלל לה׳, התחנן אליו - לא לחיות לנצח, אפילו לא לחיות יותר ממה שנקצב לו, אלא פשוט "אֶעְבְּרָה נָּא וְאֶרְאֶה אֶת הָאָרֶץ הַטּוֹבָה אֲשֶׁר בְּעֵבֶר הַיַּרְדֵּן" (דברים ג, כה). תן לי להשלים את המסע. תן לי להגיע אל היעד. אבל ה׳ אמר לו לא: "רַב לָךְ, אַל תּוֹסֶף דַּבֵּר אֵלַי עוֹד בַּדָּבָר הַזֶּה" (שם, כו). כמעט לכל תחינה אחרת של משה נעתר ה׳, אך לזו סירב.[1]

מה עושה אפוא משה בימים האחרונים לחייו? הוא מוסר שתי מצוות, האחרונות בתרי"ג, שיש להן השלכות מרחיקות לכת על עתיד אמונת ישראל ועם ישראל. השנייה היא מצוות כתיבת ספר תורה[2]; הראשונה היא מצוות הקהֵל:

> מִקֵּץ שֶׁבַע שָׁנִים, בְּמֹעֵד שְׁנַת הַשְּׁמִטָּה, בְּחַג הַסֻּכּוֹת, בְּבוֹא כָל יִשְׂרָאֵל לֵרָאוֹת אֶת פְּנֵי ה׳ אֱלֹהֶיךָ בַּמָּקוֹם אֲשֶׁר יִבְחָר, תִּקְרָא אֶת הַתּוֹרָה הַזֹּאת נֶגֶד כָּל יִשְׂרָאֵל בְּאָזְנֵיהֶם. הַקְהֵל אֶת הָעָם - הָאֲנָשִׁים וְהַנָּשִׁים וְהַטַּף וְגֵרְךָ אֲשֶׁר בִּשְׁעָרֶיךָ - לְמַעַן יִשְׁמְעוּ וּלְמַעַן יִלְמְדוּ וְיָרְאוּ אֶת ה׳ אֱלֹהֵיכֶם וְשָׁמְרוּ לַעֲשׂוֹת אֶת כָּל דִּבְרֵי הַתּוֹרָה הַזֹּאת. וּבְנֵיהֶם, אֲשֶׁר לֹא יָדְעוּ, יִשְׁמְעוּ וְלָמְדוּ לְיִרְאָה אֶת ה׳ אֱלֹהֵיכֶם כָּל הַיָּמִים אֲשֶׁר אַתֶּם חַיִּים עַל הָאֲדָמָה אֲשֶׁר אַתֶּם עֹבְרִים אֶת הַיַּרְדֵּן שָׁמָּה לְרִשְׁתָּהּ. (דברים לא, י-יג)

1. יש כאן לקח חשוב: התפילות שאנחנו מתפללים על אחרים, ושאחרים מתפללים עלינו, נענות; אך התפילות שאנו מתפללים על עצמנו - לא תמיד. ובהרחבה, טוב יותר להתפלל על הכלל ולא על הפרט; משום כך, כאשר מתפללים לרפואת חולה או מנחמים את האבל, מוסיפים "בתוך שאר חולי ישראל" ו"בתוך שאר אבלי ציון וירושלים". כפי שציין רבי יהודה הלוי **בספר הכוזרי**, האינטרסים של יחידים עלולים להתנגש זה בזה, ולכן מתפללים בציבור על הכלל - על הטוב המשותף.
2. הרחבה של מצווה זו מופיעה בדרשה הבאה, "לנצח את המוות".

בספרי הנביאים והכתובים אין אזכור ישיר לקיום מצווה זו, אך יש תיעוד של אספות דומות מאוד: מעמדים של חידוש הברית, שבהם המלך או המנהיג מקהיל את העם, קורא בתורה או מזכיר לעם את סיפור תולדותיו, וקורא לנאספים לאשרר את בריתם הלאומית עם ה׳.

זה בעצם מה שעשה משה עצמו בחודש האחרון לחייו. ספר דברים כולו הוא הכרזה מחודשת על הברית, כמעט ארבעים שנה לאחר הברית המקורית בהר סיני, לאחר חילוף מלא של הדורות. דוגמה נוספת לכך נמצאת בפרק האחרון בספר יהושע. יהושע אסף אליו את העם לאחר שסיים למלא את המשימה שהוטלה עליו כממשיכו של משה: הכניסה לארץ, כיבושה ויישובה.

מעמד דומה התרחש כעבור מאות שנים, בשלהי ימי בית ראשון, בהנהגתו של המלך יאשיהו. סבו של המלך, מנשה, שמלך חמישים וחמש שנה, היה מן הגרועים במלכי יהודה. הוא הנהיג בה שלל מיני עבודה זרה, ובתוכם הקרבת ילדים למולך. יאשיהו רצה להחזיר את העם לאמונת אבותיו, ובין היתר ציווה לטהר את בית המקדש ולשפץ אותו. במהלך השיפוץ נתגלה במקדש ספר תורה,[3] שנטמן במקום מחבוא לבל יושחת בשנות האלילות ושכחת התורה. המלך התרגש מהתגלית וכינס את העם למעין מעמד הקהל:

וַיִּשְׁלַח הַמֶּלֶךְ, וַיַּאַסְפוּ אֵלָיו כָּל זִקְנֵי יְהוּדָה וִירוּשָׁלָם. וַיַּעַל הַמֶּלֶךְ בֵּית ה׳ וְכָל אִישׁ יְהוּדָה וְכָל יֹשְׁבֵי יְרוּשָׁלַםִ אִתּוֹ וְהַכֹּהֲנִים וְהַנְּבִיאִים וְכָל הָעָם לְמִקָּטֹן וְעַד גָּדוֹל, וַיִּקְרָא בְאָזְנֵיהֶם אֶת כָּל דִּבְרֵי סֵפֶר הַבְּרִית הַנִּמְצָא בְּבֵית ה׳. וַיַּעֲמֹד הַמֶּלֶךְ עַל הָעַמּוּד וַיִּכְרֹת אֶת הַבְּרִית לִפְנֵי ה׳ לָלֶכֶת אַחַר ה׳ וְלִשְׁמֹר מִצְוֹתָיו וְאֶת עֵדְוֹתָיו וְאֶת חֻקֹּתָיו בְּכָל לֵב וּבְכָל נֶפֶשׁ, לְהָקִים אֶת דִּבְרֵי הַבְּרִית הַזֹּאת הַכְּתֻבִים עַל הַסֵּפֶר הַזֶּה. וַיַּעֲמֹד כָּל הָעָם בַּבְּרִית. (מלכים ב׳ כג, א-ג)

הידוע בכל מעמדי המעין־הקהֵל הוא הכינוס שהקהילו עזרא ונחמיה לאחר גל העלייה השני של שיבת ציון מבבל (נחמיה, פרקים ח-י). עזרא עמד על מגדל עץ ליד אחד משערי העיר וקרא באוזני העם מספר התורה. חבורה של לוויים התפזרה בקהל כדי להסביר לציבור את הנאמר. הכינוס החל בראש השנה, והגיע לשיאו לאחר סוכות, כשמנהיגי העם חתמו על אמנה ללכת בדרכי ה׳, והעם כולו ״מַחֲזִיקִים עַל אֲחֵיהֶם

3. כך הבינו הרד״ק והרלב״ג. אברבנאל, לעומת זאת, כתב שלא מתקבל על הדעת שלא נשמרו עותקים נוספים של התורה, ולדעתו הספר שנמצא הוא ספר התורה שמשה כתב במו ידיו.

אַדִּירֵיהֶם וּבָאִים בְּאָלָה וּבִשְׁבוּעָה לָלֶכֶת בְּתוֹרַת הָאֱלֹהִים אֲשֶׁר נִתְּנָה בְּיַד מֹשֶׁה עֶבֶד הָאֱלֹהִים וְלִשְׁמוֹר וְלַעֲשׂוֹת אֶת כָּל מִצְוֹת ה' אֲדֹנֵינוּ וּמִשְׁפָּטָיו וְחֻקָּיו" (נחמיה י, ל).

מצוות הקהל מבטיחה שהעם ישוב ויתקדש לשליחותו, פעם אחר פעם. בימינו, יש רק מקום אחד בעולם שבו מתקיים טקס של חידוש ברית: ארצות הברית של אמריקה. רעיון הברית מילא תפקיד מכריע בפוליטיקה האירופית במאות השש־עשרה והשבע־עשרה, בייחוד בז'נבה הקלוויניסטית, בסקוטלנד, בהולנד ובאנגליה. במקומות אלה השתנתה מאז התרבות הפוליטית. אולם המתיישבים הפוריטנים שיצאו משם בימים ההם לאמריקה הביאו איתם את רעיון הברית, וכוננו על פיו את ארצות הברית, ועל כן שם היא חלק מהתרבות הפוליטית עד היום. כמעט כל נאום השבעה נשיאותי, אחת לארבע שנים, מאז 1789, הוא טקס חידוש ברית, אם במפורש אם במשתמע; הקהֵל בן זמננו.

בשנת 1987, בנאום לרגל מלאת מאתיים שנה לחוקת ארצות הברית, תיאר הנשיא דאז רונלד רייגן את החוקה כ"ברית שכרתנו לא רק בינינו אלא עם האנושות כולה... זוהי ברית אנושית, ויותר מכך: היא ברית עם ההוויה העליונה, זו שאבותינו המייסדים פנו תמיד לעזרתה". תפקידה של ארצות הברית, אמר, הוא "לחדש תמיד את בריתם של אבותינו עם האנושות... להשלים את המלאכה שהחלה לפני מאתיים שנה, המלאכה הנאצלה והגדולה המוטלת על שכמה של אמריקה - ניצחון החופש של האדם, החופש של האדם בריבונות האל".[4]

הקהל הוא מצווה של התחדשות לאומית - והמצווה להשתתף בכתיבת ספר תורה חדש היא מצווה של התחדשות אישית. זו דרכו של משה לומר לכל דורות העתיד: לא די שתאמרו - קיבלתי את התורה מאבותיי. כל דור ודור צריך ליטול אותה ולחדש אותה.

מישראל ועד לפאלו אלטו, היהודים הם מן הנלהבים שבמשתמשי טכנולוגיית המידע, ותרומתם להתפתחותה גדולה עשרות מונים מחלקם באוכלוסיית העולם (די אם נזכיר את גוגל, את פייסבוק ואת ווייז); והנה, היהודים עדיין כותבים את התורה בדיוק כפי שהיו כותבים אותה לפני אלפי שנים - ביד, בקולמוס, על גבי מגילת קלף. אין זה פרדוקס, ולא סתירה, אלא אמת חיים עמוקה. עם הנושא עִמו את עָבָרו יכול לבנות את העתיד בלי חשש.

התחדשות היא מאמץ תובעני. לפני כמה שנים ישבתי עם האיש שעמד להיכנס לתפקיד ראש ממשלת בריטניה. במהלך שיחתנו אמר לי, "יותר מכול אני מתפלל

4. *Public Papers of the Presidents of the United States, Ronald Reagan*, 1987, pp. 1040–1043.

שאחרי שנגיע לשם (הוא התכוון למשכן ראש הממשלה ברחוב דאונינג 10) לא אשכח אף פעם למה הגעתי לשם". אני משער שהוא חשב על דבריו המפורסמים של הרולד מקמילן, ראש ממשלת בריטניה בשנים 1963-1957, שכאשר נשאל מה הדבר המפחיד אותו ביותר בפוליטיקה ענה, "אירועים, נערי החביב, אירועים".

דברים קורים. רוחות חולפות מכות על פנינו, בעיות שלא אנו יצרנו ניתכות בנו, ואנחנו נסחפים. אנחנו - כיחידים, כמוסדות וגם כעמים. וככל שהדברים קורים לנו ונעשים בנו, אנחנו מזדקנים. אנחנו שוכחים מי אנחנו ולמה. לבסוף מכריעים אותנו אנשים (או ארגונים או תרבויות) צעירים מאיתנו, רעבים או נחושים מאיתנו. הדרך היחידה להישאר צעיר, רעב ונחוש היא לקיים התחדשות תקופתית ובה להזכיר לעצמנו מאין באנו ולאן אנו הולכים ומה מוליך אותנו. לאילו אידיאלים אנחנו מחויבים? מהו המסע שנקראנו להמשיכו? חלק מאיזה סיפור אנחנו?

כמה יפה הוא אפוא התזמון, וכמה מדויק: בשעה שגדול הנביאים מעומת עם היותו בן תמותה, אלוהים נותן לו ולנו את סוד האלמוות שעל פני האדמה. אם אנו נאמנים לבריתנו, ומחדשים אותה בחיינו, אנו עתידים לחיות גם לאחר מותנו בקרב אלה הבאים אחרינו - צאצאינו, תלמידינו, אלה שנעזרו בנו ואלה שהושפעו מאיתנו. אנחנו מחדשים ימינו כקדם. משה מת, אך תורתו וחזונו חיים אחריו.

וילך

לנצח את המוות

רק עכשיו, בהגיענו לפרשת וילך, אנו יכולים להתחיל להבין את עוצמת השינוי שחולל המפגש חסר התקדים בין אלוהים לאדם בימי חייו של משה, על עריסת לידתה של האומה.

כדי להבין זאת, ניזכר בהערה מפורסמת של הבלש שרלוק הולמס. "אני מבקש להסב את תשומת לבך", אמר לד"ר ווטסון, "למקרה המוזר של הכלב בשעת לילה". "אבל הכלב לא עשה כלום בלילה", אמר ווטסון. "וזהו בדיוק המקרה המוזר", השיב הולמס.[1] לפעמים, כדי לדעת על מה מדבר ספר יש להתמקד במה שהוא איננו אומר, לא רק במה שהוא אומר.

הדבר החסר מן התורה – חיסרון הזועק לשמים בהינתן הרקע התקופתי – הוא **התעסקות במוות.** המצרים הקדמונים היו אחוזי אובססיית מוות. הבנייה המונומנטלית שלהם הייתה ניסיון לערער על המוות. הפירמידות היו היכלי קבורה כבירים. ליתר דיוק, הן היו שער השמים לנשמות הפרעונים שנסתלקו מהעולם הזה ועלו להצטרף אל נשמות קודמיהם בני האלמוות. הטקסט המצרי המפורסם ביותר שהגיע לידינו הוא "ספר המתים". רק החיים שלאחר המוות אמתיים; החיים הם הכנה למוות.

בתורה אין לכך זכר, לפחות לא במפורש. היהודים האמינו בעולם הבא, בחיים שלאחר המוות. הם האמינו בתחיית המתים.[2] בברכה השנייה בתפילת עמידה, שאורכה משפטים ספורים, יש לכך שישה אזכורים. אבל רעיונות אלה לא רק שהם נעדרים כמעט לגמרי מן התנ"ך, הם חסרים דווקא באותן נקודות שבהן היינו מצפים שיבואו.

ספר קהלת הוא קינה ארוכה על סופיות האדם. "הֲבֵל הֲבָלִים, הַכֹּל הָבֶל". מדוע לא הזכיר מחבר קהלת את העולם הבא ואת החיים שלאחר המוות? ספר איוב הוא

1. Arthur Conan Doyle, "The Adventure of Silver Blaze".
2. המשנה (סנהדרין י, א) אומרת שהאמונה בתחיית המתים אמורה בתורה והיא מעיקרי היהדות. אולם על פי כל הפירושים, הדבר משתמע מן התורה אך איננו אמור בה בפשטות.

מחאה מתמשכת נגד העוול הקיים לכאורה בעולם. מדוע אין איש עונה לאיוב "אתה ושאר הצדיקים הסובלים בעולם הזה תבואו על גמולכם בעולם הבא"? אנחנו מאמינים בעולם הבא. מדוע אפוא אין הוא נזכר בתורה, אלא רק נרמז בה? זהו המקרה המוזר.

התשובה הפשוטה היא שאובססיית המוות מוזילה את החיים. למה להילחם ברוע ובעוול שבעולם, אם החיים האלה הם רק פרוזדור לעולם הבא? בספרו הקלסי **הכחשת המוות** טוען ארנסט בקר שהפחד מפני הסופיות שלנו הוא מן הכוחות המניעים של הציוויליזציה. הוא אשר גרם לעולם העתיק לשעבד את ההמונים למפעל בנייתם של מבני ענק, שנועדו לעמוד על מכונם כל עוד העולם עומד על מכונו. הוא אשר הצמיח את פולחן הגיבור, האיש שקטף את האלמוות במעשי גבורה בשדה הקרב. אנחנו מפחדים מהמוות; יש לנו יחסי אהבה־שנאה איתו. פרויד קרא לזה תנטוס, יצר המוות, ואמר שהוא אחד משני הכוחות המניעים את החיים, לצד הארוס.

היהדות היא מחאה מתמדת נגד תפיסת העולם הזו. משום כך הוסתר מקום מותו וקבורתו של משה, "וְלֹא יָדַע אִישׁ אֶת קְבֻרָתוֹ עַד הַיּוֹם הַזֶּה" (דברים לד, ו) - כדי שקברו לא ייעשה אתר צליינות וסגידה. משום כך במקום לבנות פירמידה או מקדש כגון זה שבנה רעמסס השני באבו סימבל, בני ישראל הסתפקו במשך כחמש מאות שנה במשכן, מקדש נייד הדומה לאוהל יותר מכפי שהוא דומה למקדש. משום כך ביהדות המוות מטמא, וכדי לטהרו נדרש טקס הפרה האדומה. משום כך ככל שאדם קדוש יותר - כוהן, כוהן גדול - כך מתמעטים קרובי המשפחה הנפטרים שמותר לו לבוא במגע עמם או להימצא עמם תחת קורת גג אחת. אלוהים נמצא בחיים, לא במוות.

רק על רקע המציאות המצרית אפשר להבין את עומק הדרמה שמאחורי המילים המוכרות לנו כל כך, שכבר איננו מופתעים לשומען, המילים הגדולות שמשה ממסגר בהן את הבחירה שתמיד תעמוד בפנינו:

> רְאֵה נָתַתִּי לְפָנֶיךָ הַיּוֹם אֶת הַחַיִּים וְאֶת הַטּוֹב וְאֶת הַמָּוֶת וְאֶת הָרָע... הַעִידֹתִי בָכֶם הַיּוֹם: אֶת הַשָּׁמַיִם וְאֶת הָאָרֶץ הַחַיִּים וְהַמָּוֶת נָתַתִּי לְפָנֶיךָ, הַבְּרָכָה וְהַקְּלָלָה; וּבָחַרְתָּ בַּחַיִּים, לְמַעַן תִּחְיֶה אַתָּה וְזַרְעֶךָ. (דברים ל, טו ו-יט)

החיים טובים, המוות רע. החיים הם ברכה, המוות קללה. לנו נשמעים הדברים ברורים מאליהם. לשם מה לומר אותם בכלל? מפני שהם לא היו רעיונות נפוצים בעולם העתיק. הם היו מהפכניים. והם עודם כאלה.

איך אפוא מנצחים את המוות? כן, יש חיים אחרי המוות. כן, יש תחיית המתים. אבל משה אינו מתמקד ברעיונות ידועים אלה. הוא אומר לנו דבר אחר לגמרי. את

חיי הנצח משיגים על ידי השתתפות בברית. ברית עִם הנצח עצמו, כביכול. ברית עם אלוהים.

כשאדם חי את חייו בתוך ברית, דבר מופלא קורה. הוריו והורי הוריו חיים בתוכו. הוא חי בתוך ילדיו ונכדיו. הם חלק מחייו. הוא חלק מחייהם. לזאת כיוון משה כשאמר, סמוך לתחילת פרשתנו:

> וְלֹא אִתְּכֶם לְבַדְּכֶם אָנֹכִי כֹּרֵת אֶת הַבְּרִית הַזֹּאת וְאֶת הָאָלָה הַזֹּאת, כִּי אֶת אֲשֶׁר יֶשְׁנוֹ פֹּה עִמָּנוּ עֹמֵד הַיּוֹם לִפְנֵי ה' אֱלֹהֵינוּ וְאֵת אֲשֶׁר אֵינֶנּוּ פֹּה עִמָּנוּ הַיּוֹם. (דברים כט, יג-יד)

בעת שמשה אמר את הדברים, משמעותן של המילים "וְאֵת אֲשֶׁר אֵינֶנּוּ פֹּה עִמָּנוּ הַיּוֹם" הייתה "ילדיכם שעדיין לא נולדו". משה לא היה צריך לכלול גם את "הוריכם, שכבר אינם חיים", שכן ההורים הללו כרתו בעצמם ברית עם אלוהים ארבעים שנה קודם לכן, בהר סיני. אולם במובן הרחב יותר, משה כיוון לכך שכאשר אנחנו מחדשים את הברית, כאשר אנחנו מקדישים את חיינו לאמונתם של אבותינו ולאורח חייהם, אבותינו רוכשים להם אלמוות בתוכנו, וכמוהם אף אנו בתוך ילדינו.

התמקדותה של היהדות בעולם הזה, ולא בעולם הבא, היא הסיבה לכך שהיהדות, יותר מכל הדתות הגדולות, מעמידה במרכז את הילדים. הילדים הם האלמוות שלנו. לכך כיוונה רחל באומרה ליעקב "הָבָה לִּי בָנִים, וְאִם אַיִן מֵתָה אָנֹכִי" (בראשית ל, א). לכך התכוון גם אברהם כשאמר "אֲדֹנָי ה', מַה תִּתֶּן לִי וְאָנֹכִי הוֹלֵךְ עֲרִירִי?" (בראשית טו, ב). לא כולנו נועדנו להיות הורים; חכמינו אמרו כי ה"תולדות" שלנו הן בראש ובראשונה מעשינו הטובים, לא צאצאינו.[3] אבל בכבדנו את זכר הורינו, ובחנכנו את ילדינו להמשיך את הסיפור היהודי, אנחנו משיגים לנו אלמוות בעולם הזה, העולם שאלוהים קראוֹ טוב.

הביטוי עתה בשתי המצוות האחרונות בתורה, האמורות בפרשת וילך, שתי המצוות שמשה נתן באחרית ימיו ממש. האחת היא מצוות הקהֵל, המורה כי המלך יקהיל את העם לאספה מדי שבע שנים:

> מִקֵּץ שֶׁבַע שָׁנִים... הַקְהֵל אֶת הָעָם - הָאֲנָשִׁים וְהַנָּשִׁים וְהַטַּף וְגֵרְךָ אֲשֶׁר בִּשְׁעָרֶיךָ - לְמַעַן יִשְׁמְעוּ וּלְמַעַן יִלְמְדוּ וְיָרְאוּ אֶת ה' אֱלֹהֵיכֶם וְשָׁמְרוּ לַעֲשׂוֹת אֶת כָּל דִּבְרֵי הַתּוֹרָה הַזֹּאת. (דברים לא, י-יב)

3. רש"י לבראשית ו, ט.

משמעות המצווה פשוטה. משה אומר: אין די בכך שהוריכם כרתו ברית עם ה׳ בהר סיני, וגם לא בכך שאתם חידשתם אותה כאן, בערבות מואב. הברית מוכרחה להתחדש תמיד, אחת לשבע שנים, כדי שלעולם לא תהפוך להיסטוריה. היא צריכה להישאר תמיד זיכרון חי. היא לעולם לא תתיישן, משום שאחת לשבע שנים היא תתחדש.

ומהי המצווה האחרונה? "וְעַתָּה כִּתְבוּ לָכֶם אֶת הַשִּׁירָה הַזֹּאת, וְלַמְּדָהּ אֶת בְּנֵי יִשְׂרָאֵל שִׂימָהּ בְּפִיהֶם, לְמַעַן תִּהְיֶה לִּי הַשִּׁירָה הַזֹּאת לְעֵד בִּבְנֵי יִשְׂרָאֵל" (דברים לא, יט). על פי המסורת, מדובר במצווה לכתוב ספר תורה (או לפחות חלק מתוכו). בלשונו של הרמב"ם: "ואף על פי שהניחו לו לאדם אבותיו ספר תורה, מצוָה לכתוב משלו".[4]

המסר של משה כאן, ההוראה האחרונה שלו לעם שהנהיג במשך ארבעים שנה, הוא זה: לא מספיק לומר "אבותינו קיבלו את התורה ממשה", או מאלוהים. עליכם לקחת את התורה הזו ולחדש אותה בכל דור ודור. שומה עליכם לקבל בעצמכם את התורה כאמונתכם שלכם, ולא רק כאמונת אבותיכם. אם תכתבו אותה, היא תכתוב אתכם. מילותיו הנצחיות של האל הנצחי הן נחלתכם בנצח.

הנה לנו מלוא עוצמת הדרמה של ימי משה האחרונים. משה ידע שהוא עומד למות. הוא ידע שלא יעבור את הירדן ולא ייכנס לארץ שחייו הוקדשו להובלת העם לקראתה. משה, המתעמת עם סופיותו שלו, מבקש מאיתנו, בכל דור ודור, שנתעמת עם סופיותנו שלנו.

אמונתנו, אומר לנו משה, אינה דומה לזו של המצרים, היוונים, הרומים, וכמעט כל ציוויליזציה מוכרת אחרת. לא מעבר לחיים אנחנו מוצאים את אלוהים. לא בשמים ולא אחרי המוות; לא בהתנתקות מיסטית מהעולם הגשמי ולא בהתקדשות לעיון פילוסופי. לא ולא; אנחנו את אלוהים מוצאים בחיים. אנחנו מוצאים אותו בָּאהבה ובַשִּׂמחה - שתי מילות מפתח בספר דברים. כדי למצוא את אלוהים, אומרת פרשת השבוע שלנו, אין צורך לעוף לשמים או לחצות את הים (דברים ל, יב-יג). הוא כאן. הוא עכשיו. הוא החיים.

והחיים האלה, אף שיום אחד יגיעו אל קצם, מצד האמת לא ייגמרו. כי אם תשמרו את הברית, אבותיכם יחיו בכם ואתם תחיו בילדיכם (או בתלמידיכם או במוטבי החסד שלכם). אחת לשבע שנים הברית תהיה שוב חדשה. כל דור יכתוב ספר תורה משלו. השער אל הנצח איננו המוות: הוא החיים הנֶחֱיִים בברית שהיא פגישה לאין קץ בהתחדשותה המתמדת, במילים החרותות על לבבנו ועל לבבות ילדינו.

4. **משנה תורה**, הלכות תפילין ומזוזה וספר תורה ז, א.

כך נעשה משה, המנהיג הגדול ביותר שהיה לנו, בן אלמוות. לא על ידי חיי נצח. גם לא בבניין מאוזוליאום, פירמידה או מקדש שינציחוהו. להפך: אפילו איננו יודעים היכן הוא קבור. המבנה הפיזי היחיד שהוא הותיר לנו, המשכן, היה נייד, מפני שהחיים עצמם הם מסע. משה אפילו לא נעשה בן אלמוות בדרכו של אהרן, שזכה לראות את ילדיו נעשים ליורשיו בכהונה. בניו של משה לא ירשו אותו. משה נעשה בן אלמוות על ידי כך שעשה אותנו לתלמידיו. אחד המַבָּעים המתועדים המוקדמים ביותר של חז״ל מבטא זאת: ״הַעֲמידו תלמידים הרבה״.[5]

כדי להיות מנהיג אין צורך בכתר או במדי שרד. כל הדרוש הוא שתכתבו את הפרק שלכם בהיסטוריה, שתעשו מעשים שירפאו משהו מכאביו של העולם הזה, ושתפעלו כך שאחרים יֵיעשו טובים מעט יותר על ידי כך שהכירו אתכם. חיו כך שבריתנו הקדומה עם אלוהים תתחדש על ידיכם, וזאת באופן היחיד הקובע: בחיים. המסר האחרון של משה אלינו, בסוף חייו ממש, כשדעתו של כל אדם אחר במקומו הייתה ודאי נתונה למותו הקרב, היה זה: בחרו בחיים.

5. משנה, אבות א, א.

האזינו

הרוחניות של השיר

שירת האזינו מניפה אותנו אל אחת מפסגותיה הגבוהות של הרוחניות היהודית. היא באה בסופו של חודש ימים שמשה נאם בו באוזני העם. הוא סיפר לבני ישראל על תולדותיהם ועל ייעודם, ופירט באוזניהם את המצוות שיעשו אותם לחברה מיוחדת במינה, חברה של אנשים הקשורים בברית זה לזה - וקשורים בברית כולם יחד, וכל אחד לחוד, לאלוהים. הוא חידש את הברית הזו, ואז העביר את שרביט ההנהגה לתלמידו ויורשו יהושע. המעשה האחרון שיעשה הוא ברכה לעם, שבט אחר שבט. אבל קודם לכן, יש עוד דבר אחד שעליו לעשות. עליו לסכם את חזונו הנבואי בדרך שתישמר תמיד בזיכרונם של הבריות ותשמש להם מקור השראה. הוא ידע שהדרך הטובה ביותר לעשות זאת היא מוזיקה. ועל כן, הדבר האחרון שעשה לפני שנתן לעמו את ברכות הפרידה היה ללמדם שיר.

במוזיקה יש משהו רוחני מאוד. כאשר הלשון שואפת אל השגב, והנפש משתוקקת להשתחרר מכוח הכבידה, השפה מתארגנת לכדי שיר. ההיסטוריה היהודית מושרת אולי יותר מכפי שהיא נקראת. חז״ל מנו עשרה שירים שהושרו ברגעים מכריעים בתולדות האומה. אלה הם שירם של בני ישראל במצרים (ישעיהו ל, כט), שירת הים (שמות טו), שירת הבאר (במדבר כא), ושירת האזינו שמשה שר בערוב ימיו. אחריה באים שירו של יהושע (יהושע י, יב–יג), שירת דבורה (שופטים ה), שירת חנה (שמואל א׳ ב) ושירת דוד (שמואל ב׳ כב). וישנו שירו של שלמה, שיר השירים, שעליו אמר רבי עקיבא ״כל הכתובים קודש ושיר השירים קודש קודשים״.[1] השיר העשירי עוד לא הושר. זהו שירו של משיח.[2]

המקרא מדבר רבות על כוחה של המוזיקה לחדש את הנפש. כאשר שאול היה שקוע בדיכאון, דוד היה מנגן לו ורוחו הייתה שבה אליו (שמואל א׳ טז). דוד עצמו

1. משנה, ידיים ג, ה.
2. תנחומא, בשלח י; מדרש זוטא, שיר השירים א, א.

היה ידוע כ"נְעִים זְמִרוֹת יִשְׂרָאֵל" (שמואל ב׳ כג, א). אלישע קרא למנגן כדי שרוח הנבואה תשרה עליו (מלכים ב׳ ג, טו). הלוויים שרו במקדש. בכל יום אנו מתחילים את תפילת שחרית ב"פסוקי דזמרה", פרקי שירה מתהלים, עם הקרשנדו המפואר שלהם, מזמור קנ, שכלי נגינה וקול אנושי, צלצלי תרועה וכל הנשמה, מצטרפים בו לשיר את תהילת יה.

המיסטיקנים הוסיפו לֶכֶת, ודיברו על היקום השר, על מה שפיתגורס כינה "מוזיקת הספֵרוֹת". לכך מכוון מזמור תהלים יט באומרו "הַשָּׁמַיִם מְסַפְּרִים כְּבוֹד אֵל וּמַעֲשֵׂה יָדָיו מַגִּיד הָרָקִיעַ. יוֹם לְיוֹם יַבִּיעַ אֹמֶר וְלַיְלָה לְּלַיְלָה יְחַוֶּה דָּעַת. אֵין אֹמֶר וְאֵין דְּבָרִים בְּלִי נִשְׁמָע קוֹלָם. בְּכָל הָאָרֶץ יָצָא קַוָּם וּבִקְצֵה תֵבֵל מִלֵּיהֶם" (פסוקים ב–ה).[3] מתחת לדממה, בצליל שרק האוזן הפנימית שומעת, שרה הבריאה לבוראה.

כשאנחנו מתפללים איננו קוראים; אנחנו שרים. כשאנו לומדים תורה, איננו ממלמלים; אנחנו נוגנים. לכל טקסט ולכל זמן מנגינה משלהם. יש ניגונים שונים לשחרית, למנחה ולערבית; לתפילות החול, לתפילות השבת, לתפילות הרגָלים (ובמידת־מה אפילו לכל רגל בפני עצמו), ולתפילות ימים נוראים. יש נגינות שונות לקריאה בתורה, לקריאה בהפטרה שמן הנביאים, ולקריאה בכתובים ובפרט במגילות. יש ניגון מיוחד ללימוד המשנה והגמרא. על פי המוזיקה לבדה אנחנו יכולים לדעת איזה מין יום הוא היום, ומהו סוג הטקסט שאנחנו שומעים. לכתבים ולזמנים היהודיים יש קידוד - לא בספרוֹת ולא בצבעים אלא במנגינות. מפת המילים הקדושות משורטטת בנעימוֹת ובשירים.

למוזיקה יש כוח מיוחד לעורר רגש. קחו לדוגמה את "כל נדרי". אין זו אפילו תפילה; זוהי נוסחה משפטית יבשה להתרת נדרים. אין ספק שמנגינתה העתיקה, חודרת העצמות, היא שהקנתה לה את מעמד־העל שיש לה בתודעה היהודית. קשה לשמוע את הצלילים הללו ולא להרגיש כעומדים לדין לפני האלוהים, בין המוני בית ישראל מכל המקומות ומכל הזמנים, להתחנן על הנפש. זהו קודש הקודשים של הנשמה היהודית.[4] או דוגמה נוספת, מגילת איכה, בטעמיה הייחודיים. אי־אפשר לשבת בקריאת מגילת איכה בתשעה באב ולא להרגיש את דמעותיהם של יהודי כל הדורות מתייסרים בצער אומתם ובוכים בהיזכרם במה שאבד, וכאבם טרי כאילו אך זה היום חרב המקדש. מילים בלי מנגינה הן כגוף בלי נשמה.

3. ייתכן שהקַו, "קַוָּם", פירושו המיתר הרוטט של כלי הנגינה.
4. בטהובן התקרב למעלה זו בתווי הפתיחה של הפרק השישי ברביעייה בדו דיאז מינור אופוס 131, יצירתו הנשגבה והרוחנית ביותר.

בטהובן כתב בראש כתב היד של הפרק השלישי ברביעייה בלה מינור שלו את המילים Neue Kraft fühlend, "הרגשה של עוצמה חדשה". זה הדבר שהמוזיקה מבטאת ומעוררת. זוהי שפת הרגש שלא נדחס בסד החיוור של החשיבה. לכך כיוון המלך דוד כששר לה' "הָפַכְתָּ מִסְפְּדִי לְמָחוֹל לִי; פִּתַּחְתָּ שַׂקִּי וַתְּאַזְּרֵנִי שִׂמְחָה, לְמַעַן יְזַמֶּרְךָ כָבוֹד וְלֹא יִדֹּם" (תהלים ל, יב-יג). זהו כוחה של רוח אנושית ששום אלימות וטרור לא יחריבו.

בספרו **מוזיקופיליה** סיפר אוליבר סאקס המנוח (לא קרוב משפחה שלי, לצערי) את סיפורו המרתק של קלייב וירינג, מוזיקולוג ידוע שלקה בזיהום מוחי הרסני.[5] התוצאה הייתה אמנזיה חמורה. הוא לא היה מסוגל לזכור שום דבר יותר משניות ספורות. כהגדרתה של אשתו דבורה, "נראה היה כאילו כל רגע של ערות היה רגע הערות הראשון". באין לו יכולת לשזור חוויות על חוט אחד, הוא נכלא בהווה נצחי שאין לו קשר עם מה שקרה רגע קודם לו. פעם מצאה אותו אשתו מחזיק שוקולד ביד אחת, ובידו השנייה מסיר ומחזיר את עטיפתו, מסיר ומחזיר וחוזר חלילה, ובכל פעם מכריז "תראי! הוא חדש!". "זה אותו שוקולד", אמרה לו. "לא", השיב, "תראי! הוא השתנה". לא היה לו עבר כלל.

שני דברים פרצו את מעטה הבידוד של וירינג. האחד היה אהבתו לאשתו. השני היה המוזיקה. הוא יכול לשיר, לנגן באורגן ואפילו לנצח על מקהלה במלוא כישרונו ומרצו הישנים. מה יש בה במוזיקה, שאל סאקס, שאִפשר לו בשעה שניגן או ניצח להתגבר על האמנזיה? הוא מציע תשובה: כשאנו "זוכרים" מנגינה, אנחנו מעלים בזיכרוננו תו אחד בכל רגע נתון, ובכל זאת כל תו עומד ביחס מוגדר למכלול - לכל מה שבא לפניו ואחריו. הוא מצטט את פילוסוף המוזיקה ויקטור צוקרקנדל שכתב, "שמיעת מלודיה היא לשמוע ולהיות ערוך לשמיעה, הכול בבת אחת. כל מלודיה מכריזה באוזנינו שהעבר יכול להיות שם בלי שייזכר, העתיד יכול להיות שם בלי להיות ידוע־מראש". המוזיקה היא המשכיות מוחשית המסוגלת לפעמים לאחות שברים קשים בתפיסת הזמן שלנו.

האמונה דומה למוזיקה יותר מכפי שהיא דומה למדע.[6] המדע מפרק באנליזה, המוזיקה מאחה באינטגרציה. וכשם שהמוזיקה מחברת תו אל תו, הדת מחברת התרחשות אל התרחשות, חיים אל חיים, תקופה אל תקופה - למנגינה שמעל לזמן

5. אוליבר סאקס, **מוזיקופיליה: סיפורים על מוזיקה והמוח**, עברית: נעמי כרמל, אור יהודה: מחברות לספרות, 2009, פרק 15: "בתוך הרגע: מוזיקה ואמנזיה", עמ' 185-208.

6. אמרתי פעם לאתיאיסט המפורסם ריצ'רד דוקינס במהלך שיחת רדיו, "ריצ'רד, הדת היא מוזיקה, ואתה חירש־טונים". הוא ענה, "זה נכון, אני חירש־טונים, אבל **אין מוזיקה**".

הפורצת אל תוך הזמן. אלוהים הוא המלחין והתמלילן. כולנו נקראנו להיות קולות במקהלתו, זמריו של שיר ה'. **האמונה היא היכולת לשמוע את המוזיקה שמתחת לרעש.**

המוזיקה היא אותות של שגב. הפילוסוף והמוזיקאי רוג'ר סקרוטון כותב שהיא "מפגש עם הסובייקט הטהור, המשוחרר מעולם האובייקטים ומציית לחוקי החופש בלבד".[7] הוא מצטט את רילקה: "עוֹד כָּלוֹת הַמִּלִּים בַּמָּקוֹם אֲשֶׁר אֵין לוֹ מִלָּה... / וְהַמּוּסִיקָה שׁוּב מִנִּדְבָּךְ אֲבָנִים רוֹעֲדוֹת / בּוֹנָה בֶּחָלָל שֶׁאֵין-לוֹ-שִׁמּוּשׁ אֶת זְבוּלָהּ".[8] ההיסטוריה של הרוח היהודית כתובה בשיריה.

ראיתי פעם מורה מסביר לתלמידי כיתה נמוכה את ההבדל בין קניין גשמי לקניין רוחני. בהדרכתו, הם בנו דגם של ירושלים מקרטון. ואז הוא השמיע ברשמקול קלטות - זה היה בימים הרחוקים ההם - שיר על ירושלים שקודם לכן לימד את התלמידים. בסוף השיעור עשה מעשה דרמטי מאוד: הוא קרע לגזרים את הדגם, וגם את סרט הקלטת. הוא שאל את הילדים, "עדיין יש לנו דגם?" לא, הם ענו. "עדיין יש לנו שיר?" והם ענו, כן.

קניין גשמי אובד, אך לא כן קניין רוחני. משה האיש אבד לנו. אבל שירתו עודנה בפינו.

7. Roger Scruton, *An Intelligent Person's Guide to Philosophy*, London: Duckworth, 1996, p. 151.
8. ריינר מריה רילקה, **הסונטות לאורפאוס**, עברית: שמעון זנדבנק, תל אביב: עם עובד, 2007, חלק ב, סונטה 10, הבית האחרון, עמ' 46.

האזינו

רבותיי, ההיסטוריה צודקת

בתפארת מליצה שירית נשגבה, בכל הלהט והעוז שבנפשו, נושא משה את צוואתו האחרונה אל בני ישראל. הוא פותח בדרמטיות אך בעדינות, ומזמן את השמים ואת הארץ להיות עדים למה שיאמר:

הַאֲזִינוּ הַשָּׁמַיִם וַאֲדַבֵּרָה
וְתִשְׁמַע הָאָרֶץ אִמְרֵי פִי.
יַעֲרֹף כַּמָּטָר לִקְחִי,
תִּזַּל כַּטַּל אִמְרָתִי
כִּשְׂעִירִם עֲלֵי דֶשֶׁא
וְכִרְבִיבִים עֲלֵי עֵשֶׂב. (דברים לב, א–ב)

פתיחה זו מזכירה, בדרך אירונית משהו, את פתיחת נאומה המפורסם של פורציה **בהסוחר מוונציה**, "מידת הרחמים אינה נכפֵּית, / כמו גשם רך נוטפת היא לארץ".[1] אבל זהו רק מבוא למסר הליבה שמשה רוצה להעביר: המסר של צידוק הדין, כלומר הכרה בצדקת ה' גם כשהוא פועל במידת הדין. כך מנסח זאת משה:

הַצּוּר תָּמִים פָּעֳלוֹ
כִּי כָל דְּרָכָיו מִשְׁפָּט.
אֵל אֱמוּנָה וְאֵין עָוֶל,
צַדִּיק וְיָשָׁר הוּא. (שם, ד)

1. ויליאם שייקספיר, **הסוחר מוונציה**, עברית: דורי פרנס, אתר "שייקספיר ושות'", מערכה רביעית, תמונה 1.

רעיון צידוק הדין הוא מיסודות היהדות, ועל ידיו מתבארת תפיסתה של היהדות לגבי הרוע והסבל בעולם - רעיון קשה אך חיוני. ה' צודק; מדוע אפוא צריכים דברים רעים לקרות?

שִׁחֵת לוֹ? לֹא - בָּנָיו מוּמָם,
דּוֹר עִקֵּשׁ וּפְתַלְתֹּל. (שם, ה)

לא ה' השחית, אלא בניו חטאו. ה' גומל לטוב בטוב ולרע ברע. כאשר קורים לנו דברים רעים, לא ה' אשם בהם אלא חטאינו שאשמנו בהם. האשמה איננה אשמת הכוכבים, אלא אשמתנו.

כאן עוברת השירה למצב נבואי. משה מנבא בלשון רוממה את מה שכבר חזה כמה פעמים לאורך ספר דברים. אז התריע כי לאחר הכניסה לארץ, ולאחר ההתבססות בה, משישכחו בני ישראל את תלאות המדבר ואת קשיי ההתנחלות, הם ישקעו בשביעות רצון עצמית. הם ייחסו את הישגיהם לעצמם, ואמונתם בה' תתמוסס. כשזה יקרה, הם יביאו על עצמם אסון:

וַיִּשְׁמַן יְשֻׁרוּן וַיִּבְעָט -
שָׁמַנְתָּ, עָבִיתָ, כָּשִׂיתָ -
וַיִּטֹּשׁ אֱלוֹהַ עָשָׂהוּ
וַיְנַבֵּל צוּר יְשֻׁעָתוֹ...
צוּר יְלָדְךָ תֶּשִׁי
וַתִּשְׁכַּח אֵל מְחֹלְלֶךָ. (שם, טו-יח)

הכינוי "יְשֻׁרוּן", הנסב על ישראל, נגזר מהשורש יש"ר. זוהי הופעתו הראשונה במקרא, ויש בה אירוניה מכוונת. עם ישראל ידע פעם כי לַיושר נועד, אך עתה יינָטֶה מדרך הישר בידי העושר, השלווה והשפעות העמים השכנים. הוא יבגוד בברית, ישכח את אלוהיו-צורו אשר יְלָדָהוּ, ואז - ממשיכה השירה ומנבאת - יגלה שאלוהים איננו עוד איתו. באין לו מקור כוחו וצור מעוזו, אויביו יגברו עליו. כל הטובה שהעם ידע תאבד. זהו מסר קשה ומבהיל.

בכך משלימה התורה, סמוך מאוד לסופה, רעיון שפתחה בו. אלוהים ברא עולם שהוא ביסודו "טוב" - המילה המהדהדת שבע פעמים בפרק א בבראשית. בני האדם, שבהיותם עשויים בצלם אלוהים ניחנו ברצון חופשי, הם אשר מביאים לעולם רוע,

ואז סובלים מתוצאותיו. מכאן התעקשותו של משה שכאשר באים אסונות וצרות עלינו לחפש את הגורם לכך אצלנו, ולא להאשים את אלוהים. אלוהים צדיק וישר. הפגם הוא בנו, ילדיו.

זהו אולי הרעיון הקשה ביותר ביהדות כולה. הוא מזמין קושיה פשוטה מאין כמוה, שנשמעה בכל דור ודור כמעט. אם אלוהים צדיק, מדוע קורים דברים רעים לאנשים טובים? אין זאת רק שאלתם של ספקנים ומפקפקים; העלו אותה גיבורי האמונה הגדולים. אנו שומעים אותה מפי אברהם הזועק "הֲשֹׁפֵט כָּל הָאָרֶץ לֹא יַעֲשֶׂה מִשְׁפָּט?"; מפי משה המשווע "לָמָה הֲרֵעֹתָה לָעָם הַזֶּה?"; ושוב מפי ירמיהו: "צַדִּיק אַתָּה ה׳ כִּי אָרִיב אֵלֶיךָ, אַךְ מִשְׁפָּטִים אֲדַבֵּר אוֹתָךְ: מַדּוּעַ דֶּרֶךְ רְשָׁעִים צָלֵחָה, שָׁלוּ כָּל בֹּגְדֵי בָגֶד?" (בראשית יח, כה; שמות ה, כב; ירמיהו יב, א).

התהייה הזו לא חדלה. היא הוסיפה לעלות בספרות חז״ל. היא הדהדה בקינות שנכתבו על רקע רדיפת היהודים בימי הביניים. היא מבעבעת מן הספרות שנכתבה בעקבות גירוש ספרד, והיא מוסיפה לצלצל עד היום בזוכרנו את השואה.

בגמרא נאמר שמכל השאלות ששאל משה את ה׳, זו היחידה שה׳ לא ענה עליה.[2] התשובה הפשוטה ביותר והעמוקה ביותר נמצאת במזמור תהלים צב, "מזמור שיר ליום השבת". גם "בִּפְרֹחַ רְשָׁעִים כְּמוֹ עֵשֶׂב", הם עתידים להישמד "עֲדֵי עַד". אויבי ה׳ יאבדו ו"יִתְפָּרְדוּ כָּל פֹּעֲלֵי אָוֶן". לעומת זאת, "צַדִּיק כַּתָּמָר יִפְרָח, כְּאֶרֶז בַּלְּבָנוֹן יִשְׂגֶּה". הרוע מנצח בטווח הקצר, אבל לא לאורך ימים. הרשעים דומים לעשב, והצדיקים לעץ. העשב גדל בן לילה, ואילו לעץ נדרשות שנים ארוכות עד שיגיע למלוא גובהו. במבט על־היסטורי התמונה ברורה: רודנויות סופן שימוגרו, ואימפריות שוקעות ונופלות. הטוב והישר מנצחים בקרב האחרון. כדברי מרטין לותר קינג, ברוח משורר התהלים, "קשת המוסָר ארוכה, אך היא נוטה אל הצדק".

לא קל להאמין בצדק היסטורי בחסות האל. אך חשבו על החלופות. הן שלוש במספר. הראשונה היא לומר שאין משמעות להיסטוריה. אדם לאדם זאב. כמאמר תוקידידס, בשם האתונאים: "החזקים עושים כחפצם, החלשים סובלים כחובתם". ההיסטוריה היא מאבק הישרדות דרוויניסטי, והצדק הוא רק השם שניתן לרצונו של הצד החזק.

החלופה השנייה, שכתבתי על אודותיה בספרי **לא בשם האל**,[3] היא דואליזם: הרעיון שהרע בא לא מאלוהים אלא מכוח עצמאי כגון השטן, האנטיכריסט, לוציפר,

2. ברכות ז ע״א.
3. **לא בשם האל: אל מול האלימות הדתית**, עברית: צור ארליך, ירושלים: מגיד, 2016.

נסיך האופל, ועוד שלל שמות שניתנו לכוח המנוגד לאלוהים ולמאמיניו. רעיון זה צץ בקרב כתות שוליים בכל אחת מדתות המונותיאיזם האברהמי, ובעידן המודרני הופיע בגלגול חילוני באידיאולוגיות טוטליטריות - והוא מן המסוכנים שבכל הרעיונות בהיסטוריה. הוא מחלק את האנושות לשניים, טובים כמלאכים לעומת רשעים שאין להם תקנה. על ידי כך הוא משלח את הרסן בפני מרחצאות דמים וגילויי ברבריות כגון אלה הנעשים היום בחלקים רבים של העולם בשם מלחמת הקודש, הג׳יהאד, נגד השטן הגדול והשטן הקטן. זהו דואליזם, לא מונותיאיזם, וחכמינו, שכינוהו ״שתי רשויות״,[4] צדקו בפוסלם אותו על הסף.

החלופה השלישית, שהייתה נתונה לוויכוח נרחב בספרות הרבנית, היא לומר שהצדק המוחלט יימצא בעולם הבא, בחיים שלאחר המוות. אף כי האמונה בעולם הבא היא רכיב חשוב ביהדות, מפתיע לראות כמה ממעטים המקורות לעסוק בה; זאת, מתוך הכרה בכך שציר המאמץ העיקרי של התורה הוא העולם הזה, חיינו על פני האדמה. כאן, לא בשמים מעל, אנו נדרשים לפעול למען צדק, הוגנות, חמלה, יושר, הקלת העוני ותיקון חיי החברה והיחיד ככל שידנו משגת. התנ״ך כמעט שאינו נוקט את החלופה הזו. אלוהים איננו אומר לירמיהו או לאיוב שהתשובה לתהייתם על הצדק והגמול נמצאת במרומים, ושהם יחזו בה לאחר מותם. רדיפת הצדק, המאפיינת כל כך את היהדות, הייתה מתפוגגת לגמרי אילו העולם הבא היה התשובה היחידה.

קשה ככל שתהיה האמונה היהודית בצדק היסטורי, היא הצליחה לאורך הדורות לגרום לנו לומר: אם דברים רעים קרו, הבה לא נחפש אשמים בחוץ, אלא נחפשה דרכינו ונחקורה ונעמול לשיפור המצב. היא אשר הדריכה את היהודים, פעם אחר פעם, לקום מעפר; חבוטים, מצולקים, צולעים על ירכנו כיעקב ששרה עם המלאך - ועדיין נחושים להתחיל מחדש, לשוב ולהתקדש לייעודנו ולאמונתנו, לייחס את הישגינו לקב״ה ואת מפלותינו לעצמנו.

מתוך ענווה כזו נולד חוסֶן כביר.

4. ברכות לג ע״ב.

האזינו

נקם

אחד הרגעים הטרגיים ביותר בתולדות תרבות המערב היה הרגע שבו החלו הנוצרים להנגיד בין מה שהם כינו "אלוהי הנקם של הברית הישנה" לבין "אלוהי האהבה של הברית החדשה". אין מדובר בטעות קטנה. מצמררת המחשבה כמה יהודים נרצחו בגללה. היא ממשיכה לשרור גם היום, אפילו בקרב אנשים טובים ורגישים. כמעט לא עובר שבוע בלי שאני נתקל באזכור כלשהו שלה בעיתונות הבריטית. זוהי אחת מאותן הנחות מובנות מאליהן הקבורות בעומק תשתיתה של תרבות, ורק לעתים נדירות, אם בכלל, בוחנים אותן לאור השמש.

נציב תחילה היגד שהוא כה מתבקש, שלכאורה אין צורך לאומרו. על פי הנצרות, אלוהי "הברית הישנה" ואלוהי "הברית החדשה" הוא אותו אלוהים. אלמלא כן, כל המבנה של הנצרות היה מתפורר ומתמוטט. היה הוגה נוצרי אחד - מרקיון, בן המאה השנייה לספירה - שהגיע למסקנה האחרת: שערכי הנצרות כה שונים מערכי היהדות, שלא ייתכן ששתי הדתות עובדות את אותו אל. לפיכך, הנצרות צריכה לעמוד על "הברית החדשה" בלבד, ולא לקדש את "הברית הישנה". האופציה של מרקיון נדחתה בידי הממסד הנוצרי והוכרזה ככפירה.

מכאן נובע שאם הנקם הוא רע, לא ייתכן שאלוהים ציווה עליו - לא את הנוצרים, ולא את היהודים. אילו היה ציווי כזה, ודאי היינו יכולים למצוא בו משמעות מוסרית כלשהי, בין שאנו יהודים בין שאנו נוצרים. הרעיון שאלוהים עשוי לשנות את דעתו באשר לנושא כה יסודי, ועובר מתמיכה בנקם להתנגדות לו, מערער את האמונה כולה. משום שאם אנו מאמינים שאלוהים מצווה עלינו משהו בכלל, עלינו להאמין גם שבעוד עשור או מאה הוא לא ישנה את דעתו ויתיר את מה שאסר או יאסור את מה שהתיר. ואם אנחנו מאמינים שאלוהים אוהב אותנו, עלינו להאמין שגם אהבה זו תימשך, ושאלוהים לא ישליכנו מלפניו ביום מן הימים כי החליט לאהוב מישהו אחר במקומנו. ה' הוא אל נאמן - משמע אינו חוזר בו מהבטחתו. אל שאינו נאמן אינו אל שראוי לעובדו.

האמת היא שה' אסר על הנקמה (ראו ויקרא יט, יח: "לֹא תִקֹּם וְלֹא תִטֹּר"). הוא ציוונו לסלוח, כפי שיוסף סלח לאחיו שחשבו להורגו - וכפי שאנו, במקודש מכל המועדים, מבקשים מה' שיסלח לנו. כדברי הרמב"ם על איסור נטירה, "כל זמן שהוא נוטר את הדבר וזוכרו, שמא [הוא עלול] יבוא לנקום. לפיכך הקפידה תורה על הנטירה, עד שימחה העוון מליבו כלל ולא יזכרנו; וזו היא הדעה הנכונה שאפשר שיתקיים בה יישוב הארץ ומשאן ומתנן של בני אדם זה עם זה".[1] אף שהרמב"ם מציין שהאיסור חל על נטירה "לאחד מישראל", הנימוק המצוין כאן נוגע לחברה האנושית כולה.

אלא שבפרשת השבוע שלנו (ולא רק בה, אלא גם במקומות רבים אחרים בתנ"ך, ולמרבה האירוניה גם ב"ברית החדשה") יש פסוקים שקשה ליישבם עם מוסר של אי־נקמה. ראו את פסוקי החתימה של שירת האזינו:

כִּי אֶשָּׂא אֶל שָׁמַיִם יָדִי / וְאָמַרְתִּי: חַי אָנֹכִי לְעֹלָם,
אִם שַׁנּוֹתִי בְּרַק חַרְבִּי / וְתֹאחֵז בְּמִשְׁפָּט יָדִי
אָשִׁיב נָקָם לְצָרָי / וְלִמְשַׂנְאַי אֲשַׁלֵּם.
... הַרְנִינוּ גוֹיִם עַמּוֹ / כִּי דַם עֲבָדָיו יִקּוֹם
וְנָקָם יָשִׁיב לְצָרָיו / וְכִפֶּר אַדְמָתוֹ עַמּוֹ. (דברים לב, מ–מג)

משלושה הוגים בני זמננו - יאן אסמן הגרמני, הנרי נפתלי אטלן היהודי, והתיאולוג הנוצרי מירוסלב וולף - אני מבקש לשאוב תובנה עמוקה על הנקם האלוהי. אסמן מצביע על הבדל יסודי בין התנ"ך לבין יתר תרבויות קדם. בתרבויות האחרות, מלך בשר ודם נחשב לייצוג של אל. זעמו של המלך הוא זעם האל: מן האל הוא שואב את הלגיטימיות שלו. כאשר המלך יוצא לנקום באויביו, הוא עושה את מלאכתו של האל. האלימות מקבלת תוקף דתי. במקרא, לעומת זאת, המרחק בין אלוהים לבין המלך מהותי ואינו ניתן לגישור. במקום לחַלֵּן את זעם האל, כמו בתרבויות אחרות, בני ישראל "הדיתו" את זעם המלך ועל ידי כך "העבירו אותו... מהארץ לשמים".[2]

בדומה לכך טוען אטלן כי "הדרך הטובה ביותר לפטור את העולם מהמקודש האֱלִים היא לדחות אותו אל הטרנסצנדנטיות". הַשְׂגָּבָה זו של האלימות גורמת

1. **משנה תורה**, הלכות דעות ז, ח.
2. Jan Assmann, *Politische Theologie zwischen Ägypten und Israel*, München: Carl Friedrich von Siemens Stiftung, 1992, pp. 98, 105.

ל"גירושה מן האופק הנורמלי של הדברים".[3] במילים אחרות: במקרא, הנקם נמחק מחישוביו של האדם. רק אלוהים, ולא האדם, זכאי לבצע אותו. אמנם, במקרים מסוימים אלוהים מצווה על בני אדם לנקום בשמו; מלחמות ישראל במדיין ובעמלק הן דוגמאות טובות לכך. אבל משחדלה הנבואה מישראל, מימי בית שני ואילך, תמה גם דרכה של האלימות בשם ה'.

וולף מסכים עם הניתוח הזה, ומוסיף כי "בעולם של אלימות, אנו ניצבים בפני בְּרֵרה שאין מנוס ממנה: אלימות אלוהית או אלימות אנושית". לדבריו,

> רוב האנשים המנופפים ב"אי־אלימות" של אלוהים נסחפים להשתמש באלימות בעצמם (או לאפשר בשתיקה את אלימותם של אחרים). הם סבורים שאין זה יאה לדבר על אלוהים כגוזר דין, אבל אינם מוצאים פגם במסירת תפקיד זה לידיים אנושיות... וכך משגשגת האלימות, ניזונה בחשאי מן האמונה באלוהים הנמנע מלהניף חרב.[4]

וולף, שזכה בפרס גרומאייר לשנת 2002 על ספרו **הדרה וקבלה**, שממנו לקוחות שורות אלו, נולד בקרואטיה. מלאכת החיים ומלאכת ההוראה בלב המלחמות האתניות שקרעו את יוגוסלביה לשעבר בשנות התשעים הן שעיצבו את משנתו הדתית. אכן, חשיפה ממשית לאלימות מניבה חשיבה אחרת על טקסטים מקראיים. הדברים שוולף ממשיך וכותב שם מצטיינים בישירות אכזרית:

> טענְתי שנקיטת אי־אלימות מצריכה אמונה בנקם אלוהי תעורר את התנגדותם של נוצרים רבים, בייחוד תיאולוגים נוצרים במערב. למי שנוטה לדחות אותה אני מציע: דמיין את עצמך מַרְצֶה באזור לחימה... בין מאזיניך אנשים שעריהם וכפריהם נבזזו, נשרפו ולבסוף שוטחו לעפר, שבנותיהם ואחיותיהם נאנסו, שאבותיהם ואחיהם נשחטו. נושא ההרצאה: יחסה של הנצרות לאלימות. התֶזה: לא ראוי שננקום באויבינו, מפני שאלוהים הוא האהבה המושלמת שאינה כופה את עצמה. עד מהרה תגלה כי כדי להאמין שאי־אלימות אנושית היא תאומתה של אי־שיפוטיות אלוהית, נדרש בית בפרבר שָׁקט. בארץ מיוסרת הספוגה בדם

3. Henry Atlan, "Founding Violence and Divine Referent," *Violence and Truth: On the Work of René Girard*, Stanford: Stanford University Press, 1988, p. 206.

4. Miroslav Volf, *Exclusion and Embrace: A Theological Exploration of Identity, Otherness, and Reconciliation*, Nashville: Abingdon Press, 1996, p. 303.

חפים, אמונה כזו תגסוס עד מהרה. והצופה בגסיסתה ברי שיתהה על עוד כמה אשליות נעימות של הנפש הליברלית.

באוזניי נשמעים הדברים כאמת לאמתה. אני חושב על היהודים בימי הביניים, שראו כיצד בני אמונתם מואשמים ברצח פולחני של ילדים נוצרים לשם שתיית דמם, בהרעלת בארות, בחילול לחם הקודש ובהפצת מגפת הדֶבר,[5] ואז נרצחים בהמוניהם בשמו של אלוהי האהבה. תגובתם של אבותינו אלה עדיין מצלצלת באוזנינו בקינות שכתבו באותם ימים, שאנו אומרים בתשעה באב.

כן, הם שיוועו לנקמה אלוהית, כלומר לצדק אלוהי. אבל הם לא ניסו לנקום בעצמם. את הנקמה משאירים לאלוהים. יש צדק שעינינו לא יחזו בו בטרם תבוא אחרית הימים. עד אז, די שנחיה, ושנאשר במעשינו את החיים, ושנגן על זכותנו וזכות ילדינו לחיות על פי אמונתנו בלי פחד. השאיפה לצדק מושלם לא נועדה למימוש בידינו כאן ועכשיו. כפי שלימד משה את בני ישראל בשירתו הגדולה באחרית ימיו, רק ה׳ יממש שאיפה זו. הוא לבדו מביט אל חדרי לב האדם, הוא לבדו יודע מה צודק בעולם של טענות מתנגשות, והוא אשר יכונן צדק מושלם במועד ובדרך שיבחר.

בעולם של סכסוכים אתניים המלובים לעתים בלהט דתי קטלני, חובתנו לשוב ולרענן אמיתה הנכונה תמיד: יש דברים שצריך להשאירם לאלוהים. שאם לא כן, נמצא את עצמנו במצבה של האנושות לפני המבול, כאשר מלאה הארץ חמס וה׳ ניחם ״כִּי עָשָׂה אֶת הָאָדָם בָּאָרֶץ וַיִּתְעַצֵּב אֶל לִבּוֹ״ (בראשית ו, ו). הנקם לאלוהים הוא. לא לנו בני האדם להוציאו לפועל בשמו.

5. ראו מחקרו הקלסי של יהושע טרכטנברג Joshua Trachtenberg, *The Devil and the Jews: The Medieval Conception of the Jew and Its Relation to Modern Anti-Semitism*, Philadelphia: The Jewish Publication Society of America, 1983.

וזאת הברכה

צעיר לנצח

משה לא דעך. כך משבחת אותו התורה בקץ חייו הארוכים ורבי המעש: "וּמֹשֶׁה בֶּן מֵאָה וְעֶשְׂרִים שָׁנָה בְּמֹתוֹ, לֹא כָהֲתָה עֵינוֹ וְלֹא נָס לֵחֹה" (דברים לד, ז). בדרך פלא גבר משה על חוק האֶנטרופיה, הקובע כי כל המערכות מאבדות אנרגיה בחלוף הזמן. החוק נכון גם לגבי בני אדם, ומנהיגים בפרט. סוג המנהיגות שמשה נקט - מנהיגות של שינוי, הגורמת לאנשים להשתנות ומשכנעת אותם לנטוש את מנטליות העבדים וליטול את האחריות הכרוכה בחירות - הוא תובעני ומתיש. קרה לא אחת שמשה הגיע אל סף השחיקה והייאוש. מה היה אפוא סוד שימור האנרגיה שלו בשנותיו האחרונות?

התורה רומזת לתשובה במילים שהיא בוחרת לתאר בהן את התופעה. תמיד חשבתי ש"לֹא כָהֲתָה עֵינוֹ" הוא תיאור אחד ו"וְלֹא נָס לֵחֹה" הוא תיאור נוסף, עד שלפתע קלטתי שאלו הן סיבה ותוצאה. מדוע לא נס לחו, לא נשחק כוח החיות שלו? משום שעיניו לא כהו: הוא לא איבד את החזון הנשגב שהלהיט אותו תחילה. הוא היה אידיאליסט נלהב באחרית ימיו ממש כפי שהיה בראשיתם. המחויבות שלו לצדק, לחמלה, לחופש ולאחריות לא דהתה, למרות כל האכזבות שידע בארבעים שנות שירותו. הלקח ברור: **אם רצונכם להישאר צעירים, אל תתפשרו על האידיאלים שלכם.**

חוויה מכאיבה שאירעה לי לפני כארבעים שנה, בימי לימודי הרבנות שלי, זכורה לי כאילו אירעה אתמול. בכל פעם שבית כנסת כלשהו חיפש מי שידרוש או יעבור לפני התיבה, כי הרב המקומי היה חולה או יצא לחופשה, התנדבתי לעשות זאת. תכופות הייתה זו מלאכה מייגעת וכפוית טובה. היא הייתה כרוכה בהיעדרות מהבית לשבת שלמה, בנשיאת דרשה בפני בית כנסת ששלושה רבעים מספסליו ריקים, ולעתים קרובות מדי גם בחוסר הערכה מצד הקהילה, כאילו היחלצותי לעזרתה מובנת מאליה. התאוננתי על כך פעם באוזני אחד מרבני בתי הכנסת שהחלפתי. "נו", הוא אמר, "אתה אידיאליסט, הה? בוא נראה לאן תגיע מזה".

צר היה לי על האיש העצוב והמריר. אולי הגורל הֵמֵר לו. עד היום אינני יודע מדוע ענה לי כפי שענה. אבל אפשר לשער שמתישהו, לאורך הדרך, הוא ספג מכה. ומאז ידיו ורגליו המשיכו לבצע את התנועות, אבל לבו כבר לא היה עמו. האידיאליזם נראה לו כאשליית נעורים שנידונה להתנפץ אל סלעי המציאות.

עֶמדתי הייתה, ועודנה, שבלי התלהבות אי־אפשר להיות מנהיג שמחולל שינוי. רק מי שאחוז בהשראה יכול לשמש השראה לאחרים. משה לא איבד אף פעם את החזון שהרהיב אותו במפגשו הראשון עם הקב"ה, בסנה שבער ולא אוּכַּל. כך אני רואה את משה עצמו: האיש שבער אבל לא אוּכַּל. כל עוד החזון הלהיב אותו - כלומר עד יומו האחרון - הוא היה מלא מרץ וחיות. אנו חשים באנרגטיות הזו לאורך ספר דברים, רצף הנאומים הגדול ביותר בתנ"ך.

האידיאלים הם אשר נוסכים חיות ברוח האנושית. הם הצליחו לעשות כך גם בכמה מן המשטרים הדורסניים ביותר שידעה ההיסטוריה, כגון ברית המועצות הסטליניסטית וסין העממית הקומוניסטית. בכל מקום שהאידיאלים מציתים את הלבבות, יש בכוחם להמריץ את כוח העמידה וההתנגדות.

הכלל הוא אפוא, כאמור: אל תתפשרו אף פעם על האידיאלים שלכם. אם דרך אחת מוליכה למבוי סתום, חפשו דרך אחרת. אם מאמץ מסוים עולה בתוהו, בִּדקו גישה אחרת. אם אינכם מצליחים, המשיכו לנסות. לא אחת קורה שדווקא כאשר אדם עומד להישבר ולהכתיר את עצמו ככישלון, באה לו ההצלחה. כך קרה לצ'רצ'יל. כך אירע ללינקולן. כך עלה לסופרים שמו"ל אחר מו"ל דחה את כתב היד שלהם, אך משנדפס יצא שמם לתהילה. ההישגים הבאים לנו בקלות אינם אלה שאנו גאים בהם. גדולה היא פרי התמדה. המנהיגים הגדולים אינם מוותרים. הם ממשיכים ללכת, מתודלקים בחזון שהם ממאנים לאַבֵּד.

על פסגת הר נבו, בהשקיפו אל הארץ שלא יבוא בשעריה, השקיף בוודאי משה גם לאחור, אל מאה ועשרים שנות חייו, ושאל את עצמו אם אמנם השיג בהן משהו. הוא הוביל את העם ארבעים שנה - אך לא הגיע ליעד, אל הארץ המובטחת. הוא נתן לבני ישראל מצוות שהם הֵפֵרו לא פעם. הוא חולל להם נסים אך הם המשיכו להתאונן.

רגשות כבושים אלה נתמלטו מפיו לאורך נאומי ספר דברים - כשאמר "מַמְרִים הֱיִיתֶם עִם ה' מִיּוֹם דַּעְתִּי אֶתְכֶם" (ט, כד), וכשאמר "כִּי אָנֹכִי יָדַעְתִּי אֶת מֶרְיְךָ וְאֶת עָרְפְּךָ הַקָּשֶׁה; הֵן בְּעוֹדֶנִּי חַי עִמָּכֶם הַיּוֹם מַמְרִים הֱיִתֶם עִם ה', וְאַף כִּי אַחֲרֵי מוֹתִי!" (לא, כז). ובכל זאת, משה מעולם לא ויתר על האידיאלים שלו ולא התפשר עליהם. ועל כן, כאשר נסתלק מן העולם, מילותיו לא גוועו עמו. הוא היה זקן בגופו, אך ברוחו נשאר צעיר.

ציניקנים הם אידיאליסטים לשעבר. הם יצאו לדרך עם תקוות גדולות, ואז גילו שהחיים אינם קלים, שהמציאות אינה מתיישרת על פי התקוות. מאמצינו נתקלים במכשולים. תכניותינו מושמות לאל. איננו זוכים להכרה ולכבוד שבעינינו אנו ראויים להם. ואז אנחנו מתכנסים אל תוך עצמנו. אנחנו מאשימים אחרים בכישלונותינו, ומתמקדים בכישלונותיהם של אחרים. אנחנו מספרים לעצמנו שאנו במקומם היינו עושים זאת טוב יותר.

אולי זה נכון. אבל אם כן, מדוע לא עשינו זאת אנו? כי ויתרנו. כי בשלב מסוים הפסקנו לצמוח. ובראותנו שאיננו גדולים כפי שקיווינו, התנחמנו באמצעות הקטנתם של אחרים. הגחכנו את עמלם וביזינו את חזונם. וזו איננה דרך לחיות. זה סוג של מוות.

בהיותי רב ראשי לבריטניה פקדתי לעתים את בתיהם של ישישים. כך הכרתי את פלורנס. היא הייתה בשנתה ה־104, אך הקרינה נעורים. היא הייתה צלולה, נלהבת, מלאת חיים. עיניה זרחו בשמחה של היות־חיה. שאלתי אותה לסוד נעורי הנצח שלה. היא חייכה ואמרה, ״אף פעם אל תחשוש ללמוד משהו חדש״. כך גיליתי שאם אדם מוכן ללמוד משהו חדש, הוא יכול להיות צעיר גם אחרי יום הולדתו ה־103,[1] ואם אינו מוכן ללמוד משהו חדש, הוא יכול להיות זקן בן 23.

משה לא הפסיק ללמוד, לצמוח, ללמד, להנהיג. בנאומי ספר דברים, בימיו האחרונים ממש, העפיל לכדי רהיטות, חזון ולהט שעלו על כל מה שאמר קודם לכן. זהו אדם שלחם ומעולם לא נכנע. בעיתון **הטיימס** רואיין פעם חבר נכבד בקהילה היהודית ביום הולדתו ה־92. ״רוב האנשים שמגיעים לגיל 92 מתחילים להאט״, אמר המראיין. ״נראה שאתה דווקא מאיץ. מדוע?״ והאיש ענה, ״כשאתה נעשה בן 92, אתה רואה את הדלת מתחילה להיסגר. יש לי כל כך הרבה מה לעשות לפני שהדלת נסגרת, שככל שאני מזדקן אני מתאמץ יותר להספיק״. גם זה הוא המרשם לאריכות ימים שאין עמה קמילה.

מזמור צב בתהלים, מזמור שיר ליום השבת, נחתם בפסוקים ״צַדִּיק כַּתָּמָר יִפְרָח, כְּאֶרֶז בַּלְּבָנוֹן יִשְׂגֶּה; שְׁתוּלִים בְּבֵית ה׳, בְּחַצְרוֹת אֱלֹהֵינוּ יַפְרִיחוּ. עוֹד יְנוּבוּן בְּשֵׂיבָה, דְּשֵׁנִים וְרַעֲנַנִּים יִהְיוּ, לְהַגִּיד כִּי יָשָׁר ה׳, צוּרִי וְלֹא עַוְלָתָה בּוֹ״ (יג–טז). מה הקשר בין הצדיקים המניבים פרי בזקנתם לבין אמונתם ״כִּי יָשָׁר ה׳״? הצדיקים אינם מאשימים את ה׳ ברוע ובסבל שבעולם. הם יודעים שה׳ שתל אותנו כישויות גשמיות בעולם

1. התלמוד הבבלי (שבת ל ע״ב) אומר דבר דומה על המלך דוד. כל עוד המשיך ללמוד לא שלט בו מלאך המוות.

גשמי, על כל המכאובים הכרוכים בכך. הם יודעים כי בידינו להכריע לעשות את הטוב, ככל שנוכל, ולעודד אחרים לעשות טוב אף הם. הם מקבלים עליהם אחריות, מתוך ידיעה שלמרות כל המסה והמריבה שבקיום האנושי, זוהי זכות שאין גדולה הימנה. על כן הם מניבים בשֵׂיבה. הם שומרים על האידיאלים של נעוריהם.

אל תתפשרו אף פעם על האידיאלים שלכם. אל תיכנעו אף פעם לתבוסה ולייאוש. לעולם אל תעצרו במסע רק מפני שהדרך קשה וארוכה. הדרך כזו תמיד. עיניו של משה לא כהו. הוא לא איבד את הראייה החזונית אשר עשתה אותו בצעירותו ללוחם צֶדק. הוא לא נעשה ציניקן. הוא לא נעשה מריר או עצוב, אף שהיו לו סיבות מלוא חופניים להיעשות כזה. הוא ידע שיש שדברים שהוא לא ישיג בחייו, ולכן לימד את הדור הבא איך להשיגם. התוצאה הייתה שלא נס לחו. גופו הזדקן אך נפשו ונשמתו נותרו צעירות. משה, בן תמותה, זכה לאלמוות - וגם אנו נזכה בו אם נלך בעקבותיו. הטוב שאנחנו עושים ממשיך לחיות. הברכה שאנו מביאים אל חייו של הזולת היא בת אלמוות.

וזאת הברכה

צעירים עד מאה ועשרים

ב־27 במארס 2012 נערך בארמון באקינגהם טקס עתיק לציון מלאת שישים שנה לעליית המלכה אליזבת השנייה לכס המלכות. נציגי גופים שונים נשאו הצהרות נאמנות למלכה והודו לה על שירותה לאומה. אחד הגופים הללו היה ועד שליחי הקהילות של יהודי בריטניה. נשיא הוועד באותם ימים, ויוויאן ויינמן, כלל בנאומו את הברכה היהודית המסורתית לאירועים כגון אלו: הוא איחל לה "עד מאה ועשרים".

המלכה נראתה משועשעת ונשאה עיניים תוהות לבעלה הנסיך פיליפ. אף לא אחד מהם הכיר את הביטוי. לאחר מכן שאל אותנו הנסיך למה הכוונה, והסברנו. מאה ועשרים שנה הן אורכם המרבי של חיי אדם: "וְהָיוּ יָמָיו מֵאָה וְעֶשְׂרִים שָׁנָה" (בראשית ו, ג). מספר שנים זה נקשר במיוחד עם משה רבנו: "וּמֹשֶׁה בֶּן מֵאָה וְעֶשְׂרִים שָׁנָה בְּמֹתוֹ לֹא כָהֲתָה עֵינוֹ וְלֹא נָס לֵחֹה" (דברים לד, ז). לצד אברהם אבינו, שהיה שונה ממנו מאוד באישיותו ובנסיבות חייו, משה הוא מופת להזדקנות נכונה. בימינו, עם העלייה בתוחלת החיים, ההזדקנות היא סוגיה מרכזית ומאתגרת בחיי רבים מאיתנו. איך מזדקנים ובכל זאת נשארים צעירים?

המחקר הממושך ביותר בנושא זה הוא מחקר גראנט, שהתחיל בשנת 1938 ועוקב אחר חייהם של 268 סטודנטים באוניברסיטת הארוורד זה כמעט שמונים שנה. מחקר זה מנסה לגלות אילו מאפיינים - מסוג האישיות, דרך מנת המשכל ועד ענייני בריאות, אורחות חיים ויחסים בין־אישיים - תורמים לשגשוגו של האדם. במשך יותר משלושים שנה ניהל את המיזם ג'ורג' וויילאנט, שגם כתב על הנושא המרתק את ספריו **ליהנות מהזקנה** ו**ניצחונותיו של הניסיון**.[1]

1. ג'ורג' וויילאנט, *ליהנות מהזקנה*, עברית: יעל זיסקינד־קלר, תל אביב: מטר, 2003; George Vaillant, *Triumphs of Experience*, Cambridge: Harvard University Press, 2012.

ויילאנט זיהה ממדים רבים של הזדקנות מוצלחת, ושניים מהם נוגעים במיוחד למשה. לראשון הוא קורא "גנרטיביות",[2] כלומר טיפול בדור הבא. כדי להסבירו הוא מצטט את הגדרתו של מומחה המנהיגות ג'ון קוטר: "התמסרות לצורות חיים ולעבודה שיישארו גם לאחר מותנו". בגיל העמידה ואחריו, משביססנו קריירה, מוניטין ומערכות יחסים, אנו יכולים לקפוא על שמרינו - או להחליט שהגיע הזמן לתת: לקהילה, לחברה ולדור הבא. הגנרטיביות מתבטאת אצל רבים באימוץ פעילויות חדשות, בייחוד פעילויות התנדבות, ובטיפוח כישורים חדשים. סימניה הם הפתיחות והאכפתיות.

הממד הנוסף הקשור במשה הוא מה שוויילאנט מכנה "שמירת המשמעות". כוונתו לחוכמה שבאה עם הגיל, אותה חוכמת חיים שחברות מסורתיות נוטות להוקיר יותר מחברות מודרניות ופוסט־מודרניות. "שְׁאַל אָבִיךָ וְיַגֵּדְךָ, זְקֵנֶיךָ וְיֹאמְרוּ לָךְ" (דברים לב, ז); "בִּישִׁישִׁים חָכְמָה וְאֹרֶךְ יָמִים תְּבוּנָה" (איוב יב, יב). להיות שומר משמעות משמעו להנחיל לעתיד את ערכי העבר. עם הגיל באות התבוננות ויכולת ניתוק המאפשרות לנו לעמוד במקומנו בלי להיסחף אחר מצב הרוח של הרגע, האופנה החולפת או שיגעונו של ההמון. חוכמה זו נדרשת לנו תמיד, ועל אחת כמה וכמה בעידן הקצב המהיר שלנו, המזמן לעתים הצלחות אדירות לאנשים שעודם צעירים. אם תתבוננו בקריירות של גיבורי־העל של עידן ההיי־טק, כגון ביל גייטס, לארי פייג', סרגיי ברין ומארק צוקרברג, תגלו שבנקודה מסוימת פנו כולם אל חונכים בוגרים שעזרו להם לנווט באשדיו הקוצפים של נהר ההצלחה. "עשה לך רב" היא עדיין עצה מצוינת.[3]

מאלף לראות בספר דברים, האמור כולו בחודש האחרון בחיי משה, כיצד המנהיג הבא בימים אך הסוער בזקנתו כבנעוריו ניגש אל צמד המשימות הללו, הגנרטיביות ושמירת המשמעות.

קל היה בוודאי למשה לפרוש בערוב ימיו לקרן זווית של זיכרונות, להתרפק על הישגיו ועל קורות חייו יוצאי הדופן, על היותו האיש שאלוהי ישראל בחר בו להוציא את עמו מבית עבדים ולהובילו אל ארץ ההבטחה. לחלופין, משה עשוי היה להתבוסס ברגשי תבוסה, בייחוד על שום שלא יזכה להיכנס לארץ שבמשך ארבעים

2. מקור המונח בתיאוריית שלבי ההתפתחות של אריק אריקסון, שעל פיה בשלב השביעי של החיים, שלב הבגרות, האדם נמצא בקונפליקט בין גנרטיביות, או "פוריות", לבין קיפאון.
3. משנה, אבות א, ו, טז.

שנה הוביל אליה את עמו. כולנו פגשנו אנשים אכולי תסכול על שלא קיבלו את ההכרה שהיו ראויים לה, או לא השיגו את מה שחלמו עליו כל ימי חייהם.

משה לא פנה לא לכאן ולא לכאן. במקום זאת הקדיש את ימיו האחרונים לדור הבא, ואימץ תפקיד חדש. לא עוד משה המשחרר, לא עוד משה נותן החוק: משה נטל עכשיו את המשימה שבגינה שגור עד היום בפינו כינויו "משה רבנו". זה היה אפוא, מכמה בחינות, הגדול בהישגיו.

הוא סיפר לבני ישראל הצעירים מי הם, מאין באו ולאן הם הולכים. הוא נתן להם חוקים, ועשה זאת בדרך חדשה. הפעם הדגש ניתן לא במפגש עם האלוהות, כמו בספר ויקרא, ולא בקרבנות כמו בספר במדבר, אלא בהקשרן החברתי של המצוות. משה דיבר על צדק ועל דאגה לאביון, על התחשבות בשכיר ועל אהבת הגר. הוא הציג את יסודות אמונת ישראל באופן שיטתי יותר מכל ספר אחר בתנ"ך. הוא סיפר להם על אהבת ה' לאבותיהם והפציר בהם להשיב אהבה על אהבה, בכל נפשם ובכל מאודם ובכל לבבם. הוא חידש את הברית, והזכיר לעם את הברכות שייפלו בחלקו אם ישמור אמונים לה' ואת הקללות שיבואו על ראשו אם לא יעשה כן. הוא לימד אותם את שירת האזינו הגדולה, ועל ערש דווי בירך את שבטי ישראל. הוא הדגים להם גנרטיביות מהי, בהנחילו מורשת שתחיה גם אחרי מותו.

יש אנשים המגיעים לשיאם בצעירותם. פליקס מנדלסון כתב את השמינייה שלו כשהיה בן 16, ואת המוזיקה ל**חלום ליל קיץ** כעבור שנה; אלו הן היצירות המוזיקליות הטובות ביותר שנכתבו אי־פעם בידי אדם צעיר כל כך. אורסון ולס יצר את הסרט **האזרח קיין** וחולל תפנית בתולדות הקולנוע בעודו בן 26, וזאת לאחר שכבר קנה לו מוניטין בתיאטרון וברדיו.

אבל יש רבים אחרים המשביחים והולכים עם השנים שהם צוברים. מוצרט ובטהובן היו שניהם ילדי פלא, ובכל זאת את מיטב יצירותיהם כתבו בשנות חייהם האחרונות. קלוד מונה צייר בגנוֹ שבז'יברני את בְרֵכות שושני המים שטופות האור שלו בעשור התשיעי לחייו. ורדי חיבר את האופרה **פלסטף** כשהיה בן 85. בנג'מין פרנקלין המציא את העדשות הבי־פוקליות בגיל 78. האדריכל פרנק לויד רייט עיצב את מוזיאון גוגנהיים בניו יורק בגיל המופלג 92. מיכלאנג'לו, טיציאן, מאטיס ופיקאסו - כולם נותרו יצירתיים בעשור התשיעי לחייהם. ג'ודית קֶר, שהגיעה לבריטניה כשהיטלר עלה לשלטון ב־1933, וכתבה שם את קלסיקת הילדים **הטיגריס שבא לשתות תה**, זכתה רק לאחרונה בפרס הספרותי הראשון שלה, והיא בת 93. בספרו **מאסטרים זקנים וגאונים צעירים** טוען דיוויד גֶלֶנסון כי החדשנים המושגיים

מגיעים לשיאם בהיותם צעירים, ואילו החדשנים הנסיינים, אלה הלומדים בניסוי וטעייה, משתפרים עם הגיל.[4]

האמת היא שזה מרגש: לראות את משה, בן מאה ועשרים כמעט, צופה פני עתיד ופני עבר, חולק את חוכמתו עם הצעירים, ומלמד אותנו שגם אם הגוף מזדקן הרוח יכולה להישאר צעירה עד מאה ועשרים. הסוד הוא לשמור על להט האידיאלים הישנים שלנו, לגמול טובה לחברה ולקהילה, להעתיר מניסיוננו על הבאים אחרינו ולעודד אותם להמשיך את מה שאנו לא השלמנו.

4. David Galenson, *Old Masters and Young Geniuses*, Princeton, N.J.: Princeton University Press, 2007.

וזאת הברכה

מות משה, חיי משה

לבד על ההר, רק הוא ואלוהים, עוצם משה את עיניו לאחרונה. לבד על ההר, רק הוא ואלוהים, כמו פעם, על הר סיני, בהתגלות האדירה שהנחילה לעם ישראל את תורתו. כמו פעם פעם, במדיין, כשהבחין בסנה הבוער באש ולא אוכל, ושמע את הקריאה ששינתה את חייו ואת האופק המוסרי של האדם.

זוהי תמונה מרגשת בפשטותה. אין קהל. אין בכי. קרבה אינטימית - וריחוק אינסופי. הוא רואה את הארץ מנגד, ויודע שאליה לא יבוא. לא אשתו ולא בניו באים לומר לו שלום אחרון. הם נעלמו מן הסיפור זה מכבר. אחותו מרים ואחיו אהרן, שחלקו עמו בנטל ההנהגה שנים רבות כל כך, הלכו לעולמם לפניו. תלמידו יהושע התמנה ליורשו. משה היה לאיש האמונה הבודד; אך איש אינו בודד באמת כאשר ה׳ איתו.

השעה עצובה עד הַשִּׁתִּין, אך עילאי הוא ההספד שהתורה חולקת למשה - בין שכתב אותו יהושע, בין שכתבו משה עצמו, בצו ה׳ ובדמעות בעיניו:[1]

> וְלֹא קָם נָבִיא עוֹד בְּיִשְׂרָאֵל כְּמֹשֶׁה אֲשֶׁר יְדָעוֹ ה׳ פָּנִים אֶל פָּנִים, לְכָל הָאֹתוֹת וְהַמּוֹפְתִים אֲשֶׁר שְׁלָחוֹ ה׳ לַעֲשׂוֹת בְּאֶרֶץ מִצְרָיִם לְפַרְעֹה וּלְכָל עֲבָדָיו וּלְכָל אַרְצוֹ, וּלְכֹל הַיָּד הַחֲזָקָה וּלְכֹל הַמּוֹרָא הַגָּדוֹל אֲשֶׁר עָשָׂה מֹשֶׁה לְעֵינֵי כָּל יִשְׂרָאֵל. (דברים לה, י-יב)

מדי פעם מפרסמים אנשים רשימות של האישים המשפיעים בהיסטוריה. נדיר שמשה נכלל בהן. קל יותר להזדהות עם דבקותו של אברהם, עם הכריזמה של דוד, עם סימפוניות התקווה של ישעיהו. הניגוד בין אברהם למשה מטעים היטב את השוני. על אברהם מספרת התורה, "וַיִּגְוַע וַיָּמָת אַבְרָהָם בְּשֵׂיבָה טוֹבָה זָקֵן וְשָׂבֵעַ וַיֵּאָסֶף אֶל

1. בבא בתרא טו ע"א.

עַמָּיו״ (בראשית כה, ח). מותו היה שלֵו. ניסיונות רבים וקשים נתנסה בחייו, אך הוא זכה לחזות בראשית התגשמותן של ההבטחות שנתן לו אלוהים. נולדו לו בנים, והוא רכש חלקת קרקע ראשונה בארץ ישראל. הוא פסע צעד ראשון במסע הארוך שצאצאיו ימשיכו. יש תחושה של סגירת מעגל.

זקנתו של משה, לעומת זאת, לא הייתה שלווה בשום אופן. בחודש האחרון לחייו דרבן את בני עמו בלהט נעורים ובכנות חשופה. רגע לפני שיחצו את הירדן וייכנסו לארץ הזהיר אותם מפני אתגרי העתיד. הניסיון הגדול ביותר, אמר, לא יהיה עוני אלא עושר. לא עבדות אלא חופש. לא אוהלי המדבר אלא נוחיות הבית. הסער מנשב במשפטיו של משה בן המאה ועשרים באותה עוצמה כמאז. עד יומו האחרון יוסיף לטרוד את מנוחתו של העם ואת שלוותו של אלוהים.

מה אנו לומדים ממותו של משה?

(א) לכל אחד מאיתנו, אפילו לגדולי הגדולים, יש ירדן שהוא לא יחצה, ארץ מובטחת שהוא יראה מנגד, יעד שיישאר בלתי מושג. לכך התכוון רבי טרפון באומרו ״לא עליך המלאכה לגמור, ולא אתה בן חורין להיבטל ממנה״.[2] את מה שהתחלנו ימשיכו אחרים. העיקר הוא שקמנו וצעדנו. שלא עמדנו בטלים.

(ב) ״וְלֹא יָדַע אִישׁ אֶת קְבֻרָתוֹ״ (דברים לד, ו). מה גדול הניגוד בין משה לבין גיבוריהן של תרבויות אחרות, שמקומות קבורתם היו למקדשים ולהיכלות וליעדי צליינות. סיכולה של אפשרות זו הוא הסיבה לטשטוש מקום הקבורה של משה, ולהקפדתה של התורה לציין שהמקום אינו ידוע. על פי אמונתנו, סגידה לבני אדם כאילו היו אלים היא החמורה שבשגיאות. אנחנו מוקירים בני אדם; איננו סוגדים להם. זהו הבדל של שמים וארץ.[3]

(ג) רק אלוהים מושלם. את זאת רצה משה שבני ישראל לא ישכחו לעולם. אפילו הדגול שבבני האדם אינו מושלם. משה חָטא. איננו יודעים אל נכון מה היה חטאו; יש דעות רבות. אבל בגלל החטא הזה אמר לו אלוהים שלא ייכנס לארץ. איש איננו חסין מפני מעידות. השלמות שייכת לאלוהים לבדו. רק כאשר נכבד את ההבדל המהותי הזה שבין אלוהים לאדם, יהיה האלוהים אלוהים והאדם אדם.

התורה איננה מסתירה כי משה חטא: ״יַעַן לֹא הֶאֱמַנְתֶּם בִּי לְהַקְדִּישֵׁנִי...״ (במדבר כ, יב). התורה אינה מסתירה את חטאו של שום אדם. לכֵנותה אין מורא גם מפני ענקי הענקים. דברים רעים קורים כאשר אנו מנסים לכסות על עוונות. מכאן באו

2. משנה, אבות ב, טז.
3. ראו את הדרשה ״לנצח את המוות״ לפרשת וילך.

שלל השערוריות בשנים האחרונות בעולם היהודי הדתי, פרשיות מבישות של כסף ושל מין ושל מיני דברים אחרים. כשאנשים דתיים מסתירים את האמת, הם עושים זאת מתוך מניע נעלה מאין כמוהו: הם מנסים למנוע חילול השם. אלא שהתוצאה הבלתי נמנעת היא חילול השם חמור יותר. ההתכחשות לכך שגם הגדולים נופלים היא התחסדות צדקנית המצמיחה כיעור ורוע ומרחיקה אנשים הגונים מן הדת. התורה איננה מסתירה חטאים. בל נסתירם אנחנו.

(ד) יש יותר מדרך אחת לחיות חיים טובים. אפילו משה, הדגול מרבבה, לא יכול היה לשאת לבדו בעול ההנהגה. נדרשו לו כישורי עשיית השלום של אהרן, האומץ של מרים והתמיכה של שבעים הזקנים. אַל לנו לשאול לעולם "למה אינני גדול כמו פלוני?". לכל אחד יש משהו - כישרון, להט, רגישות - העושה אותו גדול או היכול לעשותו כזה. אין לכם שגיאה גדולה מן הניסיון להיות מישהו אחר ולא אתם עצמכם. עֲשו את מה שאתם מצטיינים בו, ואז הַקיפו את עצמכם באנשים שישלימו אתכם: אלה המצטיינים במה שאצלכם הוא נקודת תורפה.

(ה) אל תאבדו אף פעם את האידיאליזם של הנעורים. משה לא איבד את תשוקת הצדק שהלהיטה אותו תחילה. הוא היה נלהב באחרית ימיו ממש כפי שהיה בראשיתם. בספר דברים כמו בספר שמות. כל עוד האידיאלים בוערים בנו, אנחנו צעירים. אם נמירם בציניות נזדקן בן לילה.[4]

(ו) בסנה אמר משה לאלוהים, "לֹא אִישׁ דְּבָרִים אָנֹכִי... כְבַד פֶּה וּכְבַד לָשׁוֹן אָנֹכִי" (שמות ד, י). והנה עתה, בספר הקרוי "דברים", מי לנו איש דברים כמשה. יש התוהים על כך. אך תהייתם טעות. ה' בחר דווקא באדם שאינו איש דברים כדי שכאשר ידבר יבינו שומעיו כי **לא הוא המדבר אליהם, אלא אלוהים מדבר אליהם מפיו**. הדברים שאמר לא היו שלו, אלא של הקב"ה. מתוך סיבה דומה בחר ה' דווקא בזוג שאינו יכול להוליד, אברהם ושרה, להיות אביה ואמה של האומה. על כן גם בחר בעם קשה עורף להיות עֵדו בעולם. **הגדולה הנעלה מכולן היא ההיפתחות אל ה', שיעשה אותנו צינור לשפע שהוא משפיע על העולם**. כזו היא גם ברכת הכוהנים לעם. אין היא ברכתם; הם צינור לברכת ה'. לפתוח את עצמנו לזולת ולאלוהים באהבה, ולתת לְדָבָר גדול מאיתנו לזרום דרכנו - זהו ההישג הנעלה ביותר שאנו יכולים לשאוף לו.

(ז) משה הגן על העם. האם הוא חיבב את העם? האם הוא העריץ את בני ישראל? האם העם אהב אותו? לא ולא. התורה מבהירה זאת היטב. ובכל זאת, משה

4. ראו את הדרשה הקודמת, "צעירים עד מאה ועשרים".

הגן על העם בכל הלהט והעוצמה שעמדו לרשותו. גם כשהעם חטא חטאה גדולה. גם כשהיה כפוי טובה כלפי ה׳. אפילו כשעשה עגל זהב. משה סיכן את חייו לשם כך. הוא אמר לה׳, ״וְעַתָּה אִם תִּשָּׂא חַטָּאתָם - וְאִם אַיִן מְחֵנִי נָא מִסִּפְרְךָ אֲשֶׁר כָּתָבְתָּ״ (שמות לב, לב). על פי חז״ל, ה׳ לימד זאת את משה בשחר שליחותו. כשמשה אמר לה׳ ״וְהֵן לֹא יַאֲמִינוּ לִי״ (שמות ד, א), ענה לו ה׳, ״הן מאמינים בני מאמינים, ואתה אין סופך להאמין״.[5] המנהיגים הראויים להערצה הם אלה המגנים על העם: גם על הלא־אורתודוקסים, גם על החילונים, גם על אלה שהאורתודוקסיה שלהם היא בעלת גוון שונה. האנשים הראויים לכבוד הם אלה המכבדים. השונאים סופם שיישָׂנאו, המתנשאים יהיו מושא להתנשאות, המוקיעים יוקעו. זהו עקרון יסוד ביהדות: מידה כנגד מידה. האנשים הגדולים הם אלה העוזרים לזולתם לגדול. וכזה היה משה.

השבח הגדול ביותר שחולקת התורה למשה הוא הכינוי ״עבד ה׳״. ומשום כך כותב הרמב״ם שכולנו יכולים להיות גדולים כמשה.[6] כולנו יכולים להיות עבדי ה׳ ומשרתיו. אנחנו גדולים כגודל המטרות שאנו משרתים, וכשאנו משרתים אותן בענווה אמתית, כוח גדול מאיתנו שוטף דרכנו ומביא אל העולם את שכינת האל.

5. שבת צז ע״א.
6. **משנה תורה**, הלכות תשובה ה, ב.

אודות המחבר

הרב פרופ' יונתן זקס - רבה הראשי של בריטניה בשנים 1991–2013 וזוכה פרס טמפלטון לשנת 2016 - מוכר בזכות עשרות כתביו, ספריו ומאמריו, אשר הקנו לו מעמד של הוגה דעות ומנהיג רוחני המשמיע את קולה של היהדות בשיח העולמי. מספריו בעברית: **לכבוד השוני: כיצד נוכל למנוע את התנגשות התרבויות?** (מגיד, תשס"ח), **לרפא עולם שבור: החיים כקריאה לאחריות** (מגיד, תש"ע), **השותפות הגדולה: הדת, המדע והחיפוש אחר משמעות** (מגיד, תשע"ג), **פסח על שום מה? הגדה של פסח** (מגיד, תשע"ה), **רדיקלית אז, רדיקלית עכשיו: מורשת הדת העתיקה בעולם** (מגיד, תשע"ו) **ולא בשם האל: אל מול האלימות הדתית** (מגיד, תשע"ו).